Comentários às Inovações do Código de Processo Civil

Novo CPC – Lei 13.105/2015

LEONARDO de FARIA BERALDO

COMENTÁRIOS ÀS INOVAÇÕES DO CÓDIGO DE PROCESSO CIVIL

NOVO CPC – LEI 13.105/2015

Del Rey
EDITORA

Belo Horizonte

2015

Impresso no Brasil | *Printed in Brazil*

EDITORA DEL REY LTDA.
www.livrariadelrey.com.br

Editor: Arnaldo Oliveira

Editor Adjunto: Ricardo A. Malheiros Fiuza

Editora Assistente: Waneska Diniz

Coordenação Editorial: Wendell Campos Borges

Projeto Gráfico: Dilex Editoração Ltda.

Editoração: Dilex Editoração Ltda.

Revisão: Alessandra Valadares

Capa: CYB Comunicação

Editora / MG
Rua dos Goitacazes, 71 – Sala 709-C – Centro
Belo Horizonte – MG – CEP 30190-050
Tel: (31) 3284-5845
editora@delreyonline.com.br

B482c Beraldo, Leonardo de Faria

Comentários às Inovações do Código de Processo Civil Novo CPC: Lei 13.105/2015. / Leonardo de Faria Beraldo. Belo Horizonte: Del Rey, 2015.

lxxvi + 452 p.

ISBN: 978-85-384-0415-6

1. Brasil. [Código de processo civil (2015)]. 2. Processo civil, legislação, Brasil. 3. Reforma processual civil, Brasil, 2015. I. Título.

CDU: 347.91/.95(81)(094.4)

Nilcéia Lage de Medeiros
Bibliotecária
CRB6: 1545

Dedicatória

À minha saudosa Vovó Emília (in memoriam), *por ter me passado e mostrado o verdadeiro significado do companheirismo, bem como da célebre frase "amar na saúde e na doença". Dedico, igualmente, aos meus queridos avós José Geraldo (forte e com 102 anos de idade), João Batista* (in memoriam) *e Rosa* (in memoriam).

AGRADECIMENTOS

Agradeço, em ordem alfabética, aos Professores Humberto Theodoro Júnior, Jason Albergaria Neto, Jaubert Carneiro Jaques, Luís Cláudio da Silva Chaves, Raimundo Cândido Júnior e Renato Luís Dresch pelos ensinamentos, ajuda e cooperação que, cada um deles, à sua maneira, teve em minha vida acadêmica no processo civil. Muito obrigado!

Agradeço, ainda, ao amigo Arnaldo Oliveira, Editor da editora Del Rey, por acreditar em mais um livro de minha autoria. Esse agradecimento é extensivo a toda a equipe dessa prestigiosa editora.

SUMÁRIO

Prefácio

A leitura do sumário do livro que ora tenho a honra de prefaciar, *Comentários às Inovações do Código de Processo Civil*, já indica que o título da obra não revela seu verdadeiro conteúdo. O autor, Leonardo de Faria Beraldo, foi muito além do que prometeu com o título, e fez uma detida análise de todo o sistema processual inaugurado pelo CPC de 2015.

Logo no início, o livro já mostra sua relevância para a compreensão do novo Código. A afirmação de que o processo civil deve ser compreendido a partir da Constituição da República, com a análise dos princípios constitucionais que estão expressamente referidos no CPC (e de seus desdobramentos), revelam a atualidade doutrinária da obra. E isto se confirma quando o autor fala do princípio do contraditório como garantia de participação com influência e de não surpresa (o que aparece na expressão "permitir que as partes participem efetivamente da construção de todos os provimentos jurisdicionais, bem como da impossibilidade de se ter decisões que surpreendam as partes", empregada pelo autor ao falar dos arts. 9º e 10 do novo CPC).

Leonardo Beraldo, autor já consagrado – especialmente por um *Curso de Arbitragem* que é, em minha opinião, o livro mais completo escrito no Brasil sobre o tema – nos apresenta, neste livro, breves comentários a todo o Código de Processo Civil de 2015, dedicando-se mais detidamente, claro, ao que é novo. E isto faz com que alguns pontos do livro mereçam destaque.

O trato dos honorários advocatícios, tema que sei ser da predileção do autor (já o tendo visto proferir conferências sobre o tema de que pude extrair relevantes elementos para minhas próprias reflexões) é um desses pontos. O exame dos casos em que é cabível a condenação em honorários advocatícios, assim como o destaque dado aos critérios de fixação de honorários nos casos em que a Fazenda Pública é parte (com especial relevo para o fato de que esses critérios devem ser observados "tanto quando a Fazenda Pública perder como quando ela ganhar a lide"), mostram o cuidado no trato do assunto.

Merece referência, também, o modo como o autor lida com a cláusula geral sobre negócios processuais, tema que vem instigando a curiosidade de tantos quantos se debruçam sobre a nova legislação processual. O autor, com muita propriedade, sugere que o juiz tenha, com a nova legislação, deixado de ser o "presidente do processo" e passado a ser um "gerente do processo".

É cirúrgica, por sua precisão, a maneira com que Leonardo Beraldo trata de temas relevantes como são as inovações relativas ao procedimento comum do processo de conhecimento. Também merece destaque o combate a um possível incentivo à discricionariedade judicial que pode resultar da inadequada compreensão do disposto no art. 489, § 2º, do NCPC, destacando-se a afirmação de que "a resposta para o conflito [de normas] não pode basear-se em 'achismos'. É preciso aplicar uma norma, em detrimento da outra, com base no ordenamento, com base em parâmetros objetivos".

No trato da nova regulamentação dos limites objetivos da coisa julgada, a opinião do autor coincide, em ponto relevante, com a deste prefaciador: a coisa julgada alcançará (nos casos previstos na lei) a resolução da questão prejudicial não porque uma parte da fundamentação transite em julgado, mas pelo fato de que tal questão deverá ser apreciada no dispositivo da sentença independentemente de pedido, como se fosse aquilo que no jargão processual se costuma chamar de "pedido implícito".

Muitos outros aspectos do livro poderiam ser destacados. O modo como são tratadas as inovações referentes aos procedimentos especiais, as novidades (que nem são tantas assim) relativas à execução, o exame do modo como são tratados os processos nos tribunais, entre outros, são extremamente importantes.

Quanto a este último tema, aliás, merece referência o cuidado com que Leonardo trata da exigência de coerência e integridade da jurisprudência. A afirmação de que "[a] integridade limita a atividade do magistrado de modo que ele não interprete arbitrariamente o Direito, ou seja, suas decisões devem levar em consideração o ordenamento como um todo", de modo a evitar "uma discricionariedade judicial que não existe no Estado Democrático de Direito" deveria ser repetida como um mantra por todos quantos buscam a construção de um processo civil verdadeiramente democrático. O combate, através da coerência, à "loteria do Judiciário", assegurando-se que causas iguais recebam decisões iguais segue a mesma linha.

O autor faz elogios à técnica de complementação de julgamentos não unânimes que veio ocupar o lugar que, na antiga sistemática processual, era dos embargos infringentes. Pessoalmente, não gosto nem um pouco dessa técnica (assim como já não gostava dos embargos infringentes, por cuja eliminação do sistema me bati por longos anos). Não se pode, porém, deixar de registrar o modo preciso com que Leonardo trata do ponto, explicando adequadamente a forma como essa técnica será empregada.

Muitos outros aspectos do livro poderiam ser destacados, mas este é um prefácio, e não um resumo. E não é adequado que o prefaciador tente tornar desnecessária a leitura da obra que se propôs a prefaciar.

Não posso, porém, deixar de registrar algo que me parece importante. Vive-se, agora, um tempo semelhante ao que se viveu na primeira metade dos anos 1970, quando pela última vez havia sido aprovado um novo Código de Processo Civil no Brasil. Naquela altura, vários autores (como José Carlos Barbosa Moreira, com seus *Estudos sobre o novo Código de Processo Civil*, e Luis Antônio de Andrade, com seu *Aspectos e Inovações do Código de Processo Civil*) escreveram livros com propostas semelhantes à deste que ora prefacio. Pois não é difícil vaticinar o destino deste livro. Leonardo de Faria Beraldo produziu um livro que nasce para ser clássico. E quando, no futuro, escreverem a história do processo civil brasileiro, será preciso lembrar deste como um dos livros responsáveis por permitir que a comunidade jurídica conhecesse as inovações trazidas para o sistema de prestação de justiça civil pelo Código de Processo Civil de 2015.

Alexandre Freitas Câmara

Desembargador (TJRJ). Professor emérito e coordenador de direito processual civil da EMERJ (Escola da Magistratura do Estado do Rio de Janeiro). Membro da comissão de juristas que assessorou a Câmara dos Deputados na análise do projeto de lei que resultou no CPC de 2015. Membro do Instituto Brasileiro de Direito Processual, do Instituto Ibero-Americano de Direito Processual e da International Association of Procedural Law. Presidente do ICPC (Instituto Carioca de Processo Civil).

APRESENTAÇÃO

O constitucionalismo brasileiro pós-88 trouxe mudança de paradigmas em todos os ramos do Direito legislado.

Concebidos por Thomas Kuhn como matrizes teóricas disciplinares compostas de hipóteses gerais, assim como de um conjunto de leis e de técnicas necessárias ao seu funcionamento, os paradigmas definem a norma do que é uma atividade legítima em uma área dada e determinam, a rigor, a natureza dos fatos que é permitido aos pesquisadores observar.

A evolução do Direito não se realiza de modo linear e cumulativo, mas por saltos que sobrevêm quando um conjunto de teorias em crise e, ao fim de certo tempo, é eliminado em proveito de um outro conjunto teórico organizado de forma diferente.

Por outras palavras, o progresso do Direito não pode ser pensado como um processo pelo qual o espírito humano se aproxima inevitavelmente de uma verdade preexistente, pois a definição de verdade depende sempre, em parte, da linguagem, e logo, da história.

Essa reflexão nos leva a considerar que o ser humano, como ser linguístico, histórico e limitado em seus conhecimentos, está em constante mutação, e que um sujeito aprende com o olhar do outro, o que somente é possível em um debate público e por meio de uma racionalidade comunicativa que possibilite sistemicamente a modernidade.

No âmbito do processo civil e da administração da justiça, pode-se dizer que a mudança de paradigma, em nosso Direito, iniciada com as reformas pontuais do Código de 1973, ocorridas no pós-88, encontrou seu ápice com o debate democrático do Anteprojeto, e posteriormente, no Congresso Nacional, do Projeto de Lei do Senado n.166/2010, que resultou na Lei n. 13.105, de 16 de março de 2015,que institui o Código de Processo Civil, a entrar em vigor um ano após sua publicação oficial.

São inúmeras as mudanças relacionadas com os novos parâmetros adotados pelo CPC de 2015, tanto na sua estrutura normativa , como no seu conteúdo, dentre as quais se acham aquelas referentes aos sistemas principiológico e comparticipativo, a fundamentação racional e legítima das decisões judiciais, bem como a jurisprudência relacionada com uma litigiosidade repetitiva, a reclamar soluções normativas adequadas para reduzir ou minimizar o impacto negativo na própria gerência da administração da justiça brasileira, dado o congestionamento da atividade jurisdicional de juízos e tribunais resultante da explosão de litigiosidade no Brasil democrático pós-88.

O Novo CPC traz, em sua parte geral, estrutura normativa com estreito vínculo à Constituição da República, ao cuidar das normas fundamentais do processo civil e da aplicação das normas processuais, com ênfase na irradiação dos direitos fundamentais declarados na Constituição, em especial a razoável duração do processo. Neste horizonte, e tendo presente a concepção do Estado Democrático de Direito, o Novo CPC reforça o princípio do contraditório, com a adoção e o aprofundamento de um modelo comparticipativo vinculado à boa-fé, sobretudo pela garantia da influência e da não surpresa, na construção do provimento jurisdicional a que as partes se submetem. Enfim, busca instituir um modelo de ordenamento jurídico baseado na ideia de um processo justo e de legitimidade das decisões judiciais. O Novo Código também aperfeiçoa e aprimora os institutos da conciliação e mediação como meios de solução alternativa de conflitos.

Na esfera jurisprudencial, o Novo CPC introduz um microssistema de litigiosidade repetitiva, com o alargamento das técnicas relacionadas aos precedentes, edição de súmulas, recursos extraordinário e especial repetitivos, ou com repercussão geral, e incidente de resolução de demandas repetitivas, o que passa pela necessidade de mudança do gerenciamento e da estrutura do próprio sistema jurisdicional brasileiro.

As inovações do CPC de 2015 vêm tratadas de modo claro, objetivo e pragmático por Leonardo de Faria Beraldo, no presente livro, que tenho a honra de apresentar, por especial deferência do autor.

A trajetória de vida profissional e acadêmica de Leonardo Beraldo mais que o credencia para o sucesso desta obra junto ao público leitor: Advogado, Árbitro e Consultor, Mestre em Direito Público pela PUC MINAS, Presidente da Comissão Especial da OAB/MG encarregada dos estudos do projeto de lei de novo Código de Processo Civil (entre os anos de 2010 e 2014), Professor em graduação e pós-graduação em Direito Processual Civil, Arbitragem, Civil e Societário, Ex-Diretor e Professor da Escola Superior de Advocacia da OAB/MG, Professor Convidado da Escola Judicial Desembargador Edésio Fernandes, do Tribunal de Justiça do Estado de Minas Gerais (EJEF), Escola Judiciária Eleitoral do TRE/MG (EJEMG) e da Escola de Magistratura Federal da Primeira Região (ESMAF-TRF-1), publicou ainda os seguintes livros: *Curso de Arbitragem:* nos termos da Lei n. 9.307/96; *Função social do contrato:* contributo para a construção de uma nova teoria, e *Alimentos no Código Civi*l. É autor de diversos artigos em periódicos especializados e capítulos de livros (obras coletivas) nas áreas do direito processual civil, societário, civil e arbitragem. Foi Coordenador e coautor dos livros: *Direito societário na atualidade:* aspectos polêmicos, e *Estudos de Direito Constitucional*: homenagem ao Professor Ricardo Malheiros Fiuza.

O livro que ora se apresenta – *Comentários às Inovações do Código de Processo Civil* - é dividido em cinco partes. A primeira parte cuida da teoria geral do processo; a segunda, do processo de conhecimento; a terceira, do processo de execução; a quarta, do processo nos tribunais e dos meios de impugnação das decisões judiciais, e a quinta, das disposições finais e transitórias.

A preocupação e o cuidado em analisar e detalhar cada inovação trazida pelo CPC de 2015 constituem o traço principal que perpassa todo o livro de Leonardo Beraldo. Veja-se, por exemplo, as questões pontuais sobre direito intertemporal processual consideradas pelo autor na quinta parte do livro, e para as quais oferece adequada solução. Ainda segundo o autor, o tempo de duração do processo seria pequeno, mesmo na vigência do CPC de 1973, se tivessem sido cumpridos à risca todos os prazos processuais.

O que diferencia esta obra de outros trabalhos que vêm sendo publicados acerca do Novo Código, é que o autor se preocupa em estudar, de modo pragmático, as inovações trazidas pelo novel diploma processual, com o olhar sempre voltado para o dia a dia do operador do direito, de modo a possibilitar-lhe a utilização dos procedimentos e das técnicas constantes do Novo CPC, sem descuidar, todavia, dos aspectos teóricos e normativos que servem de fundamento para a ação do Juiz, do advogado, do membro do Ministério Público e do Defensor Público.

Apesar da ênfase na busca de soluções práticas para as questões que o Novo Código irá certamente suscitar, o autor formula e concebe seus comentários sem ultrapassar o círculo teórico desenhado segundo os princípios e os paradigmas que dão unidade e coesão ao CPC de 2015, empreendendo, desse modo, um discurso teórico aliado à prática processual presente no cotidiano dos juízos e tribunais brasileiros.

Que o livro seja útil para todos os leitores.

Kildare Gonçalves Carvalho

Segundo Vice-Presidente do TJMG e Professor na
Faculdade de Direito Milton Campos

NOTA DO AUTOR

No final do ano de 2009 foi anunciada a criação de uma Comissão de Juristas, pelo Senado Federal, para a elaboração de um anteprojeto de novo Código de Processo Civil (CPC). O argumento central para se pensar em alterar o CPC era o de se resolver o problema da morosidade da justiça brasileira.

Definitivamente, o Brasil não precisava de um novo CPC. Isso porque o problema da morosidade da justiça não será resolvido com a mudança da lei. Se os prazos do CPC/1973 fossem aplicados e obedecidos à risca, o tempo de duração dos processos seria pequeno. Por questão de justiça, é preciso deixar claro, no entanto, que o novo CPC é bem melhor do que o CPC/1973.

No início do ano de 2010 foi criada, pela OAB/MG, uma *Comissão Especial encarregada dos estudos do projeto de lei de novo Código de Processo Civil*, para a qual tive a honra e o prazer de ser nomeado o seu presidente. Foram quatro anos à sua frente. Com isso, sempre estive bem a par de todas as versões do projeto de lei, bem como das discussões que o pautaram.

Estive presente nas audiências públicas que ocorreram em Belo Horizonte, entretanto, não participei das conferências acadêmicas realizadas ao longo desses anos.

O anteprojeto foi entregue pela Comissão de Juristas em junho/2010. O projeto, modificado, foi aprovado pelo Senado em dezembro/2010 e, imediatamente, encaminhado à Câmara dos Deputados, onde também sofreu aperfeiçoamentos, e foi aprovado em março/2014. Voltou ao Senado e foi aprovado em dezembro/2014.

No final do mês de fevereiro/2015, o projeto de novo CPC foi encaminhado à Presidência da República. Lá foram realizados sete vetos, apesar de a sociedade civil ter clamado por vários outros. Foram eles: arts. 35, 333, 515, X, 895, § 3º, 937, VII, e 1.055. O mais relevante de todos eles é o do art. 333, que cuida da conversão da ação individual em ação coletiva. A justificativa, correta, a nosso ver, é a de que esse dispositivo poderia violar o acesso à justiça e o princípio da inafastabilidade da jurisdição.

No dia 16/03/2015 foi realizada, no Palácio do Planalto, em Brasília/DF, solenidade de sanção do novo CPC. No dia seguinte foi publicada no Diário Oficial a Lei n. 13.105, ou, simplesmente, Código de Processo Civil.

Como leciono direito processual civil em cursos de graduação e pós-graduação *lato sensu* há muitos anos, tendo ministrado aulas sobre todas as partes do CPC, e, ainda, por gostar muito de redigir, me senti na obrigação de escrever um livro sobre as alterações do novo CPC em relação ao CPC/1973.

E qual é a concepção desse livro? Pensei em escrever um livro apenas com as principais alterações do novo CPC em relação ao CPC de 1973, de forma bem objetiva, sem notas de rodapé, sem citação de doutrina e de jurisprudência, com linguagem fácil e com uma subdivisão interna bastante completa e simples. Enfim, um livro bem prático e de fácil e rápida consulta.

O que seriam essas alterações? A meu ver, posso defini-las como aquilo que: (i) não existia e acaba de ser criado, (ii) foi apenas objeto de mera modificação, e (iii) deixou de existir. São com esses três pontos que eu estou me preocupando. Não vou me apegar a conceitos que já são do conhecimento das pessoas, bem como às regras que não foram alteradas pelo legislador, pois, repito, as pessoas já sabem e não precisam que alguém lhes digam novamente. Vez ou outra, em razão da relevância do tema, repito, muito rapidamente, novos dispositivos legais que não representam inovação.

Esse livro parte da premissa de que o leitor já conhece, pelo menos razoavelmente, o CPC/1973. É um livro destinado a advogados, magistrados, membros do Ministério Público, professores de Direito, servidores judiciários e estudantes de pós-graduação. O estudante de graduação pode utilizá-lo se, conforme mencionei, já tiver uma certa base na matéria.

E por que escolhi essa metodologia? A verdade é que escrevi pensando em mim. Se eu já conhecesse bem um determinado ramo do direito, e ocorresse uma alteração legal, não iria querer ler e estudar, pelo menos no primeiro momento, um livro (ou uma coleção) enorme, com as explicações básicas de todo o Código. Para mim seria relevante saber, inicialmente, quais são as principais modificações. Depois disso, se fosse o caso, partiria para uma leitura diferenciada. Reitero, portanto, que, a curto prazo, o mais relevante é ter ciência das modificações, das novidades e das supressões.

Apenas para não deixar alguma dúvida ou má impressão, penso que as coleções de direito processual civil, bem como os CPCs comentados/anotados, continuarão a ser imprescindíveis, contudo, nesse primeiro instante, creio que um livro mais objetivo e limitado apenas às inovações trazidas, será de enorme valia aos profissionais do Direito.

Aliás, quero deixar claro ao leitor que a minha intenção nesse livro não é tecer comentários muito aprofundados sobre as alterações que o novo CPC trouxe, esgotando todos os pontos. Não, não é isso. O que eu quero é apresentar o novo CPC àquelas pessoas que não pretendem, ou não podem, dispensar muito tempo para a leitura. É claro que a obra não é mera transcrição de artigos; muito pelo contrário. O que desejo é mostrar, com certa profundidade, quais são as novidades e dar a minha opinião sobre elas. Desse modo, parece ter ficado claro que não vou ficar conceituando institutos e categorias jurídicas que já são do conhecimento do leitor.

Sempre gostei muito de citar doutrina e jurisprudência em todos os artigos e livros que já escrevi até hoje. E por que nesse trabalho optei por não fazer isso? Em primeiro lugar porque, quando comecei a escrever sobre o texto final aprovado pelo Senado, e, claro, de olho nas eventuais mudanças que poderiam surgir na Presidência da República, sequer existiam trabalhos publicados. Em segundo lugar, acho que um livro sem citações também tem o seu lugar. Em terceiro lugar, torna a leitura mais leve, fácil e prazerosa.

Em suma, qual é a tranquilidade que gostaria que o leitor tivesse ao terminar de ler esse livro? É a de que o direito processual civil que ele aprendeu na faculdade de Direito não mudou, salvo se eu tiver tecido alguma observação ao longo das páginas desse trabalho. Sei que é muito a se pedir a uma pessoa que sequer me conhece, no entanto, posso garantir que a escrita e a revisão do livro me permitem afirmar isso tranquilamente. Repito que é evidente que essa obra não tem a pretensão de exaurir o tema no tocante aos pontos de vista e possíveis interpretações, pois eles variam de pessoa para pessoa. Todavia, um fato é certo: toda regra nova, modificada ou suprimida consta desse livro, mesmo que os comentários, ocasionalmente, possam não ser exaustivos; até porque a completude do processo civil jaz, justamente, na comunhão de diversas obras jurídicas, uma vez que um só doutrinador não tem como consumir o tema.

Desse modo, feitas essas considerações, é momento de iniciar a leitura. Espero que gostem e estou aberto e ansioso para receber críticas, comentários e sugestões sobre o texto, que, por certo, jamais estará pronto e acabado. As pessoas que estiverem dispostas em me auxiliar com isso, poderão enviar as suas mensagens, por gentileza, para o seguinte e-mail: leoberaldo@globo.com.

Boa leitura! E não demore muito a começar seus estudos, pois, no dia 18/03/2016, em plena sexta-feira, sete dias antes da Semana Santa, entrará em vigor o novo CPC.

Belo Horizonte, 31 de março de 2015 (data do fechamento dessa edição)

O Autor.

Primeira Parte

Teoria Geral do Processo Civil

I – DAS NORMAS PROCESSUAIS CIVIS

§ 1º – O PROCESSO CIVIL CONSTITUCIONAL

Já no art. 1º do novo Código de Processo Civil (novo CPC), o legislador deixa claro que o direito processual civil deverá ser guiado pela Constituição Federal (CF/88). Dispõe que "o processo civil será ordenado, disciplinado e interpretado conforme os valores e as normas fundamentais estabelecidos na Constituição da República Federativa do Brasil, observando-se as disposições deste Código". Trata-se de dispositivo que não tem correspondente no Código de Processo Civil de 1973 (CPC/1973).

Normas, para a grande maioria da doutrina, é o gênero do qual são espécies os princípios e as regras. Observe-se, pois, que o Capítulo I do Título Único do Livro I da Parte Geral do novo CPC cuida dos princípios e das regras fundamentais do processo civil.

Assim, para aqueles que ainda tinham dúvidas sobre a importância que a CF/88 tem no direito processual civil (assim como em todos os demais ramos do Direito), agora já não resta mais nenhuma dúvida. Como o brasileiro gosta muito do direito positivo, talvez agora fique mais fácil valer-se de princípios como os da ampla defesa, do contraditório e da igualdade das partes em toda a sua plenitude.

O interessante será ver o comportamento, do Supremo Tribunal Federal (STF) e do Superior Tribunal de Justiça (STJ), no julgamento dos recursos extraordinário e especial, no que concerne às normas e valores constitucionais e, claro, a esse dispositivo do novo CPC. Será que recursos serão conhecidos e providos, na era da restrição máxima àquelas Cortes, para dizer que o princípio do contraditório é uma garantia de não surpresa e de influência no teor das decisões judiciais? O tempo nos dirá isso.

§ 2º – PRINCÍPIO DA INAFASTABILIDADE

O novo CPC incorporou no seu texto o princípio da inafastabilidade, que já estava expresso no inciso XXXV do art. 5º da CF/88. Consta do art. 3º do novo CPC que "não se excluirá da apreciação jurisdicional ameaça ou lesão a direito".

A inovação é desnecessária, porém, não traz nenhum prejuízo do ponto de vista técnico-normativo. Já do ponto de vista prático, é mais um dispositivo genérico que poderá ser utilizado para se interpor recurso especial pela parte mal intencionada e interessada em procrastinar o feito.

Nesse ponto é preciso ressaltar que, em alguns casos, a jurisprudência tem exigido que a pessoa tente resolver o seu problema, antes de ajuizar a ação, junto à outra parte, como, *v.g.*, quando se tratar de pedido de concessão de benefício junto ao INSS (STF, RE n. 631.240/MG). Esse posicionamento faz sentido, se lembrarmos de que a jurisdição foi criada para resolver as lides entre pessoas, uma vez que a autotutela é vedada. Assim sendo, e se lide significa conflito de interesses qualificado por uma pretensão resistida, não faz sentido ajuizar ação sem que exista contrariedade da parte contrária em atender a pretensão da suposta vítima. E, se isso for feito, deverá arcar com os honorários sucumbenciais, caso o réu não se contraponha ao pleito inicial.

§ 3º – Formas adequadas para a solução de controvérsias

O art. 3º do novo CPC possui dois parágrafos muito importantes e que devem ser ressaltados. O § 1º diz que "é permitida a arbitragem, na forma da lei". O § 2º dispõe que "o Estado promoverá, sempre que possível, a solução consensual dos conflitos". Ambos os dispositivos não possuem correspondentes no CPC/1973.

A arbitragem não é novidade no Brasil e está em franco crescimento, no entanto, o dispositivo reforça a sua existência e importância. Será cabível sempre que pessoas jurídicas e pessoas naturais capazes quiserem, por livre e espontânea vontade, resolver seus litígios que envolvam direitos patrimoniais disponíveis. Não é um meio consensual de resolução de conflitos, mas é extrajudicial, adequado e altamente recomendado.

No tocante à promoção, pelo Estado, da solução consensual de conflitos, também não pode ser visto como novidade, pois a conciliação vem sendo largamente utilizada. Já a mediação, bem menos do que poderia e deveria.

A arbitragem não é uma forma de se resolver o problema da morosidade da Justiça. Já a conciliação e, especialmente, a mediação, podem reduzir sobremaneira o acervo de processos judiciais. Mais ainda: pode evitar que o litígio chegue ao Poder Judiciário, o que é o recomendado e desejado.

§ 4º – Direito a uma decisão de mérito

Segundo o art. 4º do novo CPC, "as partes têm o direito de obter em prazo razoável a solução integral do mérito, incluída a atividade satisfativa". Não há correspondente no CPC/1973.

A nosso ver, parece-nos que o legislador está pretendendo eliminar as decisões meramente terminativas do nosso ordenamento. Em outras palavras, sempre que o magistrado puder, ele deverá optar por proferir decisões de mérito. E, para efetivar essa norma, deve o julgador, sempre que constatar vício sanável, intimar a parte para que o retifique, ao invés de optar pelo caminho mais fácil, que, como se pode imaginar, seria o de, simplesmente, extinguir o feito sem resolução de mérito.

Todo mundo sabe que o juiz deve, ao receber a petição inicial, verificar se ela preencheu todos os seus requisitos legais, e, na falta ou indevido preenchimento de um deles, precisa intimar o autor para emendá-la, sob pena de extinção. E por que é que todos sabem disso? Simples. É porque, há mais de quarenta anos, existem dois dispositivos no CPC/1973 com esses dizeres (arts. 284 e 616).

Dito isso, ratificamos que o que se espera de toda a magistratura nacional é que, ao se depararem com um vício sanável, intime a parte para que o corrija, no prazo assinalado, sob pena de sofrer as sanções legais, sendo a extinção do processo sem resolução de mérito a mais dura de todas. Aliás, isso nem é tão novo assim. Basta nos lembrarmos do disposto no § 4º do art. 515 do CPC/1973, acrescido no ano de 2006: "constatando a ocorrência de nulidade sanável, o tribunal poderá determinar a realização ou renovação do ato processual, intimadas as partes; cumprida a diligência, sempre que possível prosseguirá o julgamento da apelação".

Além desse direito a uma decisão de mérito, diz o art. 4º que a atividade jurisdicional deve ser prestada em prazo razoável. Essa expressão não pode ser confundida com a palavra célere. Talvez o melhor sentido para a expressão "prazo razoável" seja "sem dilações indevidas".

§ 5º – O princípio da boa-fé objetiva

O art. 5º do novo CPC estabelece que "aquele que de qualquer forma participa do processo deve comportar-se de acordo com a boa-fé". Não é novidade e seu correspondente no CPC/1973 seria o art. 14, II.

Sobre o princípio da boa-fé objetiva no dispositivo em comento, algumas notas.

Primeiro, o referido princípio já existia de forma tímida no CPC/1973.

Segundo, deixemos claro que o legislador está se referindo ao princípio da boa-fé objetiva, e, não, subjetiva.

Terceiro, o princípio é aplicável não apenas às partes, mas ao magistrado, ao membro do Ministério Público (MP), aos auxiliares da justiça (escrivão, leiloeiro, oficial de justiça, perito, dentre outros) e aos terceiros intervenientes.

Quarto, a aplicação desse princípio não se resume apenas às hipóteses listadas no dispositivo que regula a litigância de má-fé (art. 80). Vejamos um exemplo de violação ao princípio da boa-fé que não pode ser enquadrado como litigância de má-fé. O autor ajuíza uma ação visando anular uma suposta dívida e requer, liminarmente, a retirada de seu nome do SPC e do SERASA, que, como é sabido, são os dois cadastros de inadimplência mais conhecidos no Brasil. O juiz defere o pedido, mediante a apresentação de caução do autor, que é prontamente apresentada. O réu, citado, não agrava da decisão, no entanto, negativa o nome do autor, pela mesma dívida, em outros dois órgãos de proteção ao crédito: SCPC e EQUIFAX. Ora, é evidente que essa conduta do réu viole o princípio da boa-fé objetiva, e deve ser punida pelo magistrado. Quer dizer então que, se existissem cento e cinquenta órgãos distintos no Brasil, poderia o credor ir negativando o nome do devedor aos poucos, em doses homeopáticas? Claro que não. Uma forma de se coibir esse comportamento de pronto seria a determinação para a retirada do nome do autor dos órgãos em que seu nome já se encontrava inscrito e, quanto aos demais, proibir, sob pena de multa diária.

§ 6º – Dever de cooperação e direito a um processo em tempo razoável

O art. 6º do novo CPC dispõe que "todos os sujeitos do processo devem cooperar entre si para que se obtenha, em tempo razoável, decisão de mérito justa e efetiva". Não possui correspondente idêntico no CPC/1973.

O dever de cooperação já existia de forma implícita no CPC/1973, pois decorre do princípio da boa-fé objetiva, sendo um de seus deveres anexos de conduta. No que pese as discussões doutrinárias sobre o tema – se existe ou não um dever de cooperação no processo civil – o certo é que o referido dever agora se encontra positivado e deverá ser observado por todos os sujeitos do processo, isto é, partes e magistrado.

Lembremo-nos de que a relação entre o julgador e as partes não é de hierarquia, uma vez que todos se inter-relacionam. O juiz não pode continuar a ser visto como o "dono do processo", e por uma razão muito simples: ele é apenas o gerenciador do conflito. O processo é das partes, logo, deve-se dar da melhor forma possível para elas. Daí porque falar em saneamento compartilhado, contraditório dinâmico e, claro, dever de cooperação entre todos os sujeitos (e, não, partes) do processo.

O direito a uma decisão de mérito justa e efetiva, em tempo razoável, existe por si só e também já tinha previsão sobre isso no art. 125, II, do CPC/1973. Isso porque ninguém ajuíza uma ação com a expectativa de se ter um processo demorado e, ao final, uma decisão inexequível e injusta. Tal regramento foi ainda positivado na CF/88, há alguns anos, no inciso LXXVIII do art. 5º. Não bastasse, a previsão de se ter uma decisão judicial em prazo razoável consta no art. 4º do novo CPC.

Uma das medidas que devem ser tomadas pelo juiz, para velar pelo efetivo e bom andamento dos trabalhos, é indeferir as diligências inúteis ou meramente protelatórias, nos termos do parágrafo único do art. 370 do novo CPC (antigo art. 130 do CPC/1973). Especialmente no tocante à produção de provas, esse mister deve ser exercido com extrema cautela, de modo a não cercear o direito de defesa da parte. O julgador de primeiro grau precisa sempre se lembrar de que ele não é o único destinatário da prova, uma vez que, em caso de recurso, o tribunal poderá reapreciar todas as provas dos autos, haja vista o efeito devolutivo da apelação.

Há, portanto, pelo menos na teoria, a intenção do legislador de que o processo seja mais célere, no entanto, se não ocorrerem profundas alterações no âmago da nossa sociedade, bem como do próprio Judiciário, a prestação jurisdicional continuará sendo morosa.

§ 7º – Princípio da igualdade das partes

O art. 7º do novo CPC diz que "é assegurada às partes paridade de tratamento em relação ao exercício de direitos e faculdades processuais, aos meios de defesa, aos ônus, aos deveres e à aplicação de sanções processuais, competindo ao juiz zelar pelo efetivo contraditório". O juiz já tinha, no CPC/1973, esse dever, conforme se extrai do art. 125, I. É claro que a redação foi bastante aumentada e aprimorada.

Lembremo-nos apenas que o melhor conceito de igualdade é tratar todos os iguais, igualmente, e os desiguais, desigualmente, na medida e proporção de suas desigualdades.

§ 8º – Aplicação do ordenamento jurídico, os fins sociais e o norte a ser perseguido

O art. 8º do novo CPC determina que, "ao aplicar o ordenamento jurídico, o juiz atenderá aos fins sociais e às exigências do bem comum, resguardando e promovendo a dignidade da pessoa humana e observando a proporcionalidade, a razoabilidade, a legalidade, a publicidade e a eficiência".

Não há dispositivo correspondente no CPC/1973. Apesar disso, não há qualquer novidade prática, muito embora seja recomendável a positivação desse regramento. O fim social já era observado graças ao art. 5º da Lei de Introdução às Normas do Direito Brasileiro. A dignidade da pessoa humana está prevista no texto constitucional como um dos fundamentos da República (art. 1º, III).

Os princípios mencionados não representam novidade ao aplicador do Direito e são reiteradamente lembrados pela lei (expressa ou implicitamente), doutrina e jurisprudência. Isso não é uma crítica, mas uma mera constatação, e reiteramos que a positivação merece aplausos. A grande reclamação existente é quanto à forma que alguns desses princípios são aplicados. Princípios como os da razoabilidade e os da proporcionalidade são lançados em decisões judiciais, sem o menor critério e sem qualquer explicação, servindo, por si sós, como o único fundamento para se decidir a lide. Ora, é preciso aprofundar ao se decidir. Não é aceitável que o único argumento para se decidir seja a pura e simples aplicação desse ou daquele princípio, sem que se diga como e porque ele se amolda ao caso concreto. A devida fundamentação das decisões judiciais é um dos pilares do Estado Democrático de Direito e é, sem dúvida, uma das vertentes do princípio da segurança jurídica.

§ 9º – O PRINCÍPIO DO CONTRADITÓRIO

Dois são os dispositivos que merecem destaque sobre o tema: os arts. 9º e 10 do novo CPC. Ambos não possuem correspondentes no CPC/1973.

Segundo o art. 9º, "não se proferirá decisão contra uma das partes sem que esta seja previamente ouvida". O seu parágrafo único excepciona a regra geral da seguinte forma: "o disposto no *caput* não se aplica: I – à tutela provisória de urgência; II – às hipóteses de tutela da evidência previstas no art. 311, incisos II e III; III – à decisão prevista no art. 701". A necessidade de intimação das partes de todos os atos do processo, bem como as decisões *inaudita altera pars* já existem no nosso Direito há tempos, logo, não se pode afirmar que se trata de inovação essa regra geral e, nem as suas exceções.

Em relação ao art. 10, tem-se que "o juiz não pode decidir, em grau algum de jurisdição, com base em fundamento a respeito do qual não se tenha dado às partes oportunidade de se manifestar, ainda que se trate de matéria sobre a qual deva decidir de ofício". Trata-se de brilhante e moderno dispositivo legal que esperamos que seja obedecido. Observe-se que, mesmo naqueles casos nos quais o magistrado está autorizado a decidir *ex officio*, deverá ele, antes disso, permitir que ambas as partes se manifestem sobre o ponto específico; só depois estará o magistrado autorizado a decidir. A nosso ver, a violação do comando do art. 10 do novo CPC leva à invalidade do ato praticado.

Ainda sobre o art. 10, acreditamos que, mesmo nas hipóteses de indeferimento da petição inicial, como no julgamento de improcedência liminar, nos quais o juiz pode se retratar no prazo de cinco dias após verificar as razões de apelação (arts. 331 e 332, § 3º, ambos do novo CPC), será preciso obedecer ao comando desse dispositivo legal. Com isso evitam-se dilações indevidas.

Vê-se, pois, que os dispositivos elevam o princípio do contraditório a um degrau acima do qual já se encontrava antes da mudança de Códigos. A sua concepção mais moderna, qual seja, a de se permitir que as partes participem efetivamente da construção de todos os provimentos jurisdicionais, bem como da impossibilidade de se ter decisões que surpreendam as partes.

Acreditamos que, se o princípio do contraditório for seguido à risca da lei pelo magistrado, o número de recursos poderá diminuir um pouco. Achar que reduzirão drasticamente, só por conta disso, já é um sonho.

§ 10 – PRINCÍPIO DA PUBLICIDADE E DA FUNDAMENTAÇÃO DAS DECISÕES

O art. 11 do novo CPC mantém a regra já consolidada entre nós de que, como regra geral, todos os processos, audiências e sessões de julgamento são públicos, salvo aqueles que tramitam sob segredo de justiça. Todas as decisões judiciais devem ser fundamentadas. A pena para o descumprimento de qualquer um desses dois comandos, quais sejam o da publicidade e o da devida fundamentação, é a nulidade.

§ 11 – Ordem cronológica dos processos

O art. 12 do novo CPC trata do dever que todos os magistrados do Brasil têm de obedecer à ordem cronológica de conclusão para proferir sentença ou acórdão. Confira-se a redação do dispositivo:

> Art. 12. Os juízes e os tribunais deverão obedecer à ordem cronológica de conclusão para proferir sentença ou acórdão.
>
> § 1º A lista de processos aptos a julgamento deverá estar permanentemente à disposição para consulta pública em cartório e na rede mundial de computadores.
>
> § 2º Estão excluídos da regra do *caput*:
>
> I – as sentenças proferidas em audiência, homologatórias de acordo ou de improcedência liminar do pedido;
>
> II – o julgamento de processos em bloco para aplicação de tese jurídica firmada em julgamento de casos repetitivos;
>
> III – o julgamento de recursos repetitivos ou de incidente de resolução de demandas repetitivas;
>
> IV – as decisões proferidas com base nos arts. 485 e 932;
>
> V – o julgamento de embargos de declaração;
>
> VI – o julgamento de agravo interno;
>
> VII – as preferências legais e as metas estabelecidas pelo Conselho Nacional de Justiça;
>
> VIII – os processos criminais, nos órgãos jurisdicionais que tenham competência penal;
>
> IX – a causa que exija urgência no julgamento, assim reconhecida por decisão fundamentada.
>
> § 3º Após elaboração de lista própria, respeitar-se-á a ordem cronológica das conclusões entre as preferências legais.
>
> § 4º Após a inclusão do processo na lista de que trata o § 1º, o requerimento formulado pela parte não altera a ordem cronológica para a decisão, exceto quando implicar a reabertura da instrução ou a conversão do julgamento em diligência.
>
> § 5º Decidido o requerimento previsto no § 4º, o processo retornará à mesma posição em que anteriormente se encontrava na lista.
>
> § 6º Ocupará o primeiro lugar na lista prevista no § 1º ou, conforme o caso, no § 3º, o processo:
>
> I – que tiver sua sentença ou acórdão anulado, salvo quando houver necessidade de realização de diligência ou de complementação da instrução;
>
> II – quando ocorrer a hipótese do art. 1.040, inciso II.

Não existe dispositivo correspondente no CPC/1973.

É uma regra justa e que veio em boa hora. Evitará, por certo, o desrespeito à ordem cronológica – o que é bom – e também não permitirá que manobras da parte recalcitrante possam postergar o momento de se proferir a tão esperada decisão judicial, conforme se verifica no § 5º.

Há exceções (cf. o § 2º) e todas elas são merecedoras de integrar o dito rol.

O inciso VIII do § 2º foi pensado para as pequenas comarcas, nas quais os juízos, se é que a palavra pode ser posta no plural (há inúmeras varas únicas em comarcas Brasil afora), em que o juiz julga processos de natureza cível e criminal.

O inciso IX, sem dúvida o que pode trazer mais discussões, trata da urgência no julgamento, que é uma expressão vaga e subjetiva, e isso, em princípio, não tem nada à ver com a tutela provisória. Para que o magistrado possa "furar a fila" de processos com base no inciso IX, é preciso que fundamente a sua decisão, ou seja, mostrar porque é que aquele processo merece sair da ordem cronológica. Essa justificativa é uma espécie de satisfação aos jurisdicionados que foram preteridos. E mais: é uma forma de o juiz se proteger de eventual alegação de suspeição.

Temos uma curiosidade: será que a lista do § 1º será mesmo elaborada periodicamente e colocada à disposição de todos?

Outra coisa. Infelizmente, o dispositivo ainda deixa brecha para que magistrados de primeiro grau, interessados em melhorar as suas estatísticas de produtividade, julguem os processos em desacordo com a ordem cronológica. Para se evitar que tal prática (que raramente ocorre) possa ser bem sucedida, é preciso que os desembargadores fiquem atentos aos mínimos detalhes dos dados estatísticos, pois, quanto mais detalhados, mais fácil é compreender o que realmente ocorre. A estatística presta um grande serviço, entretanto, se mal feita ou interpretada, o efeito gerado é exatamente o oposto.

Quando o novo CPC entrar em vigor, os juízes, por certo, já terão diversos processos conclusos para sentença. Nesse caso, como não será possível saber qual deles chegou primeira nessa etapa do processo, observar-se-á a antiguidade do processo em si, isto é, a antiguidade da distribuição entre os já conclusos na data da entrada em vigor do novo CPC (§ 5º do art. 1.046 do novo CPC).

E qual seria a sanção em razão do descumprimento dessa determinação legal? A nosso ver, sugerir a invalidade da decisão, pura e simplesmente, está fora de cogitação. Essa hipótese, além de violar os princípios da celeridade e da economia processual, não seria útil para qualquer uma das partes. A melhor solução, em princípio, é a de que essa atitude do magistrado seja vista como indício de suspeição; mais precisamente com base no inciso IV do art. 145 do novo CPC. Em outras palavras, uma sentença proferida em desrespeito à ordem cronológica, sem a devida fundamentação do porquê disso, sugere que o magistrado esteja interessado no julgamento de causa em favor de qualquer das partes.

§ 12 – Da aplicação das normas processuais

Os arts. 13, 14 e 15 cuidam dessa parte e não trazem nada de novo, muito embora todos eles não possuam correspondentes no CPC/1973. É importante destacar que: (i) o que rege a jurisdição civil no Brasil são as normas brasileiras, salvo se existirem, em tratados ou convenções internacionais, dos quais o nosso país seja parte, outras regras (art. 13); (ii) como era de se esperar, a lei nova não retroagirá e terá aplicação imediata, respeitados os atos já consolidados à luz do CPC/1973 (art. 14); e (iii) os processos eleitorais, trabalhistas e administrativos serão regidos, supletiva e subsidiariamente, pelas normas do novo CPC (art. 15).

II – DA FUNÇÃO JURISDICIONAL

§ 1º – Da jurisdição e da ação

Os arts. 16 a 20 do novo CPC possuem correspondentes quase idênticos no CPC/1973 e não carecem de explicação. Merece nota, todavia, o fato de que a ação declaratória incidental não terá mais vez no novo CPC. Além de inexistir previsão legal, ela não será mais necessária, uma vez que a coisa julgada ganha novos limites objetivos no novo CPC, e que, oportunamente, serão analisados nesse livro.

Novidade relevante e merecedora de breve menção é o fato de que a expressão "condições da ação" não consta do novo CPC. Isso significa que acabaram as condições da ação? Quer dizer, então, que não se falará mais em legitimidade das partes, interesse de agir e possibilidade jurídica do pedido? Calma, não vamos tão longe assim.

O novo CPC continua tendo dispositivos legais versando sobre legitimidade e interesse, como, *v.g.*, condição para litigar em juízo (art. 17), matéria a ser alegada em preliminar na contestação (art. 337, XI) e causa de não julgamento do mérito (art. 485, VI). O que se passa é que a possibilidade jurídica do pedido apenas deixa de ser uma condição autônoma da ação na visão da lei, até porque, na doutrina de Liebman, deixou de ser há muitas décadas. Essa condição da ação será absorvida pelo interesse de agir. Ora, se o pedido formulado pela parte é vedado pelo Direito, significa, em outras palavras, que ele não tem interesse processual. É simples assim. E mais: são raros os exemplos de impossibilidade jurídica do pedido, justificando-se, a sua absorção, pela condição da ação denominada de interesse processual.

No tocante ao suposto desaparecimento das condições da ação do ordenamento, não vemos dessa forma. A legitimidade das partes e o interesse de agir serão sempre vistos como condições da ação, salvo se a lei, expressamente, dispuser de maneira distinta. E, salvo melhor juízo, não há necessidade em se legislar sobre isso. Desse modo, como o novo CPC não discorre sobre a expressão "condições da ação", mas, por outro lado, mantêm no direito positivo a legitimidade e o interesse, que notoriamente são condições da ação, consideramos que as condições da ação continuam plenamente vivas no novo CPC, não obstante, repita-se, a expressão não está positivada.

Concluindo, as condições da ação (o melhor seria dizer condições de prosseguibilidade da ação) continuam existindo no nosso ordenamento jurídico, no entanto, são apenas duas (e, não, três), quais sejam, a legitimidade das partes e o interesse de agir. A possibilidade jurídica do pedido, com toda certeza, deixa de ser uma condição autônoma da ação, uma vez que, se para o ordenamento jurídico é defeso formular esse ou aquele pedido, significa, então, que o autor do pleito carece de interesse processual, logo, não é necessário que aquela antiga condição autônoma da ação continue mantendo esse *status*. Por fim, caso o jurisdicionado formule pedido que é vedado pelo sistema jurídico, deverá o juiz, *ex officio* (§ 3º do art. 485 do novo CPC), extinguir o processo sem resolver o mérito, no entanto, antes de sentenciar, deverá ouvir as partes, nos termos do art. 10 do novo CPC.

§ 2º – Dos limites da jurisdição nacional

Os arts. 21 a 25 do novo CPC cuidam dos limites da jurisdição nacional. Esta parte corresponde àquela destinada à "competência internacional" do CPC/1973 e não possui grandes novidades. São inovações os arts. 22 e 25 do novo CPC.

O art. 22, II, dispõe que "compete, ainda, à autoridade judiciária brasileira processar e julgar as ações: [...] II – decorrentes de relações de consumo, quando o consumidor tiver domicílio ou residência no Brasil". Apesar do disposto no art. 88 do CPC/1973, ainda existiam magistrados que relutavam em dar-se por competentes para apreciar pedidos de indenização contra companhias aéreas quando a passagem era adquirida fora do nosso país. Com o novo texto legal, pode ser que essa dúvida deixe de existir, para que, mesmo nesses casos, possa o consumidor ajuizar a ação no Brasil.

Por outro lado, o art. 25 do novo CPC reza que "não compete à autoridade judiciária brasileira o processamento e o julgamento da ação quando houver cláusula de eleição de foro exclusivo estrangeiro em contrato internacional, arguida pelo réu na contestação".

Questão interessante é saber se, no caso narrado acima, do consumidor lesado por companhia aérea estrangeira, e o bilhete tiver sido adquirido no exterior (não estamos nos referindo a *site* estrangeiro, mas, sim, quando o consumidor estiver fora do Brasil), incidirá no feito o art. 22, II, ou o art. 25? *Quid iuris*? Há duas possíveis respostas. Para a primeira, a regra geral seria a da possibilidade de se processar pessoas jurídicas estrangeiras no Brasil, desde que, aqui, sejam domiciliadas, nos termos do art. 21, ao argumento de que, em se tratando de contratos internacionais, a regra geral seria a do art. 25, encontrando, no art. 22, II, uma exceção. Para a segunda, o raciocínio seria o contrário, isto é, o art. 22, II, seria a regra geral e, o art. 25, a exceção.

Ressalte-se ainda que o art. 22, II, não se aplica somente às relações de consumo com companhias aéreas. Utilizamos essa relação jurídica consumerista apenas como um exemplo, dentre os vários outros que podem ocorrer.

A verdade é que, apesar da boa intenção (ou ambição) do legislador, na prática, esse dispositivo não funcionará. Partindo-se da premissa de que os bens de consumo, na grande maioria dos casos, são baratos, tem-se que o consumidor não terá interesse em ajuizar uma ação no Brasil contra um fornecedor de outro país. Só os gastos com carta rogatória e para homologar a sentença brasileira no outro país (e isso se for procedente), já serão superiores ao do bem ou serviço defeituoso.

Cabe ressaltar que, mesmo antes do novo CPC, já existiam acórdãos condenando empresas estrangeiras, com filial no Brasil, em razão de bens defeituosos comprados no exterior. O *leading case* é o da filmadora da Panasonic, do STJ (REsp n. 63.981/SP). Podemos citar, ainda, o do iphone da Apple, oriundo do TJSP (Ap. n. 1000994-02.2014.8.26.0008). O fundamento base para se permitir isso foi o da garantia global das multinacionais.

No tocante ao art. 23, III, tem-se que o divórcio, a separação judicial e a extinção de união estável continuam podendo ser realizadas fora do Brasil, no entanto, a partilha dos bens situados no Brasil, ainda que o titular seja de nacionalidade estrangeira ou tenha domicílio fora do território nacional, deve ser feita exclusivamente pela jurisdição brasileira.

§ 3º – Da cooperação internacional

O novo CPC, nos seus arts. 26 a 41, criou a chamada cooperação internacional, que tem como objeto, nos termos do art. 27, o seguinte: "a cooperação jurídica internacional terá por objeto: I – citação, intimação e notificação judicial e extrajudicial; II – colheita de provas e obtenção de informações; III – homologação e cumprimento de decisão; IV – concessão de medida judicial de urgência; V – assistência jurídica internacional; VI – qualquer outra medida judicial ou extrajudicial não proibida pela lei brasileira". Os requisitos e os limites da cooperação internacional encontram-se no art. 26.

Registre-se que, segundo o art. 28, "cabe auxílio direto quando a medida não decorrer diretamente de decisão de autoridade jurisdicional estrangeira a ser submetida a juízo de delibação no Brasil". O chamado auxílio direto tem como objeto, de acordo com o art. 30: "I – obtenção e prestação de informações sobre o ordenamento jurídico e sobre processos administrativos ou jurisdicionais findos ou em curso; II – colheita de provas, salvo se a medida for adotada em processo, em curso no estrangeiro, de competência exclusiva de autoridade judiciária brasileira; III – qualquer outra medida judicial ou extrajudicial não proibida pela lei brasileira".

Por fim, reforçamos que nenhum desses dispositivos legais possuem correspondentes no CPC/1973.

§ 4º – Da competência interna

1. Perpetuação da jurisdição

O art. 87 do CPC/1973 dispunha, na sua parte final, que a competência poderia ser alterada se sobreviesse alteração "em razão da matéria ou da hierarquia". Essa regra, no novo CPC, permanece mantida, só que um pouco mais abrangente, uma vez que a parte final do seu art. 43 fala em "alterarem a competência absoluta".

2. Regras sobre competência

O art. 44 do novo CPC positiva aquilo que já era de conhecimento de todos. Dispõe que "obedecidos os limites estabelecidos pela Constituição Federal, a competência é determinada pelas normas previstas neste Código ou em legislação especial, pelas normas de organização judiciária e, ainda, no que couber, pelas constituições dos Estados". Não possui correspondente no CPC/1973.

3. Justiça Federal

O art. 45 do novo CPC trata de questões de competência que envolvem a Justiça Federal. O *caput* estabelece que se um processo que deva tramitar perante a Justiça Federal estiver tramitando em outra "Justiça" (*v.g.*, Justiça Estadual ou do Trabalho), deverão os autos ser remetidos à Justiça Federal, isto é, não se deve simplesmente extinguir o processo sem resolução de mérito e determinar que o mesmo seja arquivado. Destacamos que todo o art. 45 não possui correspondente no CPC/1973.

Os seus incisos I e II trazem duas exceções, ou seja, situações em que, apesar de a União, suas empresas públicas, entidades autárquicas e fundações, ou conselho de fiscalização de atividade profissional, figurarem no processo na qualidade de parte ou de terceiro interveniente, o processo permanecerá onde está. Senão, vejamos: "I – de recuperação judicial, falência, insolvência civil e acidente de trabalho; II – sujeitas à justiça eleitoral e à justiça do trabalho". Cuidado com a redação dos incisos, que podem levar os desavisados a erro. Numa leitura rápida, tem-se a impressão de que nos casos do inciso I, o processo deverá tramitar na Justiça Estadual, e, nas hipóteses do inciso II, na Justiça Eleitoral e na Justiça do Trabalho. A cautela que se deve ter é que as ações de reparação civil em decorrência de acidente do trabalho são de competência da Justiça do Trabalho, conforme já decidiu o STF há quase 10 anos. Já os outros três casos, quais sejam, de recuperação judicial, falência e insolvência civil serão de competência da Justiça Estadual.

Os três parágrafos do art. 45 do novo CPC, haja vista as suas peculiaridades, merecem ser transcritos: "§ 1º Os autos não serão remetidos se houver pedido cuja apreciação seja de competência do juízo perante o qual foi proposta a ação. § 2º Na hipótese do § 1º, o juiz, ao não admitir a cumulação de pedidos em razão da incompetência para apreciar qualquer deles, não examinará o mérito daquele em que exista interesse da União, de suas entidades autárquicas ou de suas empresas públicas. § 3º O juízo federal restituirá os autos ao juízo estadual sem suscitar conflito se o ente federal cuja presença ensejou a remessa for excluído do processo".

4. Competência das ações fundadas em direito pessoal ou em direito real sobre bens móveis

O art. 46 do novo CPC repete aquilo que já era regra no art. 94 do CPC/1973, devendo a ação ser proposta no domicílio do réu. A única novidade, do ponto de vista do direito positivo, é o seu § 5º, porém, como se verá em seguida, nada mais é do que a repetição daquilo que já ocorria na prática. Determina o citado parágrafo que "a execução fiscal será proposta no foro de domicílio do réu, no de sua residência ou no do lugar onde for encontrado".

5. Ações fundadas em direito real sobre imóveis

O art. 47 do novo CPC mantém a regra do art. 95 do CPC/1973, logo, será competente para essas ações o foro de situação da coisa, e, apesar de ser competência territorial, trata-se de caso em que a competência é absoluta. A segunda parte do art. 95 do CPC/1973 é repetida ao longo dos §§ 1º e 2º do art. 47 do novo CPC, trazendo a lume as hipóteses nas quais as partes não poderão valer-se da cláusula de eleição de foro. Um tipo de ação que merece ser lembrado como de competência relativa, apesar de envolver bem imóvel, é a ação de resolução de contrato de promessa de compra e venda de imóvel, haja vista não envolver direito real, mas, sim, direito pessoal.

6. Ações em que os Estados e o Distrito Federal forem autores

O art. 52 do novo CPC positiva aquilo que já vinha ocorrendo na prática. Desse modo, "é competente o foro de domicílio do réu para as causas em que seja autor o Estado ou o Distrito Federal". O seu parágrafo único complementa que, "se Estado ou o Distrito Federal for o demandado, a ação poderá ser proposta no foro de domicílio do autor, no de ocorrência do ato ou fato que originou a demanda, no de situação da coisa ou na capital do respectivo ente federado". Alterou-se, assim, a regra do art. 99 do CPC/1973.

7. Da competência para as ações de divórcio, de separação, de anulação de casamento, de reconhecimento ou dissolução de união estável

O art. 53, I, do novo CPC, altera profundamente o art. 100, I, do CPC/1973.

Consta do dispositivo que é competente o foro "para a ação de divórcio, separação, anulação de casamento e reconhecimento ou dissolução de união estável: a) de domicílio do guardião de filho incapaz; b) do último domicílio do casal, caso não haja filho incapaz; c) de domicílio do réu, se nenhuma das partes residir no antigo domicílio do casal".

Algumas notas sobre o referido texto.

Primeiro, lembremo-nos que, antes, a competência nesses casos era do domicílio da mulher. Essa norma, felizmente, mudou. A doutrina, ao contrário da jurisprudência, cansou de afirmar que tal regramento não tinha sido recepcionado pela CF/88, pois violava o princípio da igualdade entre homens e mulheres.

Segundo, quando se fala em "guardião do filho incapaz", está-se referindo àquele que detém a guarda do filho menor de 18 anos. Se o casal tem um filho incapaz com 18 anos ou mais, então não se fala em guarda, mas, sim, em curatela.

Terceiro, observe-se o fato de que há três alternativas sucessivas de competência. Não se aplicando a primeira alternativa, passa-se para a segunda. E, por fim, em último caso, passa-se para a terceira opção, que é a do domicílio do réu.

8. Ação de alimentos

Nos termos do art. 53, II, do novo CPC, a ação em que se pede alimentos pode ser ajuizada no foro do domicílio do alimentando. Não há, portanto, alteração.

A ação revisional, quando ajuizada pelo alimentando, também poderá ser ajuizada no foro do seu domicílio. Quando a mesma ação for ajuizada pelo alimentante, ou mesmo a ação de exoneração de alimentos, deve ser proposta no foro do domicílio do réu.

Ratificando, apesar de inexistir alteração em face do CPC/1973, achamos por bem destacar essa parte por conta de sua alta relevância no dia a dia forense.

9. Ação tendo pessoa idosa como parte

Conforme o art. 53, III, *e*, do novo CPC, as ações decorrentes de direitos que constem do Estatuto do Idoso deverão ser propostas no foro do domicílio da pessoa idosa. Lembramos que a lei considera idoso todo aquele a partir de 60 anos de idade. Não possui correspondente no CPC/1973.

10. Ação de reparação civil envolvendo serviço notarial ou de registro

Nos termos do art. 53, III, *f*, do novo CPC, é competente o foro do lugar "da sede da serventia notarial ou de registro, para a ação de reparação de dano por ato praticado em razão do ofício". Não possui correspondente no CPC/1973.

11. Ação de reparação de danos contra companhias aéreas

O art. 53, V, do novo CPC, alterou o disposto no art. 100, V, parágrafo único, do CPC/1973, para acrescentar a possibilidade de a vítima de delito em contratos com companhias aéreas poder ajuizar a ação de reparação de danos em seu domicílio. Como em todos os casos a vítima é consumidor, tem-se que essa inovação no direito positivo não trará nenhuma mudança efetiva, pois, de acordo com o Código de Defesa do Consumidor (CDC), essas ações já vinham sendo manejadas no domicílio do consumidor.

Inovação existirá, de fato, nas ações em que há acidente aéreo e algum membro da família da vítima fatal do acidente decida acionar judicialmente a companhia aérea.

12. Dos demais casos de competência territorial

Os casos de competência fixada em razão do território não citados expressamente nesse livro, e que se encontravam nos arts. 96 a 100 do CPC/1973, não sofreram modificações no novo CPC (cf. arts. 48 a 51 e 53).

13. Da distinção entre competência absoluta e competência relativa

O novo CPC mantém a distinção entre as competências absoluta e relativa. Esta existe nos casos de competência territorial (art. 63 do novo CPC), salvo quando o objeto da lide envolver direito real sobre bens imóveis, hipótese essa em que a ação deverá ser proposta no foro onde o imóvel está registrado. Aquela ocorre quando a competência é determinada em razão da matéria, da pessoa ou da função (art. 62 do novo CPC).

O valor da causa, em alguns casos, gera competência absoluta, e, em outros, apenas competência relativa. Exemplificando, a ação cujo valor da causa não ultrapasse 40 salários mínimos pode ser ajuizada tanto no Juizado Especial Estadual quanto no "Fórum da Justiça Estadual", ou seja, a competência aqui é relativa. Já a ação que não ultrapasse 60 salários mínimos na Justiça Federal deverá ser ajuizada perante o Juizado Especial Federal, se já tiver sido instalado, salvo se o objeto da lide se enquadrar em uma das hipóteses do § 1º do art. 3º da Lei n. 10.259/2001. Vê-se que, nesse último exemplo, a competência será absoluta.

A competência absoluta pode ser alegada a qualquer tempo e grau de jurisdição e deve ser arguida de ofício pelo magistrado (§ 1º do art. 64 do novo CPC). A competência relativa, se não arguida tempestivamente, gera preclusão (art. 65 do novo CPC); lembrando que ela não pode ser declarada *ex officio* pelo juiz.

A propósito, é oportuno chamar a atenção do leitor para o fato de que alguns magistrados, ilegalmente, vêm fazendo certas exigências à parte, autora nas ações judiciais, o que implica em desrespeito à regra de que o juiz não pode, de ofício, interferir na competência relativa, pois é algo que, por lei, diz respeito, única e tão somente, às partes. A única exceção, como se sabe, está contida no § 3º do art. 63 do CPC.

14. Cláusula de eleição de foro

O novo CPC continua permitindo que seja inserida em contratos a chamada cláusula de eleição de foro (§ 1º do art. 63).

Merece destaque o § 3º do art. 63 do novo CPC, que estatui que "antes da citação, a cláusula de eleição de foro, se abusiva, pode ser reputada ineficaz de ofício pelo juiz, que determinará a remessa dos autos ao juízo do foro de domicílio do réu". Antigamente, no CPC/1973, o juiz somente tinha este poder se a referida cláusula estivesse inserida em contrato de adesão.

Também deve ser destacado o teor do § 4º do mesmo art. 63: "citado, incumbe ao réu alegar a abusividade da cláusula de eleição de foro na contestação, sob pena de preclusão".

Concluímos que, se ocorrer a citação do réu, é porque o juiz entende que a cláusula de eleição de foro é válida e eficaz, não podendo arguir essa matéria *ex officio* posteriormente. Haverá preclusão se o réu, regularmente citado, não se manifestar sobre o ponto no prazo de contestação.

15. Conexão

A conexão, assim como ocorria no CPC/1973, continua sendo fator hábil a modificar a competência relativa (art. 54 do novo CPC). O seu conceito também continua o mesmo e encontra-se no art. 55 do novo CPC: "reputam-se conexas duas ou mais ações quando lhes for comum o pedido ou a causa de pedir". Apenas os §§ 2º e 3º do art. 55 representam inovação e não encontram correspondentes no CPC/1973.

Os §§ 1º e 3º do mencionado art. 55 merecem ser transcritos e comentados. O § 1º diz que "os processos de ações conexas serão reunidos para decisão conjunta, salvo se um deles já houver sido sentenciado" e o § 3º determina que "serão reunidos para julgamento conjunto os processos que possam gerar risco de prolação de decisões conflitantes ou contraditórias caso decididas separadamente, mesmo sem conexão entre eles".

Após detida leitura dos dois parágrafos supratranscritos, podemos chegar a uma importante conclusão, que é a de que somente haverá a reunião de processos, seja entre ações conexas ou não, se existir o risco de prolação de decisões conflitantes ou contraditórias entre si.

Merece ainda registro o disposto no § 2º do art. 55, que positiva aquilo que já vinha sendo decidido pelos nossos tribunais. Dispõe o texto que "aplica-se o disposto no *caput*: I – à execução de título extrajudicial e à ação de conhecimento relativa ao mesmo ato jurídico; II – às execuções fundadas no mesmo título executivo". O inciso II é de simples compreensão. Quanto ao inciso I, exemplo que pode ser dado é o de uma ação de anulação de título de crédito ou de um contrato, ou, até mesmo, uma ação de anulação de aval ou de fiança.

16. Continência

A continência continua com o mesmo conceito do CPC/1973, conforme se extrai do art. 56 do novo CPC.

A novidade está é no art. 57 do novo CPC, que diz que "quando houver continência e a ação continente tiver sido proposta anteriormente, no processo relativo à ação contida será proferida sentença sem resolução de mérito, caso contrário, as ações serão necessariamente reunidas". O CPC/1973 não possuía dispositivo como este. É claro que a reunião de ações nas quais existia continência entre ambas era possível, mas essa nova solução, de se extinguir uma delas, sem dúvida é algo novo.

A ideia é boa, mas por certo gerará problemas, e, para tanto, vamos nos valer de dois exemplos bem práticos. No primeiro, imaginemos que a ação que será extinta é a primeira que foi proposta. Ora, tendo em vista que juros e correção monetária têm, como termo inicial, muitas vezes, a data da propositura da ação ou a data da citação, como será resolvida essa questão? No segundo, quem é que arcará com as despesas processuais, tais como custas e honorários sucumbenciais, na ação que será extinta com base no art. 57?

17. Prevenção

No CPC/1973, existiam duas regras distintas para a determinação da prevenção (arts. 106 e 219). No novo CPC só há uma regra para a determinação da prevenção e ela encontra-se no art. 59: "o registro ou distribuição da petição inicial torna prevento o juízo". Como se pode ver, não interessa mais em qual juízo houve a primeira citação válida ou qual deles despachou em primeiro lugar. Sem dúvida alguma, essa inovação facilita a praxe forense.

Assim como ocorria no CPC/1973, "a reunião das ações propostas em separado far-se-á no juízo prevento, onde serão decididas simultaneamente" (art. 58 do novo CPC).

18. Imóvel situado em mais de um Estado, comarca, seção ou subseção judiciária

Nesses casos, a regra do art. 107 do CPC/1973 continua intacta e foi repetida pelo art. 60 do novo CPC.

19. Ação acessória

Não houve alteração e a regra do art. 108 do CPC/1973 encontra-se no art. 61 do novo CPC.

20. Da forma de se arguir a incompetência absoluta e relativa

No CPC/1973, arguia-se a incompetência relativa por meio de exceção de incompetência; a incompetência absoluta deveria ser arguida em preliminar na contestação. No novo CPC, essa regra mudou. Segundo o art. 64, "a incompetência, absoluta ou relativa, será alegada como questão preliminar de contestação".

A competência absoluta pode ser alegada a qualquer tempo e grau de jurisdição e deve ser arguida de ofício pelo magistrado (§ 1º do art. 64 do novo CPC). A competência relativa, se não arguida tempestivamente, gera preclusão (art. 65 do novo CPC); lembrando que ela não pode ser declarada *ex officio* pelo juiz.

21. Efeitos da decisão que acolhe a preliminar de incompetência

Acolhendo o magistrado a preliminar de incompetência, três são os efeitos que surgirão e estão positivados nos §§ 2º a 4º do art. 64 do novo CPC.

O primeiro deles está no § 2º: "após manifestação da parte contrária, o juiz decidirá imediatamente a alegação de incompetência". O segundo efeito consta do § 3º: "caso a alegação de incompetência seja acolhida, os autos serão remetidos ao juízo competente". Não há, aqui, qualquer inovação, salvo pela menção expressa (e que apesar de óbvia, é bem-vinda), de que a parte contrária deve ter a oportunidade de se manifestar antes de o juiz decidir sobre eventual incompetência.

O terceiro deles encontra-se no § 4º: "salvo decisão judicial em sentido contrário, conservar-se-ão os efeitos de decisão proferida pelo juízo incompetente até que outra seja proferida, se for o caso, pelo juízo competente". Esse dispositivo não possui correspondente no CPC/1973. A propósito, no CPC/1973, declarada a incompetência absoluta, todos os atos decisórios eram considerados nulos, nos termos do § 2º do art. 113.

Trata-se de inovação salutar, apesar de existir um inconveniente que sequer precisa ser analisado. Muitas vezes, na dúvida sobre qual é o juízo competente, e, até mesmo, durante a remessa dos autos ao juízo competente, poderá uma das partes ficar sem resguardo. A nova lei corrige essa omissão antiga e regula bem a matéria.

Assim, quando o juiz tiver proferido uma liminar *inaudita altera pars*, e, após a citação, ele perceber que o juízo é incompetente para dirimir tal controvérsia, deverá remeter os autos ao juízo competente, e, a não ser que ele mesmo revogue a sua própria liminar, os seus efeitos estarão mantidos até que o juízo competente aprecie a questão. Se este juízo quedar-se silente, significa que ele concordou com os termos da decisão liminar proferida pelo juízo incompetente. Não é necessário proferir decisão ratificando-a, todavia, não há nada que o proíba de agir dessa maneira. Aliás, se o juiz quiser, ele pode proferir uma decisão na qual ele irá ratificar, revogar ou modificar os atos decisórios da lavra do juízo incompetente.

22. Conflito de competência

As hipóteses que dão azo à ocorrência de conflito de competência estão elencadas no art. 66 do novo CPC e não há nenhuma alteração em relação àquelas que já existiam no CPC/1973 (art. 115).

O que nos chamou a atenção, e de forma positiva, é o dever legal que se criou para o juiz num caso específico. Nos termos do parágrafo único do art. 66, "o juiz que não acolher a competência declinada deverá suscitar o conflito, salvo se a atribuir a outro juízo".

Finalmente, observe-se que o legislador não destinou apenas um dispositivo legal para regular essa matéria. Os arts. 951 a 959 do novo CPC destrincham o tema, basicamente, repetindo o procedimento do CPC/1973 (arts. 115 a 124).

23. Da cooperação nacional

Os arts. 67 a 69 do novo CPC cuidam da cooperação nacional. É, a nosso ver, inovação que merece aplausos. Não existem dispositivos correspondentes no CPC/1973.

Dispõe o art. 67 que "aos órgãos do Poder Judiciário, estadual ou federal, especializado ou comum, em todas as instâncias e graus de jurisdição, inclusive aos tribunais superiores, incumbe o dever de recíproca cooperação, por meio de seus magistrados e servidores".

Para se efetivar essa cooperação, diz o art. 68 que "os juízos poderão formular entre si pedido de cooperação para prática de qualquer ato processual".

E de que forma? O art. 69 deixa as formalidades de lado e ainda cria o dever de todos cooperarem prontamente. Estabelece que "o pedido de cooperação jurisdicional deve ser prontamente atendido, prescinde de forma específica e pode ser executado como: I – auxílio direto; II – reunião ou apensamento de processos; III – prestação de informações; IV – atos concertados entre os juízes cooperantes".

O § 2º do art. 69 traz um rol exemplificativo do que seriam esses "atos concertados": "I – a prática de citação, intimação ou notificação de ato; II – a obtenção e apresentação de provas e a coleta de depoimentos; III – a efetivação de tutela provisória; IV – a efetivação de medidas e providências para recuperação e preservação de empresas; V – a facilitação de habilitação de créditos na falência e na recuperação judicial; VI – a centralização de processos repetitivos; VII – a execução de decisão jurisdicional".

No tocante às cartas de ordem, precatória e arbitral, todas seguirão o rito previsto pelo novo CPC.

III – DOS SUJEITOS DO PROCESSO

§ 1º – Capacidade processual

A capacidade processual, no novo CPC, está regulada pelos arts. 70 a 76 e não traz grandes novidades. No CPC/1973 a matéria estava disposta nos arts. 7º a 13. As mudanças são as seguintes:

- o réu com curador especial pode contratar advogado particular, e, ocorrendo isso, o curador especial será dispensando do processo (art. 72, II);
- a curatela especial será exercida pela Defensoria Pública, nos termos da lei (art. 72, parágrafo único). Isso não significa que a função do Advogado Dativo acabará, pois, como se sabe, a Defensoria Pública não está difundida em todos os lugares ainda;
- o cônjuge necessitará do consentimento do outro para propor ação que verse sobre direito real imobiliário, salvo quando casados sob o regime de separação absoluta de bens, que pode ser o legal ou o convencional (art. 73);
- caso os cônjuges sejam casados sob o regime de separação absoluta de bens, que pode ser o legal ou o convencional, não será preciso que ambos sejam citados para as ações que versam sobre direito real imobiliário (art. 73, § 1º, I);
- a redação do art. 10, § 1º, III, do CPC/1973 foi aprimorada e reduzida, adequando-se aos ditames da CF/88 (art. 73, § 1º, III);
- o disposto no art. 73 aplica-se também à união estável comprovada nos autos (art. 73, § 3º);
- "os Estados e o Distrito Federal poderão ajustar compromisso recíproco para prática de ato processual por seus procuradores em favor de outro ente federado, mediante convênio firmado pelas respectivas procuradorias" (art. 75, § 4º);
- se o juiz verificar falha na representação da parte ou incapacidade processual, determinará que o vício seja sanado. Se couber ao autor a medida, e ele não resolver o problema no prazo estabelecido pelo magistrado, o processo será extinto, sem resolução de mérito (art. 76, § 1º, I);
- no mesmo caso, se couber ao terceiro a medida, será reputado revel ou excluído do processo, dependendo do caso (art. 76, § 1º, III);
- e, ainda no mesmo caso, se o processo estiver em grau de recurso, aplicar-se-á o disposto no § 2º do art. 76.

§ 2º – Dos deveres das partes e de seus procuradores

Os deveres das partes e de seus procuradores, no novo CPC, estão regulados pelos arts. 77 e 78 e não trazem grandes novidades. No CPC/1973 a matéria estava disposta nos arts. 14 e 15. As mudanças são as seguintes:

- continua sendo necessário proceder com lealdade e boa-fé. Não está escrito no art. 77, mas está previsto nos arts. 5º e 6º do novo CPC;
- além dos deveres que já existiam no art. 14 do CPC/1973, o art. 77 acresce outros dois deveres. O primeiro é "declinar, no primeiro momento que lhes couber falar nos autos, o endereço residencial ou profissional onde receberão intimações, atualizando essa informação sempre que ocorrer qualquer modificação temporária ou definitiva" (inciso V). O segundo é "não praticar inovação ilegal no estado de fato de bem ou direito litigioso" (inciso VI);
- há duas (e não mais apenas uma, como no CPC/1973) hipóteses de atos que são considerados atentatórios à dignidade da justiça. Eles estão elencados nos incisos IV e VI do art. 77. A sanção para os atos dessa natureza, sem prejuízo de outras cabíveis (criminais, civis e processuais), é a imposição de multa de até 20% do valor da causa (§ 2º do art. 77);
- o § 2º do art. 77 fala que o juiz aplicará a já mencionada multa ao "responsável" pela prática do ato atentatório à dignidade da justiça. Quem seria esse responsável? O advogado, a parte ou ambos? O CPC/1973, no parágrafo único do art. 14, ressalvava que o advogado não poderia ser considerado o "responsável". No novo CPC não há mais essa exceção. *Quid iuris*?
- ainda sobre a multa do § 2º do art. 77, confiram-se os §§ 3º a 6º, pois trazem outros esclarecimentos que são importantes e a maioria deles sem correspondência no CPC/1973;
- sobre a prática de inovação ilegal no estado de fato de bem ou direito litigioso e suas consequências, o juiz determinará o restabelecimento do estado anterior, podendo, ainda, proibir a parte de falar nos autos até a purgação do atentado, sem prejuízo do pagamento da multa do § 2º (§ 7º do art. 77). Lembremos, ainda, que, conforme o § 8º do art. 77, "o representante judicial da parte não pode ser compelido a cumprir decisão em sua substituição". A nosso ver, esse "representante judicial" pode ser tanto o advogado como o representante (mandatário) que age em nome de seu mandante;

§ 3º – Litigância de má-fé e ressarcimento de danos processuais

1. Litigância de má-fé

A litigância de má-fé está regulada pelos arts. 79 a 81 do novo CPC. Não ocorreu quase nenhuma modificação em relação aos arts. 16 a 18 do CPC/1973.

Duas alterações são dignas de nota e vieram em boa hora.

A primeira diz respeito à alíquota da multa que deverá ser aplicada ao litigante de má-fé, que passa a ser de no mínimo 1% (um por cento) e, no máximo, 10% (dez por cento), nos termos do art. 81.

A segunda é no tocante à base de cálculo, que também sofreu alteração, e, ao invés de ser simplesmente o valor da causa, passou a ser o valor da causa corrigido monetariamente (art. 81). Ainda sobre a base de cálculo, dispõe o § 2º do art. 81 que "quando o valor da causa for irrisório ou inestimável, a multa poderá ser fixada em até 10 vezes o valor do salário mínimo".

Cumpre ainda destacar que, assim como era antes, o valor da multa imposta ao litigante de má-fé reverter-se-á em benefício da parte contrária (art. 96).

2. Ressarcimento de danos processuais

A regra sobre o ressarcimento de danos processuais sofreu modificações em face do que dispunha o art. 18, § 2º, do CPC/1973. Agora, segundo o § 3º do art. 81 do novo CPC, "o valor da indenização será fixado pelo juiz, ou, caso não seja possível mensurá-la, liquidado por arbitramento ou pelo procedimento comum, nos próprios autos". Antigamente havia um teto de 20% sobre o valor da causa e a liquidação deveria ser por arbitramento.

3. Fundos de modernização do Poder Judiciário

Reza o art. 97 do novo CPC que "a União e os Estados podem criar fundos de modernização do Poder Judiciário, aos quais serão revertidos os valores das sanções pecuniárias processuais destinadas à União e aos Estados, e outras verbas previstas em lei". Artigo sem correspondente no CPC/1973.

§ 4º – Despesas e garantias processuais

1. Linhas gerais

Assim como era no art. 20, § 2º, do CPC/1973, o art. 84 do novo CPC estabelece que "as despesas abrangem as custas dos atos do processo, a indenização de viagem, a remuneração do assistente técnico e a diária de testemunha". As despesas devem ser antecipadas pelas partes (art. 82), deverão ser pagas pelo autor quando a diligência for ordenada de ofício pelo juiz ou em decorrência da atuação do MP como fiscal da lei (§ 1º do art. 82) e, ainda, deverão todas as despesas ser suportadas pelo vencido (§ 2º do art. 82).

Atenção para a exceção prevista no art. 95 do novo CPC, em que as partes devem ratear a remuneração do perito, se a perícia for ordenada de ofício pelo juiz. Alterou-se, assim, a realidade do CPC/1973 (art. 33).

Apesar de não haver alterações profundas, visando facilitar o trabalho do leitor, informamos que os demais dispositivos que tratam desse tema encontram-se nos arts. 87 a 97 do novo CPC.

2. Dever de prestar caução ao autor que mora fora do Brasil

O art. 83 do novo CPC cria o dever de prestar caução à parte autora que resida fora do Brasil ou que deixe de residir no país ao longo da tramitação de processo. Essa garantia servirá para o pagamento das custas e dos honorários de advogado da parte contrária nas ações que propuser, mas desde que a parte não tenha no Brasil bens imóveis que lhes assegurem o pagamento. O § 1º traz alguns exemplos em que ela pode ser dispensada e, o § 2º, situação em que é possível o pedido de reforço da caução. O curioso é que o legislador não trouxe, nas proximidades do dispositivo, a solução para o caso de não apresentação dessa caução. A nosso ver, a saída está no art. 337, XII, do novo CPC. O art. 337 (equivalente ao art. 301 do CPC/1973) traz o rol das matérias preliminares que devem ser arguidas pelo réu na sua contestação. O inciso XII faz alusão à "falta de caução ou de outra prestação que a lei exige como preliminar". Mais uma discussão que cabe é saber se o autor deve prestar essa caução por livre e espontânea vontade, comprovando-a na petição inicial, ou se depende de determinação do juiz ou de requerimento da parte contrária. O tempo dirá qual é a melhor solução.

3. Custas e transação

Inovou o § 3º do art. 90 do novo CPC ao dispor que, "se a transação ocorrer antes da sentença, as partes ficam dispensadas do pagamento das custas processuais remanescentes, se houver". A regra é boa, pois incentiva a conciliação tardia. Parece-nos que essas "custas processuais remanescentes" seriam, em especial, as chamadas custas finais do processo. Percebam que as custas já pagas não serão estornadas. Nada impede que, na minuta do acordo protocolizada, haja disposição sobre a forma de repartição das custas já pagas por apenas uma das partes. Lembrando que, conforme se extrai do § 2º do art. 90 do novo CPC, "havendo transação e nada tendo as partes disposto quanto às despesas, estas serão divididas igualmente".

4. Das custas processuais da Defensoria Pública

Assim como já ocorria com o MP e a Fazenda Pública, que estavam isentos do pagamento imediato e adiantado das custas processuais (art. 27 do CPC/1973), o novo CPC estendeu essa mesma prerrogativa à Defensoria Pública (art. 91 do novo CPC).

Na nossa opinião, por analogia, esse benefício legal deveria ser alargado para os centros jurídicos das faculdades de direito, que atendem a comunidade carente, fazendo as vezes da Defensoria Pública. Se não fosse por esses núcleos jurídicos, sinceramente, não sabemos o que seria da parcela mais pobre da nossa sociedade. O que não faz sentido é que o novo CPC concedeu a esses escritórios de prática jurídica das faculdades de Direito o prazo em dobro para falar nos autos (§ 3º do art. 186), assim como a Defensoria Pública (art. 186), no entanto, pecou na hora de outorgar-lhes o mesmo tratamento no que concerne ao momento do pagamento das custas processuais.

5. Remuneração do assistente técnico

O art. 95 do novo CPC modificou a forma de pagamento da remuneração do assistente técnico da parte e, a nosso ver, interferiu, erroneamente, aonde não deveria.

O art. 33 do CPC/1973 dizia que "cada parte pagará a remuneração do assistente técnico que houver indicado [...]". Por sua vez, o mencionado art. 95 afirma que "cada parte adiantará a remuneração do assistente técnico que houver indicado [...]".

Com a devida vênia, não faz sentido a troca do verbo "pagará" por "adiantará". A forma de pagamento que a parte ajustou com profissional da esfera privada e de sua confiança não diz respeito a ninguém, a não ser eles próprios. Por essa razão, de duas, uma: (i) a parte adianta um por cento do valor acordado para a prestação do serviço, deixando o restante para pagar da forma que ambos acharem mais conveniente; ou (ii) considera-se como regra não escrita essa inovação e, onde se lê "adiantará", leia-se "pagará". De forma alguma a parte está obrigada a pagar os valores devidos aos seus assistentes técnicos. E mais. É claro que o assistente técnico pode trabalhar *pro bono*.

6. Remuneração do perito

O art. 95 do novo CPC determina que a remuneração do perito deverá ser adiantada pela "[...] parte que houver requerido a perícia, ou será rateada quando a perícia for determinada de ofício ou requerida por ambas as partes".

Como se vê, houve uma notável, clara e justa mudança em face do disposto no art. 33 do CPC/1973. Antes, se a prova pericial tivesse sido determinada *ex officio* pelo juiz, quem deveria arcar com a remuneração do perito era a parte autora. Com a nova regra, as partes deverão ratear o valor devido ao perito.

7. As perícias requeridas pela Fazenda Pública, Ministério Público ou Defensoria Pública

O novo CPC traz dois dispositivos novos sobre o tema, sem correspondentes no CPC/1973. O § 1º do art. 91 dispõe que "as perícias requeridas pela Fazenda Pública, Ministério Público ou Defensoria Pública poderão ser realizadas por entidade pública ou, havendo previsão orçamentária, ter os valores adiantados por aquele que requerer a prova". O § 2º do art. 91 complementa que, "não havendo previsão orçamentária no exercício financeiro para adiantamento dos honorários periciais, eles serão pagos no seguinte ou ao final, pelo vencido, caso o processo se encerre antes do adiantamento a ser feito pelo ente público".

8. Perícia para a parte sob o pálio da gratuidade da justiça

Sobre o tema, reza o § 3º do art. 95 do novo CPC que "quando o pagamento da perícia for de responsabilidade de beneficiário de gratuidade da justiça, ela poderá ser custeada com recursos alocados ao orçamento do ente público e realizada por servidor do Poder Judiciário ou por órgão público conveniado. No caso da realização por particular, o valor será fixado conforme tabela do tribunal respectivo ou, em caso de sua omissão, do Conselho Nacional de Justiça, e pago com recursos alocados ao orçamento da União, do Estado ou do Distrito Federal". Esse dispositivo não possui correspondente no CPC/1973.

Sobre essa tabela, seria prudente que o Conselho Nacional de Justiça (CNJ) não a padronizasse para todo o Brasil, uma vez que a realidade econômica, até mesmo dentro de um só Estado, é diferente. Por certo, em Minas Gerais, por exemplo, um perito contábil mediano cobra mais do que um perito equivalente em uma região mais pobre do Estado. A vantagem dessa tabela é que ela acaba com o dever de obrigação que muitos peritos se sentiam, em ter de aceitar realizar a produção de prova pericial, quando uma ou as duas partes estavam sob o pálio da gratuidade da justiça. Em outras palavras, os peritos não terão mais que trabalhar de graça.

Ao final do processo, diz o § 4º do art. 95, "na hipótese do § 3º, o juiz, após o trânsito em julgado da decisão final, oficiará a Fazenda Pública para que promova, contra quem tiver sido condenado ao pagamento das despesas processuais, a execução dos valores gastos com a perícia particular ou com a utilização de servidor público ou da estrutura de órgão público, observando-se, caso o responsável pelo pagamento das despesas seja beneficiário de gratuidade da justiça, o disposto no art. 98, § 2º".

§ 5º – Honorários advocatícios

1. Local onde é regulada no novo CPC

A parte referente aos honorários advocatícios sucumbenciais está disciplinada, basicamente, nos arts. 85 a 87 do novo CPC.

2. A quem pertencem os honorários advocatícios sucumbenciais?

O novo CPC ratifica o disposto no art. 23 da Lei n. 8.906/94 (Estatuto da Advocacia) que dispõe que "os honorários incluídos na condenação, por arbitramento ou sucumbência, pertencem ao advogado, tendo este direito autônomo para executar a sentença nesta parte, podendo requerer que o precatório, quando necessário, seja expedido em seu favor". Determina, portanto, o § 14 do art. 85 do novo CPC que "[...] os honorários constituem direito do advogado". Não bastasse, o *caput* art. 85 estabelece que "a sentença condenará o vencido a pagar honorários ao advogado do vencedor".

Os honorários advocatícios sucumbenciais foram criados como forma de transferir, parte do custo com a contratação do advogado, para a parte vencida ao final de um processo judicial. Ao invés de uma das partes ter de assumir, desde o início do processo, todos os gastos com os honorários do seu advogado, preferiu o legislador ser mais justo para com essa parte, que, como se sabe, é obrigada a contratar um advogado, e criou a figura dos honorários advocatícios sucumbenciais. Com isso, o advogado já sabe que uma parcela dos seus honorários será paga pelo seu cliente, e, a outra, se é que ele irá receber, será paga pela parte contrária.

O advogado vive dos seus honorários advocatícios contratuais e sucumbenciais, sendo que, estes últimos, são de recebimento futuro e incerto, pois depende do resultado final da demanda. É por isso que a magistratura precisa parar com o aviltamento dos honorários sucumbenciais. A condenação do vencido no pagamento de honorários sucumbenciais em montante não compatível com a profissão do advogado gera uma tripla crise. A primeira é o empobrecimento da classe dos advogados, que exercem *munus publico* de alta relevância, e é o profissional escolhido, pelo constituinte, para assegurar e proteger o cidadão contra as mais diversas arbitrariedades e ilicitudes do dia a dia. A segunda, que é consequência natural dessa primeira, é a transferência injusta dos custos de produção. Já que o advogado sabe que receberá pouco dinheiro, a título de honorários sucumbenciais, por certo aumentará os valores de seus honorários contratuais quando do momento da contratação. A terceira é a manutenção da cultura, na cabeça das pessoas, de que vale à pena ir ao Judiciário para procrastinar, mesmo estando ciente de que está errado. Se os honorários sucumbenciais fossem num montante mais condigno, certamente os réus pensariam duas vezes antes de cometer atos ilícitos e arbitrariedades.

Além disso tudo, acresça-se que os honorários representam a remuneração àquele que efetivamente trabalhou no processo, que é, obviamente, o advogado, e, não, o seu cliente.

Para aqueles menos informados que se preocupam em atacar o art. 23 do Estatuto da Advocacia e o § 14 do art. 85 do novo CPC, no sentido de que os honorários sucumbenciais deveriam ser da parte vencedora, justamente para compensá-la com os gastos que teve com os honorários contratuais, vamos lembrar que já existe, no nosso ordenamento jurídico (art. 389 do Código Civil – CC), bem como na jurisprudência pacífica do STJ (cf. o REsp n. 1.134.725/MG) , previsão de se cobrar, na própria ação (e não numa outra), os gastos que a parte teve na contratação de seu advogado. E, apenas para não deixar dúvida, até mesmo em ação autônoma é ilícita a cobrança dos honorários contratuais.

Portanto, com essas poucas linhas, esperamos ter podido convencer a minoria que ainda acreditava que os honorários advocatícios sucumbenciais não eram ou não deveriam ser do advogado da parte vencedora em processo judicial.

3. Natureza dos honorários

O § 14 do art. 85 do novo CPC positivou o entendimento uníssono do STF e do STJ sobre a natureza dos honorários advocatícios sucumbenciais, qual seja, de que têm natureza alimentar. Diz a nova lei que os honorários "[...] têm natureza alimentar, com os mesmos privilégios dos créditos oriundos da legislação do trabalho". Por essa razão, esse crédito goza de várias preferências legais, tais como na lei de falência, na insolvência civil e na fila de precatórios. Possui também uma grande proteção, que é a impenhorabilidade. Reforce-se que tanto as preferências quanto a proteção às quais nos referimos valem tanto quando o credor dos honorários é o próprio advogado (pessoa natural) quanto a pessoa jurídica da qual faz parte. Esse é o entendimento tanto do STF quanto do STJ.

É claro que o § 14 mencionado faz alusão apenas aos honorários advocatícios sucumbenciais, todavia, não custa lembrar que os honorários contratuais do advogado (pessoa natural) e da pessoa jurídica da qual faz parte também gozam dessa mesma proteção e têm as mesmas preferências. Esse é o posicionamento da jurisprudência do STF e do STJ.

4. Proibição de compensação

Finalmente chegou ao fim, *data venia*, o reinado do absurdo art. 21 do CPC/1973, que dispunha que "se cada litigante for em parte vencedor e vencido, serão recíproca e proporcionalmente distribuídos e compensados entre eles os honorários e as despesas". Apesar de esse dispositivo ter sido claramente revogado pelo Estatuto da Advocacia, que é lei posterior e especial sobre o assunto (o CPC era de 1973 e o Estatuto de 1994), infelizmente o entendimento jurisprudencial sobre esse tema não se alterou. Aliás, o STJ chegou a sumular a matéria: "os honorários advocatícios devem ser compensados quando houver sucumbência recíproca, assegurado o direito autônomo do advogado à execução do saldo sem excluir a legitimidade da própria parte" (Súmula n. 306). Ora, era óbvio que não se podiam compensar os honorários dos advogados das partes, pois as partes não tinham qualquer direito sobre os mesmos, e, como é sabido, só se pode proceder à compensação quando duas pessoas forem, entre si, credoras e devedoras.

Dito isso, é com alegria que podemos informar que a parte final do § 14 do art. 85 do novo CPC diz que é "[...] vedada a compensação em caso de sucumbência parcial".

5. Recebimento dos honorários em nome da pessoa jurídica

O § 15 do art. 85 do novo CPC positiva algo que já era prática comum e corriqueira, que é o recebimento dos honorários sucumbenciais em nome da pessoa jurídica. Reza o artigo que "o advogado pode requerer que o pagamento dos honorários que lhe caibam seja efetuado em favor da sociedade de advogados que integra na qualidade de sócio, aplicando-se à hipótese o disposto no § 14".

6. Juros

Conforme o § 16 do art. 85 do novo CPC, "quando os honorários forem fixados em quantia certa, os juros moratórios incidirão a partir da data do trânsito em julgado da decisão".

7. Honorários em causa própria

Assim como era na época do CPC/1973, o advogado continua tendo direito de receber honorários sucumbenciais quando advoga em causa própria. O § 17 do art. 85 do novo CPC diz que "os honorários serão devidos quando o advogado atuar em causa própria".

Aproveitando o ensejo, quando o advogado decide conduzir o processo em causa própria, ele faz jus inclusive aos honorários contratuais a que faz alusão o art. 389 do CC. Nesse caso, parece-nos mais razoável que lhe seja pago, se houver pedido expresso, claro, com base no mínimo da tabela da OAB da Seccional da qual ele faz parte.

8. Decisão judicial omissa quanto aos honorários sucumbenciais e o direito de cobrança em ação autônoma

O § 18 do art. 85 do novo CPC veio para corrigir, com a devida vênia, uma enorme injustiça que fora praticada contra os advogados de todo o país. Dispõe a Súmula n. 453 do STJ que "os honorários sucumbenciais, quando omitidos em decisão transitada em julgado, não podem ser cobrados em execução ou em ação própria". Está equivocado esse posicionamento porque, se há omissão, então não há coisa julgada, logo, é mais do que normal que se pudesse cobrar judicialmente, em ação autônoma, os honorários sucumbenciais omitidos na decisão judicial anterior. Com o novo CPC esse problema acaba de uma vez por todas. O mencionado § 18 estabelece que, "caso a decisão transitada em julgado seja omissa quanto ao direito aos honorários ou ao seu valor, é cabível ação autônoma para sua definição e cobrança".

9. Processos, procedimentos e fases processuais em que será cabível a condenação em honorários advocatícios sucumbenciais

Duas são as regras que devem ser observadas para se saber quando é que será cabível a condenação do vencido nos honorários sucumbenciais.

Nos termos do art. 85 do novo CPC, "a sentença condenará o vencido a pagar honorários ao advogado do vencedor". E, de acordo com o seu § 1º, "são devidos honorários advocatícios na reconvenção, no cumprimento de sentença, provisório ou definitivo, na execução, resistida ou não, e nos recursos interpostos, cumulativamente".

É devida, portanto, a condenação em honorários sucumbenciais nos seguintes casos:

- sempre que o juiz sentenciar;
- nos acórdãos, nos casos dos feitos de competência originária;
- no julgamento da reconvenção;
- no julgamento do cumprimento de sentença, pouco importando se será provisório ou definitivo;
- na execução, resistida ou não;
- nos recursos interpostos.

Inicialmente gostaríamos de discorrer rapidamente sobre a palavra que aparece no final do dispositivo. A palavra é "cumulativamente". Por estar no fim da sentença, e após uma vírgula, nos parece certo e claro que a intenção do legislador foi a de que ela se aplica a todas as hipóteses elencadas ao longo do dispositivo. Assim, se na fase de conhecimento do processo existir reconvenção, e, ainda, vários recursos (agravo de instrumento, alguns embargos de declaração, apelação, recurso especial), deverá o magistrado condenar o vencido no pagamento de três parcelas distintas de honorários advocatícios sucumbenciais. Uma para a fase de conhecimento, uma para a reconvenção e uma para os recursos interpostos. Isso é, a nosso ver, muito nítido. Lembrando que as alíquotas que deverão ser aplicadas para esses casos são aquelas previstas no § 2º do art. 85, que é de no mínimo 10% e no máximo 20%.

Uma mudança bem visível, em relação à época de vigência do CPC/1973, é que, agora, são devidos honorários sucumbenciais em razão de qualquer recurso que for interposto, inclusive agravo de instrumento, agravo interno, embargos de declaração e o agravo em recurso especial ou extraordinário. Assim, quanto mais a parte recorrer, maior será o valor que terá de pagar a título de honorários advocatícios sucumbenciais, que, lembrando, tem um piso de 10% e um teto de 20% (§ 11 do art.

85) para o advogado da parte que lograr êxito em cada recurso. Até aqui tudo nos parece bem evidente. No entanto, o que deve ser pensado é como serão repartidos os honorários sucumbenciais caso ambas as partes vençam e percam recursos no mesmo processo ou fase do processo. Por exemplo, se o juiz de direito e o tribunal de justiça ignoram o enunciado de uma Súmula do STJ, fazendo com que a parte autora tenha que interpor diversos recursos, até chegar ao STJ, para, somente lá, obter a tutela jurisdicional favorável, como ficará a repartição desses honorários? Cada advogado terá direito aos honorários daqueles recursos os quais teve êxito? Ou somente aquele advogado que venceu o último recurso (ou o principal) teria direito à verba honorária recursal? A pergunta é de difícil resposta, entretanto, por enquanto, essa última resposta nos parece ser a mais razoável.

No tocante aos honorários sucumbenciais em razão do cumprimento de sentença, seja ele provisório ou definitivo, nos afigura que eles não poderão ser cumulados. Aquela verba honorária fixada para o cumprimento provisório de sentença não poderá ser repetida no momento em que o cumprimento de sentença transformar-se em definitivo. É claro que pode ocorrer a majoração, mas respeitando-se o limite de 20%. Assim, num cumprimento de sentença provisório, o juiz fixa os honorários em 10% do valor total que está sendo executado. Quando ocorrer o trânsito em julgado da sentença, essa fase de cumprimento provisório de sentença será alterada para cumprimento definitivo de sentença. Não poderá o juiz, com isso, fixar novos honorários de 10%. Pode, como dissemos, majorar, ao final do cumprimento de sentença, seja ele o provisório (que nunca se tornou definitivo), seja ele o definitivo (1. que era provisório ou 2. que sempre foi definitivo), porém, não se pode ultrapassar o teto de 20%.

Em nossa opinião, continuam sendo indevidos os honorários sucumbenciais no processo de mandado de segurança, uma vez que o art. 25 da Lei n. 12.016/2009 não foi revogado pelo novo CPC. Poder-se-ia sustentar que o novo CPC, por ser lei posterior, poderia ter revogado esse dispositivo, no entanto, não consideramos que haja incompatibilidade entre o art. 85 do novo CPC e o art. 25 da Lei n. 12.016/2009. É verdade que o novo CPC esqueceu-se de excepcionar o não cabimento da verba sucumbencial em mandado de segurança, contudo, não conseguimos visualizar incompatibilidade entre os dois citados dispositivos legais. A incompatibilidade ocorre quando duas situações distintas não se sustentam, e, a nosso ver, não há o menor problema em existir uma lei especial dispondo sobre o não cabimento de honorários no dito procedimento. Sendo assim, não há de se sustentar a aplicabilidade do § 1º do art. 2º da Lei de Introdução às normas do Direito Brasileiro. Para finalizar, queremos deixar registrada a nossa opinião no tocante à restrição do art. 25 da Lei n. 12.016/2009, e é no sentido de que precisa acabar. Os honorários sucumbenciais deveriam incidir nas sentenças dos mandados de segurança também. Quem sabe um dia esse dispositivo não será modificado...

10. Base de cálculo, alíquota e critérios para a fixação dos honorários sucumbenciais

Estabelece o § 2º do art. 85 do novo CPC que "os honorários serão fixados entre o mínimo de dez e o máximo de vinte por cento sobre o valor da condenação, do proveito econômico obtido ou, não sendo possível mensurá-lo, sobre o valor atualizado da causa, atendidos: I – o grau de zelo do profissional; II – o lugar de prestação do serviço; III – a natureza e a importância da causa; IV – o trabalho realizado pelo advogado e o tempo exigido para o seu serviço".

Não mudou muito, como se vê, a realidade do § 3º do art. 20 do CPC/1973.

A base de cálculo poderá ser, em último caso, o valor da causa atualizado. Isso acaba com antiga discussão que existia na jurisprudência sobre quando e como o valor da causa poderia ser utilizado como critério de fixação da verba honorária sucumbencial. Reforce-se que o valor da causa deve estar atualizado, e, não, simplesmente aquele valor que consta da petição inicial.

11. Honorários quando a Fazenda Pública for parte

Segundo o § 3º do art. 85 do novo CPC, "nas causas em que a Fazenda Pública for parte, a fixação dos honorários observará os critérios estabelecidos nos incisos I a IV do § 2º e os seguintes percentuais: I – mínimo de dez e máximo de vinte por cento sobre o valor da condenação ou do proveito econômico obtido até 200 salários mínimos; II – mínimo de oito e máximo de dez por cento sobre o valor da condenação ou do proveito econômico obtido acima de 200 salários mínimos até 2.000 salários mínimos; III – mínimo de cinco e máximo de oito por cento sobre o valor da condenação ou do proveito econômico obtido acima de 2.000 salários mínimos até 20.000 salários mínimos; IV – mínimo de três e máximo de cinco por cento sobre o valor da condenação ou do proveito econômico obtido acima de 20.000 salários mínimos até 100.000 salários mínimos; V – mínimo de um e máximo de três por cento sobre o valor da condenação ou do proveito econômico obtido acima de 100.000 salários mínimos".

Essa é uma das mais importantes inovações para a advocacia brasileira, pois acaba com a grande injustiça que vinha assolando a classe dos advogados nos últimos tempos. Isso porque, à luz do § 4º do art. 20 do CPC/1973, os honorários sucumbenciais, quando fixados contra a Fazenda Pública, levavam em consideração tão somente a equidade do juiz e não observavam os percentuais de 10% a 20% previstos no § 3º do art. 20 do CPC/1973. E mais. Quando a Fazenda Pública vencia a demanda, o mesmo critério de fixação não era observado, e o juiz valia-se dos percentuais previstos no § 3º do art. 20 do CPC/1973. Em suma, eram "dois pesos e duas medidas", e que estavam denegrindo a aviltando a relevância dos honorários advocatícios.

Com o novo CPC, o magistrado fica obrigado a observar os percentuais elencados nos incisos I a V do § 3º do art. 85, tanto quando a Fazenda Pública perder como quando ela ganhar a lide. A regra prestigia o princípio da isonomia das partes e restabelece a importância do caráter alimentar dos honorários sucumbenciais.

Quanto maior for o valor da condenação ou do proveito econômico (e também o valor da causa, conforme se extrai do inciso III do § 4º do art. 85), menor será a alíquota que deverá incidir.

Sobre a forma que incidirá o § 3º do art. 85, dispõe o § 4º do art. 85 que, "em qualquer das hipóteses do § 3º: I – os percentuais previstos nos incisos I a V devem ser aplicados desde logo quando for líquida a sentença; II – não sendo líquida a sentença, a definição do percentual, nos termos dos referidos incisos, somente ocorrerá quando liquidado o julgado; III – não havendo condenação principal ou não sendo possível mensurar o proveito econômico obtido, a condenação em honorários dar-se-á sobre o valor atualizado da causa; IV – será considerado o salário mínimo vigente quando prolatada sentença líquida ou o que estiver em vigor na data da decisão de liquidação".

Outra importante regra que consta do novo CPC, e que visa evitar a ocorrência de injustiças na aplicação da progressão do § 3º do art. 85, está presente no § 5º do art. 85: "quando, conforme o caso, a condenação contra a Fazenda Pública ou o benefício econômico obtido pelo vencedor ou o valor da causa for superior ao valor previsto no inciso I do § 3º, a fixação do percentual de honorários deve observar a faixa inicial e, naquilo que a exceder, a faixa subsequente, e assim sucessivamente". Se não fosse por esse dispositivo, o advogado da parte vencedora poderia sofrer enormes perdas ao mudar de faixa de pagamento (de um inciso para o outro do § 3º do art. 85).
Senão, vejamos um exemplo, com números, para melhor compreender. Imaginemos que a Fazenda condenada a pagar R$ 158.000,00 (200 salários mínimos) a uma pessoa. Se o juiz condená-la a pagar 20% de honorários, que é o teto do inciso I, o valor será de R$ 31.600,00. Por outro lado, em outro processo, o valor da condenação foi de R$ 158.790,00 (201 salários mínimos). Nesse segundo caso, em razão do valor da condenação, deve ser aplicado o percentual do inciso II, que é de no máximo 10% do valor, o que corresponde a R$ 15.879,00. A diferença entre os honorários sucumbenciais do primeiro e do segundo exemplos é enorme, mesmo aplicando-se a alíquota máxima nos dois casos. Não era para ser assim; no segundo exemplo, justamente porque o valor da condenação é maior, o advogado do vencedor deveria receber mais. Desse modo, para se evitar esse tipo de injustiça, o legislador criou o já citado e transcrito § 5º do art. 85. Tomando o segundo caso como exemplo, o advogado iria receber 20% de R$ 158.000,00, e, sobre tudo aquilo que ultrapassasse os R$ 158.000,00 (repita-se, é o equivalente a 200 salários mínimos), deveria ser utilizada outra alíquota. Para facilitar, vamos inserir o percentual máximo do inciso II, que é de 10%, e a base de cálculo seria de R$ 790,00. O total dos honorários a receber pelo advogado será de R$ 31.679,00 (R$ 31.600,00 + R$ 79,00).

A dúvida que ficará é a seguinte: numa condenação de R$ 197.500,00 (250 salários mínimos), se o juiz simplesmente limitar-se a decidir que a Fazenda "deverá pagar 20% sobre o valor da condenação", como saberemos qual será o percentual a ser aplicado na segunda faixa (inciso II), tendo em vista que a alíquota máxima, nesse caso, é de 10%? Para não deixar margem para interpretações e dúvidas, temos que o melhor caminho é que o juiz, no momento de proferir a sentença, já diga qual será o percentual que deverá incidir em cada uma das faixas. Dessa forma, numa ação cujo valor da condenação seja R$ 1.580.790 (2001 salários mínimos), sugerimos que o juiz decida da seguinte forma: "quanto aos honorários advocatícios sucumbenciais, condeno a ré no pagamento de 20%, 10% e 8%, alíquotas essas que incidirão em cada uma das três faixas de honorários do disposto no § 3º do art. 85 do novo CPC". O valor total a receber será de R$ 126.406,32 (R$ 31.600,00 + R$ 94.800,00 + R$ 6,32). Obviamente que os percentuais mínimos e máximos a serem utilizados ficarão sempre por conta do juiz, que, com base nos requisitos do § 2º do art. 85, verificará qual deles é o mais apropriado para o caso concreto.

12. Cumprimento de sentença e a Fazenda Pública

Cumpre ainda trazer a lume o disposto no § 7º do art. 85 do novo CPC, que determina que "não serão devidos honorários no cumprimento de sentença contra a Fazenda Pública que enseje expedição de precatório, desde que não tenha sido impugnada". *A contrario sensu*, se a Fazenda Pública impugnar o cumprimento de sentença que enseje expedição de precatório, serão devidos os honorários sucumbenciais.

Urge chamar a atenção para o fato de que o mesmo tratamento deveria ser dado ao particular, sob pena de se violar o princípio da isonomia das partes e, em especial, o art. 1º do novo CPC.

13. O conteúdo da decisão e os honorários

O § 6º do art. 85 do novo CPC estatui regra para não deixar margem a interpretações sobre o cabimento dos honorários sucumbenciais em qualquer caso, independentemente do conteúdo da decisão judicial. Dispõe que "os limites e critérios previstos nos §§ 2º e 3º aplicam-se independentemente de qual seja o conteúdo da decisão, inclusive aos casos de improcedência ou de sentença sem resolução de mérito".

Há uma exceção, todavia, a essa regra. Sempre que o contraditório não for formado, não haverá a necessidade de se condenar o vencido no pagamento dos honorários ao advogado do vencedor da causa, e justamente porque não há um vencedor. Seriam exemplos disso o julgamento de improcedência liminar do pedido (art. 332 do novo CPC) e a desistência da ação antes da citação válida do réu.

14. Do reconhecimento de procedência do pedido pelo réu

Outra novidade do novo CPC pode ser encontrada no § 4º do art. 90, que estatui que "se o réu reconhecer a procedência do pedido e, simultaneamente, cumprir integralmente a prestação reconhecida, os honorários serão reduzidos pela metade".

Faltou o legislador aclarar dois pontos importantes. Primeiro, qual seria o momento processual para que esse reconhecimento de procedência do pedido possa gerar essa beneficência? Segundo, o que seria simultaneamente? Seria no mesmo dia? Em até uma semana? Ou quem sabe dentro do prazo de resposta? Não nos afigura razoável que o réu possa, a qualquer momento, reconhecer a procedência do pedido para se ver livre de metade dos honorários advocatícios sucumbenciais. Desse modo, diante da presente lacuna, vamos nos valer do método da analogia para dar ao processo de conhecimento o mesmo tratamento do processo de execução. Neste, como se pode ver no § 1º do art. 827 do novo CPC, "no caso de integral pagamento no prazo de três dias, o valor dos honorários advocatícios será reduzido pela metade". Ora, por que não dar ao reconhecimento de procedência do pedido, no processo de cognição, o mesmo benefício que se dá ao pagamento integral da dívida, quando for o caso de processo de execução por quantia certa? E, ainda dentro dessa analogia, parece-nos que o prazo de três dias é bastante aceitável. E cremos que esses três dias deveriam ser contados da juntada nos autos do mandado de citação ou do aviso de recebimento.

15. Ação sem lide e os honorários sucumbenciais

Merece reflexão os casos que são levados ao Judiciário sem que haja lide, isto é, naquelas situações nas quais inexista conflito de interesses qualificado por uma pretensão resistida. É mais difícil visualizar isso nas ações condenatórias, porém, já nas ações declaratórias e nas constitutivas, é bem fácil de ocorrer. Parece-nos razoável afirmar que, nas lides nas quais não fique provada, pelo autor, a existência de lide, e o réu, citado, não resistir, nem se opor ao pedido formulado na exordial, que quem deverá arcar com os honorários sucumbenciais é o próprio autor, haja vista o princípio da causalidade.

16. Honorários para os advogados públicos

Muitos advogados públicos já percebem os honorários advocatícios sucumbenciais. Os procuradores do Estado de Minas Gerais e os procuradores do município de Belo Horizonte são dois exemplos disso.

Salvo engano, essa inovação do novo CPC surgiu para atender aos conclames dos advogados públicos da esfera federal. Enfim, sem entrar na discussão se está certo ou errado, informamos que, segundo o § 19 do art. 85 do novo CPC, "os advogados públicos perceberão honorários de sucumbência, nos termos da lei". Não era preciso que existisse essa previsão no CPC para que os procuradores federais pudessem vir, algum dia, a receber os honorários sucumbenciais, bastando apenas que se editasse uma lei federal criando e regulamentando esse direito.

17. Distribuição do ônus em caso de litisconsórcio

O art. 87 do novo CPC (art. 23 do CPC/1973) estabelece que, "concorrendo diversos autores ou diversos réus, os vencidos respondem proporcionalmente pelas despesas e pelos honorários". O parágrafo único, que não possui correspondente no CPC/1973, complementa que "a sentença deverá distribuir entre os litisconsortes, de forma expressa, a responsabilidade proporcional pelo pagamento das verbas previstas no *caput*. Se a distribuição não for feita, os vencidos responderão solidariamente pelas despesas e honorários".

18. Honorários nos casos em que ocorre a perda do objeto da demanda

O § 10 do art. 85 do novo CPC positiva o entendimento doutrinário e jurisprudencial sobre o chamado princípio da causalidade, ou seja, deve arcar com os honorários aquele que deu causa à ação. Diz o § 10 que "nos casos de perda do objeto, os honorários serão devidos por quem deu causa ao processo". A regra é correta e justa, tendo sido criada em boa hora.

19. Base de cálculo dos honorários em ações por ato ilícito em que há prestações mensais

Dispõe o § 9º do art. 85 do novo CPC que "ação de indenização por ato ilícito contra pessoa, o percentual de honorários incidirá sobre a soma das prestações vencidas acrescida de 12 prestações vincendas".

A nosso ver, quando o legislador fala em "prestações vencidas", a expressão engloba tanto aquelas vencidas antes da propositura da ação quanto aquelas vencidas durante o trâmite do processo.

Um exemplo para ajudar a aclarar. Numa ação de cobrança de alugueis vencidos e vincendos, imaginemos que o valor do aluguel mensal seja de R$ R$5.000,00 e que o locatário deixou de pagar seis meses de aluguel. O processo tramitou durante doze meses e, por incrível que pareça, o locatário conseguiu permanecer no imóvel durante todo esse tempo. Não houve recurso de apelação. Qual será o valor dos honorários sucumbenciais? A resposta é simples. A base de cálculo é de R$ 30.000,00 (valores vencidos antes da propositura da ação + R$ 60.000,00 (valores vencidos durante o trâmite da ação) + R$ 60.000,00 (o equivalente a doze prestações vincendas), que é igual a R$ 150.000,00. Não inserimos juros e correção monetária na base de cálculo para facilitar a conta, mas é óbvio que é devido o acréscimo. Assim, se o percentual dos honorários estabelecido pelo juiz for de 15%, o advogado perceberá R$ 22.500,00.

20. Majoração dos honorários pelo tribunal ao julgar recursos

Outra novidade está no § 11 do art. 85 do novo CPC: "o tribunal, ao julgar recurso, majorará os honorários fixados anteriormente levando em conta o trabalho adicional realizado em grau recursal, observando, conforme o caso, o disposto nos §§ 2º a 6º, sendo vedado ao tribunal, no cômputo geral da fixação de honorários devidos ao advogado do vencedor, ultrapassar os respectivos limites estabelecidos nos §§ 2º e 3º para a fase de conhecimento".

A propósito, merece destaque o § 12 do art. 85 que deixa claro que "os honorários referidos no § 11 são cumuláveis com multas e outras sanções processuais, inclusive as previstas no art. 77". O art. 77 é aquele que elenca os deveres das partes e de seus procuradores e que ainda traz as hipóteses em que haverá multa em decorrência de ato atentatório à dignidade da justiça.

21. Causas em que for inestimável ou irrisório o proveito econômico ou, ainda, quando o valor da causa for muito baixo

Apesar de não existir alteração em relação ao § 4º do art. 20 do CPC/1973, merece registrar que o § 8º do art. 85 do novo CPC reza que "nas causas em que for inestimável ou irrisório o proveito econômico ou, ainda, quando o valor da causa for muito baixo, o juiz fixará o valor dos honorários por apreciação equitativa, observando o disposto nos incisos do § 2º". Atente-se para o fato de que, em todas essas hipóteses, o juiz não está adstrito à alíquota máxima de 20%.

22. Sucumbência de parte mínima do pedido

Assim como era na época do CPC/1973, "se um litigante sucumbir em parte mínima do pedido, o outro responderá, por inteiro, pelas despesas e honorários" (parágrafo único do art. 86 do novo CPC). É preciso que esse dispositivo seja mais bem aplicado, tendo em vista que o seu equivalente, no CPC/1973, não era. Como advogado, vimos por inúmeras vezes a parte autora formular dois pedidos, um de dano material e o outro de dano moral, ganhar apenas um deles, e ser condenada a pagar apenas 10% ou 20% do valor da condenação, do outro pedido, a título de verba sucumbencial. Ora, se ela perdeu 50% do que pediu, não deveria ser condenada a pagar o mesmo percentual nos honorários de sucumbência?

23. Honorários advocatícios sucumbenciais e a gratuidade da justiça

Este tópico tem como objetivo chamar a atenção do leitor para alguns pontos que existem em comum entre honorários advocatícios sucumbenciais e a gratuidade da justiça.

Primeiro, assim como já era na vigência do CPC/1973, a gratuidade da justiça pode ser requerida pela parte com advogado particular (§ 3º do art. 99 do novo CPC).

Segundo, se o recurso do advogado da parte que está sob o pálio da gratuidade da justiça versar exclusivamente sobre o valor dos honorários sucumbenciais fixados em favor de seu cliente, será preciso recolher as custas do recurso (§ 4º do art. 99 do novo CPC).

Terceiro, o benefício da gratuidade da justiça não atinge os honorários contratuais, mas, tão somente, os sucumbenciais (§ 2º do art. 98 do novo CPC).

24. Honorários em caso de exclusão *prima facie* do réu

Caso o réu seja excluído da lide após informar ser parte ilegítima ou por não ser o responsável pelo ato, deverá o autor pagar honorários sucumbenciais ao advogado do réu. A alíquota gira em torno de 3 a 5% do valor da causa, nos termos do parágrafo único do art. 338 do novo CPC.

25. Honorários e *amicus curiae*

Entendemos que o terceiro que ingressa no feito na qualidade de *amicus curiae* não pode ser condenado no pagamento dos honorários sucumbenciais. O art. 85 do novo CPC é muito claro ao estatuir que a decisão condenará o vencido no pagamento dos honorários. Ora, só a parte pode ser considerada como vencida ou vencedora. É claro que a tese do *amicus curiae* pode ser a vencedora ou não, porém, caso a tese defendida por ele não seja a acolhida pelo magistrado, esse fato não o torna vencido. Ademais, se existisse o risco de ele arcar com os honorários sucumbenciais, certamente pensaria duas vezes antes de ingressar no feito. Isso seria um desserviço para a sociedade civil.

§ 6º – Da gratuidade da justiça

1. A Lei n. 1.060/50

Vários dispositivos da Lei n. 1.060/50 foram revogados expressamente pelo art. 1.072, III, do novo CPC. No que couber e não houver contradição, será possível a aplicação da lei supramencionada.

2. Pessoas que podem requerer a gratuidade da justiça

Tanto as pessoas naturais quanto as pessoas jurídicas, brasileiras ou estrangeiras, podem requerer a gratuidade da justiça, segundo consta do art. 98 do novo CPC. Os entes atípicos, tais como o condomínio edilício e a massa falida, também podem se valer desse benefício legal. E pouco importa se a pessoa está no polo ativo ou passivo da lide. Aliás, até o terceiro pode pleitear o dito benefício.

3. O requisito para a concessão

No mesmo art. 98 faz-se alusão ao único requisito para se requerer a gratuidade da justiça, que é a "insuficiência de recursos para pagar as custas, despesas processuais e honorários advocatícios".

4. Direito personalíssimo

Conforme disposição do § 6º do art. 99 do novo CPC, "o direito à gratuidade da justiça é pessoal, não se estendendo a litisconsorte ou a sucessor do beneficiário, salvo requerimento e deferimento expressos".

5. Forma e momento de se requerer e efeitos da decisão

Como já dito anteriormente, qualquer pessoa pode requerer os benefícios da gratuidade da justiça. Segundo o art. 99 do novo CPC, "pedido de gratuidade da justiça pode ser formulado na petição inicial, na contestação, na petição para ingresso de terceiro no processo ou em recurso". O seu § 1º complementa que "se superveniente à primeira manifestação da parte na instância, o pedido poderá ser formulado por petição simples, nos autos do próprio processo, e não suspenderá seu curso".

A lei nova não fala, mas nos afigura correto asseverar que os efeitos da decisão que concede os efeitos da gratuidade da justiça têm efeitos *ex nunc*, logo, se deferido o benefício em momento bem posterior ao início do processo, responderá a parte beneficiária por todas as despesas e honorários aos quais foi condenada anteriormente à formulação de seu pedido e do deferimento pelo juiz. A jurisprudência à luz do CPC/1973 entendia dessa mesma maneira.

6. Prova da insuficiência

O novo CPC, assim como ocorria, pelo menos na teoria, na época do CPC/1973, não exige que a parte requerente do benefício, quando for pessoa natural, faça prova da sua insuficiência. Dissemos "na teoria" porque, na prática, muitos magistrados estavam, de ofício, determinando que a parte requerente do benefício fizesse prova de sua insuficiência, contrariando, frontal e expressamente, a Lei n. 1.060/50.

Abusos foram cometidos na época. Diversas pessoas sem necessidade estavam formulando requerimentos e, por causa disso, é que a magistratura se rebelou. Alguns vão dizer que é perigoso permitir que o magistrado haja em desconformidade com a lei; já outros dirão que a males que vêm para bem.

O § 2º do art. 99 do novo CPC determina que "o juiz somente poderá indeferir o pedido se houver nos autos elementos que evidenciem a falta dos pressupostos legais para a concessão de gratuidade, devendo, antes de indeferir o pedido, determinar à parte a comprovação do preenchimento dos referidos pressupostos". Esse, aliás, já era o entendimento da nossa jurisprudência, inclusive do STJ.

O § 3º do mesmo dispositivo diz que "presume-se verdadeira a alegação de insuficiência deduzida exclusivamente por pessoa natural". É evidente que o disposto no § 2º do art. 99 aplica-se às pessoas naturais.

Da leitura desses dois parágrafos podemos extrair algumas importantes conclusões. A primeira é que a pessoa natural está dispensada de provar a sua insuficiência de custear e arcar com as despesas do processo. A segunda é que a pessoa jurídica e os entes atípicos precisam fazer essa prova. A terceira é que, mesmo sendo a requerente do benefício legal pessoa natural, poderá o juiz, *ex officio*, determinar que ela comprove o seu estado de insuficiência, mas desde que haja, nos autos, elementos que evidenciem a falta dos pressupostos legais para concessão da gratuidade.

E, para evitar-se que passe a ocorrer o que já vinha ocorrendo na era do CPC/1973, é preciso que o juiz aponte quais são os elementos que estão nos autos que lhe chamaram a atenção e que não condizem, pelo menos no primeiro momento, com a condição de insuficiência. Morar em um bairro da zona sul, em princípio, é um indício de que a pessoa tem boa situação financeira, porém, ela pode comprovar que as despesas e honorários do processo comprometerão o seu sustento e de sua família, fazendo jus, pois, ao deferimento do pedido de gratuidade da justiça.

Sobre a insuficiência propriamente dita, entendemos que ela se equivale ao "necessitado" ou ao "pobre no sentido legal" da época do CPC/1973. Isso significa que a pessoa não precisa ser assalariada para ter direito ao benefício. O requerente pode, muito bem, perceber 40 salários mínimos por mês, mas, se comprovar que gasta boa parte desse dinheiro com médicos, enfermeiros e remédios, fora as despesas comuns do dia a dia, por exemplo, terá direito, a nosso ver, ao benefício.

O fato de o requerente da medida estar representado por advogado particular não pode ser empecilho para a sua concessão, conforme se extrai do § 4º do art. 99.

7. Extensão da gratuidade da justiça

De acordo com o § 5º do art. 98 do novo CPC, "a gratuidade poderá ser concedida em relação a algum ou a todos os atos processuais, ou consistir na redução percentual de despesas processuais que o beneficiário tiver de adiantar no curso do procedimento".

Isso significa que tanto a parte pode fazer um requerimento menos amplo do que vinha sendo feito, como o juiz pode deferir o benefício da gratuidade com ressalvas. Assim, deverá o juiz, ao deferir o pedido de gratuidade da justiça, informar qual é a sua abrangência. Na falta de explicações detalhadas, presumir-se-á que é total.

8. Gratuidade da justiça e multas processuais

O § 4º do art. 98 do novo CPC "a concessão da gratuidade não afasta o dever de o beneficiário pagar, ao final, as multas processuais que lhe sejam impostas".

É bastante salutar essa regra, pois evita que a parte que está sob o pálio da gratuidade da justiça se sinta à vontade para praticar todos os ilícitos processuais que estiverem ao seu alcance, se achasse que poderia não ter de pagar nenhuma multa ao final.

9. Direito ao parcelamento das despesas processuais

O § 6º do art. 98 do novo CPC diz que "conforme o caso, o juiz poderá conceder direito ao parcelamento de despesas processuais que o beneficiário tiver de adiantar no curso do procedimento".

Não existe, no novo CPC, o conceito de despesas processuais, no entanto, uma coisa é certa: o legislador entende que a gratuidade da justiça abrange três itens distintos, conforme se extrai do *caput* do art. 98, quais sejam, as custas, as despesas processuais e os honorários advocatícios. Já o § 2º do art. 98 fala apenas em despesas processuais e honorários advocatícios. Confuso, não? E qual seria a diferença entre custas e despesas processuais? Na nossa opinião, as custas seriam aquele valor que é pago no início e no fim do processo. No início, pelo autor; e, no fim, pela parte sucumbente. São comumente denominadas de "custas iniciais" e de "custas finais", respectivamente. O restante dos valores pagos ao longo do procedimento, tais como despesas com perícia, hasta pública, citação e intimação, taxa recursal, etc., enquadrar-se-iam no conceito de despesas processuais. Não consideramos salutar a restrição feita pelo novo CPC. Ora, por que é que o magistrado pode autorizar o parcelamento de despesas processuais, mas não pode fazer o mesmo no tocante às custas, que se destinam, igualmente, aos cofres públicos? Parece-nos que o mais correto é permitir que ambas as parcelas possam ser parceladas, desde que previamente requerido pela parte e autorizado pelo juiz.

Outra informação importante é que o legislador alude, no final do dispositivo legal, às despesas "no curso do procedimento". Essa expressão passa a ideia de que as custas iniciais estariam fora do raio de alcance do parcelamento. Entretanto, nada impede que a parte distribua a sua petição inicial com o requerimento de gratuidade da justiça e, caso seja indeferido o pedido, formule o pedido de parcelamento.

10. Da suspensão da exigibilidade dos valores devidos pelo beneficiário da gratuidade da justiça

Conforme reza o § 2º do art. 98 do novo CPC, "a concessão da gratuidade não afasta a responsabilidade do beneficiário pelas despesas processuais e honorários advocatícios decorrentes de sua sucumbência". Complementa o § 3º do mesmo dispositivo que, "vencido o beneficiário, as obrigações decorrentes de sua sucumbência ficarão sob condição suspensiva de exigibilidade e somente poderão ser executadas se, nos cinco anos subsequentes ao trânsito em julgado da decisão que as certificou, o credor demonstrar que deixou de existir a situação de insuficiência de recursos que justificou a concessão da gratuidade; passado esse prazo, extinguem-se tais obrigações do beneficiário".

É de suma importância que o magistrado, no dispositivo de sua decisão, condene o vencido no pagamento das despesas processuais e honorários sucumbenciais, porém, fazendo a ressalva de que a sua exigibilidade estará suspensa pelo prazo de cinco anos, nos termos da lei.

11. Requerimento feito em grau recursal

A parte pode formular o requerimento de gratuidade da justiça em sua peça recursal, e estará dispensada do pagamento da taxa recursal, no entanto, se o relator indeferir o pedido, o recorrente será intimado para efetuar o pagamento no prazo fixado, sob pena de deserção. Esse é o comando do § 6º do art. 99 do novo CPC.

12. Forma de impugnação da decisão que concede a gratuidade da justiça

Segundo o art. 100 do novo CPC, "deferido o pedido, a parte contrária poderá oferecer impugnação na contestação, na réplica, nas contrarrazões de recurso ou, nos casos de pedido superveniente ou formulado por terceiro, por meio de petição simples, a ser apresentada no prazo de 15 dias, nos autos do próprio processo, sem suspensão de seu curso".

Queremos apenas chamar a atenção para o fato de que a não impugnação, pela parte contrária, em um dos atos processuais preestabelecidos, ou dentro do prazo de 15 dias, gera preclusão do direito de impugnar.

13. Recurso cabível contra a decisão que indefere ou revoga o pedido de gratuidade da justiça

De acordo com o art. 101 do novo CPC, caberá agravo de instrumento contra a decisão que indeferir ou revogar o pedido de gratuidade da justiça. Caso essa decisão só venha a ser proferida na sentença, desafiará recurso de apelação.

O seu § 1º autoriza que o recurso seja interposto sem preparo, até que o relator decida sobre isso, em decisão preliminar ao julgamento.

O seu § 2º determina que, "confirmada a denegação ou a revogação da gratuidade, o relator ou o órgão colegiado determinará ao recorrente o recolhimento das custas processuais, no prazo de 5 dias, sob pena de não conhecimento do recurso". Essa regra só tem efeito prático se o recurso em questão for o de apelação e, ainda por cima, se existirem outros pontos a serem julgados. Do contrário, não fará a menor diferença para o recorrente não ter o seu recurso conhecido. Óbvio que, se a parte pretende recorrer ao STJ, deverá pagar o valor devido, pois, do contrário, o seu recurso especial não será conhecido.

Muita atenção: essas afirmativas retro tecidas devem ser lidas com extrema cautela, pois o parágrafo único do art. 102 do novo CPC possui sanções bastante severas para a parte que não pagar as despesas processuais no prazo legal.

14. Consequências da revogação do benefício

Nos termos do parágrafo único do art. 100 do novo CPC, "revogado o benefício, a parte arcará com as despesas processuais que tiver deixado de adiantar e pagará, em caso de má-fé, até o décuplo de seu valor a título de multa, que será revertida em benefício da Fazenda Pública estadual ou federal e poderá ser inscrita em dívida ativa".

Vejam que há duas situações distintas reguladas pelo dispositivo: uma quando o requerimento foi formulado de boa-fé e, a outra, quando for demonstrada a má-fé do requerente do benefício. A nosso ver, a grande discussão que será travada, e competirá à jurisprudência, com o auxílio da doutrina, definir, é o conceito de má-fé em requerimentos dessa natureza. Por exemplo, será que a pessoa rica que pleiteia a gratuidade da justiça pode ser enquadrada nessa pena? Ou apenas a pessoa que frauda documentos poderia ser sancionada? Enfim, a questão é bastante delicada e merece ser tratada com muita cautela, de modo a não desincentivar o acesso à justiça, garantido constitucionalmente.

Merece destaque ainda o art. 102 e o seu parágrafo único. O *caput* diz que "sobrevindo o trânsito em julgado de decisão que revoga a gratuidade, a parte deverá efetuar o recolhimento de todas as despesas de cujo adiantamento foi dispensada, inclusive as relativas ao recurso interposto, se houver, no prazo fixado pelo juiz, sem prejuízo de aplicação das sanções previstas em lei". Já o seu parágrafo único traz sanções extremamente gravosas para a parte que descumprir a ordem judicial: "não efetuado o recolhimento, o processo será extinto sem resolução de mérito, tratando-se do autor e, nos demais casos, não poderá ser deferida a realização de qualquer ato ou diligência requerida pela parte enquanto não efetuado o depósito".

15. Atos e despesas que estão acobertadas pelo deferimento do benefício legal

Para não deixar dúvidas de quais atos e despesas processuais estão englobadas no deferimento do pedido de gratuidade da justiça, estabelece o § 1º do art. 98 do novo CPC que "a gratuidade da justiça compreende: I – as taxas ou as custas judiciais; II – os selos postais; III – as despesas com publicação na imprensa oficial, dispensando-se a publicação em outros meios; IV – a indenização devida à testemunha que, quando empregada, receberá do empregador salário integral, como se em serviço estivesse; V – as despesas com a realização de exame de código genético – DNA e de outros exames considerados essenciais; VI – os honorários do advogado e do perito e a remuneração do intérprete ou do tradutor nomeado para apresentação de versão em português de documento redigido em língua estrangeira; VII – o custo com a elaboração de memória de cálculo, quando exigida para instauração da execução; VIII – os depósitos previstos em lei para interposição de recurso, para propositura de ação e para a prática de outros atos processuais inerentes ao exercício da ampla defesa e do contraditório; IX – os emolumentos devidos a notários ou registradores em decorrência da prática de registro, averbação ou qualquer outro ato notarial necessário à efetivação de decisão judicial ou à continuidade de processo judicial no qual o benefício tenha sido concedido".

São hipóteses bem descritas e delineadas, logo, não precisam de qualquer explicação de nossa parte.

16. Inexistência de dever de renovar o pedido de gratuidade da justiça a cada instância

Tanto na Lei n. 1.060/50, quanto no novo CPC, não há qualquer previsão legal quanto à necessidade de se renovar, a cada instância, o pedido de gratuidade da justiça. Sabemos que essa tese pode parecer absurda, mas, por incrível que pareça, já foi bastante aplicada pelos nossos tribunais. O STJ, recentemente, decidiu que, uma vez concedido o benefício, só perde a sua eficácia se for expressamente revogado (AgRg nos EAREsp n. 86.915/SP).

17. Desnecessidade de se fazer menção nas peças recursais que o recorrente foi agraciado com os benefícios da gratuidade da justiça

Tanto na Lei n. 1.060/50, quanto no novo CPC, não há qualquer previsão legal quanto à necessidade de se fazer menção, nas peças recursais, que o recorrente foi agraciado com os benefícios da gratuidade da justiça, de modo a deixar claro o porquê de ele não ter efetuado o preparo. A tese não é de toda absurda, pois facilita, sobremaneira, o trabalho dos julgadores em outras instâncias, contudo, para que pudesse dar azo ao não conhecimento do recurso, seria preciso que houvesse expressado previsão legal. Como não há, tem-se como ilegais decisões judiciais que criam, sem respaldo na lei, dever jurídico para as partes, especialmente com uma consequência drástica dessas. Aliás, foi assim que o STJ decidiu recentemente (AgRg nos EAREsp n. 86.915/SP).

§ 7º – Dos procuradores

1. Profissional inscrito nos quadros da OAB

Só tem capacidade postulatória o profissional inscrito nos quadros da OAB. O art. 103 do novo CPC dispõe que "a parte será representada em juízo por advogado regularmente inscrito na Ordem dos Advogados do Brasil". O dispositivo parece acabar com a discussão acerca da necessidade ou não de os advogados públicos (procuradores da União, Estados, Municípios e Defensores Públicos) estarem ou não inscritos nos quadros da OAB. E a nossa opinião é de que precisam. Nem precisaria de regra como essa, pois o art. 1º da Lei n. 8.906/94 já é claro o suficiente.

2. Requisitos da procuração

A procuração continua podendo ser outorgada por instrumento particular e sem a necessidade de reconhecimento de firma. Também continua podendo ser assinada digitalmente (§ 1º do art. 105 do novo CPC) e contém as mesmas limitações, salvo disposição em contrário (*caput* do art. 105). Equivalente ao art. 38 do CPC/1973.

O § 2º do art. 105 diz que "a procuração deverá conter o nome do advogado, seu número de inscrição na Ordem dos Advogados do Brasil e endereço completo".

O § 3º do mesmo dispositivo estabelece que "se o outorgado integrar sociedade de advogados, a procuração também deverá conter o nome desta, seu número de registro na Ordem dos Advogados do Brasil e endereço completo". Como se sabe, o advogado não precisa fazer parte de uma sociedade de advogados, ou seja, pode ter o seu escritório no qual trabalha sozinho. No tocante à palavra "integrar", quer nos parecer que tem um sentido mais amplo, isto é, não significa que ele tenha de ser sócio dessa sociedade de advogados. Se ele for empregado ou associado, também precisará declinar, na procuração, os dados exigidos pelo novo § 3º do art. 105.

3. Eficácia da procuração

Em boa hora foi positivado o comando a seguir: "salvo disposição expressa em sentido contrário constante do próprio instrumento, a procuração outorgada na fase de conhecimento é eficaz para todas as fases do processo, inclusive para o cumprimento de sentença" (§ 4º do art. 105).

Isso evitará, assim esperamos, a manutenção da prática de alguns magistrados em exigir nova procuração para a expedição de alvará em nome do advogado. Ora, se não consta nenhuma restrição temporal na procuração, e ele tiver poderes para receber e/ou levantar quantias, não se pode exigir nova procuração.

4. Direito de retirar os autos do cartório da secretaria

O art. 107, III, do novo CPC, que é equivalente ao art. 40, III, do CPC/1973, parece-nos ser um empecilho para a concessão de vista dos autos por prazo comum. Como se sabe, nessa modalidade de vista dos autos, os autos não podem ser retirados de secretaria, pois a intimação é para todas as partes em prazo comum. Ocorre que essa prática, no nosso sentir, viola o dispositivo supracitado, que dispõe que "o advogado tem direito a retirar os autos do cartório ou secretaria, pelo prazo legal, sempre que neles lhe couber falar por determinação do juiz, nos casos previstos em lei".

A discussão acerca da possibilidade de o advogado retirar os autos da secretaria do cartório, sem que tenha procuração nos autos, parece que vai continuar. O art. 107, I, do novo CPC simplesmente repete a redação do art. 7º, XIII, da Lei n. 8.906/94, sem deixar claro se há ou não esse direito por parte do advogado.

5. Retirada dos autos da secretaria do cartório em caso de prazo comum

O § 2º do art. 107 do novo CPC excepciona a regra do inciso III do mesmo art. 107 e dispõe que "sendo o prazo comum às partes, os procuradores poderão retirar os autos somente em conjunto ou mediante prévio ajuste, por petição nos autos".

O § 3º do art. 107 traz uma exceção à regra do § 2º e diz que, "na hipótese do § 2º, é lícito ao procurador retirar os autos para obtenção de cópias, pelo prazo de duas a seis horas, independentemente de ajuste e sem prejuízo da continuidade do prazo". Não conseguimos entender porque é que o legislador colocou um prazo mínimo e um máximo. Dessa forma parece que caberá ao serventuário da justiça determinar qual será o prazo pelo qual o advogado poderá permanecer com os autos fora de cartório. Seria muito mais fácil estabelecer apenas um prazo máximo. Outra dúvida que surgirá é sobre o que deve o advogado fazer se, ao solicitar a carga dos autos, falta menos de duas horas para fechar a secretaria do cartório. Poderá, nesse caso, efetuar a devolução no dia seguinte, na primeira hora de abertura da secretaria? A nosso ver, a resposta é positiva. Talvez essa margem de horas fora criada pelo novo CPC em razão do tamanho dos autos do processo, permitindo-se que o advogado disponha de mais tempo em se tratando de autos volumosos.

O § 4º do art. 107 dispõe sobre a sanção que deverá ser aplicada ao advogado que descumprir o prazo elencado no parágrafo anterior: "o procurador perderá no mesmo processo o direito a que se refere o § 3º se não devolver os autos tempestivamente, salvo se o prazo for prorrogado pelo juiz". Para que essa pena possa ser efetivamente cumprida, é preciso que, na capa ou na contracapa dos autos, exista algum sinal para o qual deverá o serventuário da justiça atentar-se, pois, do contrário, na correria do dia a dia, essa sanção cairá no vazio.

§ 8º – Da sucessão das partes e dos procuradores

1. Da assistência do adquirente ou do cessionário

A única novidade que existe aqui é com relação ao aclaramento que foi feito, quanto à espécie de assistência que existirá, no caso de interveniência do adquirente do bem ou cessionário do direito. No § 2º do art. 42 do CPC/1973 não estava claro qual era a modalidade de assistência. Já o § 2º do art. 109 do novo CPC deixa claro que será assistência litisconsorcial, que é aquela em que o assistente é praticamente equiparado ao assistido e possui poderes bem mais amplos do que o assistente simples.

2. Revogação do mandato do advogado pela parte

Caso a parte revogue o mandato outorgado ao seu advogado, deverá indicar outro para assumir o patrocínio da causa no prazo de 15 dias. Não o fazendo, observar-se-á o disposto no art. 76, que não precisa ser repetido. Esse é o comando do parágrafo único do art. 111 do novo CPC.

3. Renúncia do advogado

O advogado pode renunciar os poderes que lhe foram outorgados. Para tanto, ele deve provar, nos autos, que comunicou seu cliente (art. 112 do novo CPC). Essa forma de comunicação pode ser, inclusive, por e-mail.

Atente-se para o fato de que essa comunicação pode ser dispensada. Nos termos do § 2º do mesmo dispositivo, "dispensa-se a comunicação referida no *caput* quando a procuração tiver sido outorgada a vários advogados e a parte continuar representada por outro, apesar da renúncia". Caso, todavia, no contrato de prestação de serviços advocatícios haja alguma cláusula deixando claro que o advogado principal da causa será *cicrano*, ele só poderá renunciar ao mandato se comunicar o cliente previamente, nos termos do art. 112.

§ 9º – Litisconsórcio

1. Litisconsórcio facultativo

Está regulado no art. 113 do novo CPC.

2. Litisconsórcio multitudinário

Está regulado nos §§ 1º e 2º do art. 113 do novo CPC.

3. Litisconsórcio necessário

O remodelado, e agora correto, conceito de litisconsórcio necessário encontra-se no art. 114 do novo CPC: "o litisconsórcio será necessário por disposição de lei ou quando, pela natureza da relação jurídica controvertida, a eficácia da sentença depender da citação de todos que devam ser litisconsortes".

4. Litisconsórcio unitário

Está conceituado no art. 116 do novo CPC: "o litisconsórcio será unitário quando, pela natureza da relação jurídica, o juiz tiver de decidir o mérito de modo uniforme para todos os litisconsortes".

5. Sentença de mérito proferida sem a integração do contraditório

Dispõe o art. 115 do novo CPC que "a sentença de mérito, quando proferida sem a integração do contraditório, será: I – nula, se a decisão deveria ser uniforme em relação a todos que deveriam ter integrado o processo; II – ineficaz, nos outros casos, apenas para os que não foram citados".

No caso do inciso I, poderá o litisconsorte unitário que não integrou a lide manejar ação rescisória ou *querela nullitatis*, de modo a desconstituir a sentença passada em julgado.

Já na hipótese do inciso II, o prejudicado sequer precisa tomar alguma medida judicial. Se quiser pode, simplesmente, aguardar alguma tentativa de execução do julgado do qual ele não fez parte, para, então, defender-se. Se ele não foi parte no processo, não pode sofrer os efeitos da sentença. A *querela nullitatis*, obviamente, pode ser, por ele, utilizada.

6. Litisconsórcio passivo necessário não formado

Assim como era no parágrafo único do art. 47 do CPC/1973, segundo o parágrafo único do art. 115 do novo CPC, "nos casos de litisconsórcio passivo necessário, o juiz determinará ao autor que requeira a citação de todos que devam ser litisconsortes, dentro do prazo que assinar, sob pena de extinção do processo".

§ 10 – Intervenção de terceiros

1. Assistência

A assistência está regulada entre os arts. 119 e 124 do novo CPC.

Continua sendo a modalidade de intervenção pela qual um terceiro, juridicamente interessado no resultado da lide, intervém de modo a colaborar com uma das partes (art. 119).

É cabível em qualquer procedimento, em qualquer momento do processo e em qualquer grau de jurisdição (parágrafo único do art. 119).

Qualquer das partes pode impugnar o ingresso do terceiro, contudo, somente se demonstrar a ausência de interesse jurídico. O prazo para tanto será de 15 dias (art. 120).

Os arts. 121 a 123 aplicam-se apenas à assistência simples. Em caso de revelia ou omissão do assistido, o assistente se torna seu substituto processual, e, não, gestor de negócios (parágrafo único do art. 121). Trata-se de aperfeiçoamento técnico que vem em boa hora, uma vez que o assistente age em nome próprio. Também parece ter se encerrado a discussão sobre a possibilidade de o assistente simples recorrer, seja conjuntamente com o assistido, seja no caso de inexistir recurso do assistido. Está claro, no novo CPC, que ele pode.

O art. 124 é exclusivo da assistência litisconsorcial. Lembremos que os poderes do assistente litisconsorcial são bem mais amplos que os do assistente simples, sendo o art. 122 uma grande prova disso.

2. Denunciação da lide

A denunciação da está regulada entre os arts. 125 e 129 do novo CPC e continua tendo como fundamento o direito de regresso conjugado com a celeridade e economia processual.

Deixa de ser obrigatória (art. 125), como o era na época do CPC/1973, *ex vi* do seu art. 70, muito embora, na prática, a jurisprudência, especialmente do STJ, sempre a viu como facultativa.

O inciso II do art. 70 do CPC/1973 deixou de existir. Provavelmente porque ele estava embutido no inciso III do mesmo art. 70. O correspondente no novo CPC é o art. 125, I e II. Atente-se para uma discreta, mas importante modificação, no tocante ao alienante que poderá vir a ser o denunciado no processo (inciso I do art. 125). Não é qualquer alienante que poderá ser denunciado, mas, tão somente, o "alienante imediato".

O § 1º do art. 125 do novo CPC (sem equivalente no CPC/1973) diz que "o direito regressivo será exercido por ação autônoma quando a denunciação da lide for indeferida, deixar de ser promovida ou não for permitida". É evidente que essa é a consequência da não utilização da denunciação da lide. O direito material ainda persiste, logo, pode ser exigido por meio de ação autônoma.

O § 2º do art. 125 do novo CPC (sem equivalente no CPC/1973) dispõe o seguinte: "admite-se uma única denunciação sucessiva, promovida pelo denunciado, contra seu antecessor imediato na cadeia dominial ou quem seja responsável por indenizá-lo, não podendo o denunciado sucessivo promover nova denunciação, hipótese em que eventual direito de regresso será exercido por ação autônoma". As denunciações sucessivas já eram alvo de comentários pela doutrina processual antes mesmo da existência de um projeto de lei de novo CPC. Essa limitação é salutar, pois evita atrasos desnecessários no processo. Quanto à ação autônoma, consideramos razoável e necessário que seja distribuída por dependência àquela em que já há duas denunciações da lide, de modo a evitar-se decisões contraditórias.

O art. 128, III, do novo CPC, parcialmente equivalente ao art. 75, III, do CPC/1973, teve um acréscimo na sua parte final que deve ser observado. Com a sua redação atual, se o denunciado confessar os fatos alegados na petição inicial, e o réu (denunciante) fizer o mesmo, poderá apenas pedir a procedência da ação de regresso.

Outra novidade no direito positivo encontra-se no parágrafo único do art. 128. Quando o réu for o denunciante, julgado "procedente o pedido da ação principal, pode o autor, se for o caso, requerer o cumprimento da sentença também contra o denunciado, nos limites da condenação deste na ação regressiva".

O art. 129 do novo CPC trouxe um acréscimo que pode gerar problemas. Reza o dispositivo que "se o denunciante for vencido na ação principal, o juiz passará ao julgamento da denunciação da lide". O seu parágrafo único diz que "se o denunciante for vencedor, a ação de denunciação não terá o seu pedido examinado, sem prejuízo da condenação do denunciante ao pagamento das verbas de sucumbência em favor do denunciado".

A parte final desse artigo do novo CPC é, sem dúvida, um desincentivo ao uso da denunciação da lide, que, notoriamente, foi desenhada para diminuir o número de processos no Judiciário e, ao mesmo tempo, imprimir maior celeridade na pretensão do denunciante. Pense numa ação de reparação de danos entre *A* e *B*. Este, preocupado com a possibilidade de perder a ação, denuncia à lide a sua seguradora, que passa a ser a denunciada (*C*). Se *B* vencer a demanda principal, a lide secundária aparentemente perde o objeto e não será apreciada, nos termos da parte final do art. 129, e, ainda de acordo com este dispositivo, poderá *B* ser condenado no pagamento das custas e honorários perante *C*. Ora, se *B* corre o risco de arcar com os ônus sucumbenciais perante *C*, é preciso que a ação de denunciação seja julgada. De acordo com a parte final do art. 129, *B* passa a ter interesse processual no resultado dessa demanda. É claro que, nesse cenário em que *B* é o vencedor da ação principal, não poderá haver uma real condenação na lide secundária, no entanto, para se verificar quem é que deve arcar com os ônus sucumbenciais, é preciso que o magistrado aprecie o pedido formulado por *B* em face de *C*.

3. Chamamento ao processo

O chamamento ao processo é regulado pelos arts. 130 a 132 do novo CPC.

O art. 130 é mera repetição do art. 77 do CPC/1973, ou seja, as hipóteses de cabimento continuam sendo as mesmas e essa modalidade de intervenção continua tendo como fundamento a solidariedade passiva.

O art. 131 do novo CPC cria prazos especiais para que o chamante promova a citação do chamado, sob pena de o chamamento ao processo tornar-se sem efeito.

4. Notas sobre a oposição, a nomeação à autoria e o recurso de terceiro prejudicado

A nomeação à autoria não existe mais no novo CPC. A sua concepção, todavia, não foi esquecida. Dispõe o art. 338 do novo CPC que "alegando o réu, na contestação, ser parte ilegítima ou não ser o responsável pelo prejuízo invocado, o juiz facultará ao autor, em 15 dias, a alteração da petição inicial para substituição do réu". E não é só isso. O art. 339 determina que "quando alegar sua ilegitimidade, incumbe ao réu indicar o sujeito passivo da relação jurídica discutida sempre que tiver conhecimento, sob pena de arcar com as despesas processuais e de indenizar o autor pelos prejuízos decorrentes da falta de indicação". O seu § 1º diz que "aceita a indicação pelo autor, este, no prazo de 15 dias, procederá à alteração da petição inicial para a substituição do réu, observando-se, ainda, o parágrafo único do art. 338". E o seu § 2º complementa que, "no prazo de 15 dias, o autor pode optar por alterar a petição inicial para incluir, como litisconsorte passivo, o sujeito indicado pelo réu".

A oposição deixou de ser intervenção de terceiro e passou a ser ação autônoma com procedimento especial (cf. arts. 682 a 686). Na verdade, a oposição sempre foi uma ação autônoma; o novo CPC apenas aperfeiçoou tecnicamente o CPC/1973. Oportunamente discorreremos sobre a oposição.

O recurso de terceiro prejudicado, visto por muitos como espécie de intervenção de terceiros, continua presente no novo CPC e pode ser vislumbrado no seu art. 996.

5. Outras espécies de intervenção de terceiros

O novo CPC não proíbe a criação e a existência de outras espécies de intervenção de terceiros. A intervenção de terceiro nas ações de alimentos, prevista no art. 1.698 do CC, é exemplo disso que estamos afirmando, continuando plenamente em vigor.

§ 11 – Do incidente de desconsideração da personalidade jurídica

1. Introdução

O novo CPC, nos arts. 133 a 137, cria o incidente de desconsideração da personalidade jurídica. A desconsideração da personalidade jurídica é medida extraordinária, de natureza material, com previsão, *v.g.*, no art. 50 do CC e no art. 28 do CDC, pela qual os sócios de uma pessoa jurídica podem ser responsabilizados civilmente por atos ilícitos praticados em nome da pessoa jurídica, e, com isso, respondem com o seu patrimônio próprio, uma vez que a pessoa coletiva não possui bens suficientes para responder pelo débito.

A chamada desconsideração inversa da personalidade jurídica não foi esquecida pelo novo CPC. O § 2º do art. 133 dispõe que "aplica-se o disposto neste Capítulo à hipótese de desconsideração inversa da personalidade jurídica". Essa modalidade de desconsideração é amplamente aceita pela doutrina e pela jurisprudência e é muito utilizada no direito de família. Quando um dos cônjuges visa prejudicar o outro, transmite seus bens particulares para a pessoa jurídica da qual é sócio ou até único proprietário (no caso da EIRELI, por exemplo). Assim, em caso de separação, divórcio ou extinção de união estável, os bens desta não se comunicarão. Provada a fraude, os bens da pessoa jurídica respondem pela pessoa natural do sócio. Daí o porquê dessa terminologia.

Para regulamentar e ordenar melhor a desconsideração da personalidade jurídica, temos agora cinco dispositivos legais versando expressamente sobre a parte processual desse instituto.

2. Legitimidade para requerer a instauração

Nos termos do art. 133 do novo CPC, "o incidente de desconsideração da personalidade jurídica será instaurado a pedido da parte ou do Ministério Público, quando lhe couber intervir no processo".

O MP pode requerer a instauração tanto quando for parte quando como atuar como fiscal da lei.

O juiz não pode instaurar este incidente *ex officio*.

3. Momento e procedimentos em que se pode requerer sua instauração

Segundo o art. 134 do novo CPC, "o incidente de desconsideração é cabível em todas as fases do processo de conhecimento, no cumprimento de sentença e na execução fundada em título executivo extrajudicial". É bem mais comum de ser ver pedidos dessa natureza no cumprimento de sentença e na execução, contudo, é bom saber que o legislador deixou aberta a porta para o seu uso em todas as fases do processo de conhecimento.

Há uma hipótese em que a instauração do incidente é dispensada. Reza o § 2º do art. 134 que "dispensa-se a instauração do incidente se a desconsideração da personalidade jurídica for requerida na petição inicial, hipótese em que será citado o sócio ou a pessoa jurídica". Em caso de deferimento da medida ainda na exordial, pensamos que somente se justifica a não citação da pessoa jurídica se houver prova inequívoca da inexistência de bens em seu nome. Essa prova pode ser obtida, por exemplo, com cópia de documentos de outros processos em andamento nos quais esse ente coletivo figura como parte. Não será fácil obter essas cópias, pois, alguns documentos, em razão do sigilo fiscal e bancário, ficam guardados fora dos autos. Essa medida da desconsideração na exordial deverá ser utilizada, a nosso ver, com extrema cautela e apenas em casos bastante extraordinários.

Este incidente pode ser instaurado até mesmo fora da primeira instância, conforme se apreende do disposto no inciso VI do art. 932 do novo CPC.

Importa registrar, ainda, que este rito é aplicável aos processos de competência dos juizados especiais (art. 1.062 do novo CPC).

4. Situações em que é cabível (pressupostos legais)

De acordo com o § 4º do art. 134 do novo CPC, "o requerimento deve demonstrar o preenchimento dos pressupostos legais específicos para desconsideração da personalidade jurídica".

Quais seriam os pressupostos legais específicos? A nosso ver, são dois. Primeiro deve-se verificar se atende aos requisitos de direito material, como é o caso do art. 50 do CC e o art. 28 do CDC. O segundo pressuposto é a inexistência de bens penhoráveis suficientes, em nome da pessoa jurídica, para pagar o débito existente. No caso da desconsideração ao inverso, este segundo requisito é substituído pela falta de bens, em nome da pessoa natural, para partilhar com o cônjuge. É preciso reiterar que o pedido de desconsideração da personalidade jurídica só tem lugar se os dois requisitos forem demonstrados. Por mais que tenha ocorrido uma fraude, se a pessoa jurídica tiver bens próprios para serem expropriados, não se justifica o pedido de desconsideração. E lembremos que a simples inexistência de bens penhoráveis da pessoa jurídica não é motivo, por si só, que justifique o pedido de desconsideração, sendo necessário comprovar, igualmente, a ocorrência dos pressupostos específicos descritos na legislação de direito material, tais como confusão patrimonial, desvio de finalidade ou fraude.

Não pretendemos discorrer sobre todas as possibilidades que dão azo à desconsideração da personalidade jurídica, pois foge ao objeto desse trabalho, no entanto, cremos que uma hipótese merece destaque, justamente porque acaba de ser decidida pela 2ª Seção do STJ. Decidiu-se que o mero encerramento das atividades ou a dissolução irregular de uma sociedade não é, por si só, suficiente para que seja determinado o levantamento do véu da personalidade jurídica, sendo necessário demonstrar-se, por exemplo, a confusão patrimonial e o desvio de finalidade (EREsp n. 1.306.553/SC).

5. Procedimento

Como se sabe, a instauração do incidente é dispensada apenas quando o pedido de desconsideração vier formulado na petição inicial. Nesse caso, os sócios (desconsideração tradicional) ou a pessoa jurídica (desconsideração inversa) tornam-se litisconsortes no polo passivo.

Havendo o incidente de desconsideração, deverá haver comunicação imediata ao distribuidor para as anotações devidas (§ 1º do art. 134).

O próximo passo é determinar a suspensão do processo principal, nos termos do § 3º do art. 134, salvo se o pedido de desconsideração estiver formulado na exordial.

Em seguida, "instaurado o incidente, o sócio ou a pessoa jurídica será citado para manifestar-se e requerer as provas cabíveis no prazo de 15 dias" (art. 135).

Finda a fase de instrução do incidente, se necessária, claro, será proferida decisão interlocutória para resolver o incidente (art. 136). Essa decisão desafia agravo de instrumento. O parágrafo único do art. 136 diz que "se a decisão for proferida pelo relator, cabe agravo interno". O relator pode proferir decisões dessa natureza tanto nos recursos que chegam ao tribunal como, excepcionalmente, em processos de competência originária.

6. Acolhimento do pedido e fraude à execução

Segundo o art. 137 do novo CPC, "acolhido o pedido de desconsideração, a alienação ou oneração de bens, havida em fraude de execução, será ineficaz em relação ao requerente". O que esse dispositivo fez foi simplesmente criar mais uma hipótese de fraude à execução.

§ 12 – DO *AMICUS CURIAE*

1. Introdução

O novo CPC positivou a figura do *amicus curiae* em apenas um dispositivo, que é o art. 138 e seus três parágrafos.

A figura do *amicus curiae* já é uma velha conhecida do nosso ordenamento jurídico, tendo em vista ter sido regulada, não com esse nome, na Lei n. 9.868/99, que regula o procedimento da ação direta de inconstitucionalidade e da ação declaratória de constitucionalidade.

É uma espécie de intervenção de terceiros no processo, em que, o terceiro, demonstrando e comprovando o seu interesse em colaborar com o julgamento da tese objeto daquela lide, manifesta-se, geralmente por meio de parecer, no qual discorre sobre o referido tema e dá a sua opinião. Como se vê, trata-se de mera colaboração, daí porque *amicus curiae* vem sendo traduzido como "amigo da Corte".

Somos totalmente favoráveis à utilização do *amicus curiae*. Não há prejuízo algum para o processo e o julgador terá subsídios (e não doutrina) específicos para auxiliá-lo a decidir aquele caso concreto.

Fizemos questão de enfatizar que o parecer juntado nos autos não pode ser equiparado à doutrina por uma razão muito simples: essa é (pelo menos deveria) sempre isenta; aquele pode estar defendendo os interesses de uma certa classe e, por essa razão, será parcial.

No novo CPC, como se verá adiante, a figura do *amicus curiae* ganha corpo e vem mais robusta. Diria que, no novo CPC, temos um "super *amicus curiae*".

2. Base legal no novo CPC

Reiterando, o *amicus curiae* está regulado por apenas um dispositivo legal, que é o art. 138. Segue abaixo a sua transcrição:

> Art. 138. O juiz ou o relator, considerando a relevância da matéria, a especificidade do tema objeto da demanda ou a repercussão social da controvérsia, poderá, por decisão irrecorrível, de ofício ou a requerimento das partes ou de quem

> pretenda manifestar-se, solicitar ou admitir a participação de pessoa natural ou jurídica, órgão ou entidade especializada, com representatividade adequada, no prazo de 15 dias de sua intimação.
>
> § 1º A intervenção de que trata o *caput* não implica alteração de competência nem autoriza a interposição de recursos, ressalvadas a oposição de embargos de declaração e a hipótese do § 3º.
>
> § 2º Caberá ao juiz ou ao relator, na decisão que solicitar ou admitir a intervenção, definir os poderes do *amicus curiae.*
>
> § 3º O *amicus curiae* pode recorrer da decisão que julgar o incidente de resolução de demandas repetitivas.

3. Cabimento

De acordo com o novo CPC, caberá a intervenção de *amicus curiae* em processos nos quais (i) a matéria seja relevante, (ii) o tema seja mais específico; ou (iii) haja repercussão social. Como se vê, em qualquer uma dessas três hipóteses, que são bastante subjetivas, poderá o magistrado permitir a manifestação de um ou mais terceiros na qualidade de *amicus curiae.*

4. Pessoas que podem funcionar como *amicus curiae*

O novo CPC diz que poderá ser *amicus curiae* "pessoa natural ou jurídica, órgão ou entidade especializada, com representatividade adequada".

É bom que o novo CPC seja abrangente nesse rol, mas, se não houver uma certa dose de critérios para se autorizar o ingresso de terceiros, corre-se o risco de o instituto ser prejudicado. Uma coisa é haver cinco manifestações em um processo; outra, bem diferente, é haver 100. Nenhum magistrado, salvo melhor juízo, terá tempo, paciência e persistência para ler todas essas 100 manifestações. Daí porque reiteramos ser relevante, para o próprio bem do instituto e das teses jurídicas que serão futuramente debatidas, que o magistrado seja cuidadoso na hora de se permitir o ingresso de terceiros na qualidade de *amicus curiae.*

Acreditamos que as pessoas naturais que deveriam ser autorizadas a ingressar no feito seriam apenas aquelas que realmente tenham capacidade intelectual de contribuir com o deslinde do feito, haja vista o grau de especialidade que tenha na matéria. Não precisa, necessariamente, ser professor universitário ou ter mestrado e doutorado. É claro que essas características são indícios de que a pessoa é qualificada, no entanto, não podem ser vistas como requisitos absolutos.

Os órgãos de classe, como a OAB e suas seccionais, podem ingressar no feito, pois são pessoas jurídicas.

Quanto ao "órgão ou entidade especializada, com representatividade adequada", podemos citar como exemplos o Instituto Brasileiro de Direito Processual (IBDP) e o Instituto Brasileiro de Política e Direito do Consumidor (Brasilcon). Sindicatos e associações de classe também podem ingressar no feito.

Será interessante saber se os tribunais permitirão que essas entidades participem, caso elas não tenham sido constituídas há pelo menos um ano, como se dá, por exemplo, no art. 82, IV, do Código de Defesa do Consumidor (CDC). Na lei consumerista a situação é diferente, uma vez que se trata de ação coletiva em nome de uma classe, e, não, mero *amicus curiae*. A nossa posição é de que não se deve exigir esse prazo, simplesmente porque o novo CPC não disse nada sobre esse ponto. Pode, no entanto, filtrar as participações e os pleitos numerosos, com base na expressão "representatividade adequada". Uma associação com duas ou três pessoas, na maior parte dos casos, não possui representatividade adequada, porém, há exceções, como nas hipóteses em que pessoas com doenças raríssimas formem uma associação.

5. Forma de ingresso no processo

O ingresso do *amicus curiae* pode se dar de três formas distintas. Na primeira, o magistrado, *ex officio*, pode intimar uma ou mais pessoas a ingressarem no feito, se quiserem. Na segunda, as partes podem fazer requerimento ao juiz para que intime uma ou mais pessoas. Na terceira, o próprio interessado em intervir como *amicus curiae* pode formular o pleito ao juízo.

6. Natureza da decisão que admite ou não o ingresso do terceiro no processo como amicus curiae

A nosso ver, a natureza da decisão que admite ou não o ingresso do terceiro no processo como *amicus curiae* é de despacho. Afirmamos isso em decorrência do fato de que tal decisão é irrecorrível.

7. Momento do procedimento que pode se dar a intervenção

O novo CPC não disse quando é que se deve dar a intimação do terceiro ou quando este deve formular o pedido para intervir na qualidade de *amicus curiae*. Na dúvida, o quanto antes, melhor. De qualquer forma, temos que, desde que o processo não esteja concluso para sentença, não há óbice algum em se permitir o ingresso de um terceiro para colaborar com o Judiciário.

Caso o feito seja de competência originária, ou, então, esteja na fase recursal, seria prudente que os pedidos de ingresso ou a intimação do terceiro realizada de ofício pelo relator se dê antes de iniciado o julgamento. Nada impede que o regimento interno dos tribunais disciplinem a forma e os prazos dessa intervenção.

8. Prazo para a apresentação da manifestação escrita

O novo CPC estabeleceu o prazo de 15 dias, contados da intimação, para que o terceiro junte nos autos a sua manifestação escrita. Tendo em vista que o intuito da manifestação é o de auxiliar o juízo na prolação de sua decisão, e, somando-se a isso o fato de o *amicus curiae* não ser parte (óbvio!), não vemos problema algum em se permitir que a manifestação permaneça entranhada nos autos, mesmo se protocolizada um ou dois dias fora do prazo.

9. Alteração da competência

A acolhida do *amicus curiae* não pode implicar em alteração da competência (§ 1º do art. 138).

10. Interposição de recursos pelo terceiro interveniente

O terceiro não pode interpor recursos, salvo embargos de declaração (§ 1º do art. 138). Pode, todavia, interpor recurso extraordinário e recurso especial nos casos em que atuar como *amicus curiae* nos incidentes de resolução de demandas repetitivas (§ 3º do art. 138).

11. Poderes do terceiro

Nos termos do § 2º do art. 148, "caberá ao juiz ou relator, na decisão que solicitar ou admitir a intervenção, definir os poderes do *amicus curiae*".

12. Honorários advocatícios sucumbenciais

Entendemos que o terceiro que ingressa no feito na qualidade de *amicus curiae* não pode ser condenado no pagamento dos honorários sucumbenciais. O art. 85 do novo CPC é muito claro ao estatuir que a decisão condenará o vencido no pagamento dos honorários. Ora, só a parte pode ser considerada como vencida ou vencedora. É claro que a tese do *amicus curiae* pode ser a vencedora ou não, porém, caso a tese defendida por ele não seja a acolhida pelo magistrado, esse fato não o torna vencido. Ademais, se existisse o risco de ele arcar com os honorários sucumbenciais, certamente pensaria duas vezes antes de ingressar no feito. Isso seria um desserviço para a sociedade civil.

Apenas para não deixar nenhum mal entendido, consideramos o assistente, o denunciado e o chamado como partes. Eram terceiros que se tornaram partes a partir do momento que ingressam no processo.

13. Despesas processuais

Não reputamos correto que sejam cobradas custas do terceiro que tenha o interesse em ingressar no feito na qualidade de *amicus curiae*. Lembremo-nos de que ele não á parte do processo. Também não podem ser condenados nos pagamentos das custas em razão da sucumbência, pela mesma razão retroexposta.

Admitimos, todavia, o dever de pagar custas quando esse terceiro desejar recorrer, que, conforme se viu no § 3º do art. 148, ele tem esse direito se não concordarem com a decisão que julgar o incidente de resolução de demandas repetitivas.

§ 13 – Dos poderes, dos deveres e da responsabilidade do juiz

1. Introdução

Ocorreram algumas poucas mudanças nessa parte. Os arts. 139 a 143 do novo CPC são equivalentes aos arts. 125 a 129, 132 e 133 do CPC/1973.

2. Postulações meramente protelatórias

É dever expresso do juiz, segundo o inciso III do art. 139, postulações meramente protelatórias. O conceito de postulação é, sem dúvida, bem mais amplo que provas inúteis e desnecessárias. Assim, qualquer postulação que a parte fizer e que o juiz entender que o seu intuito é o de protelar o andamento do processo, é seu dever indeferi-la e, também, aplicar multa por litigância de má-fé.

3. Da efetividade no cumprimento das decisões judiciais

Nos termos do inciso IV do art. 139 (sem correspondente no CPC/1973), "determinar todas as medidas indutivas, coercitivas, mandamentais ou sub-rogatórias necessárias para assegurar o cumprimento de ordem judicial, inclusive nas ações que tenham por objeto prestação pecuniária".

Trata-se de cláusula geral que dá vastos poderes ao magistrado para que ele possa tomar a medida que entender necessária para que a parte cumpra a sua decisão judicial.

Não é preciso bola de cristal para antever que a grande discussão que será travada, em torno desse dispositivo, é se o juiz pode ou não aplicar multa para o caso de descumprimento de ordem para pagar. Vamos aguardar as vozes da doutrina e da jurisprudência. Não vemos problema em se permitir, apesar de existirem fortes argumentos em sentido contrário.

4. Incentivo à autocomposição

O inciso V do art. 139 reforça que o magistrado deve tentar a autocomposição junto às partes a todo instante, e, preferencialmente, com auxílio de conciliadores e mediadores judiciais. Apesar de não existir nenhuma novidade nesse comando, é sempre bom saber que o legislador tem se esforçado em aumentar e incentivar o uso da conciliação e da mediação no Brasil. Se há uma solução para se minimizar o problema da morosidade da justiça, então nós diríamos que é investir muito nessas duas formas de autocomposição. Arbitragem e novo CPC não são a solução para desafogar o Judiciário.

5. Dilação dos prazos processuais

O magistrado está autorizado, de acordo com o inciso VI do art. 139, a dilatar (aumentar) os prazos processuais, de acordo com as particularidades do conflito, de modo a conferir maior efetividade à tutela do direito. O parágrafo único do art. 139 deixa claro que essa dilação só pode se dar antes de encerrado o prazo regular. O juiz deve ser cauteloso, mas não medroso, ao aplicar esse dispositivo. Cauteloso para não ser acusado de estar violando o princípio da isonomia das partes; corajoso para não deixar de usar um dispositivo que, se bem empregado, pode abrir caminho para transação e decisões mais céleres e efetivas, bem como permite que o direito à ampla defesa seja mais bem utilizado. Não há dispositivo correspondente no CPC/1973.

6. Flexibilidade do procedimento judicial

De acordo com os incisos VI e VIII do art. 139, o juiz pode, respectivamente, "alterar a ordem de produção dos meios de prova" e "determinar, a qualquer tempo, o comparecimento pessoal das partes, para inquiri-las sobre os fatos da causa, hipótese em que não incidirá a pena de confesso".

Essas são apenas duas medidas que mostram o quanto o novo CPC evoluiu no sentido de permitir que o magistrado amolde o procedimento à realidade e às particularidades do caso concreto. Apenas a título exemplificativo, pode-se ouvir as partes e suas testemunhas, antes da realização da prova pericial e, talvez, dependendo do que for dito, o objeto da perícia técnica seja reduzido e, quem sabe, essa prova possa vir a ser dispensada. Reduz-se, com isso, tempo e dinheiro. Não há dispositivo correspondente no CPC/1973.

7. Demandas individuais repetitivas

Outra novidade do novo CPC está no inciso X de seu art. 139. Informa o dispositivo que quando o juiz se deparar com diversas demandas individuais repetitivas, oficiará o Ministério Público, a Defensoria Pública e, na medida do possível, outros legitimados a que se referem os arts. 5º da Lei n. 7.347, de 24 de julho de 1985, e 82 da Lei n. 8.078, de 11 de setembro de 1990, para, se for o caso, promover a propositura da ação coletiva respectiva. Essa lei é o CDC e, aquela, a que trata da ação civil pública. O dispositivo tem o intuito de diminuir o número de ações individuais idênticas que tramitam no Judiciário, substituindo-as, se for o caso, por uma ação coletiva. Não há dispositivo correspondente no CPC/1973.

8. O antigo e famoso art. 130 do CPC/1973

Não foi deixado de lado pelo legislador e seu equivalente no novo CPC é o art. 370 e seu parágrafo único. Dispõe o seguinte: "caberá ao juiz, de ofício ou a requerimento da parte, determinar as provas necessárias ao julgamento do mérito. Parágrafo único. O juiz indeferirá, em decisão fundamentada, as diligências inúteis ou meramente protelatórias".

9. Responsabilidade civil do magistrado

Nada mudou. O art. 143 do novo CPC é igual ao art. 133 do CPC/1973.

§ 14 – Dos impedimentos e da suspeição

1. Introdução

O novo CPC manteve a distinção entre impedimento e suspeição, o que, a nosso ver, poderia ser abolido. É importante, nos termos da lei processual, a diferença entre ambos porque somente caberá ação rescisória no caso de a ação ter sido julgada por magistrado impedido. Se a lide tiver sido decidida por magistrado suspeito, não caberá o manuseio da dita ação. Isso, no nosso sentir, não está certo. Perdeu o legislador a oportunidade de corrigir esse equívoco do CPC/1973.

Merece também reforçar que as causas de impedimento e de suspeição aplicam-se a todos os magistrados, sejam eles juízes, desembargadores ou ministros. Aplica-se também ao membro do Ministério Público, aos auxiliares da justiça e aos demais sujeitos imparciais do processo.

A matéria está regulada entre os arts. 144 a 148 do novo CPC.

2. Causas de impedimento

As causas de impedimento do magistrado estão previstas no art. 144 do novo CPC: "I – em que interveio como mandatário da parte, oficiou como perito, funcionou como membro do Ministério Público ou prestou depoimento como testemunha; II – de que conheceu em outro grau de jurisdição, tendo-lhe proferido qualquer decisão; III – quando nele estiver postulando, como defensor público, advogado ou membro do Ministério Público, seu cônjuge ou companheiro, ou qualquer parente, consanguíneo ou afim, em linha reta ou colateral, até o terceiro grau, inclusive; IV – quando for parte no feito ele próprio, seu cônjuge ou companheiro, ou parente, consanguíneo ou afim, em linha reta ou colateral, até o terceiro grau, inclusive; V – quando for sócio ou membro de direção ou de administração de pessoa jurídica parte na causa; VI – quando for herdeiro presuntivo, donatário ou empregador de qualquer das partes; VII – em que figure como parte instituição de ensino com a qual tenha relação de emprego ou decorrente de contrato de prestação de serviços; VIII – em que figure como parte cliente do escritório de advocacia de seu cônjuge, companheiro ou parente, consanguíneo ou afim, em linha reta ou colateral, até o terceiro grau, inclusive; IX – quando promover ação contra a parte ou seu advogado".

Boa parte dessas hipóteses são iguais àquelas do art. 134 do CPC/1973. Algumas poucas foram criadas. Uma delas deixou de existir, haja vista a sua obviedade. Nos termos do inciso I do art. 134 do CPC/1973, o juiz era impedido de exercer as suas funções no processo em que fosse parte. Esse inciso não foi repetido no novo CPC.

Quais são as novidades? Elas estão nos incisos VI a IX, sendo que a do inciso VI era hipótese de suspeição no CPC/1973 (art. 135, III), e, agora, passa a ser causa de impedimento. Todas as inovações são bem simples e não justifica a interpretação de uma a uma.

No inciso VII, é interessante observar que a mera relação de prestação de serviço com instituição de ensino gera o impedimento do magistrado. Esse tipo de relação é comum nos cursos de pós-graduação *lato sensu*. E observe-se que não precisa ser, necessariamente, uma instituição de ensino superior.

O inciso IX dá a falsa impressão de que o magistrado só estaria impedido de exercer suas funções se ele tivesse uma ação (judicial ou arbitral), em que fosse autor, contra uma das partes ou seu advogado. É claro que se o juiz for réu numa ação em que é autor a parte ou seu advogado, ele também estará impedido de atuar.

Há ainda três parágrafos no dispositivo em comento, muito importantes, que devem ser mencionados. Pelo § 1º, "na hipótese do inciso III, o impedimento só se verifica quando o advogado, defensor público ou membro do Ministério Público já integrava a causa antes do início da atividade judicante do juiz". O § 2º diz que "é vedada a criação de fato superveniente a fim de caracterizar impedimento do juiz". E o § 3º determina que "o impedimento previsto no inciso III também se verifica no caso de mandato conferido a membro de escritório de advocacia que tenha em seus quadros advogado que individualmente ostente a condição nele prevista, mesmo que não intervenha diretamente no processo".

O § 1º deixa claro que aquele ator do processo que ingressar primeiro no feito é que tem prioridade em, nele, permanecer. Se *X* contrata uma advogada para que ela ingresse em juízo com uma demanda em face de *Y*, e, com a distribuição da ação, é sorteada a vara na qual o juiz é o marido dessa advogada, então ele deve se dar por impedido e determinar a remessa dos autos ao seu sucessor legal. Já o contrário não seria possível. Imagine que, na verdade, a esposa do referido juiz é a advogada do réu

Y, que a contratou, obviamente, após ter ciência de onde tramitava o feito. Nesse caso essa advogada não poderá atuar, e *Y* deverá contratar outro advogado.

O § 2º parte da mesma premissa do § 1º, só que de forma bem mais ampla. Não pode uma parte, descontente com o fato de saber que esse ou aquele magistrado irá julgar a sua causa, ingressar em juízo contra o dito magistrado, com lide temerária, apenas visando criar o seu impedimento com base no inciso IX do art. 144. Esse é um grave problema que poderá ocorrer na prática, especialmente com a facilidade com que se concede hoje em dia a gratuidade da justiça, ou seja, ninguém tem medo do insucesso de uma ação judicial, pois sabe que não tem, literalmente, nada a perder.

O § 3º, em boa hora, deixa claro que a contratação de um escritório de advocacia da qual faça parte (como sócio, associado, consultor ou empregado) uma das pessoas elencadas no inciso III do art. 144, será motivo de impedimento do juiz. É claro que não se pode contratar algum escritório de advocacia com o intuito de criar o seu impedimento, pois, nesse caso, aplicar-se-ia o disposto nos §§ 1º e 2º do art. 144. O intuito é dar maior transparência e lisura na condução dos processos judiciais. Os princípios da isonomia das partes e da imparcialidade do juiz realmente foram bem preservados com essas novas regras.

Informamos que os §§ 2º e 3º não possuem equivalentes no CPC/1973.

3. Causas de suspeição

As causas de suspeição do magistrado estão previstas no art. 145 do novo CPC: "I – amigo íntimo ou inimigo de qualquer das partes ou de seus advogados; II – que receber presentes de pessoas que tiverem interesse na causa antes ou depois de iniciado o processo, aconselhar alguma das partes acerca do objeto da causa ou subministrar meios para atender às despesas do litígio; III – quando qualquer das partes for sua credora ou devedora, de seu cônjuge ou companheiro ou de parentes destes, em linha reta até o terceiro grau, inclusive; IV – interessado no julgamento de causa em favor de qualquer das partes".

Todas as hipóteses de suspeição que existiam no art. 135 do CPC/1973 foram repetidas, com exceção de uma delas (inciso III do art. 135 do CPC/1973) que, conforme já informado anteriormente, passa a ser causa de impedimento do magistrado (inciso VI do art. 144 do novo CPC).

Merece destaque apenas o fato de que houve uma importante alteração em face da antiga realidade. Na era do CPC/1973, o magistrado que fosse amigo íntimo ou inimigo do advogado de uma das partes não era considerado impedido e nem suspeito. Doutrina e jurisprudência sempre defenderam esse posicionamento. No entanto, o novo CPC alterou essa diretriz no inciso I do art. 145. Agora, esse tipo de sentimento dá azo à suspeição do julgador. Diante disso, o advogado amigo íntimo ou inimigo do magistrado que já atua na causa não pode pretender ingressar no feito, nem mesmo o escritório do qual faz parte, pois isso causaria a suspeição do juiz. Aplica-se, aqui, o disposto no inciso I do § 2º do art. 145, ou, ainda, os §§ 1º a 3º do art. 144.

O § 1º do art. 145 cuida da suspeição por motivo de foro íntimo. Dispõe que "poderá o juiz declarar-se suspeito por motivo de foro íntimo, sem necessidade de declarar suas razões". A expressão "sem necessidade de declarar suas razões" não constava do CPC/1973. A discussão que será iniciada nessa parte diz respeito à inovação legislativa em confronto com a Resolução n. 82/2009 do CNJ, que obriga os magistrados de primeiro e segundo graus de jurisdição a expor, de forma fundamentada e reservada, à Corregedoria local e à Corregedoria Nacional de Justiça, respectivamente, as razões pelas quais estão se dando por suspeito por motivo de foro íntimo. Caberá, provavelmente ao STF, definir em única e última instância o alcance da expressão "sem necessidade de declarar suas razões". Em outras palavras, quando o novo CPC determina que o magistrado que se declara suspeito por motivo de foro íntimo não necessita declarar suas razões, está se referindo a declarações nos autos do processo ou de maneira geral?

O § 2º do art. 145 determina que "será ilegítima a alegação de suspeição quando: I – houver sido provocada por quem a alega; II – a parte que a alega houver praticado ato que signifique manifesta aceitação do arguido". Já nos manifestamos sobre o inciso I e ele parte da premissa de que ninguém pode se beneficiar de sua própria torpeza. O inciso II parece estar se referindo à chamada preclusão lógica. Não há correspondente no CPC/1973.

4. Forma e prazo para se alegar tanto o impedimento quanto a suspeição

Nos termos do art. 146 do novo CPC, "no prazo de 15 dias, a contar do conhecimento do fato, a parte alegará o impedimento ou a suspeição, em petição específica dirigida ao juiz da causa, na qual indicará o fundamento da recusa, podendo instruí-la com documentos em que se fundar a alegação e com rol de testemunhas".

Não existe mais a exceção, como espécie do gênero resposta do réu, no novo CPC. Essa petição não tem nome. Pode o advogado atribuir o nome que quiser, como, *v.g.*, "arguição de impedimento" e "arguição de suspeição", ou, ainda, "incidente de impedimento" e "incidente de suspeição".

5. Reconhecimento pelo juiz de que é impedido ou suspeito

Caso o juiz reconheça que é impedido ou suspeito para julgar o feito, ordenará imediatamente a remessa dos autos a seu substituto legal (primeira parte do § 1º do art. 146 do novo CPC).

6. Discordância pelo juiz de que seja impedido ou suspeito

Por outro lado, se o juiz entender que não é impedido ou suspeito, determinará a autuação em apartado da petição e, no prazo de 15 dias, apresentará suas razões, acompanhadas de documentos e de rol de testemunhas, se houver, ordenando a remessa do incidente ao tribunal (segunda parte do § 1º do art. 146 do novo CPC).

7. Do efeito suspensivo do incidente

O § 2º do art. 146 do novo CPC reza que, "distribuído o incidente, o relator deverá declarar os seus efeitos, sendo que, se o incidente for recebido: I – sem efeito suspensivo, o processo voltará a correr; II – com efeito suspensivo, o processo permanecerá suspenso até o julgamento do incidente". A novidade fica por conta de o incidente poder tramitar sem que o processo fique suspenso, dependendo, claro, dos efeitos atribuídos pelo relator.

O § 3º do art. 146 também dispõe sobre o tema. Complementa que "enquanto não for declarado o efeito em que é recebido o incidente ou quando este for recebido com efeito suspensivo, a tutela de urgência será requerida ao substituto legal". A dúvida que nos resta é se o substituto legal do juiz poderá se manifestar sobre tutela da evidência ou se será apenas sobre tutela de urgência. Não vemos razão para excluir do poder de apreciação do substituto legal do magistrado as questões que envolvam tutela da evidência, especialmente se fundadas nos incisos II e III do art. 311 do novo CPC, que, como se sabe, podem ser objeto de decisão liminar.

Ambos os parágrafos não possuem correspondentes no CPC/1973, muito embora o seu art. 306 determinava que o processo deveria ficar sobrestado até o julgamento do incidente.

8. O julgamento do incidente e seus efeitos no processo

Os §§ 4º a 7º do art. 146 do novo CPC cuidam do julgamento do incidente de impedimento e de suspeição e de seus efeitos no processo.

O § 4º diz que "verificando que a alegação de impedimento ou de suspeição é improcedente, o tribunal rejeitá-la-á". O § 5º continua e informa que, "acolhida a alegação, tratando-se de impedimento ou de manifesta suspeição, condenará o juiz nas custas e remeterá os autos ao seu substituto legal; neste caso, pode o juiz recorrer da decisão".

Já o § 6º, que não possui correspondente no CPC/1973, reza que "reconhecido o impedimento ou a suspeição, o tribunal fixará o momento a partir do qual o juiz não poderia ter atuado".

Por fim, o § 7º estabelece que "o tribunal decretará a nulidade dos atos do juiz, se praticados quando já presente o motivo de impedimento ou de suspeição". Este dispositivo não possui correspondente no CPC/1973.

Sobre os §§ 6º e 7º, é digno de nota que as partes, de comum acordo, podem decidir manter a validade de atos os quais o tribunal entendeu serem inválidos. Esse negócio jurídico processual é válido e eficaz e tem como fundamento a autonomia privada das partes. Esse negócio poderia imprimir maior celeridade ao processo, na medida em que evitaria a repetição de atos processuais já praticados.

9. Vedação para magistrados que são parentes possam atuar no mesmo processo

O art. 147 do novo CPC regula essa matéria e é equivalente ao art. 136 do CPC/1973. A única mudança é que o parentesco passou de segundo grau para terceiro grau.

10. Impedimento e suspeição de outros sujeitos do processo

Nos termos do art. 148 do novo CPC, "aplicam-se os motivos de impedimento e de suspeição: I – ao membro do Ministério Público; II – aos auxiliares da justiça; III – aos demais sujeitos imparciais do processo".

Quem são os auxiliares da justiça? São todas aquelas pessoas elencadas no art. 149 do novo CPC.

O leiloeiro e a testemunha poderiam ser citados como exemplos desses "demais sujeitos imparciais do processo".

A forma, o prazo e o procedimento desse incidente estão nos §§ 1º a 4º do art. 148.

O § 4º é o único dispositivo que pode ser considerado inovação, e diz que o disposto nos §§ 1º e 2º não se aplicam às testemunhas.

§ 15 – Dos auxiliares da justiça

1. Pessoas que são consideradas auxiliares da justiça

De acordo com o art. 149 do novo CPC, "são auxiliares da Justiça, além de outros cujas atribuições sejam determinadas pelas normas de organização judiciária, o escrivão, o chefe de secretaria, o oficial de justiça, o perito, o depositário, o administrador, o intérprete, o tradutor, o mediador, o conciliador judicial, o partidor, o distribuidor, o contabilista e o regulador de avarias".

2. Oficiais de justiça

O art. 151 do novo CPC determina que "em cada comarca, seção ou subseção judiciária haverá, no mínimo, tantos oficiais de justiça quantos sejam os juízos". Não possui correspondente no CPC/1973.

O art. 154 elenca as atribuições do oficial de justiça. O dispositivo é mera repetição do art. 143 do CPC/1973. Merece destaque apenas o inciso VI do art. 154, por se tratar de inovação. Reza que compete ao oficial de justiça "certificar, em mandado, proposta de autocomposição apresentada por qualquer das partes, na ocasião de realização de ato de comunicação que lhe couber". O seu parágrafo único complementa que "certificada a proposta de autocomposição prevista no inciso VI, o juiz ordenará a intimação da parte contrária para manifestar-se, no prazo de cinco dias, sem prejuízo do andamento regular do processo, entendendo-se o silêncio como recusa".

3. Escrivão ou Chefe de Secretaria

O art. 152 do novo CPC lista as incumbências do escrivão ou chefe de secretaria. A grande maioria é mera repetição do art. 141 do CPC/1973.

Sobre a prática de atos meramente ordinatórios, de ofício, pelo escrivão, não é novidade. O art. 152, VI, do novo CPC é uma repetição, pouco modificada, do § 4º do art. 162 do CPC/1973.

O art. 153 do novo CPC regulamente o dever de respeito do escrivão à ordem cronológica dos processos. O § 5º cria inclusive a possibilidade de se poder instaurar procedimento administrativo contra o escrivão que desrespeitar a ordem cronológica. Não possui correspondente no CPC/1973.

4. Perito

O § 1º do art. 156 do novo CPC alterou um pouco a redação do § 1º do art. 145 do CPC/1973. Diz que "os peritos serão nomeados entre os profissionais legalmente habilitados e os órgãos técnicos ou científicos devidamente inscritos em cadastro mantido pelo tribunal ao qual o juiz está vinculado". Vê-se que o legislador criou o dever para os tribunais estaduais e federais de realizar o cadastro dessas pessoas. A dúvida é saber se esse cadastro será exigido apenas dos "órgãos técnicos ou científicos" ou se abrangerá, também, os "profissionais legalmente habilitados".

O § 2º do art. 156 parece ter a resposta para a nossa inquietude, na medida em que dispõe que "para formação do cadastro, os tribunais devem realizar consulta pública, por meio de divulgação na rede mundial de computadores ou em jornais de grande circulação, além de consulta direta a universidades, a conselhos de classe, ao Ministério Público, à Defensoria Pública e à Ordem dos Advogados do Brasil, para a indicação de profissionais ou órgãos técnicos interessados".

O § 3º do art. 156 cria o dever para os tribunais de avaliarem e reavaliarem esses profissionais e órgãos, de modo a manter o cadastro sempre atualizado. Estabelece que "os tribunais realizarão avaliações e reavaliações periódicas para manutenção do cadastro, considerando a formação profissional, a atualização do conhecimento e a experiência dos peritos interessados".

O § 5º do art. 156 reforça que somente "na localidade onde não houver inscrito no cadastro disponibilizado pelo tribunal, a nomeação do perito é de livre escolha pelo juiz e deverá recair sobre profissional ou órgão técnico ou científico comprovadamente detentor do conhecimento necessário à realização da perícia".

Da leitura dos §§ 1º, 2º, 3º e 5º, resta claro que o tribunal precisa criar esse cadastro o quanto antes. Esse cadastro, claro, não pode ser apenas da capital dos estados, devendo abranger todos as comarcas e circunscrições, se possível. Assim que existir o cadastro, a nomeação de perito fora da lista acarretará a nulidade da perícia e dos esclarecimentos prestados. Essa invalidade deve ser arguida pelas partes na primeira oportunidade que tiverem de falar nos autos, sob pena de preclusão temporal.

Sobre eventual impedimento ou suspeição do órgão técnico ou científico nomeado para realização da perícia, nos termos dos arts. 148 e 467, o órgão informará ao juiz os nomes e dados de qualificação dos profissionais que participarão da atividade, conforme se extrai do § 4º do art. 156.

Mais uma novidade que pode ser vislumbrada no novo CPC diz respeito a um ponto delicado, alvo de críticas por parte de muitos, que é a nomeação reiterada dos mesmos peritos por parte de alguns juízes. Para acabar com isso, o § 2º do art. 157 exige que "será organizada lista de peritos na vara ou na secretaria, com disponibilização dos documentos exigidos para habilitação à consulta de interessados, para que a nomeação seja distribuída de modo equitativo, observadas a capacidade técnica e a área de conhecimento".

O último item que merece nosso destaque é o art. 158 do novo CPC, que melhorou e endureceu a redação do art. 147 do CPC/1973. Diz o novo dispositivo que "o perito que, por dolo ou culpa, prestar informações inverídicas responderá pelos prejuízos que causar à parte e ficará inabilitado para atuar em outras perícias no prazo de dois a cinco anos, independentemente das demais sanções previstas em lei, devendo o juiz comunicar o fato ao respectivo órgão de classe para adoção das medidas que entender cabíveis".

5. Depositário

No tocante ao depositário, a única novidade é o parágrafo único do art. 161 do novo CPC (sem equivalente no CPC/1973), que dispõe que "o depositário infiel responde civilmente pelos prejuízos causados, sem prejuízo de sua responsabilidade penal e da imposição de sanção por ato atentatório à dignidade da justiça". Infelizmente, acabou a prisão do depositário infiel, abrindo flanco para injustiças. O STF, ao editar a súmula vinculante que cuida dessa matéria, protegeu o devedor em face do credor.

6. Os conciliadores e os mediadores judiciais

Essa matéria não se encontrava regulada no CPC/1973. No novo CPC está prevista nos arts. 165 a 175.

O art. 165 e seus parágrafos obrigam que os tribunais criem centros de conciliação e de mediação, conceituando e delimitando a função dos conciliadores e dos mediadores, e, ainda, informando quais casos devem ser encaminhados para essa ou aquela forma de autocomposição. Vale a pena transcrevê-los:

> "Art. 165. Os tribunais criarão centros judiciários de solução consensual de conflitos, responsáveis pela realização de sessões e audiências de conciliação e mediação e pelo desenvolvimento de programas destinados a auxiliar, orientar e estimular a autocomposição.
>
> § 1º A composição e a organização dos centros serão definidas pelo respectivo tribunal, observadas as normas do Conselho Nacional de Justiça.
>
> § 2º O conciliador, que atuará preferencialmente nos casos em que não houver vínculo anterior entre as partes, poderá sugerir soluções para o litígio, sendo vedada a utilização de qualquer tipo de constrangimento ou intimidação para que as partes conciliem.
>
> § 3º O mediador, que atuará preferencialmente nos casos em que houver vínculo anterior entre as partes, auxiliará aos interessados a compreender as questões e os interesses em conflito, de modo que eles possam, pelo restabelecimento da comunicação, identificar, por si próprios, soluções consensuais que gerem benefícios mútuos".

O art. 166 e seus parágrafos cuidam dos princípios informadores da conciliação e da mediação. São eles: princípios da independência, da imparcialidade, da autonomia da vontade, da confidencialidade, da oralidade, da informalidade e da decisão informada.

O art. 167 e seus parágrafos tratam dos conciliadores, mediadores e centros de conciliação e de mediação privados, exigindo que essas pessoas tenham curso de formação e que sejam cadastradas junto aos tribunais. Cuida também da forma de indicação dessas pessoas e até mesmo sugerindo que se faça um concurso público para preencher o quadro de profissionais dessa área. Merece destaque o § 5º, que dispõe que "os conciliadores e mediadores judiciais cadastrados na forma do caput, se advogados, estarão impedidos de exercer a advocacia nos juízos em que exerçam suas funções". O conciliador e mediador privado, que seja advogado, pode continuar advogando, respeitando, claro, os limites impostos pela OAB. Por exemplo, se exerceu a função de mediador num problema entre A e B, não pode, posteriormente, advogar para nenhum dos dois numa futura lide sobre ou relacionada a esse conflito.

O art. 168 e seus parágrafos dispõem sobre o processo de escolha do conciliador, do mediador ou da câmara privada pelas partes, sugerindo, inclusive, a possibilidade de se realizar a conciliação ou a mediação, quando preciso, com mais de um profissional. Na nossa opinião, a conciliação e a mediação conjunta só funciona se existir sintonia entre os profissionais, do contrário, a chance do insucesso é maior.

O art. 169 e seus parágrafos cuidam da remuneração do conciliador, do mediador e das câmaras privadas, bem como das hipóteses em que devam atuar gratuitamente, nos casos em que as partes estiverem sob o pálio da gratuidade da justiça.

O art. 170 e seu parágrafo único regulam a situação do impedimento do profissional e a forma que deverá ser observada.

O art. 171 trata do procedimento para os casos de impossibilidade temporária de trabalhar do conciliador e do mediador.

O art. 172 cria um prazo de quarentena para o conciliador e o mediador, mas apenas perante àquelas partes com as quais teve a oportunidade de auxiliar. O prazo é de um ano.

O art. 173 e seus parágrafos dispõem sobre a exclusão do conciliador e do mediador dos quadros do cadastro que integram.

O art. 174 obriga que a União, Os Estados, o Distrito Federal e os Municípios criem câmaras de conciliação e mediação para: "I – dirimir conflitos envolvendo órgãos e entidades da administração pública; II – avaliar a admissibilidade dos pedidos de resolução de conflitos, por meio de conciliação, no âmbito da administração pública; e III – promover, quando couber, a celebração de termo de ajustamento de conduta".

O art. 175 e seu parágrafo único determinam que "as disposições desta Seção não excluem outras formas de conciliação e mediação extrajudiciais vinculadas a órgãos institucionais ou realizadas por intermédio de profissionais independentes, que poderão ser regulamentadas por lei específica" e que "os dispositivos desta Seção aplicam-se, no que couber, às câmaras privadas de conciliação e mediação". É salutar deixar portas abertas para outras alternativas, tais como no âmbito do direito penal.

Por fim, não poderíamos deixar de advertir para que se tome muito cuidado com a mediação, não a tratando como se conciliação fosse. São institutos similares, mas não iguais. O mister do mediador é bem diferente daquele exercido pelo conciliador. Se a mediação for exercida por profissionais sem a devida qualificação, certamente não atingirá o sucesso que pode ter e, pior, criará na sociedade uma visão negativa, o que, obviamente, não é desejado.

§ 16 – Ministério Público

Os arts. 176 a 181 do novo CPC regulam a atividade do MP no processo civil. Basicamente, repetiu-se o que já existia nos arts. 81 a 85 do CPC/1973. Lembremos que essas disposições referem-se aos casos em que o MP deve atuar como fiscal da lei, e, não, como parte. Quando ele atuar como parte, como, *v.g.*, nas ações civis públicas, aplica-se ao referido órgão as disposições relativas às partes, com as particularidades que ele tem previstas em lei, como o prazo em dobro para a prática dos atos processuais.

O art. 176 nos mostra qual é o papel do *Parquet*: "o Ministério Público atuará na defesa da ordem jurídica, do regime democrático e dos interesses e direitos sociais e individuais indisponíveis". Apesar de não possuir correspondente no CPC/1973, já era do conhecimento de todos.

Deixa de ser obrigatória a participação do MP como *custos legis* nos processos em que a Fazenda Pública for parte (parágrafo único do art. 178 do novo CPC).

O disposto no inciso II do art. 82 do CPC/1973 obrigava que o MP atuasse nas causas concernentes ao estado da pessoa, pátrio poder, tutela, curatela, interdição, casamento, declaração de ausência e disposições de última vontade. Essa regra, contudo, não foi repetida na nova lei processual. Ocorre que o inciso II do art. 178 do novo CPC determina que o *Parquet* participe dos feitos em que haja interesse de incapaz. Com isso podemos concluir que o MP atuará nos processos que versem sobre estado da pessoa, poder familiar, tutela, curatela, interdição, e, nas demais, se houver interesse de incapaz.

Em suma, o art. 178 do novo CPC (equivalente ao art. 82 do CPC/1973) determina que o MP participará dos litígios que envolvam: "I – interesse público ou social; II – interesse de incapaz; III – litígios coletivos pela posse de terra rural ou urbana".

O art. 180 garante o prazo em dobro para o *Parquet* se manifestar nos autos, contados de sua intimação pessoal. O seu § 2º excepciona essa regra geral, n sentido de que não se aplica o prazo dobrado quando a lei estabelecer, de forma expressa, prazo próprio para o Ministério Público. Transcorrido o prazo sem a manifestação do MP, o juiz requisitará os autos e dará andamento normalmente ao processo.

§ 17 – Advocacia Pública

Os arts. 182 a 184 do novo CPC regulam a atividade da advocacia pública. Não possuem correspondentes no CPC/1973.

Os poucos dispositivos tratam do óbvio. O art. 182, por exemplo, dispõe que "incumbe à Advocacia Pública, na forma da lei, defender e promover os interesses públicos da União, dos Estados, do Distrito Federal e dos Municípios, por meio da representação judicial, em todos os âmbitos federativos, das pessoas jurídicas de direito público que integram a administração direta e indireta". O art. 184 diz que os procuradores será civil e regressivamente responsável quando agir com dolo ou fraude no exercício de suas funções.

O art. 183 continua garantindo o prazo em dobro, contado da intimação pessoal. O seu § 1º informa que "a intimação pessoal far-se-á por carga, remessa ou meio eletrônico". Já o § 2º deixa claro que o prazo em dobro não se aplica se existir outro específico na legislação.

§ 18 – Defensoria Pública

Os arts. 185 a 187 do novo CPC regulam a atividade da defensoria pública. Não existem dispositivos correspondentes no CPC/1973.

Os poucos dispositivos tratam daquilo que já é notório e evidente. O art. 184, *v.g.*, reza que "a Defensoria Pública exercerá a orientação jurídica, a promoção dos direitos humanos e a defesa dos direitos individuais e coletivos dos necessitados, em todos os graus, de forma integral e gratuita". O art. 186 informa que os procuradores são civil e regressivamente responsável quando agir com dolo ou fraude no exercício de suas funções.

O art. 185 continua garantindo o prazo em dobro, contado da intimação pessoal. O seu § 1º, fazendo alusão ao § 1º do art. 183, informa que a intimação pessoal far-se-á por carga, remessa ou meio eletrônico". Já o § 4º deixa claro que o prazo em dobro não se aplica se existir outro específico na legislação.

O § 2º do art. 185 traz regra bastante interessante e tem por fim resguardar o defensor público. Dispõe que "a requerimento da Defensoria Pública, o juiz determinará a intimação pessoal da parte patrocinada quando o ato processual depender de providência ou informação que somente por ela possa ser realizada ou prestada".

§ 19 – Os escritórios das Faculdades de Direito

O § 3º do art. 186 do novo CPC garante o prazo em dobro para a prática dos atos processuais aos escritórios de advocacia ou centros jurídicos administrados pelas faculdades de Direito reconhecidas na forma da lei, ou seja, aquelas que são reconhecidas pelo Ministério da Educação (MEC). Essa regra está positivando o entendimento da jurisprudência e é digna de aplausos.

Para que goze do benefício do prazo em dobro é preciso que comprove nos autos, o quanto antes, que o curso de Direito da faculdade já está reconhecido (ou em processo de reconhecimento) pelo MEC.

§ 20 – Entidades que prestam assistência jurídica gratuita em razão de convênios firmados com a OAB ou com a Defensoria Pública

O § 3º do art. 186 do novo CPC também garante o prazo em dobro para a prática dos atos processuais às entidades que prestam assistência jurídica gratuita em razão de convênios firmados com a OAB ou com a Defensoria Pública.

Para que goze do benefício do prazo em dobro é preciso que comprove nos autos, o quanto antes, que realmente possui convênio com alguma das duas entidades.

IV – DOS ATOS PROCESSUAIS

§ 1º – Dos atos em geral

1. Princípios da liberdade das formas e da instrumentalidade do processo

O art. 188 do novo CPC repete o art. 154 do CPC/1973, por conseguinte, continuam sendo expressamente consagrados os princípios da liberdade das formas e da instrumentalidade do processo.

2. Princípio da publicidade

O art. 189 do novo CPC repete, com melhorias, o art. 155 do CPC/1973, que, como se sabe, cuida da publicidade do processo. Traz em seu bojo, ainda, as hipóteses nas quais a lide deverá tramitar em segredo de justiça: "I – em que o exija o interesse público ou social; II – que versem sobre casamento, separação de corpos, divórcio, separação, união estável, filiação, alimentos e guarda de crianças e adolescentes; III – em que constem dados protegidos pelo direito constitucional à intimidade; IV – que versem sobre arbitragem, inclusive sobre cumprimento de carta arbitral, desde que a confidencialidade estipulada na arbitragem seja comprovada perante o juízo".

Apenas reiterando, a publicidade a que se faz menção na lei é de consulta dos autos, audiências e sessões de julgamento.

No inciso I houve apenas o acréscimo do "interesse social" como impeditivo da publicidade. Tanto "interesse público" quanto "interesse social" são expressões vagas e subjetivas, que deverão ser preenchidas e verificadas pelo magistrado diante do caso concreto.

No inciso II, foram mantidas as mesmas hipóteses já existentes, com o acréscimo das ações de união estável, que, na prática, já tramitavam em segredo de justiça.

A hipótese do inciso III é novidade no direito positivo, muito embora já vinha sendo feito isso, com acerto, na praxe forense. Até o STJ já tinha precedente nesse sentido. Sempre que existirem nos autos extratos bancários e declarações de imposto de renda, por exemplo, deverá o processo tramitar sob segredo de justiça. A positivação dessa regra é salutar, especialmente porque alguns magistrados indeferiam pedidos dessa natureza, mesmo sabendo do teor dos documentos que estavam nos autos e do aresto do STJ.

A situação prevista no inciso IV também é novidade no direito positivo, não obstante, na prática, já vinha sendo observada. Podemos citar como exemplos: a ação anulatória de sentença arbitral, o cumprimento de sentença arbitral, as tutelas provisórias requeridas em juízo ou aquelas nas quais já foram deferidas pelo árbitro e se requer apenas o auxílio do Judiciário para a sua efetivação, dentre outras. Para que o processo judicial tramite sob segredo de justiça, é imprescindível que seja comprovado, nos autos, que o processo arbitral goza de confidencialidade. Essa medida é necessária porque o sigilo da arbitragem não decorre da lei, mas, sim, da vontade das partes. Haverá dificuldade em se preencher esse requisito quando for requerida tutela provisória antes de instituído o juízo arbitral. Nesses casos, não vemos problema em se retirar a publicidade do processo judicial, haja vista as particularidades. Merece destacar ainda que, quando o poder público, empresas públicas ou sociedades de economia forem parte na arbitragem, não haverá confidencialidade no processo judicial.

A propósito, se as partes podem abrir mão, *a priori*, da jurisdição estatal em prol da jurisdição arbitral, e se as partes podem, nela, determinar que o processo tramite sob sigilo, por que é que as partes não podem, por meio de negócio processual, exigirem que o processo judicial tramite em segredo de justiça? Ora, se se tratar de direitos patrimoniais disponíveis, que dizem respeito apenas às partes, por que não? É um caso a se pensar.

3. Princípio da documentação

O parágrafo único do art. 192 do novo CPC é quase igual ao art. 157 do CPC/1973. Vale a pena transcrevê-lo apenas para que o leitor veja a diferença: "o documento redigido em língua estrangeira somente poderá ser juntado aos autos quando acompanhado de versão para a língua portuguesa tramitada por via diplomática ou pela autoridade central, ou firmada por tradutor juramentado". Vê-se, destarte, que agora há mais de uma forma de se traduzir documentos redigidos em língua estrangeira. Antigamente só era possível se o documento estivesse firmado por tradutor juramentado.

4. Cláusula geral sobre negócios jurídicos processuais

O novo CPC inovou, em relação ao CPC/1973, no tocante à possibilidade de as partes celebrarem negócios jurídicos processuais. No Brasil, o negócio jurídico sempre foi visto e utilizado no direito material, notadamente no direito civil, justamente por estar disciplinado no CC (arts. 104 a 184).

Trata-se de uma bela novidade e vai ao encontro de uma das linhas mestras do novo CPC, qual seja, a de se retirar a ideia de que o juiz é o dono do processo e, ao mesmo tempo, exaltar o princípio da autonomia privada das partes. A propósito, conforme já dissemos anteriormente, existe uma diferença grande entre ser o "presidente do processo" e o "gerente do processo". A função do juiz é essa última. Ele deve, portanto, gerenciar a vontade das partes, de acordo com a normas do nosso ordenamento jurídico.

No novo CPC existem os negócios jurídicos típicos e os atípicos. Esses são aqueles que poderão ser criados pelas partes, de acordo com seus interesses e diante das peculiaridades do caso concreto. A base legal seria o art. 190. Já os típicos estão espalhados ao longo do novo CPC. Podemos citar como exemplos os arts. 191 (calendário procedimental), 357 (saneamento compartilhado) e 471 (escolha do perito).

É importante frisar que o magistrado não tem o poder de indeferir o pleito conjunto das partes acerca de etapas do procedimento, salvo se houver algum vício de validade ou se estiver configurada inserção abusiva em contrato de adesão, conforme se extrai do parágrafo único do art. 190 do novo CPC. Evidentemente que o juiz, em razão da posição que ocupa no processo, tem como dificultar, em alguns casos, a concretização e a efetivação dos negócios jurídicos processuais das partes, no entanto, tratar-se-ia de conduta, no nosso sentir, indevida. Como a decisão seria, por certo, de natureza interlocutória, e não consta do rol exaustivo do art. 1.015 do novo CPC, não seria cabível recurso de agravo de instrumento. Seria possível, dependendo da gravidade do pronunciamento judicial que não acatar a vontade das partes, exprimida por meio de negócio jurídico processual, a impetração de mandado de segurança.

5. Flexibilidade do procedimento judicial

Aquilo que já era comum nos processos arbitrais em todo o mundo, e no Judiciário de alguns países, passa a ser realidade no Brasil. A flexibilidade do procedimento judicial é novidade, logo, não possui correspondência no CPC/1973. No novo CPC o ponto está regulado pelos arts. 190 e 191:

> Art. 190. Versando o processo sobre direitos que admitam autocomposição, é lícito às partes plenamente capazes estipular mudanças no procedimento para ajustá-lo às especificidades da causa e convencionar sobre os seus ônus, poderes, faculdades e deveres processuais, antes ou durante o processo.
>
> Parágrafo único. De ofício ou a requerimento, o juiz controlará a validade das convenções previstas neste artigo, recusando-lhes aplicação somente nos casos de nulidade ou de inserção abusiva em contrato de adesão ou em que alguma parte se encontre em manifesta situação de vulnerabilidade.
>
> Art. 191. De comum acordo, o juiz e as partes podem fixar calendário para a prática dos atos processuais, quando for o caso.
>
> § 1º O calendário vincula as partes e o juiz, e os prazos nele previstos somente serão modificados em casos excepcionais, devidamente justificados.
>
> § 2º Dispensa-se a intimação das partes para a prática de ato processual ou a realização de audiência cujas datas tiverem sido designadas no calendário.

Os requisitos para se flexibilizar o procedimento são os seguintes: (i) o objeto da lide deve ser disponível; (ii) todas as partes necessitam ser plenamente capazes; (iii) precisa haver concordância (unanimidade) entre as partes sobre o teor e o alcance das modificações que pretendem fazer; e (iv) o juiz deve estar de acordo com a convenção redigida e protocolizada pelas partes.

Como o principal intuito dessa novidade é economizar tempo e dinheiro, é desejável que as partes, primeiramente, reúnam-se para traçar os pontos os quais acreditam que devem ser modificados, e, num segundo instante, ir ao gabinete do juiz para ver o que é que ele acha. Nessa reunião o magistrado já pode adiantar a sua opinião sobre os pontos que podem permanecer e aqueles que devem ser alterados. Esse encontro é importante porque três fatos que contribuem sobremaneira para a demora do processo são: a espera para se juntar petições, a apreciação do pedido e a publicação da dacisão. Se não houver pedido de urgência, a prática desses três atos pode levar vários meses para se concretizarem. Sem falar que, se não houver uma conversa prévia com o magistrado, corre-se o risco de ele reprovar, total ou parcialmente, a convenção das partes.

O momento para se apresentar a convenção de flexibilidade do procedimento, segundo o *caput* do art. 190, é "antes ou durante o processo".

O art. 191 e os seus §§ 1º e 2º cuidam do chamado "calendário procedimental". A feitura do calendário é recomendável em alguns casos, deve ser criado conjuntamente pelo juiz e pelas partes e vincula todos eles até o final do processo, salvo se ocorrer alguma excepcionalidade. Nesse calendário pode-se estipular, de uma vez, as datas da realização da prova pericial, das audiências e da apresentação dos memoriais. Até a data de publicação da sentença pode entrar nesse "pacotão", todavia, não acreditamos que os juízes terão toda essa disponibilidade.

Um efeito importante decorrente desse "calendário procedimental" é a desnecessidade de se intimar as partes sobre certos atos processuais, desde que a data já tenha sido estipulada no dito calendário (§ 2º). É claro que as partes serão intimadas da juntada do laudo pericial, até porque a data pré-estipulada pode vir a não ser cumprida pelo perito.

O juiz deve exercer o controle do conteúdo dessas convenções, podendo, em alguns casos, negar-lhes validade e eficácia (parágrafo único do art. 190).

§ 2º – Da prática eletrônica de atos processuais

1. Introdução

O CPC/1973, por razões óbvias, pouco dispunha sobre o comumente chamado "processo eletrônico". Sobre a prática dos atos processuais na forma eletrônica, podemos lembrar dos parágrafos do art. 154, do parágrafo único do 164, dos §§ 1º e 2º do art. 169, do § 3º do art. 202, do inciso IV do art. 221, do parágrafo único do art. 237, do § 2º do art. 399, do § 2º do art. 417, do § 4º do art. 457, do parágrafo único do art. 556, o art. 655-A, do § 6º do art. 659, do § 3º do art. 685-C, do § 2º do art. 687 e § 2º do art. 738. A grande maioria desses dispositivos foram incorporados no CPC/1973 por meio da Lei n. 11.419/2006, que dispõe sobre a informatização do processo judicial.

Faz-se mister ainda trazer a lume a informação de que o CNJ, no dia 18 de dezembro de 2013, editou a Resolução n. 185, que "institui o Sistema Processo Judicial

Eletrônico – PJe como sistema de processamento de informações e prática de atos processuais e estabelece os parâmetros para sua implementação e funcionamento".

No novo CPC há inúmeros dispositivos legais tratando da matéria, no entanto, há uma seção que é totalmente dedicada à prática eletrônica dos atos processuais e pode ser encontrada nos arts. 193 a 199. É como se essa parte do novo CPC fosse uma teoria geral do processo eletrônico.

2. Produção, comunicação, armazenamento e validação dos atos processuais

O art. 193 dispõe que "os atos processuais podem ser total ou parcialmente digitais, de forma a permitir que sejam produzidos, comunicados, armazenados e validados por meio eletrônico, na forma da lei".

Há muitos anos já existem processos que tramitam totalmente na modalidade eletrônica. Essa, aliás, é a tendência com o passar dos anos. Só esperamos que essa mudança seja feita gradualmente, de modo a não trazer prejuízo ao jurisdicionado e nem aos advogados.

3. Atos notariais e registrais

O parágrafo único do art. 193 aplica o disposto nos arts. 193 a 199 do novo CPC, no que couber, à prática de atos notariais e de registro. Diversos atos notariais e registrais já vinham sendo praticados por meio digital. Não é, portanto, novidade esse ponto.

4. Dos limites dos sistemas de automação

O art. 194 informa que "os sistemas de automação processual respeitarão a publicidade dos atos, o acesso e a participação das partes e de seus procuradores, inclusive nas audiências e sessões de julgamento, observadas as garantias da disponibilidade, independência da plataforma computacional, acessibilidade e interoperabilidade dos sistemas, serviços, dados e informações que o Poder Judiciário administre no exercício de suas funções".

Muito se discute se a publicidade dos processos que tramitam no formato digital deve ser a mesma dos processos que tramitam no formato de papel. Isso porque, na era da internet, é muito fácil e cômodo, às pessoas, ter acesso aos autos digitais do que ter de ir à sede do juízo e ter acesso aos autos de papel. Enfim, é um caso para se pensar e se refletir.

A realização de audiências e sustentações orais por meio eletrônico é algo perfeitamente possível e já é uma realidade em alguns foros e tribunais.

A disponibilidade do sistema é uma garantia das mais importantes. Imagine se um advogado não consegue praticar um ato processual e perde o prazo por conta da indisponibilidade do sistema.

A acessibilidade do sistema às pessoas portadoras de deficiência auditiva e visual é obrigatória.

Portanto, essas são algumas das garantias e exigências para que o processo por meio digital possa ser eficiente e vitorioso.

5. Do registro do ato processual eletrônico

O art. 195 exige que "o registro de ato processual eletrônico deverá ser feito em padrões abertos, que atenderão aos requisitos de autenticidade, integridade, temporalidade, não repúdio, conservação e, nos casos que tramitem em segredo de justiça, confidencialidade, observada a infraestrutura de chaves públicas unificada nacionalmente, nos termos da lei".

6. Da competência para regulamentar a prática e a comunicação oficial dos atos processuais por meio eletrônico

O art. 196 reza que "compete ao Conselho Nacional de Justiça e, supletivamente, aos tribunais, regulamentar a prática e a comunicação oficial de atos processuais por meio eletrônico e velar pela compatibilidade dos sistemas, disciplinando a incorporação progressiva de novos avanços tecnológicos e editando, para esse fim, os atos que forem necessários, respeitadas as normas fundamentais deste Código".

7. Da divulgação das informações do sistema de automação

O art. 197 diz que "os tribunais divulgarão as informações constantes de seu sistema de automação em página própria na rede mundial de computadores, gozando a divulgação de presunção de veracidade e confiabilidade".

8. Problemas técnicos e a fluência dos prazos processuais

O parágrafo único do art. 197 determina que "nos casos de problema técnico do sistema e de erro ou omissão do auxiliar da justiça responsável pelo registro dos andamentos, poderá ser configurada a justa causa prevista no art. 223, *caput* e § 1º". Atenção, nesse ponto, para o disposto no art. 11 da Resolução n. 185/2013 do CNJ:

> Art. 11. Os prazos que vencerem no dia da ocorrência de indisponibilidade de quaisquer dos serviços referidos no art. 8º serão prorrogados para o dia útil seguinte, quando: I – a indisponibilidade for superior a 60 (sessenta) minutos,

ininterruptos ou não, se ocorrida entre 6h00 e 23h00; ou II – ocorrer indisponibilidade entre 23h00 e 24h00.

§ 1º As indisponibilidades ocorridas entre 00h00 e 6h00 dos dias de expediente forense e as ocorridas em feriados e finais de semana, a qualquer hora, não produzirão o efeito do *caput*.

§ 2º Os prazos fixados em hora ou minuto serão prorrogados até às 24h00 do dia útil seguinte quando: I – ocorrer indisponibilidade superior a 60 (sessenta) minutos, ininterruptos ou não, nas últimas 24 (vinte e quatro) horas do prazo; ou II – ocorrer indisponibilidade nos 60 (sessenta) minutos anteriores ao seu término.

§ 3º A prorrogação de que trata este artigo será feita automaticamente pelo sistema PJe.

9. Do dever de o Judiciário disponibilizar equipamentos eletrônicos para a prática dos atos processuais

O art. 198 estabelece que "as unidades do Poder Judiciário deverão manter gratuitamente, à disposição dos interessados, equipamentos necessários à prática de atos processuais e à consulta e ao acesso ao sistema e aos documentos dele constantes".

Não cumprida essa obrigação pelo Judiciário, explica o parágrafo único do art. 198 que "será admitida a prática de atos por meio não eletrônico no local onde não estiverem disponibilizados os equipamentos previstos no *caput*".

O fato de existir, na sede do juízo ou no tribunal, sala da OAB com equipamentos necessários à prática de atos processuais e à consulta e ao acesso ao sistema e aos documentos dele constantes não retira, do Poder Judiciário, a obrigação de disponibilizar, gratuitamente, os mesmos equipamentos.

10. Da acessibilidade ao sistema

O art. 199 diz que "as unidades do Poder Judiciário assegurarão às pessoas com deficiência acessibilidade aos seus sítios na rede mundial de computadores, ao meio eletrônico de prática de atos judiciais, à comunicação eletrônica dos atos processuais e à assinatura eletrônica".

A nosso ver, enquanto essa regra não for plenamente atendida, poderá o advogado praticar os atos processuais pelo meio tradicional (papel), ou, para utilizar a linguagem do novo CPC, pelo meio não eletrônico. Nesse sentido é o posicionamento do STF na MC em MS n. 32.751/DF.

§ 3º – Atos da parte

Os atos processuais que podem ser praticados pelas partes estão regulados nos arts. 200 a 202 do novo CPC. Não há inovação em relação ao CPC/1973.

O art. 202 do novo CPC, assim como ocorria com o art. 161 do CPC/1973, proíbe que o advogado lance nos autos cotas marginais ou interlineares. Alguns poucos juízes, ilegalmente, não permitem que o advogado se manifeste por cota nos autos, em folha própria, ao argumento de que essa prática violaria o art. 161 do CPC/1973 (o art. 202 do novo CPC). Ora, se o processo civil é ordenado pelo princípio da liberdade das formas, simples manifestações podem ser feitas por cota nos autos.

§ 4º – Pronunciamentos do juiz

1. Introdução

Agora não se fala mais em atos do juiz, mas, sim, em pronunciamentos do juiz (art. 203). São os mesmos de antes: sentenças, decisões interlocutórias e despachos.

2. Conceito de sentença

O conceito de sentença está no § 1º do art. 203 do novo CPC: "ressalvadas as disposições expressas dos procedimentos especiais, sentença é o pronunciamento por meio do qual o juiz, com fundamento nos arts. 485 e 487, põe fim à fase cognitiva do procedimento comum, bem como extingue a execução".

Existem, destarte, três "espécies" de sentença: (i) aquelas que estão expressamente ressalvadas nos procedimentos especiais, haja vista alguma particularidade do seu rito; (ii) as que põem fim à fase de conhecimento, com fundamento nos arts. 485 ou 487; e, ainda, (iii) as que extinguem a execução.

No primeiro caso, podemos citar como exemplo a sentença que condena o réu a prestar contas (art. 550, § 5º).

No segundo caso, há de se ressaltar a necessidade de que sejam atendidos os dois requisitos simultaneamente, ou seja, deve-se por fim à fase de conhecimento e com base em um dos incisos dos arts. 485 ou 487. A decisão que acolhe preliminar de ilegitimidade passiva e retira do processo um dos réus, por exemplo, não é sentença, pois, apesar de estar baseada no art. 485, não pôs fim à fase de cognição. Trata-se, destarte, de decisão interlocutória, podendo ser atacada com o agravo de instrumento (art. 1.015, VII, do novo CPC).

No terceiro caso, apesar da discussão doutrinária, a natureza da decisão que extingue a execução é de sentença. A decisão que extingue a fase de cumprimento de sentença também é sentença.

3. Conceito de decisão interlocutória

O conceito de decisão interlocutória consta do § 2º do art. 203 do novo CPC. "decisão interlocutória é todo pronunciamento judicial de natureza decisória que não se enquadre no § 1º".

Não cabe agravo de instrumento contra todas as decisões interlocutórias proferidas pelo juiz durante o processo. Somente caberá esse recurso se a decisão interlocutória em questão figurar no restrito rol do art. 1.015 do novo CPC. Do contrário, nos termos do § 1º do art. 1.009 do novo CPC, deverá a parte interessada suscitar, em preliminar no recurso de apelação ou nas suas contrarrazões, a questão não decidida e contra a qual está se insurgindo. Não há preclusão para essas questões não sujeitas ao agravo de instrumento e não existe mais a figura do agravo retido.

4. Conceito de despacho

O § 3º do art. 203 do novo CPC conceitua os despachos como sendo "todos os demais pronunciamentos do juiz praticados no processo, de ofício ou a requerimento da parte".

Na era do CPC/1973, era importante a distinção entre decisões interlocutórias e despachos porque, contra estes, não havia recurso cabível, e, contra aquelas, era possível interpor agravo (de instrumento ou retido).

Com o novo CPC, deixa de ser relevante essa distinção, pois, conforme visto no item anterior, o § 1º do art. 1009 do novo CPC fala em "questões resolvidas na fase de conhecimento". Questão significa ponto controvertido. Essa questão pode, muito bem, surgir numa decisão interlocutória ou num despacho. Assim, na teoria, nos afigura possível que a parte interessada possa, na preliminar da apelação ou das contrarrazões, insurgir-se contra questões decididas por decisão interlocutória ou por despacho, muito embora, na prática, dificilmente surgirá algo de relevante, a ponto de se querer recorrer, num despacho.

5. Conceito de atos meramente ordinatórios

O § 4º do art. 203 traz o seguinte conceito: "os atos meramente ordinatórios, como a juntada e a vista obrigatória, independem de despacho, devendo ser praticados de ofício pelo servidor e revistos pelo juiz quando necessário".

Todo juiz, ao se titularizar em uma vara, conversa com o chefe da secretaria e o instrui sobre como proceder no tocante aos atos meramente ordinatórios. Como são atos bastante simples, uma vez bem explicitada a forma de agir, não haverá, possivelmente, qualquer inconveniente. No entanto, o legislador deixou claro que, apesar de se poder delegar, trata-se de pronunciamento do juiz, e, não, de algum auxiliar da justiça.

6. Conceito de acórdão

O art. 204 do novo CPC conceitua acórdão como "o julgamento colegiado proferido pelos tribunais". O julgamento colegiado nos tribunais e nas turmas recursais dos juizados especiais recebe, assim, a denominação de acórdão.

7. Redação, assinatura e data dos pronunciamentos judiciais

O art. 205 do novo CPC exige que os despachos, as decisões, as sentenças e os acórdãos sejam redigidos, datados e assinados pelos juízes.

E o que dizer, então, dos assessores dos magistrados? Poderão continuar a laborar da forma como vêm fazendo? Sim. A prestação jurisdicional com o auxílio de assessores existe não só no Brasil, mas em diversos outros países.

8. Da publicação, no Diário Oficial, dos pronunciamentos judiciais

O § 3º do art. 205 do novo CPC determina que "os despachos, as decisões interlocutórias, o dispositivo das sentenças e a ementa dos acórdãos serão publicados no Diário de Justiça Eletrônico".

Ocorre que, em alguns estados da federação, o programa (sistema) do PJe e do PROJUDI não está publicando, no Diário de Justiça Eletrônico, esses provimentos judiciais. O advogado é que tem a obrigação de checar, todos os dias, se existem intimações a serem cumpridas. Para tanto, precisa ir ao *site* do tribunal, inserir seu *login* e senha, e verificar se há publicações em seu nome. Nem um e-mail é enviado ao advogado. Isso, com a devida vênia, contraria o dispositivo legal em comento e deve ser modificado o quanto antes. Assim, entendemos que esse dispositivo revogou, tacitamente, o disposto no art. 5º da Lei n. 11.419/2006.

Apesar de o § 3º do art. 205 dispor apenas que apenas o dispositivo das sentenças e a ementa dos acórdãos serão publicados no Diário de Justiça Eletrônico, consideramos que os tribunais de todo o país deverão disponibilizar o inteiro teor dessas decisões na internet, como, aliás, em diversos deles isso já vem ocorrendo. O não atendimento a isso viola, no nosso sentir, os arts. 4º, 6º e 8º do novo CPC, haja vista a falta de celeridade, de cooperação e de eficiência.

§ 5º – Dos atos do Escrivão ou do Chefe de Secretaria

Os arts. 206 a 211 do novo CPC são mera repetição dos arts. 166 a 171 do CPC/1973. A única alteração digna de nota é o afastamento da proibição, que existia antigamente, em se utilizar abreviaturas (§ 1º do art. 169 do CPC/1973). Será que foi uma boa ideia isso? Imaginem se cada vara decidir adotar abreviaturas distintas. Os balcões das secretarias poderão ficar cheios de advogados estagiários. Apesar dessa supressão, o recomendado é que não se utilize abreviaturas.

§ 6º – Tempo e Lugar dos atos processuais

1. Introdução

Não ocorreu praticamente nenhuma alteração. A matéria é regulada pelos arts. 212 a 217 do novo CPC. No CPC/1973 ficava nos arts. 172 a 176.

2. A prática eletrônica de ato processual

O art. 213 do novo CPC diz que "a prática eletrônica de ato processual pode ocorrer em qualquer horário até as 24:00 horas do último dia do prazo".

O parágrafo único do art. 213 estabelece que "o horário vigente no juízo perante o qual o ato deve ser praticado será considerado para fim de atendimento do prazo". A nosso ver, o comando desse dispositivo informa que não será observado o fuso-horário de Brasília, mas, sim, o de cada comarca ou circunscrição.

3. Atos processuais que são praticados mesmo durante as férias

Houve uma mudança bastante sutil. O art. 214, I e II, do novo CPC, apenas melhora a redação do art. 173, I e II, do CPC/1973.

Quais são os atos processuais que devem ser praticados mesmo durante as férias? São: "I – os atos previstos no art. 212, § 2º; e II – a tutela de urgência". E o que diz o § 2º do art. 212? Determina que "independentemente de autorização judicial, as citações, intimações e penhoras poderão realizar-se no período de férias forenses, onde as houver, e nos feriados ou dias úteis fora do horário estabelecido neste artigo, observado o disposto no art. 5º, inciso XI, da Constituição Federal".

4. Procedimentos que tramitam durante as férias

Houve uma mudança bastante sutil. O art. 215, I a III, do novo CPC, aperfeiçoa a redação do art. 174, I a III, do CPC/1973, e, também, adequa-se às novas particularidades.

Na época do CPC/1973, as ações que tramitavam no rito sumário não eram suspensas pelas férias. Como no novo CPC não existe mais procedimento sumário, essa parte foi eliminada do inciso II.

5. Dos feriados

O art. 216 do novo CPC deixa claro o que são feriados: "além dos declarados em lei, são feriados, para efeito forense, os sábados, os domingos e os dias em que não haja expediente forense". O sábado, na era do CPC/1973, não era considerado feriado. O novo CPC ressalta ainda que os dias em que não haja expediente forense, como nos "feriados emendados", também são feriados.

6. Lugar para a prática dos atos processuais

O art. 217 do novo CPC é o único dispositivo que trata dessa matéria e simplesmente repete a redação do art. 176 do CPC/1973. A única diferença em relação ao texto anterior é que se acrescenta, como exceção à regra geral, que é a da prática dos atos processuais na sede do juízo, "a natureza do ato". Podemos citar como exemplos a oitiva de uma parte ou testemunha enferma e a realização de uma audiência no local do conflito coletivo de posse.

§ 7º – Prazos processuais

1. Introdução

Essa matéria está regulada nos arts. 218 a 235 do novo CPC, equivalente aos arts. 177 a 198 do CPC/1973.

Antes de iniciarmos os nossos comentários, faz-se mister destacar que os prazos mais importantes no novo CPC são de 15 dias. Apenas para exemplificar, o prazo para a apresentação de contestação, de impugnação desta, e para se interpor todos os recursos, salvo os embargos de declaração, bem como as contrarrazões, é de 15 dias. E não são dias corridos, mas, sim, dias úteis.

2. Omissão da lei e do juiz quanto ao prazo

Nos termos do § 2º do art. 218, "quando a lei ou o juiz não determinar prazo, as intimações somente obrigarão a comparecimento após decorridas 48 horas". No CPC/1973 esse prazo era de 24 horas.

Outro dispositivo importante na praxe forense que deve ser ressaltado é o § 3º do art. 218 (equivalente ao art. 185 do CPC/1973), que informa que "inexistindo preceito legal ou prazo determinado pelo juiz, será de cinco dias o prazo para a prática de ato processual a cargo da parte". Não há alteração nesse ponto, todavia, diante da sua importância, entendemos por bem fazer o registro acerca do seu equivalente no novo CPC.

3. Ato processual praticado antes do termo inicial do prazo

Finalmente o absurdo criado pelo STJ há anos vai acabar. Com o intuito de reduzir o número de recursos que chegavam àquela Corte, criou-se a chamada "jurisprudência defensiva" (nome dado pela doutrina), que são armadilhas processuais e entendimentos jurisprudenciais adotados sem nenhuma razão. Um deles foi justamente o de que o ato processual praticado antes do termo inicial do prazo era causa de intempestividade. Uma aberração!

O novo CPC põe um fim nisso. O § 4º do art. 218 dispõe que "será considerado tempestivo o ato praticado antes do termo inicial do prazo".

4. Contagem dos prazos processuais em dias úteis

Outra grande inovação do novo CPC é a contagem do prazo apenas em dias úteis (art. 219). Dias úteis, de acordo com o novo texto legal, são apenas de segunda-feira a sexta-feira, e desde que haja expediente forense.

O parágrafo único ressalta que essa contagem em dias úteis só se aplica aos prazos processuais. Prazos processuais são aqueles previstos no novo CPC ou em lei especial para a prática de ato processual. Ratificamos que sábados, domingos e feriados não são dias úteis para o novo CPC.

5. Forma de contagem dos prazos

O art. 224 reza que, "salvo disposição em contrário, os prazos serão contados excluindo o dia do começo e incluindo o do vencimento". O § 1º complementa que "os dias do começo e do vencimento do prazo serão protraídos para o primeiro dia útil seguinte, se coincidirem com dia em que o expediente forense for encerrado antes ou iniciado depois da hora normal ou houver indisponibilidade da comunicação eletrônica".

Os §§ 2º e 3º do art. 224 também merecem ser transcritos. São eles: "considera-se como data da publicação o primeiro dia útil seguinte ao da disponibilização da informação no Diário da Justiça eletrônico" e "a contagem do prazo terá início no primeiro dia útil que seguir ao da publicação".

Não houve, basicamente, nenhuma mudança em relação ao CPC/1973, apenas deixou-se claro o que deve ser feito em caso de indisponibilidade da comunicação eletrônica.

6. Da diferença entre disponibilização e publicação

Não há qualquer novidade nessa distinção, uma vez que a Lei n. 11.419/2006 já dispunha sobre o tema. Apenas para reforçar, se o ato processual é disponibilizado no dia 26/01/2015 (segunda-feira), considera-se que a publicação será no dia 27 de janeiro de 2015 (terça-feira) e, apenas no dia 28 de janeiro de 2015 é que se iniciará a contagem do prazo. Se algum desses dias for feriado, haverá modificações, claro. Partimos da premissa de que os três dias são úteis, com expediente forense.

7. Perda do prazo e justa causa

Apesar de inexistir novidade no disposto no art. 223 e seus dois parágrafos, do novo CPC, gostaríamos apenas de recordar que a indisponibilidade do sistema do processo eletrônico é considerada justa causa, para fins de restabelecimento e/ou reabertura do prazo perdido. Nesse sentido, confiram-se os arts. 197, parágrafo único, e 224, § 1º, ambos do novo CPC. O art. 11 da Resolução n. 185/2013 do CNJ também é de suma relevância para se compreender a justa causa no âmbito do processo digital.

8. Das intimações por meio eletrônico quando feitas fora do Diário Oficial

Quando as intimações são realizadas sem ser pelo Diário da Justiça Eletrônico, aplica-se o disposto no art. 5º e seus parágrafos, da lei n. 11.419/2006:

> Art. 5º As intimações serão feitas por meio eletrônico em portal próprio aos que se cadastrarem na forma do art. 2º desta Lei, dispensando-se a publicação no órgão oficial, inclusive eletrônico.
>
> § 1º Considerar-se-á realizada a intimação no dia em que o intimando efetivar a consulta eletrônica ao teor da intimação, certificando-se nos autos a sua realização.
>
> § 2º Na hipótese do § 1º deste artigo, nos casos em que a consulta se dê em dia não útil, a intimação será considerada como realizada no primeiro dia útil seguinte.
>
> § 3º A consulta referida nos §§ 1º e 2º deste artigo deverá ser feita em até 10 dias corridos contados da data do envio da intimação, sob pena de considerar-se a intimação automaticamente realizada na data do término desse prazo.
>
> § 4º Em caráter informativo, poderá ser efetivada remessa de correspondência eletrônica, comunicando o envio da intimação e a abertura automática do prazo processual nos termos do § 3º deste artigo, aos que manifestarem interesse por esse serviço.

Isso, claro, se este dispositivo não tiver sido revogado pelo § 3º do art. 205 do novo CPC.

9. Recesso forense de final de ano

Mais uma relevante novidade que pode ser encontrada no novo CPC é o recesso forense de final de ano. Como é do conhecimento de todos, a Emenda Constitucional n. 45 acabou com as férias coletivas em primeira e segunda instâncias, deixando os advogados sem o merecido descanso que qualquer trabalhador tem direito.

O art. 220 do novo CPC emite o seguinte comando: "suspende-se o curso do prazo processual nos dias compreendidos entre 20 de dezembro e 20 de janeiro, inclusive".

O § 2º do art. 220 dispõe que "durante a suspensão do prazo, não se realizarão audiências nem sessões de julgamento".

Traduzindo em miúdos, isso significa que, durante esse período de um mês: (i) é vedado o agendamento de qualquer audiência (inclusive nos Juizados Especiais) e de sessão de julgamento nos tribunais e nas turmas recursais; (ii) é proibido publicar atos processuais no Diário Oficial; (iii) é defeso disponibilizar ou publicar atos processuais no site dos tribunais destinado ao uso do processo eletrônico; e (iv) os prazos já iniciados ficam suspensos. Esse período de recesso inicia-se no dia 20 de dezembro, e, o último dia é 20 de janeiro. A partir do dia 21 de janeiro, se for dia útil, cessa o período de recesso.

A jurisprudência, com o auxílio da doutrina, necessitará esclarecer se o disposto nos arts. 214 e 215 do novo CPC aplicar-se-iam mesmo durante o recesso do art. 220. A nosso ver, aplicam-se, no entanto, os prazos ficarão suspensos até o final do recesso.

É importante destacar que, nos termos do § 1º do art. 220, "ressalvadas as férias individuais e os feriados instituídos por lei, os juízes, os membros do Ministério Público, da Defensoria Pública e da Advocacia Pública, e os auxiliares da Justiça exercerão suas atribuições durante o período previsto no *caput*".

Caso haja previsão de recesso de final de ano para essas pessoas em Constituição Estadual, lei estadual, no regimento interno ou em outros textos normativos, essa pausa deverá ser considerada, para fins legais, como adiantamento de férias. No caso da magistratura, entendimento diverso violaria frontalmente o art. 66 da LC n. 35/79. No caso do MP, infringiria o art. 220 da LC n. 75/93 e o art. 51 da Lei n. 8.625/93. No caso das outras categorias de profissionais, é preciso verificar a lei específica de cada um deles.

O plantão forense deverá funcionar, caso o Judiciário local tenha alguma regra específica sobre isso, de modo a manter a atividade jurisdicional ininterrupta, nos termos do inciso XII do art. 93 da CF/88.

A propósito, antes que alguma voz se insurja contra esse recesso, entendemos que, mesmo que mesmo na vigência do CPC/1973, era possível a suspensão da fluência dos prazos, das audiências e das sessões de julgamento nos tribunais e nas turmas recursais, desde que, claro, houvesse plantão judiciário. O que o legislador quis, com a EC n. 45/2004, é impedir que o jurisdicionado ficasse sem amparo do Judiciário. O significado de férias coletivas é liberar, do trabalho, todos os funcionários.

10. Campanhas de autocomposição e suspensão dos prazos

Dispõe o parágrafo único do art. 221 que "os prazos se suspendem durante a execução de programa instituído pelo Poder Judiciário para promover a autocomposição, incumbindo aos tribunais especificar, com antecedência, a duração dos trabalhos". Não existe correspondente no CPC/1973.

Não necessariamente todos os prazos processuais precisam ficar suspensos durante esses programas de conciliação e de mediação. Pode ser que o tribunal decida fazer uma campanha apenas para as varas de família, logo, os prazos dos processos das outras varas continuarão a correr normalmente.

11. Redução dos prazos peremptórios

O § 1º do art. 222 do novo CPC estabelece que "ao juiz é vedado reduzir prazos peremptórios sem anuência das partes". *A contrario sensu*, se as partes concordarem, poderá haver a redução dos prazos peremptórios. A lei não fala nada sobre a possibilidade de as partes majorarem esses prazos, no entanto, dentro da nova linha de flexibilidade procedimental criada pelo novo CPC, se as partes estiverem de acordo, e o juiz não se opuser, por que não permitir?

Não existe correspondente no CPC/1973.

12. Dos prazos para o juiz proferir seus pronunciamentos

O art. 226 do novo CPC diz que o "o juiz proferirá: I – os despachos no prazo de cinco dias; II – as decisões interlocutórias no prazo de 10 dias; III – as sentenças no prazo de 30 dias". Os prazos para se proferir os despachos e as sentenças foram majorados (arts. 189, I, e 456, do CPC/1973). Para as decisões interlocutórias permanece o mesmo (art. 189, II, do CPC/1973).

O art. 227 do novo CPC repete a regra do art. 187 do CPC/1973 e determina que "em qualquer grau de jurisdição, havendo motivo justificado, pode o juiz exceder, por igual tempo, os prazos a que está submetido". Em outras palavras, os prazos do juiz continuam sendo impróprios, haja vista a inexistência de preclusão. Ocorre que, na prática, o art. 187 do CPC/1973 vinha sendo constantemente desrespeitado, por boa parte da magistratura, sem que houvesse qualquer implicação prática. Pelo visto o problema persistirá com a vigência do novo CPC.

13. Dos prazos dos serventuários da justiça

O art. 228 do novo CPC reza que "incumbirá ao serventuário remeter os autos conclusos no prazo de um dia e executar os atos processuais no prazo de cinco dias, contado da data em que: I – houver concluído o ato processual anterior, se lhe foi imposto pela lei; II – tiver ciência da ordem, quando determinada pelo juiz". O seu § 1º exige que, "ao receber os autos, o serventuário certificará o dia e a hora em que teve ciência da ordem referida no inciso II".

Houve modesta alteração nos prazos em face do disposto no art. 190 do CPC/1973.

14. Da juntada de petições e manifestações em processos com autos eletrônicos

Nos termos do § 2º do art. 228 do novo CPC, "nos processos em autos eletrônicos, a juntada de petições ou de manifestações em geral ocorrerá de forma automática, independentemente de ato de serventuário da justiça". Isso significa que, assim que um dos sujeitos do processo efetivarem o protocolo de sua petição ou manifestação, a juntada será imediata. A remessa dos autos em formato eletrônico à conclusão, todavia, pode ser que dependa de comando do serventuário da justiça; pelo menos por enquanto. Todavia, isso não é o desejado.

Não há correspondente no CPC/1973.

15. Contagem dos prazos quando houver litisconsórcio com procuradores distintos

O art. 229 do novo CPC repete a regra do art. 191 do CPC/1973. Assim, "os litisconsortes que tiverem diferentes procuradores, de escritórios de advocacia distintos, terão prazos contados em dobro para todas as suas manifestações, em qualquer juízo ou tribunal, independentemente de requerimento".

As inovações ficam por conta de seus §§ 1º e 2º.

Segundo o § 1º do art. 229, "cessa a contagem do prazo em dobro se, havendo apenas dois réus, é oferecida defesa por apenas um deles".

A regra não é boa, e, certamente, trará discussões práticas, uma vez que o revel continua tendo direito a intervir no processo a qualquer instante, recebendo-o no estado em que se encontrar (parágrafo único do art. 346). É muito simples identificar a razão que motivou o legislador a criar o prazo em dobro para os casos em que há litisconsórcio com procuradores distintos, e é justamente a dificuldade em se ter acesso aos autos por vários advogados que defendem, muitas vezes, interesses opostos, muito embora os litisconsortes estejam no mesmo polo da lide. Desse modo, se o revel ingressa ou retorna no processo posteriormente, por certo haverá a discussão sobre o direito deles em ter o prazo em dobro para praticar os atos processuais.

Outra controvérsia que com certeza instalar-se-á diz respeito aos casos nos quais o litisconsórcio, ativo ou passivo, desaparece no curso do processo, em razão de exclusão de litisconsorte. A jurisprudência do STJ, há anos, vem entendendo que, nessas situações, acaba o benefício do prazo em dobro. O novo CPC não disciplinou esse ponto. Poderão os nossos tribunais manter esse posicionamento? A nosso ver, sim, mas desde que o magistrado expressamente informe o litisconsorte remanescente disso, sob pena de violação dos arts. 1º, 5º, 6º, 7º e 10, todos do novo CPC.

Um ponto que deveria ser alterado na jurisprudência atual (por exemplo, STJ, AgRg nos EDcl no Ag n. 1.066.149/SP), com o novo CPC, diz respeito à não aplicabilidade do prazo em dobro se apenas uma das partes tiver interesse ou legitimidade para recorrer no caso concreto. Trata-se de entendimento que viola o princípio da boa-fé objetiva, ante a ausência de informação e cooperação. Transgride, ainda, o princípio da legalidade, uma vez que as únicas duas exceções à regra geral do art. 229 estão nos seus dois parágrafos. Infringe, também, os arts. 1º, 5º, 6º, 7º e 10, todos do novo CPC.

Já o § 2º do art. 229 dispõe que "não se aplica o disposto no *caput* aos processos em autos eletrônicos". A regra é correta. Não há justificativa para que os litisconsortes tenham prazo em dobro para a prática dos atos processuais se, em razão de os autos serem em formato eletrônico, não haverá nenhuma dificuldade para que as partes e seus advogados tenham acesso aos autos; ao contrário do que se passa quando os autos do processo estão no formato tradicional: o papel.

16. O termo inicial dos prazos processuais

Primeiramente cumpre destacar que o art. 230 do novo CPC, repetindo o que dizia o art. 240 do CPC/1973, reza que "o prazo para a parte, o procurador, a Advocacia Pública, a Defensoria Pública e o Ministério Público será contado da citação, intimação ou da notificação". Lembremos que as entidades a seguir deverão ser intimadas pessoalmente, sob pena de nulidade: o MP (art. 180), a Defensoria Pública (art. 186, § 1º) e a Advocacia Pública (art. 183). Os advogados das partes serão intimados pelo Diário Oficial.

E qual é, exatamente, o termo inicial dos prazos processuais?

A resposta encontra-se ao longo dos oito incisos do art. 231 do novo CPC, que é o equivalente, mas com versão aprimorada, do art. 241 do CPC/1973:

> "Art. 231. Salvo disposição em sentido diverso, considera-se dia do começo do prazo:
>
> I – a data de juntada aos autos do aviso de recebimento, quando a citação ou a intimação for pelo correio;
>
> II – a data de juntada aos autos do mandado cumprido, quando a citação ou a intimação for por oficial de justiça;
>
> III – a data de ocorrência da citação ou da intimação, quando ela se der por ato do escrivão ou do chefe de secretaria;
>
> IV – o dia útil seguinte ao fim da dilação assinada pelo juiz, quando a citação ou a intimação for por edital;
>
> V – o dia útil seguinte à consulta ao teor da citação ou da intimação ou ao término do prazo para que a consulta se dê, quando a citação ou a intimação for eletrônica;
>
> VI – a data de juntada do comunicado de que trata o art. 232 ou, não havendo esse, a data de juntada da carta aos autos de origem devidamente cumprida, quando a citação ou a intimação se realizar em cumprimento de carta;
>
> VII – a data de publicação, quando a intimação se der pelo Diário da Justiça impresso ou eletrônico;
>
> VIII – o dia da carga, quando a intimação se der por meio da retirada dos autos, em carga, do cartório ou da secretaria.
>
> § 1º Quando houver mais de um réu, o dia do começo do prazo para contestar corresponderá à última das datas a que se referem os incisos I a VI do *caput*.
>
> § 2º Havendo mais de um intimado, o prazo para cada um é contado individualmente.
>
> § 3º Quando o ato tiver de ser praticado diretamente pela parte ou por quem, de qualquer forma, participe do processo, sem a intermediação de representante judicial, o dia do começo do prazo para cumprimento da determinação judicial corresponderá à data em que se der a comunicação.
>
> § 4º Aplica-se o disposto no inciso II do *caput* à citação com hora certa".

Na verdade, apesar de ter havido um aumento no número de incisos entre o novo CPC e o CPC/1973, não há nenhuma novidade em termos práticos. Os incisos que não estavam contemplados no art. 241 do CPC/1973 são os de números III, V, VII e VIII do art. 231 do novo CPC. Passemos a uma breve análise de cada um deles, na qual pretendemos demonstrar a inexistência de inovação.

O inciso III cuida da citação ou intimação pelo escrivão ou chefe de secretaria. Qual é o advogado que, na vigência do CPC/1973, nunca se deu por intimado no balcão da secretaria? Essa era uma prática muito comum e salutar, utilizada quando se pretendia evitar a publicação no Diário Oficial, e, com isso, ganhar tempo. A base legal, para os legalistas, era o princípio da celeridade e da economia processual, sem falar no art. 238 do CPC/1973.

O inciso V trata da citação ou da intimação por meio eletrônico. Já existia previsão legal nos §§ 3º e 4º do art. 4º da Lei n. 11.419/2006.

O inciso VII versa sobre a intimação pelo Diário da Justiça (impresso ou eletrônico). Nos arts. 236 e 237 do CPC/1973 já estava bem claro esse ponto. Na prática, então, nem se fala.

O inciso VIII aborda a intimação quando realizada por meio da retirada dos autos, em carga, do cartório ou da secretaria. Também é algo que, na prática, sempre ocorreu. Bastante comum nas cargas feitas para os membros do MP, da Defensoria Pública e da Advocacia Pública. Podemos acrescentar, ainda, as situações em que o procurador retira os autos, em carga, e há pronunciamento judicial em vias de publicação. Há, nesse caso, ciência inequívoca da decisão, contando-se, a partir do dia útil seguinte, o prazo da parte.

Apesar da inexistência de inovação, é interessante e conveniente que todas as situações possíveis de ocorrer estejam todas bem agrupadas e explicitadas no novo CPC.

Havendo mais de um réu, a forma de contagem do prazo para contestar está prevista no § 1º do art. 229.

Nos casos em que há mais de uma pessoa a ser intimada, o prazo para cada um é contado individualmente, nos termos do § 2º do art. 231.

O § 3º do art. 231 positiva algo que já era consenso na doutrina e na jurisprudência, que é o tratamento que deve ser dado quando o ato tiver que ser praticado diretamente pela parte ou por quem, de qualquer forma, participe do processo. A comunicação não pode ser feita na pessoa do advogado, mas, sim, direta e pessoalmente à parte. O advogado só pode ser intimado quando ele é o responsável pela eventual prática do ato processual referente à intimação, como impugnações, recursos e audiências. Não é correto que o advogado seja intimado a entregar um determinado bem, sob pena de multa diária, pois, quem tem a posse e o dever de entregá-lo é a parte, e, não, o seu procurador.

No tocante à citação por hora certa, o prazo iniciar-se-á com a juntada nos autos do mandado de citação. O mesmo vale para a intimação por hora certa, que, por lei, também é passível de ser utilizada (art. 275, § 2º, do novo CPC).

Para encerrar esse tópico, trazemos a lume o art. 232: "nos atos de comunicação por carta precatória, rogatória ou de ordem, a realização da citação ou intimação será imediatamente informada, por meios eletrônicos, pelo juiz deprecado ao juiz deprecante".

Registre-se que os §§ 2º a 4º do art. 231 e o art. 232 não possuem correspondentes no CPC/1973.

§ 8º – Da verificação dos prazos e das penalidades

1. Introdução

Essa matéria encontra-se prevista nos arts. 233 a 235 do novo CPC, que são equivalentes aos arts. 193 a 199 do CPC/1973. Há pouquíssimas alterações.

2. Legitimidade para representar ao juiz contra o serventuário

O § 2º do art. 233 do novo CPC diz que "qualquer das partes, o Ministério Público ou a Defensoria Pública poderá representar ao juiz contra o serventuário que injustificadamente exceder os prazos previstos em lei".

3. Legitimidade para representar contra juiz ou relator

O art. 233 e seus dois parágrafos são equivalentes ao art. 198 do CPC/1973, mas com pequenas alterações.

4. Retenção dos autos do processo além do prazo permitido

O art. 234 do novo CPC deixa claro que "os advogados públicos ou privados, o defensor público e o membro do Ministério Público devem restituir os autos no prazo do ato a ser praticado". O § 1º aduz que "é lícito a qualquer interessado exigir os autos do advogado que exceder prazo legal".

Se quem reteve os autos fora do prazo é advogado, aplica-se o § 2º que dispõe que "se, intimado, o advogado não devolver os autos no prazo de três dias, perderá o direito à vista fora de cartório e incorrerá em multa correspondente à metade do salário mínimo". Não bastasse, complementa o § 3º que "verificada a falta, o juiz comunicará o fato à seção local da Ordem dos Advogados do Brasil para procedimento disciplinar e imposição de multa".

Por outro lado, se quem deixou de devolver os autos no prazo for membro do MP, da Defensoria Pública ou da Advocacia Pública, entra em cena o § 4º, que informa que "se a situação envolver membro do Ministério Público, da Defensoria

Pública ou da Advocacia Pública, a multa, se for o caso, será aplicada ao agente público responsável pelo ato". E mais: "verificada a falta, o juiz comunicará o fato ao órgão competente responsável pela instauração de procedimento disciplinar contra o membro que atuou no feito", conforme se extrai do § 5º do art. 234.

Com efeito, apenas por curiosidade, se existe um princípio da isonomia das partes, expressamente previsto no art. 7º do novo CPC, por que é que o advogado que se atrasar para devolver os autos perde o direito à vista fora de cartório e, se o mesmo fato ocorrer com membros do MP, da Defensoria e da Advocacia Pública, a sanção não é a mesma? Um absurdo!

§ 9º – Comunicação dos atos processuais

1. Introdução

A comunicação dos atos processuais está disposta nos arts. 236 a 275 do novo CPC. No CPC/1973 ficava entre os arts. 200 a 242.

Lembramos que, assim como era na vigência do CPC/1973, os atos processuais serão cumpridos por ordem judicial (art. 236).

2. Da expedição de carta

O § 1º do art. 236 diz que "será expedida carta para a prática de atos fora dos limites territoriais do tribunal, da comarca, da seção ou da subseção judiciárias, ressalvadas as hipóteses previstas em lei". O § 2º do mesmo dispositivo reza que "o tribunal poderá expedir carta para juízo a ele vinculado, se o ato houver de se realizar fora dos limites territoriais do local de sua sede". Ambos os parágrafos não possuem correspondentes no CPC/1973.

3. Videoconferência e outras tecnologias

O § 3º do art. 236 inova ao admitir a prática de atos processuais por meio de videoconferência ou outro recurso tecnológico de transmissão de sons e imagens em tempo real.

O tempo e a prática demonstrarão quais atos processuais são convenientes e quais são indesejáveis de se praticar dessa maneira.

Esse dispositivo não é uma novidade em termos práticos. No processo civil, por exemplo, já se tem notícias de sustentações orais por videoconferência e, até mesmo, audiência de ministro do STJ, com advogado, pelo Skype.

4. As espécies de cartas

O art. 237 do novo CPC elenca as quatro espécies de cartas e descreve qual é o objetivo de cada uma delas. Merece destaque o seu parágrafo único, que reza que "se o ato, relativo a processo em curso na justiça federal ou em tribunal superior, houver de ser praticado em local onde não haja vara federal, a carta poderá ser dirigida ao juízo estadual da respectiva comarca".

As cartas são: de ordem, rogatória, precatória e arbitral.

A novidade fica por cota da criação da carta arbitral e da possibilidade de cooperação entre as justiças federal e estadual.

5. Citação: conceito e pressuposto processual

O art. 238 do novo CPC conceitua o que é citação. Não há mudança em relação ao CPC/1973, salvo pela inserção do executado como sendo pessoa que deve ser citada. Trata-se de mero aperfeiçoamento técnico.

O legislador relembra ainda, no art. 239, que a citação é pressuposto de validade do processo, ressalvadas as hipóteses de indeferimento da petição inicial ou de improcedência liminar do pedido.

6. Comparecimento espontâneo do réu

O comparecimento espontâneo continua sendo viável e supre a citação bem como eventual alegação de nulidade. O prazo para apresentação da contestação ou dos embargos de devedor conta a flui a partir da data em que o réu, o executado ou o interessado se apresentam voluntariamente em juízo, nos termos do § 1º do art. 239.

7. Da alegação de nulidade por vício na citação

Dispõe o § 2º do art. 239 estabelece que "rejeitada a alegação de nulidade, tratando-se de processo de: I – conhecimento, o réu será considerado revel; II – execução, o feito terá seguimento".

É por isso que continua sendo uma má estratégia deixar de se defender pensando em alegar, no futuro, vício na citação.

8. Os efeitos da citação

Os efeitos da citação estão previstos no art. 240 do novo CPC:

> "Art. 240. A citação válida, ainda quando ordenada por juízo incompetente, induz litispendência, torna litigiosa a coisa e constitui em mora o devedor, ressalvado o disposto nos arts. 397 e 398 do Código Civil".
>
> § 1º A interrupção da prescrição, operada pelo despacho que ordena a citação, ainda que proferido por juízo incompetente, retroagirá à data de propositura da ação.

> § 2º Incumbe ao autor adotar, no prazo de 10 dias, as providências necessárias para viabilizar a citação, sob pena de não se aplicar o disposto no § 1º.
>
> § 3º A parte não será prejudicada pela demora imputável exclusivamente ao serviço judiciário.
>
> § 4º O efeito retroativo a que se refere o § 1º aplica-se à decadência e aos demais prazos extintivos previstos em lei".

A citação deixa de ter, como um de seus efeitos, a capacidade de tornar prevento o juízo. Agora, é o registro ou a distribuição da petição que torna prevento o juízo, nos termos do art. 59 do novo CPC.

Os outros quatro efeitos da citação continuam existindo. São eles: induz litispendência, torna litigiosa a coisa, constitui em mora o devedor e interrompe a prescrição.

Sobre a constituição do devedor em mora, há a ressalva de que, nos casos dos arts. 397 e 398 do CC, prevalecerá a regra de direito material sobre a de direito processual. Vale o CC, e, não, o novo CPC.

Em relação à prescrição, os §§ 1º e 2º deixam claro que ela retroagirá à data da propositura da ação, que se dá com a distribuição ou o registro da petição inicial, mas desde que o autor providencie, no prazo máximo de 10 dias, os dados e informações necessárias do réu, bem como pague o valor devido para que a diligência seja efetivada. O dever do autor é simplesmente o de disponibilizar as informações e pagar o valor predefinido (a não ser que esteja sob o pálio da gratuidade da justiça); tudo isso em até 10 dias, contados do despacho que ordenou a citação. Se a citação será efetivada ou não em 10 dias, isso pouco importa para os fins da interrupção da prescrição, conforme se extrai do § 3º.

Outra importante novidade acerca da prescrição é que o famigerado § 5º do art. 219 do CPC/1973 não foi repetido pelo novo CPC. Para os que não se lembram, ele dizia que o juiz deveria se pronunciar de ofício sobre a prescrição. É certo que o art. 194 do CC não será repristinado, entretanto, mesmo sem ele, consideramos que a prescrição continua sendo matéria que só pode ser arguida pelo devedor, nos termos do art. 193 do CC, e pode ser, por ele, renunciada, conforme se extrai do art. 191 do CC. Ademais, não existe regra autorizando o magistrado a se pronunciar *ex officio* sobre a prescrição.

O § 4º deixa claro que os efeitos a que se refere o § 1º aplicam-se também à decadência e outros prazos extintivos previstos em lei. É sabido que o prazo decadencial não se interrompe, no entanto, a leitura correta que se deve fazer desse dispositivo é a de que se considera que a ação foi exercida dentro do prazo decadencial, se a exordial for distribuída até no último dia do prazo decadencial. Se não for dia de expediente forense, ou se, por algum motivo, o expediente encerrou-se antes do horário normal, fica prorrogado até o dia seguinte, sem risco de que o direito caduque. Além do mais, o próprio art. 207 do CC informa que a lei pode dispor sobre causas de interrupção da decadência.

9. Da comunicação ao réu de que há sentença de mérito a seu favor nos casos do art. 330

O art. 241 do novo CPC traz regra inovadora e de suma importância. Dispõe que "transitada em julgado a sentença de mérito proferida em favor do réu antes da citação, incumbe ao escrivão ou ao chefe de secretaria comunicar-lhe o resultado do julgamento".

Se não existisse esse dispositivo, o autor de má-fé poderia ajuizar a mesma ação, em outra comarca ou seção, ou até no Juizado Especial, e, com isso, como o réu não sabia da existência do processo pregresso, não teria como arguir preliminar de coisa julgada.

Caso o endereço fornecido na petição inicial não esteja correto, deverá o juízo enviar ofício às repartições públicas e privadas para que estas, por sua vez, informem se há alguma informação do réu nos seus cadastros. Na eventualidade de surgir um ou mais novos endereços, deverá o serventuário fazer quantas tentativas sejam suficientes, de modo a conseguir comunicar-se com a parte ré.

10. Da pessoalidade da citação

A citação continua sendo pessoal, nos termos do art. 242 do novo CPC.

11. Da citação das pessoas jurídicas de direito público

O § 3º do art. 242 do novo CPC traz nova regra sobre a citação das pessoas jurídicas de direito público: "a citação da União, dos Estados, do Distrito Federal, dos Municípios e de suas respectivas autarquias e fundações de direito público será realizada perante o órgão de Advocacia Pública responsável por sua representação judicial".

Na hipótese de o órgão de Advocacia Pública responsável por sua representação judicial tiver mais de uma localização física, admitir-se-á a citação em qualquer uma delas, sob pena de beneficiar-se, do ponto de vista material e processual, com as dificuldades que cria ao cidadão.

12. Da citação de pessoa mentalmente incapaz ou impossibilitada de recebê-la

O art. 245 do novo CPC repete a regra do art. 218 do CPC/1973. Quando o réu for mentalmente incapaz ou estiver impossibilidade de recebê-la, o oficial de justiça não realizará a citação, todavia, prestará essa informação na certidão do mandado. O juiz determinará que um médico emita laudo sobre isso, conforme se vê no texto do

§ 2º. A novidade está no § 3º, que diz que "fica dispensada a nomeação de que trata o § 2º se pessoa da família apresentar declaração do médico do citando que ateste a incapacidade deste".

13. As formas de se realizar a citação

O art. 246 do novo CPC elenca as formas de se proceder à citação: I – pelo correio; II – por oficial de justiça; III – pelo escrivão ou chefe de secretaria, se o citando comparecer em cartório;

IV – por edital; e V – por meio eletrônico, conforme regulado em lei.

A citação por hora certa continua sendo possível. Ela não consta do rol do art. 246 por uma razão bastante simples: trata-se de citação por oficial de justiça, só que com a particularidade de ser em hora certa. Apesar disso, está regulamentada em outros dispositivos do novo CPC.

O art. 247 do novo CPC deixa claro que a citação pelo correio pode ser para qualquer comarca ou seção do país, salvo nos casos por ele elencados.

14. Hipóteses em que não se pode realizar citação pelo correio

O art. 247 do novo CPC é quase uma cópia do art. 222 do CPC/1973. O dispositivo cita quais são as lides nas quais a citação não pode se dar pelo correio, e são as mesmas do CPC/1973, com exceção de uma, que é o processo de execução. Assim, no novo CPC a citação do executado pode se dar, inclusive, pelo correio.

Um retrocesso, a nosso ver, é com relação ao inciso V do art. 247 do novo CPC, que proíbe a citação pelo correio "quando o autor, justificadamente, a requerer de outra forma". Na vigência do CPC/1973, o art. 222, *f*, não exigia que o autor justificasse, motivadamente, as razões pelas quais ele estava optando pela citação por oficial de justiça ao invés da citação pelo correio.

15. Citação por meio eletrônico das empresas de médio porte, das empresas de grande porte, das empresas púbicas, da União, dos Estados, dos Municípios, do Distrito Federal e das entidades da administração indireta

Todas essas pessoas elencadas no título desse tópico ficam obrigadas a manter cadastro junto aos sistemas de processo em autos eletrônicos, para efeito de recebimento de citações e intimações, as quais serão efetuadas preferencialmente por esse meio, conforme reza o § 1º do art. 246 do novo CPC (dispositivo sem correspondente no CPC/1973).

Ficaram de fora desse rol as pessoas naturais, os entes atípicos e as pessoas jurídicas que se enquadrem no conceito de microempresa (ME) ou de empresa de pequeno porte (EPP). Para saber o que é ME ou EPP, consulte-se o art. 3º da LC n. 123/2006.

Essa nova regra é positiva e certamente fará com que o processo seja um pouco mais célere.

O defeito dessa regra é a ausência de sanção para a empresa descumpridora da determinação legal. A possibilidade de se realizar a citação por edital, mesmo sabendo-se qual é o endereço físico da empresa, pode ser uma boa alternativa.

16. Citação das pessoas jurídicas

Estabelece o § 2º do art. 248 que, "sendo o citando pessoa jurídica, será válida a entrega do mandado a pessoa com poderes de gerência geral ou de administração, ou, ainda, a funcionário responsável pelo recebimento de correspondências". Dispositivo equivalente ao art. 223, parágrafo único, do CPC/1973.

17. Citação de pessoas que têm domicílio em condomínio edilício ou loteamentos com controle de acesso

O § 4º do art. 248 do novo CPC (dispositivo sem correspondente no CPC/1973) informa que, "nos condomínios edilícios ou nos loteamentos com controle de acesso, será válida a entrega do mandado a funcionário da portaria responsável pelo recebimento de correspondência, que, entretanto, poderá recusar o recebimento, se declarar, por escrito, sob as penas da lei, que o destinatário da correspondência está ausente".

A regra é salutar, pois facilita o serviço de citação por carta.

O problema desse dispositivo é que há muitos condomínios edilícios enormes, nos quais os porteiros e mensageiros, nem sempre, conhecem todos os moradores, e muito menos saberiam dizer se ele está viajando ou não. Assim, se o mandado for recebido por funcionário da portaria responsável pelo recebimento de correspondência, e o réu estiver viajando, hospitalizado ou impossibilitado de ter acesso ao mandado e tomar as providências cabíveis para se defender, poderá peticionar nos autos, mesmo fora do prazo, e requerer ao juiz a reabertura do prazo para contestação, desde que, claro, apresente provas contundentes de sua ausência.

18. Citação por oficial de justiça

O art. 249 do novo CPC parece reforçar que a citação não poderá ser realizada por oficial de justiça pelo bel prazer do autor. Se ele quiser, deverá apresentar seus motivos de forma fundamentada, cabendo ao juiz acolhê-los ou não. Como dissemos anteriormente, é um retrocesso. Ora, se o autor quer que a citação seja por oficial de justiça, não seria preciso, a nosso ver, que tivesse o dever de fundamentar o porquê e, pior ainda, que o magistrado tivesse o direito de deferir ou não o pleito.

O art. 250 lista os requisitos do mandado de citação. Deverá o mandado conter: "I – os nomes do autor e do citando e seus respectivos domicílios ou residências; II

– a finalidade da citação, com todas as especificações constantes da petição inicial, bem como a menção do prazo para contestar, sob pena de revelia, ou para embargar a execução; III – a aplicação de sanção para o caso de descumprimento da ordem, se houver; IV – se for o caso, a intimação do citando para comparecer, acompanhado de advogado ou de defensor público, à audiência de conciliação ou de mediação, com a menção do dia, da hora e do lugar do comparecimento; V – a cópia da petição inicial, do despacho ou da decisão que deferir tutela provisória; VI – a assinatura do escrivão ou do chefe de secretaria e a declaração de que o subscreve por ordem do juiz".

Merecem destaque os incisos III a V, pois, apesar de possuírem dispositivos correspondentes no art. 225 do CPC/1973, estão com a redação bem mais aperfeiçoada.

Advertimos para o fato de que o inciso V está com uma redação que pode levar o profissional do direito a erro. Deve acompanhar o mandado a cópia da petição inicial e a cópia do despacho ou da decisão que deferir tutela provisória.

19. Citação com hora certa

Os arts. 252 a 254 do novo CPC cuidam da chamada citação por hora certa. Funcionará basicamente nos mesmos moldes dos arts. 227 a 229 do CPC/1973. As novidades ficam por conta do parágrafo único do art. 252 e dos §§ 2º e 4º do art. 253. O número de tentativas caiu de três para duas (*caput* do art. 252).

20. Prática de atos processuais pelo oficial de justiça em comarcas contíguas

Está regulada no art. 255 do novo CPC: "nas comarcas contíguas de fácil comunicação e nas que se situem na mesma região metropolitana, o oficial de justiça poderá efetuar, em qualquer delas, citações, intimações, notificações, penhoras e quaisquer outros atos executivo". A novidade é que o oficial de justiça pode realizar um número maior de diligências, tais como penhoras e outros atos executivos, se se comparar esse dispositivo com o seu correspondente no CPC/1973 (art. 230).

21. Citação por edital

A citação por edital está regulada nos arts. 256 a 259 do novo CPC. Passemos às novidades.

O § 3º do art. 256 determina que "o réu será considerado em local ignorado ou incerto se infrutíferas as tentativas de sua localização, inclusive mediante requisição pelo juízo de informações sobre seu endereço nos cadastros de órgãos públicos ou de concessionárias de serviços públicos".

A "afixação do edital, na sede do juízo, certificada pelo escrivão" (inciso II do art. 232 do CPC/1973) deixou de existir. Trata-se de adaptação à nova realidade; ninguém parava para ler as centenas de editais afixados na sede do juízo.

A publicação do edital em jornal local de grande circulação não é mais uma regra absoluta, e só será exigida em casos específicos, se o juiz ordenar, conforme se vê no parágrafo único do art. 257 do novo CPC.

A publicação do edital ganha novos e relevantes contornos, como se apreende do disposto no art. 257, II, do novo CPC: "a publicação do edital na rede mundial de computadores, no sítio do respectivo tribunal e na plataforma de editais do Conselho Nacional de Justiça, que deve ser certificada nos autos". Essa certificação deve ser feita pelo auxiliar da justiça responsável (normalmente o escrivão ou o chefe de secretaria), assim que o autor juntar as devidas comprovações, que, a nosso ver, podem ser meras impressões das respectivas páginas, não sendo preciso que se dê por meio de ata notarial.

Um detalhe importante é que a publicação de edital só será exigida nas hipóteses previstas nos incisos do art. 259 do novo CPC, quais sejam, "serão publicados editais: I – na ação de usucapião de imóvel; II – nas ações de recuperação ou substituição de título ao portador; III – em qualquer ação em que seja necessária, por determinação legal, a provocação, para participação no processo, de interessados incertos ou desconhecidos".

22. Apoio do Judiciário ao autor que tentar descobrir o endereço do réu

Há tempos criou-se entendimento equivocado na jurisprudência de que o juiz não pode auxiliar a parte na tentativa de descobrir o paradeiro do réu. É bem verdade, no entanto, que esse entendimento não é uníssono no Judiciário.

De toda forma, parece que § 3º do art. 256 vai colocar uma pá de cal sobre essa discussão. Vamos transcrever todo o dispositivo, mas a parte que nos interessa é a segunda metade: "o réu será considerado em local ignorado ou incerto se infrutíferas as tentativas de sua localização, inclusive mediante requisição pelo juízo de informações sobre seu endereço nos cadastros de órgãos públicos ou de concessionárias de serviços públicos".

Outro dispositivo que deixa clara a possibilidade de a parte ter o apoio do Judiciário é o § 1º do art. 319.

23. Das cartas

Os requisitos e os procedimentos em relação às quatro espécies de cartas existentes no processo civil estão regulados nos arts. 260 a 268 do novo CPC. São equivalentes aos arts. 202 a 212 do CPC/1973. Poucas são as novidades, senão, vejamos.

O § 3º do art. 260 diz que "a carta arbitral atenderá, no que couber, aos requisitos a que se refere o *caput* e será instruída com a convenção de arbitragem e com as provas da nomeação do árbitro e da sua aceitação da função". Se o processo arbitral estiver sendo conduzido por tribunal arbitral, isto é, com três árbitros, então deverá ser juntada a prova da aceitação de todos eles.

Os §§ 1º a 3º do art. 261 versam sobre o cumprimento da carta e da conduta do interessado.

Como a carta pode ser encaminhada a juízo diverso daquele que consta da decisão judicial do juízo deprecante (art. 262 do novo CPC), determina o seu parágrafo único que "o encaminhamento da carta para outro juízo será imediatamente comunicado ao órgão expedidor, que intimará as partes".

O parágrafo único do art. 267 reza que "no caso de incompetência em razão da matéria ou da hierarquia, o juiz deprecado, conforme o ato a ser praticado, poderá remeter a carta ao juiz ou ao tribunal competente".

24. Intimações: introdução

Essa parte está regulada nos arts. 269 a 275 do novo CPC. Antigamente ficava nos arts. 234 a 242 do CPC/1973.

O conceito de intimação continua sendo o mesmo de antes, qual seja, "é o ato pelo qual se dá ciência a alguém dos atos e dos termos do processo" (art. 269).

25. Intimação do advogado por meio do correio

O novo CPC, no § 1º do art. 269, diz que "é facultado aos advogados promover a intimação do advogado da outra parte por meio do correio, juntando aos autos, a seguir, cópia do ofício de intimação e do aviso de recebimento". Dispositivo sem correspondente no CPC/1973. Essa intimação extrajudicial deverá ser por notificação por meio do cartório de títulos e documentos.

26. O ofício da intimação

O § 2º do art. 269 dispõe que "o ofício de intimação deverá ser instruído com cópia do despacho, da decisão ou da sentença".

27. Intimação das pessoas jurídicas de direito público

Assim como ocorre com a citação das pessoas jurídicas de direito público (§ 3º do art. 242 do novo CPC), a intimação delas será da seguinte maneira, conforme se extrai do § 3º do art. 269 que "a intimação da União, dos Estados, do Distrito Federal, dos Municípios e de suas respectivas autarquias e fundações de direito público será realizada perante o órgão de Advocacia Pública responsável por sua representação judicial".

Na hipótese de o órgão de Advocacia Pública responsável por sua representação judicial tiver mais de uma localização física, admitir-se-á a intimação em qualquer uma delas, sob pena de beneficiar-se, do ponto de vista material e processual, com as dificuldades que cria ao Judiciário e ao cidadão.

28. Intimação por meio eletrônico

O art. 270 do novo CPC estabelece que "as intimações realizam-se, sempre que possível, por meio eletrônico, na forma da lei". Felizmente o seu parágrafo único não cria desigualdades e diz que "aplica-se ao Ministério Público, à Defensoria Pública e à Advocacia Pública o disposto no § 1º do art. 246".

29. Intimação pelo Diário Oficial

O art. 272 reza que, "quando não realizadas por meio eletrônico, consideram-se feitas as intimações pela publicação dos atos no órgão oficial".

30. Intimação da sociedade de advogados

O § 1º do art. 272 autoriza que "os advogados poderão requerer que, na intimação a eles dirigida, figure apenas o nome da sociedade a que pertençam, desde que devidamente registrada na Ordem dos Advogados do Brasil".

Para as grandes sociedades de advogados, trata-se de uma boa inovação, pois elimina a chance de uma intimação sair apenas em nome de um ou mais advogados que não mais integram aquela pessoa jurídica e não representam o cliente à qual a intimação foi dirigida.

31. Requisitos da intimação

Os §§ 2º a 4º do art. 272 regulam os requisitos da intimação.

O § 2º diz que, "sob pena de nulidade, é indispensável que da publicação constem os nomes das partes, de seus advogados, com o respectivo número da inscrição na Ordem dos Advogados do Brasil, ou, se assim requerido, da sociedade de advogados".

O § 3º fala que "a grafia dos nomes das partes não deve conter abreviaturas".

O § 4º exige que "a grafia dos nomes dos advogados deve corresponder ao nome completo e ser a mesma que constar da procuração ou que estiver registrada junto à Ordem dos Advogados do Brasil".

Dispositivos sem equivalentes no CPC/1973.

32. Requisitos da certidão de intimação

O § 1º do art. 275 do novo CPC dispõe que "a certidão de intimação deve conter: I – a indicação do lugar e a descrição da pessoa intimada, mencionando, quando possível, o número de sua carteira de identidade e o órgão que a expediu; II – a declaração de entrega da contrafé; III – a nota de ciente ou a certidão de que o interessado não a apôs no mandado".

33. Intimações que devem ser feitas em nome de um ou mais advogados específicos

O § 5º do art. 272 positiva posicionamento já consagrado dos nossos tribunais. Determina o dispositivo que, "constando dos autos pedido expresso para que as comunicações dos atos processuais sejam feitas em nome dos advogados indicados, o seu desatendimento implicará nulidade". Dispositivo sem equivalente no CPC/1973.

Ressalte-se que não basta que um determinado advogado esteja com seu nome na procuração juntada nos autos e tenha assinado a petição inicial ou a contestação. Para que o § 5º em comento tenha eficácia é imprescindível que haja petição, de preferência só com esse pleito, requerendo que todas as comunicações do processo sejam feitas em seu nome.

É importante registrar que, se as intimações da parte *B* vinham sendo feitas em nome dos advogados *X* e *Y*, e, num dado instante do processo, o advogado *W*, também da parte *B*, peticiona requerendo o disposto no § 5º do art. 272, não significa que, com esse ato processual, ele está querendo que as intimações deixem de sair em nome dos advogados *X* e *Y*. As intimações somente devem deixar de sair em nome de advogados já cadastrados em cinco situações: (i) se eles mesmos requererem; (ii) se os poderes deles decorrem de substabelecimento, com reservas, e o advogado que lhes substabeleceu esses poderes os revoga; (iii) se a sociedade de advogados da qual eles fazem parte cassa os poderes que tinham; (iv) se o próprio cliente, que é outorgante do mandato, revoga os seus poderes; (v) com o protocolo de substabelecimento sem reservas.

34. Intimação e ciência inequívoca de decisões judiciais

O § 6º do art. 272 positiva entendimento jurisprudencial antigo, no qual a ciência inequívoca quanto a uma decisão judicial supre a necessidade de intimação. Dispõe o texto legal que "a retirada dos autos do cartório ou da secretaria em carga pelo advogado, por pessoa credenciada a pedido do advogado ou da sociedade de advogados, pela Advocacia Pública, pela Defensoria Pública ou pelo Ministério Público implicará intimação de qualquer decisão contida no processo retirado, ainda que pendente de publicação". Dispositivo sem equivalente no CPC/1973.

35. Invalidade da intimação

O § 8º do art. 272 reza que "a parte arguirá a nulidade da intimação em capítulo preliminar do próprio ato que lhe caiba praticar, o qual será tido por tempestivo se o vício for reconhecido". O § 9º do art. 272 complementa que, "não sendo possível a prática imediata do ato diante da necessidade de acesso prévio aos autos, a parte limitar-se-á a arguir a nulidade da intimação, caso em que o prazo será contado da intimação da decisão que a reconheça". Dispositivos sem equivalentes no CPC/1973.

Um conselho que pode ser oferecido no momento é que, se possível, deve o advogado praticar o ato processual e não arguir a nulidade. Se perceber que não terá tempo hábil para praticá-lo com zelo e qualidade, deve fazer o melhor possível dentro do prazo que restar e, em preliminar, arguir a invalidade da intimação. Por que é que estamos dando essa sugestão? Porque se o Judiciário entender que não houve nenhum vício na intimação, não ficará a parte prejudicada. A prática do ato processual, desde que com preliminar de invalidade da intimação para a prática do ato em questão, não pode ser vista, pelo magistrado, como preclusão consumativa.

36. Retirada dos autos por preposto

O § 7º do art. 272 informa que "o advogado e a sociedade de advogados deverão requerer o respectivo credenciamento para a retirada de autos por preposto". Dispositivo sem equivalente no CPC/1973.

Não há dúvidas de que qualquer advogado pode ser considerado preposto. Na verdade, a grande dúvida que surgirá, nos primeiros meses de vigência do novo CPC, é saber se esse preposto precisa ou não ser estagiário inscrito nos quadros da OAB. E mais. Se deve ou não ser bacharelando em Direito.

Na nossa opinião, qualquer pessoa, desde que autorizada pelo advogado ou pela sociedade de advogados, pode dar carga nos autos. E a justificativa é bastante simples: retirar os autos do processo da secretaria não é atividade privativa da advocacia. Esse novo dispositivo não fere os dispositivos da Lei n. 8.906/94, especialmente os arts. 1º a 5º.

A inovação ainda exerce uma função social importante. A uma, incentiva a contratação de estagiários que ainda não podem requerer a sua inscrição nos quadros da OAB, pois ainda não estão cursando os últimos dois anos do curso de Direito. A duas, permite que advogados que trabalham sozinhos, e sequer têm estagiários (inscritos ou não nos quadros da OAB), possam enviar um preposto de sua confiança para retirar os autos.

Por fim, outra dúvida que surgirá no início é saber se o credenciamento do preposto precisa ser por meio de autorização devidamente protocolizada nos autos, ou se, apenas munido de autorização por escrito e assinada, pode entregá-la ao serventuário da justiça e, em seguida, após a juntada imediata, dar carga nos autos. A segunda opção, em princípio, nos parece possível, desde que não paire dúvida sobre a autenticidade da autorização, e, ainda, que haja boa vontade dos demais sujeitos do processo.

37. Mudança de endereço durante o trâmite do processo

O parágrafo único do art. 274 do novo CPC dispõe que "presumem-se válidas as intimações dirigidas ao endereço constante dos autos, ainda que não recebidas pessoalmente pelo interessado, se a modificação temporária ou definitiva não tiver sido devidamente comunicada ao juízo, fluindo os prazos a partir da juntada aos autos do comprovante de entrega da correspondência no primitivo endereço". Dispositivo equivalente ao parágrafo único do art. 238 do CPC/1973.

§ 10 – Nulidades

1. Introdução

Inicialmente cumpre registrar que não existe nulidade e nem anulabilidade de pleno direito. Isso porque, tanto uma quanto a outra são sanções para o vício da invalidade, que, por sua vez, só pode ser decretada pelo magistrado.

A matéria está disciplinada pelos arts. 276 a 283 do novo CPC e não apresenta quase nenhuma novidade. No CPC/1973 ficava entre os arts. 243 e 250.

2. Ausência de intimação do MP

O § 2º do art. 279 diz que "a nulidade só pode ser decretada após a intimação do Ministério Público, que se manifestará sobre a existência ou a inexistência de prejuízo". O dispositivo deixa claro que apenas o membro do MP, e mais ninguém, é que tem legitimidade para afirmar se houve ou não prejuízo em face da não participação do órgão como *custos legis*, desde o início do processo, ou de não ter sido intimado de apenas um ou mais atos processuais. Dispositivo sem equivalente no CPC/1973.

§ 11 – Distribuição e registro

1. Introdução

Essa parte encontra-se regulada nos arts. 284 a 290 do novo CPC, equivalente aos arts. 251 a 257 do CPC/1973, e apresenta pouquíssimas modificações.

2. Lista de distribuição

O parágrafo único do art. 285 do novo CPC exige que "a lista de distribuição deverá ser publicada no Diário de Justiça". Dispositivo sem equivalente no CPC/1973.

3. Dos endereços que devem constar da procuração

O art. 287 manda que "a petição inicial deve vir acompanhada de procuração, que conterá os endereços do advogado, eletrônico e não eletrônico". Dispositivo equivalente ao art. 254 do CPC/1973.

4. Hipóteses em que está dispensada a juntada da procuração

O parágrafo único do art. 287 elenca os casos em que não é necessária a juntada da procuração nos autos. São eles: "I – no caso previsto no art. 104; II – se a parte estiver representada pela Defensoria Pública; III – se a representação decorrer diretamente de norma prevista na Constituição Federal ou em lei". Dispositivo equivalente ao art. 254 do CPC/1973.

É claro que se a parte for advogado regularmente inscrito nos quadros da OAB, e estiver advogando em causa própria, está dispensado de juntar procuração. Sobre o tema, confira-se o art. 106 do novo CPC.

5. Cancelamento da distribuição

O art. 290 informa que "será cancelada a distribuição do feito se a parte, intimada na pessoa de seu advogado, não realizar o pagamento das custas e despesas de ingresso em 15 dias". No art. 257 do CPC/1973 esse prazo era de 30 dias.

§ 12 – Valor da causa

1. Introdução

Essa matéria é regulada pelos arts. 291 a 293 do novo CPC. No CPC/1973 podia ser encontrada nos arts. 258 a 261. São muito simples e poucas as alterações.

2. Valor da causa na reconvenção

É necessário atribuir um valor à causa na reconvenção (art. 292).

3. Formas de se calcular o valor da causa

O art. 292 traz, minuciosamente, as formas para se chegar ao valor da causa. Vamos apenas transcrever as hipóteses que não estavam contempladas no CPC/1973 ou que tiveram a sua redação efetivamente aprimorada:

- "na ação de cobrança de dívida, a soma monetariamente corrigida do principal, dos juros de mora vencidos e de outras penalidades, se houver, até a data da propositura da ação" (inciso I). O legislador, inclusive, deixou claro que, em primeiro lugar, corrige-se monetariamente o valor; depois aplicam-se os juros; e por fim insere-se a multa, se houver.
- "quando o litígio tiver por objeto a existência, a validade, o cumprimento, a modificação, a resolução, a resilição ou a rescisão de ato jurídico, o valor do ato ou o de sua parte controvertida" (inciso II). Atenção porque, antiga-

mente, o valor da causa, para situações como essas, era sempre o valor do contrato.

- "na ação indenizatória, inclusive a fundada em dano moral, o valor pretendido" (inciso V). A grande incógnita é saber se o enunciado da Súmula n. 326 do STJ será mantido com a vigência desse novo texto legal.

4. Retificação do valor da causa de ofício pelo juiz

O § 3º do art. 292 acaba com a discussão doutrinária e jurisprudencial sobre a possibilidade de o juiz alterar o valor da causa *ex officio*. O dispositivo afirma que "o juiz corrigirá, de ofício e por arbitramento, o valor da causa quando verificar que não corresponde ao conteúdo patrimonial em discussão ou ao proveito econômico perseguido pelo autor, caso em que se procederá ao recolhimento das custas correspondentes".

5. Impugnação ao valor da causa

De acordo com o art. 293 do novo CPC (similar ao art. 261 do CPC/1973), a impugnação ao valor da causa não é mais realizada por meio de incidente processual, mas, sim, como preliminar na contestação, sob pena de preclusão. Caso o juiz acolha a pretensão do impugnante, determinará que o impugnado complemente as custas. Apesar de não constar do dispositivo a sanção para o caso de descumprimento da ordem de complementação, nos afigura que é a extinção do processo sem resolução de mérito.

V – DA TUTELA PROVISÓRIA

Fugindo à regra metodológica pré-estabelecida para esse livro, na qual destacaríamos apenas as inovações e as supressões legislativas, nessa parte da matéria, haja vista a grande mudança estrutural, bem como a relevância do tema, optamos por detalhar tudo, inclusive aqueles pontos que permanecerão como eram na época do CPC/1973.

§ 1º – Disposições gerais da tutela provisória

1. Introdução sobre a tutela provisória

No Brasil nós estamos acostumados a falar em duas espécies de tutela de urgência, quais sejam, a tutela antecipada e a tutela cautelar. Cada uma delas desempenhava – e continuará desempenhando, conforme veremos a seguir – um papel bem nítido e específico no direito processual civil. A tutela antecipada serve para antecipar os efeitos da sentença, no todo ou em parte, antes de ser proferida. A tutela cautelar é utilizada como forma de garantir o sucesso do processo principal. A tutela antecipada só é cabível no processo de conhecimento. A tutela cautelar poderia assegurar a efetividade do processo de conhecimento e do processo de execução. A tutela antecipada era regulada pelo art. 273 do CPC/1973. A tutela cautelar era um processo autônomo e era disciplinada pelos arts. 796 a 889 do CPC/1973.

O novo CPC alterou bastante esse formato. O Livro V da Parte Geral do novo CPC trata da "tutela provisória". Tutela provisória é aquela que não é definitiva. E o que é a tutela definitiva? É aquela que o jurisdicionado busca quando ingressa em juízo em face de alguma outra pessoa, que pode ser declaratória, constitutiva ou condenatória. A tutela provisória, que é o que nos interessa nesse momento, está regulada entre os arts. 294 a 311 do novo CPC. Resumindo, a tutela provisória é fundada na cognição sumária, isto é, com base em juízo de probabilidade da existência do direito.

A tutela provisória engloba, portanto, a tutela antecipada e a tutela cautelar, em caráter de urgência ou de evidência. As tutelas antecipada e cautelar podem ser concedidas de forma preparatória (o novo CPC usa o vocábulo "antecedente") ou incidental.

2. Fundamentos da tutela provisória

O art. 294 do novo CPC informa que "a tutela provisória pode fundamentar-se em urgência ou evidência".

Quando é que há urgência ou evidência?

Estabelece o art. 300 que "a tutela de urgência será concedida quando houver elementos que evidenciem a probabilidade do direito e o perigo de dano ou o risco ao resultado útil do processo".

Já o art. 311 dispõe sobre a tutela da evidência e diz que ela será concedida independentemente da demonstração de perigo de dano ou de risco ao resultado útil do processo, nos casos elencados nos incisos I a IV.

Adiante voltaremos a falar melhor e separadamente sobre a tutela de urgência e a tutela da evidência.

3. Tutela de urgência antecedente e incidental

Conforme já adiantamos, a tutela de urgência, que é gênero do qual são espécies a tutela antecipada e a tutela cautelar, pode ser requerida e concedida tanto em caráter preparatório quanto em caráter incidental. É o que se extrai do parágrafo único do art. 294 do novo CPC: "a tutela provisória de urgência, cautelar ou antecipada, pode ser concedida em caráter antecedente ou incidental".

4. Provisoriedade da tutela

O art. 296 do novo CPC dispõe que "a tutela provisória conserva sua eficácia na pendência do processo, mas pode, a qualquer tempo, ser revogada ou modificada". E, nos termos do seu parágrafo único, "salvo decisão judicial em contrário, a tutela provisória conservará a eficácia durante o período de suspensão do processo".

Para que o magistrado revogue ou modifique a tutela provisória, é imprescindível que haja alguma modificação de fato ou de direito no processo, e que a parte interessada na modificação faça o requerimento. Caso um ou mais fatos nos quais o juiz se baseou para decidir a tutela provisória sofra alguma alteração capaz de influenciar no processo, deve a parte interessada informá-lo e comprová-lo ao julgador, que, por sua vez, poderá revogar ou modificar a tutela provisória deferida.

No caso de a tutela provisória ter sido indeferida, e surja alguma modificação de fato ou de direito *a posteriori*, pode a parte interessada reiterar o pedido, já que há fatos novos a serem levados em consideração.

Mesmo sem alterações fáticas é possível a modificação da tutela provisória. Para exemplificar, imaginem uma *astreinte* fixada, por dia de descumprimento, que não está surtindo efeito. Pode a parte informar isso ao juiz, requerendo que o valor da multa seja majorado, de modo que a outra parte se sinta, ainda mais, coagida a cumprir a ordem judicial. A modificação pretendida é bastante sutil e pode muito bem ser deferida.

A tutela provisória continua podendo ser concedida na sentença, ou logo antes de ser proferida, assim como ocorria na vigência do CPC/1973.

5. Efetivação da tutela provisória

O art. 297 do novo CPC diz que "o juiz poderá determinar as medidas que considerar adequadas para efetivação da tutela provisória".

Essas medidas podem ser, por exemplo, a multa diária, a multa por ato ou a multa única, a busca e apreensão, a ordem para a remoção do ilícito, o fechamento de uma sociedade empresarial ou simples, a suspensão dos efeitos de um ato já ocorrido, a proibição de se realizar uma assembleia, dentre outras.

O parágrafo único do art. 297 informa que "a efetivação da tutela provisória observará as normas referentes ao cumprimento provisório da sentença, no que couber".

Essas regras estão dispostas nos arts. 520 a 522 do novo CPC. O vocábulo "efetivação" deve ser percebido, no nosso sentir, como a tentativa de se receber algo proveniente do deferimento da tutela provisória, mas, nem sempre, para se obter o efeito prático da tutela provisória concedida, será preciso ater-se às regras atinentes ao cumprimento provisório da sentença. Um exemplo disso se dá quando um juiz ordena, liminarmente, que um plano de saúde autorize a realização de um procedimento cirúrgico urgente, sob pena de multa diária. Para a realização da cirurgia, não será necessário valer-se das regras dos arts. 520 a 522, contudo, se a operadora de plano de saúde demorou para autorizar, e o autor quiser executar o valor da multa, deverá se valer das normas já mencionadas.

6. Fundamentação da decisão que conceder, negar, modificar ou revogar a tutela provisória

O art. 298 do novo CPC dispõe que "na decisão que conceder, negar, modificar ou revogar a tutela provisória, o juiz justificará as razões de seu convencimento de modo claro e preciso".

Na verdade, diante do disposto no inciso IX do art. 93 da CF/88, seria desnecessária a existência desse dispositivo legal, entretanto, haja vista o alto número de decisões interlocutórias sem qualquer fundamento, é bem-vinda essa regra, que possui redação similar à do § 1º do art. 273 do CPC/1973.

Nunca nos cansamos de mencionar um caso no qual advogamos em que a juíza fixou os alimentos provisórios, em valor elevado, somente com essas palavras: "Fixo os alimentos provisórios em 10,75 (dez vírgula setenta e cinco) salários mínimos para cada Autor, devidos mensalmente, a partir da citação". Nada mais que isso. Uma vergonha! Um absurdo!

Portanto, diante dos textos constitucional e legal, é inválida a decisão sem fundamentação, que deverá ser clara e precisa.

7. Competência para apreciar o pedido de tutela provisória em primeira instância

O art. 299 do novo CPC fala que "a tutela provisória será requerida ao juízo da causa e, quando antecedente, ao juízo competente para conhecer do pedido principal".

A parte deverá observar, destarte, as regras sobre competência da comarca ou seção onde pretende ajuizar a sua demanda. Se a ação principal for de natureza contratual ou de responsabilidade civil, a tutela provisória antecedente deverá ser direcionada a uma das varas cíveis. Se a ação principal for de extinção de união estável, a tutela provisória será requerida a um dos juízos de família. E assim por diante.

8. Competência para apreciar o pedido de tutela provisória nas ações de competência originária

O parágrafo único do art. 299 explicita que, "ressalvada disposição especial, na ação de competência originária de tribunal e nos recursos a tutela provisória será requerida ao órgão jurisdicional competente para apreciar o mérito".

Não obstante a clareza da norma, temos que há um ponto que deve ser aclarado.

O dispositivo tem aplicação quando o processo for de competência originária, ou, então, se estiver na fase recursal. A nosso ver, quando se diz "e nos recursos", significa que, interposto o recurso na primeira instância, o tribunal já tem competência para apreciar o pedido de tutela provisória, assim como ocorria nos tempos em que o parágrafo único do art. 800 do CPC/1973 estava vigente.

9. Tutela incidental e custas

O art. 295 do novo CPC deixa claro que "a tutela provisória requerida em caráter incidental independe do pagamento de custas". Caso alguma lei estadual vier a dispor de maneira diferente dessa, certamente será inconstitucional.

10. Recurso cabível

O art. 1.015, I, do novo CPC estabelece que "cabe agravo de instrumento contra as decisões interlocutórias que versarem sobre tutela provisória". No CPC/1973 não há dispositivo correspondente, muito embora, na prática, as partes se valiam do art. 522 para agravar contra as decisões que concediam tutelas antecipada e cautelar.

O § 5º do art. 1.013 do novo CPC reza que "o capítulo da sentença que confirma, concede ou revoga a tutela provisória é impugnável na apelação". Não há dispositivo correspondente no CPC/1973. Essa regra acaba com a discussão sobre o que fazer quando a tutela de urgência recebesse tratamento relevante na sentença. Está claro que o meio de impugnar é a apelação. Havendo alguma urgência, basta que se provoque o tribunal após a interposição desse recurso.

É preciso que as pessoas se atentem para o fato de que, ao se conceder a tutela provisória na sentença, ou simplesmente confirmando-a na sentença, a apelação somente será recebida no efeito devolutivo (art. 1.012, V, do novo CPC).

§ 2º – Disposições gerais da tutela de urgência

1. Introdução

Reiterando o que já foi dito, a tutela provisória de urgência pode ser dividida em duas espécies distintas: a de natureza antecipatória e a de natureza cautelar. Dito isso, nada impede que continuemos nos valendo das antigas terminologias tutela antecipada e tutela cautelar.

Outro ponto de suma relevância para se trabalhar corretamente com a tutela provisória de urgência é compreender que ela tem duas naturezas (antecipatória e cautelar), e, se porventura a parte referir-se a uma delas (por exemplo, a cautelar) na sua petição, e o juiz entender que o caso é digno de tutela de urgência antecipatória, deverá concedê-la se os requisitos estiverem presentes. Nem seria o caso de se falar em fungibilidade, como no antigo § 7º do art. 273 do CPC/1973, pois a tutela provisória de urgência é una. De todo modo, o legislador foi cuidadoso e, no parágrafo único do art. 305, do novo CPC, determinou que "caso entenda que o pedido a que se refere o *caput* tem natureza antecipada, o juiz observará o disposto no art. 303". O art. 301 cuida do procedimento da tutela antecipada requerida em caráter antecedente. Os positivistas certamente ficarão contentes em saber da existência desse dispositivo versando sobre a fungibilidade da tutela de urgência.

2. Requisitos

Os requisitos para a concessão da tutela de urgência, seja ela antecipatória ou cautelar, em caráter preparatório ou incidental, estão no art. 300 do novo CPC: "a tutela de urgência será concedida quando houver elementos que evidenciem a probabilidade do direito e o perigo de dano ou o risco ao resultado útil do processo".

São dois velhos pressupostos do conhecimento de todos. Não vemos problema algum em afirmar que "a probabilidade do direito" seria o *fumus boni iuris*, e que "o perigo de dano ou o risco ao resultado útil do processo" seria o *periculum in mora*. Nunca fomos favoráveis à antiga tendência em se distinguir os requisitos das tutelas antecipada e cautelar na era do CPC/1973.

Desse modo, estando presentes os dois requisitos descritos pelo art. 300, que, obviamente, são cumulativos, é dever do magistrado conceder a tutela provisória de urgência.

Lembramos que ainda há um requisito, de cunho negativo, que não pode estar presente, que é a irreversibilidade do provimento, mas isso só vale se a tutela de urgência pleiteada tiver natureza antecipatória, nos termos do § 3º do art. 300. Para a tutela de urgência de natureza cautelar não há essa exigência.

3. Exigência de caução

O § 1º do art. 300 informa que "para a concessão da tutela de urgência, o juiz pode, conforme o caso, exigir caução real ou fidejussória idônea para ressarcir os danos que a outra parte possa vir a sofrer, podendo a caução ser dispensada se a parte economicamente hipossuficiente não puder oferecê-la".

A contracautela não é novidade no nosso ordenamento jurídico e poderá ser exigida pelo juiz como forma de garantir que o réu será ressarcido em caso de derrota do autor e aquele venha a sofrer prejuízos e os prove nos autos do processo. A caução pode se dar com bens imóveis, móveis, dinheiro, fiança etc.

Essa contracautela, portanto, poderá ser exigida, pelo juiz, de ofício ou após provocação, que a parte requerente da tutela de urgência, seja qual for a sua natureza, preste caução real ou fidejussória, suficiente e idônea.

A suficiência da contracautela deverá ser estimada pelo magistrado, uma vez que o legislador não atrelou o seu valor ao montante do débito, mas, sim, ao ressarcimento dos danos que a outra parte possa vir a ter. Apesar de o dispositivo não se referir expressamente à suficiência da caução prestada, temos que ela é uma decorrência lógica da idoneidade e da razão de ser da caução.

A idoneidade da caução ficará, claro, a cargo do arbítrio do juiz, que poderá rejeitá-la por meio de decisão fundamentada.

4. Concessão liminarmente ou após justificação prévia

O § 2º do art. 300 reza que "a tutela de urgência pode ser concedida liminarmente ou após justificação prévia".

O vocábulo "liminarmente" deveria significar, a nosso ver, "antes de a sentença ser proferida", no entanto, na prática, tem sido sinônimo de "no início do processo e sem ouvir a parte contrária". Há quem entenda que "liminar" só pode significar "decisão proferida no início do processo".

No novo CPC, parece-nos que a palavra "liminarmente" significa, ao mesmo tempo, "*inaudita altera pars*" e "a qualquer momento". E por que chegamos a essa conclusão? Primeiro porque "liminarmente" aparece, no § 2º do art. 300, se contrapondo a "justificação prévia". Isso nos dá a ideia de *inaudita altera pars*. Segundo porque ela pode ser concedida a qualquer momento do processo, seja liminarmente, seja após justificação prévia. Esse é, portanto, o nosso arremate.

5. Irreversibilidade da tutela de natureza antecipada

O § 3º do art. 300 diz que "a tutela de urgência, de natureza antecipada, não será concedida quando houver perigo de irreversibilidade dos efeitos da decisão".

Esse requisito, de cunho negativo, já existia no § 2º do art. 273 do CPC/1973. O juiz, por exemplo, não concederá a tutela provisória de natureza antecipada, para demolir uma casa tombada, numa ação cujo objeto seja, única e tão somente, o de se decretar a invalidade do tombamento.

Observe-se que essa restrição só vale para a tutela de urgência de natureza antecipada, e, não, para a de natureza cautelar.

6. Das várias formas de efetivação da tutela de natureza cautelar

Nós todos estamos acostumados com o Livro III do CPC/1973, no qual há quase 100 dispositivos regulando o processo cautelar. Nele nós víamos diversas modalidades de medidas cautelares, que chamávamos de típicas, só porque estavam descritas na lei processual e com procedimento próprio. Existiam, também, as medidas cautelares inominadas, que eram concedidas graças ao poder geral de cautela constante do art. 798 do CPC/1973. Bom, tudo isso mudou. Nada disso existe mais. No entanto, esse conhecimento não evaporará, e nos auxiliará a melhor laborar com a nova e cunhada tutela de urgência de natureza cautelar.

Dispõe o art. 301 do novo CPC que "a tutela urgente de natureza cautelar pode ser efetivada mediante arresto, sequestro, arrolamento de bens, registro de protesto contra alienação de bem e qualquer outra medida idônea para asseguração do direito".

Em primeiro lugar, não consideramos que essas poucas espécies de medidas cautelares elencadas possam vir a ser chamadas de típicas e, todas as demais, de atípicas. Cremos que essa é uma classificação doutrinária que não tem mais lugar.

E, em segundo lugar, por "qualquer outra medida idônea para asseguração do direito", entenda-se, qualquer outra medida, de natureza cautelar, que sirva para resguardar e assegurar o sucesso do processo, seja na sua fase de conhecimento, na sua fase de liquidação, na sua fase de cumprimento de sentença e, claro, no processo de execução.

7. Reparação dos danos em razão da efetivação da tutela de urgência

O art. 302 do novo CPC estabelece que, "independentemente da reparação por dano processual, a parte responde pelo prejuízo que a efetivação da tutela de urgência causar à parte adversa, se: I – a sentença lhe for desfavorável; II – obtida liminarmente a tutela em caráter antecedente, não fornecer os meios necessários para a citação do requerido no prazo de cinco dias; III – ocorrer a cessação da eficácia da medida em qualquer hipótese legal; IV – o juiz acolher a alegação de decadência ou prescrição da pretensão do autor". O seu parágrafo único estatui que "a indenização será liquidada nos autos em que a medida tiver sido concedida, sempre que possível".

8. Pedido incontroverso e tutela de urgência

Na época do CPC/1973, o § 6º do art. 273 dispunha que "a tutela antecipada também poderá ser concedida quando um ou mais dos pedidos cumulados, ou parcela deles, mostrar-se incontroverso".

Essa situação jurídica deixa de ser passível de ser tutelada por meio de tutela de urgência antecipada, contudo, pode ser objeto de julgamento antecipado parcial do mérito, comumente chamado de sentença parcial pela doutrina, conforme se extrai do disposto no art. 356, I, do novo CPC.

§ 3º – Procedimento da tutela antecipada requerida em caráter antecedente

1. Introdução

Nessa parte estudaremos o procedimento da tutela de urgência, de natureza antecipada, que é requerida de forma preparatória, ou, como prefere o novo CPC, de forma antecedente.

2. Requisitos da petição inicial

O art. 303 do novo CPC diz que "nos casos em que a urgência for contemporânea à propositura da ação, a petição inicial pode limitar-se ao requerimento da tutela antecipada e à indicação do pedido de tutela final, com a exposição da lide, do direito que se busca realizar e do perigo de dano ou do risco ao resultado útil do processo".

Certamente haverá discussão sobre a necessidade ou não de se demonstrar, em sede de medida antecipatória preparatória, a existência do *fumus boni iuris*, uma vez que, no *caput* do dispositivo em comento, não se fala nada sobre isso e, não bastasse, resta claro que é imprescindível a comprovação do *periculum in mora*. Se não fosse pelo disposto no art. 300 do novo CPC, afirmaríamos, com toda certeza, que aquele requisito é despiciendo. Dito isso, na nossa opinião, o art. 301 não pode ser aplicado separadamente, sem levar em consideração o art. 300, logo, tanto o *fumus boni iuris* quanto o *periculum in mora* devem ser demonstrados de plano e analisados, por meio de cognição sumária, pelo juiz da causa.

Numa ação de um consumidor contra uma operadora de plano de saúde, é vital que o autor comprove, de alguma forma, que pertence aos quadros da ré. Essa prova, juntamente com o pedido do médico para a realização de cirurgia com urgência, podem ser vistos como o *fumus boni iuris*. Ora, como é que o magistrado iria ordenar que a cirurgia fosse autorizada pela ré, se o autor não consegue provar que faz parte daquele plano de saúde?

3. Do dever de aditar a petição inicial após a concessão da liminar

Vejam o que dispõem os vários parágrafos do art. 303 do novo CPC:

> "§ 1º Concedida a tutela antecipada a que se refere o *caput* deste artigo:
>
> I – o autor deverá aditar a petição inicial, com a complementação de sua argumentação, a juntada de novos documentos e a confirmação do pedido de tutela final, em 15 dias ou em outro prazo maior que o juiz fixar;
>
> II – o réu será citado e intimado para a audiência de conciliação ou de mediação na forma do art. 334;
>
> III – não havendo autocomposição, o prazo para contestação será contado na forma do art. 335.
>
> § 2º Não realizado o aditamento a que se refere o inciso I do § 1º deste artigo, o processo será extinto sem resolução do mérito.
>
> § 3º O aditamento a que se refere o inciso I do § 1º deste artigo dar-se-á nos mesmos autos, sem incidência de novas custas processuais.
>
> § 4º Na petição inicial a que se refere o *caput* deste artigo, o autor terá de indicar o valor da causa, que deve levar em consideração o pedido de tutela final.

> § 5º O autor indicará na petição inicial, ainda, que pretende valer-se do benefício previsto no *caput* deste artigo".

Nós todos estamos muito acostumados ao processo cautelar preparatório do CPC/1973, mas ninguém está habituado, por razões óbvias, a um "procedimento de tutela de urgência antecipatória de caráter preparatório". Assim como no processo cautelar preparatório do CPC/1973 (arts. 806 e 808, II), a parte tinha que ajuizar o processo principal em 30 dias, e no novo CPC também há essa mesma obrigação (art. 308), tem-se que, no procedimento de tutela antecipada antecedente, o autor deverá tomar algumas providências (art. 303, § 1º, I), sob pena de o processo ser extinto sem resolução do mérito (§ 2º do art. 303). O prazo para o aditamento da exordial é de 15 dias, ou outro maior fixado pelo juiz. Esse aditamento será feito nos próprios autos, sendo necessário atribuir, à causa, um valor.

O enigmático (ou desnecessário) § 5º do art. 303 determina que o autor deverá indicar, na petição inicial, que pretende valer-se do benefício previsto no *caput* deste artigo. Por quê? Qual benefício? Seria o da antecipação da tutela? Ou, de fato, na tutela de urgência antecipada antecedente está dispensada a comprovação do *fumus boni iuris*? Ou, pior ainda, será que o legislador deixou para tratar, no último parágrafo do art. 303, de um requisito da exordial, antes de seu aditamento? Porque se for isso mesmo, em observância da boa técnica legislativa, não deveria este comando estar descrito no primeiro parágrafo? Um fato é certo: doutrina e jurisprudência deverão ficar atentas a esse dispositivo legal.

4. Do indeferimento da tutela pretendida

Segundo o § 6º do art. 303 do novo CPC, "caso entenda que não há elementos para a concessão da tutela antecipada, o órgão jurisdicional determinará a emenda da petição inicial, em até cinco dias. Não sendo emendada neste prazo, a petição inicial será indeferida e o processo, extinto sem resolução de mérito".

Parece-nos certo que a extinção desse procedimento de tutela de urgência preparatório não obsta a que a parte ajuíze a ação principal e requeira a mesma tutela provisória, só que, desta vez, em caráter incidental. Este § 6º só se aplica quando a tutela de urgência antecipada for antecedente.

Nem o § 6º, e nem outro dispositivo do novo CPC, regularam a hipótese de a exordial ter sido emendada e, ainda assim, o juiz continuar convencido de que não há elementos para a concessão da tutela antecipada. Parece-nos razoável asseverar que, nesse caso, deverá o juiz, por sentença, extinguir o processo sem resolução de mérito.

5. Da estabilidade da tutela antecipada

Demorou, mas a estabilização da tutela antecipada chegou. Esperamos que essa inovação consiga imprimir maior celeridade aos processos e que a tão falada justiça morosa e tardia passe a ser rápida e eficiente.

Atenção porque houve uma grande mudança de paradigmas. A concessão da tutela antecipada pode encerrar um processo. Este, por sua vez, mesmo depois de extinto e arquivado, pode ser reativado e voltar a tramitar normalmente.

Antes de iniciarmos nossas explicações, vejamos o que diz o art. 304, e seus parágrafos, no novo CPC:

> "Art. 304. A tutela antecipada, concedida nos termos do art. 303, torna-se estável se da decisão que a conceder não for interposto o respectivo recurso.
>
> § 1º No caso previsto no *caput*, o processo será extinto.
>
> § 2º Qualquer das partes poderá demandar a outra com o intuito de rever, reformar ou invalidar a tutela antecipada estabilizada nos termos do *caput*.
>
> § 3º A tutela antecipada conservará seus efeitos enquanto não revista, reformada ou invalidada por decisão de mérito proferida na ação de que trata o § 2º.
>
> § 4º Qualquer das partes poderá requerer o desarquivamento dos autos em que foi concedida a medida, para instruir a petição inicial da ação a que se refere o § 2º, prevento o juízo em que a tutela antecipada foi concedida.
>
> § 5º O direito de rever, reformar ou invalidar a tutela antecipada, previsto no § 2º deste artigo, extingue-se após dois anos, contados da ciência da decisão que extinguiu o processo, nos termos do § 1º.
>
> § 6º A decisão que concede a tutela não fará coisa julgada, mas a estabilidade dos respectivos efeitos só será afastada por decisão que a revir, reformar ou invalidar, proferida em ação ajuizada por uma das partes, nos termos do § 2º deste artigo.

Vamos tentar, agora, destrinchar esse novo comando legal. Para facilitar e ser mais didático, exporemos nossas ideias em forma de tópicos.

1. Se a tutela antecipada concedida for total, e o réu, citado, não agravar da decisão no prazo de 15 dias, contados da juntada nos autos da juntada do aviso de recebimento ou do mandado cumprido, a decisão, que era apenas momentânea, torna-se, automaticamente, estável. Observe-se que estável não significa, necessariamente, definitiva. Estável é um adjetivo que nos dá a conotação de algo que é firme, inalterável ou invariável. Mas esse estado de estabilidade pode mudar, conforme veremos adiante. Enfim, se não for interposto o respectivo recurso, conforme diz o *caput* do art. 304, o processo será extinto, nos termos do seu § 1º.
2. Essa regra da estabilização da tutela antecipada só se aplica nos casos em que ela for requerida em caráter antecedente, isto é, preparatório.
3. Se a tutela antecipada de caráter antecedente for concedida apenas parcialmente, parece-nos que não será possível aplicar a categoria jurídica em co-

mento, salvo se o autor desistir, expressamente, da parte que foi indeferida, e o réu, intimado dessa desistência, não interpuser o respectivo recurso.

4. O dispositivo incentiva o uso do agravo de instrumento, na medida em que o único caminho para o réu, que não concordar com a tutela antecipada deferida, é exatamente o de interpor o respectivo recurso. Por que ele não pode simplesmente contestar? Imagine-se que um consumidor inicia um procedimento de tutela antecipada antecedente com o único objetivo de que o seu nome seja retirado do SPC e do SERASA, pois considera que a negativação foi indevida. O juiz defere o pedido e ordena a citação do réu. Pode ser que ele não queira recorrer, no entanto, pensará duas vezes antes de quedar-se inerte, pois, essa sua inércia, aos olhos do Judiciário, pode significar o reconhecimento de que praticou ato ilícito, facilitando, assim, o caminho para a reparação dos danos morais que esse consumidor poderá pleitear, em ação própria, no futuro.
5. Caso o procedimento de tutela antecipada antecedente seja de competência originária, o incentivo é para o uso do agravo interno (art. 1.021 do novo CPC).
6. E por falar em "respectivo recurso" (expressão do *caput* do art. 304), deve ser o agravo de instrumento ou poderia ser, também, os embargos de declaração? A nosso ver, os aclaratórios são viáveis, no entanto, ao utilizar o vocábulo "respectivo", próximo à palavra "recurso", nos afigura que o legislador não estava se referindo a esse recurso. Ratificando, os embargos de declaração são cabíveis, porém, deve-se entender por "respectivo recurso" aquele que, por lei, serve para atacar a decisão judicial em questão. Apesar do disposto no § 5º do art. 1.013, o recurso cabível contra a decisão que concede a tutela antecipada preparatória liminarmente é mesmo o agravo de instrumento.
7. Em caso de indeferimento da tutela antecipada preparatória, não há de se falar em sua estabilização e nem na aplicação do art. 304.
8. Repetindo, se o réu não agravar da decisão que concedeu a antecipação da tutela antecedente, o processo será imediatamente arquivado.
9. Enquanto não revista, reformada ou invalidada, a tutela concedida conserva os seus efeitos. E como deve proceder a parte (autor ou réu) que quiser modificar, de alguma forma, a tutela antecipada preparatória com seus efeitos já estabilizados? Deve ajuizar uma ação com esse propósito, no prazo máximo de dois anos, sendo lícito o pedido de desarquivamento dos autos para instruir a ação. Esse prazo é decadencial, logo, em regra, não se interrompe e nem se suspende. O juízo que deferiu a tutela antecipada é prevento para o julgamento dessa ação. Para os que aficionado em dar nomes às ações, sugiro o seguinte: ação revisional de tutela antecipada antecedente estabilizada.

10. A decisão que concede a tutela antecipada antecedente não fará coisa julgada. Seus efeitos, no entanto, estarão estabilizados até que surja a ação do § 2º do art. 304. Se a ação não for proposta no prazo de dois anos, então, aí sim, poderemos falar em coisa julgada.
11. Por falar em coisa julgada, consideramos incabível a ação rescisória após o escoamento do prazo de dois anos da ação do § 2º do art. 304, sob pena de se pretender, por via oblíqua, buscar um direito que já caducou.

Um problema que exsurgirá com essa possibilidade de se estabilizar a decisão concedida em sede de tutela de urgência antecipatória em caráter preparatório será o retorno da velha discussão do que seja tutela antecipada e tutela cautelar. Imagine-se a parte que ajuíza uma ação com base nos arts. 303 e 304 do novo CPC, mas, na verdade, o seu pleito possui natureza cautelar, logo, deveria ter sido manejada a ação do art. 305 do novo CPC. É claro que o juiz deve aplicar a fungibilidade e receber a ação com fulcro no art. 305, contudo, o juiz pode não perceber esse equívoco, ou, ainda, ter entendimento igual ao do autor da demanda, e, nesse caso, autorizará o processamento com amparo nos arts. 303 e 304. É claro que a saída será agravar da decisão, porém, o que queríamos apontar é para o fato de como essa discussão, que pareceria estar superada, pode voltar à tona rapidamente.

§ 4º – Procedimento da tutela cautelar requerida em caráter antecedente

1. Introdução

Nessa parte estudaremos o procedimento da tutela de urgência, de natureza cautelar, que é requerida de forma preparatória, ou, como prefere o novo CPC, de forma antecedente.

2. Requisitos da petição inicial

O art. 305 do novo CPC reza que "a petição inicial da ação que visa à prestação de tutela cautelar em caráter antecedente indicará a lide, seu fundamento e a exposição sumária do direito que se objetiva assegurar, e o perigo de dano ou o risco ao resultado útil do processo".

Certamente haverá discussão sobre a necessidade ou não de se demonstrar, em sede de medida cautelar preparatória, a existência do *fumus boni iuris*, uma vez que, no *caput* do dispositivo em comento, não se fala nada sobre isso e, não bastasse, resta claro que é imprescindível a comprovação do *periculum in mora*. Se não fosse pelo disposto no art. 300 do novo CPC, afirmaríamos, com toda certeza, que aquele requisito é despiciendo. Dito isso, na nossa opinião, o art. 303 não pode ser aplicado separadamente, sem levar em consideração o art. 300, logo, tanto o *fumus boni iuris* quanto o *periculum in mora* devem ser demonstrados de plano e analisados, por meio de cognição sumária, pelo juiz da causa.

3. Fungibilidade na tutela de urgência

Conforme já tivemos a oportunidade de explicar, como a tutela de urgência é uma só, mas apenas com a possibilidade de ter caráter antecipatório ou cautelar, cujos requisitos são os mesmos, é de todo desnecessário discutir o que fazer se a parte requer tutela antecipada, e o juiz entende que é caso de tutela cautelar, e vice-versa.

Com efeito, para não dar margem para dúvidas, o legislador estabeleceu no parágrafo único do art. 305 do novo CPC que, "caso entenda que o pedido a que se refere o *caput* tem natureza antecipada, o juiz observará o disposto no art. 303". O art. 303, por sua vez, cuida do procedimento para a concessão de tutela antecipada preparatória. Em outras palavras, para os positivistas, está aqui a base legal da fungibilidade de meios na tutela de urgência.

4. Citação, contestação e provas

O art. 306 diz que "o réu será citado para, no prazo de cinco dias, contestar o pedido e indicar as provas que pretende produzir". Esse prazo é contado da juntada nos autos do aviso de recebimento ou do mandado cumprido.

5. Ausência de contestação

O art. 307 dispõe que, "não sendo contestado o pedido, os fatos alegados pelo autor presumir-se-ão aceitos pelo réu como ocorridos, caso em que o juiz decidirá dentro de cinco dias".

6. Procedimento aplicável

O parágrafo único do art. 307 informa que, "contestado o pedido no prazo legal, observar-se-á o procedimento comum". O procedimento comum está regulado pelos arts. 318 e seguintes.

7. Da apresentação do pedido principal após a efetivação da tutela cautelar

O art. 308 do novo CPC determina que, "efetivada a tutela cautelar, o pedido principal terá de ser formulado pelo autor no prazo de 30 dias. Nesse caso, será apresentado nos mesmos autos em que deduzido o pedido de tutela cautelar, não dependendo do adiantamento de novas custas processuais". Como se vê, a petição na qual está contido o pedido principal não passará pela distribuição, mas, sim, por mero protocolo.

O § 1º do art. 308 complementa que "o pedido principal pode ser formulado conjuntamente com o pedido de tutela cautelar". Nesse caso, parece que o autor não precisaria apresentar o pedido principal novamente.

O § 2º do art. 308 estabelece que "a causa de pedir poderá ser aditada no momento da formulação do pedido principal". Acreditamos que a ideia por detrás dessa permissão decorre do fato de, com a efetivação da medida cautelar, o autor ter acesso a informações, dados e coisas que o auxiliará a formular, com mais precisão e clareza, o pedido principal.

O § 3º do art. 308 reza que, "apresentado o pedido principal, as partes serão intimadas para a audiência de conciliação ou de mediação na forma do art. 334, por seus advogados ou pessoalmente, sem necessidade de nova citação do réu". A expressão "por seus advogados ou pessoalmente" está relacionada à forma da intimação, e, não, a quem deve comparecer à audiência. Sobre a audiência, confiram-se o art. 334 e seus diversos parágrafos.

O § 4º do art. 308 dispõe que, "não havendo autocomposição, o prazo para contestação será contado na forma do art. 335". O prazo da contestação, nesse caso, continua sendo de cinco dias; apenas o termo inicial do prazo é que fica sujeito ao disposto no art. 335.

8. Cessação da eficácia da tutela cautelar preparatória

O art. 309 diz que "cessa a eficácia da tutela concedida em caráter antecedente, se: I – o autor não deduzir o pedido principal no prazo legal; II – não for efetivada dentro de 30 dias; III – o juiz julgar improcedente o pedido principal formulado pelo autor ou extinguir o processo sem resolução de mérito".

Importa registrar que, segundo o parágrafo único do mesmo dispositivo, "se por qualquer motivo cessar a eficácia da tutela cautelar, é vedado à parte renovar o pedido, salvo sob novo fundamento".

9. Independência relativa entre a tutela cautelar e a tutela definitiva

O art. 310 determina que "o indeferimento da tutela cautelar não obsta a que a parte formule o pedido principal, nem influi no julgamento desse, salvo se o motivo do indeferimento for o reconhecimento de decadência ou de prescrição".

§ 5º – Tutela da evidência

A tutela da evidência, nada mais é, do que a tutela de urgência sem que seja necessária a demonstração do *periculum in mora*, mas desde que, pelo menos uma das hipóteses elencadas no art. 311 do novo CPC, estejam ocorrendo no processo. Veja a redação do único dispositivo que cuida da tutela da evidência:

> "Art. 311. A tutela da evidência será concedida, independentemente da demonstração de perigo de dano ou de risco ao resultado útil do processo, quando:
>
> I – ficar caracterizado o abuso do direito de defesa ou o manifesto propósito protelatório da parte;
>
> II – as alegações de fato puderem ser comprovadas apenas documentalmente e houver tese firmada em julgamento de casos repetitivos ou em súmula vinculante;
>
> III – se tratar de pedido reipersecutório fundado em prova documental adequada do contrato de depósito, caso em que será decretada a ordem de entrega do objeto custodiado, sob cominação de multa;
>
> IV – a petição inicial for instruída com prova documental suficiente dos fatos constitutivos do direito do autor, a que o réu não oponha prova capaz de gerar dúvida razoável.
>
> Parágrafo único. Nas hipóteses dos incisos II e III, o juiz poderá decidir liminarmente".

A palavra "liminarmente", constante do parágrafo único, quer dizer *inaudita altera pars*. Isso porque, nas situações previstas nos incisos I e IV, só será possível que elas ocorram após a integração do contraditório e com a apresentação da contestação pelo réu.

Portanto, para que o magistrado possa conceder a tutela da evidência, existem dois requisitos. O primeiro é a necessidade de que uma das hipóteses descritas nos incisos I a IV estejam ocorrendo. O segundo é a imprescindibilidade de que o autor demonstre o seu *fumus boni iuris*. Estando presentes esses dois pressupostos, o magistrado fica obrigado a deferir a tutela provisória da evidência.

Lembremos que se aplica à tutela da evidência o disposto nos arts. 294 a 299 do novo CPC, sobre os quais já nos debruçamos nesse livro.

VI – FORMAÇÃO, SUSPENSÃO E EXTINÇÃO DO PROCESSO

§ 1º – Formação do processo

O art. 312 do novo CPC nos diz a partir de qual momento pode-se considerar proposta a ação: "considera-se proposta a ação quando a petição inicial for protocolada. A propositura da ação, todavia, só produz quanto ao réu os efeitos mencionados no art. 240 depois que for validamente citado". Esse dispositivo é equivalente ao art. 263 do CPC/1973.

Talvez o legislador tenha preferido utilizar o vocábulo "protocolada" ao invés de "distribuída" porque considera que a parte efetua o protocolo da exordial e, ato contínuo, dentro das dependências do Judiciário, distribui-se a petição inicial, sem que o autor esteja presente; talvez nem no mesmo dia.

§ 2º – Suspensão do processo

1. Introdução

A suspensão do processo está regulada pelos arts. 313 a 315 do novo CPC. Os dispositivos são bem parecidos com os arts. 265, 266, 110 e 111 do CPC/1973.

2. Causas de suspensão do processo

As causas de suspensão do processo estão elencadas no art. 313.

São novas causas de suspensão os incisos IV e VII, que dispõem, respectivamente: "pela admissão de incidente de resolução de demandas repetitivas" e "quando se discutir em juízo questão decorrente de acidentes e fatos da navegação da competência do tribunal marítimo". O incidente a que faz alusão o inciso IV do art. 313 é regulado pelos arts. 976 a 987 do novo CPC. O comércio marítimo é regido principalmente pelo Código Comercial (arts. 457 a 796) e o tribunal marítimo é disciplinado pela Lei n. 2.180/54.

A sentença de mérito que tiver por pressuposto o julgamento de questão de estado incidentalmente ao processo, requerido como declaração incidente (art. 265, IV, *c*, do CPC/1973) não consta do rol do art. 313.

3. Consequências em razão da ocorrência de alguma das causas suspensivas

Se ocorrer a morte ou a perda da capacidade processual de qualquer das partes, de seu representante legal ou de seu procurador, diz o § 1º do art. 313 que "o juiz suspenderá o processo, nos termos do art. 689". O art. 689, por sua vez, dispõe que "proceder-se-á à habilitação nos autos da causa principal e na instância em que ela se encontrar, suspendendo-se, a partir de então, o processo". Esse procedimento especial de habilitação encontra-se regulado pelos arts. 687 a 692 do novo CPC. O § 2º do art. 313 informa que, "não ajuizada ação de habilitação, ao tomar conhecimento da morte, o juiz determinará a suspensão do processo e observará o seguinte: I – falecido o réu, ordenará a intimação do autor para que promova a citação do respectivo espólio, de quem for o sucessor ou, se for o caso, dos herdeiros, no prazo que designar, de no mínimo dois e no máximo seis meses; II – falecido o autor e sendo transmissível o direito em litígio, determinará a intimação de seu espólio, de quem for o sucessor ou, se for o caso, dos herdeiros, pelos meios de divulgação que reputar mais adequados, para que manifestem interesse na sucessão processual e promovam a respectiva habilitação no prazo designado, sob pena de extinção do processo sem resolução de mérito".

O § 3º do art. 313 versa especificamente sobre a morte do procurador da parte: "no caso de morte do procurador de qualquer das partes, ainda que iniciada a audiência de instrução e julgamento, o juiz determinará que a parte constitua novo mandatário, no prazo de 15 dias, ao final do qual extinguirá o processo sem resolução de mérito, se o autor não nomear novo mandatário, ou ordenará o prosseguimento do processo à revelia do réu, se falecido o procurador deste". Trata-se de cópia do § 2º do art. 265 do CPC/1973, com a diferença de que houve a redução do prazo de 20 para 15 dias.

O § 4º do art. 313 determina que "o prazo de suspensão do processo nunca poderá exceder um ano nas hipóteses do inciso V, e seis meses naquela prevista no inciso II". O inciso II dispõe sobre a suspensão pela convenção das partes e o inciso V da suspensão por prejudicialidade externa.

4. Suspensão do processo, atos urgentes, impedimento e suspeição

O art. 314 do novo CPC reza que "durante a suspensão é vedado praticar qualquer ato processual; todavia, poderá o juiz determinar a realização de atos urgentes a fim de evitar dano irreparável, salvo no caso de arguição de impedimento e suspeição". O dispositivo em comento é cópia do art. 266 do CPC/1973. A única mudança é que, no novo CPC, se pender sobre o feito arguição de impedimento e suspeição, não poderá o magistrado sequer atender aos pleitos urgentes. Como nenhuma lesão ou ameaça a direito pode ficar sem o amparo do Judiciário, a solução, nessas situações, será a de o juiz titular do processo encaminhar os autos ao seu sucessor legal, de modo que ele possa apreciar e despachar a petição urgente protocolizada. Se o pedido for deferido, competirá ao mesmo juízo que despachou tomar as medidas necessárias de modo a efetivar ou executar a tutela de urgência.

5. Da relação e interdependência entre as jurisdições civil e penal

O art. 315 do novo CPC assevera que "se o conhecimento do mérito depender da verificação da existência de fato delituoso, o juiz pode determinar a suspensão do processo até que se pronuncie a justiça criminal". O seu § 1º complementa que "se a ação penal não for proposta no prazo de três meses, contado da intimação do ato de suspensão, cessará o efeito deste, incumbindo ao juiz cível examinar incidentalmente a questão prévia". Por fim o seu § 2º explicita que, "proposta a ação penal, o processo ficará suspenso pelo prazo máximo de um ano, ao final do qual aplicar-se-á o disposto na parte final do § 1º".

O que mudou em relação aos arts. 110 e 111 do CPC/1973? O prazo para o ajuizamento da ação penal aumentou de 30 dias para três meses. E agora há regra expressa no sentido de que essa suspensão não pode passar de um ano.

§ 3º – Extinção do processo

1. Introdução

Nos tempos do CPC/1973, a parte referente à extinção do processo era muito conhecida de todos os profissionais e dos estudantes de Direito, pois era lá que se encontravam dois dos mais utilizados e mencionados dispositivos legais, quais sejam, o art. 267, que tratava das hipóteses em que o processo era extinto sem resolução de mérito, e o art. 269, que elencava as situações nas quais o mérito era resolvido.

No novo CPC, essa parte destinada à extinção do processo só conta com os arts. 316 e 317, e já adiantamos que não têm absolutamente nada a ver com os arts. 267 e 269 do CPC/1973. Aliás, para os que quiserem verificar os equivalentes desses dois dispositivos no novo CPC, basta ler os arts. 485 e 487, e que estão na parte em que a sentença é regulada.

Não há dispositivos correspondentes no CPC/1973.

2. Do tipo de pronunciamento que extingue o processo

O art. 316 reza que "a extinção do processo dar-se-á por sentença". Segue, portanto, a mesma concepção do CPC/1973.

É preciso, no entanto, ler esse texto em consonância com o § 1º do art. 203, que traz o conceito de sentença e nos diz que, "ressalvadas as disposições expressas dos procedimentos especiais, sentença é o pronunciamento por meio do qual o juiz, com fundamento nos arts. 485 e 487, põe fim à fase cognitiva do procedimento comum, bem como extingue a execução".

Assim, apesar de o art. 316 representar a regra geral, há exceções, como é o caso da sentença que julga a primeira fase do procedimento especial de exigir contas. A sentença também encerra a fase cognitiva do procedimento comum, sem, contudo, encerrar o processo.

3. Oportunidade para correção do vício

O art. 317 obriga o magistrado a ser tolerante e a pensar em termos de economia processual. Desse modo, "antes de proferir decisão sem resolução de mérito, o juiz deverá conceder à parte oportunidade para, se possível, corrigir o vício".

Especialmente diante do dever de cooperação entre as partes, expressamente previsto no novo CPC, temos que o magistrado está obrigado a informar, à parte, qual é o ponto que ele entende que está em desconformidade com a lei, de modo que a parte não precisará "brincar de advinha" com o magistrado e nem ir "incomodar" o escrivão no balcão da secretaria da vara.

A discussão, por certo, girará em torno do momento último no qual o juiz tem esse dever. É claro que, no início do processo, é fácil imaginar (e aceitar), uma decisão que não julgue o mérito. Mas o que dizer de uma sentença terminativa, depois de anos de duração do processo? Quais matérias não poderiam ser identificadas no momento do despacho inicial ou do saneamento e da organização do processo? E mais: depois de apresentada a contestação pelo réu, não violaria o princípio da estabilidade da relação processual essa intimação, do autor, para sanar o vício?

Segunda Parte

Processo de Conhecimento

I – DO PROCEDIMENTO COMUM

§ 1º – Considerações iniciais

Inicialmente cumpre destacar que, nos termos do art. 318 do novo CPC, "aplica-se a todas as causas o procedimento comum, salvo disposição em contrário deste Código ou de lei". O seu parágrafo único dispõe ainda que "o procedimento comum se aplica subsidiariamente aos demais procedimentos especiais e ao processo de execução". Como se sabe, há diversos procedimentos especiais nesse Código, bem como na legislação extravagante.

Uma grande modificação já pode ser destacada: acabou o procedimento sumário (arts. 275 a 281 do CPC/1973) e, quanto ao antigo rito ordinário, passa a ser intitulado de procedimento comum.

Parece que não se aplicam as regras seguintes aos procedimentos de jurisdição voluntária, por força dos arts. 318 e 719 do novo CPC.

Aplicam-se os dispositivos seguintes ao cumprimento de sentença, haja vista o disposto no art. 513 combinado com o art. 771, parágrafo único, do novo CPC, e, também, no que couber, à liquidação de sentença, *ex vi* do art. 511 do novo CPC. Ressalte-se que a aplicação do Livro I da Parte Especial só se aplica à execução e ao cumprimento de sentença de forma subsidiária.

§ 2º – Petição inicial

1. Requisitos

O art. 319 do novo CPC, em sete incisos, elenca os requisitos da petição inicial. Todos os pressupostos do antigo art. 282 do CPC/1973 foram mantidos, à exceção do famigerado inciso VII, que, inexplicavelmente, exigia-se algo extremamente óbvio, que era a citação do réu. Vejamos o inteiro teor do *caput*:

> "Art. 319. A petição inicial indicará: I – o juízo a que é dirigida; II – os nomes, os prenomes, o estado civil, a existência de união estável, a profissão, o número

> de inscrição no Cadastro de Pessoas Físicas ou no Cadastro Nacional da Pessoa Jurídica, o endereço eletrônico, o domicílio e a residência do autor e do réu; III – o fato e os fundamentos jurídicos do pedido;
>
> IV – o pedido com as suas especificações; V – o valor da causa; VI – as provas com que o autor pretende demonstrar a verdade dos fatos alegados; VII – a opção do autor pela realização ou não de audiência de conciliação ou de mediação".

A redação de alguns incisos foi aperfeiçoada, passando-se a demandar a presença de alguns requisitos a mais, sendo que, alguns deles, na prática, já vinham sendo informados. Enfim, as duas novidades estão nos incisos II e VII do art. 317.

No inciso II, passa-se a ser necessário informar, além daquelas informações que já eram de praxe, (i) a existência de união estável, (ii) o número no cadastro de pessoas físicas ou no cadastro nacional de pessoas jurídicas, e (iii) o endereço eletrônico do autor.

No tocante ao inciso VII, deve o autor simplesmente mencionar, sem qualquer justificativa, se deseja ou não que seja realizada audiência de conciliação ou de mediação. Caso tenha interesse, seria pertinente que informasse qual das duas formas de autocomposição tem preferência.

É óbvio que as leis estaduais não podem criar novos requisitos para a petição inicial, pois a competência para legislar sobre processo civil é privativa da união (art. 22, I, da CF/88). Leis estaduais, ou até mesmo resoluções/portarias dos tribunais, podem, no entanto, tranquilamente, recomendar ou solicitar, que o autor informe outros dados das partes, de modo a facilitar a prestação jurisdicional. Seriam exemplos disso o número da carteira de identidade e a filiação. Assim, desde que não haja a obrigatoriedade da apresentação dessas informações adicionais na exordial, é perfeitamente possível a existência de recomendações desse jaez.

2. Impossibilidade de indeferimento da exordial por falta de informações no inciso II

Os §§ 1º a 3º do art. 319 do novo CPC discorrem sobre a ausência de uma ou mais informações, dentre aquelas descritas no inciso II do art. 319, e como devem proceder o autor e o juiz, bem como o que este último não está autorizado a fazer.

Inicialmente, "caso não disponha das informações previstas no inciso II, poderá o autor, na petição inicial, requerer ao juiz diligências necessárias a sua obtenção" (§ 1º). Este, por sua vez, deve atender ao requerimento da parte autora.

Com efeito, "a petição inicial não será indeferida se, a despeito da falta de informações a que se refere o inciso II, for possível a citação do réu" (§ 2º). E mais: "a petição inicial não será indeferida, pelo não atendimento ao disposto no inciso II deste artigo, se a obtenção de tais informações tornar impossível ou excessivamente oneroso o acesso à justiça" (§ 3º).

3. Dever do Judiciário em auxiliar o autor a descobrir informações sobre o réu

Esse tópico vem reiterar aquilo que já tivemos a oportunidade de dizer em várias partes desse livro: o juiz deve atender ao requerimento, geralmente do autor, que está tentando encontrar o endereço do réu, bem como bens passíveis de penhora. O pensamento de parte da jurisprudência de que o juiz não está obrigado ou não pode auxiliar a parte nesse mister, *data venia*, é equivocado. O novo CPC não nos desmente, senão, confiram-se os arts. 256, § 3º e 319, § 1º. Isso sem falar no dever de cooperação entre os sujeitos do processo, que está expressamente previsto no art. 6º do novo CPC.

4. Documentos essenciais

Continua sendo imprescindível a juntada dos documentos essenciais já na exordial (art. 320 do novo CPC).

5. Emenda da petição inicial

Segundo o art. 321 do novo CPC, "verificando o juiz que a petição inicial não preenche os requisitos dos arts. 319 e 320 ou que apresenta defeitos e irregularidades capazes de dificultar o julgamento de mérito, determinará que o autor, no prazo de 15 dias, a emende ou a complete, indicando com precisão o que deve ser corrigido ou completado".

Percebam que o prazo aumentou de 10 dias corridos para 15 dias úteis.

Também é imperioso destacar o dever que o juiz passa a ter, agora expressamente (antes era apenas implícito), de que deve informar qual ponto da petição inicial, exatamente, precisa ser corrigido ou completado.

A consequência do descumprimento está no seu parágrafo único, e é a mesma de antigamente: "se o autor não cumprir a diligência, o juiz indeferirá a petição inicial".

6. Considerações iniciais sobre o pedido

O art. 322 do novo CPC diz que o pedido deve ser certo e o art. 324 do novo CPC ressalta que ele deve ser determinado. Os dispositivos, juntos, passam a mesma mensagem do art. 286 do CPC/1973.

7. Pedidos implícitos

O § 1º do art. 322 entende que "compreendem-se no principal os juros legais, a correção monetária e as verbas de sucumbência, inclusive os honorários advocatícios". Trata-se de uma versão melhorada do art. 293 do CPC/1973. Esses honorários aos quais o dispositivo faz alusão são os sucumbenciais, pois, os contratuais, apesar de poderem ser objeto da lide, dependem de pedido expresso e prova nos autos.

8. Interpretação do pedido

O § 2º do art. 322 informa que "a interpretação do pedido considerará o conjunto da postulação e observará o princípio da boa-fé".

É uma boa, mas, ao mesmo tempo, perigosa inovação. De fato, a interpretação *ipsis litteris* do pedido pode trazer injustiças, contudo, uma interpretação condescendente demais é tão injusta, ou mais, que a outra.

Esse dispositivo ajudará, por exemplo, a justificar a tese de que o pedido de dissolução parcial de uma sociedade pode ser provido numa ação em que se pleiteava apenas a sua dissolução total. Posicionamento este, aliás, já consagrado na jurisprudência. Pode, por outro lado, dar azo à interposição de apelações ao argumento de que a sentença seja *extra petita* ou *ultra petita.*

9. Ação que tiver por objeto cumprimento de obrigação em prestações sucessivas

Sem novidades (art. 323 do novo CPC).

10. Pedido genérico

Sem novidades (art. 324, § 1º, do novo CPC).

Na reconvenção será possível a formulação de pedido genérico (art. 324, § 2º, do novo CPC).

11. Pedidos alternativos

Sem novidades (art. 325 do novo CPC).

12. Pedidos sucessivos

Sem novidades (art. 326 do novo CPC). A compatibilidade entre os pedidos, que é uma exigência prevista no inciso I do § 1º do art. 325 não se aplica aos pedidos sucessivos, por força do § 3º do art. 325.

13. Cumulação de pedidos

Sem novidades (art. 327 do novo CPC). Atenção apenas para um aperfeiçoamento de redação que consta de seu § 2º em relação ao § 2º do art. 292 do CPC/1973.

Cuidado, também, com a bem pensada exceção prevista no § 3º do art. 327.

14. Obrigação indivisível

Sem novidades (art. 328 do novo CPC).

15. Estabilização da lide

Os dispositivos que regulavam a estabilização da lide no CPC/1973 eram os arts. 264, *caput* e parágrafo único, e 294.

No novo CPC essa parte está disciplinada apenas pelo art. 329:

> "Art. 329. O autor poderá: I – até a citação, aditar ou alterar o pedido ou a causa de pedir, independentemente de consentimento do réu; II – até o saneamento do processo, aditar ou alterar o pedido e a causa de pedir, com consentimento do réu, assegurado o contraditório mediante a possibilidade de manifestação deste no prazo mínimo de 15 dias, facultado o requerimento de prova suplementar.
>
> Parágrafo único. Aplica-se o disposto neste artigo à reconvenção e à respectiva causa de pedir".

Certamente, a grande discussão que exsurgirá, em torno desse ponto, é se ainda há a proibição para que as partes alterem, após o saneamento, a causa de pedir ou o pedido. Essa vedação existia no parágrafo único do art. 264 do CPC/1973, que, porém, não foi repetida no novo CPC. Apesar da inexistência de proibição clara, seria possível extrair essa vedação do disposto no inciso II do art. 329 do novo CPC? Concluindo, será que houve uma falha do legislador, ou essa omissão foi intencional, haja vista a existência e a possibilidade de se ter um procedimento flexível, atendendo aos anseios das partes?

Fora isso, não há novidades. Atenção apenas para a utilização do vocábulo, "reconvenção", ao invés da expressão, "pedido contraposto", no parágrafo único do art. 329. Lembremos que não existe mais, no novo CPC, a figura do pedido contraposto, que foi abolida juntamente com o rito sumário. Aliás, no CPC/1973 não era claro, mas as regras de estabilização da demanda aplicavam-se, por certo, à reconvenção.

16. Indeferimento da petição inicial

O art. 330 do novo CPC trata dos casos de indeferimento da petição inicial, sendo o equivalente do art. 295 do CPC/1973. Confira-se o seu teor:

> "Art. 330. A petição inicial será indeferida quando: I – for inepta; II – a parte for manifestamente ilegítima; III – o autor carecer de interesse processual; IV – não atendidas as prescrições dos arts. 106 e 321.
>
> § 1º Considera-se inepta a petição inicial quando: I – lhe faltar pedido ou causa de pedir; II – o pedido for indeterminado, ressalvadas as hipóteses legais em que se permite o pedido genérico; III – da narração dos fatos não decorrer logicamente a conclusão; IV – contiver pedidos incompatíveis entre si.
>
> § 2º Nas ações que tenham por objeto a revisão de obrigação decorrente de empréstimo, de financiamento ou de alienação de bens, o autor terá de, sob pena de inépcia, discriminar na petição inicial, dentre as obrigações contratuais, aquelas que pretende controverter, além de quantificar o valor incontroverso do débito.
>
> § 3º Na hipótese do § 2º, o valor incontroverso deverá continuar a ser pago no tempo e modo contratados".

Como se pode perceber, o *caput* do art. 330 lista os casos de indeferimento da exordial, assim como o *caput* do art. 295 do CPC/1973 fazia.

Os incisos IV e V do art. 295 do CPC/1973 não foram repetidos pelo art. 330 do novo CPC, muito embora a hipótese descrita no inciso IV do art. 295 do CPC/1973 (quando o juiz verificar, desde logo, a decadência ou a prescrição) tenha sido realocada, passando a ser causa de improcedência liminar do pedido, nos termos do § 1º do art. 332 do novo CPC. Já a hipótese descrita pelo inciso V do art. 295 do CPC/1973, provavelmente deixou de ser causa de indeferimento da exordial porque o novo CPC não possui o mesmo rigor que aquele, já revogado.

O § 1º do art. 330 explica quando é que a petição inicial é considerada inepta.

A impossibilidade jurídica do pedido deixa de ser causa de inépcia (art. 295, parágrafo único, III, do CPC/1973), pois, como já mencionamos, ela deixou de ser uma condição da ação autônoma, estando incorporada pelo interesse de agir. Logo, à luz do novo CPC, se o juiz perceber que o único pedido formulado pelo autor é juridicamente impossível, deverá indeferir a exordial com base no inciso III do art. 330.

Por outro lado, criou-se mais uma hipótese em que a petição inicial será considerada inepta, e está descrita no inciso II do § 1º do art. 330.

Os §§ 2º e 3º do art. 330 (equivalentes ao art. 285-B, *caput* e § 1º, do CPC/1973) criam requisitos para as ações em que o objeto seja a revisão de obrigação decorrente de empréstimo, financiamento ou alienação de bens.

17. O momento processual para o pronunciamento sobre o art. 330

Em relação ao momento que deve o juiz se pronunciar sobre o vício da exordial, deve ser na primeira oportunidade que tiver acesso aos autos; se possível, antes mesmo de ordenar a citação do réu. Prova maior disso é o disposto no § 1º do art. 331 do novo CPC. É inadmissível, do ponto de vista do direito fundamental à tutela jurisdicional prestada em tempo razoável, que o magistrado só se pronuncie sobre o art. 330 do novo CPC quando os autos estiverem, por exemplo, preparados para o saneamento ou, pior ainda, conclusos para sentença. Isso seria uma evidência expressa e objetiva de desleixo.

Com efeito, é claro que poderão surgir processos nos quais as hipóteses de incidência do art. 330 somente passarão a existir em outro momento, que não seja no início do processo. As condições da ação, por exemplo, podem desaparecer, justificando a aplicação dos incisos II e III do dispositivo em comento.

18. Procedimento após o indeferimento da petição inicial

Nos termos do art. 331 do novo CPC, "indeferida a petição inicial, o autor poderá apelar, facultado ao juiz, no prazo de cinco dias, retratar-se".

O § 1º estabelece que, "se não houver retratação, o juiz mandará citar o réu para responder ao recurso".

De acordo com o § 2º, "sendo a sentença reformada pelo tribunal, o prazo para a contestação começará a correr a contar da intimação do retorno dos autos, observado o disposto no art. 334".

E, segundo o § 3º, "não interposta a apelação, o réu será intimado do trânsito em julgado da sentença".

Quais são as novidades? São poucas, mas existem.

O prazo de retratação do magistrado passou de 48 horas (art. 296 do CPC/1973) para cinco dias.

O juiz deve citar o réu para apresentar as suas contrarrazões ao recurso de apelação. Caso o apelo seja provido, terá o réu a oportunidade de oferecer a sua contestação, no prazo de 15 dias, contados da intimação do retorno dos autos.

Sobre o desejo de realizar audiência de conciliação ou de mediação, deve o réu se manifestar, na forma do art. 334 do novo CPC.

Finalmente, caso o autor não interponha apelação, deverá o réu ser intimado do trânsito em julgado, para que tenha ciência de que aquele processo existiu e que a solução dada foi aquela. E por que isso é relevante? É porque, nos termos do § 1º do art. 486 do novo CPC, em caso de extinção do processo sem resolução de mérito, com base no indeferimento da petição inicial (art. 485, I, do novo CPC), a propositura da nova ação depende da correção do vício que levou à extinção do processo sem resolução do mérito.

§ 3º – Improcedência liminar do pedido

1. Introdução

A improcedência liminar do pedido está regulada no art. 332 do novo CPC. É similar ao art. 285-A do CPC/1973. Lembremos que, se o dispositivo em comento for aplicado, certamente haverá o julgamento de improcedência do pedido, ou seja, teremos resolução do mérito. A redação é a seguinte:

> "Art. 332. Nas causas que dispensem a fase instrutória, o juiz, independentemente da citação do réu, julgará liminarmente improcedente o pedido que contrariar:
>
> I – enunciado de súmula do Supremo Tribunal Federal ou do Superior Tribunal de Justiça;
>
> II – acórdão proferido pelo Supremo Tribunal Federal ou pelo Superior Tribunal de Justiça em julgamento de recursos repetitivos;
>
> III – entendimento firmado em incidente de resolução de demandas repetitivas ou de assunção de competência;
>
> IV – enunciado de súmula de tribunal de justiça sobre direito local.
>
> § 1º O juiz também poderá julgar liminarmente improcedente o pedido se verificar, desde logo, a ocorrência de decadência ou de prescrição.
>
> § 2º Não interposta a apelação, o réu será intimado do trânsito em julgado da sentença, nos termos do art. 241.
>
> § 3º Interposta a apelação, o juiz poderá retratar-se em cinco dias.
>
> § 4º Se houver retratação, o juiz determinará o prosseguimento do processo, com a citação do réu; se não houver retratação, determinará a citação do réu para apresentar contrarrazões, no prazo de 15 dias".

2. Do requisito básico para a utilização do *caput* do art. 332

O início do art. 332 diz que o julgamento de improcedência liminar do pedido será cabível "nas causas que dispensem a fase instrutória". Evidentemente, a pergunta que naturalmente surge é: quais são as causas que dispensam a fase instrutória?

A fase instrutória pode ser dispensada pelas partes, contudo, está muito claro, pelo teor dos §§ 2º e 4º, que o dispositivo foi desenhado para situações em que a relação jurídica processual sequer foi formada.

Antes de respondermos o nosso questionamento, lembremo-nos do disposto no art. 285-A do CPC/1973: "quando a matéria controvertida for unicamente de direito e no juízo já houver sido proferida sentença de total improcedência em outros casos idênticos, poderá ser dispensada a citação e proferida sentença, reproduzindo-se o teor da anteriormente prolatada". Uma das críticas que esse dispositivo recebia era a da inexistência de matéria unicamente de direito. Talvez seja por isso que o legislador optou por adotar uma outra expressão.

Dito isso, na nossa opinião, as causas que dispensam a fase instrutória são aquelas que, apenas com base nos documentos acostados na petição inicial, já é possível compreender o suposto direito do autor e julgar a lide. Essa é uma definição pensada, claro, apenas numa lide em que o réu não precisará ser citado. E por que isso? É porque essa é a premissa e a concepção do art. 332 do novo CPC, isto é, o legislador quis que, em determinadas demandas, quando já se pudesse apreender por inteiro, e *a priori*, o pleito do autor, estaria o julgador autorizado a julgar o pedido totalmente improcedente, sem mesmo ter de citar o réu, desde que o pedido contrariasse um dos quatro incisos do dispositivo ora analisado.

Supostamente, o direito em debate estaria tão sedimentado, em sentido contrário ao do autor, que sequer seria preciso citar o réu.

Outra informação relevante é a de que o art. 332 só se aplica aos processos de cognição. Não é possível utilizá-lo no processo de execução, haja vista a incompatibilidade existente, não obstante o parágrafo único do art. 771 do novo CPC mencionar que as normas do procedimento comum aplicam-se, subsidiariamente, ao processo de execução. Ademais, o problema que normalmente aflige as execuções, no sentido de não serem "acolhidas", são os vícios do título executivo. Nesse caso, já há no novo CPC um remédio para se evitar que a execução fadada ao fracasso siga adiante. Senão, vejamos. Um dos requisitos da exordial é a existência de título executivo (art. 798, I, *a*). Se o juiz entender que o documento juntado não é título executivo, intimará o exequente para sanar o vício em 15 dias, sob pena de a petição inicial ser indeferida (art. 801). Mantendo-se o defeito, o juiz extinguirá o processo de execução com fulcro no art. 924, I.

3. Do pedido formulado pelo autor

Caso o pedido formulado pelo autor contrarie pelo menos um dos quatro incisos do art. 332 do novo CPC, então será possível o julgamento de improcedência liminar.

É claro que, para que isso possa ocorrer, é necessário, ainda, que a causa dispense a fase instrutória, ou seja, já esteja pronta para ser julgada.

Fica o registro de que não se pode aplicar o art. 332 do novo CPC se o pedido formulado estiver em desacordo com jurisprudência dominante, haja vista a inexistência de previsão legal.

4. Direito federal sumulado por tribunal de justiça

O inciso IV do art. 332 do novo CPC é bastante claro quanto à hipótese de incidência da improcedência liminar do pedido: ele deve contrariar "enunciado de súmula de tribunal de justiça sobre direito local".

Em outras palavras isso significa que, caso algum tribunal de justiça tenha criado enunciado de súmula sobre direito federal, e o pedido do autor contrariá-lo, não será permitido que o magistrado julgue o mérito da lide com base nesse rito. Evidentemente que, se o referido enunciado estiver em consonância com o do STF ou do STJ, não haverá óbice algum, no entanto, na fundamentação, deverá ser mencionado o enunciado do respectivo tribunal superior, e o inciso do art. 332 a ser utilizado será o I, e, não, o IV.

5. Improcedência liminar do pedido ante a ocorrência de prescrição ou decadência

O § 1º do art. 332 do novo CPC permite que o juiz julgue o pedido improcedente liminarmente se perceber, imediatamente, a ocorrência de decadência ou de prescrição. No CPC/1973 isso já era possível, haja vista a combinação dos arts. 295, IV e 269, IV.

A prescrição a que faz menção o legislador no § 1º do art. 332, na nossa opinião, deveria ser aquela que for em benefício de incapazes, no entanto, não há mais base legal para isso, uma vez que o art. 194 do CC encontra-se revogado. Para os que não se lembram, era esse dispositivo que permitia que o juiz se pronunciasse, *ex officio*, sobre a prescrição em prol dos incapazes e que, ao mesmo tempo, o proibia de igualmente proceder no tocante às pessoas capazes. Por outro lado, o § 5º do art. 219 do CPC/1973, que autorizava o juiz a se pronunciar, de ofício, sobre toda e qualquer prescrição, não foi replicado pelo novo CPC. A redação original desse mesmo § 5º era a seguinte: "não se tratando de direitos patrimoniais, o juiz poderá, de ofício, conhecer da prescrição e decretá-la de imediato". Essa prescrição a que fazia menção o § 5º, quando promulgado o CPC/1973, era aquela em favor dos incapazes. E para por "mais lenha na fogueira", dispõe o art. 193 do CC que "a prescrição pode ser alegada em qualquer grau de jurisdição, pela parte a quem aproveita".

Passemos, agora, a mais um pouco de história. O CPC/1973 foi pensado e teve grande parte de sua vigência à luz do CC de 1916. O art. 166 desse CC dispunha que "o juiz não pode conhecer da prescrição de direitos patrimoniais, se não foi invocada pelas partes". O CC atual entrou em vigor em 2003 e seguiu essa mesma linha. O art. 194, já mencionado, foi revogado em 2006. Dispunha que "o juiz não pode suprir, de ofício, a alegação de prescrição, salvo se favorecer a absolutamente incapaz". É bem verdade que o CC de 1916 fazia uma grande confusão entre prescrição e decadência, entretanto, quando o CPC/1973 foi desenhado, já se sabia, e bem, a diferença entre os dois institutos, tanto é que os arts. 269, IV e 295, IV, ambos do CPC/1973, falavam em prescrição e decadência, colocando-as lado a lado.

Dito isso, o que deve o magistrado fazer ao perceber que a pretensão exigida pelo autor, capaz, está prescrita? Simplesmente aplicar o § 1º do art. 332 e ignorar o art. 193 do CC? Fingir que desconhece que a prescrição é matéria de defesa de interesse exclusivo do devedor, e, não, do Estado? Em suma, a questão é delicada e merece bastante cuidado para ser resolvida. O problema é que o novo CPC não parece estar nessa mesma sintonia. Além dos problemas que já levantamos, veja a problemática redação do parágrafo único do art. 487 do novo CPC: "ressalvada a hipótese do § 1º do art. 332, a prescrição e a decadência não serão reconhecidas sem que antes seja dada às partes oportunidade de manifestar-se".

Há dois graves problemas nesse dispositivo. O primeiro é que o parágrafo único do art. 487 está em rota de colisão com os arts. 9º e 10. O segundo é que, como é do conhecimento de todos, a prescrição tem diversas hipóteses de interrupção e suspensão do curso do seu prazo. Se o juiz indeferir a exordial, com base na prescrição, antes de, sequer, ouvir o autor, poderá estar cometendo um grave erro, na medida em que o prazo pode ter sido suspenso ou interrompido, em algum momento, e o juiz não esteja levando em consideração, por desatenção ou, até mesmo, por desconhecimento.

Certamente alguém vai dizer que, caso o magistrado erre, bastará que o autor apele, pois, nesse caso, o julgador poderá se retratar no prazo de cinco dias. E, mesmo que não se retrate, ainda haverá a decisão do tribunal. Essas são duas verdades, porém, o parágrafo único do art. 487 continua em choque com os arts. 9º e 10. Sem falar que, no nosso sentir, uma lei não pode ser criada, com contradições e desacertos.

No tocante à decadência, nada temos a acrescer.

6. Recurso de apelação

Caso o pedido seja julgado liminarmente improcedente, o autor poderá interpor recurso de apelação, no prazo de 15 dias.

No recurso o autor poderá apontar *error in procedendo* ou *error in judicando*.

Pode ser que o magistrado acredite que o pedido formulado é igual ao de enunciado de uma determinada súmula do STF ou do STJ, mas que, na verdade, não o é. Mesmo que esse enunciado de súmula se amolde ao caso, pode ser que o autor esteja apresentando um fundamento diverso, não apreciado ainda pela corte no momento da formação do precedente. Pode ainda a parte tentar fazer com que a súmula firmada seja revisada. Enfim, há uma gama de alternativas para o apelante.

7. Retratação do juiz

Os §§ 3º e 4º do art. 332 disciplinam o processo de retratação do magistrado. Ele tem o prazo de cinco dias para assim proceder. Se ocorrer e retratação, o réu será citado para apresentar a contestação. Se o julgador não se retratar, o réu será citado para apresentar as suas contrarrazões ao recurso.

8. Não interposição de apelação

Segundo o § 2º do art. 332, na eventualidade de o autor optar por não apelar, deverá o réu ser intimado do trânsito em julgado da sentença, nos termos do art. 241.

Isso é de suma importância porque, caso o autor intente essa mesma ação novamente, até mesmo em uma outra comarca, visando, assim, fugir da distribuição por prevenção, poderá o réu arguir preliminar de coisa julgada. Se ele não tivesse sido intimado, provavelmente jamais ficaria sabendo que já o pedido já tinha sido julgado improcedente e estava acobertado pela coisa julgada material.

§ 4º – Conversão da ação individual em ação coletiva

Veja a redação do art. 333 do novo CPC, o qual foi integralmente vetado:

> "Art. 333. Atendidos os pressupostos da relevância social e da dificuldade de formação do litisconsórcio, o juiz, a requerimento do Ministério Público ou da Defensoria Pública, ouvido o autor, poderá converter em coletiva a ação individual que veicule pedido que:
>
> I – tenha alcance coletivo, em razão da tutela de bem jurídico difuso ou coletivo, assim entendidos aqueles definidos pelo art. 81, parágrafo único, incisos I e II, da Lei n. 8.078, de 11 de setembro de 1990 (Código de Defesa do Consumidor), e cuja ofensa afete, a um só tempo, as esferas jurídicas do indivíduo e da coletividade;
>
> II – tenha por objetivo a solução de conflito de interesse relativo a uma mesma relação jurídica plurilateral, cuja solução, por sua natureza ou por disposição de lei, deva ser necessariamente uniforme, assegurando-se tratamento isonômico para todos os membros do grupo.
>
> § 1º Além do Ministério Público e da Defensoria Pública, podem requerer a conversão os legitimados referidos no art. 5º da Lei n. 7.347, de 24 de julho de 1985, e no art. 82 da Lei n. 8.078, de 11 de setembro de 1990 (Código de Defesa do Consumidor).
>
> § 2º A conversão não pode implicar a formação de processo coletivo para a tutela de direitos individuais homogêneos.
>
> § 3º Não se admite a conversão, ainda, se:
>
> I – já iniciada, no processo individual, a audiência de instrução e julgamento; ou
>
> II – houver processo coletivo pendente com o mesmo objeto; ou
>
> III – o juízo não tiver competência para o processo coletivo que seria formado.
>
> § 4º Determinada a conversão, o juiz intimará o autor do requerimento para que, no prazo fixado, adite ou emende a petição inicial, para adaptá-la à tutela coletiva.
>
> § 5º Havendo aditamento ou emenda da petição inicial, o juiz determinará a intimação do réu para, querendo, manifestar-se no prazo de 15 dias.
>
> § 6º O autor originário da ação individual atuará na condição de litisconsorte unitário do legitimado para condução do processo coletivo.

§ 7º O autor originário não é responsável por nenhuma despesa processual decorrente da conversão do processo individual em coletivo.

§ 8º Após a conversão, observar-se-ão as regras do processo coletivo.

§ 9º A conversão poderá ocorrer mesmo que o autor tenha cumulado pedido de natureza estritamente individual, hipótese em que o processamento desse pedido dar-se-á em autos apartados.

§ 10. O Ministério Público deverá ser ouvido sobre o requerimento previsto no *caput*, salvo quando ele próprio o houver formulado".

Esse dispositivo legal foi vetado pela Presidência da República, ao fundamento de que poderia complicar o acesso à justiça, e, por conseguinte, violar o princípio da inafastabilidade da jurisdição. Dos sete vetos no novo CPC, esse foi o mais contundente, pois era algo que era visto com bons olhos por muitos profissionais do Direito; não por nós. Deixamos o inteiro teor do dispositivo no corpo desse texto apenas para que o leitor tire as suas próprias conclusões sobre o acerto ou desacerto do veto.

§ 5º – Audiência de conciliação ou de mediação

1. Requisitos para a marcação da audiência

Segundo o art. 334 do novo CPC, "se a petição inicial preencher os requisitos essenciais e não for o caso de improcedência liminar do pedido, o juiz designará audiência de conciliação ou de mediação com antecedência mínima de 30 dias, devendo ser citado o réu com pelo menos vinte dias de antecedência".

Inicialmente, vale ressaltar uma coincidência. Essa audiência, prevista no art. 334, é equivalente à audiência preliminar do art. 331 do CPC/1973.

Dito isso, vejamos quais são os três requisitos. O primeiro é que a petição inicial precisa preencher os requisitos essenciais e não pode ser o caso de improcedência liminar do pedido. O segundo é a designação da audiência de conciliação ou de mediação com antecedência mínima de 30 dias. O terceiro é a citação do réu com pelo menos 20 dias de antecedência.

2. Casos em que não haverá audiência

O § 4º do art. 334 informa que "a audiência não será realizada: I – se ambas as partes manifestarem, expressamente, desinteresse na composição consensual; II – quando não se admitir a autocomposição".

O autor, de preferência, deve informar, já na petição inicial, sobre o seu desinteresse em participar da audiência do art. 334, conforme se extrai do art. 319, VII. Apesar de ter informado na exordial que tem interesse em participar da referida audiência, poderá mudar de ideia, requerendo que o réu seja intimado (a recíproca é verdadeira). No tocante ao réu, se ele não desejar participar da audiência de conciliação ou de mediação, deverá protocolizar petição nesse sentido, no prazo do § 5º do art. 334.

3. Intimação do autor para a audiência

O autor será intimado para a audiência na pessoa de seu advogado, nos termos do § 3º do art. 334.

4. Conciliador e mediador

O § 1º do art. 334 reza que "o conciliador ou mediador, onde houver, atuará necessariamente na audiência de conciliação ou de mediação, observando o disposto neste Código, bem como as disposições da lei de organização judiciária".

Esperamos que esse cargo sempre exista e em todas as comarcas e seções. Não se pode esperar que a conciliação e a mediação funcionem bem sem essas pessoas. O juiz simplesmente não tem tempo para se dedicar, sozinho, como os institutos exigem.

5. Número de sessões destinado à conciliação e à mediação

O § 2º do art. 334 diz que "poderá haver mais de uma sessão destinada à conciliação e à mediação, não excedentes a dois meses da primeira, desde que necessárias à composição das partes".

A experiência nos mostra que, dependendo do caso, um número maior de sessões, especialmente de mediação, pode fazer muita diferença entre o acordo e a continuidade da lide.

6. Da forma de manifestar o desinteresse pela realização da audiência por parte do autor, do réu ou em caso de litisconsórcio

O § 5º do art. 334 estabelece que "o autor deverá indicar, na petição inicial, seu desinteresse na autocomposição, e o réu, por petição, apresentada com 10 dias de antecedência, contados da data da audiência".

Já o § 6º do art. 334 determina que, "havendo litisconsórcio, o desinteresse na realização da audiência deve ser manifestado por todos os litisconsortes".

7. Audiência realizada por meio eletrônico

O § 7º do art. 334 permite que a audiência de conciliação ou de mediação possa ser realizada por meios eletrônicos, nos termos da lei. A lei federal (e, não, mera Resolução ou Portaria) deverá definir os casos em que a audiência possa ser feita dessa forma, bem como as suas especificidades.

8. Não comparecimento à audiência

O § 8º do art. 334 diz que "o não comparecimento injustificado do autor ou do réu à audiência de conciliação é considerado ato atentatório à dignidade da justiça e será sancionado com multa de até dois por cento da vantagem econômica pretendida ou do valor da causa, revertida em favor da União ou do Estado".

A nosso ver, se uma das partes informou que não tem interesse em participar da audiência, e, mesmo assim, ela foi marcada, já seria uma justificativa bastante plausível para o seu não comparecimento.

No tocante à vontade do legislador sobre este ponto específico, não está claro, e as duas posições podem ser contextualizadas. Por um lado, se a audiência for realizada, então todos devem estar presentes. A tentativa de conciliação ou de mediação passa a ser uma exigência legal, mas desde que pelo menos uma das partes esteja disposta. Se não fosse essa a leitura correta, não existiria o inciso I no § 4º do art. 334. Por outro lado, uma simples leitura do art. 332, II, bem como de seu § 1º, nos passa a certeza de que o réu é senhor do seu destino e, se não tiver interesse em autocompor, não precisa ir à audiência, desde que peticione informando o juízo, correndo, a partir daí, o seu prazo para contestar.

Parece que a doutrina e a jurisprudência terão trabalho em chegar a um consenso sobre isso.

9. Representante da parte

Ao contrário do que ocorre nos Juizados Especiais, em que a parte deve estar presente na audiência pessoalmente, o novo CPC evolui e permite que a parte constitua um mandatário para ir no seu lugar. Informa o § 10 do art. 334 que "a parte poderá constituir representante, por meio de procuração específica, com poderes para negociar e transigir".

Não nos afigura que a procuração deva conter poderes para que o mandatário possa transigir. É desejável que o representante tenha poderes para transigir e, até mesmo, autonomia para decidir, sem ter que ficar consultando o mandante, por telefone, a todo instante. Um dos segredos do sucesso da conciliação e da mediação é que as pessoas que se assentam à mesa tenham plena autonomia para decidir.

10. Obrigatoriedade da presença de advogado ou defensor público

O § 9º do art. 334 deixa claro que "as partes devem estar acompanhadas por seus advogados ou defensores públicos" na audiência de conciliação ou de mediação. O fato de a lei exigir que as partes estejam acompanhadas por seus procuradores não significa que eles devam participar, durante todo o tempo, da audiência. Pode ser que as partes queiram ficar sem seus advogados por alguns instantes, pois acreditam que isso pode melhorar a comunicação e a transparência entre elas. Isso é legal, porém, ambas as partes devem estar de pleno acordo, sob pena de se poder invalidar eventual acordo posteriormente.

11. Acordo homologado pelo juiz

O § 11 do art. 334 diz que "a autocomposição obtida será reduzida a termo e homologada por sentença". É um título executivo judicial, nos termos do art. 515, II, do novo CPC. Desse modo, descumprido os termos do acordo por uma das partes, pode a interessada iniciar cumprimento de sentença em fase da parte inadimplente.

12. Intervalo entre as audiências

O § 12 do art. 334 estabelece que "pauta das audiências de conciliação ou de mediação será organizada de modo a respeitar o intervalo mínimo de vinte minutos entre o início de uma e o início da seguinte".

Isso aqui é um problema já anunciado. Esse intervalo é muito pequeno. Haverá atrasos nas audiências e, aquelas pessoas que estiverem agendadas no fim do dia, certamente vão ficar muito prejudicadas. As partes, normalmente, já chegam com os ânimos exaltados no Judiciário; com atraso, a tendência é só piorar.

Para evitar que problemas ocorram, é preciso ter conciliadores e mediadores de "plantão", assim, em caso de atraso, poderão atender as partes no horário da audiência. E mais. De nada adianta ter pessoas para trabalhar se não tiver um espaço descente para se reunirem.

De toda forma, cabe aqui lembrar ao advogado que, nos termos do art. 7º, XX, da Lei n. 8.906/94, é direito do advogado "retirar-se do recinto onde se encontre aguardando pregão para ato judicial, após trinta minutos do horário designado e ao qual ainda não tenha comparecido a autoridade que deva presidir a ele, mediante comunicação protocolizada em juízo". Recomendamos que o advogado já vá para a audiência com a petição redigida, assinada e com cópia. O protocolo, ressalte-se, deve ser feito na própria vara (juízo), e, não, no protocolo central. Contudo, se o auxiliar da justiça não quiser fazer o protocolo na própria vara, deve o advogado fazê-lo no protocolo central.

13. Nota conclusiva

O nosso Judiciário precisa se organizar muito para conseguir efetivar essa determinação de realização das audiências de conciliação ou de mediação. Como advogado, por várias vezes já vislumbramos procedimentos sumários sendo transformados em ritos ordinários, ao argumento de que não havia pauta para encaixar a audiência de conciliação do art. 277 do CPC/1973. De nada adianta os esforços do legislador se o Judiciário não fizer a sua parte, *v.g.*, criando mão de obra especializada e com treinamento, disponibilizando espaços adequados e próprios para a realização dessas audiências, e que estas, por sua vez, possam ser agendadas num curto espaço de tempo. Isso é o mínimo que deve ser feito.

§ 6º – Contestação

1. Prazo para apresentação e seu termo inicial

O art. 335 do novo CPC dispõe o seguinte:

> "Art. 335. O réu poderá oferecer contestação, por petição, no prazo de 15 dias, cujo termo inicial será a data:
>
> I – da audiência de conciliação ou de mediação, ou da última sessão de conciliação, quando qualquer parte não comparecer ou, comparecendo, não houver autocomposição;
>
> II – do protocolo do pedido de cancelamento da audiência de conciliação ou de mediação apresentado pelo réu, quando ocorrer a hipótese do art. 334, § 4º, inciso I;
>
> III – prevista no art. 231, de acordo com o modo como foi feita a citação, nos demais casos.
>
> § 1º No caso de litisconsórcio passivo, ocorrendo a hipótese do art. 334, § 6º, o termo inicial previsto no inciso II será, para cada um dos réus, a data de apresentação de seu respectivo pedido de cancelamento da audiência.
>
> § 2º Quando ocorrer a hipótese do art. 334, § 4º, inciso II, e havendo litisconsórcio passivo, o autor desistir da ação em relação a réu ainda não citado, o prazo para resposta correrá da data de intimação do decisão que homologar a desistência".

O legislador, sabiamente, postergou o momento da apresentação da contestação. Deixou de ser a partir da citação e passou a ser, a grosso modo (confiram as particularidades no dispositivo transcrito acima), após o fim da audiência de conciliação ou de mediação. Por quê? Existe uma premissa, verdadeira para uns e não tanto para outros, de que é mais fácil chegar a um acordo antes de apresentada a contestação, tendo em vista que, dessa forma, os ânimos estariam menos acirrados. A nosso ver essa proposição tem fundamento. Aliás, antes de o autor ingressar em juízo seria mais fácil ainda de se chegar a um acordo. Como nem sempre isso é possível, trabalhemos, então, com as ferramentas que temos.

Há uma observação muito importante a ser feita nesse ponto do trabalho, qual seja, a de que a presença da parte recalcitrante quanto à realização da audiência de conciliação ou mediação não é obrigatória, desde que ela formalize, por petição protocolizada, o seu desinteresse. É o que se extrai do art. 335, II, bem como de seu § 1º.

2. Dever de alegar toda a matéria de defesa de uma só vez e requisitos da contestação

O art. 336 do novo CPC diz que "incumbe ao réu alegar, na contestação, toda a matéria de defesa, expondo as razões de fato e de direito com que impugna o pedido do autor e especificando as provas que pretende produzir". Não tem novidade em face do CPC/1973.

Há, assim como antes, o dever de o réu alegar toda a matéria de defesa de uma só vez. Decorre do princípio da eventualidade. Por exemplo, mesmo que exista uma preliminar e uma prejudicial de mérito bastante evidentes, deve o réu adentrar no mérito e defender-se da melhor e mais completa forma possíveis, juntando a documentação que comprove suas alegações e especificar as provas que deseja produzir.

3. Preliminares

Assim como ocorria no art. 301 do CPC/1973, nos termos do art. 337 do novo CPC, deve o réu arguir, antes de adentrar no mérito, a existência de preliminares. Não há grandes inovações. Senão, vejamos.

A incompetência relativa passa a ser matéria que deverá ser discutida em preliminar na contestação, e, não, em exceção (inciso II do art. 337).

A impugnação ao valor da causa não deverá ser feita por incidente, mas, sim, em preliminar. Ganhou também um novo e pomposo nome: incorreção do valor da causa (inciso III do art. 337).

Conforme já explicitamos algumas vezes, o novo CPC não fala mais em condições da ação. Na nossa visão, elas ainda existem, porém, são apenas duas, quais sejam, a legitimidade das partes e o interesse de agir. A impossibilidade jurídica do pedido foi absorvida por esta última. O inciso XI do art. 337 informa que a ausência de legitimidade ou de interesse processual deve ser arguida como preliminar.

Quando o réu não concordar com o deferimento da gratuidade da justiça, deverá arguir preliminar nesse sentido (inciso XIII do art. 337).

4. Matérias que devem ou não ser conhecidas *ex officio*

Segundo o § 5º do art. 337 do novo CPC, "excetuada a convenção de arbitragem e a incompetência relativa, o juiz conhecerá de ofício das matérias enumeradas neste artigo". Como se vê, nada mudou nessa parte.

5. Convenção de arbitragem e preclusão

Convenção de arbitragem é gênero do qual são espécies a cláusula compromissória e o compromisso arbitral. Existindo um deles, e o autor, mesmo assim, insistir em ir ao Judiciário, deverá o réu arguir, em sede de preliminar na contestação, a existência da convenção arbitral, sob pena de preclusão. É o que dispõe o § 6º do art. 337: "a ausência de alegação da existência de convenção de arbitragem, na forma prevista neste Capítulo, implica aceitação da jurisdição estatal e renúncia ao juízo arbitral".

6. Retificação do polo passivo

Como é do conhecimento de todos, a nomeação à autoria, que era uma das formas de intervenção de terceiros à luz do CPC/1973 (arts. 62 a 69), deixou de existir formalmente no novo CPC. A sua essência, contudo, continua viva, e pode ser vislumbrada nos arts. 338 e 339:

> "Art. 338. Alegando o réu, na contestação, ser parte ilegítima ou não ser o responsável pelo prejuízo invocado, o juiz facultará ao autor, em 15 dias, a alteração da petição inicial para substituição do réu.
>
> Parágrafo único. Realizada a substituição, o autor reembolsará as despesas e pagará honorários ao procurador do réu excluído, que serão fixados entre três e cinco por cento do valor da causa ou, sendo este irrisório, nos termos do art. 85, § 8º.
>
> Art. 339. Quando alegar sua ilegitimidade, incumbe ao réu indicar o sujeito passivo da relação jurídica discutida sempre que tiver conhecimento, sob pena de arcar com as despesas processuais e de indenizar o autor pelos prejuízos decorrentes da falta da indicação.
>
> § 1º Aceita a indicação pelo autor, este, no prazo de 15 dias, procederá à alteração da petição inicial para a substituição do réu, observando-se, ainda, o parágrafo único do art. 338.
>
> § 2º No prazo de 15 dias, o autor pode optar por alterar a petição inicial para incluir, como litisconsorte passivo, o sujeito indicado pelo réu".

É, basicamente, o que dispunha o CPC/1973 no que tange à nomeação à autoria, que, notoriamente, raramente era utilizada na prática. A diferença é que, na antiga modalidade de intervenção de terceiros, o polo passivo somente poderia ser alterada se ocorresse uma das hipóteses elencadas nos arts. 62 e 63 do CPC/1973. O art. 338 do novo CPC tem um espectro bem mais amplo, ou seja, em qualquer hipótese de ilegitimidade passiva poderá ocorrer a retificação do polo passivo. Caso o autor opte por fazer a dita alteração, poderá assim proceder em até 15 dias. Realizada a substituição, deverá o autor ressarcir o réu dos prejuízos que teve, na forma do parágrafo único do art. 338.

Se o réu souber quem é a pessoa que deve figurar no polo passivo em seu lugar, deverá informar ao autor, sob pena de arcar com as despesas processuais e de indenizar o autor pelos prejuízos decorrentes da falta da indicação.

Atenção para o fato de que o autor não está obrigado a excluir o primitivo réu da demanda. Ele, na verdade, tem três alternativas: (i) excluir o réu e inserir outra pessoa em seu lugar; (ii) continuar a demanda apenas contra o réu; ou (iii) não excluir o réu e inserir outra pessoa no polo passivo, formando, assim, um litisconsórcio.

7. Da alegação de incompetência absoluta ou relativa

O art. 340 do novo CPC traça o procedimento que deve ser observado pelos sujeitos do processo em caso de ter sido arguida preliminar de incompetência, seja ela absoluta ou relativa:

> "Art. 340. Havendo alegação de incompetência relativa ou absoluta, a contestação poderá ser protocolada no foro de domicílio do réu, fato que será imediatamente comunicado ao juiz da causa, preferencialmente por meio eletrônico.
>
> § 1º A contestação será submetida a livre distribuição ou, se o réu houver sido citado por meio de carta precatória, juntada aos autos dessa carta, seguindo-se a sua imediata remessa para o juízo da causa.
>
> § 2º Reconhecida a competência do foro indicado pelo réu, o juízo para o qual fora distribuída a contestação ou a carta precatória será considerado prevento.
>
> § 3º Alegada a incompetência nos termos do *caput*, será suspensa a realização da audiência de conciliação ou de mediação, se tiver sido designada.
>
> § 4º Definida a competência, o juízo competente designará nova data para a audiência de conciliação ou de mediação".

Inicialmente chamamos a atenção para algo que não é usual. Havendo preliminar de incompetência na contestação, o réu tem a faculdade de protocolizar a sua petição no foro do seu domicílio. Essa peça processual estará endereçada, de maneira genérica, ao juízo que seria competente para o julgamento desse feito naquela comarca. Essa petição, por meio de procedimento interno do Judiciário local, sairá do protocolo e será distribuída, caso a citação do réu não tenha sido feita por carta precatória. Nesse caso, o juízo sorteado terá competência para apreciar a preliminar de incompetência, e, caso ele se dê por competente, e o outro juízo concordar, torna-se prevento para o julgamento do processo. Nessa situação descrita, deverá o magistrado requisitar os autos ao outro juízo, podendo ser, inclusive, por meio eletrônico. Caso aquele não concorde, pois também acredita que é competente, deverá ser suscitado conflito de competência, nos moldes do art. 66 do novo CPC. Nesse ínterim, se já tiver sido designada audiência de conciliação ou de mediação, ela deverá ser suspensa. Resolvido o imbróglio, nova data será marcada.

8. Manifestação do réu sobre as alegações de fato da petição inicial

Os arts. 341 e 342 do novo CPC cuidam da manifestação do réu sobre as alegações de fato que constam da exordial, da consequência da não impugnação delas e, por fim, do que é lícito ao réu deduzir após a apresentação de sua defesa. São meras repetições dos arts. 302 e 303 do CPC/1973.

A única alteração fica por conta das pessoas que podem apresentar impugnação genérica (negativa geral dos fatos), constante do parágrafo único do art. 341. No parágrafo único do art. 302 do CPC/1973 o MP poderia assim proceder. Na nova realidade não pode mais, e, em seu lugar, entrou a Defensoria Pública. O advogado dativo e o curador especial continuam podendo trabalhar dessa forma.

§ 7º – Reconvenção

1. Noções gerais

A reconvenção, na época do CPC/1973, era apresentada em petição separada, mas juntada nos mesmos autos. No novo CPC, de acordo com o art. 343, "na contestação, é lícito ao réu propor reconvenção para manifestar pretensão própria, conexa com a ação principal ou com o fundamento da defesa". Em outras palavras, caso o réu queira reconvir, deverá criar um capítulo específico para tanto na própria contestação.

Se o réu apenas contestar, sem reconvir, e, ainda dentro do prazo de 15 dias, mudar de ideia, não poderá apresentar mais a sua reconvenção, pois terá ocorrido a preclusão consumativa.

O requisito básico para se formular pedido na reconvenção é que ele seja conexa com a ação principal ou com o fundamento da defesa. Numa ação de cobrança de R$ 100.000,00 entre *A* e *B*, o réu *B* pode reconvir arguindo a compensação de valores líquidos que têm para receber de *A* (R$ 150.000,00). *B* não poderia, no entanto, apresentar reconvenção requerendo indenização por danos morais referente a um suposto ilícito que não guarda nenhuma relação com a ação. O caminho seria o ajuizamento de ação autônoma, que sequer poderia ser distribuída por dependência.

Não há mais a figura do pedido contraposto, que era típica do procedimento sumário (art. 278, § 1º, do CPC/1973).

2. Reconvenção sem contestação

Para não deixar nenhuma dúvida acerca do direito que o réu tem de reconvir, mesmo que não queira contestar a petição inicial, afirmou o legislador no § 6º do art. 343 que "o réu pode propor reconvenção independentemente de oferecer contestação".

3. Intimação do autor

Nos termos do § 1º do art. 343, "proposta a reconvenção, o autor será intimado, na pessoa de seu advogado, para apresentar resposta no prazo de 15 dias".

4. Reconvenção à reconvenção

Apresentada a reconvenção pelo réu, o autor será intimado para responder à reconvenção. Não existe proibição para que o autor reconvenha à reconvenção do réu. Se isso ocorrer, deverá o réu ser intimado para apresentar a sua resposta.

Essa modalidade não é admitida no procedimento monitório (§ 6º do art. 702 do novo CPC).

5. Desistência ou extinção da ação

O § 2º do art. 343 garante que "a desistência da ação ou a ocorrência de causa extintiva que impeça o exame de seu mérito não obsta ao prosseguimento do processo quanto à reconvenção". Já era assim antigamente (art. 317 do CPC/1973).

6. Reconvenção e o terceiro

Há três dispositivos regulando a relação entre reconvenção e terceiros. Os §§ 3º e 4º do art. 343 do novo CPC são novidades; o § 5º do art. 343 do novo CPC é uma evolução do parágrafo único do art. 315 do CPC/1973.

O § 3º reza que "a reconvenção pode ser proposta contra o autor e terceiro". O réu poderia, por exemplo, apresentar reconvenção em face do terceiro-denunciado que está no polo ativo da lide.

Insta informar ainda que, apesar da redação do § 3º do art. 343, continuamos defendendo a tese do cabimento de reconvenção à reconvenção. Se não continuasse sendo possível, por que é que o legislador se preocuparia em dizer o contrário apenas no procedimento monitório (§ 6º do art. 702)? De toda forma, é defensável e razoável o entendimento em sentido contrário ao defendido por nós.

O § 4º diz que "a reconvenção pode ser proposta pelo réu em litisconsórcio com terceiro". Esse terceiro poderia ser qualquer pessoa ou apenas um terceiro que já esteja no processo?

Finalmente, o § 5º aduz que, "se o autor for substituto processual, o reconvinte deverá afirmar ser titular de direito em face do substituído e a reconvenção deverá ser proposta em face do autor, também na qualidade de substituto processual". É basicamente o que já ocorria na era do CPC/1973.

7. Valor da causa

Segundo o art. 292 do novo CPC, deverá ser informado o valor da causa na reconvenção.

8. Estabilização da lide reconvencional

As mesmas regras sobre a estabilização da lide aplicam-se à reconvenção, conforme se apreende do parágrafo único do art. 329 do novo CPC.

9. Anotações no distribuidor

Havendo reconvenção, deve o juiz, de ofício, mandar proceder à respectiva anotação pelo distribuidor, *ex vi* do disposto no parágrafo único do art. 286 do novo CPC. Essa anotação não significa numeração própria e nem mesmo autuação em separado e em apenso.

10. Despesas processuais e honorários sucumbenciais

Não há previsão legal no novo CPC para o pagamento de custas pelo fato de o réu estar reconvindo, muito embora a natureza da reconvenção seja de uma ação autônoma. Prova disso é que o vencido deverá pagar honorários sucumbenciais ao advogado do vencedor, nos termos do § 1º do art. 85 do novo CPC.

§ 8º – Revelia

A revelia está regulada entre os arts. 344 e 346 do novo CPC, que são quase iguais aos arts. 319 a 322 do CPC/1973.

Há apenas duas modificações dignas de nota.

Não serão presumidos verdadeiros os fatos mesmo que o instrumento particular, que a lei considere indispensável à prova do ato, não tenha sido juntado (inciso III do art. 345). O CPC/1973 falava apenas no instrumento público. Como se viu, no novo CPC pouco importa se esse instrumento é público ou particular.

Também não serão presumidos verdadeiros os fatos se "as alegações de fato formuladas pelo autor forem inverossímeis ou estiverem em contradição com prova constante dos autos" (inciso IV do art. 345). Não possui correspondente no CPC/1973.

Apesar de não ser uma modificação, não custa lembrar que a apresentação intempestiva da contestação equivale a não apresentação da mesma, logo, o réu será considerado revel, sendo controvertida a possibilidade de a peça processual ser desentranhada dos autos. A nosso ver, apesar de inexistir previsão legal permitindo-se, deveria ocorrer o seu desentranhamento, tendo em vista que a sua apresentação está condicionada a que ocorra dentro do prazo. Logo, se for extemporânea, não há razão para que permaneça juntada nos autos. A jurisprudência majoritária do STJ é no sentido do desentranhamento da contestação apresentada tardiamente.

§ 9º – Providências preliminares e saneamento

1. Introdução

Essa matéria está regulada pelos arts. 347 a 353 do novo CPC, que podem ser equiparados aos arts. 323 a 328 do CPC/1973.

2. Da não incidência dos efeitos da revelia

O art. 349 do novo CPC garante que "ao réu revel será lícita a produção de provas, contrapostas às alegações do autor, desde que se faça representar nos autos a tempo de praticar os atos processuais indispensáveis a essa produção".

3. Ação declaratória incidental

A ação declaratória incidental (art. 325 do CPC/1973) foi extirpada do novo CPC. Quando tecermos comentários sobre a coisa julgada, fará sentido o porquê dessa escolha legislativa.

4. Impugnação à contestação

De acordo com o art. 351 do novo CPC, o juiz intimará o autor para poder impugnar a contestação do réu, no prazo de 15 dias, permitindo-lhe a produção de prova, apenas se este apresentar alguma preliminar (do art. 337) na sua contestação.

O autor terá igual direito se o réu alegar fato impeditivo, modificativo ou extintivo do direito do autor (art. 350 do novo CPC).

§ 10 – Julgamento conforme o estado do processo

1. Extinção total do processo

O art. 354 do novo CPC é cópia do art. 329 do CPC/1973. Dispõe aquele dispositivo que "ocorrendo qualquer das hipóteses previstas nos arts. 485 e 487, incisos II e III, o juiz proferirá sentença". E o que diz o inciso I do art. 487, que foi o único deixa de fora? A redação é a seguinte: "acolher ou rejeitar o pedido formulado na ação ou na reconvenção".

2. Extinção parcial do processo

O parágrafo único do art. 354 informa que "a decisão a que se refere o *caput* pode dizer respeito a apenas parcela do processo, caso em que será impugnável por agravo de instrumento". Não há dispositivo correspondente no CPC/1973.

3. Julgamento antecipado do mérito

Essa parte refere-se ao antigo julgamento antecipado da lide (art. 330 do CPC/1973). As mudanças foram mínimas, apenas aperfeiçoando o antigo dispositivo:

> "Art. 355. O juiz julgará antecipadamente o pedido, proferindo sentença com resolução de mérito, quando: I – não houver necessidade de produção de outras provas; II – o réu for revel, ocorrer o efeito previsto no art. 344 e não houver requerimento de prova, na forma do art. 349".

Só pode ser aplicado o art. 355 se a sentença for resolver o mérito e ocorrer pelo menos uma das hipóteses descritas nos incisos I e II.

Não haverá necessidade de produzir outras provas em três situações distintas: (i) quando as partes expressamente não desejarem; (ii) se o juiz entender que a prova requerida é dispensável; e (iii) quando as partes quedarem-se inertes, apesar de intimadas para informar quais provas pretendem produzir.

A simples decretação da revelia não basta para que o mérito possa ser julgado antecipadamente. É preciso que o juiz profira despacho determinando que as partes informem quais provas querem produzir, e, caso o revel não se manifeste, aí sim o processo poderá ser resolvido.

4. Julgamento antecipado parcial do mérito

Esse ponto da matéria é mais conhecido na doutrina, especialmente entre os arbitralistas, como a sentença parcial. Antes mesmo da revogação do CPC/1973 já havia doutrinadores sustentando a viabilidade de se proferir sentença parcial nos processos judiciais, haja vista a alteração do conceito de sentença, do § 1º do art. 162, pela Lei n. 11.232/2005. Somos bastante entusiastas quanto à possibilidade de termos decisões nesse jaez no processo civil.

De todo modo, vejamos como será a julgamento parcial no novo CPC, ou, para adequarmo-nos à terminologia da lei, o julgamento antecipado parcial do mérito:

> "Art. 356. O juiz decidirá parcialmente o mérito quando um ou mais dos pedidos formulados ou parcela deles: I – mostrar-se incontroverso; II – estiver em condições de imediato julgamento, nos termos do art. 355.
>
> § 1º A decisão que julgar parcialmente o mérito poderá reconhecer a existência de obrigação líquida ou ilíquida.
>
> § 2º A parte poderá liquidar ou executar, desde logo, a obrigação reconhecida na decisão que julgar parcialmente o mérito, independentemente de caução, ainda que haja recurso contra essa interposto.

> § 3º Na hipótese do § 2º, se houver trânsito em julgado da decisão, a execução será definitiva.
>
> § 4º A liquidação e o cumprimento da decisão que julgar parcialmente o mérito poderão ser processados em autos suplementares, a requerimento da parte ou a critério do juiz.
>
> § 5º A decisão proferida com base neste artigo é impugnável por agravo de instrumento".

A expressão "sentença parcial de mérito" não deve ser empregada para evitar confusão dos sujeitos do processo quanto ao recurso cabível para impugná-la, que, segundo o § 5º do 356, é o agravo de instrumento.

O julgamento antecipado parcial do mérito será cabível apenas nas hipóteses elencadas pelos dois incisos do art. 356. Entendemos que, se todas as partes requererem ao magistrado que julgue antecipada e parcialmente o mérito da lide, ele não poderá recusar. Apesar de o art. 356 apresentar um rol taxativo, temos que o consenso expresso das partes estaria contido dentro do inciso I, que trata da incontrovertibilidade do objeto. Aliás, o resultado dessa decisão judicial pode evitar que o processo tramite por mais tempo do que o necessário, induzindo as partes a transigirem quanto ao restante da lide. Um bom exemplo disso seria o de uma decisão parcial que determina o *an debeatur*. Depois disso, pode ser mais fácil chegar ao *quantum debeatur*.

O § 1º do art. 356 é interessante porque permite que o juiz profira decisões dessa natureza para reconhecer a existência de obrigação ilíquida. O exemplo seria o mesmo que demos no parágrafo anterior. O juiz decide, com base no art. 355, e define apenas sobre o *an debeatur*. Essa decisão poderá restringir o espectro de eventual perícia, diminuindo tempo e gastos. Pode até mesmo eliminar a necessidade de ser realizada.

O § 2º do art. 356 parece ter criado uma espécie *sui generis* de cumprimento de sentença, uma vez que não reveste a execução, da decisão ainda não passada em julgado, com o caráter de definitiva, no entanto, dá a impressão de que o cumprimento de sentença possa prosseguir, sem fazer qualquer restrição até que ponto, sem que fosse preciso prestar caução ou outra garantia. No cumprimento de sentença provisória, por exemplo, é necessário caucionar se quiser levantar dinheiro (art. 520, IV, do novo CPC). Não nos parece correto acreditar que tenha sido essa a vontade do legislador. Primeiro porque não há motivo para dar tratamento diferenciado para o "cumprimento provisório de sentença parcial" em face do "cumprimento provisório de sentença global". Segundo porque o § 2º é claro em afirmar que apenas com o trânsito em julgado haverá a definitividade da execução. Sendo assim, consideramos que a expressão "independentemente de caução" significa que a parte não precisa caucionar para dar início ao cumprimento de sentença provisório. Todavia, o § 3º do próprio art. 356 diz o contrário, ou seja, que com o trânsito em julgado da decisão que julga parcial e antecipadamente o mérito, a sua execução será definitiva. Isso significa que a caução estará totalmente dispensada.

O § 4º do art. 356 faculta ao juiz ou à parte a possibilidade de decidir se o cumprimento de sentença tramitará em autos suplementares ou nos mesmos autos. Acreditamos que em apenso seja mais adequado.

Possivelmente, a maior discussão que surgirá em torno desse dispositivo legal é no tocante ao cabimento ou não de ação rescisória, e, em sendo admissível, o termo inicial do prazo para a sua propositura. Entendemos que a ação rescisória é cabível contra a decisão judicial proferida com base no art. 356, tendo em vista que, nos termos do art. 966 do novo CPC, está sujeita à rescisória a "decisão de mérito transitada em julgado". Não há, destarte, a menor dúvida de que a "decisão em comento tem natureza definitiva e é de mérito. Mesmo que o legislador no capítulo que cuida da ação rescisória falasse em "sentença de mérito", ao invés de "decisão de mérito", ainda assim defenderíamos a viabilidade de se ajuizar ação rescisória. Quanto ao termo inicial do prazo decadencial, temos que art. 975 do novo CPC não deixa a menor dúvida. Diz que o "direito de propor ação rescisória se extingue em dois anos contados do trânsito em julgado da última decisão proferida no processo".

5. Saneamento compartilhado e a organização do procedimento

O art. 357 do novo CPC determina que, "não ocorrendo nenhuma das hipóteses deste Capítulo, deverá o juiz, em decisão de saneamento e de organização do processo: I – resolver as questões processuais pendentes, se houver; II – delimitar as questões de fato sobre as quais recairá a atividade probatória, especificando os meios de prova admitidos; III – definir a distribuição do ônus da prova, observado o art. 373; IV – delimitar as questões de direito relevantes para a decisão do mérito; V – designar, se necessário, audiência de instrução e julgamento". Este dispositivo é similar ao § 2º do art. 331 do CPC/1973.

Apenas para lembrar, as tais "hipóteses do capítulo" as quais o *caput* faz alusão, são: extinção do processo (art. 354); julgamento antecipado do mérito (art. 355); e julgamento antecipado parcial do mérito (art. 356).

Vejamos, agora, o que dispõem os nove parágrafos do art. 357. Adiantamos que, basicamente, são questões atinentes à resolução dos pontos controvertidos de natureza processual, bem como no tocante aos fatos e ao direito. E, também, os preceitos básicos de eventual prova testemunhal ou pericial que possa vir a ser determinada pelo juiz.

Após o saneamento, as partes podem pedir esclarecimentos ou solicitar ajustes, no prazo comum de cinco dias, findo o qual a decisão se torna estável (§ 1º).

Ao invés de deixar a cargo do juiz a delimitação consensual das questões de fato e de direito a que se referem os incisos II e IV, podem as partes consensualmente delimitá-las e apresentar ao juiz para que sejam homologadas. Caso isso ocorra, a dita delimitação vincula as partes e o juiz (§ 2º).

O saneamento pode ser feito em cooperação com as partes, se a causa apresentar complexidade em matéria de fato ou de direito. Nesse caso, deverá o juiz designar audiência para essa finalidade, e, se for o caso, convidará as partes a integrar ou esclarecer suas alegações (§ 3º).

O rol de testemunhas deve ser apresentado no prazo comum de, no máximo, 15 dias, caso esse meio de prova tenha sido determinado pelo julgador (§ 4º).

Se for realizada a audiência a que faz alusão o § 3º, as partes já devem levar o respectivo rol de testemunhas, para a eventualidade de esse meio de prova ser deferido pelo juiz (§ 5º). O novo CPC continua limitando o número de testemunhas arroladas, que não pode ser superior a 10, sendo três, no máximo, para a prova de cada fato (§ 6º). Importa registrar que é lícito ao magistrado limitar o número de testemunhas. Para tanto, levará em consideração a complexidade da causa e dos fatos individualmente considerados (§ 7º).

No tocante à prova pericial, se tiver sido deferida a sua produção, o magistrado deve observar o disposto no art. 465 e, se possível, instituir, de logo, no calendário procedimental, data para a sua realização (§ 8º).

Por fim, o § 9º diz que "as pautas deverão ser preparadas com intervalo mínimo de uma hora entre as audiências". Quais audiências seriam essas? A de conciliação ou de mediação já sabemos que o prazo será de, pelo menos, 20 em 20 minutos (§ 12 do art. 334). Seria, então, a audiência de instrução e julgamento? Ou seria a audiência de saneamento do § 3º do art. 357? Parece-nos mais crível que seja a audiência de instrução e julgamento (AIJ), mas, diante da falha legislativa, pensamos que esse prazo mínimo de intervalo deva ser aplicado a ambas.

§ 11 – Audiência de instrução e julgamento

1. Cabimento da AIJ

Assim como ocorria na era do CPC/1973 (art. 452), o art. 361 do novo CPC nos informa que "as provas orais serão produzidas em audiência, preferencialmente nesta ordem: I – o perito e os assistentes técnicos responderão aos quesitos de esclarecimentos requeridos no prazo e na forma do art. 477, caso não respondidos anteriormente por escrito; II – prestarão depoimentos pessoais o autor e depois o réu; III – serão inquiridas as testemunhas arroladas pelo autor e pelo réu".

A AIJ só pode ser marcada para a produção de uma ou mais dessas três espécies de prova supracitadas, quais seja, esclarecimentos do perito, depoimento pessoal e oitiva de testemunhas. Se não forem realizados esses meios de prova, então não pode o juiz marcar AIJ. Aliás, deveria ter julgado a lide conforme o estado do processo, especialmente se não houve fase instrutória.

2. Tentativa de conciliação ou mediação

O juiz ainda tem o dever de tentar conciliar ou mediar as partes antes de iniciar a AIJ (art. 359 do novo CPC).

3. Deveres do juiz na AIJ

Os deveres do magistrado (ou poder de polícia, como diz a lei) durante a AIJ estão elencados no art. 360 do novo CPC (equivalente ao art. 445 do CPC/1973). Vários foram mantidos (I a III) e dois acrescidos (IV e V). Vale destacar que o juiz deve "registrar em ata, com exatidão, todos os requerimentos apresentados em audiência" (inciso V). Esperamos que, haja vista a positivação dessa regra, que já era tão evidente, alguns poucos juízes parem de se valer da famosa frase nas audiências: "não vou constar isso em ata, Doutor".

O mais curioso, porém, é o inciso IV do art. 360, que precisou fazer constar no novo CPC um dever que é absurdamente óbvio, qual seja, o de que o juiz deve "tratar com urbanidade as partes, os advogados, os membros do Ministério Público e da Defensoria Pública e qualquer pessoa que participe do processo".

Atentem-se para o fato de que o art. 446 do CPC/1973 não foi repetido no novo CPC. Em outras palavras, não compete mais, apenas ao juiz, "proceder direta e pessoalmente à colheita das provas" (antigo inciso II do art. 446). Isso significa, por exemplo, que o advogado pode formular perguntas diretamente à testemunha. Tanto é verdade que o art. 459 do novo CPC garante esse direito à parte.

4. Adiamento da AIJ

O art. 362, I a III, do novo CPC (art. 453, I e II, do CPC/1973) lista as hipóteses em que a AIJ pode ser adiada.

O inciso I limitou o número de adiamentos em razão de convenção das partes: apenas uma vez. Antigamente não havia limitação.

O inciso II optou por não listar as pessoas que, se ausentes, implicariam no adiamento da AIJ. O legislador preferiu dizer "qualquer das pessoas que dela devam necessariamente participar".

O inciso III é novidade no CPC, mas não na legislação (cf. art. 7º, XX, da Lei n. 8.906/94). Reza que haverá adiamento "por atraso injustificado de seu início em tempo superior a trinta minutos do horário marcado".

Os §§ 1º a 3º do art. 362 trazem complementos sobre o conteúdo dos incisos do *caput*, sem qualquer inovação.

5. Da intimação sobre a antecipação ou o adiamento da AIJ

O art. 363 do novo CPC diz que, "havendo antecipação ou adiamento da audiência, o juiz, de ofício ou a requerimento da parte, determinará a intimação dos advogados ou da sociedade de advogados para ciência da nova designação". Dispositivo sem correspondência no CPC/1973, apesar de sua obviedade, e, claro, ter aplicação prática de seu conteúdo na época.

6. Razões finais ou memoriais

Nada mudou no tocante a esse ponto da matéria. O art. 364 do novo CPC repete a redação do art. 454 do CPC/1973 (o seu § 2º foi suprimido por razões óbvias).

Cumpre apenas destacar uma sutil diferença entre o § 3º do art. 454 do CPC/1973 e o § 2º do art. 364 do novo CPC. Esse determina que, em caso de memoriais escritos, deverão ser apresentados "em prazos sucessivos de 15 dias, assegurada vista dos autos". Isso significa que cada parte deverá ter acesso aos autos, fora de cartório, pelo prazo de 15 dias. Não será o caso de se dividir o prazo de 15 dias entre as partes.

7. Características da AIJ

O art. 365 do novo CPC (art. 455 do CPC/1973) traz duas características da AIJ, quais sejam, é una e contínua. Excepcionalmente, ela poderá ser cindida, na ausência do perito ou de testemunha, mas só se houver concordância das partes.

Outra exceção decorre da impossibilidade de realização da instrução, do debate e do julgamento no mesmo dia. Nesse caso, o juiz marcará seu prosseguimento para a data mais próxima possível, em pauta preferencial, sem que, para tanto, haja concordância das partes. É o que dispõe o parágrafo único do art. 365.

Mais uma característica da AIJ é o fato de ela ser pública, salvo nas causas que tramitem sob segredo de justiça (art. 368 do novo CPC).

8. Das pessoas que devem subscrever o termo de audiência

O art. 367 do novo CPC trata dessa parte. Não ocorreram alterações, salvo pelo detalhe na parte final do § 2º, que não existia no CPC/1973. As partes estão dispensadas de assinar, "exceto quando houver ato de disposição para cuja prática os advogados não tenham poderes". Assim, quando na procuração ao advogado contiverem apenas os poderes da cláusula *ad judicia*, e ocorrer transação judicial ou extrajudicial, deverá o cliente assinar, conjuntamente, a petição.

9. Gravação da audiência

Apesar da inexistência de proibição na era do CPC/1973, entendeu o legislador, por bem, em garantir, expressamente, a possibilidade de a AIJ poder ser gravada, tanto pelo juízo, quanto pelas partes.

Dispõe o § 5º do art. 367 que "a audiência poderá ser integralmente gravada em imagem e em áudio, em meio digital ou analógico, desde que assegure o rápido acesso das partes e dos órgãos julgadores, observada a legislação específica". O § 6º do mesmo dispositivo vai além e assegura que "a gravação a que se refere o § 5º também pode ser realizada diretamente por qualquer das partes, independentemente de autorização judicial".

São, sem dúvida, duas boas inovações.

No caso dos processos que tramitam sob segredo de justiça, deverá o juiz advertir a pessoa que estiver gravando das limitações que ela terá no tocante à divulgação desse material, podendo inclusive fixar, previamente, multa para o caso de descumprimento.

§ 12 – Provas: teoria geral

1. Prolegômenos

A parte referente às provas está localizada nos arts. 369 a 484 do novo CPC. No CPC/1973 ficava entre os arts. 332 a 443.

A chamada teoria geral das provas é regulada pelos arts. 369 a 380 do novo CPC.

E como ficou a divisão interna, do novo CPC, no tocante às provas? Dessa forma:

- produção antecipada de provas (arts. 381 a 383);
- ata notarial (art. 384);
- depoimento pessoal (arts. 385 a 388);
- confissão (arts. 390 a 395);
- exibição de documento ou coisa (arts. 396 a 404);
- prova documental (arts. 405 a 441);
- prova testemunhal (arts. 442 a 463);
- prova pericial (arts. 464 a 480);
- inspeção judicial (arts. 481 a 484).

Nos respectivos tópicos abordaremos as inovações trazidas pelo legislador.

2. Meios de prova típicos e atípicos

O art. 369 do novo CPC (art. 332 do CPC/1973) mantém a possibilidade de as partes poderem produzir provas que : "as partes têm direito de empregar todos os meios legais, bem como os moralmente legítimos, ainda que não especificados neste Código, para provar a verdade dos fatos em que se funda o pedido ou a defesa e influir eficazmente na convicção do juiz".

3. Da convicção do juiz e as provas aparentemente desnecessárias

A parte final do art. 369 do novo CPC afirma que as provas servem para "provar a verdade dos fatos em que se funda o pedido ou a defesa e influir eficazmente na convicção do juiz".

O art. 370 do novo CPC estatui que "caberá ao juiz, de ofício ou a requerimento da parte, determinar as provas necessárias ao julgamento do mérito". O seu parágrafo único diz que "o juiz indeferirá, em decisão fundamentada, as diligências inúteis ou meramente protelatórias".

Uma das medidas que devem ser tomadas pelo juiz, para zelar pelo efetivo e bom andamento dos trabalhos, é indeferir as diligências inúteis ou meramente protelatórias (antigo art. 130 do CPC/1973 e parágrafo único do art. 370 do novo CPC). Especialmente no tocante à produção de provas, esse mister deve ser exercido com extrema cautela, de modo a não cercear o direito de defesa da parte. O julgador de primeiro grau precisa sempre se lembrar de que ele não é o único destinatário da prova, uma vez que, em caso de recurso, o tribunal poderá reapreciar todas as provas dos autos, haja vista o efeito devolutivo da apelação. Ademais, a estratégia é traçada pelo advogado, e, muitas vezes, o juiz, que tem milhares de processos, não se atenta para um detalhe que a parte deseja provar.

4. Valoração da prova

O art. 371 do novo CPC reza que "o juiz apreciará a prova constante dos autos, independentemente do sujeito que a tiver promovido, e indicará na decisão as razões da formação de seu convencimento".

O art. 131 do CPC/1973 dispunha que "o juiz apreciará livremente a prova, atendendo aos fatos e circunstâncias constantes dos autos, ainda que não alegados pelas partes; mas deverá indicar, na sentença, os motivos que lhe formaram o convencimento".

Houve um aprimoramento técnico de modo a deixar claro que o juiz deve sempre (e apenas) valer-se das provas que estão nos autos. O legislador quis reafirmar que a valoração da prova deve se dar com base no sistema da persuasão racional, e, não, do livre convencimento. Reforce-se que a apreciação da prova dar-se-á sem a higidez do sistema da prova legal.

5. Prova emprestada

O art. 372 do novo CPC diz que "o juiz poderá admitir a utilização de prova produzida em outro processo, atribuindo-lhe o valor que considerar adequado, observado o contraditório". Não possui correspondente no CPC/1973. Trata-se de regra que já vinha sendo aceita há muitos anos pela doutrina e jurisprudência.

A expressão "observado o contraditório" refere-se ao momento em que for juntado, nos autos, a prova emprestada de outro processo. A prova emprestada pode ser, na sua origem, depoimento pessoal, prova pericial, testemunhal, documental, confissão, enfim, qualquer uma. Assim que uma das partes requerer a juntada, deverá o juiz intimar a outra para que possa exercer o contraditório e a ampla defesa.

É claro que uma prova produzida com algum vício em outro processo não será bem vista pelo magistrado, tanto que ele poderá atribuir o valor que considerar adequado.

6. Distribuição do ônus da prova: estática e dinâmica

O art. 373, I e II, do novo CPC repete o disposto no art. 333, I e II, do CPC/1973.

> "Art. 373. O ônus da prova incumbe:
>
> I – ao autor, quanto ao fato constitutivo do seu direito;
>
> II – ao réu, quanto à existência de fato impeditivo, modificativo ou extintivo do direito do autor.
>
> § 1º Nos casos previstos em lei ou diante de peculiaridades da causa relacionadas à impossibilidade ou à excessiva dificuldade de cumprir o encargo nos termos do *caput* ou à maior facilidade de obtenção da prova do fato contrário, poderá o juiz atribuir o ônus da prova de modo diverso, desde que o faça por decisão fundamentada, caso em que deverá dar à parte a oportunidade de se desincumbir do ônus que lhe foi atribuído.
>
> § 2º A decisão prevista no § 1º deste artigo não pode gerar situação em que a desincumbência do encargo pela parte seja impossível ou excessivamente difícil".

A regra geral permanece a mesma, ou seja, o autor deve provar os fatos constitutivos de seu direito e, o réu, os fatos impeditivos, extintivos e modificativos do alegado direito do autor. Isso representa a teoria estática do ônus da prova.

Em contrapartida, o § 1º do art. 373 positiva a tão aclamada teoria da distribuição dinâmica do ônus da prova. Em quais situações ela será empregada? Será utilizada em duas situações: quando a lei a exigir ou quando o juiz a determinar. Como é que o juiz pode determinar? Deve ser por meio de decisão fundamentada. E por que é que o juiz faria isso? Seria porque as particularidades do caso concreto demandariam a sua aplicação. E quais seriam essas peculiaridades que autorizariam o magistrado a aplicar essa teoria? Seriam aquelas relacionadas à impossibilidade ou à excessiva dificuldade de cumprir o encargo nos termos da teoria estática (é aquela prevista no *caput* do art. 373) ou à maior facilidade de obtenção da prova do fato contrário.

A inversão do ônus da prova prevista no art. 6º, VIII, do CDC, é exemplo da teoria dinâmica, só que restrito às relações de consumo e desde que o consumidor seja hipossuficiente ou sua alegação seja verossímil (parte da doutrina entende que são dois requisitos cumulativos, e, não, alternativos).

Por fim, o § 2º do art. 373 adverte que a aplicação da teoria dinâmica do ônus da prova não pode gerar situação em que a desincumbência do encargo pela parte seja impossível ou excessivamente difícil.

7. Distribuição diversa do ônus da prova

O § 3º do art. 373 do novo CPC autoriza que "a distribuição diversa do ônus da prova também pode ocorrer por convenção das partes, salvo quando: I – recair sobre direito indisponível da parte; II – tornar excessivamente difícil a uma parte o exercício do direito". O § 4º do art. 373 informa que "a convenção de que trata o § 3º pode ser celebrada antes ou durante o processo".

Seria imprescindível a presença do advogado para a validade desse negócio processual? A nosso ver, como o art. 104, III, do CC exige a forma prescrita ou não defesa em lei para a validade do negócio jurídico, e, no caso em tela, o referido pacto é realizado dentro do processo, consideramos que a assinatura do advogado, na petição que versar sobre a distribuição diversa do ônus da prova, é obrigatória.

O negócio jurídico processual de convenção acerca da distribuição do ônus da prova é lícito, desde que não verse sobre direito indisponível ou não crie extrema dificuldade para a parte o exercício desse direito.

8. Direito de não produzir prova contra si próprio

O novo CPC deixa mais claro do que nunca o direito que a parte tem de não produzir provas contra si mesma. Para muitos, essa garantia já estava consagrada no art. 5º, LXIII, da CF/88. Diz o art. 379 do novo CPC que, "preservado o direito de não produzir prova contra si própria, incumbe à parte: I – comparecer em juízo, respondendo ao que lhe for interrogado; II – colaborar com o juízo na realização de inspeção judicial que for considerada necessária; III – praticar o ato que lhe for determinado".

Em suma, a parte tem o direito de não produzir provas contra si, contudo, se houver a determinação para se fazer algo, e a parte optar por invocar a proteção, perderá a oportunidade de produzir uma prova em seu favor e, ao mesmo tempo, correrá, contra ela, a presunção de que, se a prova tivesse sido apresentada ou produzida, lhe seria desfavorável. É o que se vê, por exemplo, no enunciado da Súmula n. 301 do STJ, que trata da presunção gerada em desfavor da pessoa que se recusa a realizar exame de DNA em ação de investigação de paternidade. O mesmo ocorre, por exemplo, no art. 400 do novo CPC (art. 359 do CPC/1973).

9. A prova de conhecimento ou em poder de terceiro

Dispõe o parágrafo único do art. 380 do novo CPC que "poderá o juiz, em caso de descumprimento, determinar, além da imposição de multa, outras medidas indutivas, coercitivas, mandamentais ou sub-rogatórias". Não existe dispositivo correspondente no CPC/1973, e, sem dúvida, é uma inovação bastante salutar.

Sobre os deveres do terceiro no âmbito das provas, informa o *caput* do art. 380 que "incumbe ao terceiro, em relação a qualquer causa: I – informar ao juiz os fatos e as circunstâncias de que tenha conhecimento; II – exibir coisa ou documento que esteja em seu poder". Essa parte, sim, é repetição do art. 341 do CPC/1973.

§ 13 – Produção antecipada da prova

1. Noções gerais

Como é do conhecimento de todos, a produção antecipada de prova era uma medida cautelar típica no CPC/1973 (arts. 846 a 851).

No novo CPC a produção antecipada de prova passa a figurar dentro do capítulo que cuida das provas, mais precisamente nos arts. 381 a 383.

É preciso deixar claro que a produção antecipada de prova, no novo CPC, não pode ser considerada como um meio de prova. É simplesmente uma forma de se produzir uma prova antes de iniciada a fase instrutória do processo e, dependendo do caso, antes mesmo de se ingressar com a ação principal.

O legislador, portanto, parece ter percebido que o direito à prova existe e, por isso, o direito à sua produção antecipada pode ser exercitado mesmo sem o requisito da urgência. Não se trata de um direito absoluto, tanto é que houve a preocupação em se criar um rol taxativo de situações nas quais pode a parte fazer uso dessa figura processual.

Finalmente, sobre a natureza jurídica das medidas que podem ser requeridas de forma antecipada, com base nesse procedimento, apesar de a lei ter-se quedado silente, parece-nos que sejam medidas cautelares não-contenciosas. Chegamos a essa conclusão com base no disposto nos §§ 2º e 4º do art. 382 do novo CPC.

2. Hipóteses de cabimento

O art. 381 do novo CPC elenca, em rol exaustivo, as situações nas quais é possível a produção antecipada da prova. Será possível nas circunstâncias em que: "I – haja fundado receio de que venha a tornar-se impossível ou muito difícil a verificação de certos fatos na pendência da ação;

II – a prova a ser produzida seja suscetível de viabilizar a autocomposição ou outro meio adequado de solução de conflito; III – o prévio conhecimento dos fatos possa justificar ou evitar o ajuizamento de ação".

O legislador foi muito feliz em taxar situações de maneira bastante aberta, por conseguinte, não será difícil enquadrar o caso concreto em um dos três incisos do art. 381. O juiz, claro, deve evitar abusos, de modo a não permitir que a exceção se torne regra. Porém, se houver dúvida acerca da possibilidade ou não em se autorizar a produção antecipada da prova, temos que o juiz deve permitir seja realizada.

Passemos a alguns exemplos práticos envolvendo esses três incisos.

No inciso I, por certo se vê que há a necessidade em se demonstrar a urgência em se produzir a prova pretendida naquele momento, *v.g.*, colheita do depoimento de uma pessoa enferma (parte ou testemunha) ou perícia sobre objeto ou local que corre o risco de desaparecer.

No inciso II, pensamos num caso em que as partes estão certas quanto aos fatos, contudo, desejam saber algo, para, depois disso, chegarem a um acordo um buscar a conciliação ou a mediação. Uma prova pericial de natureza contábil pode ser um exemplo, se as partes já estiverem de acordo com o fato de que *X*, que é uma das partes no procedimento, é o responsável pelo prejuízo que for apurado.

No inciso III, ao contrário do que acabamos de afirmar, as partes não estão tão certas quanto aos fatos, e a prova será útil para saber se a ação principal poderá ou deverá ser proposta. O exemplo que nos vem à mente mais rapidamente é o da exibição de documento ou coisa. Dependendo do que for apresentado, e do teor do documento, pode ser que a parte promovente não tenha o interesse em manejar a ação posteriormente.

3. Momento para requerer a medida

Conforme já informamos anteriormente, o requerimento pode ser feito antes de iniciada a fase instrutória do processo e, dependendo do caso, antes mesmo de se ingressar com a ação principal. Essa conclusão é tirada da interpretação dos três incisos do art. 381 do novo CPC, e, também, do seu § 3º.

4. Competência

Existem três regras sobre competência dentro do art. 381 do novo CPC.

A regra básica está no seu § 2º: "a produção antecipada da prova é da competência do juízo do foro onde esta deva ser produzida ou do foro de domicílio do réu".

O seu § 3º detalha um pouco mais e estabelece que "a produção antecipada da prova não previne a competência do juízo para a ação que venha a ser proposta".

Por fim, se pelas partes envolvidas, era para o procedimento tramitar perante a vara federal, e não existir uma na localidade, deverá o feito tramitar perante a Justiça Estadual, segundo se extrai do § 4º do dispositivo em comento.

5. Requisitos da petição

O legislador não fala em petição inicial, talvez para não gerar confusão com aquela que dá início do processo, entretanto, a petição a que faz alusão o art. 382 do novo CPC pode ser denominada de petição inicial e, em razão disso, receber o mesmo tratamento dispensado à exordial dos processos, ou seja, se não estiver estritamente em consonância com a lei o a interpretação do juiz, deverá ser concedido prazo para a sua emenda.

Diz o art. 382 que, "na petição, o requerente apresentará as razões que justificam a necessidade de antecipação da prova e mencionará com precisão os fatos sobre os quais a prova há de recair". Há, portanto, dois requisitos.

6. Citação dos interessados

O § 1º do art. 382 do novo CPC estabelece que "o juiz determinará, de ofício ou a requerimento da parte, a citação de interessados na produção da prova ou no fato a ser provado, salvo se inexistente caráter contencioso". Veja-se, portanto, que o direito ao contraditório e à ampla defesa só tem lugar se existir litigiosidade.

7. Limites à atividade jurisdicional

Nos termos do § 2º do art. 382 do novo CPC "o juiz não se pronunciará acerca da ocorrência ou da inocorrência do fato, bem como sobre as respectivas consequências jurídicas". Por quê? Porque a natureza e o objetivo dessa medida judicial não o permitem. Esse comportamento do magistrado é esperado e necessário ao julgar o processo principal. O julgador deve tomar cuidado ao dirigir a produção antecipada de provas de modo a não parecer, para as partes, que está prejulgando a causa.

8. Cumulação de pedidos

De acordo com o § 3º do art. 382 do novo CPC "os interessados poderão requerer a produção de qualquer prova no mesmo procedimento, desde que relacionada ao mesmo fato, salvo se a sua produção conjunta acarretar excessiva demora".

Com o intuito de zelar pela celeridade e economia processual, o legislador autoriza a produção antecipada de outras provas dentro do mesmo procedimento, contudo, desde que preencha três requisitos. Os dois primeiros estão na parte final do dito § 3º, quais sejam, é preciso que esteja relacionada ao mesmo fato e que não acarrete excessiva demora ao procedimento em questão. O terceiro requisito está no art. 381, ou seja, é necessário que a prova que se pretenda produzir antecipadamente esteja albergada em um de seus três incisos.

9. Inexistência de defesa ou recurso no procedimento

Provavelmente em razão da baixa ou inexistente litigiosidade que o legislador permitirá que exista nas medidas requeridas à luz dos arts. 381 a 383, haja vista o fato de que não se pretende decidir, mas, sim, constatar, reza o § 4º do art. 382 que, "neste procedimento, não se admitirá defesa ou recurso, salvo contra a decisão que indeferir totalmente a produção da prova pleiteada pelo requerente originário". Essa decisão é sentença, logo, o recurso cabível será a apelação.

10. O procedimento a ser adotado na produção antecipada de provas

A lei não definiu o procedimento que deverá ser utilizado para a produção antecipada de provas. Nesse caso, diante do princípio da liberdade das formas, bem como da possibilidade da flexibilidade procedimental incorporada no novo CPC, acreditamos que ficará a cargo do juiz estipular os prazos e a forma de se praticar os demais atos processuais.

11. Arrolamento de bens simplificado

De acordo com o § 1º do art. 381, "o arrolamento de bens observará o disposto nesta seção quando tiver por finalidade apenas a realização de documentação e não a prática de atos de apreensão".

O arrolamento de bens, que era considerada medida cautelar pelo CPC/1973 (arts. 855 a 860), é uma importante ferramenta probatória nas ações em que se pretende encerrar ou criar uma relação jurídica, tais como dissolução parcial ou total de sociedade, separação, divórcio, declaração e extinção de união estável, investigação de paternidade, dentre outras.

Se o intuito da parte for apenas o de se documentar, detalhadamente, todos os bens que guarnecem determinado local, pode-se valer desse procedimento de produção antecipada de prova. No entanto, se o escopo for maior, e, além disso, houver requerimento para a apreensão de um ou mais bens, então não se pode aplicar esse procedimento. A nosso ver, nesses casos, deverá a parte interessada valer-se da tutela provisória; mais especificamente do "procedimento da tutela cautelar requerida em caráter antecedente", previsto nos arts. 305 a 310 do novo CPC.

12. Justificação

Nos termos do § 5º do art. 381, "aplica-se o disposto nesta Seção àquele que pretender justificar a existência de algum fato ou relação jurídica, para simples documento e sem caráter contencioso, que exporá, em petição circunstanciada, a sua intenção". Isso, nada mais é, do que a cautelar de justificação que existia nos arts. 861 a 866 do CPC/1973.

13. Fim do procedimento

Nos termos do art. 383 do novo CPC, "os autos permanecerão em cartório durante um mês para extração de cópias e certidões pelos interessados". Depois disso, diz o parágrafo único que "findo o prazo, os autos serão entregues ao promovente da medida".

Nesse período de um mês, entendemos que os autos só podem ser retirados pelos advogados por meio da chamada "carga rápida", salvo se convencionarem em sentido diverso.

§ 14 – Ata notarial

Reza o art. 384 do novo CPC que "a existência e o modo de existir de algum fato podem ser atestados ou documentados, a requerimento do interessado, mediante ata lavrada por tabelião". O seu parágrafo único complementa que "dados representados por imagem ou som gravados em arquivos eletrônicos poderão constar da ata notarial".

Não se pode confundir ata notarial com escritura pública. A grande diferença entre elas reside na manifestação de vontade, que existe nessa, mas, não, naquela.

A separação, o divórcio, a partilha e o inventário, se feitos extrajudicialmente, será por meio de escritura pública.

Caso as partes queiram, num dado momento, constatar a existência e o estado de conservação de um ou mais bens, pode-se formalizar isso por meio de ata notarial. O conteúdo de um *site* na internet pode ser atestado por meio de ata notarial. Um pai pode querer que seja atestado que não tem ninguém em determinada residência em determinado horário, e que a campainha ou o interfone não estão sendo atendidos.

O responsável por lavrar a ata notarial é o tabelião de notas, nos termos do art. 7º, III, da Lei n. 8.935/94, que regulamenta o art. 236 da CF/88, dispondo sobre serviços notariais e de registro, também chamada de Lei dos Cartórios. Caberá a ele verificar qual é o fato que a pessoa deseja uma declaração e emiti-la de acordo com a sua percepção. Não pode o requerente intervir na narração dos fatos e deverá aceitá-la da forma como descrita pelo tabelião de notas. Evidentemente que, se o conteúdo não lhe aprouver, não a juntará no processo.

Trata-se, portanto, de um meio de prova ao alcance das partes quando quiserem atestar a existência e o modo de existir de algum fato, e que deve ser solicitada junto a algum tabelião de notas. E, claro, é uma espécie, do gênero, prova documental.

§ 15 – Depoimento pessoal

1. Não se pode requerer o depoimento de si próprio

Assim como se dava no CPC/1973 (art. 343), o novo CPC mantém a regra de que a parte não pode requerer o depoimento de si próprio. Diz o art. 385 que "cabe à parte requerer o depoimento pessoal da outra, a fim de ser interrogada na audiência de instrução e julgamento, sem prejuízo do poder do juiz de ordená-lo de ofício".

2. *Ex officio*

Pode ser determinado o depoimento pessoal de qualquer das partes de ofício pelo juiz (art. 385).

3. Pena de confesso para a parte ausente

Só se pode aplicar a pena de confesso, à parte ausente, se, no mandado de intimação, constar tal advertência. Reza o § 1º do art. 385 que "se a parte, pessoalmente intimada para prestar depoimento pessoal e advertida da pena de confesso, não comparecer ou, comparecendo, se recusar a depor, o juiz aplicar-lhe-á a pena".

Apesar de inexistir regramento idêntico no CPC/1973 (o § 2º do art. 343 era parecido), esse entendimento já estava sedimentado na jurisprudência.

4. Depoimento da parte que resida em outra comarca, seção ou subseção

O § 3º do art. 385 do novo CPC estatui que "o depoimento pessoal da parte que residir em comarca, seção ou subseção judiciária diversa daquela onde tramita o processo poderá ser colhido por meio de videoconferência ou outro recurso tecnológico de transmissão de sons e imagens em tempo real, o que poderá ocorrer, inclusive, durante a realização da audiência de instrução e julgamento". Não possui correspondente no CPC/1973.

Já era direito da parte ser ouvida por carta precatória.

Com base no § 2º do art. 154 do CPC/1973, já era possível efetivar aquilo que está disposto no dispositivo em comento.

5. Não obrigatoriedade de depor sobre determinados fatos

Segundo o art. 388 do novo CPC, "a parte não é obrigada a depor sobre fatos: I – criminosos ou torpes que lhe forem imputados; II – a cujo respeito, por estado ou profissão, deva guardar sigilo;

III – a que não possa responder sem desonra própria, de seu cônjuge, de seu companheiro ou de parente em grau sucessível; IV – que coloquem em perigo a vida do depoente ou das pessoas referidas no inciso III". O seu parágrafo único excepciona e diz que "esta disposição não se aplica às ações de estado e de família". O dispositivo é correspondente ao art. 347, I e II, do CPC/1973.

Os incisos III e IV do art. 388 são novidades.

O que nos impressiona, negativamente, é o fato de o parágrafo único ser aplicável à hipótese descrita no inciso IV. Um absurdo! Trocando em miúdos, significa que, em nome da busca da verdade real no processo civil, numa ação de estado ou de família, a parte deve depor sobre fatos que coloquem em perigo a sua própria vida ou das pessoas de sua família.

§ 16 – Confissão

1. Confissão de pessoa casada ou amasiada

O parágrafo único do art. 391 do novo CPC é parecido com o parágrafo único do art. 350 do CPC/1973. A nova redação é a seguinte: "nas ações que versarem sobre bens imóveis ou direitos reais sobre imóveis alheios, a confissão de um cônjuge ou companheiro não valerá sem a do outro, salvo se o regime de casamento for o da separação absoluta de bens". A inovação ficou por conta dessa parte final, que permite que o cônjuge ou o companheiro possam confessar, sem a anuência do parceiro, se o regime de casamento for o da separação absoluta de bens (legal ou convencional).

2. Eficácia e validade da confissão

O novo CPC traz alguns dispositivos legais que não existiam no CPC/1973, todavia, estão presentes no CC. Senão, vejamos.

Em relação à eficácia da confissão, os §§ 1º e 2º do art. 392 são iguais ao art. 213, *caput* e parágrafo único, do CC. Dispõem que "a confissão será ineficaz se feita por quem não for capaz de dispor do direito a que se referem os fatos confessados" (§ 1º) e "a confissão feita por um representante somente é eficaz nos limites em que este pode vincular o representado" (§ 2º).

No tocante à validade da confissão, o art. 393 do novo CPC é igual ao art. 214 do CC. Observem que esses dispositivos, que trazem as hipóteses em que se pode buscar a invalidação da confissão, são mais restritivos que o art. 352 do CPC/1973. O art. 393 reza que "a confissão é irrevogável, mas pode ser anulada se decorreu de erro de fato ou de coação". O erro de direito, por certo, não pode invalidar a confissão.

§ 17 – Exibição de documento ou coisa

1. Possível cancelamento do enunciado da Súmula n. 372 do STJ

O parágrafo único do art. 400 do novo CPC, que não possui dispositivo correspondente no CPC/1973, diz que "sendo necessário, pode o juiz adotar medidas indutivas, coercitivas, mandamentais ou sub-rogatórias para que o documento seja exibido".

Já o enunciado da Súmula n. 372, do ano de 2009, estipula que "na ação de exibição de documentos, não cabe a aplicação de multa cominatória". O grande fundamento desse enunciado é que já existia, no CPC/1973 (art. 359), uma sanção para o descumprimento da determinação judicial de exibição, qual seja, presumir-se-iam verdadeiros os fatos que, por meio do documento ou da coisa, a parte pretendia provar.

O novo CPC traz a possibilidade de se cumular penas, pois parte da premissa de que, muitas vezes, é indispensável a aparição do documento ou da coisa, e que, sem eles, corre-se o risco de não se conseguir alcançar o objetivo na ação principal.

Dito isso, esperamos que o STJ cancele o enunciado da Súmula n. 372, pois não está de acordo com o novo CPC.

2. Prazo para o terceiro responder

Quando o documento ou a coisa estiverem em poder de terceiros ele será citado para responder em 15 dias. Esse é o comando do art. 401 do novo CPC. No CPC/1973 (art. 360) o prazo era de 10 dias.

3. Medidas coercitivas contra o terceiro em posse do documento ou da coisa

O parágrafo único do art. 403 do novo CPC é muito parecido com o art. 362 do CPC/1973. A diferença fica por conta da sua parte final, que aumenta o leque das medidas coercitivas que podem ser determinadas pelo juiz, de modo a coibi-lo a exibir o documento ou a coisa. Vejam como ficou o dispositivo em comento: "se o terceiro descumprir a ordem, o juiz expedirá mandado de apreensão, requisitando, se necessário, força policial, tudo sem prejuízo da responsabilidade por crime de desobediência, pagamento de multa e outras medidas indutivas, coercitivas, mandamentais ou sub-rogatórias necessárias para assegurar a efetivação da decisão".

4. Escusa de exibição

O art. 404 do novo CPC é quase idêntico ao art. 363 do CPC/1973.

As novidades ficam apenas por conta da criação do inciso VI ("houver disposição legal que justifique a recusa da exibição") e do aprimoramento de redação do parágrafo único do art. 404 em face do parágrafo único do art. 363.

§ 18 – Prova documental

1. Autenticidade do documento

O art. 411 do novo CPC (art. 369 do CPC/1973) lista as hipóteses em que se deve considerar um documento como autêntico. Dispõe que "considera-se autêntico o documento quando: I – o tabelião reconhecer a firma do signatário; II – a autoria estiver identificada por qualquer outro meio legal de certificação, inclusive eletrônico, nos termos da lei; III – não houver impugnação da parte contra quem foi produzido o documento".

O inciso I teve a sua redação aprimorada em relação ao *caput* do art. 369 do CPC/1973. Não é preciso, pois, que a firma seja aposta na frente do tabelião (reconhecimento por autenticidade), logo, o reconhecimento de firma por semelhança também é válido. Atenção porque, para a prática de certos atos fora do processo, ainda é imprescindível o reconhecimento de firma por autenticidade, como, por exemplo, ao assinar o documento de transferência ao se vender um automóvel.

O inciso II é uma inovação aparente, pois, na prática, documentos já vêm sendo assinados digitalmente há anos.

O inciso III é parecido com o disposto no art. 372, e, ainda, do *caput* do art. 302, ambos do CPC/1973. Lembramos que é possível impugnar a autoria, o conteúdo e a autenticidade do documento.

2. Fotografia

O § 1º do art. 385 do CPC/1973 dizia que "quando se tratar de fotografia, esta terá de ser acompanhada do respectivo negativo". Esse dispositivo não foi repetido no novo CPC.

O novo CPC, por sua vez, tratou da fotografia digital no § 1º do art. 422, da seguinte maneira: "as fotografias digitais e as extraídas da rede mundial de computadores fazem prova das imagens que reproduzem, devendo, se impugnadas, ser apresentada a respectiva autenticação eletrônica ou, não sendo possível, realizada perícia".

O § 2º do art. 422 do novo CPC repete, na sua maior parte, o § 2º do art. 385 do CPC/1973. Ao contrário do que ocorria antigamente, não se exige mais a apresentação do negativo da foto. Confira a redação do § 2º do art. 422: "se se tratar de fotografia publicada em jornal ou revista, será exigido um exemplar original do periódico, caso impugnada a veracidade pela outra parte".

3. Mensagem eletrônica

O § 3º do art. 422 do novo CPC estabelece que "aplica-se o disposto no artigo à forma impressa de mensagem eletrônica".

Em primeiro lugar, o que é uma mensagem eletrônica? É uma mensagem que não tenha sido escrita à lápis ou à caneta no papel. A grosso modo, é isso. Podemos citar como exemplos de mensagens eletrônicas aquelas escritas e enviadas por e-mail, whatsapp, facebook, twitter, instagram e torpedo de telefone celular.

Em segundo lugar, vamos aclarar o óbvio: o dito § 3º está se referindo à forma impressa da mensagem eletrônica. A parte imprimiu uma mensagem eletrônica e utilizou essa versão impressa, nos autos, para provar fatos ou se beneficiar, de alguma forma.

Em terceiro lugar, o "disposto no artigo" a que faz alusão o § 3º seriam o art. 422, *caput* e seus dois parágrafos.

Em quarto lugar, passemos, rapidamente, sobre o conteúdo desse dispositivo legal, adequando-o à mensagem eletrônica. O *caput* deixa claro que a mensagem eletrônica pode ser utilizada como prova. O § 1º informa que, se a mensagem eletrônica for impugnada, deverá ser apresentada a respectiva autenticação eletrônica ou, não sendo possível, realizada perícia. O § 2º detalha que, se essa mensagem eletrônica tiver sido impressa de algum jornal ou revista (e, por que não, de um *site* qualquer?), será exigido um exemplar original do periódico, caso impugnada a veracidade pela outra parte. É claro que estamos nos referindo, no nosso exemplo, a jornais e revistas em formato digital. Para isso, a ata notarial cai como uma luva e deve ser bem utilizada pelas partes interessadas em constatar e autenticar fatos.

4. Da conferência da autenticidade de cópia de documento particular

Apesar de o art. 424 do novo CPC ser cópia do art. 385 do CPC/1973, queremos apenas reforçar que essa medida só tem lugar se a cópia do documento particular tiver sido impugnada pela parte, ou, ainda, se o juiz determinar.

5. Prazo para instaurar a arguição de falsidade

O art. 430 do novo CPC (art. 390 do CPC/1973) dispõe que "a falsidade deve ser suscitada na contestação, na réplica ou no prazo de 15 dias, contado a partir da intimação da juntada aos autos do documento".

Inicialmente cumpre destacar que o prazo foi ampliado de 10 para 15 dias.

A réplica a que faz menção do dispositivo é aquele ato processual praticado pelo autor e comumente denominado de "impugnação à contestação".

Assim, se o documento for juntado com a petição inicial, o réu deve arguir a falsidade na contestação. Se o documento for juntado com a contestação, o autor deve suscitar a falsidade na réplica. Por fim, a qualquer momento que um documento for juntado por uma das partes, a outra terá 15 dias para arguir a falsidade do documento.

6. Procedimento da arguição de falsidade

O art. 431 do novo CPC informa que "a parte arguirá a falsidade expondo os motivos em que funda a sua pretensão e os meios com que provará o alegado".

Depois de apresentada a petição na qual uma das partes está arguindo a falsidade do documento, diz o art. 432 do novo CPC que a outra será ouvida no prazo de

15 dias, e, em seguida, será realizada a prova pericial. Esse prazo era de 10 dias no CPC/1973.

A prova pericial deverá ser dispensada se a parte que produziu o documento concordar em retirá-lo (parágrafo único do art. 432). Não é mais necessário que o suscitante concorde com desentranhamento, como o era no CPC/1973 (parágrafo único do art. 392).

Independentemente do momento em que se encontre o processo, se antes ou depois de iniciada a fase de instrução, o procedimento da arguição de falsidade será o mesmo. Não foi feita a distinção, pelo novo CPC, que existia no CPC/1973 (arts. 391 e 393).

7. Desnecessidade de se suspender o processo durante a arguição de falsidade

Antigamente, conforme dispunha o art. 394 do CPC/1973, "logo que for suscitado o incidente de falsidade, o juiz suspenderá o processo principal". Essa regra não foi repetida no novo CPC, logo, o processo tramitará normalmente durante o julgamento da arguição de falsidade.

8. Forma de resolução da arguição de falsidade

O parágrafo único do art. 430 do novo CPC deixa claro que há duas formas de se resolver a arguição de falsidade, e, para se saber qual delas será utilizada, depende de que maneira a parte a suscitou. Diz a lei que "uma vez arguida, a falsidade será resolvida como questão incidental, salvo se a parte requerer que o juiz a decida como questão principal, nos termos do inciso II do art. 19".

Urge chamar a atenção para o art. 430 do novo CPC, que estatui que "a declaração sobre a falsidade do documento, quando suscitada como questão principal, constará da parte dispositiva da sentença e sobre ela incidirá também a autoridade de coisa julgada".

9. Momento no qual se deve juntar a documentação no processo

Basicamente, foram mantidas as regras sobre o momento em que a parte deve apresentar os documentos. Se for o autor, na petição inicial; se for o réu, na contestação. É o que se extrai do art. 431 do novo CPC (art. 396 do CPC/1973).

Da mesma forma ocorria antigamente, diz o art. 432 do novo CPC (art. 397 do CPC/1973) que "é lícito às partes, em qualquer tempo, juntar aos autos documentos novos, quando destinados a fazer prova de fatos ocorridos depois dos articulados ou para contrapô-los aos que foram produzidos nos autos".

No tocante à juntada de documentos que já existiam à época em que a exordial e a defesa foram apresentadas, sem que os mesmos tivessem sido anexados às respectivas petições, reza o parágrafo único do art. 432 que "admite-se também a juntada posterior de documentos formados após a petição inicial ou a contestação, bem como dos que se tornaram conhecidos, acessíveis ou disponíveis após esses atos, cabendo à parte que os produzir comprovar o motivo que a impediu de juntá-los anteriormente. Em qualquer caso, caberá ao juiz avaliar a conduta da parte de acordo com o art. 5º".

Em relação aos documentos formados após a existência da petição inicial ou da contestação, o procedimento que deve ser adotado pela parte interessada é o mesmo do parágrafo único do art. 432 do novo CPC.

Em ambos os casos mencionados pelo parágrafo único do art. 432, há um requisito para a parte que pretender juntar o documento nos autos, qual seja, explicar e comprovar o porquê de não tê-lo juntado oportuna e tempestivamente. Igualmente, nas duas situações, o magistrado avaliará a conduta da parte à luz do princípio da boa-fé objetiva. Se o magistrado entender que a justificativa apresentada foi plausível, permitirá que o documento juntado permaneça nos autos e deverá levá-lo em consideração ao julgar a lide; do contrário, ordenará que seja desentranhado. Entendemos que o juiz, antes de tomar essa decisão, deve intimar a parte contrária para que ela possa se manifestar no prazo de 15 dias (§1º do art. 437 do novo CPC).

10. Momento para a juntada de documento que consista em reprodução cinematográfica ou fonográfica

Nos termos do parágrafo único do art. 434 do novo CPC, "quando o documento consistir em reprodução cinematográfica ou fonográfica, a parte deverá trazê-lo nos termos do *caput*, mas sua exposição será realizada em audiência, intimando-se previamente as partes". Não existe correspondente no CPC/1973.

O *caput* fala que esses documentos devem ser apresentados com a petição inicial ou com a contestação. O CD ou DVD no qual está gravado a média deve ser juntado nos autos e, por garantia, entregue uma cópia, com autorização do juiz, ao escrivão ou chefe de secretaria.

11. Do conteúdo da manifestação da parte sobre documentos juntados nos autos

O art. 436 do novo CPC permite que "a parte, intimada a falar sobre documento constante dos autos, poderá: I – impugnar a admissibilidade da prova documental; II – impugnar sua autenticidade; III – suscitar sua falsidade, com ou sem deflagração do incidente de arguição de falsidade; IV – manifestar-se sobre seu conteúdo". O seu parágrafo único complementa que, "nas hipóteses dos incisos II e III, a impugnação terá de basear-se em argumentação específica, não se admitindo alegação genérica de falsidade". O dispositivo não possui correspondente no CPC/1973.

Essas são as opções que a parte tem ao seu alcance quando for se manifestar sobre algum documento constante dos autos. Deve o leitor atentar-se para o fato de que, em se tratando dos incisos II ou III, não se admitirá alegação genérica de falsidade, devendo a parte trazer substratos que comprovem a sua alegação, e, se for o caso, suscitar arguição de falsidade.

12. Prazo para a manifestação da parte sobre os documentos juntados pela outra

Os prazos para as manifestações das partes sobre os documentos juntados nos autos estão no art. 437 do novo CPC: "sobre os documentos anexados à inicial, o réu manifestar-se-á na contestação; sobre os documentos anexados à contestação, o autor manifestar-se-á na réplica" (*caput*). "Sempre que uma das partes requerer a juntada de documento aos autos, o juiz ouvirá, a seu respeito, a outra parte, que disporá do prazo de 15 dias para adotar qualquer das posturas indicadas no art. 436" (§ 1º). "Poderá o juiz, a requerimento da parte, dilatar o prazo para manifestação sobre a prova documental produzida, levando em consideração a quantidade e a complexidade da documentação" (§ 2º).

O disposto no § 2º do art. 437 já vinha sendo aplicado por juízes mais diligentes e sensíveis às dificuldades da advocacia. O problema é que, em razão da subjetividade e discricionariedade de seu conteúdo, o advogado cuidadoso terá de, alternativamente, (i) peticionar requerendo o aumento do prazo ir despachar pessoalmente com o juiz e pedir que ele se manifeste sobre o pedido imediatamente, ou, (ii) interpor embargos de declaração e requerer a dilação do prazo. Como se pode perceber, a nossa preocupação é de que o prazo não se escoe sem que o advogado tenha um mínimo de tempo para poder analisar, com calma, a documentação acostada nos autos.

13. Documentos eletrônicos

O novo CPC traz três dispositivos versando sobre os documentos eletrônicos. Tratam da sua utilização no processo convencional (art. 439), do seu valor probante (art. 440) e da sua admissibilidade como meio de prova se produzido e conservado na forma da lei (art. 441). Não possuem correspondentes no CPC/1973.

Em razão da clara redação e simplicidade deles, acreditamos ser desnecessário transcrevê-los e tecermos comentários a respeito.

§ 19 – Prova testemunhal

1. Limite para a prova exclusivamente testemunhal

O art. 401 do CPC/1973 dispunha que "a prova exclusivamente testemunhal só se admite nos contratos cujo valor não exceda o décuplo do maior salário mínimo vigente no país, ao tempo em que foram celebrados". Esse dispositivo não foi repetido no novo CPC. A propósito, o art. 227 do CC, que versa sobre essa mesma matéria, foi expressamente revogado pelo art. 1.072, II, do novo CPC.

2. Aumento do rol da hipóteses em que se admite a prova testemunhal porque o credor não podia obter a prova escrita da obrigação

O art. 445 do novo CPC reza que "também se admite a prova testemunhal, quando o credor não pode ou não podia, moral ou materialmente, obter a prova escrita da obrigação, em casos como o de parentesco, depósito necessário, hospedagem em hotel ou em razão das práticas comerciais do local onde contraída a obrigação". Houve um aumento das hipóteses de cabimento em relação ao art. 402 do CPC/1973.

3. Pessoas que não podem depor

O art. 447 do novo CPC elenca as pessoas que estão incapazes, impedidas e suspeitas de depor. Dispositivo equivalente ao art. 405 do CPC/1973.

O que mudou?

O companheiro passa a ser impedido de testemunhar (inciso I do § 2º do art. 447 do novo CPC).

Não há mais empecilho para que as pessoas elencadas nos incisos I e II do § 3º do art. 405 do CPC/1973 possam testemunhar. Antes elas eram consideradas suspeitas para tanto. Repetindo, essa situação foi suprimida pelo novo CPC.

4. Rol de testemunhas: prazo, requisitos e número de testemunhas

O prazo para a apresentação do rol de testemunhas ficava no art. 407 do CPC/1973, que estava localizado na subseção "da produção da prova testemunhal". O prazo deveria ser fixado pelo juiz e, assim não o fazendo, deveriam as partes apresentá-lo em até 10 dias antes da AIJ. Era, salvo engano, o único prazo que era contado de trás para frente. Já no novo CPC o dispositivo que dispõe sobre o prazo está na parte dedicada ao "saneamento e à organização do processo". O § 4º do art. 357 informa que o juiz pode dar o prazo comum de até 15 dias para a apresentação do rol de testemunhas.

No que tange aos requisitos das testemunhas arroladas, o art. 450 do novo CPC diz que "o rol de testemunhas conterá, sempre que possível, o nome, a profissão, o estado civil, a idade, o número do Cadastro de Pessoa Física e do registro de identidade e o endereço completo da residência e do local de trabalho". Esse dispositivo é equivalente ao art. 407 do CPC/1973. Há dois pontos que merecem destaque. O primeiro é o aumento do número de informações pessoais referentes às testemunhas em comparação às que eram exigidas na época do CPC/1973. O segundo é que o novo CPC diz que o rol conterá, "sempre que possível", os ditos dados pessoais. O CPC/1973 falava que a parte que depositasse o rol em juízo deveria "precisar" as referidas informações.

Esse vocábulo, sem dúvida, é mais rígido do que aquela expressão. Vê-se, destarte, que o novo CPC é mais flexível, na medida em que não será dado ao juiz o direito de indeferir o arrolamento dessa ou daquela testemunha só porque faltou uma ou outra informação sobre a sua pessoa. Muitas vezes a parte não sabe; essa é a grande verdade.

Em relação ao número de testemunhas que podem ser arroladas, podemos afirmar que não houve, em princípio, qualquer modificação. Tanto o § 6º do art. 357 do novo CPC, quanto o parágrafo único do art. 407 do CPC/1973, são claros em estatuir que "o número de testemunhas arroladas não pode ser superior a 10, sendo três, no máximo, para a prova de cada fato". O detalhe é que, ao contrário da realidade do CPC/1973, o § 7º do art. 357 do novo CPC informa que "o juiz poderá limitar o número de testemunhas em consideração à complexidade da causa e dos fatos individualmente considerados". Isso, sem dúvida, importa em um aumento do poder do juiz, e, ao mesmo tempo, uma diminuição na autonomia das partes. Se antes as partes tinham a certeza de que poderiam arrolar até 10, hoje isso não é mais garantido. Evidentemente que, para que o magistrado possa limitar a autonomia e o direito das partes nesse sentido, é imprescindível que justifique de forma fundamentada, sob pena de sua decisão ser nula. É preciso cautela no exercício desse poder, de modo a não configurar cerceamento de defesa e, por conseguinte, atrasar o processo, ao invés de acelerá-lo.

5. Oitiva de testemunhas que residem em outra comarca, seção ou subseção

O § 1º do art. 453 do novo CPC afirma que "a oitiva de testemunha que residir em comarca, seção ou subseção judiciárias diversa daquela onde tramita o processo poderá ser realizada por meio de videoconferência ou outro recurso tecnológico de transmissão de sons e imagens em tempo real, o que poderá ocorrer, inclusive, durante a realização da audiência de instrução e julgamento". O § 2º complementa que "os juízos deverão manter equipamento para a transmissão e recepção dos sons e imagens a que se refere o § 1º".

Para que isso funcione é imprescindível que a testemunha que for prestar o depoimento por meio de videoconferência ou outro recurso tecnológico de transmissão de sons e imagens em tempo real esteja na sede do juízo da comarca, seção ou subseção onde tenha domicílio. De maneira alguma pode-se aceitar que ela esteja em outro local diferente desse. Exceção seria no caso de estar ou ser enferma e não poder se deslocar. Nesse caso, o juízo deprecado deverá ir ao seu encontro. Vamos ser práticos? Por que não se poderia permitir que esse depoimento fosse colhido, via Skype ou facetime, utilizando-se o telefone celular ou o tablet do juiz deprecado? Não nos esqueçamos do princípio da liberdade das formas e da celeridade do processo. É claro que o cuidado que deveria ser tomado é para se saber se o juiz realmente esteja presente no local onde a testemunha venha a prestar o seu depoimento, de modo a zelar pela lisura do procedimento.

6. Privilégio de certas pessoas serem ouvidas como testemunhas fora da sede do juízo

Certas pessoas, em razão da função que exercem, podem ser inquiridas em sua residência ou onde exercem sua função. Era assim no CPC/1973 (art. 411) e permanece da mesma maneira no novo CPC (art. 454). As autoridades são as mesmas.

O que mudou?

A novidade está nos §§ 1º, 2º e 3º do art. 454 do novo CPC. Pelo § 1º, "o juiz solicitará à autoridade que indique dia, hora e local a fim de ser inquirida, remetendo-lhe cópia da petição inicial ou da defesa oferecida pela parte que a arrolou como testemunha". Conforme o § 2º, "passado um mês sem manifestação da autoridade, o juiz designará dia, hora e local para o depoimento, preferencialmente na sede do juízo". E, nos termos do § 3º, "o juiz também designará dia, hora e local para o depoimento, quando a autoridade não comparecer, injustificadamente, à sessão agendada para a colheita do seu testemunho, nos dia, hora e local por ela mesma indicados". Será que isso funcionará na prática? Esperamos que sim. Lembrando que o não comparecimento, sem qualquer justificativa, pode ser visto como crime de desobediência (art. 330 do Código Penal).

Registramos, ainda, que a intimação dessas autoridades deverá ser pela via judicial (na nossa opinião, preferencialmente por oficial de justiça), nos termos do inciso V do § 4º do art. 455 do novo CPC.

7. Forma de intimação das testemunhas

A boa onda da desjudicialização chegou à forma de se intimar as testemunhas para o comparecimento nas audiências. Conforme se extrai do art. 455 do novo CPC, "cabe ao advogado da parte informar ou intimar a testemunha que arrolou do local, do dia e do horário da audiência designada, dispensando-se a intimação do juízo". Não é ônus do Judiciário intimar a testemunha para comparecer à AIJ, mas, sim, do advogado que a arrolou.

E como se dará isso? Segundo o § 1º do art. 455, "a intimação deverá ser realizada por carta com aviso de recebimento, cumprindo ao advogado juntar aos autos, com antecedência de pelo menos três dias da data da audiência, cópia da correspondência de intimação e do comprovante de recebimento". Parece-nos que o Judiciário sequer se encarregará de redigir o mandado de intimação. O advogado é que terá o dever de elaborar uma carta contendo as informações elencadas no *caput*, bem como outras que julgar necessárias.

Qual seria a sanção pelo não cumprimento da juntada do comprovante mencionado no § 1º do art. 455? A juntada desse comprovante é a garantia que o advogado tem de que, em caso de não comparecimento da referida testemunha, a AIJ poderá ser adiada, ou, então, cindida, *ex vi* do art. 362 do novo CPC. Em respeito à cooperação que é exigida pelas partes, deve o advogado juntar esse comprovante o quanto antes, até mesmo para permitir, mais facilmente, o cancelamento da AIJ, se for o caso.

O advogado é obrigado a intimar a testemunha ou pode simplesmente avisá-la, de maneira informal? Nos termos do § 2º do art. 455, "a parte pode comprometer-se a levar a testemunha à audiência, independentemente da intimação de que trata o § 1º, presumindo-se, caso a testemunha não compareça, que a parte desistiu de sua inquirição". O risco de não se formalizar a intimação é o de a testemunha não comparecer. Nesse caso, o advogado não poderá requerer o adiamento ou a cisão da AIJ. Essa consequência pode ser extraída do § 3º do art. 455, "a inércia na realização da intimação a que se refere o § 1º importa desistência da inquirição da testemunha".

Em quais situações a intimação da testemunha será realizada pela via judicial? De acordo com o § 4º do art. 455, "a intimação será feita pela via judicial quando: I – for frustrada a intimação prevista no § 1º deste artigo; II – sua necessidade for devidamente demonstrada pela parte ao juiz; III – figurar no rol de testemunhas servidor público ou militar, hipótese em que o juiz o requisitará ao chefe da repartição ou ao comando do corpo em que servir; IV – a testemunha houver sido arrolada pelo Ministério Público ou pela Defensoria Pública; V – a testemunha for uma daquelas previstas no art. 454".

Qual é a consequência para a testemunha que, devidamente intimada, não comparecer à AIJ? O § 5º determina que "a testemunha que, intimada na forma do § 1º ou do § 4º, deixar de comparecer sem motivo justificado, será conduzida e responderá pelas despesas do adiamento".

8. Ordem de inquirição das testemunhas

O art. 456 do novo CPC manteve a regra do art. 413 do CPC/1973 no tocante à ordem de inquirição das testemunhas na AIJ. Serão primeiro as do autor e depois as do réu. A novidade fica por conta do texto contido no seu parágrafo único, no sentido de que "o juiz poderá alterar a ordem estabelecida no *caput* se as partes concordarem". Esse comando está dentro de uma daquelas grandes premissas do novo CPC, qual seja, de se dar maior liberdade às partes e de se flexibilizar o procedimento quando possível. A alteração nessa ordem pode evitar a cisão ou o adiamento da AIJ, bem como evitar que outras testemunhas sejam ouvidas, dependendo das particularidades do caso concreto.

9. Forma de inquirição das testemunhas

Essa foi uma salutar inovação no processo civil. Reza o art. 459 do novo CPC que "as perguntas serão formuladas pelas partes diretamente à testemunha, começando pela que a arrolou, não admitindo o juiz aquelas que puderem induzir a resposta, não tiverem relação com as questões de fato objeto da atividade probatória ou importarem repetição de outra já respondida". Como todos se lembram, na era do CPC/1973 (a ideia era extraída do art. 416), o advogado dizia ao juiz qual era a pergunta, e este, por sua vez, a direcionava à testemunha. Cada magistrado tinha a sua metodologia. Uns nem reproduziam a pergunta em voz alta; outros mudavam um pouco a ordem das palavras sem tirar o contexto; e alguns a repetiam *ipsis litteris*.

As perguntas que, pela forma como foram elaboradas, induzem a resposta da testemunha, devem ser rechaçadas imediatamente pelo juiz ou objeto de protesto, no mesmo instante, pelo advogado que não está interrogando. E pouco importa, para o novo CPC, se esse estilo de pergunta está sendo utilizado pelo advogado à testemunha que ele mesmo arrolou, ou à testemunha relacionada pela parte contrária.

O magistrado deve ficar atento às perguntas formuladas pelos advogados, de modo a não permitir que elas gerem confusão na testemunha. As perguntas negativas, no nosso sentir, devem ser evitadas. Quando se indaga dessa maneira, a resposta pode dar azo a dupla interpretação. Imaginem o seguinte questionamento: "não é verdade que ele 'furou' o sinal vermelho?". A resposta é um categórico "sim". Sim no sentido de que ele "furou" ou "não furou"? Ao contrário, se o advogado deseja ter acesso a essa informação, deve apenas perguntar: "ele 'furou' o sinal vermelho?".

O juiz ainda pode inquirir a testemunha, seja antes ou depois da inquirição feita pelas partes (§ 1º do art. 459).

10. Forma de se documentar o depoimento

O art. 460 do novo CPC determina que "o depoimento poderá ser documentado por meio de gravação. Quando digitado ou registrado por taquigrafia, estenotipia ou outro método idôneo de documentação será assinado pelo juiz, pelo depoente e pelos procuradores". Os dois parágrafos seguintes cuidam do procedimento que deverá ser adotado em caso de recurso, sendo que o § 1º para processos em autos não eletrônicos e o § 2º quando forem autos eletrônicos.

11. Acareação

O art. 461 do novo CPC é equivalente ao art. 418 do CPC/1973. A diferença é que os dois parágrafos que transcreveremos a seguir não existiam antigamente, apesar da obviedade. O § 1º diz que "os acareados serão reperguntados para que expliquem os pontos de divergência, reduzindo-se a termo o ato de acareação. O § 2º fala que "a acareação pode ser realizada por videoconferência ou outro recurso tecnológico de transmissão de sons e imagens em tempo real".

§ 20 – Prova pericial

1. Introdução

Há muitas aparentes novidades nessa parte da matéria. O conteúdo de vários dispositivos, que, por muitos, serão taxados de novos, não passam de mera positivação do que já ocorria na prática forense.

2. Prova técnica simplificada

Os §§ 2º a 4º do art. 464 do novo CPC regulam a chamada prova técnica simplificada. Da forma como foi posta no nosso ordenamento, nos está claro que é diferente da intitulada *expert witness* dos países de *common law* (a ideia de *expert witness* pode ser vista no art. 472 do novo CPC, equivalente ao art. 427 do CPC/1973). A prova técnica simplificada não existia, de forma tão clara assim, no CPC/1973, muito embora, com fulcro no seu art. 421, § 2º, fosse plausível extrair e defender a sua existência e possibilidade de aplicação.

Em primeiro lugar, vejamos quem pode requerê-la e quando é que é cabível. O § 2º do art. 464 dispõe que, "de ofício ou a requerimento das partes, o juiz poderá, em substituição à prova pericial, determinar a produção de prova técnica simplificada, quando o ponto controvertido for de menor complexidade". Se não houver consenso sobre a realização de perícia ou prova técnica simplificada, obviamente cumprirá ao juiz dar a palavra final. Consideramos que, existindo controvérsia sobre a realização de perícia ou prova técnica simplificada, e, de um lado, as partes quiserem uma, e, do outro, o juiz quiser a outra, deverá prevalecer a vontade das partes.

Em segundo lugar, cumpre-nos explicar o que é a prova técnica simplificada. De acordo com o § 3º do art. 464, "a prova técnica simplificada consistirá apenas na inquirição de especialista, pelo juiz, sobre ponto controvertido da causa que demande especial conhecimento científico ou técnico". Essa meio de prova será utilizado apenas nas questões menos complexas, que não demandem análise aprofundada de nenhuma coisa, sendo desnecessária a elaboração de laudo técnico.

Em terceiro lugar, quem pode exercer esse papel de perito na prova técnica simplificada? A resposta está no § 4º do art. 464: "[...] o especialista, que deverá ter formação acadêmica específica na área objeto de seu depoimento [...]". A dúvida será se ele precisa ter graduação na área ou se um curso técnico já seria suficiente. Na prova pericial sempre se exigiu o curso superior (bacharelado). Como será que a jurisprudência interpretará a expressão "formação acadêmica específica na área objeto de seu depoimento"? Afigura-nos que o mesmo tratamento deve ser dado. Ora, por que é que na perícia a exigência deve ser maior do que na prova técnica simplificada?

Em quarto lugar, discorreu a nova lei sobre a forma pela qual o especialista fará a sua explanação na audiência. O § 4º do art. 464 reza que ele "[...] poderá valer-se de qualquer recurso tecnológico de transmissão de sons e imagens com o fim de esclarecer os pontos controvertidos da causa". Certamente apresentações em *power point* ou com o moderno *prezi* serão adotadas por esses *experts*.

3. Qualificação do perito

O art. 465 do novo CPC aprimorou um pouco a redação do art. 421 do CPC/1973 na medida em que exige que o profissional seja especializado. Não deixou claro, assim como o art. 156 do novo CPC também não, se o perito deve ter curso superior no ramo para o qual está sendo designado para atuar. O art. 465 estatui que "o juiz nomeará perito especializado no objeto da perícia e fixará de imediato o prazo para a entrega do laudo".

A nosso ver, nas grandes comarcas e seções deve-se sempre optar pelos profissionais inscritos nos seus respectivos órgãos de classe. Já nos pequenos centros, se a perícia for simples, podendo ser realizada por profissional que contenha apenas formação de nível técnico, consideramos tal possibilidade aceitável, principalmente se se tratar de pessoa já conhecida na região, da confiança das partes e do juízo. Do contrário, deverá o magistrado indicar profissional devidamente habilitado que resida em outra localidade, de preferência o mais próximo possível, de modo a reduzir os gastos processuais.

4. Prazo para a manifestação das partes sobre a nomeação do perito

As partes têm o prazo de 15 dias para se manifestar sobre a nomeação do perito, nos termos do § 1º do art. 465 do novo CPC. Esse prazo era de apenas cinco dias no CPC/1973 (§ 1º do art. 421).

O que incumbe às partes fazer dentro desse prazo? Podem: "I – arguir o impedimento ou a suspeição do perito, se for o caso; II – indicar o assistente técnico; III – apresentar quesitos" (§ 1º).

5. Incumbências do perito após a sua nomeação

Expõe o § 2º do art. 462 que, "ciente da nomeação, o perito apresentará em cinco dias: I – proposta de honorários; II – currículo, com comprovação de especialização; III – contatos profissionais, em especial o endereço eletrônico, para onde serão dirigidas as intimações pessoais". Não há correspondente no CPC/1973.

Para poupar tempo, é conveniente que o juiz telefone antes ao perito que pretenda nomear para averiguar a sua disponibilidade e ausência de impedimento para atuar no feito.

6. Honorários do perito

Os §§ 3º a 5º do art. 462 do novo CPC discorrem sobre os honorários periciais. Não há correspondentes no CPC/1973.

O § 3º do art. 462 reza que "as partes serão intimadas da proposta de honorários, para, querendo, manifestar-se no prazo comum de cinco dias; após isso, o juiz arbitrará o valor, intimando-se as partes para os fins do art. 95". Há, aqui, uma mudança em relação à prática. Já participamos de processos como advogado nos quais o "vai e vem" entre partes e perito, no tocante ao acertamento do valor dos honorários, levou muitos meses, com cinco intimações para as partes e outras cinco para o perito. Como o juiz dará a palavra final após uma manifestação apenas, devem as partes e o perito serem mais condizentes, realistas e razoáveis nas suas petições.

O dispositivo legal não fala expressamente, mas é óbvio que se o valor arbitrado não for do agrado do perito, ele pode renunciar à sua nomeação. Já em relação à não concordância das partes, a situação é mais complexa, demandando zelo ao cuidar do assunto: (i) se o juiz determinou a realização da perícia *ex officio*, ambas as partes devem ratear o valor (art. 95); se uma delas não puder ou quiser pagar, a outra pode arcar com todo o valor; (ii) a parte que requer a perícia paga o valor integral, e, se não tiver como, a prova não poderá ser realizada; (iii) por fim, lembremos que é possível a concessão do benefício da gratuidade da justiça, o que a isentaria do pagamento (§§ 3º a 5º do art. 95).

O § 4º do art. 462 diz que "o juiz poderá autorizar o pagamento de até cinquenta por cento dos honorários arbitrados a favor do perito no início dos trabalhos; o que remanescer será pago apenas ao final, depois de entregue o laudo e prestados todos os esclarecimentos necessários".

O § 5º do art. 462 dispõe que, "quando a perícia for inconclusiva ou deficiente, o juiz poderá reduzir a remuneração inicialmente arbitrada para o trabalho". A nosso ver, o perito só pode ser punido se não prestou o serviço de forma correta. Nem toda perícia chegará a uma conclusão certa e bem definida. É aceitável, e já vimos ocorrer algumas vezes, que a perícia possa ficar prejudicada em razão de inúmeros fatores, e, se essa prejudicialidade não se deu por culpa do perito, então, repita-se, ele não pode ser punido na forma do § 5º. Essa sanção, a nosso ver, é apenas para aquele perito que não trabalhou diligentemente.

7. Devolução dos honorários periciais

O novo CPC traz duas importantes regras no que toca à devolução dos honorários periciais.

O § 2º do art. 468 estabelece que "o perito substituído restituirá, no prazo de 15 dias, os valores recebidos pelo trabalho não realizado, sob pena de ficar impedido de atuar como perito judicial pelo prazo de cinco anos". Caso o juiz da causa não dê a devida publicidade dessa informação, nos moldes dos arts. 156 e 157 do novo CPC, corre-se o risco de, mesmo impedido de atuar como perito judicial, acabar sendo indicado por outro magistrado para laborar.

O § 3º do mesmo dispositivo complementa que, "não ocorrendo a restituição voluntária de que trata o § 2º, a parte que tiver realizado o adiantamento dos honorários poderá promover execução contra o perito fundada na decisão que determinar a devolução do numerário, que se processará na forma o art. 513 e seguintes deste Código".

Os §§ 2º e 3º do art. 468 não possuem correspondentes no CPC/1973 e vieram em ótima hora, não obstante situações como essas são pouco comuns de se ver.

8. Participação, acompanhamento e ciência dos assistentes técnicos sobre a perícia

Na época do CPC/1973 (art. 431-A), as partes teriam ciência da data e local designados pelo juiz ou indicados pelo perito para ter início a produção da prova. Esse direito continua assegurado pelo art. 474 do novo CPC.

Além disso, nos termos do § 2º do art. 466 do novo CPC, "o perito deve assegurar aos assistentes das partes o acesso e o acompanhamento das diligências e dos exames que realizar, com prévia comunicação, comprovada nos autos, com antecedência mínima de cinco dias". Dispositivo sem correspondência no CPC/1973. Observe-se que a comunicação aos assistentes não precisa ser por intermédio do juiz, no entanto, é imprescindível a comprovação nos autos, com antecedência mínima de cinco dias, das diligências e dos exames a realizar.

A violação dessas duas prerrogativas acarretará a nulidade do laudo apresentada.

9. Intimação da parte contrária sobre os quesitos suplementares

Os quesitos suplementares continuam sendo cabíveis no processo civil (art. 469 do novo CPC). A novidade, do ponto de vista do direito positivo, fica por conta do seu parágrafo único, que estabelece que "o escrivão dará à parte contrária ciência da juntada dos quesitos aos autos". Trata-se de mais uma mostra de como os princípios do contraditório e da ampla defesa estão sendo prestigiados pela nova lei.

10. Requisitos do laudo pericial

O art. 473 do novo CPC determina que "o laudo pericial deverá conter: I – a exposição do objeto da perícia; II – a análise técnica ou científica realizada pelo perito; III – a indicação do método utilizado, esclarecendo-o e demonstrando ser predominantemente aceito pelos especialistas da área do conhecimento da qual se originou; IV – resposta conclusiva a todos os quesitos apresentados pelo juiz, pelas partes e pelo órgão do Ministério Público".

O § 1º do art. 473 exige que, no laudo, o perito apresente a sua fundamentação em linguagem simples e com coerência lógica, indicando como alcançou suas conclusões.

O § 2º do art. 473 proíbe que o perito ultrapasse os limites de sua designação, bem assim emitir opiniões pessoais que excedam o exame técnico ou científico do objeto da perícia.

O § 3º do art. 473 diz que, "para o desempenho de sua função, o perito e os assistentes técnicos podem valer-se de todos os meios necessários, ouvindo testemunhas, obtendo informações, solicitando documentos que estejam em poder da parte, de terceiros ou em repartições públicas, bem como instruir o laudo com planilhas, mapas, plantas, desenhos, fotografias ou outros elementos necessários ao esclarecimento do objeto da perícia".

Com exceção do § 3º, que é igual ao art. 429 do CPC/1973, os demais não possuem equivalentes no CPC/1973.

11. Escolha do perito pelas partes

O novo CPC traz importante inovação e que prova, uma vez mais, como a autonomia das partes é prestigiada. O novo CPC permite que as partes possam, de comum acordo, indicar um perito para elaborar o laudo pericial. Reza o art. 474 que "as partes podem, de comum acordo, escolher o perito, indicando-o mediante requerimento, desde que: I – sejam plenamente capazes; II – a causa possa ser resolvida por autocomposição".

A novidade é digna de aplausos. Primeiro porque dá autonomia às partes. Segundo porque permite que elas escolham o profissional mais adequado, nos seus pontos de vista, para elaborar laudo técnico para o processo.

Como se viu, há três requisitos para que essa escolha possa se efetivar. O primeiro é que haja consenso entre as partes em torno de um nome. O segundo é que todas as partes sejam pessoas capazes. O terceiro é que a causa verse sobre direitos disponíveis, uma vez que estes é que podem ser resolvidos por autocomposição. Esse último pressuposto nos parece inadequado e não há razão de ser. O fato de a lide ter de versar sobre direito disponível, que é passível de transação, não deveria influenciar em um detalhe da fase instrutória do processo. Só porque as partes não podem transacionar sobre o objeto da demanda não deveria implicar em impossibilidade de escolherem o perito que atuará no feito.

A nosso ver, quando o perito é escolhido pelas partes, não se pode levar isso em conta para os fins do § 2º do art. 157 do novo CPC, no sentido de que as nomeações sejam distribuídas de modo equitativo, observadas a capacidade técnica e a área de conhecimento. Não há a menor dúvida de que a intenção do legislador, no dito § 2º, foi a de dar oportunidade a diversos peritos, acabando com eventual "panelinha" que poderia existir num ou noutro juízo. Quando as partes, conjuntamente, recorrem ao trabalho de um determinado profissional, significa que o seu bom serviço está sendo bem reconhecido fora dos muros do Judiciário, logo, repita-se, não se pode pretender aplicar a regra do rodízio quando ele for escolhido de comum acordo pelas partes, nos termos do art. 471.

Seguindo a velha máxima de que "quem pode o mais pode o menos", nada impede que as partes elaborem, em petição conjunta, uma lista com dois ou três nomes para que o juiz possa escolher. Já nesse caso não é tão fácil fazer a mesma assertiva no tocante à não aplicabilidade do rodízio do § 2º do art. 157 do novo CPC, no entanto, mesmo com esse detalhe, entendemos que a regra não deve incidir.

Pelo § 1º do art. 471, "as partes, ao escolherem o perito, já devem indicar seus assistentes técnicos para acompanharem a realização da perícia, que se realizará em data e local previamente anunciados". Entenda-se por, "data e local previamente anunciados", como dados que serão informados pelo perito, direta ou indiretamente, às partes, na forma do § 2º do art. 466 do novo CPC.

O § 2º do art. 471 diz que "o perito e os assistentes técnicos devem entregar respectivamente seu laudo e seus pareceres em prazo fixado pelo juiz".

O § 3º do art. 471 é bastante claro quanto à desnecessidade de se realizar outra perícia, caso haja perícia consensual. Em outras palavras, essa perícia substituirá aquela que seria realizada por perito nomeado pelo juiz. É claro que o fato de as partes terem escolhido o perito não impede que uma segunda perícia seja feita, de forma a complementar a primeira, nos termos do art. 480 do novo CPC. A segunda perícia não substitui a primeira, na medida em que apenas visa a corrigir eventual omissão ou inexatidão dos resultados.

Por fim, cumpre mencionar que o juiz, em princípio, não pode deixar de nomear o perito escolhido pelas partes, salvo se ele souber de algo desabonador sobre o perito, que, na sua visão, poderá comprometer o seu trabalho, e, nesse caso, deverá fundamentar, com detalhes, o motivo da recusa. Essa decisão não é agravável, contudo, se houver ilegalidade flagrante, pode a parte interessada impetrar mandado de segurança contra o juiz, devendo incluir, como terceiro interessado, a outra parte, que deverá ser intimada para ter ciência da ação.

12. O juiz está adstrito ao laudo pericial?

Como advogado, já pudemos presenciar alguns casos nos quais o magistrado rejeitou o laudo pericial, apenas com base na simples assertiva de que "o juiz não está adstrito ao laudo pericial", sem dar a menor explicação do porquê. Pior ainda: decide contrariamente à conclusão do laudo sem que o julgador tenha conhecimento técnico do assunto. Isso é um absurdo!

O novo CPC parece corrigir esse problema. Dispõe o art. 479 que "o juiz apreciará a prova pericial de acordo com o disposto no art. 371, indicando na sentença os motivos que o levaram a considerar ou a deixar de considerar as conclusões do laudo, levando em conta o método utilizado pelo perito". Esse dispositivo é parecido com o art. 436 do CPC/1973.

Em primeiro lugar, vejamos o que diz o art. 371, pois foi expressamente mencionado pelo dispositivo em comento: "o juiz apreciará a prova constante dos autos, independentemente do sujeito que a tiver promovido, e indicará na decisão as razões da formação de seu convencimento".

Em segundo lugar, o magistrado não está obrigado a julgar de acordo com a conclusão a qual chegou o perito, todavia, para que o juiz possa decidir diferentemente, é imprescindível que se fundamente e justifique o porquê. Não é aceitável que o julgador, que não tenha conhecimento técnico numa determinada matéria, deixe de acolher o laudo pericial sem qualquer fundamentação. A prova pericial é realizada justamente porque o magistrado não possui conhecimento técnico acerca do objeto da lide. Sendo assim, é normal que se decida de acordo com a conclusão que consta do laudo pericial elaborado pelo perito.

Em terceiro lugar, mesmo que o juiz julgue em conformidade com o laudo pericial, será preciso apresentar os motivos que o levaram a considerar as conclusões às quais chegou o perito.

13. Prazo para manifestação das partes e dos assistentes técnicos sobre o laudo pericial

O prazo passou de 10 para 15 dias, conforme se extrai do § 1º do art. 477 do novo CPC: "as partes serão intimadas para, querendo, manifestar-se sobre o laudo do perito do juízo no prazo comum de 15 dias, podendo o assistente técnico de cada uma das partes, em igual prazo, apresentar seu respectivo parecer". Atenção para o fato de que o prazo para as partes é comum.

Certamente haverá dúvidas sobre o significado da expressão "em igual prazo". O assistente técnico deverá apresentar o seu parecer durante os 15 dias da parte? Ou ele poderia exercer essa prerrogativa nos 15 dias subsequentes ao termo final do prazo concedido às parte? Na nossa opinião, o termo inicial do prazo do assistente técnico começa no dia útil seguinte ao *dies ad quem* do prazo da parte. Por quê? É questão de interpretação. No nosso sentir, quando o legislador inseriu a expressão "em igual prazo" logo após o ponto final, assim o fez justamente porque quis deixar claro que o acesso aos autos ocorreria em momentos distintos. Se essa não fosse a intenção do novo CPC, bastaria que existisse uma única frase (ao invés de duas), na qual se dissesse que "as partes e seus assistentes técnicos serão intimadas [...]". É por essa razão que consideramos que a manifestação sobre a juntada do laudo pericial dar-se-á em dois momentos distintos: 15 dias para as partes e, depois, mais 15 dias para seus assistentes técnicos. O prazo será comum nos dois casos.

Na eventualidade de o laudo pericial ser muito extenso, nada impede que a parte ou o assistente técnico peçam ao juiz a dilação do prazo de 15 dias, com base no § 2º do art. 437 do novo CPC. Também é plenamente possível que as partes ou os assistentes técnicos façam um ajuste entre eles no tocante à divisão do prazo, tornando-o sucessivo ao invés de comum. E, apesar de inexistir dispositivo sobre a possibilidade de o perito enviar cópia de seu laudo, por e-mail, para as partes e seus assistentes técnicos, não vemos problema algum em se sustentar essa possibilidade, especialmente diante do dever de agir de boa-fé e de cooperação existente no novo CPC.

14. Dever de esclarecimento do perito e do assistente técnico

Nos termos do § 2º do art. 477 do novo CPC, "o perito do juízo tem o dever de, no prazo de 15 dias, esclarecer ponto: I – sobre o qual exista divergência ou dúvida de qualquer das partes, do juiz ou do órgão do Ministério Público; II – divergente apresentado no parecer do assistente técnico da parte".

Se, mesmo depois de prestados os esclarecimentos, ainda persistir o problema, reza o § 3º do art. 477 que "[...] a parte requererá ao juiz que mande intimar o perito ou o assistente técnico a comparecer à audiência de instrução e julgamento, formulando, desde logo, as perguntas, sob forma de quesitos".

Sobre a intimação deles para a AIJ, diz o § 4º do art. 477 que "o perito ou o assistente técnico será intimado por meio eletrônico, com pelo menos 10 dias de antecedência da audiência". Esse prazo antes era de cinco dias (parágrafo único do art. 435 do CPC/1973).

§ 21 – Inspeção judicial

Não houve qualquer alteração nessa parte em comparação com o CPC/1973.

§ 22 – Sentença

1. Sentença terminativa

O art. 485 do novo CPC é equivalente ao antigo art. 267 do CPC/1973, na medida em que lista as situações em que o juiz deverá proferir sentença terminativa, isto é, sem resolver o mérito. Muito pouco mudou e não é preciso transcrever o dispositivo. Vejamos as diferenças.

O inciso VI do art. 267 do CPC/1973 falava em "quando não concorrer qualquer das condições da ação, como a possibilidade jurídica, a legitimidade das partes e o interesse processual". O inciso VI do art. 485 do novo CPC diz: "verificar ausência de legitimidade ou de interesse processual". Conforme já explanamos anteriormente, o novo CPC não utiliza mais a expressão "condições da ação" e, além disso, a impossibilidade jurídica do pedido deixou de ser uma condição da ação autônoma, tendo sido incorporada, a nosso ver, pelo interesse processual. Assim, se o juiz vislumbrar alguma das duas condições da ação que ainda existem (legitimidade e interesse), deve extinguir o processo sem resolução do mérito, com fulcro no inciso VI do art. 485. E, se se verificar que o pedido formulado pelo autor é juridicamente impossível de ser atendido, deverá tomar a mesma providência. O magistrado poderá fazer a seguinte afirmação, no dispositivo da sentença, para encerrar o feito: "como o pedido formulado na exordial é juridicamente impossível de ser atendido, tem-se que o autor não possui interesse de agir, logo, extingo o processo com base no art. 485, VI, do novo CPC".

O inciso VII do art. 267 do CPC/1973 falava "pela convenção de arbitragem". Já o inciso VII do art. 485 do novo CPC diz: "acolher a alegação de existência de convenção de arbitragem ou quando o juízo arbitral reconhecer sua competência". Além de ter ocorrido um aprimoramento na redação do texto, foi criada mais uma hipótese de extinção do processo. O simples fato de o árbitro ou o tribunal arbitral se derem por competentes para julgar a lide, já é motivo suficiente para que o juiz aplique o dispositivo em comento. Mesmo que o processo judicial se inicie primeiro, não há de se falar em prevenção em relação ao árbitro. A nova redação ficou impecável, na medida em que prestigia o princípio da competência-competência do árbitro, e, ainda, evitará que seja preciso suscitar conflito de competência entre o órgão judicial e o juízo arbitral.

O inciso IX do art. 267 do CPC/1973 foi aprimorado do ponto de vista técnico. A redação era a seguinte: "quando a ação for considerada intransmissível por disposição legal". O inciso IX do art. 485 do novo CPC reza: "em caso de morte da parte, a ação for considerada intransmissível por disposição legal". O grande exemplo disso na doutrina é a ação de anulação de casamento. Pedimos vênia para discordar desse entendimento, pois, no nosso sentir, é bastante nítido o interesse de agir dos herdeiros em prosseguir na ação, caso o falecido seja o autor. E, havendo o interesse, deveria ser transmissível a ação.

O inciso X do art. 267 do CPC/1973 dispunha "quando ocorrer confusão entre autor e réu". Essa hipótese não foi repetida pelo novo CPC. Pode ser que o legislador tenha entendido que essa é uma causa ligada ao mérito, uma vez que a confusão é uma das formas de extinção das obrigações. Pode ser ainda que se tenha considerado que, ocorrendo a confusão, desaparece o interesse de agir do autor.

O § 1º do art. 267 do CPC/1973 dava o prazo de 48 horas para que a parte, intimada pessoalmente, suprisse a falta decorrente dos incisos II e III. O § 1º do art. 485 do novo CPC majorou esse prazo para cinco dias.

2. Matérias cognoscíveis de ofício pelo juiz

No tocante às matérias que devem ser conhecidas *ex officio* pelo magistrado, dispõe o § 3º do art. 485 do novo CPC que "o juiz conhecerá de ofício da matéria constante dos incisos IV, V, VI e IX, em qualquer tempo e grau de jurisdição, enquanto não ocorrer o trânsito em julgado". Para recordar, as hipóteses contidas nesses quatro incisos são: a ausência de pressupostos de constituição e de desenvolvimento válido e regular do processo, a existência de perempção, de litispendência ou de coisa julgada; a ausência de legitimidade ou de interesse processual e a morte de pessoa que for parte em ação considerada intransmissível por disposição legal.

A propósito, será que a jurisprudência continuará entendendo que esse "qualquer grau de jurisdição" não se aplica às Cortes superiores? Passado o juízo de cassação, não seria possível, no juízo de revisão, a arguição de ofício de uma dessas matérias? Com o tempo saberemos disso.

3. Inércia do réu em não arguir certos vício, em preliminar, na primeira oportunidade

Há uma distinção a ser apontada entre o novo CPC (§ 3º do art. 485) e o CPC/1973 (§ 3º do art. 267). Neste, se o réu não apontasse o erro processual na primeira oportunidade que tivesse para falar nos autos, seria obrigado a arcar com as custas do retardamento. Essa regra, felizmente, não foi repetida na lei nova.

4. Desistência da ação e desídia do autor

Como se sabe, depois "oferecida a contestação, o autor não poderá, sem o consentimento do réu, desistir da ação" (§ 4º do art. 485).

O § 5º do art. 485 informa que "a desistência da ação pode ser apresentada até a sentença". A expressão "até a sentença" significa, na nossa opinião, até antes de a sentença ter sido proferida.

A desídia do autor sofre certa limitação. O § 6º do art. 485 estabelece que, "oferecida a contestação, a extinção do processo por abandono da causa pelo autor depende de requerimento do réu". Em outras palavras, se o autor abandonar o processo, e a contestação já tiver sido protocolizada, a extinção do processo somente pode ocorrer se o réu a requerer.

Atenção porque existe, dentro do novo CPC, uma exceção à regra de que a desistência não pode ser operada após a apresentação da contestação, salvo se houver o consentimento do réu. Ela consta do § 3º do art. 1.040. Apenas para localizar o leitor, esse dispositivo está dentro da Subseção destinada a regulamentar o julgamento dos recursos extraordinário e especial repetitivos. Isso significa que, ao ser fixada uma determinada tese à luz desse procedimento, poderá o autor desistir de seu processo, mesmo que o réu não permita. Se a contestação já tiver sido protocolizada, a única garantia que o réu tem é de que lhe será lícito receber honorários advocatícios sucumbenciais (§ 2º do art. 1.040).

5. Apelação contra a sentença que não resolve o mérito e possibilidade de retratação do juiz

Nos termos do § 7º do art. 485 do novo CPC, "interposta a apelação em qualquer dos casos de que tratam os incisos deste artigo, o juiz terá cinco dias para retratar-se". A diferença é que, na era do CPC/1973 (art. 296), o juiz somente poderia se retratar, em caso de apelação interposta contra sentença terminativa, na hipótese de indeferimento da petição inicial. O rol hoje é bem mais extenso. Se o mérito não for resolvido, com base em qualquer um dos 10 incisos do art. 485, e for interposto recurso de apelação, poderá o juiz retratar-se no prazo de cinco dias. Outra diferença é que o prazo para retratação, antes, era de 48 horas. No novo CPC, repita-se, é de cinco dias.

6. Consequências da não resolução do mérito e a propositura de nova ação pelo autor

Segundo o art. 486 do novo CPC, "o pronunciamento judicial que não resolve o mérito não obsta a que a parte proponha de novo a ação". Isso não é nenhuma novidade, haja vista o art. 268 do CPC/1973.

O mesmo não se pode dizer do § 1º do art. 486, que exige que, "no caso de extinção em razão de litispendência e nos casos dos incisos I, IV, VI e VII do art. 485, a propositura da nova ação depende da correção do vício que levou à extinção do processo sem resolução do mérito". Apesar da obviedade, essa regra não estava positivada no CPC/1973.

Para que a petição inicial seja despachada, será preciso que o autor apresente a prova do pagamento ou do depósito das custas e dos honorários de advogado da ação primitiva (§ 2º do art. 486). A não comprovação desse pagamento, após a intimação para emendar a exordial, importará em extinção automática do processo, com base no inciso X do art. 485 combinado com o § 2º do art. 486, todos do novo CPC.

7. Sentença definitiva

As hipóteses de resolução do mérito estão listadas no art. 487 do novo CPC. São as mesmas do art. 269 do CPC/1973.

8. Prescrição e decadência

De acordo com o parágrafo único do art. 487 do novo CPC, "ressalvada a hipótese do § 1º do art. 332, a prescrição e a decadência não serão reconhecidas sem que antes seja dada às partes oportunidade de manifestar-se". Trata-se de dispositivo que não possui equivalente no CPC/1973. Vê-se, uma vez mais, o cuidado do legislador em se prestigiar, ao máximo, o princípio do contraditório. O § 1º do art. 332 a que faz alusão o dispositivo em comento discorre sobre o reconhecimento da prescrição ou da decadência a *prima facie*, desencadeando o julgamento de improcedência liminar do pedido. Sobre essa parte, remetemos o leitor aos comentários que tecemos naquela parte do livro.

9. Não há nulidade sem prejuízo

A velha máxima do latim, *pas de nullité sans grief*, significa que não há nulidade sem prejuízo. Essa é, sem dúvida, uma grande verdade e que está presente no art.

488 do novo CPC, que diz que, "desde que possível, o juiz resolverá o mérito sempre que a decisão for favorável à parte a quem aproveitaria eventual pronunciamento nos termos do art. 485". Dispositivo sem equivalente no CPC/1973.

É bem provável que a teoria da asserção desempenhe um importante papel na concretização desse dispositivo. Se, ao receber uma petição inicial, o juiz, de imediato, percebe que o autor ou o réu são partes ilegítimas, ele indeferirá a exordial, com base no art. 330, II, do novo CPC, mas não sem antes intimar o autor para se pronunciar sobre isso, respeitando-se, destarte, os arts. 9º e 10 do novo CPC. Por outro lado, se apenas após a instauração do contraditório ou da fase de instrução o magistrado perceber essa situação de ilegitimidade ativa, então ele poderá aplicar o art. 488 e julgar o pedido improcedente.

Essa regra é bem parecida com a do § 2º do art. 282 do novo CPC (§ 2º do art. 249 do CPC/1973), que dispõe que "quando puder decidir o mérito a favor da parte a quem aproveite a decretação da nulidade, o juiz não a pronunciará nem mandará repetir o ato ou suprir-lhe a falta". A diferença é que, enquanto o § 2º do art. 282 é restrito à invalidade de algum ato processual, o art. 488 possui uma amplitude bem maior, referindo-se a qualquer vício no plano processual.

10. Elementos essenciais da sentença

Os elementos ou requisitos da sentença continuam sendo os mesmos de antigamente. O art. 489 do novo CPC é, basicamente, cópia do art. 458 do CPC/1973. A sentença precisa ter, portanto, relatório, fundamentação e dispositivo.

11. Ausência de um dos requisitos da sentença

A sentença ou o acórdão sem relatório ou fundamentação é inválido. Pior ainda será se for sem dispositivo, pois, nesse caso, o pronunciamento judicial é considerado como inexistente.

12. Das hipóteses em que não se pode considerar a decisão judicial (interlocutória, sentença ou acórdão) como devidamente fundamentada

Talvez o maior dilema que exista hoje no Poder Judiciário brasileiro seja aquele em que se tem prestigiado a quantidade em detrimento da qualidade. Para se provar essa assertiva, em poucas palavras, basta citarmos as Metas 1 e 2 do CNJ, bem como o disposto nos arts. 4º, II, 6º, *caput*, I, II e parágrafo único, 11, II, todos da Resolução n. 106/2010 do CNJ (dispõe sobre os critérios objetivos para aferição do merecimento para promoção de magistrados e acesso aos tribunais de 2º grau). Tudo isso que acabamos de citar comprova a importância que a quantidade de processos julgados tem tido nos últimos anos.

Com efeito, fica fácil entender porque é que o novo CPC está tão preocupado em exigir dos magistrados, com maior afinco, coerência e detalhes, que os seus pronunciamentos sejam bem fundamentados. Não temos dados estatísticos para podermos afirmar o percentual de decisões judiciais sem fundamentos na época do CPC/1973. E também não vamos cometer a injustiça de afirmar que a maioria das decisões eram desprovidas de fundamentação, porque certamente a maioria continha uma boa motivação. Podemos garantir, todavia, que existiam muitas interlocutórias, sentenças e acórdãos sem a devida fundamentação. Decisões desse jaez são um desrespeito à CF/88 e, acima de tudo, ao jurisdicionado.

Sobre o jurisdicionado, algumas palavras. É verdade que numa sociedade massificada, como a nossa, seja normal existirem problemas entre as pessoas. Também é fato que a conciliação e a mediação são bastante produtivas, porque permitem que as partes alcancem a autocomposição. Isso passa a sensação de autoridade e domínio sobre o seu patrimônio. Outra verdade é que não é fácil, para a parte, perder uma demanda judicial, seja como autor, seja como réu. Ora, se já é difícil para o jurisdicionado ser derrotado no processo, é evidente que essa derrota torna-se, ainda mais dura, se proveniente de uma sentença ou acórdão sem a devida fundamentação. É isso que o magistrado precisa ter em mente quando for proferir a sua decisão (terminativa ou definitiva).

Dito isso, observem o cuidado do legislador em elaborar um dispositivo inédito, no qual se deixa bastante claro quando é que um pronunciamento judicial pode ser tido como devidamente motivado. O § 1º do art. 489 do novo CPC estabelece o seguinte:

> "§ 1º Não se considera fundamentada qualquer decisão judicial, seja ela interlocutória, sentença ou acórdão, que:
>
> I – se limitar à indicação, à reprodução ou à paráfrase de ato normativo, sem explicar sua relação com a causa ou a questão decidida;
>
> II – empregar conceitos jurídicos indeterminados, sem explicar o motivo concreto de sua incidência no caso;
>
> III – invocar motivos que se prestariam a justificar qualquer outra decisão;
>
> IV – não enfrentar todos os argumentos deduzidos no processo capazes de, em tese, infirmar a conclusão adotada pelo julgador;
>
> V – se limitar a invocar precedente ou enunciado de súmula, sem identificar seus fundamentos determinantes nem demonstrar que o caso sob julgamento se ajusta àqueles fundamentos;
>
> VI – deixar de seguir enunciado de súmula, jurisprudência ou precedente invocado pela parte, sem demonstrar a existência de distinção no caso em julgamento ou a superação do entendimento".

Apesar da clareza do legislador, passemos a algumas breves observações sobre a regra supratranscrita.

O § 1º exige que os seis incisos do dispositivo sejam aplicados não apenas à sentença e ao acórdão, mas, também, à decisão interlocutória. Também importa ressaltar que os mencionados incisos não precisam ser todos aplicados simultaneamente, mas, apenas, quando couberem. É claro que é possível, em tese, que todos possam ser utilizados ao mesmo tempo, contudo, em princípio, não será o caso.

O inciso I proíbe que o pronunciamento judicial seja decidido simplesmente com menção, transcrição *ipsis litteris* ou com palavras distintas às do ato normativo. Não se pode decidir, por exemplo, apenas com base nessa assertiva: "a pretensão do autor merece guarida porque está de acordo com o art. *X* da Lei *Y*". É claro que essa afirmação pode ser utilizada, mas não pode ser a razão única da decisão. É preciso explanar a relação do dispositivo com a causa ou a questão decidida.

O inciso II trata dos conceitos jurídicos indeterminados (e por que não das cláusulas gerais também?). O que é isso? A resposta é bastante simples. São categorias jurídicas ou institutos desprovidos de determinação pela lei. É o que ocorre, por exemplo, com os arts. 187 (abuso de direito), 421 (função social do contrato), 422 (boa-fé objetiva) e 927, parágrafo único (responsabilidade civil objetiva em decorrência das atividades perigosas), do CC. São todos cláusulas gerais, cujo conteúdo deverá ser preenchido pelo magistrado, de acordo com as particularidades do caso concreto. Não pode o julgador, *v.g.*, decidir apenas com base nesse argumento: "o contrato é inválido porque viola a função social do contrato". Ora, por que é que viola a função social do contrato? Antes disso, o que seria essa função social do contrato? Por que é que esse é o dispositivo que deve incidir no caso em tela? Todas essas perguntas devem ser respondidas, na decisão, de modo a torná-la plenamente motivada. Os conceitos indeterminados e as cláusulas gerais não são uma carta branca para que o magistrado a utilize como bem quiser. É preciso que o julgador preencha o conteúdo vago da norma, de acordo com as particularidades do caso concreto, e em consonância e respeito ao ordenamento jurídico.

O inciso III pretende acabar com as decisões que se valem de argumentos que, são tão vagos e genéricos, que poderiam ser utilizados para decidir inúmeras outras demandas. Nada melhor do que citar, aqui, como exemplo, aquelas lides que são julgadas apenas com base nos princípios da razoabilidade, da proporcionalidade, e, para fechar com chave de outro, o da dignidade da pessoa humana. Esses princípios (nem sei se podemos afirmar que a dignidade da pessoa humana seria um!) não podem ser utilizados como meros coringas ou penduricalhos. Assim como se dá com os conceitos indeterminados, é preciso que o juiz seja claro, específico e preciso na sua decisão, de modo a não deixar dúvida de que aquele pronunciamento judicial levou em consideração os fatos daquela controvérsia.

O inciso IV vai dar o que falar! Como é do conhecimento de todos, há anos já se consolidou na jurisprudência assertiva que diz, mais ou menos, o seguinte: "o julgador não está obrigado a examinar e responder todas as alegações das partes, quando já tenha encontrado motivo suficiente para fundamentar a decisão, nem se obriga a ater-se aos fundamentos indicados por elas e tampouco a responder um a um os seus argumentos". Uma coisa é certa: essa realidade vai ser alterada com o novo CPC. Não consideramos que o magistrado está, agora, nas mãos das partes, tendo de responder, um a um, nos mínimos detalhes, a todos os argumentos por elas lançados. Temos que o divisor de águas do referido inciso IV está alojado na expressão "em tese". O magistrado deverá, por certo, ler todas as alegações lançadas pelas partes, porém, responderá apenas aquelas que, em princípio, isto é, abstratamente falando, seriam passíveis de fazer com que o resultado da decisão judicial pudesse ser alterado.

O inciso V exige que o magistrado faça a operação inversa que os advogados estão acostumados a fazer quando interpõem recurso especial com base no art. 105, III, *c*, da CF/88. Nesses casos o advogado precisa demonstrar a divergência jurisprudencial entre os acórdãos hostilizado e paradigma. O julgador deverá, destarte, explicar como e porque o precedente ou o enunciado de súmula se aplicam ao caso concreto. Deverá, em suma, demonstrar a convergência entre a lide e o precedente ou súmula. Não pode o julgador, por exemplo, decidir apenas com base em afirmativas do tipo: "assim, aplica-se ao caso a Súmula n. *X* do STJ". Também não se pode, simplesmente, colacionar uma série de ementas e acreditar que, somente com isso, estará fundamentando a decisão. Ora, infelizmente, existem ementas que não espelham o inteiro teor do acórdão. Daí o porquê de se ter cuidado ao transcrever uma ementa sem que seja analisado o conteúdo do *decisum*.

O inciso VI menciona os tão falados *distinguishing* e *overruling*, bastante comuns e utilizados nos países de *common law*. Vejam bem, o juiz pode deixar de seguir enunciado de súmula, jurisprudência ou precedente invocado pela parte, no entanto, é imprescindível que demonstre a existência de distinção no caso em julgamento ou a superação do entendimento. O que o legislador quer é que esses precedentes sejam devidamente lembrados na hora de se decidir, de modo a preservar a integridade e a coerência do sistema judicial. O dispositivo praticamente criou, para as súmulas e precedentes, a mesma força que a súmula vinculante possui. Isso porque, até mesmo a súmula vinculante pode deixar de ser aplicada, desde que se demonstre o *distinguishing* e o *overruling*. Concluindo, o magistrado não está vinculado ao enunciado de súmula, à jurisprudência ou ao precedente invocado pela parte, podendo decidir de outra maneira, mas desde que, repita-se, explique e demonstre o *distinguishing* e o *overruling*. E, para que isso ocorra, será de suma importância o trabalho do advogado em demonstrar as particularidades fáticas do caso concreto. É da análise apurada e detalhada dos fatos que será possível aplicar essas técnicas de distinção ou de superação do precedente.

Por fim, não basta aplicar apenas um desses incisos à decisão judicial. Todos eles deverão ser observados, simultaneamente, conforme o caso.

13. Conflito entre normas?

Nos termos do § 2º do art. 489 do novo CPC, "no caso de colisão entre normas, o juiz deve justificar o objeto e os critérios gerais da ponderação efetuada, enunciando as razões que autorizam a interferência na norma afastada e as premissas fáticas que fundamentam a conclusão". Sem correspondente no CPC/1973.

Conforme prometido na nossa "nota do autor", no início do livro, a nossa metodologia seria a de tecer comentários sobre as inovações, não perdendo tempo com embates doutrinários. Debates esses que são, muitas vezes, super preciosos, contudo, não é o nosso propósito nesse livro. Não obstante, é preciso chamar a atenção para uma parte desse dispositivo que, possivelmente, será alvo de muitas discussões por boa parte da doutrina. Não nos parece adequado falar em ponderação no caso de conflito entre normas. Norma, como se sabe, é gênero do qual são espécies os princípios e as regras. No conflito entre princípios, e, não, entre normas, é que é usual falar-se e aplicar-se a ponderação (da teoria da argumentação proposta por Robert Alexy).

Talvez a intenção do legislador, ao inserir esse dispositivo que fala de "conflito de normas", foi exatamente essa mesma, e, ao valer-se do termo "ponderação", não estava sequer pensando na teoria do filósofo do Direito alemão. Não temos certeza disso, mas é possível.

Dito isso, há, no nosso sentir, dois caminhos que poderão ser trilhados no tocante ao § 2º do art. 489.

No primeiro caminho, nos valeremos do elemento de interpretação literal do dispositivo e tentaremos aplicá-lo, precisamente, da forma como foi redigido. Então quer dizer que será possível existir "conflito de regras", e, surgindo um, o magistrado valer-se-á da ponderação para resolvê-lo? Sim. O que seria um "conflito de regras"? É a dúvida em relação à regra que deverá ser aplicada ao caso concreto (havendo duas ou mais). É muito raro de se presenciar (para não dizer impossível). Por quê? Porque não é possível, em tese, existirem duas regras igualmente aplicáveis para a solução do mesmo problema. Caso existam duas regras disciplinando um mesmo ponto, significa que uma delas já estará revogada tacitamente, haja vista o disposto no § 1º do art. 2º da Lei de Introdução às normas do Direito Brasileiro (LINDB).

Vamos a um exemplo bem simples para corroborar o que estamos tentando sustentar: qual é o quórum para se destituir o síndico em um condomínio edilício? Dois terços dos condôminos (§ 5º do art. 22 da Lei n. 4.591/64)? Ou maioria absoluta dos condôminos (art. 1.349 do CC)? Há um conflito de regras nesse caso específico? A grosso modo, sim. Do ponto de vista da mais profunda técnica de aplicação a validade de normas, não há conflito de regras. Haverá conflito propriamente dito quando existirem dois princípios igualmente aplicáveis *in abstrato*. Com as regras isso já não será possível. O conflito de regras seria aparente; o conflito de princípios seria real. Então, qual é o quórum correto? É aquele previsto no CC. Por quê? Porque "a lei posterior revoga a anterior quando expressamente o declare, quando seja com ela incompatível ou quando regule inteiramente a matéria de que tratava a lei anterior" (§ 1º do art. 2º da LINDB). A Lei n. 4.591/64 não foi revogada expressamente pelo art. 2.045 do CC e continua plenamente em vigor, salvo naquilo que for incompatível com outras regras. Não é preciso nenhum grande esforço intelectual para se chegar a essa conclusão. E no que consistiria essa "ponderação", em termos práticos e reais, no exemplo do quórum para a destituição do síndico? Seria, simplesmente, a demonstração do passo a passo de como se chegou à conclusão de que a regra aplicável é aquela do CC, e, não, a da Lei n. 4.591/64. Desse modo, apenas ratificando, talvez a essência e a inteligência do § 2º do art. 489 do novo CPC estejam, justamente, na sua simplicidade.

No segundo caminho, mais complexo, a nosso ver, teremos apenas "conflitos de princípios" e a "ponderação" mencionada deverá ser aquela da teoria de Alexy. Será que os profissionais do Direito estão preparados para isso? E mais: essa é, de fato, a melhor alternativa? A teoria da argumentação de Alexy é a melhor de todas?

Independentemente de qual dos dois caminhos por nós propostos será o efetivamente utilizado na praxe forense (ou mesmo uma terceira via, quem sabe?), o certo é que a intenção do legislador, no § 2º do art. 489 do novo CPC, é absurdamente clara: quer-se acabar, a todo custo, com soluções pragmáticas no chamado "conflito de normas"; mesmo que venha a ser, no futuro, apenas "conflito de princípios". A resposta para o conflito não pode basear-se em "achismos". É preciso aplicar uma norma, em detrimento da outra, com base no ordenamento, com base em parâmetros objetivos.

14. Interpretação da decisão judicial

O § 3º do art. 489 do novo CPC diz que "a decisão judicial deve ser interpretada a partir da conjugação de todos os seus elementos e em conformidade com o princípio da boa-fé". Dispositivo sem correspondente no CPC/1973.

Isso significa que não pode haver contradições e incongruências entre o relatório, a fundamentação e o dispositivo em qualquer espécie de decisão judicial. Havendo dúvida, deverá o pronunciamento ser interpretado à luz do princípio da boa-fé objetiva, um dos principais vetores do novo CPC.

15. Fixação dos juros, da correção monetária e da extensão da obrigação pela sentença

O art. 491 do novo CPC reza que "na ação relativa à obrigação de pagar quantia, ainda que formulado pedido genérico, a decisão definirá desde logo a extensão da obrigação, o índice de correção monetária, a taxa de juros, o termo inicial de ambos e a periodicidade da capitalização dos juros, se for o caso, salvo quando: I – não for possível determinar, de modo definitivo, o montante devido; II – a apuração do valor devido depender da produção de prova de realização demorada ou excessivamente dispendiosa, assim reconhecida na sentença".

O dispositivo em comento só se aplica à ação relativa à obrigação de pagar quantia, ainda que formulado pedido genérico.

Para evitar dúvidas de interpretação, bem como a instauração de procedimentos de liquidação desnecessariamente, é dever do juiz fixar a extensão da obrigação, o índice de correção monetária, a taxa de juros, o termo inicial de ambos e a periodicidade da capitalização dos juros, se for o caso.

Há, contudo, duas exceções, isto é, hipóteses em que o magistrado está dispensado de proferir sentença líquida e detalhada com todas as informações mencionadas no *caput*, e podem ser encontradas nos incisos I e II.

Nos termos do § 1º do art. 491, "nos casos previstos neste artigo, seguir-se-á a apuração do valor devido por liquidação". E, de acordo com o § 2º do art. 491, "o disposto no *caput* também se aplica quando o acórdão alterar a sentença". Vê-se, portanto, que foi definido pelo legislador a espécie de liquidação de sentença que deverá ser utilizada, e, ainda, a extensão do dever previsto no *caput* aos acórdãos que reformarem as sentenças, e, claro, aos acórdãos que reformarem outros acórdãos.

16. Fato superveniente

O art. 493 do novo CPC (art. 462 do CPC/1973) regula o impacto do fato superveniente na decisão judicial. Não houve qualquer mudança, à exceção do seu parágrafo único, sem correspondente no CPC/1973, que exige que, "se constatar de ofício o fato novo, o juiz ouvirá as partes sobre ele antes de decidir".

17. Hipoteca judiciária

O art. 495 do novo CPC (art. 466 do CPC/1973) cuida da hipoteca judiciária. Não houve grande mudanças. O legislador esclarece no inciso III do art. 495 (sem correspondente no CPC/1973) que o fato de a decisão judicial ter sido impugnada por recurso dotado de efeito suspensivo não impede que se produza hipoteca judiciária.

Os §§ 2º a 5º do art. 495 não têm correspondentes no CPC/1973.

Sobre a forma de realização da hipoteca judiciária, diz o § 2º que "a hipoteca judiciária poderá ser realizada mediante apresentação de cópia da sentença perante o cartório de registro imobiliário, independentemente de ordem judicial, de declaração expressa do juiz ou de demonstração de urgência". Esperamos que os tabeliães não causem embaraços para a efetivação dessas hipotecas quando o novo CPC passar a ter vigência. A lei é clara acerca da desnecessidade de a cópia da sentença estar autenticada.

O § 3º cria ao credor o dever de, "no prazo de até 15 dias da data de realização da hipoteca, a parte informá-la-á ao juízo da causa, que determinará a intimação da outra parte para que tome ciência do ato". E qual seria a sanção ao credor que descumprir essa determinação? Seria a ineficácia da hipoteca? Temos que a ineficácia ou a invalidade do ato seriam punições excessivamente pesadas e desproporcionais, mas confessamos que não temos certeza de qual seria a melhor opção. É certo que essa omissão não pode ser enquadrada como litigância de má-fé e nem como ato atentatório à dignidade da justiça. Enfim, é um caso a se pensar.

Para o § 4º, "a hipoteca judiciária, uma vez constituída, implicará, para o credor hipotecário, o direito de preferência quanto ao pagamento, em relação a outros credores, observada a prioridade no registro". Esse dispositivo trará, certamente, discussões intensas acerca do sentido desse direito de preferência, observada a prioridade no registro. Um credor de hipoteca judiciária teria preferência em receber algum valor, em relação a um terceiro, que averbou penhora sobre o mesmo bem, antes dele? A regra do *prior in tempore, potior in iure* é bastante clara no tocante às várias penhoras sobre um mesmo bem, ou seja, o primeiro no tempo tem preferência no direito. Isso tem valido, inclusive, se um arresto cautelar foi averbado antes de uma penhora. Mas e qual seria a regra entre uma hipoteca judiciária e uma penhora? A nosso ver, a hipoteca judiciária não possui a mesma preferência que a hipoteca convencional (do direito material) possui. Sendo assim, se *X* averbar a sua penhora em um determinado dia, e, *Y*, averbar a sua hipoteca judiciária uma semana depois, terá preferência sobre o produto de eventual alienação e, até mesmo, adjudicação, aquele que averbou a penhora, pois, repita-se, a hipoteca judiciária possui o elemento "sequela", não se podendo dizer o mesmo acerca de sua preferência.

Já o § 5º adverte e informa que, "sobrevindo a reforma ou a invalidação da decisão que impôs o pagamento de quantia, a parte responderá, independentemente de culpa, pelos danos que a outra parte tiver sofrido em razão da constituição da garantia, devendo o valor da indenização ser liquidado e executado nos próprios autos". Como se vê, trata-se de situação que será resolvida à luz da responsabilidade objetiva, e, provado o dano sofrido oriundo dessa hipoteca judiciária, deverá o então credor hipotecário ressarcir os prejuízos causados à parte contrária. A liquidação a que faz menção o dispositivo é a chamada liquidação pelo procedimento comum, que, no novo CPC, é a nova terminologia para a antiga liquidação por artigos.

§ 23 – Remessa necessária

1. Sentenças sujeitas à remessa necessária

O art. 496 do novo CPC determina que "está sujeita ao duplo grau de jurisdição, não produzindo efeito senão depois de confirmada pelo tribunal, a sentença: I – proferida contra a União, os Estados, o Distrito Federal, os Municípios e suas respectivas autarquias e fundações de direito público; II – que julgar procedentes, no todo ou em parte, os embargos à execução fiscal".

A decisão que julgar improcedente a impugnação da Fazenda Pública em sede de cumprimento de sentença, bem como não acolher os embargos de devedor na execução contra a Fazenda Pública, não estão sujeitos ao reexame necessário. Essa já era a jurisprudência do STJ na vigência do CPC/1973, e, como não há previsão expressa sobre isso no novo CPC, tem-se que a tendência é que se mantenha o mesmo entendimento de antigamente. Não bastassem esses argumentos, consideramos que conclusão diversa não pode ser extraída nem mesmo dos incisos I e II do art. 496 do novo CPC. O inciso I fala em "sentença contrária à Fazenda", e, como é cediço, a decisão que resolve a impugnação ao cumprimento de sentença é considerada interlocutória, desafiando recurso de agravo de instrumento (parágrafo único do art. 1.015 do novo CPC). Já o inciso II refere-se apenas aos embargos opostos pelo cidadão na execução fiscal.

2. Exceções à regra da remessa necessária com base no proveito econômico

Nos termos do § 2º do art. 496 do novo CPC, "não se aplica o disposto neste artigo quando a condenação ou o proveito econômico obtido na causa for de valor certo e líquido inferior a: I – mil

salários mínimos para União e as respectivas autarquias e fundações de direito público; II – quinhentos salários mínimos para os Estados, o Distrito Federal, as respectivas autarquias e fundações de direito público, e os Municípios que constituam capitais dos Estados; III – cem salários mínimos para todos os demais municípios e respectivas autarquias e fundações de direito público".

Proveito econômico, para os fins do art. 496, significa aquilo que a parte ganha no processo de conhecimento ou deixa de pagar na execução fiscal.

No CPC/1973 (§ 2º do art. 475) o valor era único para qualquer uma das Fazendas Públicas: 60 salários mínimos. Como se acaba de ver, esse montante foi consideravelmente majorado.

3. Exceções à regra da remessa necessária com base na força dos precedentes

Segundo o § 3º do art. 496 do novo CPC, "também não se aplica o disposto neste artigo quando a sentença estiver fundada em: I – súmula de tribunal superior; II – acórdão proferido pelo Supremo Tribunal Federal ou pelo Superior Tribunal de Justiça em julgamento de recursos repetitivos; III – entendimento firmado em incidente de resolução de demandas repetitivas ou de assunção de competência; IV – entendimento coincidente com orientação vinculante firmada no âmbito administrativo do próprio ente público, consolidada em manifestação, parecer ou súmula administrativa".

Não há novidade profunda nessa parte, sendo parecida com aquela do § 3º do art. 475 do CPC/1973. Os incisos III e IV são, basicamente, as inovações que podemos citar. O inciso I já existia. O inciso II, claro, não deixa de ser algo novo.

§ 24 – Tutela específica das ações relativas às prestações de fazer, de não fazer e de entregar coisa

1. A busca pelo resultado prático equivalente nas obrigações de fazer e de não-fazer

O art. 497 do novo CPC dispõe que "na ação que tenha por objeto a prestação de fazer ou de não fazer, o juiz, se procedente o pedido, concederá a tutela específica ou determinará providências que assegurem a obtenção de tutela pelo resultado prático equivalente". Trata-se de dispositivo idêntico ao art. 461 do CPC/1973. E, como se pode ver, a busca pelo resultado prático equivalente continua tendo, felizmente, a guarida da lei.

2. Requisitos desnecessários para a concessão da tutela específica

O parágrafo único do art. 497 do novo CPC aduz que, "para a concessão da tutela específica destinada a inibir a prática, a reiteração ou a continuação de um ilícito, ou a sua remoção, é irrelevante a demonstração da ocorrência de dano ou da existência de culpa ou dolo".

O direito processual civil evoluiu mais que o direito civil no tocante à forma de reparação do dano, na medida em que criou regras que evitam que ele possa ocorrer. É muito melhor prevenir a sua ocorrência, ou minimizá-lo ao máximo, do que, simplesmente, buscar a reparação civil, que, muitas vezes, não atenderá aos interesses da vítima.

Desse modo, para o deferimento da tutela inibitória ou de remoção do ilícito fica a parte requerente da medida dispensada de demonstrar a ocorrência de dano ou da existência de culpa ou dolo. Por quê? Primeiro porque não estamos na seara da tutela ressarcitória. Segundo porque a prevenção do dano ou a sua remoção imediata não dependem da existência de culpa ou dolo da outra parte.

3. Tutela específica para a entrega de coisa

O art. 498 do novo CPC fala que "na ação que tenha por objeto a entrega de coisa, o juiz, ao conceder a tutela específica, fixará o prazo para o cumprimento da obrigação". O parágrafo único complementa que, "tratando-se de entrega de coisa determinada pelo gênero e pela quantidade, o autor individualizá-la-á na petição inicial, se lhe couber a escolha, ou, se a escolha couber ao réu, este a entregará individualizada, no prazo fixado pelo juiz". Dispositivos equivalentes ao art. 461-A, *caput* e § 1º, do CPC/1973.

Percebam que o prazo para tanto fica a cargo do juiz definir.

4. Da conversão em perdas e danos

O art. 499 do novo CPC reza que "a obrigação somente será convertida em perdas e danos se o autor o requerer ou se impossível a tutela específica ou a obtenção de tutela pelo resultado prático equivalente". Dispositivo equivalente ao § 1º do art. 461 do CPC/1973.

5. Multa cumulada com perdas e danos

A multa que eventualmente for fixada pelo magistrado, com o fito de compelir ou inibir a parte contrária a fazer, não fazer ou entregar coisa, não será compensada na hipótese de ser preciso converter a obrigação em perdas e danos. O art. 500 do novo CPC diz que "a indenização por perdas e danos dar-se-á sem prejuízo da multa fixada periodicamente para compelir o réu ao cumprimento específico da obrigação". Dispositivo parecido com o § 2º do art. 461 do CPC/1973.

Como se vê, a multa e o dano são parcelas distintas e perfeitamente cumuláveis. Está nítido, portanto, que a natureza dessa multa não possui caráter ressarcitório.

6. Do conteúdo dos §§ 3º a 6º do art. 461 do CPC/1973

Apesar de os §§ 3º a 6º do art. 461 do CPC/1973 não terem sido repetidos expressamente no novo CPC, não temos a menor dúvida de que o conteúdo de cada um deles continuará podendo ser utilizado pelos magistrados. Isso porque, conforme se constata do próprio art. 497 do novo CPC, o importante é determinar "providências que assegurem a obtenção de tutela pelo resultado prático equivalente". Essa frase genérica, a nosso ver, pode contemplar o disposto em cada um dos parágrafos supramencionados.

7. Ação que tenha por objeto a emissão de declaração de vontade

O art. 501 do novo CPC estatui que "na ação que tenha por objeto a emissão de declaração de vontade, a sentença que julgar procedente o pedido, uma vez transitada em julgado, produzirá todos os efeitos da declaração não emitida". Esse dispositivo é a síntese daquilo que eram os arts. 466-A, 466-B e 466-C do CPC/1973.

8. A quem pertence o valor devido em razão de aplicação de *astreinte*?

Na versão do projeto de lei de novo CPC, aprovada no Senado em dezembro/2010, instituiu-se que a multa aplicada à parte que descumprisse ordem judicial (*astreintes*) seria dividida entre a parte e o Estado. Dizia o § 5º do art. 522 do Projeto n. 166/2010 que "o valor da multa será devido ao exequente até o montante equivalente ao valor da obrigação, destinando-se o excedente à unidade da Federação onde se situa o juízo no qual tramita o processo ou à União, sendo inscrito como dívida ativa". Com a devida vênia, essa ideia não era boa, por inúmeras razões, mas não vem ao caso, nesse momento, discuti-las.

Felizmente, o novo CPC mantém como regra a realidade do CPC/1973, ou seja, a parte prejudicada será a única detentora de todo o valor devido em razão da aplicação dessa multa processual, conforme se extrai do § 2º do art. 537 do novo CPC: "o valor da multa será devido ao exequente". Esse dispositivo está dentro da parte que disciplina o cumprimento da sentença que reconheça a exigibilidade de obrigação de fazer, de não fazer ou de entregar coisa.

§ 25 – Coisa julgada

1. Aprimoramento do conceito

O art. 467 do CPC/1973 dizia que a coisa julgada material era a *eficácia* que tornava a sentença imutável. Liebmann acreditava que a coisa julgada material era a *qualidade* da sentença que a tornava imutável. O art. 502 do novo CPC dispõe que a coisa julgada material é a *autoridade* que torna a decisão judicial (e, não, a sentença) imutável. A redação do dispositivo é a seguinte: "denomina-se coisa julgada material a autoridade que torna imutável e indiscutível a decisão de mérito não mais sujeita a recurso".

A importância de se estabelecer que a coisa julgada material torna imutável a decisão judicial, ao invés de, simplesmente, a sentença e o acórdão, deve-se, principalmente, ao fato de termos pronunciamentos judiciais que farão coisa julgada, como é o caso, por exemplo, da decisão que julga parte do mérito antecipadamente (art. 356 do novo CPC).

2. Limites objetivos da coisa julgada e a questão prejudicial

O art. 503 do novo CPC dispõe que "a decisão que julgar total ou parcialmente o mérito tem força de lei nos limites da questão principal expressamente decidida". Até aqui, não há nenhuma diferença em relação ao sistema vigente à época do CPC/1973 (art. 468).

A grande mudança de paradigma fica por conta da extensão dos limites objetivos da coisa julgada à questão prejudicial. No CPC/1973 já era possível, no entanto, era imprescindível que a parte tivesse ajuizado ação declaratória incidental, pois, do contrário, como ela constaria apenas da motivação da sentença, não seria atingida pela autoridade da coisa julgada material. Conforme se extrai do § 1º do art. 503 do novo CPC, a coisa julgada material passará a poder abarcar, também, a questão prejudicial, desde que atendidos certos requisitos. Confira-se a redação do dispositivo: "o disposto no *caput* aplica-se à resolução de questão prejudicial, decidida expressa e incidentalmente no processo, se: I – dessa resolução depender o julgamento do mérito; II – a seu respeito tiver havido contraditório prévio e efetivo, não se aplicando no caso de revelia; III – o juízo tiver competência em razão da matéria e da pessoa para resolvê-la como questão principal".

Podemos afirmar que a questão prejudicial é o antecedente lógico da questão em torno do pedido. O pedido é julgado partindo-se de certas premissas. Se houver lide em torno de uma delas, dizemos que há uma questão. E, se essa questão for relevante para o julgamento do pedido, então podemos dizer que se trata de questão prejudicial. Apenas para aclarar, são exemplos de questão prejudicial: (i) a validade do contrato, no procedimento em que se pretende sua execução; (ii) a filiação, na ação em que se pede alimentos ou que pretenda ser declarado herdeiro; e (iii) a inconstitucionalidade da lei, na demanda em que se pretenda a repetição do indébito tributário.

Os três requisitos estão elencados nos incisos I a III do § 1º do art. 503. Vejamos, a seguir, cada um deles.

O inciso I é redundante. Ora, se o § 1º fala em "questão prejudicial", é evidente que a sua resolução é necessária para o julgamento do mérito, do contrário, não poderia ser denominada de prejudicial. Se o § 1º contivesse apenas o vocábulo "questão", sem a palavra "prejudicial", aí sim justificaria a existência do inciso I tal como está. Enfim, de toda forma, como diz o velho jargão popular, "o que abunda não prejudica".

O inciso II exige o contraditório prévio e efetivo em torno da questão prejudicial. O juiz, ao perceber que será preciso decidir e julgar questão prejudicial, deverá intimar as partes e informá-las desse seu intuito, de modo que elas possam contribuir para a construção da sentença. Outro detalhe importante contido no inciso II é o da sua inaplicabilidade aos processos nos quais o réu seja revel. A sentença que decidir questão prejudicial sem se atentar para o contraditório pleno e efetivo deve ser considerada *extra petita*.

O inciso III está correto em exigir que o juízo que pretender resolver a questão prejudicial seja competente em razão da matéria e da pessoa. O novo CPC não determina que o juízo seja absoluta ou relativamente competente para o julgamento da prejudicial; não é isso. Disse apenas que deve ter competência em razão da matéria e da pessoa. Destacamos isso porque, conforme já afirmado anteriormente, a competência absoluta não se cinge apenas às situações envolvendo a matéria ou a pessoa. O valor da causa, por exemplo, dependendo das circunstâncias, pode ser um critério de competência absoluta.

Apesar da clarividência, não custa reiterar que a questão prejudicial que pode ser julgada pelo juiz é a interna, e, não, a externa (oriunda de outro processo). Nos casos de prejudicialidade externa, temos que a solução estaria em se apensar os feitos por conexão, ou, então, suspender o processo que pode vir a ser prejudicado pelo resultado do outro.

Entendemos que a questão prejudicial pode ser resolvida independentemente de pedido da parte interessada, tendo em vista que o juiz, para poder julgar o pedido, deve, antes, apreciar a questão prejudicial. O pedido é, portanto, implícito. Ademais, o § 2º do art. 322 do novo CPC estatui que "a interpretação do pedido considerará o conjunto da postulação e observará o princípio da boa-fé". Essa nossa tese ainda encontra respaldo nos arts. 4º, 5º, 6º e 8º, todos do novo CPC. Some-se a isso o fato de não existir, no novo CPC, dispositivo equivalente ao art. 325 do CPC/1973. Destarte, pode o magistrado resolver a questão prejudicial interna e, por conseguinte, fazer com que a autoridade da coisa julgada lhe atinja. É óbvio que, para isso acontecer, os três requisitos do § 1º devem ser rigorosamente atendidos e respeitados. Com efeito, para se evitar desgastes, debates e recursos desnecessários, e, quiçá, uma ação rescisória, sugerimos que a parte interessada (autor ou réu) no julgamento da questão prejudicial formule pedido certo e determinado. Como se sabe, o momento oportuno para tanto é na petição inicial ou na contestação, dependendo de qual das partes formulará o pedido.

O § 2º do art. 503 do novo CPC reza que "a hipótese do § 1º não se aplica se no processo houver restrições probatórias ou limitações à cognição que impeçam o aprofundamento da análise da questão prejudicial". Trata-se de um requisito negativo e que, caso venha a ocorrer, impossibilitará ao juiz a resolução da questão prejudicial. Esse § 2º, a nosso ver, vai justamente ao encontro da tese que sustentamos no parágrafo anterior, qual seja, a da possibilidade de se julgar a prejudicial interna independentemente de pedido das partes, e desde que observados os requisitos do § 1º. Ora, se a nossa assertiva não fosse verdadeira, por que é que esse § 2º existiria? Se não fosse possível o julgamento da questão prejudicial *ex officio*, o § 2º seria despiciendo. Isso porque, se dependesse sempre de pedido expresso das partes, e ocorresse "restrição probatória ou limitação à cognição", estaria havendo cerceamento de defesa, o que é vedado pelo nosso ordenamento jurídico, especialmente o inciso LV do art. 5º da CF/88. Também nos parece seguro sustentar que o § 2º do art. 503 não se aplica à tutela provisória, tendo em vista o fato de ela ser decidida com base em cognição sumária, salvo nos casos da já mencionada estabilização da tutela de urgência antecipatória concedida em caráter preparatório (art. 304, §§ 1º a 6º, do novo CPC). Apesar de estarmos diante de uma decisão concedida com base em cognição sumária do julgador, observe-se que ela somente adquirirá a imutabilidade se a parte contrária permitir, ou seja, se não agravar da decisão, e, mesmo depois do arquivamento provisório (extinção do processo), se não ajuizar a respectiva ação no prazo de dois anos. Em suma, será preciso muita inércia, do réu, para que essa decisão possa alçar a coisa julgada.

Por outro lado, acreditamos ser perfeitamente possível sustentar a tese de que o juiz somente pode julgar a questão prejudicial se houver embate, entre as partes, em torno de um certo ponto, fato esse que o tornaria uma questão. Por quê? Porque, se se trata de "questão" prejudicial, significa que o ponto deve ser controvertido. Não havendo controvérsia sobre determinado ponto, não se pode taxá-lo de questão. Em outras palavras, como o novo CPC não diz nada sobre "ponto prejudicial", acreditamos que, para que o § 1º do art. 503 possa ser aplicado pelo magistrado, seria necessário que houvesse embate em torno de um ponto, e, claro, que ele seja prejudicial à resolução da lide.

Dito isso, a próxima dúvida que poderia surgir é no tocante à forma com que esse certo ponto da lide, com potencialidade de ser prejudicial, poderia vir a se tornar controvertido, isto é, uma questão. Seria indispensável que uma parte, expressamente, o contestasse? Ou seria plausível admitir a possibilidade de uma negativa implícita, sendo, esse simples ato, uma forma de se opor à assertiva? Vamos a um exemplo. Numa ação de alimentos, o autor (menor impúbere) afirma ser filho do réu e, por essa razão, requer alimentos. O réu, em momento algum, contesta a qualidade de pai que lhe foi atribuída, cuidando apenas em se defender do pleito de alimentos, dizendo que não tem como pagar porque está desempregado. Diante da ausência de controvérsia em torno da paternidade, poderia o juiz provocar as partes a se manifestarem sobre esse ponto (inciso II do § 1º do art. 503 do novo CPC), qual seja, o da relação pai e filho, para, com isso, sentir-se livre para poder decidir sobre essa questão prejudicial?

3. Aquilo que não faz coisa julgada

O art. 504 do novo CPC é igual ao art. 469 do CPC/1973. Ambos tratam dos aspectos que não estão sujeitos à coisa julgada material. O inciso III do art. 469 do CPC/1973 não foi repetido por uma razão bastante clara, que é o fato de, no novo CPC, a questão prejudicial poder ser atingida, mais facilmente, pela coisa julgada.

4. Limites subjetivos da coisa julgada

O art. 506 do novo CPC dispõe que "a sentença faz coisa julgada às partes entre as quais é dada, não prejudicando terceiros". Houve um pequeno decréscimo textual em relação ao seu equivalente, o art. 472 do CPC/1973, que dizia que "a sentença faz coisa julgada às partes entre as quais é dada, não beneficiando, nem prejudicando terceiros. Nas causas relativas ao estado de pessoa, se houverem sido citados no processo, em litisconsórcio necessário, todos os interessados, a sentença produz coisa julgada em relação a terceiros".

5. Preclusão

O art. 507 do novo CPC estabelece que "é vedado à parte discutir no curso do processo as questões já decididas a cujo respeito se operou a preclusão". Equivalente ao art. 473 do CPC/1973.

O art. 507 deve ser interpretado com certa dose de flexibilidade, pois, como se sabe, o princípio da irrecorribilidade das interlocutórias ganhou muito mais força no novo CPC, haja vista a extinção do agravo retido e o rol fechado de hipóteses de cabimento de agravo de instrumento. Assim, se determinada decisão interlocutória não puder ser objeto de agravo de instrumento, deverá ser impugnada em preliminar na apelação ou nas contrarrazões. Só se pode dizer que operou a preclusão, de fato, se a parte interessada pudesse ter reagido, e, no entanto, tivesse optado por quedar-se inerte.

Assim sendo, a melhor interpretação para o art. 504 seria a de que as questões já decididas no processo, e que não poderão ser rediscutidas, seriam aquelas que comportavam impugnação por meio de agravo de instrumento, mas que a parte optou por não recorrer, ou, caso tenha agravado, já houve decisão do tribunal competente sobre a sua existência, validade, eficácia e/ou conteúdo.

II – LIQUIDAÇÃO DE SENTENÇA

1. Introdução

A liquidação de sentença está regulada pelos arts. 509 a 512 do novo CPC. No CPC/1973 ficava entre os arts. 475-A e 475-H. Inicialmente, tínhamos três espécies de liquidação de sentença: por cálculos, por arbitramento e por artigos. Cada uma delas era utilizada para um fim específico. A liquidação por cálculos foi de certa forma abolida pela Lei n. 8.898/1994. Bastaria que o credor apresentasse memória de cálculos atualizada, e o devedor seria intimado para se manifestar.

2. Espécies

O novo CPC manteve a liquidação por arbitramento e a liquidação por artigos, no entanto, alterou a nomenclatura desta última, que passa a ser liquidação pelo procedimento comum. Veja o que diz o art. 509: "quando a sentença condenar ao pagamento de quantia ilíquida, proceder-se-á a sua liquidação, a requerimento do credor ou devedor: I – por arbitramento, quando determinado pela sentença, convencionado pelas partes ou exigido pela natureza do objeto da liquidação; II – pelo procedimento comum, quando houver necessidade de alegar e provar fato novo".

Não há diferença entre as hipóteses de cabimento dessas duas espécies de liquidação de sentença no novo CPC e no CPC/1973.

O § 2º do art. 509 do novo CPC mantém a sistemática do CPC/1973 quanto à desnecessidade de se ter liquidação por cálculos, bastando apresentar memória de cálculos: "quando a apuração do valor depender apenas de cálculo aritmético, o credor poderá promover, desde logo, o cumprimento da sentença".

3. Legitimidade

Pelo disposto no art. 570 do CPC/1973, era lícito ao devedor promover a liquidação de sentença. Esse dispositivo foi revogado pela Lei n. 11.232/2005 e surgiu muitas dúvidas se ele ainda teria essa prerrogativa. O entendimento majoritário era de que sim. Para não deixar qualquer dúvida sobre isso, o art. 509 do novo CPC legitimou tanto o credor quanto o devedor para dar início a esse procedimento.

4. Procedimento

O procedimento da liquidação por arbitramento é basicamente o mesmo, conforme se extrai da comparação entre o art. 510 do novo CPC e o art. 475-D, *caput* e parágrafo único, do CPC/1973.

No tocante ao rito da liquidação pelo procedimento comum, também não há nenhuma modificação significativa. No CPC/1973 (art. 475-F), havia determinação para se aplicar, no que couber, as regras atinentes ao procedimento comum. No novo CPC a ideia é, basicamente, essa, apenas com alguns detalhes a mais. O art. 511 estabelece que, "na liquidação pelo procedimento comum, o juiz determinará a intimação do requerido, na pessoa de seu advogado ou da sociedade de advogados a que estiver vinculado, para, querendo, apresentar contestação no prazo de 15 dias, observando-se, a seguir, no que couber, o disposto no Livro I da Parte Especial deste Código". Esse livro regula o procedimento comum e o cumprimento de sentença.

Já o art. 512 complementa que "a liquidação poderá ser realizada na pendência de recurso, processando-se em autos apartados no juízo de origem, cumprindo ao liquidante instruir o pedido com cópias das peças processuais pertinentes". Essa regra vale para as duas formas de liquidação de sentença. Mesmo que o recurso seja dotado de efeito suspensivo é possível, em tese, o processamento da liquidação. Não é, todavia, recomendável em todos os casos, haja vista a possibilidade de reforma da sentença no tribunal e, consequentemente, do que for decidido pela decisão na fase de liquidação.

III – CUMPRIMENTO DE SENTENÇA

§ 1º – Introdução

No ano de 2005 a Lei n. 11.232 alterou profundamente o sistema da execução de títulos executivos judiciais no Brasil. Não haveria mais um processo autônomo de execução para esses casos, mas, sim, uma fase do processo, que viria a ser chamada de cumprimento de sentença. Essa lei inseriu diversos dispositivos legais no CPC/1973, sendo que os que nos interessam são os arts. 475-I a 475-R.

O novo CPC manteve essa dicotomia entre as execuções fundadas em títulos executivos judiciais e extrajudiciais. Estes estão sujeitos a um processo autônomo, regulado no novo CPC pelos arts. 771 a 925. Aqueles continuam sendo passíveis de serem executados por meio de cumprimento de sentença, nos termos dos arts. 513 a 538 do novo CPC.

§ 2º – Disposições gerais

1. Regras aplicáveis a todos os procedimentos na fase de cumprimento de sentença

Conforme será visto a seguir, existem cinco procedimentos distintos de cumprimento de sentença. Segundo o art. 513 do novo CPC, "o cumprimento da sentença será feito segundo as regras deste Título, observando-se, no que couber e conforme a natureza da obrigação, o disposto no Livro II da Parte Especial deste Código". Esse livro ao qual se fez alusão contém as regras do processo de execução.

2. Legitimidade ativa e passiva em caso de sentença que reconhece o dever de pagar quantia, provisório ou definitivo

Diz o § 1º do art. 513 que "o cumprimento da sentença que reconhece o dever de pagar quantia, provisório ou definitivo, far-se-á a requerimento do exequente".

O devedor é a pessoa que deve figurar no polo passivo, nos termos do § 2º do art. 513.

3. Intimação do devedor

Dispõe o § 2º do art. 513 que "o devedor será intimado para cumprir a sentença: I – pelo Diário da Justiça, na pessoa de seu advogado constituído nos autos; II – por carta com aviso de recebimento, quando representado pela Defensoria Pública ou quando não tiver procurador constituído nos autos, ressalvada a hipótese do inciso IV; III – por meio eletrônico, quando, no caso do § 1º do art. 246, não tiver procurador constituído nos autos; IV – por edital, quando, citado na forma do art. 256, tiver sido revel na fase de conhecimento".

Percebam que a regra geral continua sendo a mesma, qual seja, a intimação do devedor será feita na pessoa de seu advogado por meio do Diário da Justiça. Apesar dos conclames da doutrina para que a intimação fosse realizada diretamente na pessoa do devedor, tem-se que não haverá alteração, permanecendo como era à luz do CPC/1973.

O devedor que mudar de endereço deve informar nos autos, do contrário, será penalizado, conforme se vê no § 3º do art. 513: "na hipótese do § 2º, incisos II e III, considera-se realizada a intimação quando o devedor houver mudado de endereço sem prévia comunicação ao juízo, observado o disposto no parágrafo único do art. 274".

Merece destaque o § 1º do art. 515 do novo CPC que destaca que, dependendo da espécie de título executivo judicial que estiver aparelhando o cumprimento de sentença, será o caso de se requerer e ordenar a citação do devedor, e, não, a sua intimação. A razão de ser é bastante óbvia, pois, em todas elas, não houve, *a priori*, a fase de conhecimento do processo perante a jurisdição civil. Os casos em que necessitará seja feita a citação, e, não, a intimação, são aqueles em que o título executivo judicial for um destes: (i) a sentença penal condenatória transitada em julgado; (ii) a sentença arbitral; (iii) a sentença estrangeira homologada pelo Superior Tribunal de Justiça; e (iv) a decisão interlocutória estrangeira, após a concessão do *exequatur* à carta rogatória pelo Superior Tribunal de Justiça.

4. Cumprimento de sentença iniciado após um ano do trânsito em julgado da decisão judicial

O § 4º do art. 513 do novo CPC estabelece que "se o requerimento a que alude o § 1º for formulado após um ano do trânsito em julgado da sentença, a intimação será feita na pessoa do devedor, por meio de carta com aviso de recebimento encaminhada ao endereço constante dos autos, observado o disposto no parágrafo único do art. 274 e no § 3º deste artigo".

Trata-se de regra de suma importância e só quem é advogado militante consegue entender. Apesar de não ser comum, existem clientes que desaparecem, sem deixar vestígios e informações, até mesmo de seu próprio advogado. Nesse caso, se o cumprimento de sentença se iniciar após um ano do trânsito em julgado da decisão judicial, deverá o advogado do credor intimar o devedor, pessoalmente, por meio de carta, que será enviado ao endereço que constar dos autos ou outro indicado pelo interessado.

5. Cumprimento de sentença em face de pessoa que não foi parte na fase de conhecimento

O § 5º do art. 513 do novo CPC positiva algo que já era corrente na doutrina e na jurisprudência: "o cumprimento da sentença não poderá ser promovido em face do fiador, do coobrigado ou do corresponsável que não tiver participado da fase de conhecimento". Isso porque não se pode pretender cobrar algo estampado em um título executivo judicial de uma pessoa se ela não participou do devido processo legal.

6. Procuração com validade apenas até a fase de conhecimento do processo

A procuração é o instrumento do mandato. E este, por sua vez, pode ser por prazo determinado. Nada impede que o mandante (cliente) outorgue procuração ao seu mandatário (advogado) por um período certo e determinado, como, por exemplo, até o fim da fase de conhecimento do processo. Nesse caso, diante de uma procuração com termo final claro e expresso, não se pode aplicar o disposto no inciso I do § 1º do art. 513 do novo CPC, sendo imprescindível que se proceda à intimação do devedor por meio de carta, enviada ao endereço que constar dos autos ou outro informado pelo advogado do autor (exequente).

7. Títulos executivos judiciais

É notório que só é título executivo um documento se a lei assim dispuser. O rol dos títulos executivos judiciais está contido no art. 515 do novo CPC (art. 475-N do CPC/1973):

> "Art. 515. São títulos executivos judiciais, cujo cumprimento dar-se-á de acordo com os artigos previstos neste Título:
>
> I – as decisões proferidas no processo civil que reconheçam a exigibilidade de obrigação de pagar quantia, de fazer, de não fazer ou de entregar coisa;
>
> II – a decisão homologatória de autocomposição judicial;
>
> III – a decisão homologatória de autocomposição extrajudicial de qualquer natureza;
>
> IV – o formal e a certidão de partilha, exclusivamente em relação ao inventariante, aos herdeiros e aos sucessores a título singular ou universal;
>
> V – o crédito de auxiliar da justiça, quando as custas, emolumentos ou honorários tiverem sido aprovados por decisão judicial;
>
> VI – a sentença penal condenatória transitada em julgado;
>
> VII – a sentença arbitral;
>
> VIII – a sentença estrangeira homologada pelo Superior Tribunal de Justiça;
>
> IX – a decisão interlocutória estrangeira, após a concessão do *exequatur* à carta rogatória pelo Superior Tribunal de Justiça".

Esse dispositivo é bem parecido com o art. 475-N do CPC/1973.

Os incisos V e IX do art. 515 são novidades.

O inciso I passou por um aprimoramento na sua redação em relação ao inciso I do art. 475-N do CPC/1973. Trocou-se a palavra "existência" por "exigibilidade".

8. Necessidade de citação do devedor em alguns casos

O § 1º do art. 515 do novo CPC reza que, "nos casos dos incisos VI a IX, o devedor será citado no juízo cível para o cumprimento da sentença ou para a liquidação no prazo de 15 dias".

A razão de ser é bastante óbvia, pois, em todas elas, não houve, *a priori*, a fase de conhecimento do processo perante a jurisdição estatal civil. Os casos em que necessitará seja feita a citação, e, não, a intimação, são aqueles em que o título executivo judicial for um destes: (i) a sentença penal condenatória transitada em julgado; (ii) a sentença arbitral; (iii) a sentença estrangeira homologada pelo Superior Tribunal de Justiça; e (iv) a decisão interlocutória estrangeira, após a concessão do *exequatur* à carta rogatória pelo Superior Tribunal de Justiça.

9. Ampliação subjetiva e objetiva da lide para fins de autocomposição

O § 2º do art. 515 do novo CPC fala que "a autocomposição judicial pode envolver sujeito estranho ao processo e versar sobre relação jurídica que não tenha sido deduzida em juízo". Por se tratar de autocomposição, como a conciliação e a mediação, nada impede que possa haver ampliação subjetiva ou objetiva da lide, ou seja, permitindo-se que terceiros possam fazer parte do acordo, bem como outras relações jurídicas.

Numa ação de cobrança entre José e Maria, nada impede que João (terceiro) possa fazer parte do acordo homologado, passando a ser coobrigado de Maria. Ainda na mesma ação de cobrança, Maria poderia anuir em transacionar se José aceitasse inserir no acordo o valor que deve a ela referente a um outro contrato. São dois exemplos simples que mostram como deverá funcionar o citado § 2º.

10. Protesto de sentença judicial

O art. 517 do novo CPC deixa claro e acaba com qualquer dúvida que ainda poderia existir sobre a possibilidade de se apontar a protesto a decisão judicial transitada em julgado. Diz que "a decisão judicial transitada em julgado poderá ser levada a protesto, nos termos da lei, depois de transcorrido o prazo para pagamento voluntário previsto no art. 523". Não há dispositivo correspondente no CPC/1973.

Apesar de não estar tão evidente, parece-nos que apenas a sentença condenatória de pagamento de quantia certa é passível de ser protestada, nos termos da Lei n. 9.492/97. A sentença deve, ainda, ser líquida. O prazo do art. 523 a que faz alusão o art. 517 é de 15 dias, contados da intimação do devedor, nos moldes do § 2º do art. 513 do novo CPC.

O documento que deverá ser levado a protesto, nos termos do § 1º do art. 517, é a certidão de teor da decisão. O § 2º do art. 517 traz detalhes sobre esse documento: "a certidão de teor da decisão deverá ser fornecida no prazo de três dias e indicará o nome e a qualificação do exequente e do executado, o número do processo, o valor da dívida e a data de decurso do prazo para pagamento voluntário".

O § 3º do art. 517 nos informa que "o executado que tiver proposto ação rescisória para impugnar a decisão exequenda pode requerer, a suas expensas e sob sua responsabilidade, a anotação da propositura da ação à margem do título protestado".

Sobre o cancelamento do protesto, o § 4º do art. 517 diz que, "a requerimento do executado, o protesto será cancelado por determinação do juiz, mediante ofício a ser expedido ao cartório, no prazo de três dias, contado da data de protocolo do requerimento, desde que comprovada a satisfação integral da obrigação". Lembremos que o valor que deve ser apontado a protesto é o total devido, nos termos da sentença. Isso engloba o valor da condenação, correção monetária, juros, multa, honorários advocatícios sucumbenciais, custas processuais e algum outro que conste expressamente no título executivo judicial em questão.

11. Forma de se arguir as questões relativas à validade do procedimento de cumprimento da sentença e dos atos executivos

O art. 518 do novo CPC dispõe que "todas as questões relativas à validade do procedimento de cumprimento da sentença e dos atos executivos subsequentes poderão ser arguidas pelo executado nos próprios autos e nestes serão decididas pelo juiz". Dispositivo sem correspondente no CPC/1973.

Em outras palavras, com uma simples petição o executado poderá arguir a existência de algum vício no procedimento. Lembremos que o abuso de direito processual, a violação à boa-fé objetiva, a litigância de má-fé e o ato atentatório à dignidade da justiça deverão ser punidos pelo juiz.

12. Da efetivação da tutela provisória

O art. 519 do novo CPC estatui que "aplicam-se as disposições relativas ao cumprimento da sentença, provisório ou definitivo, e à liquidação, no que couber, às decisões que concederem tutela provisória". Dispositivo semelhante ao § 3º do art. 273 do CPC/1973.

O que isso quer dizer?

Antes de mais nada, vamos recordar o que é a tutela provisória. Ela é dividida em tutela de urgência e tutela da evidência.

A tutela de urgência pode ter natureza antecipatória ou natureza cautelar; pode ainda ser concedida em caráter preparatório (antecedente) ou incidental. Para que a tutela de urgência seja concedida liminarmente é preciso comprovar o *fumus boni iuris* e o *periculum in mora.*

A tutela da evidência é a tutela de urgência sem o *periculum in mora*, mas desde que o caso se enquadre em um de seus incisos.

Enfim, para se efetivar a tutela provisória concedida, serão aplicadas as disposições relativas ao cumprimento da sentença, provisório ou definitivo, e à liquidação, no que couber. Isso significa que, se for deferida liminar ilíquida, será preciso liquidá-la. Se for concedida liminar líquida, mas ainda não estabilizada, aplicam-se as regras do cumprimento de sentença provisório. Por fim, à tutela provisória consolidada, deverão ser utilizadas as disposições sobre o cumprimento de sentença definitivo.

O curioso é que o parágrafo único do art. 297 do novo CPC, localizado justamente no capítulo destinado à regulação da tutela provisória, diz que "a efetivação da tutela provisória observará as normas referentes ao cumprimento provisório da sentença, no que couber". É um dispositivo mais restritivo que o art. 519, não é verdade? Deve ter havido algum descompasso legislativo. A nosso ver, o art. 519 é mais completo e compatibiliza-se melhor à nossa nova lei.

§ 3º – Cumprimento provisório da sentença que reconheça a exigibilidade de obrigação de pagar quantia certa

1. Cabimento e características do cumprimento provisório da sentença

O art. 520 do novo CPC nos mostra quando é cabível e quais são as principais características do cumprimento provisório da sentença. Esse dispositivo é equivalente ao art. 475-O do CPC/1973.

Inicialmente cumpre reforçar que o cumprimento provisório da sentença só é cabível se a sentença tiver sido impugnada por recurso desprovido de efeito suspensivo. Pendendo recurso no tribunal, que tenha sido recebido no seu duplo efeito, não poderá a parte interessada dar início a esse procedimento.

A única inovação no tocante ao seu regime, do ponto de vista do direito positivo, fica por conta do inciso III do art. 520, que dispõe que "se a sentença objeto de cumprimento provisório for modificada ou anulada apenas em parte, somente nesta ficará sem efeito a execução".

2. Impugnação ao cumprimento provisório da sentença

O § 1º do art. 520 do novo CPC positiva que "no cumprimento provisório da sentença, o executado poderá apresentar impugnação, se quiser, nos termos do art. 525". Apesar da clarividência, é bom que tenha sido deixado expresso esse direito do executado.

O prazo para a impugnação é de 15 dias, contados do termo final do prazo para pagamento voluntário (art. 523 do novo CPC).

A matéria que pode ser debatida nesse meio de defesa, assim como era na época do CPC/1973 (art. 475-L), é restrita, conforme se extrai do § 1º do art. 525 do novo CPC.

3. Multa pelo não pagamento espontâneo do valor da condenação

O novo CPC dá uma guinada de 180 graus no atual entendimento jurisprudencial sobre o tema. Como se sabe, a multa de 10% do art. 475-J do CPC/1973 só poderia ser exigida no cumprimento definitivo da sentença. Agora, o posicionamento será outro. Dispõe o § 2º do art. 520 do novo CPC que "a multa e os honorários a que se refere o § 1º do art. 523 são devidos no cumprimento provisório de sentença condenatória ao pagamento de quantia certa".

O devedor que quiser se precaver quanto à possibilidade de ter de pagar a referida multa, deverá seguir os ditamos do § 3º do art. 520 do novo CPC, que determina que "se o executado comparecer tempestivamente e depositar o valor, com a finalidade de isentar-se da multa, o ato não será havido como incompatível com o recurso por ele interposto".

Essa regra não nos agrada muito, apesar da evidente boa intenção do legislador. O que se fez foi criar uma espécie de depósito recursal, parecido com o que já há na Justiça do Trabalho, só que com o agravante de que, no processo civil, inexistir piso ou teto. É claro que se pensarmos no recorrente procrastinador, a nova regra é ótima. Contudo, estamos pensando na parte que tem grandes chances de reverter o resultado no seu recurso, e teve de desembolsar esse valor para não ter que pagar a dita multa.

Antes que digam que estamos afirmando que existe depósito recursal no processo civil, queremos esclarecer que não existe. O que o § 3º do art. 520 fez foi criar uma alternativa para a pessoa poder se precaver e não pagar a multa do § 1º do art. 523.

4. Consequências da reforma do título executivo objeto de cumprimento provisório

O art. 520, II, do novo CPC (art. 475-O, II, do CPC/1973), informa que "fica sem efeito, sobrevindo decisão que modifique ou anule a sentença objeto da execução, restituindo-se as partes ao estado anterior e liquidados eventuais prejuízos nos mesmos autos".

O § 4º do art. 520 do novo CPC não possui dispositivo equivalente no CPC/1973. O dispositivo em comento inova e traz enorme segurança jurídica aos terceiros arrematantes. A sua redação é a seguinte: "o retorno ao estado anterior, a que se refere o inciso II, não implica o desfazimento da transferência de posse ou da alienação de propriedade, ou de outro direito real, eventualmente já realizada, ressalvado, sempre, o direito à reparação dos prejuízos causados ao executado".

Isso significa que, se iniciado o cumprimento provisório da sentença, e um bem penhorado for arrematado por terceiro, e, pouco tempo depois, o cumprimento provisório da sentença for extinto, haja vista o fato de o recurso do executado ter sido provido pelo tribunal *ad quem*, este terceiro não será atingido pelos efeitos dessa reviravolta processual. É claro que essa solução é ruim para o executado, que, talvez, tenha enorme interesse pessoal ou profissional no bem alienado, entretanto, para os terceiros isso significa, repita-se, uma enorme dose de segurança jurídica, que certamente terá, como consequência imediata, um maior interesse desses terceiros em adquirir bens penhorados. Isso, por certo, fará com que os valores dos lances aumentem, o que é muito salutar para o cumprimento de sentença e para o processo executivo.

5. Casos em que se pode dispensar a caução no cumprimento provisório

Conforme já vimos no art. 520, IV, do novo CPC, "o levantamento de depósito em dinheiro, a prática de atos que importem transferência de posse ou alienação de propriedade ou de outro direito real, ou dos quais possa resultar grave dano ao executado dependem de caução suficiente e idônea, arbitrada de plano pelo juiz e prestada nos próprios autos". Isso já era exigido pelo art. 475-O, III, do CPC/1973.

Assim como já existia no CPC/1973 (art. 475-O, § 2º, I e II), o novo CPC também traz algumas hipóteses nas quais é possível a dispensa da caução para a prática de um dos atos já mencionados no inciso IV do art. 520. Segundo o art. 521 do novo CPC, "a caução prevista no inciso IV do art. 520 poderá ser dispensada nos casos em que: I – o crédito for de natureza alimentar, independentemente de sua origem; II – o credor demonstrar situação de necessidade; III – pender o agravo fundado nos incisos II e III do art. 1.042; IV – a sentença a ser provisoriamente cumprida estiver em consonância com súmula da jurisprudência do Supremo Tribunal Federal ou do Superior Tribunal de Justiça ou em conformidade com acórdão proferido no julgamento de casos repetitivos".

Vejamos quais são as diferenças entre o art. 475-O, § 2º, do CPC/1973 e o art. 521 do novo CPC.

O inciso I do art. 521 retira a possibilidade, que existia no inciso I do § 2º do art. 475-O, de se iniciar o cumprimento provisório da sentença quando o crédito for decorrente de ato ilícito. Foi retirado o teto de 60 salários mínimos que havia. Também foi removida a parte que demandava a demonstração de que o credor estava passando por situação de necessidade.

O inciso II do art. 521 é uma inovação. Não o confundamos com a parte final que existia no inciso I do § 2º do art. 475-O, pois, nesse caso, era uma exigência a mais para os créditos decorrentes de alimentos ou atos ilícitos. Agora nós temos uma hipótese bastante genérica que poderá ser arguida pelo credor, independentemente da natureza do crédito que formou a sentença condenatória ao pagamento de quantia certa. Essa situação, repita-se, é quando o credor demonstrar situação de necessidade.

O inciso III do art. 521 é bastante similar à situação descrita no inciso II do § 2º do art. 475-O. A diferença fica por conta da supressão da seguinte sentença: "salvo quando da dispensa possa manifestamente resultar risco de grave dano, de difícil ou incerta reparação".

O inciso IV do art. 521 também é novidade e não tem equivalente no § 2º do art. 475-O. É uma boa inovação e está de acordo com o espírito e com as premissas do novo CPC, quais sejam, de se prestigiar as súmulas e a jurisprudência dominante.

O parágrafo único do art. 521 do novo CPC estabelece que "a exigência de caução será mantida quando da dispensa possa manifestamente resultar risco de grave dano de difícil ou incerta reparação". Trata-se de limitação que existia apenas na hipótese desenhada pelo inciso II do § 2º do art. 475-O. Como se viu, esse regramento vale para os quatro incisos do art. 521.

6. Peças que formam a carta de sentença

Não há qualquer novidade. O parágrafo único do art. 522 do novo CPC é igual ao § 3º do art. 475-O do CPC/1973.

7. Honorários advocatícios sucumbenciais

De acordo com o § 1º do art. 85 do novo CPC, são devidos honorários advocatícios sucumbenciais mesmo no cumprimento provisório da sentença.

§ 4º – Cumprimento provisório de sentença que reconheça obrigação de fazer, não fazer ou dar coisa

O § 5º do art. 520 do novo CPC esclarece que "ao cumprimento provisório de sentença que reconheça obrigação de fazer, não fazer ou dar coisa aplica-se, no que couber, o disposto neste Capítulo".

§ 5º – Cumprimento definitivo da sentença que reconheça a exigibilidade de obrigação de pagar quantia certa

1. Cabimento e prazo para pagamento

Como se inicia a fase de cumprimento de sentença? Será sempre por iniciativa do credor, conforme se extrai do § 1º do art. 513 do novo CPC. O exequente deverá apresentar a petição, com a planilha de cálculos atualizada, obedecendo aos requisitos legais. Em seguida o devedor será intimado, na pessoa de seu advogado, para pagar em 15 dias. O termo inicial desse prazo é o primeiro dia útil seguinte ao da intimação do devedor, na pessoa de seu advogado, nos termos do art. 513, § 2º, I, do novo CPC.

O art. 523 do novo CPC (art. 475-J do CPC/1973) reza que "no caso de condenação em quantia certa, ou já fixada em liquidação, e no caso de decisão sobre parcela incontroversa, o cumprimento definitivo da sentença far-se-á a requerimento do exequente, sendo o executado intimado para pagar o débito, no prazo de 15 dias, acrescido de custas, se houver".

Pode ser, portanto, objeto de cumprimento definitivo da sentença: (i) a sentença condenatória em quantia certa passada em julgado; (ii) a decisão final em procedimento de liquidação de sentença; e (iii) a decisão transitada em julgado sobre parcela incontroversa (art. 356, I).

2. Multa de 10% e honorários advocatícios

Segundo o § 1º do art. 523 do novo CPC, "não ocorrendo pagamento voluntário no prazo do *caput*, o débito será acrescido de multa de dez por cento e, também, de honorários de advogado de dez por cento".

Qual é o termo inicial do prazo de 15 dias do *caput*? É o primeiro dia útil seguinte ao da intimação do devedor, na pessoa de seu advogado, nos termos do art. 513, § 2º, I, do novo CPC.

3. Efeitos em caso de pagamento parcial

Para o § 2º do art. 523 do novo CPC, "efetuado o pagamento parcial no prazo previsto no *caput*, a multa e os honorários previstos no § 1º incidirão sobre o restante".

4. Consequência do não pagamento voluntário

Nos termos do § 3º do art. 523 do novo CPC, "não efetuado tempestivamente o pagamento voluntário, será expedido, desde logo, mandado de penhora e avaliação, seguindo-se os atos de expropriação".

5. Requisitos da petição inicial

O art. 524 do novo CPC exige que "o requerimento previsto no art. 523 será instruído com demonstrativo discriminado e atualizado do crédito, devendo a petição conter: I – o nome completo, o número de inscrição no Cadastro de Pessoas Físicas ou no Cadastro Nacional da Pessoa Jurídica do exequente e do executado, observado o disposto no art. 319, §§ 1º a 3º; II – o índice de correção monetária adotado; III – os juros aplicados e as respectivas taxas; IV – o termo inicial e o termo final dos juros e da correção monetária utilizados; V – a periodicidade da capitalização dos juros, se for o caso; VI – especificação dos eventuais descontos obrigatórios realizados; VII – indicação dos bens passíveis de penhora, sempre que possível". Dispositivo semelhante, porém, com mais informações, que o art. 614 do CPC/1973.

O *caput* exige que o demonstrativo e atualizado do crédito (a boa e velha planilha) seja juntada.

O inciso I faz alusão aos §§ 1º a 3º do art. 319, que são referentes à petição inicial do processo de conhecimento. Em suma, se o exequente tiver dificuldades em adquirir alguma das informações constantes no inciso I do art. 524, a exordial não poderá ser indeferida e o juízo deverá auxiliar a parte a adquirir esses subsídios faltantes.

Os incisos II a VI informam requisitos obrigatórios da planilha de cálculos.

O inciso VII não é obrigatório, mas foi inserido no art. 524 de modo a agilizar a prestação jurisdicional em prol do credor.

6. Discrepância aparente entre o valor apontado no demonstrativo e o valor da condenação

O § 1º do art. 524 do novo CPC diz que "quando o valor apontado no demonstrativo aparentemente exceder os limites da condenação, a execução será iniciada pelo valor pretendido, mas a penhora terá por base a importância que o juiz entender adequada". Dispositivo sem equivalente no CPC/1973.

Temos nossas dúvidas acerca da praticidade desse dispositivo. Dificilmente um juiz, ao despachar a exordial no cumprimento de sentença, observará esse detalhe. Isso é matéria, no nosso sentir, que compete ao devedor arguir o erro.

7. Auxílio para a verificação dos cálculos

Nos termos do § 2º do art. 524 do novo CPC, "para a verificação dos cálculos, o juiz poderá se valer de contabilista do juízo, que terá o prazo máximo de 30 dias para efetuá-la, exceto se outro lhe for determinado". Dispositivo sem equivalente no CPC/1973.

Ao que tudo indica, é defeso ao magistrado fixar prazo superior a 30 dias.

8. Da requisição de documentos em poder de terceiros

De acordo com o § 3º do art. 524 do novo CPC, "quando a elaboração do demonstrativo depender de dados em poder de terceiros ou do executado, o juiz poderá requisitá-los, sob cominação do crime de desobediência". Dispositivo sem equivalente no CPC/1973.

Nada impede que, além da cominação da pena supramencionada, possa o juiz determinar, por exemplo, a busca e apreensão de documentos, de modo que se torne possível a elaboração do demonstrativo.

9. Da requisição de documentos em poder do executado e a sanção em caso de não apresentação

O § 4º do art. 524 do novo CPC dispõe que, "quando a complementação do demonstrativo depender de dados adicionais em poder do executado, o juiz poderá, a requerimento do exequente, requisitá-los, fixando prazo de até trinta dias para o cumprimento da diligência; se os dados adicionais não forem apresentados pelo executado, sem justificativa, no prazo designado, reputar-se-ão corretos os cálculos apresentados pelo exequente apenas com base nos dados de que dispõe". Dispositivo sem equivalente no CPC/1973.

Trata-se de uma boa regra que pune, exemplarmente, o devedor de má-fé. Não funcionará a contento, todavia, se o juiz exigir, do credor, prova dos cálculos que for apresentar. Ora, se para finalizar algum cálculo, é imprescindível o demonstrativo em poder do executado, e ele não o apresentar, será praticamente impossível que o exequente consiga complementar o seu demonstrativo. É por isso que, na eventualidade de o devedor desobedecer a ordem judicial, é preciso que o magistrado aceite a complementação do demonstrativo sem a devida comprovação documental, sob pena de a sanção se tornar ineficiente e inócua.

10. Forma de defesa do executado e prazo para tanto

O art. 525 do novo CPC reza que, "transcorrido o prazo previsto no art. 523 sem o pagamento voluntário, inicia-se o prazo de 15 dias para que o executado, independentemente de penhora ou nova intimação, apresente, nos próprios autos, sua impugnação".

Já afirmamos anteriormente que consideramos que o termo inicial do prazo do art. 523 é o primeiro dia útil seguinte ao da intimação do devedor, na pessoa de seu advogado, nos termos do art. 513, § 2º, I, do novo CPC. Dito isso, o prazo para a apresentação da impugnação ao cumprimento da sentença em juízo é de 15 dias, iniciando-se no dia seguinte ao termo final do prazo para pagamento espontâneo.

Se forem vários os executados, e tiverem procuradores distintos, eles terão prazo em dobro para apresentar a referida impugnação, bem como para manifestarem-se nos autos, *ex vi* do disposto no § 3º do art. 525 do novo CPC.

11. Matéria que pode ser objeto dessa impugnação

A matéria que pode ser objeto de impugnação ao cumprimento de sentença continua sendo restrita, assim como era no CPC/1973 (art. 475-L). O § 1º do art. 525 do novo CPC diz que "na impugnação, o executado poderá alegar: I – falta ou nulidade da citação se, na fase de conhecimento, o processo correu à revelia; II – ilegitimidade de parte; III – inexequibilidade do título ou inexigibilidade da obrigação; IV – penhora incorreta ou avaliação errônea; V – excesso de execução ou cumulação indevida de execuções; VI – incompetência absoluta ou relativa do juízo da execução; VII – qualquer causa modificativa ou extintiva da obrigação, como pagamento, novação, compensação, transação ou prescrição, desde que supervenientes à sentença".

12. Alegação de impedimento ou suspeição

O § 2º do art. 525 do novo CPC informa que "a alegação de impedimento ou suspeição observará o disposto nos arts. 146 e 148".

13. Alegação de excesso de execução na impugnação

O regramento sobre a alegação de excesso de execução no cumprimento de sentença está basicamente igual ao que era no § 2º do art. 475-L do CPC/1973. Estabelece o § 4º do art. 525 que "quando o executado alegar que o exequente, em excesso de execução, pleiteia quantia superior à resultante da sentença, cumprir-lhe-á declarar de imediato o valor que entende correto, apresentando demonstrativo discriminado e atualizado de seu cálculo". O § 5º do art. 525 complementa que "na hipótese do § 4º, não apontado o valor correto ou não apresentado o demonstrativo, a impugnação será liminarmente rejeitada, se o excesso de execução for o seu único fundamento, ou, se houver outro, a impugnação será processada, mas o juiz não examinará a alegação de excesso de execução".

Para que o executado possa ter o direito de ver o seu pleito de excesso de execução ser apreciado, ele deve, ao mesmo tempo, declarar de imediato o valor que entende correto, bem como apresentar o demonstrativo discriminado e atualizado de seu cálculo.

14. Efeito suspensivo *ope iudicis* da impugnação

Assim como era no CPC/1973 (art. 475-M), o § 6º do art. 525 do novo CPC permite que o juiz possa atribuir efeito suspensivo à impugnação, paralisando, com isso, o cumprimento de sentença. O texto do dispositivo é o seguinte: "a apresentação de impugnação não impede a prática dos atos executivos, inclusive os de expropriação, podendo o juiz, a requerimento do executado e desde que garantido o juízo com penhora, caução ou depósito suficientes, atribuir-lhe efeito suspensivo, se seus fundamentos forem relevantes e se o prosseguimento da execução for manifestamente suscetível de causar ao executado grave dano de difícil ou incerta reparação".

Em primeiro lugar, deixemos claro que esse efeito suspensivo é *ope iudicis*, pois depende, para ser concedido, da interpretação do juiz acerca da presença ou não dos requisitos autorizadores para tanto, não decorrendo, automaticamente, da lei (*ope legis*).

Em segundo lugar, há três pressupostos que devem ser atendidos para que o magistrado possa atribuir efeito suspensivo à impugnação ao cumprimento de sentença. São eles: (i) penhora, caução ou depósito suficientes e idôneos; (ii) *periculum in mora*; e (iii) *fumus boni iuris*. Presentes os três requisitos, é dever do juiz conferir o dito efeito suspensivo. Para que ele possa ser indeferido, é preciso que pelo menos um dos pressupostos não esteja comprovado.

Em terceiro lugar, observe-se que, mesmo concedido o efeito suspensivo, temse que a efetivação dos atos de substituição, de reforço ou de redução da penhora e de avaliação dos bens poderão ser efetivados, conforme se extrai do § 7º do art. 525, que assim dispõe: "a concessão de efeito suspensivo a que se refere o § 6º não impedirá a efetivação dos atos de substituição, de reforço ou de redução da penhora e de avaliação dos bens".

Em quarto lugar, é possível que o efeito suspensivo diga respeito a apenas parte do objeto da execução. Nesse caso, o cumprimento de sentença prosseguirá quanto à parte restante, nos termos do § 8º do art. 525 do novo CPC.

Em quinto lugar, havendo vários executados, o efeito suspensivo deferido a um deles não aproveitará, necessariamente, aos demais. Pela regra do § 9º do art. 525 do novo CPC, "a concessão de efeito suspensivo à impugnação deduzida por um dos executados não suspenderá a execução contra os que não impugnaram, quando o respectivo fundamento disser respeito exclusivamente ao impugnante".

Em sexto lugar, apesar de não estar expresso no novo CPC, é evidente que fatos supervenientes repercutirão no efeito suspensivo, concedido ou não, tendo em vista o seu notório estado de provisoriedade. Assim, se o efeito suspensivo foi indeferido por faltar um dos pressupostos, se ele for preenchido *a posteriori*, poderá o juiz reconsiderar a sua primitiva decisão. O mesmo vale para o efeito suspensivo deferido e o desaparecimento de qualquer um dos três requisitos.

15. Retirada do efeito suspensivo da impugnação a pedido do exequente

Assim como ocorria no § 1º do art. 475-M do CPC/1973, o § 10 do art. 525 do novo CPC permite que o juiz retire o efeito suspensivo atribuído à impugnação. Dispõe que, "ainda que atribuído efeito suspensivo à impugnação, é lícito ao exequente requerer o prosseguimento da execução, oferecendo e prestando, nos próprios autos, caução suficiente e idônea a ser arbitrada pelo juiz".

Há apenas um requisito para a supressão do efeito suspensivo concedido, qual seja, o oferecimento, pelo exequente, de caução, suficiente e idônea, a ser arbitrada pelo juiz. O seu valor não será, necessariamente, o mesmo da execução. Isso porque, a razão de ser dessa caução é a de se ter uma garantia, já prestada nos autos, para o caso de o credor não ter êxito no cumprimento de sentença e, em decorrência do seu prosseguimento até o final, ocasionar danos na esfera patrimonial do devedor. Ressalte-se que esse requisito é objetivo, não comportando interpretação. O que é variável é o valor da caução.

Nesse caso, prestada caução pelo exequente, não poderá o magistrado desonerar o bem utilizado, pelo executado, para garantir o juízo no seu pleito de efeito suspensivo, uma vez que esse bem servirá para garantir o sucesso do processo principal. O devedor corre o risco, ao efetuar o pedido de efeito suspensivo, de ele vir a ser concedido, e, no futuro, cancelado com base no § 10 do art. 525 do novo CPC.

16. Arguição de fato superveniente após a apresentação da impugnação

O § 11 do art. 525 do novo CPC reza que "as questões relativas a fato superveniente ao término do prazo para apresentação da impugnação, assim como aquelas relativas à validade e à adequação da penhora, da avaliação e dos atos executivos subsequentes, podem ser arguidas por simples petição, tendo o executado, em qualquer dos casos, o prazo de 15 dias para formular esta arguição, contado da comprovada ciência do fato ou da intimação do ato".

17. Inexibilidade do título executivo e a doutrina da "coisa julgada inconstitucional"

O § 12 do art. 525 do novo CPC é muito similar ao § 1º do art. 475-L do CPC/1973. A redação do § 12 é a seguinte: "para efeito do disposto no inciso III do § 1º deste artigo, considera-se também inexigível a obrigação reconhecida em título executivo judicial fundado em lei ou ato normativo considerado inconstitucional pelo Supremo Tribunal Federal, ou fundado em aplicação ou interpretação da lei ou do ato normativo tido pelo Supremo Tribunal Federal como incompatível com a Constituição Federal, em controle de constitucionalidade concentrado ou difuso".

Na comparação entre os dois dispositivos legais, o atual e o revogado, houve o aprimoramento da redação no inciso I (agora deixa-se claro que e o acréscimo do inciso III. O inciso II já existia.

Os §§ 13, 14 e 15 do art. 525 do novo CPC, que serão transcritos abaixo, não têm equivalentes no CPC/1973.

O § 13 lembra que, "no caso do § 12, os efeitos da decisão do Supremo Tribunal Federal poderão ser modulados no tempo, em atenção à segurança jurídica". A modulação dos efeitos no controle concentrado não é novidade no nosso ordenamento jurídico. Como se sabe, o art. 27 da Lei n. 9.868/99 dispõe que, "ao declarar a inconstitucionalidade de lei ou ato normativo, e tendo em vista razões de segurança jurídica ou de excepcional interesse social, poderá o Supremo Tribunal Federal, por maioria de dois terços de seus membros, restringir os efeitos daquela declaração ou decidir que ela só tenha eficácia a partir de seu trânsito em julgado ou de outro momento que venha a ser fixado".

O § 14 estabelece que "a decisão do Supremo Tribunal Federal referida no § 12 deve ser anterior ao trânsito em julgado da decisão exequenda". Esse dispositivo deixa bem claro que essas três hipóteses de inexigibilidade do título não se confundem com a doutrina da "coisa julgada inconstitucional" ou "relativização/flexibilização da coisa julgada", pois, segundo essa teoria, mesmo depois de ocorrido o trânsito em julgado da sentença de mérito, o Judiciário poderia desconsiderá-la, desde que ela estivesse encobrindo violação direta ao texto constitucional e que não tenha sido previamente debatida no processo. Para os adeptos dessa teoria, acreditamos que ela continuará existindo no nosso ordenamento e, muito excepcionalmente, poderá ser utilizada, de preferência, por meio de *querela nullitatis*. Já para os que sempre a criticaram, fica nítido que terão um argumento a mais para utilizarem em defesa de seus pensamentos.

Por fim, o § 15 do art. 525 estatui que "se a decisão referida no § 12 for proferida após o trânsito em julgado da decisão exequenda, caberá ação rescisória, cujo prazo será contado do trânsito em julgado da decisão proferida pelo Supremo Tribunal Federal". Como se percebe, o disposto nesse parágrafo permitirá que decisões judiciais já definitivamente passadas em julgado possam ser rediscutidas. Trata-se de situação que já vem sendo defendida, especialmente pelos tributaristas, há muitos anos. Com isso, evitar-se-á a ocorrência ou a manutenção de desigualdades e distorções injustas no campo do Direito, que poderiam eternizar-se, em nome de uma segurança jurídica criada pela coisa julgada. Queremos reiterar que a criação dos parágrafos supramencionados, por si só, não tem o condão de acabar com a tese jurídica e bem fundamentada por boa parte da doutrina processual no tocante à plausibilidade de se manejar *querela nullitatis* para flexibilizar a *res judicata*, desde que haja violação direta e grave ao texto constitucional.

18. Pagamento espontâneo, em juízo, do valor devido pelo devedor

O art. 526 do novo CPC estatui que "é lícito ao réu, antes de ser intimado para o cumprimento da sentença, comparecer em juízo e oferecer em pagamento o valor que entender devido, apresentando memória discriminada do cálculo". Dispositivo sem correspondente no CPC/1973.

Até aqui, bastante óbvio, pois o devedor sempre pode pagar espontaneamente o valor da condenação, inclusive extrajudicialmente, diretamente ao credor. Os parágrafos seguintes também são inovações, e, conforme veremos, há consequência dura ao devedor que pagar a quantia errada.

O § 1º diz que "o autor será ouvido no prazo de cinco dias, podendo impugnar o valor depositado, sem prejuízo do levantamento do depósito a título de parcela incontroversa".

O § 2º reza que, "concluindo o juiz pela insuficiência do depósito, sobre a diferença incidirão multa de dez por cento e honorários advocatícios, também fixados em dez por cento, seguindo-se a execução com penhora e atos subsequentes". O dispositivo parte da premissa de que o devedor, ao comparecer espontaneamente para pagar, está suprindo a necessidade de ser intimado do cumprimento de sentença.

Já o § 3º dispõe que, "se o autor não se opuser, o juiz declarará satisfeita a obrigação e extinguirá o processo". O credor deve ser cuidadoso. O prazo é exíguo e, caso ele não se manifeste de forma contrária, presumir-se-á que concordou com o valor depositado judicialmente pelo devedor.

19. Aplicação dessas regras ao cumprimento provisório da sentença

Segundo o art. 527 do novo CPC, "aplicam-se as disposições deste Capítulo ao cumprimento provisório da sentença, no que couber".

§ 6º – Cumprimento da sentença que reconheça a exigibilidade de obrigação de prestar alimentos

1. Introdução e cabimento

Segundo o art. 528 do novo CPC, é cabível o manejo desse procedimento quando o credor de alimentos tiver, em seu favor, sentença ou decisão interlocutória que tenha fixado alimentos.

À luz do CPC/1973, estamos todos acostumados a ter dois tipos de procedimentos distintos em se tratando de execução de alimentos: o do art. 732 (mera execução) e o do art. 733 (prisão). Aquele acabou sendo substituído pelo cumprimento de sentença do art. 475-J do CPC/1973, ante o conclame da doutrina majoritária, e com o aval da jurisprudência do STJ.

No novo CPC ainda há essa dicotomia de procedimentos. Caso o devedor queira pedir a prisão, utilizar-se-á do § 3º do art. 528. Pode ser que ele prefira apenas buscar a satisfação do crédito sem ter que se valer dessa medida tão drástica, logo, deverá se valer do § 7º do art. 528, que é bem claro ao dispor que "não será admissível a prisão do executado".

Registre-se que o art. 531 do novo CPC estabelece que "o disposto neste Capítulo aplica-se aos alimentos definitivos ou provisórios". O capítulo a que faz alusão o dispositivo contém os arts. 528 a 533 do novo CPC.

2. Prazo para pagamento

Nos termos do art. 528 do novo CPC, o juiz, a requerimento do exequente, intimará o devedor para pagar o valor do débito em três dias. Se ele já tiver efetuado o pagamento, terá de provar, dentro desse prazo, que já o fez.

3. Justificativa do devedor que não pode pagar

O devedor pode, dentro do prazo de três dias do art. 528 do novo CPC, justificar a impossibilidade de pagar o valor devido. O § 2º do art. 528 é claro no sentido de que "somente a comprovação de fato que gere a impossibilidade absoluta de pagar justificará o inadimplemento".

Esse dispositivo pode ser o responsável por uma alteração profunda na jurisprudência sobre alimentos. Hoje, se a pessoa não pode pagar, deve ajuizar ação de exoneração de alimentos, não sendo possível, nos autos da execução ou do cumprimento de sentença, discutir esse tipo de situação.

4. Consequência imediata do não pagamento ou da falta de justificativa

O § 1º do art. 528 do novo CPC é bastante claro sobre essa matéria: "[...] caso o executado, nesse prazo, não efetue o pagamento, prove que o efetuou ou apresente justificativa da impossibilidade de efetuá-lo, o juiz mandará protestar o pronunciamento judicial, aplicando-se, no que couber, o disposto no art. 517". O prazo em questão, repita-se, é de três dias. Esse prazo é o mesmo que já existia no art. 733 do CPC/1973. O art. 517, retro mencionado, regula o protesto da sentença.

5. Prisão civil

A prisão civil do devedor de alimentos é a segunda consequência do não pagamento. Nos termos do § 3º do art. 528 do novo CPC, "se o executado não pagar, ou não for aceita a justificação apresentada, o juiz, além de mandar protestar o pronunciamento judicial na forma do *caput*, decretar-lhe-á a prisão pelo prazo de um a três meses". Esse prazo continua sendo o mesmo do § 1º do art. 733 do CPC/1973.

Durante o trâmite do projeto de lei de novo CPC no Congresso Nacional, tentou-se criar a possibilidade de que o devedor de alimentos, quando se tornasse inadimplente pela primeira vez, seria preso no regime semiaberto. Essa regra não vingou. De acordo com o § 4º do art. 528 do novo CPC, "a prisão será cumprida em regime fechado, devendo o preso ficar separado dos presos comuns". Felizmente foi feita a ressalva de que o devedor de alimentos deve ficar separado dos presos comuns. Na prática, na maioria dos lugares essa regra já era aplicada. Não faz o menor sentido deixarem presos, na mesma cela, o devedor de alimentos com o assassino ou traficante de drogas.

Assim como já era antes (§ 2º do art. 733 do CPC/1973), o § 5º do art. 528 do novo CPC afirma que "o cumprimento da pena não exime o executado do pagamento das prestações vencidas e vincendas".

O § 6º do art. 528 do novo CPC reza que, "paga a prestação alimentícia, o juiz suspenderá o cumprimento da ordem de prisão". No CPC/1973 (§ 3º do art. 733) já era assim.

O § 7º do art. 528 do novo CPC dispõe que "o débito alimentar que autoriza a prisão civil do alimentante é o que compreende até as três prestações anteriores ao ajuizamento da execução e as que se vencerem no curso do processo". Essa regra positiva o entendimento doutrinário e jurisprudencial já consolidados. E, apenas para não deixar dúvidas quanto à possibilidade de se requerer a prisão do devedor de alimentos de uma única prestação, percebam a sutileza do legislador ao inserir o vocábulo "até", antes da expressão "as três prestações".

6. Procedimento de cumprimento de sentença sem a possibilidade de se requerer a prisão do devedor

O novo CPC faculta ao credor de alimentos a possibilidade de executar o débito com base no procedimento destinado ao cumprimento da sentença para pagamento de quantia certa (arts. 523 a 527 do novo CPC). O § 8º do art. 528 informa que "o exequente pode optar por promover o cumprimento da sentença ou decisão desde logo, nos termos do disposto neste Livro, Título II, Capítulo III, caso em que não será admissível a prisão do executado e, recaindo a penhora em dinheiro, a concessão de efeito suspensivo à impugnação não obsta a que o exequente levante mensalmente a importância da prestação". Dispositivo semelhante ao art. 732 do CPC/1973.

O cuidado que o advogado deve ter, ao iniciar esse procedimento do § 8º do art. 528, é o de lembrar que ele não poderá requerer a prisão do devedor dentro desse rito. Nada impede, contudo, que o credor ajuíze o procedimento do § 3º do art. 528 (o da prisão civil) para a cobrança de prestações que venceram no curso do procedimento do § 8º do art. 528. Para tanto, é importante que faça a ressalva nos autos do cumprimento de sentença para pagamento de quantia certa, de modo a evitar a alegação, do alimentante, de que o alimentando está cobrando em dobro o mesmo valor.

Para quais situações são recomendadas o uso desse procedimento? A nosso ver, seriam duas. A primeira, que é bem óbvia, é quando o crédito for referente a prestações antigas, não sendo agasalhadas pelo rito do § 3º do art. 528. A segunda seria nas hipóteses em que o credor não quer se indispor, sobremaneira, com o devedor. O pedido de prisão gera uma animosidade maior ainda entre as partes. Apenas para exemplificar, não justifica o pedido de prisão do pai dos filhos do casal se ele não é um devedor contumaz e, sabidamente, está passando por uma crise financeira (desempregado); ainda mais se a guarda for compartilhada e ele for um bom pai. Até porque, se ele estiver preso, não vai poder procurar emprego.

7. Competência

O § 9º do art. 528 do novo CPC dispõe que, "além das opções previstas no art. 516, parágrafo único, o exequente pode promover o cumprimento da sentença ou decisão que condena ao pagamento de prestação alimentícia no juízo de seu domicílio".

O importante é permitir que o credor dos alimentos possa executá-los no local que lhe traga mais facilidades, conforme já se manifestou o STJ (REsp n. 436.251/MG). E pouco importa se no processo de cognição o domicílio era diverso do que está sendo utilizado no cumprimento de sentença.

8. Alimentos com desconto em folha de pagamento

O art. 529 e seus parágrafos do novo CPC (art. 734 do CPC/1973), permitem que os alimentos vencidos e vincendos sejam descontados da folha de pagamento do alimentante, se ele for funcionário público, militar, diretor ou gerente de empresa, bem como empregado sujeito à legislação do trabalho. O *caput* e os §§ 1º e 2º não trazem nada de novo. Já o § 3º inova ao estabelecer um limite para esses descontos. Dispõe o referido parágrafo que, "sem prejuízo do pagamento dos alimentos vincendos, o débito objeto de execução pode ser descontado dos rendimentos ou rendas do executado, de forma parcelada, nos termos do *caput* deste artigo, contanto que, somado à parcela devida, não ultrapasse cinquenta por cento de seus ganhos líquidos". Trata-se de um limite objetivo que vem em boa hora, de modo a padronizar, no Brasil, a jurisprudência sobre o tema.

9. Penhora de bens

O art. 530 do novo CPC diz que, "não cumprida a obrigação, observar-se-á o disposto nos arts. 831 e seguintes". Esses são os dispositivos que cuidam da penhora, depósito, avaliação, etc.

10. Forma de processamento da execução dos alimentos provisórios e dos fixados por sentença ainda não passada em julgado

Conforme se extrai do § 1º do art. 531 do novo CPC, "a execução dos alimentos provisórios, bem como a dos alimentos fixados em sentença ainda não transitada em julgado, se processa em autos apartados". Alimentos provisórios são aqueles concedidos liminarmente em ação de alimentos. O dispositivo não possui correspondente no CPC/1973.

11. Forma de processamento da execução dos alimentos definitivos

Alimentos definitivos, *in casu*, são aqueles definidos por sentença passada em julgado. Para o § 2º do art. 531 do novo CPC, "o cumprimento definitivo da obrigação de prestar alimentos será processado nos mesmos autos em que tenha sido proferida a sentença". O dispositivo não possui correspondente no CPC/1973.

12. Do crime de abandono material

O art. 532 do novo CPC estatui que, "verificada a conduta procrastinatória do executado, o juiz deverá, se for o caso, dar ciência ao Ministério Público dos indícios da prática do delito de abandono material". O dispositivo não possui correspondente no CPC/1973.

O crime de abandono material está tipificado no art. 244 do Código Penal, com a seguinte redação: "deixar, sem justa causa, de prover a subsistência do cônjuge, ou de filho menor de 18 anos ou inapto para o trabalho, ou de ascendente inválido ou maior de 60 anos, não lhes proporcionando os recursos necessários ou faltando ao pagamento de pensão alimentícia judicialmente acordada, fixada ou majorada; deixar, sem justa causa, de socorrer descendente ou ascendente, gravemente enfermo: Pena – detenção, de um a quatro anos e multa, de uma a 10 vezes o maior salário mínimo vigente no País". O seu parágrafo único diz ainda que "nas mesmas penas incide quem, sendo solvente, frustra ou ilide, de qualquer modo, inclusive por abandono injustificado de emprego ou função, o pagamento de pensão alimentícia judicialmente acordada, fixada ou majorada".

Infelizmente, ainda existem muitos pais que se furtam de seu dever legal de sustentar seu filho. Não vamos nem entrar na discussão acerca da obrigatoriedade ou não de prestar afeto. Esperamos que esse novo CPC consiga dar mais responsabilidade a essas pessoas.

§ 7º – Cumprimento da sentença que reconheça a exigibilidade de obrigação de pagar quantia certa pela Fazenda Pública

1. Introdução

O CPC/1973 regulava, em seus arts. 730 e 731, a execução contra a Fazenda Pública. Esse rito deveria ser utilizado tanto em caso de títulos executivos judiciais e extrajudiciais. Já nos arts. 741 a 743 do CPC/1973 estavam as disposições sobre os embargos de devedor, que poderiam ser opostos pela Fazenda, tanto na execução por título executivo judicial quanto extrajudicial. Não mudou muito, conforme veremos a seguir.

Anote-se, no entanto, que essas regras contidas nos arts. 534 e 535 do novo CPC dizem respeito apenas ao procedimento de cumprimento da sentença contra a Fazenda quando a obrigação for para o pagamento de quantia certa.

2. Cabimento e requisitos da petição inicial

O art. 534 do novo CPC diz que "no cumprimento de sentença que impuser à Fazenda Pública o dever de pagar quantia certa, o exequente apresentará demonstrativo discriminado e atualizado do crédito contendo: I – o nome completo e o número de inscrição no Cadastro de Pessoas Físicas ou no Cadastro Nacional da Pessoa Jurídica do exequente; II – o índice de correção monetária adotado; III – os juros aplicados e as respectivas taxas; IV – o termo inicial e o termo final dos juros e da correção monetária utilizados; V – a periodicidade da capitalização dos juros, se for o caso; VI – a especificação dos eventuais descontos obrigatórios realizados".

O § 1º do art. 534 informa ainda que, "havendo pluralidade de exequentes, cada um deverá apresentar o seu próprio demonstrativo, aplicando-se à hipótese, se for o caso, o disposto nos §§ 1º e 2º do art. 113". Estes dois parágrafos do art. 113 dizem respeito ao litisconsórcio multitudinário, que, por lei, pode ser limitado pelo magistrado.

3. Multa pelo não pagamento do valor devido em determinado prazo

O § 2º do art. 534 do novo CPC estabelece que "a multa prevista no § 1º do art. 523 não se aplica à Fazenda Pública". Essa é aquela multa de 10% pelo não pagamento espontâneo do valor devido no prazo de 15 dias.

O legislador perdeu a oportunidade de moralizar o Brasil no que toca ao pagamento dos valores devidos pela Fazenda Pública. Já tivemos a oportunidade de escrever, há quase 10 anos, que essa multa (na época, referíamo-nos àquela do art. 475-J do CPC/1973) deveria ser aplicada, também, à Fazenda Pública, guardadas as diferenças.

Como a Fazenda paga por precatório ou RPV, a multa deveria ser pensada dessa forma. Se não pagar o valor devido no prazo especial da lei, aplicar-se-ia a multa de 10%. O Estado não pode ser eficiente somente na hora de cobrar tributos, devendo o ser, igualmente, para pagar as suas obrigações.

4. Impugnação ao cumprimento de sentença

Segundo o art. 535 do novo CPC, "a Fazenda Pública será intimada na pessoa de seu representante judicial, por carga, remessa ou meio eletrônico, para, querendo, no prazo de 30 dias e nos próprios autos, impugnar a execução, podendo arguir: I – falta ou nulidade da citação se, na fase de conhecimento, o processo correu à revelia; II – ilegitimidade de parte; III – inexequibilidade do título ou inexigibilidade da obrigação; IV – excesso de execução ou cumulação indevida de execuções; V – incompetência absoluta ou relativa do juízo da execução; VI – qualquer causa modificativa ou extintiva da obrigação, como pagamento, novação, compensação, transação ou prescrição, desde que supervenientes ao trânsito em julgado da sentença".

O legislador harmonizou as terminologias, por conseguinte, não se fala mais em embargos de devedor, mas, sim, em impugnação ao cumprimento de sentença.

Não houve alteração no prazo. Apesar de o art. 730 do CPC/1973 estatuir que são 10 dias, todos sabem que a Lei n. 9.494/97 o alterou para 30 dias.

As matérias que podem ser elencadas como defesa nessa impugnação são as mesmas que podiam, antigamente, nos termos do art. 741 do CPC/1973.

5. Alegação de excesso de execução

O § 2º do art. 535 do novo CPC cria um ônus para a Fazenda Pública quando a sua alegação for baseada em excesso de execução. A redação é a seguinte: "quando se alegar que o exequente, em excesso de execução, pleiteia quantia superior à resultante do título, cumprirá à executada declarar de imediato o valor que entende correto, sob pena de não conhecimento da arguição". Dispositivo sem correspondente no CPC/1973.

6. Alegação de impedimento ou suspeição

O § 1º do art. 535 do novo CPC estabelece que "a alegação de impedimento ou suspeição observará o disposto nos arts. 146 e 148".

7. Efeitos da não apresentação da impugnação ou de sua rejeição

De acordo com o § 3º do art. 535 do novo CPC, "não impugnada a execução ou rejeitadas as arguições da executada: I – expedir-se-á, por intermédio do presidente do tribunal competente, precatório em favor do exequente, observando-se o disposto na

Constituição Federal; II – por ordem do juiz, dirigida à autoridade na pessoa de quem o ente público foi citado para a causa, o pagamento de obrigação de pequeno valor será realizado no prazo de dois meses contados da entrega da requisição, mediante depósito na agência de banco oficial mais próxima da residência do exequente".

Por "requisição", entenda-se, a ordem judicial para o pagamento de certa quantia em favor de uma pessoa. O prazo atualmente para pagamento é de até 90 dias. O novo CPC, como se viu, o reduziu para dois meses.

8. Solução para o caso de impugnação parcial

O § 4º do art. 535 do novo CPC positiva jurisprudência consolidada do STJ, no sentido de que a parte incontroversa da parcela pode ser objeto de cumprimento imediato. Isso significa que já pode ser determinada a expedição de precatório ou de RPV para situações como essa. O teor do dispositivo em comento é esse: "tratando-se de impugnação parcial, a parte não questionada pela executada será, desde logo, objeto de cumprimento".

9. Inexigibilidade do título e a doutrina da "coisa julgada inconstitucional"

O § 5º do art. 535 do novo CPC expõe que, "para efeito do disposto no inciso III do *caput* deste artigo, considera-se também inexigível a obrigação reconhecida em título executivo judicial fundado em lei ou ato normativo considerado inconstitucional pelo Supremo Tribunal Federal, ou fundado em aplicação ou interpretação da lei ou do ato normativo tido pelo Supremo Tribunal Federal como incompatível com a Constituição Federal, em controle de constitucionalidade concentrado ou difuso".

O § 6º do art. 535 reza que, "no caso do § 5º, os efeitos da decisão do Supremo Tribunal Federal poderão ser modulados no tempo, em atenção à segurança jurídica".

O § 7º do art. 535 diz que "a decisão do Supremo Tribunal Federal referida no § 5º deve ter sido proferida antes do trânsito em julgado da decisão exequenda".

Esses três dispositivos são iguais aos §§ 10, 11 e 12 do art. 525 do novo CPC. Lá já tecemos as nossas observações, logo, é de todo desnecessário repeti-las. Pedimos ao leitor que verifique o que escrevemos naquele local, pois são aplicáveis, igualmente, à Fazenda Pública.

10. Cumprimento provisório da sentença contra a Fazenda Pública

A CF/88 só permite a expedição de precatório e de RPV quando se tiver sentença transitada em julgado. Nada impede, porém, que a parte interessada inicie o cumprimento provisório da sentença para pagamento de quantia certa contra a Fazenda Pública, de modo a adiantar os trâmites procedimentais, e, ao transitar em julgado a sentença, requerer a alteração da classe, no distribuidor, e, se já for o caso, requerer a expedição de precatório ou de RPV.

No tocante à possibilidade de cumprimento provisório da sentença contra a Fazenda Pública, quando a natureza da obrigação for fazer, não-fazer ou entregar coisa (que não seja dinheiro), não há qualquer vedação legal para o seu aperfeiçoamento, devendo seguir as regras previstas no CPC, adequando-as, onde for preciso, às particularidades da Fazenda Pública, como, por exemplo, o prazo para impugnar.

§ 8º – Cumprimento da sentença que reconheça a exigibilidade de obrigação de fazer e de não fazer

1. Introdução

O cumprimento de sentença para situações como essas, no CPC/1973, estava regulado pelo art. 475-I, que, por sua vez, determinava a aplicação do art. 461 que, como sabemos, versavam sobre a tutela específica das obrigações de fazer e de não fazer.

No novo CPC, essa matéria está regulada nos arts. 536 e 537. Basicamente, todos esses dispositivos não possuem equivalentes no CPC/1973.

2. Medidas que podem ser tomadas para se buscar a efetivação do resultado prático equivalente

Segundo o art. 536 do novo CPC, "no cumprimento de sentença que reconheça a exigibilidade de obrigação de fazer ou de não fazer, o juiz poderá, de ofício ou a requerimento, para a efetivação da tutela específica ou a obtenção de tutela pelo resultado prático equivalente, determinar as medidas necessárias à satisfação do exequente".

O *caput* deixa claro vários pontos: (i) o tipo de obrigação que poderá ser agasalhada por esse procedimento; (ii) a possibilidade de o juiz tomar medidas *ex officio* ou a requerimento do interessado; e (iii) a menção de que qualquer medida necessária pode ser tomada para se buscar a efetivação do resultado prático equivalente.

O § 1º do art. 536 complementa e lista, em rol exemplificativo, algumas medidas que poderão ser tomadas em prol do exequente: "para atender ao disposto no *caput*, o juiz poderá determinar, entre outras medidas, a imposição de multa, a busca e apreensão, a remoção de pessoas e coisas, o desfazimento de obras e o impedimento de atividade nociva, podendo, caso necessário, requisitar o auxílio de força policial".

No tocante ao cumprimento do mandado de busca e apreensão de pessoas e de coisas, o § 2º do art. 536 determina que será cumprido por dois oficiais de justiça, e, se porventura houver necessidade de arrombamento, observar-se-á o disposto no art. 846, §§ 1º a 4º. Esses parágrafos cuidam de como deve decorrer o arrombamento.

3. Sanção para quem descumprir a ordem judicial

O § 3º do art. 536 do novo CPC prevê que "o executado incidirá nas penas de litigância de má-fé quando injustificadamente descumprir a ordem judicial, sem prejuízo de sua responsabilização por crime de desobediência". Não se trata, por óbvio, de *bis in idem*. E a aplicação de *astreinte* também não pode ser vista como dupla penalidade, uma vez que a sua natureza é diferente daquela prevista para o litigante de má-fé. Uma é aplicada à parte que está litigando em descompasso com o princípio da boa-fé. A outra é utilizada como forma de coagir a parte a cumprir a ordem judicial. E a responsabilização por crime de desobediência é sanção na esfera penal para quem pratica um crime.

4. O meio de defesa do executado

O § 4º do art. 536 do novo CPC informa que "no cumprimento da sentença que reconheça a exigibilidade de obrigação de fazer ou de não fazer, aplica-se o art. 525, no que couber".

Os diversos parágrafos do art. 525 regulam o procedimento que deve ser seguido para a impugnação ao cumprimento de sentença que reconheça a exigibilidade de obrigação de pagar quantia certa.

Dito isso, fica claro que o meio de defesa do executado no cumprimento de sentença que reconheça a exigibilidade de obrigação de fazer, de não fazer ou de entregar coisa, é a impugnação. O prazo para a sua apresentação é de 15 dias, contados do prazo estabelecido pelo juiz para o cumprimento da obrigação. A matéria que pode ser arguida em defesa, como se sabe, é bastante restrita.

5. Aplicabilidade dessas regras ao cumprimento de sentença que reconheça deveres de fazer e de não fazer de natureza não obrigacional

O § 5º do art. 536 do novo CPC reza que "o disposto neste artigo aplica-se, no que couber, ao cumprimento de sentença que reconheça deveres de fazer e de não fazer de natureza não obrigacional".

A expressão "natureza não obrigacional" comporta várias interpretações, senão, vejamos.

Nem sempre uma obrigação de fazer ou de não fazer decorre de ato ilícito contratual. Assim, quando o ilícito for extracontratual, e for reprimido por sentença que reconheça obrigação de fazer ou de não fazer, deverá o exequente se socorrer dessas regras do novo CPC. Essa é uma forma de se interpretar.

A expressão poderia significar também obrigações de natureza real.

E, por fim, outro sentido que pode ser atribuído à expressão "natureza não obrigacional" é o de se estender às relações existenciais.

Sendo assim, como diz o velho jargão, "onde o legislador não restringe ou limita, não cabe ao intérprete fazê-lo". Portanto, cremos que a expressão "natureza não obrigacional" deve ser vista da maneira mais ampla possível, podendo ser entendida de três formas distintas, quais sejam, ilícitos extracontratuais, direitos reais e relações existenciais.

6. Multa coercitiva: características, pessoa a quem é devida e forma de execução

O art. 537 do novo CPC estabelece que "a multa independe de requerimento da parte e poderá ser concedida na fase de conhecimento, em tutela provisória ou na sentença, ou na execução, desde que seja suficiente e compatível com a obrigação e que se determine prazo razoável para cumprimento do preceito".

O dispositivo nos informa que a multa pode ser estabelecida, até mesmo, *ex officio* pelo juiz. Também mostra em quais tipos e momentos do procedimento podem ser concedidos, isto é, em todos os tipos de processo e a qualquer momento. Não há nenhuma restrição.

A frase "desde que seja suficiente e compatível com a obrigação e que se determine prazo razoável para cumprimento do preceito" merece uma breve observação. Essa multa é criticada por alguns no sentido de que permite o enriquecimento indevido, ilícito ou sem causa da vítima. Às vezes, no Direito, fico estarrecido com certas afirmações. Ora, o que não se pode perder de vista é que a vítima só recebe algum dinheiro oriundo dessas *astreintes* porque o responsável pelo ilícito não cumpre a ordem judicial no prazo estabelecido.

Para chegar ao ponto de o autor da lide receber algum valor em decorrência de *astreintes*, é certo que muitos erros foram perpetrados. Em primeiro lugar, o ato ilícito, contratual ou não, foi praticado. Como não foi resolvido amistosa e extrajudicialmente, a vítima precisou buscar o auxílio do Poder Judiciário. Provavelmente requereu tutela provisória e foi deferida, com a fixação de multa (diária, única ou por ato) visando inibir a prática ou a continuidade do ato ilegal. E, claro, parte-se da premissa de que foi dado um prazo razoável para que a parte, devidamente citada, possa cumprir a decisão judicial. Ora, se mesmo depois disso tudo, o réu ainda está insistindo no erro, é porque não está preocupado com absolutamente nada. Sendo assim, como é que tem coragem de reclamar, posteriormente, do valor que a multa chegou? É, no mínimo, uma grande incoerência.

O Judiciário precisa voltar a ser temido pelas pessoas. É claro que não existe uma única explicação para o caos que está a morosidade do Poder Judiciário, bem como do número astronômico de processos que se iniciam, a cada dia, no Brasil. É certo, no entanto, que a falta de medo das pessoas, em face desse prestigiado órgão do Poder, é uma das causas disso. Multas pesadas, e efetiva e integralmente executadas, contribuirão para que a nossa Justiça volte a ter a glória e o respeito de anos anteriores. O que não pode continuar ocorrendo, dentro dessa temática das *astreintes*, é o Judiciário reduzir o valor das multas já transitadas em julgado, ao argumento, equivocado, *d.v.*, de que não produzem coisa julgada material (STJ, AgRg no AREsp n. 533.301/

DF e AgRg no AREsp n. 516.265/RJ). Uma coisa é o réu recorrer do valor ou da periodicidade da multa estabelecida tão logo tenha ciência dela, outra, totalmente diferente, é deixar para exercitar o seu *jus sperniandi* depois do trânsito em julgado; muitas vezes, até mesmo, na fase de cumprimento de sentença. Decisões desse jaez passam, aos devedores, o seguinte recado: não é preciso cumprir as decisões judiciais cominadas com *astreinte*, pois, se ficarem com um valor elevado, é possível reduzi-las. Precedentes judiciais como esses passam, portanto, a clara sensação de impunidade.

O § 6º do art. 461 do CPC/1973, infelizmente, não foi bem interpretado e aplicado. Ele dispunha que "o juiz poderá, de ofício, modificar o valor ou a periodicidade da multa, caso verifique que se tornou insuficiente ou excessiva". A multa pode e deve ser revista mesmo, mas sem retroagir, salvo se se tratar de provimento de recurso contra a decisão interlocutória que a fixou, pois, nesse caso, entraria em cena o efeito expansivo do recurso.

Com efeito, voltando à análise da parte do art. 537 do novo CPC que dispõe "desde que seja suficiente e compatível com a obrigação e que se determine prazo razoável para cumprimento do preceito", somos adeptos à fixação da multa em valor que seja mais elevado do que o da obrigação em si. É preciso que a pessoa contra quem a *astreinte* foi fixada perceba que é melhor, do ponto de vista financeiro, cumprir a obrigação principal do que pagar a multa. O cuidado que o juiz deve ter, ao fixar a multa, sua periodicidade e o prazo para o cumprimento da obrigação, é o de ter a certeza de que o valor e a periodicidade estão dentro da proporcionalidade, e que o prazo para o cumprimento é razoável.

O § 1º do art. 537 do novo CPC reza que "o juiz poderá, de ofício ou a requerimento, modificar o valor ou a periodicidade da multa vincenda ou excluí-la, caso verifique que: I – se tornou insuficiente ou excessiva; II – o obrigado demonstrou cumprimento parcial superveniente da obrigação ou justa causa para o descumprimento". A nosso ver, a decisão que modifica ou exclui a multa só pode ter efeitos *ex nunc*, ou seja, não retroagirá para alterar o valor acumulado da multa. Essa afirmação está dentro do raciocínio que acabamos de desenvolver nos parágrafos anteriores.

O § 2º do art. 537 do novo CPC informa que "o valor da multa será devido ao exequente". Conforme já tivemos a oportunidade de expor nesse livro, apesar de se ter tentado repartir o valor da multa entre o credor e o Estado durante o trâmite do projeto de lei de CPC no Congresso Nacional, a redação final do dispositivo é a melhor possível. Não seria justo que o valor acumulado da *astreinte* fosse repartido com o Poder Público. Isso, sim, seria enriquecimento indevido.

Sobre o termo inicial da multa, estabelece o § 4º do art. 537 do novo CPC que "a multa será devida desde o dia em que configurado o descumprimento da decisão e incidirá enquanto não for cumprida a decisão que a tiver cominado". Este é mais um fundamento para reforçar o entendimento de que a decisão que modificar o valor ou a periodicidade da multa deve ter, tão somente, efeitos *ex nunc*.

No tocante à forma de se executar a multa, o § 3º do art. 537 do novo CPC diz que "a decisão que fixa a multa é passível de cumprimento provisório, devendo ser depositada em juízo, permitido o levantamento do valor após o trânsito em julgado da sentença favorável à parte ou na pendência do agravo fundado nos incisos II ou III do art. 1.042". Não há dúvida alguma, destarte, quanto à possibilidade de se iniciar o cumprimento provisório da multa. O levantamento do valor, no entanto, só pode se dar após o trânsito em julgado. Esse cuidado é importante não por causa de o valor objeto da condenação poder vir a ser alterado, pois, como já vimos, isso não pode ocorrer após a preclusão da decisão. O principal motivo no nosso sentir é que, se a sentença (o mérito) for alterada, não importa se o devedor descumpriu a ordem judicial e foi condenado a pagar multa, uma vez que ela deixará de ser devida. Em outras palavras, se o autor tiver um crédito em seu favor oriundo de *astreinte*, mas o mérito lhe for desfavorável, ele perderá, automaticamente, o direito que tinha sobre o montante da multa.

Por derradeiro, segundo o § 5º do art. 537, "o disposto neste artigo aplica-se, no que couber, ao cumprimento de sentença que reconheça deveres de fazer e de não fazer de natureza não obrigacional". Trata-se de dispositivo com redação igual ao § 6º do art. 536 do novo CPC, com a diferença de que, enquanto o *caput* do art. 536 fala em "medidas necessárias à satisfação do exequente", o *caput* do art. 537 cuida das *astreintes*. Reiteramos que a expressão "natureza não obrigacional" comporta várias interpretações, senão, vejamos. Nem sempre uma obrigação de fazer ou de não fazer decorre de ato ilícito contratual. Assim, quando o ilícito for extracontratual, e for reprimido por sentença que reconheça obrigação de fazer ou de não fazer, deverá o exequente se socorrer dessas regras do novo CPC. Essa é uma forma de se interpretar. A expressão poderia significar também obrigações de natureza real. E, por fim, outro sentido que pode ser atribuído à expressão "natureza não obrigacional" é o de se estender às relações existenciais. Sendo assim, como diz o velho jargão, "onde o legislador não restringe ou limita, não cabe ao intérprete fazê-lo". Portanto, cremos que a expressão "natureza não obrigacional" deve ser vista da maneira mais ampla possível, podendo ser entendida de três formas distintas, quais sejam, ilícitos extracontratuais, direitos reais e relações existenciais.

§ 9º – Cumprimento da sentença que reconheça a exigibilidade de obrigação de entrega de coisa

1. Introdução

O cumprimento de sentença para situações como essas, no CPC/1973, estava regulado pelo art. 475-I, que, por sua vez, determinava a aplicação do art. 461-A que, como sabemos, versava sobre a tutela específica das obrigações de entrega de coisa.

No novo CPC, essa matéria está regulada no art. 538 e seus três parágrafos. Basicamente, todos esses dispositivos não possuem equivalentes no CPC/1973.

2. Cabimento

Segundo o art. 538 do novo CPC, "não cumprida a obrigação de entregar coisa no prazo estabelecido na sentença, será expedido mandado de busca e apreensão ou de imissão na posse em favor do credor, conforme se tratar de coisa móvel ou imóvel".

3. Das benfeitorias

O § 1º do art. 538 previne que "a existência de benfeitorias deve ser alegada na fase de conhecimento, em contestação, discriminando-as e atribuindo, sempre que possível e justificadamente, o seu valor".

O § 2º do mesmo dispositivo complementa que "o direito de retenção por benfeitorias deve ser exercido na contestação, na fase de conhecimento".

4. Aplicação subsidiária de outras regras

Como a seção que regula o cumprimento de sentença de obrigações de entrega de coisa é bastante enxuta, o § 3º do art. 538 informa que "aplicam-se ao procedimento previsto neste artigo, no que couber, as disposições sobre o cumprimento de obrigação de fazer e não fazer", ou seja, os arts. 536 e 537 do novo CPC.

IV – PROCEDIMENTOS ESPECIAIS

§ 1º – Introdução

Os procedimentos especiais estão disciplinados nos arts. 539 a 718 do novo CPC. No CPC/1973 ficavam entre os arts. 890 a 1.102-C. A necessidade de se ter procedimentos especiais em um Código decorre (i) das particularidades de direito material existentes e (ii) em razão de questões sociais que, na visão do legislador, justificam um tratamento procedimental diferenciado.

Uma primeira observação que merece destaque é a da mudança de terminologia para se referir a esses procedimentos. No CPC/1973 eram denominados "procedimentos especiais de jurisdição contenciosa". No novo CPC são, simplesmente, "procedimentos especiais". Já os antigos "procedimentos especiais de jurisdição voluntária" passam a ser os "procedimentos de jurisdição voluntária".

Pensamos ser importante destacar, desde já, quais são os procedimentos especiais de jurisdição contenciosa, da época do CPC/1973, que não mais figuram no rol dos atuais procedimentos especiais, bem como aqueles procedimentos especiais que passaram a existir apenas no novo CPC.

Deixaram de ser procedimentos especiais: a ação de depósito; a ação de anulação e substituição de títulos ao portador; a ação de dar contas (a ação de exigir contas ainda existe); a ação de nunciação de obra nova; a ação de usucapião (poderá ser feita, também, administrativamente, nos termos do art. 1.071) e as vendas a crédito com reserva de domínio.

São novos procedimentos especiais: a ação de dissolução parcial de sociedade; a oposição (antes era forma de intervenção de terceiros); a habilitação (antes era de jurisdição voluntária); as ações de família; a homologação do penhor legal (antes era medida cautelar típica); e a regulação de avaria grossa.

§ 2º – Ação de consignação em pagamento

O procedimento de consignação em pagamento está situado nos arts. 539 a 549 do novo CPC (arts. 890 a 900 do CPC/1973). Continuam existindo a consignação judicial e extrajudicial.

Não há nenhuma novidade digna de nota.

§ 3º – Ação de exigir contas

1. Introdução

No CPC/1973, a chamada ação de prestação de contas (arts. 914 a 919) era gênero do qual eram espécies a ação de dar contas e a ação de exigir contas. O novo CPC aboliu a ação de dar contas. Já a ação de exigir contas está regulada pelos arts. 550 a 553.

Antes de iniciarmos, lembremos a todos que o procedimento de exigir contas é bastante *sui generis*, podendo ter até três fases, cada uma delas encerrando-se com uma sentença. Na primeira a discussão gira em torno do dever ou não, do réu, de prestar contas. Na segunda a lide será as contas em si. A terceira é o cumprimento de sentença.

Não mudou quase nada em relação ao CPC/1973.

2. Procedimento

O art. 550 do novo CPC diz que "aquele que afirmar ser titular do direito de exigir contas requererá a citação do réu para que as preste ou ofereça contestação no prazo de 15 dias". No CPC/1973 (art. 915) esse prazo era de apenas cinco dias.

O § 1º do art. 550 (sem equivalente no CPC/1973) exige que, "na petição inicial, o autor especificará, detalhadamente, as razões pelas quais exige as contas, instruindo-a com documentos comprobatórios dessa necessidade, se existirem".

Caso as contas sejam prestadas, o autor poderá manifestar-se sobre elas em 15 dias, e, em seguida, deverá o magistrado julgar conforme o estado do processo (§ 2º do art. 550).

Sobre a impugnação das contas apresentadas pelo réu, o § 3º do art. 550 (sem equivalente no CPC/1973) determina que deverá ser fundamentada e específica, com referência expressa ao lançamento questionado.

Na eventualidade de o réu não contestar o pedido, o § 4º do art. 550 (§ 2º do art. 915 do CPC/1973) ordena que haja o julgamento antecipado do mérito, nos moldes do art. 355 do novo CPC.

O § 5º do art. 550 informa que "a decisão que julgar procedente o pedido condenará o réu a prestar as contas no prazo de 15 dias, sob pena de não lhe ser lícito impugnar as que o autor apresentar". Esse prazo era de 48 horas no CPC/1973 (§ 2º do art. 915).

De acordo com o § 6º do art. 550, "se o réu apresentar as contas no prazo previsto no § 5º, seguir-se-á o procedimento do § 2º; caso contrário, apresentá-las-á o autor no prazo de 15 dias, podendo o juiz determinar a realização de exame pericial, se necessário". Esse prazo era 10 dias no CPC/1973 (§ 3º do art. 915).

O art. 551 (art. 917 do CPC/1973) continua exigindo que as contas sejam prestadas na forma mercantil, muito embora utilize uma nova expressão, qual seja, "forma adequada". Reza o dispositivo que "as contas do réu serão apresentadas na forma adequada, especificando-se as receitas, a aplicação das despesas e os investimentos, se houver". Forma adequada é o mesmo que forma contábil.

Segundo o § 1º do art. 551 (sem equivalente no CPC/1973), o autor tem direito de impugnar as contas que o réu apresentar, desde que o faça de forma específica e fundamentada. Como a lei não fala qual é o prazo para tanto, entendemos que seria de 15 dias, fazendo uma analogia à impugnação da contestação na primeira fase do procedimento. O juiz estabelecerá prazo razoável para que o réu apresente os documentos justificativos dos lançamentos individualmente impugnados.

Para o § 2º do art. 551 (sem equivalente no CPC/1973), "as contas do autor, para os fins do art. 550, § 5º, serão apresentadas na forma adequada, especificando-se as receitas, a aplicação das despesas e os investimentos, se houver, bem como o respectivo saldo, já sendo instruídas com os documentos justificativos".

Reza o art. 552 (art. 918 do CPC/1973) que "a sentença apurará o saldo e constituirá título executivo judicial". Se não houver pagamento espontâneo, poderá o credor valer-se do cumprimento de sentença, que seria, *in casu*, a terceira fase do procedimento.

§ 4º – Ações possessórias

1. Introdução

As ações possessórias estão reguladas pelos arts. 554 a 568 do novo CPC (arts. 920 a 933 do CPC/1973). As possessórias continuam sendo a reintegração, a manutenção e o interdito.

2. Princípio da fungibilidade

O princípio da fungibilidade das ações possessórias continua existindo (art. 554 do novo CPC).

3. Citação de vários réus

Os §§ 1º a 3º do art. 554 do novo CPC (sem equivalentes no CPC/1973) tratam de como se procederá a citação quando o número de réus for elevado, e, ainda, desconhecidos.

O § 1º diz que, "no caso de ação possessória em que figure no polo passivo grande número de pessoas, será feita a citação pessoal dos ocupantes que forem encontrados no local e a citação por edital dos demais; será ainda determinada a intimação do Ministério Público e, se envolver pessoas em situação de hipossuficiência econômica, da Defensoria Pública".

O § 2º reza que, "para fim da citação pessoal prevista no § 1º, o oficial de justiça procurará os ocupantes no local por uma vez e os que não forem identificados serão citados por edital".

O § 3º dispõe que "o juiz deverá determinar que se dê ampla publicidade sobre a existência da ação prevista no § 1º e dos respectivos prazos processuais e, para tanto, poderá valer-se de anúncios em jornal ou rádio locais, da publicação de cartazes na região do conflito, e de outros meios".

Na eventualidade de o autor não souber o nome de nenhum dos réus, situação bem comum nas invasões de movimentos sociais, ele terá três alternativas: (i) citação por edital, com fulcro no art. 256, I, do novo CPC, de todos os interessados naquela ação; (ii) determinar a pessoa contra a qual está se propondo a ação (Manuel, 1,80m. de altura, 80 kg de peso, pele branca, cabelo preto); ou, (iii) requerer a expedição de mandado de certificação, para que o oficial de justiça possa comparecer no local do esbulho, turbação ou ameaça e tomar nota dos nomes completos, bem como da qualificação das pessoas. De todas elas, a que nos afigura a mais correta é a primeira delas, qual seja, a de se proceder a citação por edital, no entanto, inadmissível é a extinção do feito, sem resolução do mérito, com base na ausência de réus individuados. *Data venia*, tal decisão seria uma heresia jurídica!

4. Cumulação de pedidos

O art. 555 do novo CPC (art. 921 do CPC/1973) estabelece que "é lícito ao autor cumular ao pedido possessório o de: I – condenação em perdas e danos; II – indenização dos frutos. Parágrafo único. Pode o autor requerer, ainda, imposição de medida necessária e adequada para: I – evitar nova turbação ou esbulho; II – cumprir-se a tutela provisória ou final".

O inciso II do art. 555, bem como o inciso II do parágrafo único, ambos do novo CPC, são inovações. O inciso III do art. 921 do CPC/1973 não foi repetido na nova lei.

5. Posse vs. propriedade

O art. 557 do novo CPC reproduz o art. 923 do CPC/1973, no entanto, com um acréscimo na sua parte final. A redação do art. 557 é a seguinte: "na pendência de ação possessória é vedado, assim ao autor como ao réu, propor ação de reconhecimento do domínio, exceto se a pretensão for deduzida em face de terceira pessoa".

O dispositivo em questão distingue muito bem o juízo possessório do juízo petitório, no sentido de que o proprietário não pode pretender retirar o possuidor com base na alegação de domínio, tendo em vista que posse e propriedade são categorias jurídicas diferentes. Assim, se o possuidor ajuizou ação possessória em face do proprietário, não pode, este, ajuizar ação reivindicatória em face daquele. Caso, porém, já exista uma ação petitória, é perfeitamente possível o ajuizamento de ação possessória. Isso significa que aquela ação não poderá ser extinta e a sua suspensão é mera faculdade do juízo. A diferença entre o novo CPC e o já revogado é que, agora, resta claro que o proprietário pode exercitar a sua pretensão em face de terceira pessoa, algo que não era, tão claro e expresso, no CPC/1973.

O parágrafo único do mesmo dispositivo (sem equivalente no CPC/1973) estatui que "não obsta à manutenção ou à reintegração na posse a alegação de propriedade, ou de outro direito sobre a coisa".

6. Procedimento especial vs. procedimento comum

Assim como ocorria no CPC/1973 (art. 924), o procedimento especial somente será aplicado se o invasor tiver posse nova. Passado ano e dia, a posse torna-se velha, logo, aplicar-se-á o rito comum, *ex vi* do disposto no art. 558, *caput* e parágrafo único, do novo CPC.

7. Caução dada pelo autor

Ao contrário da realidade do CPC/1973 (art. 925), o novo CPC permite que o juiz deixe de exigir caução do autor, caso ele seja economicamente hipossuficiente.

Diz o art. 559 que "se o réu provar, em qualquer tempo, que o autor provisoriamente mantido ou reintegrado na posse carece de idoneidade financeira para, no caso de sucumbência, responder por perdas e danos, o juiz designar-lhe-á o prazo de cinco dias para requerer caução, real ou fidejussória, sob pena de ser depositada a coisa litigiosa, ressalvada a impossibilidade da parte economicamente hipossuficiente".

8. Prazo para contestação

O prazo para contestação passou de cinco para 15 dias, nos termos do art. 564 do novo CPC (art. 930 do CPC/1973).

9. Procedimento nos conflitos coletivos de posse

O art. 565 do novo CPC (sem equivalente no CPC/1973) traça o procedimento que deve ser seguido nos casos de conflito coletivo de posse.

> "Art. 565. No litígio coletivo pela posse de imóvel, quando o esbulho ou a turbação afirmado na petição inicial houver ocorrido há mais de ano e dia, o juiz, antes de apreciar o pedido de concessão da medida liminar, deverá designar audiência de mediação, a realizar-se em até 30 dias, que observará o disposto nos §§ 2º e 4º.
>
> § 1º Concedida a liminar, se essa não for executada no prazo de um ano, a contar da data de distribuição, caberá ao juiz designar audiência de mediação, nos termos dos §§ 2º a 4º deste artigo.
>
> § 2º O Ministério Público será intimado para comparecer à audiência, e a Defensoria Pública será intimada sempre que houver parte beneficiária de gratuidade da justiça.
>
> § 3º O juiz poderá comparecer à área objeto do litígio quando sua presença se fizer necessária à efetivação da tutela jurisdicional.
>
> § 4º Os órgãos responsáveis pela política agrária e pela política urbana da União, de Estado ou do Distrito Federal e de Município onde se situe a área objeto do litígio poderão ser intimados para a audiência, a fim de se manifestarem sobre seu interesse no processo e sobre a existência de possibilidade de solução para o conflito possessório.
>
> § 5º Aplica-se o disposto neste artigo ao litígio sobre propriedade de imóvel".

Alguns trechos nos chamaram a atenção.

O primeiro deles é que a audiência de mediação (e, não, de conciliação) somente poderá ser marcada se a posse for velha ou em caso de a liminar deferida não ter sido executada no prazo de um ano. Do contrário, parece-nos que não é conveniente o seu agendamento. Apesar de inexistir proibição em se marcar essa audiência fora das hipóteses do *caput* e do § 1º, parece-nos que foge da premissa pensada pelo legislador. A nosso ver, a audiência de mediação foi pensada para esses dois casos porque parte-se da ideia de que, se a posse é velha, ou o interessado não executou a medida liminar em um ano, é porque não tem tanto interesse naquela terra.

O segundo deles é a faculdade de o juiz comparecer ao local do litígio. Não se trata, necessariamente, de inspeção judicial, no entanto, o *nomen iuris* dessa "visita" não deve ser algo que gere muitas discussões acadêmicas. Sendo ou não inspeção judicial, consideramos que estamos diante de um fato processual, logo, poderá ser levado em consideração pelo juiz para embasar as suas decisões judiciais.

O terceiro deles é no tocante à aplicabilidade do art. 565 do novo CPC, igualmente, às ações reais, isto é, em que o litígio recair sobre propriedade de imóvel.

§ 5º – Ação de divisão e de demarcação de terras particulares

1. Introdução

A ação de divisão e de demarcação de terras particulares está disciplinada nos arts. 569 a 598 do novo CPC (arts. 946 a 981 do CPC/1973).

2. Objeto

Nada mudou quanto ao objeto dessas duas ações, podendo ser vislumbrados nos incisos I e II do art. 569 do novo CPC (art. 946, I e II, do CPC/1973).

3. Realização dessas pretensões extrajudicialmente

O art. 571 do novo CPC (sem equivalente no CPC/1973) diz o óbvio: "a demarcação e a divisão poderão ser realizadas por escritura pública, desde que maiores, capazes e concordes todos os interessados, observando-se, no que couber, os dispositivos deste Capítulo".

4. Possibilidade de se dispensar a prova pericial

O art. 573 do novo CPC (sem equivalente no CPC/1973) dispõe o seguinte: "tratando-se de imóvel georreferenciado, com averbação no Registro de Imóveis, pode o juiz dispensar a realização de prova pericial".

5. Da desnecessidade de cumular, ao pedido demarcatório, o de restituição em caso de apresentar queixa de esbulho ou turbação

O art. 951 do CPC/1973 foi suprimido pelo novo CPC. Dispunha que "o autor pode requerer a demarcação com queixa de esbulho ou turbação, formulando também o pedido de restituição do terreno invadido com os rendimentos que deu, ou a indenização dos danos pela usurpação verificada".

O motivo de sua supressão, no nosso sentir, é o de sua total desnecessidade. Ora, se o pedido de demarcação for acolhido, a retirada do confinante (suposto esbulhador) de determinado pedaço do terreno é uma decorrência lógica.

Prova disso que estamos asseverando é o parágrafo único do art. 581 do novo CPC (sem correspondente no CPC/1973): "a sentença proferida na ação demarcatória determinará a restituição da área invadida, se houver, declarando o domínio ou a posse do prejudicado, ou ambos".

6. Dever de intimar os demais condôminos da ação demarcatória

No CPC/1973 (art. 952), o autor deveria requerer a citação dos demais condôminos na ação demarcatória. Esse dispositivo levou alguns a até mesmo defender a tese de que eles seriam litisconsortes necessários. O art. 575 do novo CPC exige apenas que essas pessoas sejam intimadas, de modo que possam intervir no feito se desejarem. O texto legal é o seguinte: "qualquer condômino é parte legítima para promover a demarcação do imóvel comum, requerendo a intimação dos demais para, querendo, intervir no processo". Esse direito material decorre dos arts. 1.297 e 1.314 do CC.

7. Prazo para contestar

O art. 577 do novo CPC dá aos réus o prazo comum de 15 dias para contestar. No CPC/1973 (art. 954) esse prazo era de 20 dias.

8. Aplicação do procedimento comum

Segundo o art. 578 do novo CPC, após o prazo de resposta do réu, observar-se-á o procedimento comum. Antes o CPC/1973 (art. 955) falava em procedimento ordinário, que, como é cediço, não existe mais.

9. Perito para levantar o traçado da linha demarcanda

O art. 579 do novo CPC diz que, "antes de proferir a sentença, o juiz nomeará um ou mais peritos para levantar o traçado da linha demarcanda". O art. 956 do CPC/1973 exigia que o magistrado nomeasse dois arbitradores e um agrimensor.

10. Prazo para as partes se manifestarem sobre o relatório dos peritos

O art. 586 do novo CPC concede às partes o prazo comum de 15 dias para que possam se manifestar sobre o relatório apresentado pelos peritos. Esse prazo no CPC/1973 (art. 965) era de 10 dias.

11. Da perícia na ação divisória

O art. 590 do novo CPC reza que "o juiz nomeará um ou mais peritos para promover a medição do imóvel e as operações de divisão, observada a legislação especial que dispõe sobre a identificação do imóvel rural". A diferença em relação ao art. 969 do CPC/1973 está no fato de que exigia-se dois arbitradores e um agrimensor.

O parágrafo único do art. 590 determina ainda que "o perito deverá indicar as vias de comunicação existentes, as construções e as benfeitorias, com a indicação dos seus valores e dos respectivos proprietários e ocupantes, as águas principais que banham o imóvel e quaisquer outras informações que possam concorrer para facilitar a partilha". Sem correspondente no CPC/1973.

12. Alguns prazos para manifestação das partes

O art. 591 do novo CPC (art. 970 do CPC/1973) determina que os condôminos apresentem seus títulos e formulem os seus pedidos sobre a constituição dos quinhões. Após, reza o art. 592 (art. 971 do CPC/1973), as partes serão ouvidas no prazo comum de 15 dias. Antigamente esse prazo era de 10 dias.

Em outro momento do processo, o art. 596 do novo CPC estatui que, "ouvidas as partes, no prazo comum de 15 dias, sobre o cálculo e o plano da divisão, o juiz deliberará a partilha". O seu parágrafo único complementa que, "em cumprimento dessa decisão, o perito procederá a demarcação dos quinhões, observando, além do disposto nos arts. 584 e 585, as seguintes regras". No art. 979 do CPC/1973 esse prazo era de 10 dias.

13. Conceito de benfeitoria na ação divisória

O parágrafo único do art. 973 do CPC/1973 dizia o seguinte: "consideram-se benfeitorias, para os efeitos deste artigo, as edificações, muros, cercas, culturas e pastos fechados, não abandonados há mais de dois anos". Esse dispositivo foi suprimido pelo novo CPC.

14. Dispositivos que foram suprimidos

O novo CPC suprimiu os arts. 975 a 977, bem como os três parágrafos do art. 978, todos do CPC/1973.

§ 6º – Ação de dissolução parcial de sociedade

1. Introdução

A ação de dissolução parcial de sociedade é utilizada quando se tem um sócio ou acionista que deseja sair da sociedade a que pertence. No passado houve discussão se o sócio ou acionista teria esse direito. Resumindo o debate, de um lado, dizia-se que havia um comprometimento dele em permanecer na sociedade até o fim, bem como a inexistência de base legal para sustentar o pedido. Do outro lado, afirmava-se que ninguém pode ser obrigado a permanecer-se associado a alguém (art. 5º, XX, da CF/88).

No novo CPC, contudo, a ação de dissolução parcial de sociedade tem um alcance maior do que esse narrado (art. 599, I e II). Na doutrina, fala-se em dissolução parcial *lato sensu*, como gênero, do qual seriam espécies, por exemplo, o direito de recesso, a exclusão de sócio, e, claro, a dissolução parcial *stricto sensu* (que é aquela explanada no parágrafo anterior).

Não existia procedimento especial para tanto no CPC/1973. É preciso destacar, no entanto, que o art. 1.218, VII, do CPC/1973, determinava que estariam em vigor até serem incorporados nas leis especiais, alguns dos procedimentos regulados pelo CPC/1939, dentre eles, o concernente à dissolução e liquidação das sociedades (arts. 655 a 674). Esses dispositivos são do CPC/1939. Alguns juízes aplicavam esse rito; já outros, não, valendo-se do procedimento ordinário, ao argumento de que o rito especial do CPC/1939 era cabível apenas para a dissolução total da sociedade.

2. Hipóteses de cabimento da ação de dissolução parcial

Isso porque o art. 599 do novo CPC dispõe que "a ação de dissolução parcial de sociedade pode ter por objeto: I – a resolução da sociedade empresária contratual ou simples em relação ao sócio falecido, excluído ou que exerceu o direito de retirada ou recesso; e II – a apuração dos haveres do sócio falecido, excluído ou que exerceu o direito de retirada ou recesso; ou III – somente a resolução ou a apuração de haveres". Nesse ponto o legislador não foi muito feliz.

Primeiro porque permite que o pedido de mera apuração de haveres possa ser formulado à luz do *nomen juris* "dissolução parcial de sociedade". Trata-se de uma impropriedade técnica sem tamanho. A dissolução parcial de sociedade visa alterar o quadro societário, logo, a sentença tem natureza constitutiva. Já a apuração de haveres tem por escopo avaliar o montante devido a sócio que se retira de uma sociedade, por conseguinte, a sentença é condenatória. Ora, quem desejar unicamente verificar o valor devido, bem como obter uma sentença condenando a sociedade a lhe pagar, basta que proceda da forma como sempre se fez, qual seja, ajuizar uma ação de apuração de haveres.

Segundo porque já é da tradição do nosso Direito que a nomenclatura "ação de dissolução parcial" é utilizada somente quando um sócio está no polo ativo e tem como objetivo sair da sociedade da qual faz parte por algum motivo qualquer, *v.g.*, quebra da *affectio societatis* (sem entrar na discussão se ela ainda existe ou não no nosso ordenamento), não se confundindo com o exercício do direito de recesso. Assim, de acordo com o novo CPC, quando se pretender excluir um determinado sócio de uma sociedade, deverá ser usado esse procedimento, e, não mais, a ação de exclusão de sócio com amparo no rito comum.

A nossa crítica inicial, portanto, cinge-se à falta de técnica no trato dessa matéria.

Deixando isso de lado, apesar da clarividência do dispositivo, vamos ratificar em quais hipóteses deverá ser empregado esse procedimento: (i) dissolução parcial *stricto sensu*; (ii) exclusão de sócio; (iii) direito de recesso ou retirada; (iv) resolução da sociedade em face do falecimento de um de seus sócios; (v) apuração de haveres; e (vi) a cumulação de uma das quatro primeiras hipóteses com a apuração dos haveres.

Com efeito, a importância dessa distinção que estamos demonstrando (nesse item e no anterior) não é mero detalhe, pois, dependendo do pedido, a causa de pedir deverá ser diferente. Expliquemos. A *affectio societatis* (não vamos entrar na discussão acerca de se tratar ou não de um conceito superado), por exemplo, justifica facilmente o pedido de dissolução parcial *stricto sensu*, no entanto, não pode ser a única justificativa para o pleito de exclusão de sócio, que, *in casu*, demanda a comprovação de motivo grave (justa causa). Esse é o posicionamento já sedimentado do STJ.

3. Espécies de sociedade que podem ser parte nesse procedimento

O art. 599, I, do novo CPC é bastante enfático ao estatuir que se aplica o procedimento especial em questão à "resolução da sociedade empresária contratual ou simples". Isso sem falar na hipótese do § 2º do mesmo dispositivo, sobre a qual discorreremos em instantes.

Nas sociedades limitadas é bastante tranquila a possibilidade de o sócio sair quando bem entender. Há alguma discussão em se tratando de sociedade limitada por prazo determinado. Segundo o art. 1.029 do CC, se não houver consenso quanto aos demais sócios em relação à sua saída, é imprescindível a demonstração, na jurisdição estatal ou arbitral, de justa causa. A quebra da *affectio societatis*, para aqueles que não são contra a sua existência, é exemplo de justa causa. Não é comum, no entanto, existirem sociedades limitadas de prazo determinado.

A exclusão de sócio nas sociedades limitadas pode se dar de forma judicial (art. 1.030 do CC) ou extrajudicial (art. 1.085 do CC). Em ambos os casos é necessário comprovar a falta grave (ou justa causa) do sócio que pretendem excluir.

A sociedade simples também está abarcada no rol do art. 599.

As demais sociedades contratuais são: a em nome coletivo e a em comandita simples.

Nada impede, em princípio, que a sociedade em comum possa ser objeto desse procedimento.

As sociedades institucionais são: a sociedade anônima e a em comandita por ações. O legislador não permite que esse procedimento especial seja aplicado às sociedades anônimas de capital aberto e às em comandita por ações.

Nas sociedades anônimas familiares de capital fechado é tranquila a possibilidade de o acionista se desvincular da sociedade por meio dessa ação, bastando alegar quebra da *affectio societatis*, conforme orientação pacífica do STJ. A sociedade anônima de capital fechado, que não tenha feição familiar, também poderá ser dissolvida parcialmente, no entanto, exige o novo CPC, no § 2º do art. 599, o seguinte: "a ação de dissolução parcial de sociedade pode ter também por objeto a sociedade anônima de capital fechado quando demonstrado, por acionista ou acionistas que representem cinco por cento ou mais do capital social, que não pode preencher o seu fim". Apesar de o dispositivo não ter excepcionado a "sociedade anônima familiar" supramencionada, não consideramos razoável que a jurisprudência consolidada do STJ seja sumariamente ignorada, especialmente porque foi criada numa época em que o direito era o mesmo, haja vista o disposto no art. 206, II, *b*, da Lei n. 6.404/76. Nada impede que esses precedentes sejam alterados, entretanto, desde que com fulcro em algum argumento mais sólido e bem pensado, e que não seja o simples fato de o novo CPC conter dispositivo que não contemple a dissolução da sociedade anônima familiar fechada com base em outros fundamentos, que não sejam aquele único do § 2º do art. 599.

Uma interessante observação que deve ser tecida em razão da expressão "por acionista ou acionistas" é que, com base nela, poderão dois ou mais acionistas se juntarem, em litisconsórcio facultativo, de modo a "representarem cinco por cento ou mais do capital social". Se, porventura, um desses acionistas resolver desistir da ação, e, por conseguinte, não houver mais a representação de pelo menos cinco por cento do capital social, o processo deverá ser extinto, sem resolução de mérito, ante a ocorrência de falta de interesse de agir superveniente. Esse nosso posicionamento é contrário a um julgado do STJ (REsp n. 408.122/PR).

4. Documento essencial à propositura da ação

O § 1º do art. 599 do novo CPC diz que "a petição inicial será necessariamente instruída com o contrato social consolidado".

5. Legitimidade ativa e passiva

O art. 600 do novo CPC discrimina os legitimados para a propositura da ação de dissolução parcial de sociedade: "a ação pode ser proposta: I – pelo espólio do sócio falecido, quando a totalidade dos sucessores não ingressar na sociedade; II – pelos sucessores, após concluída a partilha do sócio falecido; III – pela sociedade, se os sócios sobreviventes não admitirem o ingresso do espólio ou dos sucessores do falecido na sociedade, quando esse direito decorrer do contrato social; IV – pelo sócio que exerceu o direito de retirada ou recesso, se não tiver sido providenciada, pelos demais sócios, a alteração contratual consensual formalizando o desligamento, depois de transcorridos 10 dias do exercício do direito; V – pela sociedade, nos casos em que a lei não autoriza a exclusão extrajudicial; ou VI – pelo sócio excluído. Parágrafo único. O cônjuge ou companheiro do sócio cujo casamento, união estável ou convivência terminou poderá requerer a apuração de seus haveres na sociedade, que serão pagos à conta da quota social titulada por este sócio".

No inciso I, em princípio, o pedido será meramente de apuração de haveres, pois, se os herdeiros sequer chegaram a ingressas na sociedade, não há porque requerer a dissolução do vínculo que nunca existiu. Um herdeiro pode ingressar na sociedade por meio de testamento, nesse caso, o espólio perde a legitimidade.

No inciso II, não tendo o espólio legitimidade ou interesse, poderão os sucessores ajuizar a ação. Qual seria o pedido? Repetindo, o pedido será meramente de apuração de haveres, pois, se os herdeiros sequer chegaram a ingressas na sociedade, não há porque requerer a dissolução do vínculo que nunca existiu. É claro que um herdeiro que tenha sido agraciado, por testamento, com as quotas da sociedade, poderá formular pedido de dissolução parcial cumulado com a apuração dos haveres.

No inciso III não parece ser plausível o pedido de dissolução parcial, com base nos mesmos argumentos já expendidos nos incisos I e II. E, se a resistência dos sócios sobreviventes tem amparo no contrato social, parece-nos que a saída, para os herdeiros, seria a de tentar invalidar a aplicabilidade da referida cláusula contratual, porém, esse pleito dar-se-á por meio de ação no procedimento comum. Assim, consideramos que o único pedido viável seria o de apuração de haveres, pois, com isso, mostra-se aos herdeiros a real situação financeira da sociedade e lhes paga aquilo que for devido. A mera consignação em pagamento, pela sociedade, parece ser viável, e, se os herdeiros não concordarem com o valor consignado, poderão contestar com base no art. 541, II, do novo CPC, no sentido de que a recusa foi justa. Certamente alegar-se-á que a dívida não é líquida, logo, não poderia ter sido objeto de consignação. Por outro lado, sustentar-se-á que esse problema pode ser dirimido por prova pericial nos próprios autos.

No inciso IV, não é imprescindível a formulação de pedido de dissolução parcial para forçar a sociedade a formalizar a alteração contratual, uma vez que ele pode averbar, no registro competente, a notificação que fez, à sociedade, informando-a de seu intuito de exercer seu direito de recesso, *ex vi* do disposto no art. 1.032 do CC. Caso queira, contudo, ajuizar a ação, não há óbice legal algum. Há, por certo, o interesse do sócio que está se retirando em ajuizar a demanda visando a apuração dos haveres.

No inciso V está-se falando da exclusão judicial do sócio, quando não se enquadrar nas hipóteses que, por lei, podem ser feitas pela via extrajudicial, como, *v.g.*, o parágrafo único do art. 1.030 do CC. Para que o sócio possa ser excluído judicialmente será preciso demonstrar motivo grave (justa causa).

No inciso VI, o sócio excluído terá interesse em propor apenas a ação de apuração de haveres, pois sequer faz parte da sociedade. Isso, claro, se nos apegarmos apenas às hipóteses previstas no art. 599 do novo CPC. Tirando elas, apenas exemplificando, é evidente que o sócio excluído tem interesse e legitimidade para ajuizar ação visando a invalidação da deliberação societária que o excluiu da sociedade.

O parágrafo único do art. 600 do novo CPC confere, ainda, legitimidade ativa ao cônjuge ou companheiro do sócio cujo casamento, união estável ou convivência terminou, podendo requerer a apuração de seus haveres na sociedade, que serão pagos à conta da quota social titulada por esse sócio. Percebam que o dispositivo fala em "união estável ou convivência", ou seja, parece que o legislador quis garantir direitos, também, ao companheiro do concubinato impuro, que existe, por exemplo, quando um homem casado passa a ter uma vida à dois com outra mulher. Lembramos que a união entre duas pessoas do mesmo sexo pode se dar por meio de casamento, união estável e, até mesmo, do concubinato impuro.

Já no tocante à legitimidade passiva, dispõe o art. 601 do novo CPC que "os sócios e a sociedade serão citados para, no prazo de 15 dias, concordarem com o pedido ou apresentarem contestação". O legislador entendeu que nessas hipóteses é preciso formar litisconsórcio necessário. O parágrafo único do dispositivo, entretanto, abre uma exceção: "a sociedade não será citada se todos os seus sócios o forem, mas ficará sujeita aos efeitos da decisão e à coisa julgada". Tanto o *caput* quanto o seu parágrafo único simplesmente positivaram o entendimento que vem sendo aplicado majoritariamente na jurisprudência. Particularmente, somos adeptos da tese de que, nas sociedades contratuais, bastaria que todos os sócios estivessem presentes, sendo desnecessária a presença da sociedade, tendo em vista que ela é o objeto do contrato de sociedade, logo, se o que se está buscando é a resolução parcial do contrato de sociedade, basta apenas que todos os sócios façam parte da lide, pois eles é que são as partes do contrato plurilateral.

Não vemos problema algum, destarte, em se estender os efeitos da coisa julgada a uma sociedade que não foi parte do processo, desde que, repita-se, todos os sócios tenham sido regularmente citados. Trata-se de uma exceção à regra geral da *res judicata*.

6. Pedido de compensação formulado pela pessoa jurídica

O art. 602 do novo CPC reza que "a sociedade poderá formular pedido de indenização compensável com o valor dos haveres a apurar".

Está claro que apenas a sociedade poderá formular esse pedido. Nenhum dos sócios remanescentes pode.

Outro ponto que precisa ser aclarado é no tocante à forma de se requerer esse pedido. Deverá ser na contestação ou na reconvenção? A questão é controvertida, pois, para alguns, as exceções de direito material podem ser alegadas em contestação. Para outros, qualquer pedido do réu em face do autor deve ser feito por meio de reconvenção. E há, ainda, a corrente intermediária, que sustenta que os valores compensáveis somente precisam ser formulados, via reconvenção, se forem superiores ao do pleito inicial do autor. Na dúvida, entendemos que deve a sociedade se valer da reconvenção, não podendo o juiz indeferi-la, uma vez que vige no nosso ordenamento o princípio da liberdade das formas e, ademais, não está claro, na lei, quando e como deverá a reconvenção ser adotada.

Assim, qualquer débito entre o sócio que está se retirando ou sendo expulso, e a sociedade, devem ser levados em consideração na apuração de haveres, desde que, reitere-se, tenha sido proposta a reconvenção, pois essa é a visão da lei sobre o assunto. Já no nosso sentir, nada impede que a dívida líquida e certa do sócio que está deixando a sociedade possa ser calculada e compensada na apuração de haveres, especialmente se o ponto em si não for controvertido.

7. Desnecessidade de passar pelo pleito da dissolução

O art. 603 do novo CPC diz que, "havendo manifestação expressa e unânime pela concordância da dissolução, o juiz a decretará, passando-se imediatamente à fase de liquidação". Trata-se de dispositivo bastante óbvio, e que sequer precisaria estar na lei, no entanto, não traz qualquer prejuízo para o jurisdicionado. Essa decretação a que faz menção o artigo deve se dar por meio de decisão interlocutória, com base no art. 356, I, do novo CPC (julgamento antecipado parcial do mérito).

8. Honorários advocatícios e pedido incontroverso

O § 1º do art. 603 do novo CPC estabelece que, "na hipótese prevista no *caput*, não haverá condenação em honorários advocatícios de quaisquer das partes e as custas serão rateadas segundo a participação das partes no capital social".

Essa regra não é justa, pois viola a regra da proporcionalidade da sucumbência (art. 86 do novo CPC). O certo é aplicar o preceito de que a pessoa que dá causa à ação deve ser a responsável pelo pagamento dos honorários. Talvez, se se colocasse uma redução da verba honorária, em caso de se reconhecer a procedência parcial do pedido, nos moldes do pronto pagamento da execução e da monitória, seria essa uma boa alternativa.

9. Procedimento a ser adotado em caso de apresentação de contestação

O § 2º do art. 603 do novo CPC estipula que, "havendo contestação, observar-se-á o procedimento comum, mas a liquidação da sentença seguirá o disposto neste Capítulo".

Esse dispositivo deixa claro que, em caso de ação de dissolução parcial de sociedade cumulada com apuração de haveres, a sentença somente poderá dispor sobre a primeira parte do pedido, qual seja, a referente à dissolução parcial. A segunda parte, obrigatoriamente, deverá ser julgada por meio de liquidação de sentença, com a ressalva de que, na fase de liquidação, deverão ser observadas rigorosamente as regras contidas nos arts. 604 a 609 do novo CPC.

A nosso ver, o disposto no § 2º do art. 603 representa um retrocesso. Ora, seria muito melhor que o juiz, ao perceber que uma parcela do mérito (referente à dissolução parcial) está em condições de ser julgada, realizasse o julgamento antecipado parcial do mérito, com base no art. 356, II, do novo CPC. Essa decisão desafiaria agravo de instrumento. Em seguida, poder-se-ia iniciar a liquidação de sentença. Dessa forma seria mais célere, no entanto, teríamos um processo um tanto quanto *sui generis*, na medida em que uma decisão interlocutória seria liquidada e o processo terminaria sem que uma sentença fosse proferida, uma vez que a decisão na fase de liquidação também é interlocutória. Enfim, temos que o procedimento especial em questão poderia ter sido mais bem formulado.

10. Método para a apuração dos haveres

O art. 604 do novo CPC nos mostra como devem ser apurados os haveres da sociedade:

> "Art. 604. Para apuração dos haveres, o juiz: I – fixará a data da resolução da sociedade; II – definirá o critério de apuração dos haveres à vista do disposto no contrato social; e III – nomeará o perito.
>
> § 1º O juiz determinará à sociedade ou aos sócios que nela permanecerem que depositem em juízo a parte incontroversa dos haveres devidos.
>
> § 2º O depósito poderá ser, desde logo, levantando pelo ex-sócio, pelo espólio ou pelos sucessores.
>
> § 3º Se o contrato social estabelecer o pagamento dos haveres, será observado o que nele se dispôs no depósito judicial da parte incontroversa".

O dispositivo é bastante claro e não demanda explicações de nossa parte.

Importa observar que, "em caso de omissão do contrato social, o juiz definirá, como critério de apuração de haveres, o valor patrimonial apurado em balanço de determinação, tomando-se por referência a data da resolução e avaliando-se bens e direitos do ativo, tangíveis e intangíveis, a preço de saída, além do passivo também a ser apurado de igual forma", nos termos do art. 606 do novo CPC. Observem que a espécie de balanço que o legislador exigiu que fosse utilizado é o de determinação, justamente por ser o mais empregado nas ações dessa natureza. Esse é o critério mais justo, pois leva em consideração o valor real e, não, o valor contábil. Por outro lado, para alguns, esse critério é injusto, porque toma como base os itens patrimoniais de forma individualizada, e, não, no seu conjunto.

11. Determinação da data da resolução da sociedade

O art. 605 do novo CPC elenca, de acordo com a causa de pedir, o marco da resolução da pessoa jurídica, nos seguintes termos: "a data da resolução da sociedade será: I – no caso de falecimento do sócio, a do óbito; II – na retirada imotivada, o sexagésimo dia seguinte ao do recebimento, pela sociedade, da notificação do sócio retirante; III – no recesso, o dia do recebimento, pela sociedade, da notificação do sócio dissidente; IV – na retirada por justa causa de sociedade por prazo determinado e na exclusão judicial de sócio, a do trânsito em julgado da decisão que dissolver a sociedade; e V – na exclusão extrajudicial, a data da assembleia ou da reunião de sócios que a tiver deliberado".

Todos os momentos pensados pelo legislador nos parecem apropriados, com exceção da hipótese desenhada no inciso IV. Ora, entre a distribuição de uma ação dessa natureza, e o seu trânsito em julgado, podem se passar muitos anos, não sendo justo, com nenhuma das partes, tal solução. Num intervalo de 10 anos, por exemplo, uma sociedade pode quebrar ou quadruplicar o seu faturamento. É justo que o sócio que está deixando a pessoa jurídica seja prejudicado ou beneficiado? É por isso que consideramos que a data do trânsito em julgado da decisão que dissolver a sociedade não é justa. Ao que nos afigura, deveria ser a data da distribuição da ação ou da citação. Obviamente que correção monetária e juros incidiriam no valor apurado no final.

É temeroso o texto do art. 607 do novo CPC, na medida em que permite que "a data da resolução e o critério de apuração de haveres podem ser revistos pelo juiz, a pedido da parte, a qualquer tempo antes do início da perícia". A nosso ver, essa ausência de preclusão gera insegurança jurídica.

12. Nomeação do perito

Nos termos do parágrafo único do art. 606 do novo CPC, "em todos os casos em que seja necessária a realização de perícia, a nomeação do perito recairá preferencialmente sobre especialista em avaliação de sociedades". A regra é boa porque exige que a perícia em ações desse jaez sejam realizadas por profissional que tenha traquejo na matéria societária. Por outro lado, esse pode ser um fator que encarecerá o custo das perícias e, ainda, atrasar o trâmite do processo.

13. Valores devidos ao ex-sócio, ao espólio ou aos seus sucessores até a data da resolução, bem como após essa data

O art. 608 do novo CPC diz que, "até a data da resolução, integra o valor devido ao ex-sócio, ao espólio ou aos seus sucessores a participação nos lucros ou os juros sobre o capital próprio declarados pela sociedade e, se for o caso, a remuneração como administrador".

Já o parágrafo único do art. 608 dispõe que, "após a data da resolução, o ex-sócio, o espólio ou seus sucessores terão direito apenas à correção monetária dos valores apurados e aos juros contratuais ou legais".

14. Forma de pagamento dos haveres

O art. 609 do novo CPC explicita que, "uma vez apurados, os haveres do sócio retirante serão pagos conforme disciplinar o contrato social e, no silêncio deste, nos termos do § 2º do art. 1.031 do Código Civil".

§ 7º – Inventário e partilha

1. Introdução

O procedimento referente ao inventário e à partilha de bens está regulado nos arts. 610 a 673 do novo CPC (arts. 982 a 1.045 do CPC/1973).

2. Gratuidade da justiça

O § 2º do art. 984 do CPC/1973 foi suprimido no novo CPC. Isso não significa que o benefício da gratuidade da justiça não poderá ser concedido nos inventários extrajudiciais. Para tanto, a nova regra está disciplinada nos §§ 7º e 8º do art. 98 do novo CPC. Acreditamos que, na prática, não será fácil a concessão desse favor legal na via extrajudicial.

3. Legitimidade concorrente do companheiro para requerer a abertura do inventário

O art. 616, I, do novo CPC permite que o companheiro também possa requerer a abertura do inventário. Apesar de na vigência do CPC/1973 já ser isso possível, como se pode verificar no art. 990, I, tem-se que o seu art. 988, I, somente se referia ao cônjuge supérstite.

4. Início, de ofício, do inventário

O inventário, na época do CPC/1973, poderia ser iniciado *ex officio*, conforme se extrai de seu art. 987. Esse dispositivo foi suprimido no novo CPC.

5. Pessoas que podem ser nomeadas inventariantes

Os incisos IV e VI do art. 617 do novo CPC trazem duas pessoas que podem ser nomeadas inventariantes pelo juiz, e que não estavam mencionadas no art. 990 do CPC/1973. São elas, respectivamente, o herdeiro menor, por seu representante legal, e o cessionário do herdeiro ou do legatário.

6. Alguns novos dados que devem constar das primeiras declarações

O art. 620, II, do novo CPC (art. 993, II, do CPC/1973) traz novos requisitos que devem constar nas primeiras declarações, no tocante aos dados dos herdeiros. O dispositivo reza que "o nome, o estado, a idade, o endereço eletrônico e a residência dos herdeiros e, havendo cônjuge ou companheiro supérstite, além dos respectivos dados pessoais, o regime de bens do casamento ou da união estável".

O inciso IV do mesmo art. 620 (art. 993, IV, do CPC/1973) determina que, se houver bem que deva ser levado à colação, será preciso informar nas primeiras declarações pelo inventariante.

7. Pessoas que podem prestar as primeiras declarações

Além do inventariante, que tradicionalmente é a pessoa que, por excelência, deve prestar as primeiras declarações (art. 620, *caput*), o novo CPC, no § 2º do art. 620, permite que as declarações também possam ser prestadas mediante petição, firmada por procurador com poderes especiais, à qual o termo se reportará.

Essa inovação trará uma discussão interessante, qual seja, se a omissão dolosa de algum bem, nas primeiras declarações feitas por esse procurador com poderes especiais, poderá acarretar, ao inventariante (mandante e herdeiro), a pena de sonegados. A nosso ver, sim, mas desde que alguns requisitos sejam atendidos. É preciso provar o dolo do inventariante ao passar as informações ao referido mandatário. E mais: que essa omissão não seja suprida a tempo, pois, como se sabe, o termo inicial da prescrição começa a correr a partir do momento em que o lesado toma conhecimento da sonegação, e, claro, desde que a sonegação mantenha-se após a apresentação das últimas declarações ou do término do inventário (art. 621 do novo CPC).

8. Prazo para o inventariante se defender no incidente de remoção

O prazo passou de cinco para 15 dias, nos termos do art. 623 do novo CPC (art. 996 do CPC/1973).

9. Multa ao inventariante removido que delongar na entrega dos bens ao seu substituto

O art. 625 do novo CPC permite que o juiz multe o inventariante que não entregar os bens móveis e imóveis ao seu substituto, quando for removido, dentro do prazo assinalado. O teto dessa multa é três por cento do valor dos bens inventariados.

10. Forma de citação dos herdeiros e legatários acerca das primeiras declarações

Houve singelas mudanças no tocante à forma de citação dos herdeiros e legatários sobre a apresentação das primeiras declarações, *ex vi* do disposto no § 1º do art.

626 do novo CPC (§ 1º do art. 999 do CPC/1973). Diz o artigo que "o cônjuge ou o companheiro, os herdeiros e os legatários serão citados pelo correio, observado o disposto no art. 247, sendo, ainda, publicado edital, nos termos do inciso III do art. 259".

11. Prazo para impugnação das primeiras declarações

Esse prazo passou de 10 dias para 15 dias, segundo se extrai do art. 627 do novo CPC (art. 1.000 do CPC/1973).

12. Sobre o herdeiro preterido

O herdeiro que se sentir preterido poderá demandar sua admissão no inventário, requerendo-a antes da partilha. No CPC/1973 (art. 1.001), o prazo era de 10 dias. No novo CPC (art. 628, § 1º) o prazo é de 15 dias.

O § 2º do art. 628 diz que, "se para solução da questão for necessária a produção de provas que não a documental, o juiz remeterá o requerente às vias ordinárias, mandando reservar, em poder do inventariante, o quinhão do herdeiro excluído até que se decida o litígio". Trata-se de um aperfeiçoamento em relação à parte final do art. 1.001 do CPC/1973, que falava em "não acolhimento do pedido", expressão esta que poderia dar margem a dúvidas sobre a viabilidade de se poder ajuizar uma nova ação.

13. Da supressão da expressão "alta indagação"

O art. 984 do CPC/1973 dizia que "o juiz decidirá todas as questões de direito e também as questões de fato, quando este se achar provado por documento, só remetendo para os meios ordinários as que demandarem alta indagação ou dependerem de outras provas".

O dispositivo correspondente no novo CPC é o art. 612, que determina que "o juiz decidirá todas as questões de direito desde que os fatos relevantes estejam provados por documento, só remetendo para as vias ordinárias as questões que dependerem de outras provas".

Vê-se, portanto, que o legislador optou por retirar a expressão "alta indagação" do dispositivo legal em comento. Provavelmente porque, para a maioria da doutrina, ela era sinônima da expressão "dependerem de outra prova".

14. Prazo para a Fazenda Pública se manifestar

Segundo o art. 629 do novo CPC, "a Fazenda Pública, no prazo de 15 dias, após a vista de que trata o art. 627, informará ao juízo, de acordo com os dados que constam de seu cadastro imobiliário, o valor dos bens de raiz descritos nas primeiras declarações". Esse prazo, no CPC/1973 (art. 1.002), era de 20 dias.

15. Perito para a apuração de haveres

O parágrafo único do art. 628 do novo CPC dispõe que, "na hipótese prevista no art. 620, § 1º, o juiz nomeará perito para avaliação das quotas sociais ou apuração dos haveres". O parágrafo único do art. 1.003 do CPC/1973 dizia que o juiz deveria nomear um contador, e, não, um perito (de forma genérica). A alteração merece aplausos, pois, muitas vezes, um simples contador é incapaz de determinar o valor de certos intangíveis da sociedade, tais como marca, clientela, *know-how*, logística, etc.

16. Da repetição da avaliação

O art. 1.010 do CPC/1973 dispunha o seguinte: "o juiz mandará repetir a avaliação: I – quando viciada por erro ou dolo do perito; II – quando se verificar, posteriormente à avaliação, que os bens apresentam defeito que lhes diminui o valor". Esse dispositivo foi suprimido pelo novo CPC.

Isso não significa nada, com a devida vênia. Primeiro porque o erro ou o dolo do perito contamina o laudo e, por esse motivo, deve ser refeito. Segundo porque a diminuição do valor acarreta enriquecimento sem causa, o que é vedado pelo CC. Dessa forma, parece-nos que, apesar de inexistir regra expressa nesse sentido, deverá o magistrado determinar que nova perícia seja realizada sobre os bens do espólio, se ocorrer uma das hipóteses supramencionadas.

17. Avaliação dos bens pela Fazenda Pública

O art. 635 do novo CPC dá o prazo de 15 dias para que as partes se manifestem sobre o laudo de avaliação dos bens elaborado pela Fazenda Pública. Esse para era de 10 dias no CPC/1973 (art. 1.009).

18. Prazo para as partes se manifestarem sobre as últimas declarações

Dispõe o art. 637 do novo CPC que, "ouvidas as partes sobre as últimas declarações no prazo comum de 15 dias, proceder-se-á ao cálculo do tributo". Esse prazo era de apenas 10 dias no CPC/1973 (art. 1.012).

19. Prazo para os herdeiros serem ouvidos sobre eventual doação inoficiosa e violação da legítima

O art. 641 do novo CPC reza que "se o herdeiro negar o recebimento dos bens ou a obrigação de os conferir, o juiz, ouvidas as partes no prazo comum de 15 dias, decidirá à vista das alegações e das provas produzidas". Esse prazo era de apenas cinco dias no CPC/1973 (art. 1.016).

20. Prazo para que o herdeiro que recebeu bens indevidamente em vida os devolva ao espólio

O § 1º do art. 641 do novo CPC estabelece que "declarada improcedente a oposição, se o herdeiro, no prazo improrrogável de 15 dias, não proceder à conferência, o juiz mandará sequestrar-lhe, para serem inventariados e partilhados, os bens sujeitos à colação ou imputar ao seu quinhão hereditário o valor deles, se já os não possuir". Esse prazo era de cinco dias no CPC/1973 (§ 1º do art. 1.016).

21. Do dever de intimação dos donatários a se pronunciar sobre o pagamento das dívidas aos credores do espólio

O § 5º do art. 642 informa que "os donatários serão chamados a pronunciar-se sobre a aprovação das dívidas, sempre que haja possibilidade de resultar delas a redução das liberalidades". Dispositivo sem equivalente no CPC/1973.

A regra é boa, pois permite que pessoas com expectativa de direito possam verificar a validade de pagamentos efetuados a credores do espólio. Atente-se ao fato de que esse dever de intimação será desnecessário se, com o pagamento, não for ocorrer redução nos valores que o donatário vier a receber no futuro.

Situação interessante que pode ocorrer é a de, num primeiro pagamento, por não haver redução naquilo que o donatário vai receber, ele não é intimado. Já num segundo pagamento, a outro credor, algum tempo depois, haverá a diminuição considerável do monte mor e, por conseguinte, afetará aquilo que o dito donatário irá receber. Nesse caso, consideramos que ele tem direito de averiguar a validade do primeiro pagamento mencionado, pois, se ele for fraudulento, acreditamos que o donatário não poderá ser atingido pelos efeitos daquele primeiro pagamento.

22. Prazo para a formulação de pedido de quinhão

O art. 647 do novo CPC aumenta o prazo para que as partes possam formular pedido de quinhão. No novo prazo é de 15 dias. O antigo era de 10 dias (art. 1.022 do CPC/1973).

23. Possibilidade de antecipação do exercício dos direitos de uso e de fruição

O parágrafo único do art. 647 do novo CPC estabelece que "o juiz poderá, em decisão fundamentada, deferir antecipadamente a qualquer dos herdeiros o exercício dos direitos de usar e de fruir de determinado bem, com a condição de que, ao término do inventário, tal bem integre a cota desse herdeiro, cabendo a este, desde o deferimento, todos os ônus e bônus decorrentes do exercício daqueles direitos". Dispositivo sem equivalente no CPC/1973.

Por certo, o surgimento de vícios ocultos no bem serão objeto de reclamação pelo herdeiro contemplado no momento da partilha. O juiz deverá analisar sempre o caso concreto, e, de fato, dependendo do vício, bem como do momento em que ocorreu ou foi descoberto, poderá afetar a cota dos demais herdeiros. Reforce-se, contudo, que a regra é clara ao dispor que, se o herdeiro quiser usar e fruir de certo bem, incorrerá nos ônus e nos bônus.

24. Regras a serem observadas na partilha dos bens

O art. 648 do novo CPC (sem equivalente no CPC/1973) reza que, "na partilha, serão observadas as seguintes regras: I – a máxima igualdade possível quanto ao valor, à natureza e à qualidade dos bens; II – a prevenção de litígios futuros; III – a máxima comodidade dos coerdeiros, do cônjuge ou do companheiro, se for o caso".

O dispositivo, apesar de óbvio, vem em boa hora.

O inciso I talvez seja o mais óbvio de todos eles. Pense-se, por exemplo, numa fazenda no Mato Grosso e em um apartamento de alto luxo no bairro Leblon, na cidade do Rio de Janeiro. Partindo-se da premissa de que os valores de mercado dos bens são quase iguais, como fazer essa divisão, se os dois únicos herdeiros, irmãos entre si, querem o apartamento?

O inciso II visa a prevenção de litígios futuros. O primeiro exemplo que nos vem à cabeça é o de se evitar atribuir um mesmo imóvel, na partilha, a dois ou mais herdeiros. Isso porque, quando um quiser vender o bem, e os demais não concordarem com o valor do quinhão, o que é que vai ocorrer? Ação judicial para a venda do bem.

O inciso III busca observar questões práticas da vida dos herdeiros. Pode ser que um herdeiro que more em Niterói/RJ não queira ter uma casa em Brumadinho/MG. Provavelmente, dois irmãos que são brigados não têm interesse em ser condôminos de uma mesma casa, ou de serem sócios em uma sociedade limitada.

Os três incisos podem ser utilizados pelos herdeiros para esboçar a partilha. Pode, ainda, ser aplicado pelo magistrado, de modo a partilhar os bens da melhor maneira possível, de acordo com o seu ponto de vista.

25. Bens insuscetíveis de divisão cômoda

O art. 649 do novo CPC (sem equivalente no CPC/1973) diz que "os bens insuscetíveis de divisão cômoda que não couberem na parte do cônjuge ou companheiro supérstite ou no quinhão de um só herdeiro serão licitados entre os interessados ou vendidos judicialmente, partilhando-se o valor apurado, salvo se houver acordo para que sejam adjudicados a todos".

A expressão "divisão cômoda" passa a ideia de uma divisão possível ou adequada. Caso os bens deixados pelo inventariado não permitam que a divisão seja feita, de forma apropriada, nos termos da lei, então dever-se-á aplicar o disposto no artigo em comento.

26. Herdeiro nascituro

Nos termos do art. 650 do novo CPC (sem equivalente no CPC/1973), "se um dos interessados for nascituro, o quinhão que lhe caberá será reservado em poder do inventariante até o seu nascimento". Com o nascimento da criança, seus representantes legais passarão a gerir os referidos bens.

27. Prazo para as partes se manifestarem sobre o esboço de partilha

O prazo para que as partes possam se manifestar sobre o esboço de partilha passa a ser de 15 dias (art. 652 do novo CPC). Antigamente era de cinco dias (art. 1.024 do CPC/1973).

28. Dívida perante a Fazenda Pública e o julgamento da partilha

De acordo com o parágrafo único do art. 654 do novo CPC (sem equivalente no CPC/1973), "a existência de dívida para com a Fazenda Pública não impedirá o julgamento da partilha, desde que o seu pagamento esteja devidamente garantido".

A garantia em questão pode ser oriunda de penhora, arresto, sequestro, caução ou mesmo a separação de um quinhão específico nos autos do inventário.

29. Inventário que deverá ser processado na forma de arrolamento

O denominado arrolamento comum, que, na vigência do CPC/1973 (art. 1.036), tinha como teto 2.000 Obrigações do Tesouro Nacional (OTN), agora passa a ser de 1.000 salários mínimos. Nos termos do art. 664 do novo CPC, "quando o valor dos bens do espólio for igual ou inferior a 1.000 salários-mínimos, o inventário processar-se-á na forma de arrolamento, cabendo ao inventariante nomeado, independentemente de assinatura de termo de compromisso, apresentar, com suas declarações, a atribuição de valor aos bens do espólio e o plano da partilha".

30. Arrolamento comum decorrente da autonomia das partes

Segundo o art. 665 do novo CPC (sem equivalente no CPC/1973), "o inventário processar-se-á também na forma do art. 664, ainda que haja interessado incapaz, desde que concordem todas as partes e o Ministério Público".

31. Perda da eficácia da tutela provisória

O art. 668 do novo CPC (art. 1.039 do CPC/1973) dispõe que "cessa a eficácia da tutela provisória prevista nas Seções deste Capítulo: I – se a ação não for proposta em 30 dias contados da data em que da decisão foi intimado o impugnante, o herdeiro excluído ou o credor não admitido; II – se o juiz extinguir o processo de inventário com ou sem resolução de mérito".

A diferença básica é que o *caput* do art. 1.039 do CPC/1973 falava em medidas cautelares, enquanto que, o novo CPC, trata da tutela provisória. Fora isso, não há qualquer novidade.

32. Cumulação de inventários

O art. 672 do novo CPC estatui que "é lícita a cumulação de inventários para a partilha de heranças de pessoas diversas quando houver: I – identidade de pessoas entre as quais devam ser repartidos os bens; II – heranças deixadas pelos dois cônjuges ou companheiros; III – dependência de uma das partilhas em relação à outra". Não há dispositivo equivalente no CPC/1973, com exceção do inciso II, que é semelhante ao art. 1.043 do CPC/1973.

A "identidade de pessoas" a que faz menção o inciso I não precisa ser total. Como o dispositivo está no plural, pensamos que se houver a identidade de pelo menos duas pessoas nos dois inventários, será suficiente para a cumulação.

No inciso II, a cumulação será cabível em caso de morte simultânea ou não. E, mesmo que um inventário já esteja em tramitação, o outro poderá ser distribuído por dependência.

§ 8º – Embargos de terceiro

1. Introdução

O procedimento referente aos embargos de terceiro encontra-se previsto nos arts. 674 a 681 do novo CPC. No CPC/1973 ficava nos arts. 1.046 a 1.054.

2. Cabimento

Em relação ao cabimento dos embargos de terceiro, dispõe o art. 674 do novo CPC que "quem, não sendo parte no processo, sofrer constrição ou ameaça de constrição sobre bens que possua ou sobre os quais tenha direito incompatível com o ato constritivo, poderá requerer seu desfazimento ou sua inibição por meio de embargos de terceiro". Equivalente ao art. 1.046 do CPC/1973.

Como se vê, assim como ocorria na era do CPC/1973, a preocupação primordial do legislador foi em proteger a posse dos bens. Observe-se que essa proteção é contra a constrição judicial ou mesmo de simples ameaça de contrição sobre bens que possua. No CPC revogado não se falava nada sobre a ameaça de constrição, muito embora a jurisprudência, inclusive do STJ, já abarcasse essa possibilidade.

No CPC/1973 igualmente não se fazia alusão à expressão "direito incompatível com o ato constritivo". Não acreditamos que o dispositivo esteja se referindo ao direito de propriedade, uma vez que o proprietário tem posse, logo, já goza de proteção. A impenhorabilidade de certos bens (art. 833 do novo CPC), no nosso sentir, é exemplo de situação em que o terceiro pode manejar embargos de terceiro com base na alegação de "direito incompatível com o ato constritivo". Pense-se, por exemplo, na penhora de numerário em conta corrente conjunta de *X* e *Y*, sendo que apenas *X* é o executado. Se *Y* provar que parte do valor penhorado é o seu salário do mês, então deverá ser provido o pedido. Com base em qual fundamento jurídico? Seria com fulcro na incompatibilidade do direito com o ato constritivo.

3. Pessoas que são vistas pela lei como terceiros

Quem são as pessoas elencadas, pelo novo CPC, como terceiros? Os §§ 1º e 2º do art. 674 explicitam as seguintes:

- o proprietário, inclusive fiduciário;
- o possuidor;
- o cônjuge ou companheiro quando defende a posse de bens próprios ou de sua meação, ressalvado o disposto no art. 843 do novo CPC;
- o adquirente de bens que foram constritos em razão de decisão que declara a ineficácia da alienação em fraude à execução;
- quem sofre constrição judicial de seus bens por força de desconsideração da personalidade jurídica, de cujo incidente não fez parte;
- o credor com garantia real para obstar expropriação judicial do objeto de direito real de garantia, caso não tenha sido intimado, nos termos legais dos atos expropriatórios respectivos.

Vários desses terceiros arrolados pelo novo CPC não eram lembrados no CPC/1973. Na prática, todavia, doutrina e jurisprudência já reconheciam o direito de vários deles oporem embargos de terceiro.

4. Prazo para o aviamento dos embargos

O prazo para o ajuizamento dos embargos de terceiro não sofreu alteração (art. 675 do novo CPC). No CPC/1973, o dispositivo equivalente era o art. 1.048.

A única inovação fica por conta de a nova lei ter especificado que, no caso de cumprimento de sentença, o prazo será o mesmo do processo de execução, qual seja, até cinco dias depois da adjudicação, alienação por iniciativa particular ou da arrematação, mas sempre antes da assinatura da respectiva carta.

5. Dever do juiz de intimar terceiros que possam vir a ter interesse na causa

Segundo o parágrafo único do art. 675 do novo CPC, "caso identifique a existência de terceiro titular de interesse em embargar o ato, o juiz mandará intimá-lo pessoalmente". Dispositivo sem equivalente no CPC/1973.

Trata-se de uma boa inovação que tem como fundamento os princípios da celeridade, economia processual e boa-fé objetiva, bem como o dever de cooperação entre os sujeitos do processo. Ora, se o juiz constatar que o objeto da lide ou um simples ato de constrição judicial pode vir a se chocar com algum direito de terceiro, por que não ser prudente e precavido, e determinar que ele seja intimado imediatamente? A nosso ver, a resposta é positiva.

6. Competência

A competência para o processamento dos embargos de terceiro continua sendo do mesmo juízo que ordenou a constrição judicial sobre o bem, devendo os autos tramitarem em apenso (art. 676 do novo CPC).

O parágrafo único do art. 676 inova e positiva aquilo que já vinha sendo empregado pela jurisprudência, e diz que, "nos casos de ato de constrição realizado por carta, os embargos serão oferecidos no juízo deprecado, salvo se indicado pelo juízo deprecante o bem constrito ou se já devolvida a carta". Dispositivo sem equivalente no CPC/1973.

Assim, se o juízo deprecante determinar a penhora de um automóvel específico, a competência para o julgamento dos embargos de terceiro será dele. Por outro lado, se a penhora desse mesmo veículo for feita pelo juízo deprecado, que simplesmente cumpriu o despacho do juízo deprecante para "penhorar tantos bens quantos bastem para o pagamento do valor devido", então a competência passa a ser do juízo deprecado, salvo se a carta já tiver sido devolvida.

7. Legitimidade passiva

O § 4º do art. 677 do novo CPC estabelece que "será legitimado passivo o sujeito a quem o ato de constrição aproveita, assim como o será seu adversário no processo principal quando for sua a indicação do bem para a constrição judicial". Dispositivo sem equivalente no CPC/1973.

São duas situações distintas, positivadas de acordo com a doutrina e a jurisprudência. A primeira frase do dispositivo seria a regra geral. Quem se aproveita do ato de constrição é aquele que requer a medida, sendo, em regra, o autor ou o exequente. Já a segunda frase é a exceção, sendo caso de litisconsórcio passivo necessário.

8. Liminar

A liminar continua sendo expressamente prevista em lei. Nos termos do art. 678 do novo CPC, "a decisão que reconhecer suficientemente provado o domínio ou a posse determinará a suspensão das medidas constritivas sobre os bens litigiosos objeto dos embargos, bem como a manutenção ou a reintegração provisória da posse, se o embargante a houver requerido".

O parágrafo único do mesmo dispositivo complementa que "o juiz poderá condicionar a ordem de manutenção ou reintegração provisória de posse à prestação de caução pelo requerente, ressalvada a impossibilidade da parte economicamente hipossuficiente".

Esse dispositivo é similar ao art. 1.051 do CPC/1973. A diferença básica é que o parágrafo único do art. 678 permite que a caução fixada seja dispensada pelo juiz, em alguns casos, algo que inexistia na lei anterior. No CPC/1973 a caução deveria ser apresentada pelo embargante, muito embora, na prática, existissem decisões que a dispensavam.

9. Efeito suspensivo dos embargos de terceiro

O art. 1.052 do CPC/1973 dispunha que "quando os embargos versarem sobre todos os bens, determinará o juiz a suspensão do curso do processo principal; versando sobre alguns deles, prosseguirá o processo principal somente quanto aos bens não embargados". Esse dispositivo foi suprimido no novo CPC.

E qual é a consequência prática disso? Significa que os embargos de terceiro não têm mais o condão de suspender todo o processo.

Isso é bom ou é ruim? A mudança é bem vinda. Especialmente nos casos em que a ação principal era de reintegração de posse, os embargos de terceiro eram utilizados por terceiros, às vezes até menores de idade, como subterfúgio ao cumprimento do mandado de reintegração expedido. E, enquanto não ocorresse o trânsito em julgado dos embargos, o processo principal ficava parado. Merece aplausos, portanto, essa alteração legislativa.

10. Prazo de resposta

O prazo de resposta do embargado é de 15 dias (art. 679 do novo CPC). No CPC/1973 o prazo era de 10 dias (art. 1.053).

11. Rito a ser aplicado

No CPC/1973 (art. 1.053), o procedimento que deveria ser aplicado após a apresentação da contestação era o previsto na parte geral do processo cautelar (art. 803).

No novo CPC, de acordo com o art. 679, após a juntada da contestação, o rito que deverá ser observado é o comum. Evidentemente que, se a contestação não for apresentada pelo embargado, a regra será a mesma.

Em suma, escoado o prazo de resposta, com ou sem a juntada de contestação nos autos, deverá o juiz aplicar as regras concernentes às providências preliminares e ao saneamento do processo, que se iniciam no art. 347 do novo CPC. Depois disso, o processo seguirá o seu trâmite normal, nos termos da lei.

12. Sentença

O art. 681 do novo CPC reza que, "acolhido o pedido inicial, o ato de constrição judicial indevida será cancelado, com o reconhecimento do domínio, da manutenção da posse ou da reintegração definitiva do bem ou do direito ao embargante". Dispositivo sem equivalente no CPC/1973.

13. Os ônus sucumbenciais

Apesar de inexistir disposição expressa no novo CPC sobre essa importante parte da matéria, que, inclusive, é objeto de enunciado de Súmula do STJ (303), entendemos ser oportuno lançarmos algumas palavras sobre o tema.

Lembremos que os honorários sucumbenciais, bem como as custas processuais, devem seguir o princípio da causalidade, ou seja, aquele que der causa aos embargos de terceiro devem arcar com todas essas despesas. Vamos a dois exemplos distintos, com diferentes responsáveis pelo pagamento das despesas processuais.

No primeiro, o juiz determina a penhora online em conta corrente do executado, que é conjunta com seu cônjuge, que, por sua vez, recebe seu salário mensal na mesma. O valor bloqueado é o salário do cônjuge (terceiro). Manejados os embargos de terceiro com a devida prova documental, o exequente insiste em prosseguir com a penhora. Ao final, o pedido é julgado procedente. Quem deve arcar com as despesas processuais? O exequente, pois, mesmo depois de apreciar a exordial e seus documentos, assumiu o risco em continuar com o feito. Se, ao ser citado, o embargado anuir com o pedido, então ele não poderá ser responsabilizado, devendo o embargante pagar as verbas sucumbenciais.

No segundo, o executado indica um bem imóvel à penhora. O exequente, munido de certidão atualizada do registro do imóvel, requer ao magistrado a penhora do bem. Tempos depois, um terceiro qualquer opõe embargos de terceiro em face do exequente e do executado, alegando ser o real proprietário do imóvel há alguns anos, e que apenas não efetuou o registro da escritura porque estava sem condições financeiras. Por certo o seu pedido será julgado procedente. Quanto ao responsável pelo pagamento das despesas da sucumbência, certamente o executado será o condenado a tanto, pois foi ele que, agindo de má-fé, indicou o bem à penhora. Se ele não tivesse indicado o bem à penhora, a responsabilidade seria do terceiro, haja vista o fato de não ter registrado o imóvel a tempo e modo próprios, salvo se o exequente (embargado), mesmo depois de citado e analisado a documentação dos autos, estivesse disposto a correr o risco e ir com a demanda até o final.

§ 9º – Oposição

1. Introdução

Inicialmente cumpre informar que, no CPC/1973, a oposição estava relacionada como uma das várias espécies de intervenção de terceiros, ao longo dos arts. 56 a 61.

No novo CPC é vista como uma ação autônoma, fato este que já era defendido por boa parte da doutrina. Tem procedimento especial, é regulada pelos arts. 682 a 686 e possui, basicamente, uma inovação, sem contar, claro, o fato de passar a ser um processo autônomo com rito especial.

2. Oposição ajuizada após o início da audiência de instrução e julgamento

No CPC/1973, se a oposição fosse apresentada após o início da AIJ, o juiz tinha a mera faculdade de sobrestar o processo, no máximo por 90 dias.

Já no novo CPC a regra é diferente. Segundo o parágrafo único do art. 685, "se a oposição for proposta após o início da audiência de instrução, o juiz suspenderá o curso do processo ao fim da produção das provas, salvo se concluir que a unidade da instrução atende melhor ao princípio da duração razoável do processo". Como se vê, a regra geral é pela suspensão do processo principal. A continuidade seria uma exceção a ser aplicado pelo magistrado se acreditar que a espera poderá trazer prejuízos, em termos de tempo de espera, às partes.

3. Procedimento

Apesar de o novo CPC não possuir nenhum dispositivo informando que o procedimento deverá, no mais, seguir o rito comum, parece-nos ser esse o entendimento mais razoável, uma vez que o procedimento especial, em si, é bastante incompleto.

§ 10 – Habilitação

1. Introdução

O procedimento de habilitação está regulado nos arts. 687 a 692 do novo CPC. No CPC/1973 era regido pelos arts. 1.055 a 1.062. Há poucas alterações.

2. Momento e instância em que pode ser proposta

Nos termos do art. 689 do novo CPC, "proceder-se-á à habilitação nos autos do processo principal, na instância em que estiver, suspendendo-se, a partir de então, o processo".

3. Forma de autuação da petição inicial

A petição inicial deverá ser juntada nos mesmos autos, e, não, incidentalmente, conforme se extrai do art. 689 do novo CPC. Isso nos leva a crer que a exordial não deverá ser distribuída, mas, sim, protocolizada. Acreditamos que a distribuição tem lugar em três situações: (i) quando se pretende sujeitar a nova ação ao sorteio do juízo competente; (ii) quando se quer distribuir uma nova ação por dependência a uma outra; e (iii) para os incidentes processuais.

Somente na hipótese do art. 691 do novo CPC, caso seja preciso a autuação da habilitação em apenso, é que ela terá número próprio. Nessa circunstância, o próprio magistrado determinará que as petições sejam enviadas ao distribuidor, de modo que tenha número e classe próprios.

4. Efeito imediato da propositura da habilitação

De acordo com o que se pode ler no art. 689 do novo CPC, com a juntada da exordial de habilitação nos autos do processo principal, independentemente da instância em que estiver, deverá o feito ser suspenso imediatamente. No CPC/1973 não existia essa suspensão.

5. Citação e prazo de resposta

Não houve alteração. Estamos mencionando apenas pelo fato de, na ordem dos dispositivos no Código, este ter ficado mais abaixo do que era antes. A citação continua sendo pessoal, se as partes não tiverem procurador nos autos e, quanto ao prazo de contestação, é de cinco dias. Tudo isso nos termos do art. 690, e seu parágrafo único, do novo CPC (art. 1.057, e seu parágrafo único, do CPC/1973).

6. Consequência da impugnação ao pedido de habilitação

O art. 691 do novo CPC diz que "o juiz decidirá o pedido de habilitação imediatamente, salvo se este for impugnado e houver necessidade de dilação probatória diversa da documental, caso em que determinará que o pedido seja autuado em apartado e disporá sobre a instrução".

Havendo impugnação ao pedido de habilitação, as petições que se encontram nos autos serão desentranhadas e formarão autos próprios, que serão remetidos ao distribuidor, de modo que o feito em questão terá número e classe próprios.

§ 11 – Ações de família

1. Introdução e cabimento do rito

No CPC/1973 não existia um procedimento sequer parecido com este.

E para o que é que ele serve? Trata-se de um rito com regras gerais para determinadas ações de natureza familiar.

Como bem diz o art. 693 do novo CPC, "as normas deste Capítulo aplicam-se aos processos contenciosos de divórcio, separação, reconhecimento e extinção de união estável, guarda, visitação e filiação".

O parágrafo único excetua dois tipos de processos que deverão tramitar com base em ritos especificados em legislação própria: "a ação de alimentos e a que versar sobre interesse de criança ou de adolescente observarão o procedimento previsto em legislação específica, aplicando-se, no que couber, as disposições deste Capítulo".

Concluindo, podemos afirmar que essas regras gerais deverão ser aplicadas aos processos litigiosos que versem sobre um dos pontos mencionados no *caput* do art. 693, e, subsidiariamente, no que couber, à ação de alimentos e a que versar sobre interesse de criança ou de adolescente.

2. Tentativa contínua de se conciliar ou mediar as partes

O art. 694 do novo CPC reza que, "nas ações de família, todos os esforços serão empreendidos para a solução consensual da controvérsia, devendo o juiz dispor do auxílio de profissionais de outras áreas de conhecimento para a mediação e conciliação".

O parágrafo único do dispositivo em comento determina que, "a requerimento das partes, o juiz pode determinar a suspensão do processo enquanto os litigantes se submetem a mediação extrajudicial ou a atendimento multidisciplinar".

A conciliação e a mediação a que faz menção o *caput* serão feitas por profissionais ligados ao Judiciário, enquanto que, na hipótese do parágrafo único, seria para a eventualidade de as partes optarem por procurar um conciliador, mediador ou equipe multidisciplinar (profissionais de várias áreas) de suas escolhas.

3. Procedimento

O art. 695, e seus quatro parágrafos, do novo CPC, cuidam do procedimento inicial para as chamadas ações de família.

Recebida a petição inicial, o juiz deverá observar se há pedido de concessão de tutela provisória, e, claro, tomar as providências necessárias em caso de deferimento. Se for o caso, o juiz ordenará a citação do réu para comparecer à audiência de mediação e conciliação, observado o disposto no art. 694.

No tocante ao mandado de citação, há uma particularidade interessante. Diz o § 1º do art. 695 que conterá apenas os dados necessários à audiência e deve estar desacompanhado de cópia da petição inicial, ficando assegurado ao réu o direito de examinar seu conteúdo a qualquer tempo. Não temos dúvida de que essa medida tem como escopo facilitar a conciliação ou a mediação no momento da audiência, pois, quanto menos informações a parte ré tiver acerca da narrativa dos fatos pelo autor, menos os seus ânimos ficarão acirrados.

Em relação à citação, os §§ 2º e 3º do art. 695 informam que deverá ser feita na pessoa do réu e com antecedência mínima de 15 dias da data designada para a audiência.

O § 4º do art. 695 exige que as partes estejam acompanhadas de seus advogados ou defensores públicos na audiência.

Finda a audiência, e não realizado o acordo, diz o art. 695 do novo CPC que passarão a incidir, a partir de então, as normas do procedimento comum, observado o art. 335. Esse dispositivo refere-se ao prazo da contestação.

4. Audiência de conciliação e mediação

O art. 696 do novo CPC permite que a audiência de mediação e conciliação possa ser dividida em tantas sessões quantas sejam necessárias para viabilizar a solução consensual, sem prejuízo de providências jurisdicionais para evitar o perecimento do direito. Essas "providências jurisdicionais para evitar o perecimento do direito" significam que, caso uma das partes esteja com algum direito violado, ou mesmo simples ameaça, poderá requerer a tutela provisória, sem que, com isso, a referida audiência precise ser suspensa ou cancelada.

5. Ministério Público

Segundo o art. 698 do novo CPC, "nas ações de família, o Ministério Público somente intervirá quando houver interesse de incapaz e deverá ser ouvido previamente à homologação de acordo".

No tocante à oitiva do *Parquet* antes da homologação de acordo, registre-se que isso apenas ocorrerá nas ações em que houver interesse de incapaz.

6. Causas que envolvam abuso ou alienação parental

O art. 699 do novo CPC informa que "quando o processo envolver discussão sobre fato relacionado a abuso ou a alienação parental, o juiz, ao tomar o depoimento do incapaz, deverá estar acompanhado por especialista".

Isso significa que, em qualquer ação em que se verifique a existência de fato relacionado a abuso ou alienação parental, o juiz, ao tomar o depoimento do incapaz, deverá estar acompanhado por especialista. Do contrário, o depoimento deverá ser considerado inválido.

§ 12 – Ação monitória

1. Introdução

A ação monitória está disciplinada pelos arts. 700 a 702 do novo CPC (arts. 1.102-A a 1.102-C do CPC/1973).

Apesar de serem apenas três dispositivos, há muitos parágrafos, o que nos permite concluir, de antemão, que existem muitas inovações. Ocorre que a maioria delas é mera positivação daquilo que já vinha sendo sumulado e decidido pelos nossos tribunais.

2. Cabimento

Já no tocante às hipóteses de cabimento da ação monitória, vê-se que há significativas alterações. O art. 700 do novo CPC dispõe o seguinte: "a ação monitória pode ser proposta por aquele que afirmar, com base em prova escrita sem eficácia de título executivo, ter direito de exigir do devedor capaz: I – o pagamento de quantia em dinheiro; II – a entrega de coisa fungível ou infungível ou de bem móvel ou imóvel; III – o adimplemento de obrigação de fazer ou de não fazer".

Metade do inciso II e o inciso III são novidades. Como é sabido, a monitória não podia ser utilizada para se requerer a entrega de bens imóveis e nem com o intuito de se pleitear o adimplemento de obrigações de fazer ou de não fazer.

A prova escrita, sem eficácia de título executivo, continua sendo requisito para a propositura da demanda. Ressalte-se que, caso o credor tenha dúvida se o documento escrito que possui seja ou não título executivo, e não queira correr nenhum risco, pode muito bem iniciar procedimento monitório, sendo equivocado, com a devida vênia, o entendimento minoritário de que lhe faltaria interesse de agir. Aliás, o art. 785 do novo CPC deixa claro ser possível ao credor agir dessa maneira.

3. Prova oral documentada como exemplo de prova escrita

O § 1º do art. 700 do novo CPC estabelece que "a prova escrita pode consistir em prova oral documentada, produzida antecipadamente nos termos do art. 381". Dispositivo sem equivalente no CPC/1973.

É claro que a prova oral, que o credor já possui, como, *v.g.*, uma confissão de dívida, pode ser transcrita e utilizada, mas não nos parece que esse seja o intuito do dispositivo em comento. O § 1º em questão está se referindo a uma prova oral, produzida antecipadamente, com o intuito de se ajuizar a ação monitória, como, por exemplo, a oitiva de uma testemunha. A base legal seria o art. 381, III, do novo CPC.

4. Requisitos específicos da petição inicial

O § 2º do art. 700 do novo CPC reza que, "na petição inicial, incumbe ao autor explicitar, conforme o caso: I – a importância devida, instruindo-a com memória de cálculo; II – o valor atual da coisa reclamada; III – o conteúdo patrimonial em discussão ou o proveito econômico perseguido". Dispositivo sem equivalente no CPC/1973.

5. Valor da causa

O § 3º do art. 700 do novo CPC diz que "o valor de causa deverá corresponder à importância prevista no § 2º, incisos I a III". Dispositivo sem equivalente no CPC/1973.

6. Hipótese específica de inépcia da petição inicial

O § 4º do art. 700 do novo CPC dispõe que, "além das hipóteses do art. 330, a petição inicial será indeferida quando não atendido o disposto no § 2º deste artigo". Dispositivo sem equivalente no CPC/1973.

É claro que, antes de extinguir o feito, deverá o juiz intimar o autor para emendar a exordial.

7. Adaptação da petição inicial aos moldes do rito comum

De acordo com o § 5º do art. 700 do novo CPC, "havendo dúvida quanto à idoneidade da prova documental apresentada pelo autor, o juiz intimá-lo-á para, querendo, emendar a petição inicial para adaptá-la ao procedimento comum". Dispositivo sem equivalente no CPC/1973.

Essa nova regra será de grande valia. Foi mais comum do que as pessoas imaginam, durante a vigência do CPC/1973, a extinção de ações monitórias, sem resolução do mérito, por entender o magistrado que a prova escrita apresentada não era idônea o suficiente. A permissibilidade de se emendar a exordial, de modo a adaptá-la ao rito comum, é justa e está em consonância com os princípios da celeridade e da economia processual.

8. Monitória contra a Fazenda Pública

O § 6º do art. 700 do novo CPC positiva entendimento já sumulado no STJ sobre o tema (Súmula n. 339), deixando claro que "é admissível ação monitória em face da Fazenda Pública". Dispositivo sem equivalente no CPC/1973.

Certamente, desde que observadas as particularidades e prerrogativas desse ente público, em especial, o pagamento por RPV ou precatórios.

9. Formas de citação

O § 7º do art. 700 do novo CPC positiva entendimento já sumulado no âmbito do STJ (Súmula n. 282): "na ação monitória admite-se citação por qualquer dos meios permitidos para o procedimento comum". Dispositivo sem equivalente no CPC/1973.

A dúvida que existia no passado era sobre a possibilidade ou não de se realizar citação por edital no procedimento monitório.

10. Da expedição do mandado monitório

Segundo o art. 701 do novo CPC, "sendo evidente o direito do autor, o juiz deferirá a expedição de mandado de pagamento, de entrega de coisa ou para execução de obrigação de fazer ou de não fazer, concedendo ao réu prazo de 15 dias para o cumprimento e o pagamento de honorários advocatícios de cinco por cento do valor atribuído à causa". Dispositivo similar ao art. 1.102-B do CPC/1973.

11. Honorários advocatícios sucumbenciais previamente estipulados

O art. 701 do novo CPC pré-estipulou honorários advocatícios sucumbenciais de cinco por cento do valor atribuído à causa para o caso de cumprimento do mandado monitório dentro do prazo de 15 dias. Depois disso, o juiz não está mais atrelado a este percentual. Não há dispositivo similar no CPC/1973.

12. Benefícios em caso de cumprimento do mandado no prazo legal

O § 1º do art. 701 do novo CPC garante que "o réu será isento do pagamento das custas processuais se cumprir o mandado no prazo". Dispositivo semelhante ao § 1º do art. 1.102-C do CPC/1973. A diferença é que, antigamente, além da isenção das custas processuais, o réu também estaria dispensado de pagar os honorários sucumbenciais. Como se pode perceber, pelo menos cinco por cento sobre o valor da causa o réu terá de suportar a título de honorários de sucumbência.

13. Constituição do título executivo judicial

Similarmente ao que já ocorria no CPC/1973 (art. 1.102-C), § 2º do art. 701 do novo CPC estatui que "constituir-se-á de pleno direito o título executivo judicial, independentemente de qualquer formalidade, se não realizado o pagamento e não apresentados os embargos previstos no art. 702, observando-se, no que couber, o Título II do Livro I da Parte Especial".

14. Ação rescisória contra a decisão que determina a expedição de mandado monitório

O § 3º do art. 701 do novo CPC afirma que "é cabível ação rescisória da decisão prevista no *caput* quando ocorrer a hipótese do § 2º". Não há dispositivo similar no CPC/1973.

A intenção do legislador foi a de permitir que o réu, desde que revel, pudesse, após o trânsito em julgado, questionar, por meio de ação rescisória, a formação do título executivo judicial. Isso significa que o Judiciário poderá reavaliar, nos autos da ação rescisória, se a prova escrita apresentada pelo autor é, realmente, idônea o suficiente, a ponto de formar, de pleno direito, título executivo judicial.

15. Remessa necessária nos casos de não apresentação de embargos pela Fazenda Pública

O § 4º do art. 701 do novo CPC estatui que, "sendo a ré Fazenda Pública, não apresentados os embargos previstos no art. 702, aplicar-se-á o disposto no art. 496, observando-se, a seguir, no que couber, o Título II do Livro I da Parte Especial".

16. Embargos à ação monitória

O art. 702 do novo CPC diz que, "independentemente de prévia segurança do juízo, o réu poderá opor, nos próprios autos, no prazo previsto no art. 701, embargos à ação monitória". Esse prazo é de 15 dias.

Reforce-se que não é preciso indicar bem à penhora e nem mesmo apresentar caução.

Os embargos à monitória deverão ser protocolizados e juntados nos autos da ação.

Outro detalhe importante sobre os embargos é no que tange à matéria que pode ser arguida. O § 1º do art. 702 deixa claro que "os embargos podem se fundar em matéria passível de alegação como defesa no procedimento comum", ou seja, não há qualquer restrição.

17. Alegação de excesso de cobrança pelo réu

O § 2º do art. 702 do novo CPC estabelece que "quando o réu alegar que o autor pleiteia quantia superior à devida, cumprir-lhe-á declarar de imediato o valor que entende correto, apresentando demonstrativo discriminado e atualizado da dívida". O § 3º do art. 702 complementa que, "não apontado o valor correto ou não apresentado o demonstrativo, os embargos serão liminarmente rejeitados, se esse for o seu único fundamento, e, se houver outro fundamento, os embargos serão processados, mas o juiz deixará de examinar a alegação de excesso".

Essa nada mais é do que uma tendência que já vem existindo há muitos anos, qual seja, a de se exigir que a parte que alega excesso no valor cobrado (ou executado) aponte qual é o valor correto na sua perspectiva. A consequência em não agir dessa maneira também é a mesma: a rejeição liminar da defesa, caso este seja o único argumento produzido.

Ambos os dispositivos não possuem correspondentes no CPC/1973.

18. Efeito suspensivo dos embargos

O § 4º do art. 702 do novo CPC reza que "a oposição dos embargos suspende o curso do processo até o julgamento em primeiro grau". Dispositivo similar ao art. 1.102-C do CPC/1973.

Trata-se de importante novidade, na medida em que o julgamento de procedência do pedido em primeira instância dará azo imediato ao cumprimento de sentença, mesmo que provisório. Apesar de no § 1º do art. 1.012 do novo CPC não aparecer, essa hipótese, como uma daquelas em que a apelação será recebida apenas no seu efeito devolutivo, há a ressalva de que esse recurso não será recebido no efeito suspensivo em "outras hipóteses previstas em lei". Por certo, a expressão "em lei" vale para qualquer lei válida, inclusive o próprio novo CPC. Desse modo, como o § 4º do art. 702 determina que os embargos suspenderão o curso do processo apenas até o julgamento em primeiro grau de jurisdição, consideramos que, em caso de procedência, pode o credor iniciar imediatamente o cumprimento de sentença. É lógico que, em caso de improcedência do pedido inicial, não haverá o que executar provisoriamente.

19. Prazo para a réplica do autor

Segundo o § 5º do art. 702 do novo CPC, "o autor será intimado para responder os embargos no prazo de 15 dias". Dispositivo sem correspondente no CPC/1973.

20. Reconvenção

De acordo com o § 6º do art. 702 do novo CPC, "na ação monitória admite-se a reconvenção, sendo vedado o oferecimento de reconvenção à reconvenção". Dispositivo sem correspondente no CPC/1973.

21. Consequência do oferecimento de embargos parciais

Nos termos do § 7º do art. 702 do novo CPC, "a critério do juiz, os embargos serão autuados em apartado, se parciais, constituindo-se de pleno direito o título executivo judicial em relação à parcela não embargada". Dispositivo sem correspondente no CPC/1973.

Parte-se da premissa de que a parte do pedido incontroversa deve ser objeto de julgamento antecipado parcial do mérito. Está correto o § 7º. O cuidado que se deve ter é o de não se constituir título executivo judicial, nesses moldes, se a parte embargada do pedido é prejudicial em relação à parte não embargada. Nesse caso, é prudente que não se tome nenhuma medida precipitada e aguarde-se o julgamento do todo, em bloco, pela sentença.

22. Recurso cabível

O § 9º do art. 702 do novo CPC, com o perdão do jargão popular, "chove no molhado" e diz que "cabe apelação contra a sentença que acolhe ou rejeita os embargos". Será que alguém tinha alguma dúvida em relação a isso? Não há dispositivo correspondente no CPC/1973.

23. Penalidade ao autor da ação monitória proposta indevidamente e de má-fé

O § 10 do art. 702 do novo CPC informa que "o juiz condenará o autor de ação monitória proposta indevidamente e de má-fé ao pagamento, em favor do réu, de multa de até dez por cento sobre o valor da causa". Não há dispositivo correspondente no CPC/1973.

Muita atenção para o fato de que há dois requisitos para a aplicação da dita multa e que eles são cumulativos, ou seja, é preciso que o juiz entenda que a ação monitória não era cabível no caso concreto e que, além disso, houve má-fé por parte do autor.

O que seria uma propositura indevida da ação? Seria nos casos em que o procedimento em comento não seria aplicável, porque, *v.g.*, não havia prova escrita. Será que alguém irá propor uma ação monitória, ou mesmo de cobrança pelo rito comum, sem nenhuma prova escrita? No tocante às obrigações que estão abarcadas pelo procedimento monitório, temos que todas elas estão. Ou será que alguém iria requerer a consignação em pagamento com fulcro nas regras do procedimento monitório?

Quanto à má-fé, consideramos que o juiz deva levar em consideração o rol do art. 80 do novo CPC, que elenca as situações em que haverá litigância de má-fé. Apesar de ser possível defender a tese de que a simples violação do princípio da boa-fé objetiva já seria o suficiente para se verificar a má-fé da parte, pensamos ser temeroso alargar, sobremaneira, essas hipóteses, especialmente porque o valor da multa pode vir a ser absurdamente elevado.

24. Sanção ao réu da ação monitória que opuser embargos de má-fé

O § 11 do art. 702 do novo CPC diz que "o juiz condenará o réu que, de má-fé, opuser embargos à ação monitória ao pagamento de multa de até dez por cento sobre o valor atribuído à causa, em favor do autor". Não há dispositivo correspondente no CPC/1973.

Assim como mencionamos nos nossos comentários ao § 10 do art. 702, não nos afigura possível que o conceito de má-fé, aqui mencionado, possa se dissociar daquele previsto no art. 80 do novo CPC, ao listar as hipóteses de litigância de má-fé.

§ 13 – Homologação do penhor legal

1. Introdução

A homologação do penhor legal era considerada medida cautelar típica no CPC/1973, estando disciplinada pelos arts. 874 a 876. No novo CPC passa a ser procedimento especial e está regulado pelos arts. 703 a 706, com pouquíssimas alterações.

2. Cabimento, procedimento inicial e requisitos específicos da exordial

O penhor legal é imposto pela lei, não decorrendo, destarte, da vontade das partes. Está previsto nos arts. 1.467 a 1.472 do CC.

O art. 703 do novo CPC aperfeiçoa tecnicamente a redação do dispositivo equivalente no CPC/1973 (art. 874), dispondo o seguinte: "tomado o penhor legal nos casos previstos em lei, requererá o credor, ato contínuo, a homologação".

O § 1º do art. 703 explica que a petição inicial deverá ser instruída com o contrato de locação ou a conta pormenorizada das despesas, a tabela dos preços e a relação dos objetos retidos, devendo o autor pedir a citação do devedor para pagar ou contestar na audiência preliminar que for designada.

Como se pode ver no *caput* e no seu § 1º supramencionados, é possível vislumbrar as hipóteses de cabimento, os documentos que devem estar anexados à exordial e o procedimento inicial.

O mandado de citação será expedido para que o devedor pague o valor devido, do contrário, deverá comparecer a uma audiência preliminar, cuja data, local e horário já estarão designados no mandado e, se quiser, nessa oportunidade poderá apresentar a sua contestação.

3. Homologação pela via extrajudicial

O § 2º do art. 703 do novo CPC reza que "a homologação do penhor legal poderá ser promovida pela via extrajudicial mediante requerimento, que conterá os requisitos previstos no § 1º deste artigo, do credor a notário de sua livre escolha".

O § 3º do art. 703 informa ainda que, "recebido o requerimento, o notário promoverá a notificação extrajudicial do devedor para, no prazo de cinco dias, pagar o débito ou impugnar sua cobrança, alegando por escrito uma das causas previstas no art. 704, hipótese em que o procedimento será encaminhado ao juízo competente para decisão".

Por fim, de acordo com o § 4º do art. 703, "transcorrido o prazo sem manifestação do devedor, o notário formalizará a homologação do penhor legal por escritura pública".

Os §§ 2º a 4º do art. 703 não possuem correspondentes no CPC/1973.

4. Matéria que pode ser alegada em defesa

O art. 704 do novo CPC possui quatro incisos, e apenas o último deles é novidade; os demais são meras réplicas dos incisos I a III do art. 875 do CPC/1973.

O dispositivo em comento trata das matérias que podem ser objeto da contestação. O mencionado inciso IV do art. 704 diz que a defesa pode consistir em "alegação de haver sido ofertada caução idônea, rejeitada pelo credor".

A prova dessa oferta pode ser um e-mail ou até mesmo vídeo feito com filmadora no exato momento.

5. Procedimento a ser aplicado a partir da audiência preliminar

Conforme se extrai do art. 705 do novo CPC, "a partir da audiência preliminar, observar-se-á o procedimento comum". Dispositivo sem equivalente no CPC/1973 (lembremos que na parte geral do processo cautelar existiam as regras procedimentais a serem aplicadas às cautelares em espécie).

6. Sentença

Ao contrário do art. 876 do CPC/1973, que fixava prazo para a entrega dos autos ao autor da ação, o art. 706 do novo CPC não seguiu o mesmo caminho, estabelecendo apenas que, "homologado judicialmente o penhor legal, consolidar-se-á a posse do autor sobre o objeto". O seu § 1º diz ainda que, "negada a homologação, o objeto será entregue ao réu, ressalvado ao autor o direito de cobrar a dívida pelo procedimento comum, salvo se acolhida a alegação de extinção da obrigação".

7. Poderes do relator da apelação

O § 2º do art. 706 do novo CPC informa que "[...] na pendência do recurso, poderá o relator ordenar que a coisa permaneça depositada ou em poder do autor". Dispositivo sem equivalente no CPC/1973.

Acreditamos que a regra supratranscrita foi pensada para o caso de a sentença não homologar o penhor legal, pois, se tiver sido homologado, aí sim não haveria qualquer motivo que justificasse a retirada dos bens da posse do autor.

§ 14 – Regulação de avaria grossa

1. Introdução

O procedimento especial de regulação de avaria grossa não existia no CPC/1973. No novo CPC está disciplinado pelos arts. 707 a 711.

Ao se pesquisar no *site* Google o conceito de avaria grossa, tem-se como principal resultado o seguinte: "no Direito Marítimo, avaria grossa significa todos os danos ou despesas extraordinárias decorrentes de um ato intencional, efetuado para a segurança do navio e suas cargas, em uma situação de perigo real e iminente, com o intuito de evitar um mal maior a expedição marítima".

Ainda no *site* Google nos deparamos com uma explicação do tema, seguida de um exemplo, que certamente aclarará a todos: "a avaria grossa afeta conjuntamente o navio e carga, mas sempre tendo como objetivo minimizar as possíveis perdas. Um exemplo é o incêndio na casa de máquinas do navio, no qual, para apagar o fogo, a água utilizada chegou a danificar a carga transportada. Portanto, seus custos são repartidos por todas as partes interessadas na expedição marítima, no caso, o armador e os proprietários das cargas avariadas ou não, importadores, exportadores, consignatário, embarcadores e, por sua consequência, os seguradores das cargas, sem ter a quem responsabilizar para um possível ressarcimento da configuração de avaria grossa ou comum, pois os danos foram efetuados para salvaguardar o bem comum, toda a tripulação, o navio e a carga".

O nosso Código Comercial possui mais de uma dezena de dispositivos que versam sobre a avaria grossa, tais como os arts. 784 a 786.

O rito ora analisado, portanto, vem criar as regras para a nomeação de um regulador de avarias, caso as partes não cheguem a um acordo sobre isso.

2. Cabimento

Quando é que será preciso se valer desse procedimento especial? Segundo o art. 707 do novo CPC, "quando inexistir consenso acerca da nomeação de um regulador de avarias, o juiz de direito da comarca do primeiro porto onde o navio houver chegado, provocado por qualquer parte interessada, nomeará um de notório conhecimento". A falta de consenso pode se dar pela discordância em torno de um nome ou, ainda, pelo fato de uma das partes não concordar que esteja diante de avaria grossa.

3. Função inicial do regulador

O art. 708 do novo CPC reza que "o regulador declarará justificadamente se os danos são passíveis de rateio na forma de avaria grossa e exigirá das partes envolvidas a apresentação de garantias idôneas para que possam ser liberadas as cargas aos consignatários".

4. Discordância da parte quanto à declaração de abertura da avaria grossa

O § 1º do art. 708 do novo CPC estabelece que "a parte que não concordar com o regulador quanto à declaração de abertura da avaria grossa deverá justificar suas razões ao juiz, que decidirá no prazo de 10 dias".

5. Ausência de garantia idônea do consignatário

O § 2º do art. 708 do novo CPC diz que "se o consignatário não apresentar garantia idônea a critério do regulador, este fixará o valor da contribuição provisória com base nos fatos narrados e nos documentos que instruírem a petição inicial, que deverá ser caucionado sob a forma de depósito judicial ou de garantia bancária".

6. Consequência da recusa do consignatário em prestar caução

O § 3º do art. 708 do novo CPC dispõe o seguinte: "recusando-se o consignatário a prestar caução, o regulador requererá ao juiz a alienação judicial de sua carga na forma dos arts. 879 a 903".

7. Dos gastos com a alienação da carga do consignatário

O § 4º do art. 708 do novo CPC diz que "é permitido o levantamento, por alvará, das quantias necessárias ao pagamento das despesas da alienação a serem arcadas pelo consignatário, mantendo-se o saldo remanescente em depósito judicial até o encerramento da regulação".

8. Documentos a serem apresentados pelas partes

De acordo com o art. 709 do novo CPC, "as partes deverão apresentar nos autos os documentos necessários à regulação da avaria grossa em prazo razoável a ser fixado pelo regulador".

9. Prazo para o regulador apresentar o regulamento da avaria grossa

O art. 710 do novo CPC estatui que "o regulador apresentará o regulamento da avaria grossa no prazo de até doze meses, contado da data da entrega dos documentos nos autos pelas partes, podendo o prazo ser estendido a critério do juiz".

10. Intimação das partes do regulamento da avaria grossa

O § 1º do art. 710 do novo CPC reza que, "oferecido o regulamento da avaria grossa, dele terão vista as partes pelo prazo comum de 15 dias; não havendo impugnação, será homologado por sentença".

11. Impugnação do regulamento e decisão do juiz

Nos termos do § 2º do art. 710 do novo CPC, "havendo impugnação ao regulamento, o juiz decidirá no prazo de 10 dias, após a oitiva do regulador".

12. Equiparação do regulador ao perito

Por fim, segundo o art. 711 do novo CPC, "aplicam-se ao regulador de avarias os arts. 156 a 158, no que couber". Lembremos que o regulador de avarias é considerado auxiliar da justiça, nos termos do art. 149 do novo CPC, logo, aplicam-se a ele os motivos de impedimento e suspeição, que couberem, conforme se apreende do inciso II do art. 148 do novo CPC.

§ 15 – Restauração de autos

1. Introdução

O rito de restauração de autos é regido pelos arts. 712 a 718 do novo CPC (arts. 1.063 a 1.069 do CPC/1973). Há algumas novidades dignas de nota.

2. Aplicabilidade aos autos eletrônicos

O art. 712 do novo CPC deixa claro que esse procedimento será aplicável tanto para a restauração de autos em papel como dos eletrônicos.

3. Legitimidade para a instauração do feito

Talvez seja essa a única exceção ao princípio da inércia da jurisdição, uma vez que o juiz, de ofício, pode requerer a instauração do feito. As partes também têm legitimidade. Caso o MP esteja atuando no feito, seja como parte ou como fiscal da lei, idem. É o que se extrai do art. 712 do novo CPC.

4. Procedimento a ser aplicado em caso de ausência de concordância de todos

Para que o processo principal possa retomar o seu prosseguimento normal, é necessário que todos concordem com isso. Nos termos do § 2º do art. 714 do novo CPC, "se a parte não contestar ou se a concordância for parcial, observar-se-á o procedimento comum". No CPC/1973 aplicava-se o rito do art. 803 e seguintes, que estavam na parte geral do processo cautelar.

V – PROCEDIMENTOS DE JURISDIÇÃO VOLUNTÁRIA

§ 1º – Introdução

Os procedimentos de jurisdição voluntária estão regulados pelos arts. 719 a 770 do novo CPC. No CPC/1973 ficavam entre os arts. 1.103 e 1.210.

Uma primeira observação que merece destaque é a da mudança de terminologia para se referir a esses procedimentos. No CPC/1973 eram denominados "procedimentos especiais de jurisdição voluntária". No novo CPC são, simplesmente, "procedimentos de jurisdição voluntária". Já os antigos "procedimentos especiais de jurisdição contenciosa" passam a ser os "procedimentos especiais", conforme visto ao longo das páginas anteriores.

Como é sabido, no CPC/1973, dentro dos chamados procedimentos especiais de jurisdição voluntária, existiam aqueles que se submetiam a um rito comum (art. 1.112) e outros que tinham um rito próprio (arts. 1.113 a 1.210). Essa lógica foi mantida pelo novo CPC.

Dentre os que se submetiam a esse rito comum, tem-se que todos foram mantidos pelo art. 725 do novo CPC. Além deles, foram acrescidos mais dois pelos seus incisos VII e VIII: a expedição de alvará judicial e a homologação de autocomposição extrajudicial, de qualquer natureza ou valor.

Já dentre os que tinham um rito próprio, o único que deixou de existir foi a habilitação, pois passou a ser procedimento especial. Por derradeiro, são novos procedimentos de jurisdição voluntária: a notificação, a interpelação e o protesto (eram medidas cautelares típicas); o divórcio e a separação consensuais (antes apenas a separação consensual figurava no rol dos ritos de jurisdição voluntária); a extinção consensual de união estável; a alteração do regime de bens do matrimônio; a ratificação dos protestos marítimos e dos processos testemunháveis formados a bordo; e a especialização da hipoteca legal. Todos eles estão disciplinados entre os arts. 726 a 770 do novo CPC.

§ 2º – Disposições Gerais

1. Rito comum x Rito especial

O art. 719 do novo CPC (art. 1.104 do CPC/1973) reza que "quando este Código não estabelecer procedimento especial, regem os procedimentos de jurisdição voluntária as disposições constantes desta Seção".

Conforme acabamos de mencionar, tanto no CPC/1973 quanto no novo CPC, existem procedimentos de jurisdição voluntária com um rito comum e outros com rito especial. Esses estão dispostos entre os arts. 726 a 770 do novo CPC. Já aqueles estão dispostos no art. 725 do novo CPC, e são regulamentados pelos arts. 719 a 725 do novo CPC.

Registre-se que os arts. 719 a 724 do novo CPC aplicam-se, no que couberem, aos procedimentos de jurisdição voluntária regulados pelos arts. 726 a 770 do novo CPC. Essa determinação consta do parágrafo único do art. 725 (sem correspondente no CPC/1973).

2. Legitimidade ativa

A Defensoria Pública foi incluída no rol dos legitimados a iniciar procedimento de jurisdição voluntária (art. 720 do novo CPC). Correspondente ao art. 1.104 do CPC/1973.

3. Prazo para manifestação das pessoas citadas e do MP

O prazo será de 15 dias (art. 721 do novo CPC). Esse prazo era de 10 dias (art. 1.106 do CPC/1973). Esse prazo não poderá ser dobrado para o *Parquet*.

4. Procedimentos comuns de jurisdição voluntária

Dentre os que se submetiam a esse rito comum (art. 1.112 do CPC/1973), tem-se que todos foram mantidos pelo art. 725 do novo CPC. Além deles, foram acrescidos mais dois pelos seus incisos VII e VIII: a expedição de alvará judicial e a homologação de autocomposição extrajudicial, de qualquer natureza ou valor.

5. Alvará judicial

O alvará judicial, notoriamente conhecido de todos como a forma pela qual a parte requer ao juiz que intervenha em uma situação, eminentemente privada, com o objetivo de autorizar a realização de algum ato, como levantar dinheiro de FGTS ou de contas bancárias, está devidamente tipificado no novo CPC, não obstante já fosse exaustivamente utilizado no dia a dia forense.

6. Homologação de autocomposição extrajudicial

Em boa hora o novo CPC positivou esse rito, de modo que as partes possam transformar o acordo firmado extrajudicialmente em título executivo judicial. Apesar de o art. 57 da Lei n. 9.099/95 já ter permitido que o juiz do Juizado Especial pudesse homologar o acordo extrajudicial, de qualquer natureza ou valor, é prudente que essa possibilidade esteja igualmente prevista no novo CPC, especialmente para o caso de a dita lei vir a ser revogada e essa possibilidade continuar ao alcance do jurisdicionado.

§ 3º – Notificação, Interpelação e Protesto

1. Introdução

A notificação e a interpelação, no CPC/1973, eram medidas cautelares nominadas. No novo CPC está regulada entre os arts. 726 e 729.

Aplicam-se essas regras, no que couber, ao protesto judicial, por força do § 2º do art. 726.

2. Cabimento

O art. 726 do novo CPC (art. 867 do CPC/1973) estabelece que "quem tiver interesse em manifestar formalmente sua vontade a outrem sobre assunto juridicamente relevante poderá notificar pessoas participantes da mesma relação jurídica para dar-lhes ciência de seu propósito". Facilmente percebe-se que houve aprimoramento técnico na redação do dispositivo.

O art. 727 do novo CPC permite que "também poderá o interessado interpelar o requerido, no caso do art. 726, para que faça ou deixe de fazer o que o requerente entenda ser de seu direito".

§ 4º – Alienação judicial

Segundo o art. 730 do novo CPC, "nos casos expressos em lei, não havendo acordo entre os interessados sobre o modo como se deve realizar a alienação do bem, o juiz, de ofício ou a requerimento dos interessados ou do depositário, mandará aliená-lo em leilão, observando-se o disposto na Seção I deste Capítulo e, no que couber, o disposto nos arts. 879 a 903".

Esse é o único dispositivo que regula esse procedimento. No CPC/1973 ele era regulado pelos arts. 1.114 a 1.119.

Os mencionados arts. 879 a 903 do novo CPC disciplinam o procedimento da alienação judicial de bens penhorados, seja por iniciativa particular, seja por leilão judicial.

§ 5º – Divórcio e Separação Consensuais, Extinção Consensual de União Estável e da Alteração do Regime de Bens do Matrimônio

1. Introdução

O CPC/1973 (arts. 1.120 a 1.124) regulava apenas a separação consensual, e por uma razão bastante óbvia. Quando ele foi promulgado não existia no Brasil divórcio, união estável e, muito menos, a possibilidade de se alterar o regime de bens do matrimônio. Rapidamente esse rito foi estendido também ao divórcio consensual, *ex vi* do disposto no § 2º do art. 40 da Lei n. 6.515/77.

No novo CPC, desde que haja consenso entre as partes envolvidas, aplicar-se-ão os arts. 731 a 734 para os pleitos de separação, divórcio, união estável e alteração do regime de bens do matrimônio.

2. Separação e Divórcio

O art. 731 do novo CPC determina que "a homologação do divórcio ou da separação consensuais, observados os requisitos legais, poderá ser requerida em petição assinada por ambos os cônjuges, da qual constarão: I – as disposições relativas à descrição e à partilha dos bens comuns; II – as disposições relativas à pensão alimentícia entre os cônjuges; III – o acordo relativo à guarda dos filhos incapazes e ao regime de visitas; e IV – o valor da contribuição para criar e educar os filhos". O art. 1.121 do CPC/1973 era bastante semelhante a esse.

O dispositivo em comento, de imediato, já deixa uma mensagem bastante importante para uma grande parcela dos familiaristas brasileiros, qual seja, a de que a separação continua sendo perfeitamente lícita e viável. Nunca deixamos de defender a tese de que a separação continuava viva no nosso ordenamento jurídico após o advento da EC n. 66. Primeiro porque ela continuava sendo disciplinada no CC. Segundo porque inexistia proibição para o seu uso. Assim, desde que houvesse acordo entre as partes, a separação poderia ser obtida judicial ou extrajudicialmente.

Como se vê, o art. 731 elenca os requisitos da petição inicial. Todos devem estar presentes, desde que aplicáveis à relação jurídica existente. A exceção fica por conta do parágrafo único do art. 731: "se os cônjuges não acordarem sobre a partilha dos bens, far-se-á esta depois de homologado o divórcio, na forma estabelecida nos arts. 647 a 658". Dispositivo igual ao parágrafo único do art. 1.121 do CPC/1973.

Isso vale para a separação e o divórcio de qualquer casamento, independentemente do sexo dos companheiros.

3. União estável

Nos termos do art. 732 do novo CPC, "as disposições relativas ao processo de homologação judicial de divórcio ou de separação consensuais aplicam-se, no que couber, ao processo de homologação da extinção consensual de união estável". Sem correspondente no CPC/1973.

Isso vale para a extinção de qualquer união estável, independentemente do sexo dos companheiros.

4. Divórcio, separação e extinção de união estável por escritura pública

O art. 733 do novo CPC mantém a possibilidade para que o divórcio consensual, a separação consensual e a extinção consensual de união estável, desde que inexistam nascituro ou filhos incapazes, e observados os requisitos legais, possam ser realizados por escritura pública, da qual constarão as disposições de que trata o art. 731. Escritura essa que não depende de homologação judicial e constitui título hábil para qualquer ato de registro, bem como para levantamento de importância depositada em instituições financeiras (§ 1º do art. 733). Atenção porque o § 2º do art. 733 informa que "o tabelião somente lavrará a escritura se os interessados estiverem assistidos por advogado ou por defensor público, cuja qualificação e assinatura constarão do ato notarial".

Dispositivos similares ao art. 1.124-A, e parágrafos, do CPC/1973.

5. Alteração do regime de bens do casamento

Segundo o art. 734 do novo CPC, "a alteração do regime de bens do casamento, observados os requisitos legais, poderá ser requerida, motivadamente, em petição assinada por ambos os cônjuges, na qual serão expostas as razões que justificam a alteração, ressalvados os direitos de terceiros". Ele e seus parágrafos não têm correspondentes no CPC/1973.

O juiz, ao receber a petição inicial, juiz determinará a intimação do MP e a publicação de edital que divulgue a pretendida alteração de bens, somente podendo decidir depois de decorrido o prazo de 30 dias da publicação do edital (§ 1º do art. 734).

O § 2º do art. 734 estatui que "os cônjuges, na petição inicial ou em petição avulsa, podem propor ao juiz meio alternativo de divulgação da alteração do regime de bens, a fim de resguardar direitos de terceiros".

Por fim, o § 3º do art. 734 dispõe que, "após o trânsito em julgado da sentença, serão expedidos mandados de averbação aos cartórios de registro civil e de imóveis e, caso qualquer dos cônjuges seja empresário, ao Registro Público de Empresas Mercantis e Atividades Afins".

§ 6º – Testamentos e Codicilos

O procedimento está regulado pelos arts. 735 a 737 do novo CPC (arts. 1.125 a 1.141 do CPC/1973). Não há inovações dignas de nota.

§ 7º – Herança Jacente

O procedimento está regulado pelos arts. 738 a 743 do novo CPC (arts. 1.142 a 1.158 do CPC/1973). Não há inovações dignas de nota.

§ 8º – Bens dos Ausentes

O procedimento está regulado pelos arts. 744 e 745 do novo CPC (arts. 1.159 a 1.169 do CPC/1973). Não há inovações dignas de nota.

§ 9º – Coisas Vagas

O procedimento está regulado pelo art. 746 do novo CPC (arts. 1.170 a 1.176 do CPC/1973). Não há inovações dignas de nota.

§ 10 – Interdição

1. Introdução

Os arts. 747 a 758 do novo CPC regulam o procedimento de interdição. Os arts. 1.177 a 1.186 do CPC/1973 cuidavam apenas da curatela, ou seja, o alcance, agora, é mais amplo.

2. Legitimidade

O rol dos legitimados do art. 747 do novo CPC (art. 1.177 do CPC/1973) cresceu. O companheiro (inciso I) e o representante da entidade em que se encontra abrigado o interditando (inciso III) são as novidades.

Também deixou-se claro aquilo que já era exigência na prática. Nos termos do parágrafo único do art. 747, "a legitimidade deverá ser comprovada por documentação que acompanhe a petição inicial".

3. Curatela provisória

A curatela provisória já era realidade no dia a dia do foro, muito embora não existisse dispositivo legal expresso sobre isso no CPC/1973. Num primeiro momento, era deferida com fulcro no art. 27, § 2º, do Decreto n. 24.559/34 e, a partir do ano de 1994, com base no art. 273 do CPC/1973.

O novo CPC contém regramento próprio. Diz o parágrafo único do art. 749 que, "justificada a urgência, o juiz pode nomear curador provisório ao interditando para a prática de determinados atos". O *periculum in mora* é exigido no próprio dispositivo. O *fumus boni iuris* precisa ser provado, e, apesar de não constar do texto transcrito, pode ser visualizado no art. 750: "o requerente deverá juntar laudo médico para fazer prova de suas alegações ou informar a impossibilidade de fazê-lo". Nenhum juiz deferiria uma medida dessa natureza sem ter, pelo menos, um atestado ou laudo médico, nos autos, descrevendo o estado físico ou mental do requerido. É claro que essa regra comporta exceção, devendo o julgador estar atento às realidades e às particularidades do caso concreto.

4. Entrevista do interditando com o juiz

O art. 751 do novo CPC cuida da entrevista (e, não, audiência) do interditando perante o juiz. Isso já existia no CPC/1973 (art. 1.181). A novidade fica por conta dos quatro parágrafos que foram inseridos: "§ 1º Não podendo o interditando deslocar-se, o juiz o ouvirá no local onde estiver. § 2º A entrevista poderá ser acompanhada por especialista. § 3º Durante a entrevista, é assegurado o emprego de recursos tecnológicos capazes de permitir ou de auxiliar o interditando a expressar suas vontades e preferências e a responder às perguntas formuladas. § 4º A critério do juiz, poderá ser requisitada a oitiva de parentes e de pessoas próximas".

O primordial é zelar pelo melhor interesse do interditando.

5. Prazo para o interditando impugnar o pedido

Esse prazo é de 15 dias no novo CPC (art. 752). No CPC/1973 era de apenas cinco dias (art. 1.182).

6. Inexistência de advogado do interditando

O novo CPC (§ 2º do art. 752) avança em relação ao CPC/1973 (§ 2º do art. 1.182) e determina que se o interditando não constituir advogado (por qualquer razão que seja), deverá ser-lhe nomeado curador especial.

7. Assistência do cônjuge, companheiro ou algum parente

Nos termos do § 3º do art. 752 do novo CPC, "caso o interditando não constitua advogado, o seu cônjuge, companheiro ou qualquer parente sucessível poderá intervir como assistente". Sem correspondente no CPC/1973, apesar do disposto no seu § 3º do art. 1.182. Temos duas observações.

Primeiro, o legislador restringiu o uso da assistência. Somente poderá haver se o interditando não tiver advogado. Como se vê, é uma exceção à regra geral de que a assistência dar-se-á em qualquer processo, momento e grau de jurisdição.

Segundo, havendo assistência, lembremo-nos de que o *jus postulandi* não é aceito, sendo necessário, ao pretenso assistente, constituir advogado, salvo se ele for advogado e quiser atuar em causa própria.

8. Perícia

O art. 753 do novo CPC (art. 1.183 do CPC/1973) exige que seja realizada perícia no interditando. Há, contudo, dois novos parágrafos: "§ 1º A perícia pode ser realizada por equipe composta por expertos com formação multidisciplinar. § 2º O laudo pericial indicará especificadamente, se for o caso, os atos para os quais haverá necessidade de curatela".

O laudo elaborado por equipe em desacordo com o § 1º pode ser invalidado. É preciso levar em consideração que, dependendo da comarca, não haverá equipe com a formação desejada pelo legislador.

O § 2º está em consonância com o art. 4º do CC, que trata da incapacidade relativa para certos atos. Dependendo do estado físico ou mental em que se encontre o interditando, ele será interditado para apenas alguns atos da sua vida civil.

9. Demais providências e prolação da sentença

Nos termos do art. 754 do novo CPC (sem equivalente no CPC/1973) explica que, "apresentado o laudo, produzidas as demais provas e ouvidos os interessados, o juiz proferirá sentença". As demais provas que podem ser produzidas são as orais ou mesmo um mero pedido escrito de esclarecimentos ao perito.

10. Dos efeitos da sentença que decretar a interdição

Reza o art. 755 do novo CPC (sem correspondente no CPC/1973) que, "na sentença que decretar a interdição, o juiz: I – nomeará curador, que poderá ser o requerente da interdição, e fixará os limites da curatela, segundo o estado e o desenvolvimento mental do interdito; II – considerará as características pessoais do interdito, observando suas potencialidades, habilidades, vontades e preferências".

Novamente vamos trazer a lume o princípio do melhor interesse do interditando, que está visivelmente presente nos §§ 1º e 2º do art. 755: "§ 1º A curatela deve ser atribuída a quem melhor possa atender aos interesses do curatelado". "§ 2º Havendo, ao tempo da interdição, pessoa incapaz sob a guarda e a responsabilidade do interdito, o juiz atribuirá a curatela a quem melhor puder atender aos interesses do interdito e do incapaz".

Merece destaque, ainda, o § 3º do art. 755 (art. 1.184 do CPC/1973). Houve aprimoramento técnico da redação que constava no CPC/1973, bem como a criação de algumas exigências para o curador. O novo texto legal é o seguinte: "a sentença de interdição será inscrita no registro de pessoas naturais e imediatamente publicada na rede mundial de computadores, no sítio do tribunal a que estiver vinculado o juízo e na plataforma de editais do Conselho Nacional de Justiça, onde permanecerá por seis meses, na imprensa local, uma vez, e no órgão oficial, por três vezes, com intervalo de 10 dias, constando do edital os nomes do interdito e do curador, a causa da interdição, os limites da curatela e, não sendo total a interdição, os atos que o interdito poderá praticar autonomamente".

11. Perícia para levantar a curatela

A curatela pode encerrar-se a qualquer instante, desde que cesse a sua causa. Para tanto, é preciso que seja feita perícia no interdito. Determina o § 2º do art. 756 do novo CPC que "o juiz nomeará perito ou equipe multidisciplinar para proceder ao exame do interdito e designará audiência de instrução e julgamento após a apresentação do laudo". Equivalente ao § 1º do art. 1.156 do CPC/1973. Registre-se apenas a necessidade de que essa perícia seja realizada por equipe multidisciplinar, nos mesmos moldes da primeira já realizada no processo.

12. Encerramento parcial da curatela

A curatela pode ser encerrada parcialmente, possibilitando que o interdito pratique apenas alguns atos da vida civil, conforme se extrai do § 4º do art. 756 do novo CPC: "a interdição poderá ser levantada parcialmente quando demonstrada a capacidade do interdito para praticar alguns atos da vida civil". Sem equivalente no CPC/1973.

13. Da extensão da autoridade do curador

Segundo o art. 757 do novo CPC, "a autoridade do curador estende-se à pessoa e aos bens do incapaz que se encontrar sob a guarda e a responsabilidade do curatelado ao tempo da interdição, salvo se o juiz considerar outra solução como mais conveniente aos interesses do incapaz". Dispositivo sem correspondente no CPC/1973.

14. Tratamento e apoio ao interdito

O art. 758 do novo CPC exige que o curador busque tratamento e apoio apropriados à conquista da autonomia pelo interdito. Dispositivo sem correspondente no CPC/1973.

§ 11 – Disposições comuns à tutela e à curatela

Essas regras estão disciplinadas pelos arts. 759 e 763 do novo CPC (arts. 1.187 a 1.198 do CPC/1973). Não há inovações dignas de nota.

§ 12 – Organização e fiscalização das fundações

O procedimento está regulado pelos arts. 764 e 765 do novo CPC (arts. 1.199 a 1.204 do CPC/1973). Não há inovações dignas de nota.

§ 13 – Ratificação dos protestos marítimos e dos processos testemunháveis formados a bordo

Trata-se de procedimento que não existia no CPC/1973 e está regulado pelos arts. 766 a 770 do novo CPC. O seu objeto está descrito no art. 766: "todos os protestos e os processos testemunháveis formados a bordo e lançados no livro Diário da Navegação deverão ser apresentados pelo comandante ao juiz de direito do primeiro porto, nas primeiras 24 horas de chegada da embarcação, para sua ratificação judicial". Os demais dispositivos são de simples compreensão.

Terceira Parte

Do Processo de Execução

I – DISPOSIÇÕES GERAIS

§ 1º – Introdução

1. Primeiras palavras

O Livro II da Parte Especial do novo CPC regula o processo de execução. Está compreendido entre os arts. 771 e 925. No CPC/1973 essa matéria ficava localizada nos arts. 566 a 795.

2. Matéria regulada nesse Livro II

Conforme já adiantamos, o Livro II da Parte Especial do novo CPC regula o processo de execução, que, como sabido, será viável sempre que a parte tenha título executivo extrajudicial. Também é aplicado, no que couber, aos atos executivos praticados no cumprimento de sentença.

É o que se extrai do art. 771 do novo CPC: "este Livro regula o procedimento da execução fundada em título extrajudicial, e suas disposições aplicam-se, também, no que couber, aos procedimentos especiais de execução, aos atos executivos realizados no procedimento de cumprimento de sentença, bem como aos efeitos de atos ou fatos processuais a que a lei atribuir força executiva".

3. Aplicação de regras subsidiárias ao Livro II

O parágrafo único do art. 771 do novo CPC (art. 598 do CPC/1973) dispõe que serão aplicadas subsidiariamente à execução as disposições do Livro I da Parte Especial, que, como se sabe, dispõem sobre o processo de conhecimento. Regras como a forma dos atos processuais e as provas são alguns exemplos disso.

§ 2º – Demais regras das disposições gerais da execução

1. Possibilidade de o juiz determinar que sujeitos prestem informações sobre o objeto da execução

De acordo com o art. 772, III, do novo CPC, pode o juiz, a qualquer momento, "determinar que sujeitos indicados pelo exequente forneçam informações em geral relacionadas ao objeto da execução, tais como documentos e dados que tenham em seu poder, assinando-lhes prazo razoável". Não existe dispositivo equivalente no CPC/1973.

Esses "sujeitos", por certo, podem ser terceiros. As partes, obviamente, também estão sujeitas a esse comando; além de outros similares e até mais drásticos.

A informação sobre bens passíveis de penhora, tais como sua existência ou localização, é um exemplo que se encaixa nesse dispositivo.

2. Entrega de documentos e dados

O art. 773 do novo CPC reza que "o juiz poderá, de ofício ou a requerimento, determinar as medidas necessárias ao cumprimento da ordem de entrega de documentos e dados". O seu parágrafo único complementa que, "quando, em decorrência do disposto neste artigo, o juízo receber dados sigilosos para os fins da execução, o juiz adotará as medidas necessárias para assegurar a confidencialidade". Dispositivos sem equivalentes no CPC/1973.

Na prática esse dispositivo já vinha sendo aplicado. O interessante é observar que, no novo CPC, o juiz tem o dever de agir de ofício, e, não, apenas quando for provocado. Essa nos parece ser a grande mudança de paradigma em relação à realidade do CPC/1973.

Há duas formas bastante simples para se garantir a confidencialidade nos processos que contenham documentos ou dados sigilosos: (i) atribuir o segredo de justiça ao processo; e (ii) deixar o documento fora dos autos, com acesso apenas aos sujeitos envolvidos diretamente no processo.

3. Ato atentatório à dignidade da justiça no processo executivo

Além das hipóteses já mencionadas na parte geral do novo CPC (art. 77, IV e VI), considera-se, ainda, ato atentatório à dignidade da justiça, a conduta comissiva ou omissiva do executado que "dificulta ou embaraça a realização da penhora", conforme se verifica no inciso III do art. 774 do novo CPC. Esse inciso é uma inovação, no entanto, todas as demais situações elencadas pelo art. 774 do novo CPC já existiam no rol do art. 600 do CPC/1973.

4. Forma de cobrança da multa ou de indenização

O art. 777 do novo CPC explicita que "a cobrança de multa ou de indenizações decorrentes de litigância de má-fé ou de prática de ato atentatório à dignidade da justiça será promovida no próprio processo de execução". Dispositivo sem equivalente no CPC/1973. Todavia, na prática já era como vinha sendo feito.

II – PARTES

1. Consentimento do executado na sucessão no processo de execução

O § 2º do art. 778 do novo CPC estatui que "a sucessão prevista no § 1º independe de consentimento do executado". Dispositivo sem correspondente no CPC/1973.

O § 1º ao qual faz menção o § 2º trata da possibilidade de certas pessoas promoverem a execução forçada ou nela prosseguirem, em sucessão ao exequente originário. Isso nada mais é do que a positivação de entendimento já consagrado na jurisprudência do STJ.

Não ocorreram alterações na legitimidade ativa para promover ou prosseguir na execução forçada. O art. 778 do novo CPC é o equivalente aos arts. 566 e 567 do CPC/1973.

2. Legitimidade passiva

Há apenas uma alteração na legitimação passiva, que é justamente o acréscimo de um inciso no seu rol. O inciso V do art. 779 do novo CPC permite que a execução seja promovida em face do "responsável titular do bem vinculado por garantia real ao pagamento do débito". Fora isso, o art. 779 é igual ao art. 568 do CPC/1973.

III – COMPETÊNCIA

1. Introdução

As regras sobre competência no processo de execução no CPC/1973 ficavam nos arts. 576 a 579, sendo que o primeiro deles fazia remissão às regras previstas para o processo de conhecimento. No novo CPC estão nos arts. 781 e 782.

2. O foro competente

O art. 781 do novo CPC elenca os vários foros que podem ser escolhidos pelo exequente para promover a execução em face do executado. A sua redação é a seguinte: "a execução fundada em título extrajudicial será processada perante o juízo competente, observando-se o seguinte: I – a execução poderá ser proposta no foro de domicílio do executado, de eleição constante do título ou, ainda, de situação dos bens a ela sujeitos; II – tendo mais de um domicílio, o executado poderá ser demandado no foro de qualquer deles; III – sendo incerto ou desconhecido o domicílio do executado, a execução poderá ser proposta no lugar onde for encontrado ou no foro de domicílio do exequente; IV – havendo mais de um devedor, com diferentes domicílios, a execução será proposta no foro de qualquer deles, à escolha do exequente; V – a execução poderá ser proposta no foro do lugar em que se praticou o ato ou em que ocorreu o fato que deu origem ao título, mesmo que nele não mais resida o executado".

3. Dispositivos suprimidos

Os arts. 575 e 578 do CPC/1973 foram suprimidos. A matéria do primeiro já está tratada pelo art. 516 do novo CPC. A matéria do segundo deveria ser regida pela Lei n. 6.830/80. Como não é, aplica-se a regra geral do art. 781 do novo CPC.

4. Cumprimento de atos executivos nas comarcas contíguas

O § 1º do art. 782 do novo CPC, assim como se dá no processo de conhecimento, permite que o meirinho pratique atos processuais nas comarcas contíguas: "o oficial de justiça poderá cumprir os atos executivos determinados pelo juiz também nas comarcas contíguas, de fácil comunicação, e nas que se situem na mesma região metropolitana". Dispositivo sem equivalente no CPC/1973.

5. Negativação do nome do inadimplente

De acordo com o § 3º do art. 782 do novo CPC, "a requerimento da parte, o juiz pode determinar a inclusão do nome do executado em cadastros de inadimplentes".

O § 4º do art. 782 complementa que "a inscrição será cancelada imediatamente se for efetuado o pagamento, garantida a execução ou se a execução for extinta por qualquer outro motivo".

Por fim, o § 5º do mesmo dispositivo determina que "o disposto no §§ 3º e 4º se aplica à execução definitiva de título judicial".

Os três parágrafos acima não têm equivalentes no CPC/1973.

Temos que esse pedido de negativação junto aos cadastros de inadimplentes, tais como SERASA e SPC, já poderá ser formulado na própria petição inicial. A decisão que deferir ou indeferir o pleito desafia recurso de agravo de instrumento.

IV – REQUISITOS NECESSÁRIOS PARA REALIZAR QUALQUER EXECUÇÃO

§ 1º – Título executivo

1. Desmembramento de incisos do CPC/1973

O inciso II do art. 585 do CPC/1973 foi desmembrado em três incisos no novo CPC, mas sem que tenha havido qualquer modificação na sua substância, salvo por um pequeno detalhe que explicaremos. O seu conteúdo pode ser visto nos incisos II, III e IV do art. 784 do novo CPC. A minúcia à qual nos referimos é que o instrumento de transação poderá ser referendado, também, apenas pelo conciliador ou mediador, mas desde que ele seja credenciado pelo tribunal. A vantagem de se ter um instrumento de transação, com a anuência das pessoas elencadas no inciso IV do art. 784, é que o transforma em um título executivo extrajudicial. É claro que a transação extrajudicial também pode ser título executivo extrajudicial sem a outorga dessas pessoas, no entanto, precisaria da assinatura de duas testemunhas (inciso III do art. 784).

O inciso III do art. 585 do CPC/1973 foi desmembrado em dois incisos no novo CPC, todavia, sem que tenha havido qualquer modificação na sua substância. O seu conteúdo pode ser visto nos incisos V e VI do art. 784 do novo CPC.

2. Novos títulos executivos

O novo CPC criou dois títulos executivos. Ambos estão previstos nos incisos X e XI do art. 784.

O inciso X possui a seguinte redação: "o crédito referente às contribuições ordinárias ou extraordinárias de condomínio edilício, previstas na respectiva convenção ou aprovadas em assembleia geral, desde que documentalmente comprovadas". Esse novo título executivo chega em ótima hora, uma vez que o inadimplemento dentro dos condomínios edilícios tem crescido bastante, e, como essa contribuição mensal é um rateio de despesas, o não pagamento de um condômino gera um ônus maior nos demais. Com efeito, não é apenas o encargo mensal que está sujeito à execução. Despesas extraordinárias também, como, *v.g.*, taxas de reforma.

O inciso XI dispõe: "a certidão expedida por serventia notarial ou de registro relativa a valores de emolumentos e demais despesas devidas pelos atos por ela praticados, fixados nas tabelas estabelecidas em lei".

3. Possibilidade de ajuizamento de processo de conhecimento

Mesmo tendo título executivo extrajudicial, pode o credor se valer do processo de cognição, não podendo ser essa medida vista como falta de interesse de agir. Nos termos do art. 785 do novo CPC, "a existência de título executivo extrajudicial não impede a parte de optar pelo processo de conhecimento, a fim de obter título executivo judicial". Dispositivo sem equivalente no CPC/1973.

§ 2º – Exigibilidade da obrigação

1. Liquidez do título e contas aritméticas

O parágrafo único do art. 786 do novo CPC dispõe que "a necessidade de simples operações aritméticas para apurar o crédito exequendo não retira a liquidez da obrigação constante do título". Trata-se de positivação de entendimento já existente na jurisprudência há muitos anos, bem como da essência do art. 475-B do CPC/1973, que foi incluído no seu bojo no ano de 2005 por meio da Lei n. 11.232.

2. Execução e contraprestação

O art. 787, *caput* e parágrafo único, do novo CPC, são os equivalentes ao art. 582, *caput* e parágrafo único, do CPC/1973.

Determina o art. 787 que "se o devedor não for obrigado a satisfazer sua prestação senão mediante a contraprestação do credor, este deverá provar que a adimpliu ao requerer a execução, sob pena de extinção do processo". Como se vê, se uma das partes se precipitar e decidir executar a outra parte da relação contratual antes de adimplir a sua obrigação, deverá o juiz extinguir a execução imediatamente.

A exceção fica por conta do parágrafo único do art. 787, que permite que o executado, para resolver definitivamente o imbróglio, "[...] poderá eximir-se da obrigação, depositando em juízo a prestação ou a coisa, caso em que o juiz não permitirá que o credor a receba sem cumprir a contraprestação que lhe tocar".

A mudança em relação à realidade do CPC/1973 fica mais por conta da redação dos dispositivos do que pelo conteúdo propriamente dito, muito embora seja salutar e seguro aclarar a sanção de extinção do processo para o exequente precipitado.

V – RESPONSABILIDADE PATRIMONIAL

§ 1º – Bens sujeitos à execução

O art. 790 do novo CPC (art. 592 do CPC/1973) lista as várias hipóteses cujos bens estarão sujeitos à execução. Os incisos I, II, III e V são iguais aos incisos I a III e V do art. 592 do CPC/1973. O inciso IV conta com uma alteração. Já os incisos VI e VII são inovações.

O inciso IV acresce o companheiro dentre os responsáveis. No CPC/1973 apenas o cônjuge aparecia. É claro que, diante da CF/88, não tinha cabimento manter a redação da forma como era.

O inciso VI dispõe o seguinte: "cuja alienação ou gravação com ônus real tenha sido anulada em razão do reconhecimento, em ação própria, de fraude contra credores".

O inciso VII diz o seguinte: "do responsável, nos casos de desconsideração da personalidade jurídica". É preciso deixar claro quais sócios da sociedade serão responsabilizados em razão do levantamento do véu da pessoa coletiva.

Os incisos VI e VII são decorrências lógicas e óbvias das decisões judiciais neles mencionadas, no entanto, não há qualquer prejuízo em explicitar tais responsabilidades.

§ 2º – Execução e alguns direitos reais

1. Execução e o direito de superfície

Segundo o art. 791 do novo CPC, "se a execução tiver por objeto obrigação de que seja sujeito passivo o proprietário de terreno submetido ao regime do direito de superfície, ou o superficiário, responderá pela dívida, exclusivamente, o direito real do qual é titular o executado, recaindo a penhora ou outros atos de constrição exclusivamente sobre o terreno, no primeiro caso, ou sobre a construção ou a plantação, no segundo caso". Não há dispositivo correspondente no CPC/1973.

O direito de superfície é um direito real (art. 1.225, II, do CC) regulado pelos arts. 1.369 a 1.377 do CC. Conforme se extrai do art. 1.369 do CC, "o proprietário pode conceder a outrem o direito de construir ou de plantar em seu terreno, por tempo determinado, mediante escritura pública devidamente registrada no Cartório de Registro de Imóveis".

A importância desse novo dispositivo é dupla. Primeiro deixa claro que o simples fato de uma propriedade estar submetida ao regime do direito de superfície não a impede de ser alvo de atos expropriatórios. Segundo define bem quais bens serão atingidos por eventuais penhoras, dependendo, claro, de quem seja o executado, que pode ser o proprietário do bem imóvel ou o seu superficiário.

O § 1º do art. 791 determina que "os atos de constrição a que se refere o *caput* serão averbados separadamente na matrícula do imóvel, com a identificação do executado, do valor do crédito e do objeto sobre o qual recai o gravame, devendo o oficial destacar o bem que responde pela dívida, se o terreno, a construção ou a plantação, de modo a assegurar a publicidade da responsabilidade patrimonial de cada um deles pelas dívidas e pelas obrigações que a eles estão vinculadas". Isso servirá para definir qual bem poderá ser adjudicado ou alienado.

2. Execução e a enfiteuse, a concessão de uso especial para fins de moradia e a concessão de direito real de uso

O § 2º do art. 791 do novo CPC reza o seguinte: "aplica-se, no que couber, o disposto neste artigo à enfiteuse, à concessão de uso especial para fins de moradia e à concessão de direito real de uso". Não há dispositivo correspondente no CPC/1973.

Assim como dissemos anteriormente, o fato de um bem estar sujeito à enfiteuse, à concessão de uso especial para fins de moradia e à concessão de direito real de uso não o impede de ser objeto de penhora, destarte, o novo CPC deixa isso claro e regula algumas especificidades do tema.

§ 3º – Fraude à execução

1. Hipóteses de cabimento

No CPC/1973 a fraude à execução era regulada pelo art. 593, I a III. No novo CPC esse instituto é regido pelo art. 792, I a V, bem como seus quatro parágrafos.

As hipóteses previstas nos incisos I a III do art. 593 do CPC/1973 foram todas repetidas, com o detalhe de que aquela prevista no inciso I foi alterada. O inciso II do art. 593 é igual ao inciso IV do art. 792. O inciso III do art. 593 é idêntico ao inciso V do art. 792.

Passemos, agora, à análise das inovações no que tocam esse ponto. O art. 792 do novo CPC possui a seguinte redação: "a alienação ou a oneração de bem é considerada fraude à execução: I – quando sobre o bem pender ação fundada em direito real ou com pretensão reipersecutória, desde que a pendência do processo tenha sido averbada no respectivo registro público, se houver; II – quando tiver sido averbada, no registro do bem, a pendência do processo de execução, na forma do art. 828; III – quando tiver sido averbado, no registro do bem, hipoteca judiciária ou outro ato de constrição judicial originário do processo onde foi arguida a fraude; IV – quando, ao tempo da alienação ou da oneração, tramitava contra o devedor ação capaz de reduzi-lo à insolvência; V – nos demais casos expressos em lei".

O inciso I do art. 792 trata da ação fundada em direito real e acresce, em relação ao CPC/1973, a pretensão reipersecutória, porém, condiciona que o autor/exequente averbe no respectivo registro público, se houver, a pendência do processo. Essa anotação é imprescindível para que possa ser configurada a fraude à execução com base no inciso I. Essa condicionante inexistia no CPC/1973.

O inciso II do art. 792 não pode ser visto totalmente como uma inovação no nosso ordenamento, uma vez que o § 3º do art. 615-A do CPC/1973 já dizia que se presume "em fraude à execução a alienação ou a oneração de bens efetuada após a averbação". O art. 828 do novo CPC é o correspondente ao art. 615-A do CPC/1973.

O inciso III do art. 792 não possui correspondente no CPC/1973. Trata da fraude à execução nos casos de hipoteca judiciária ou outro ato de constrição judicial originário do processo onde foi arguida a fraude. Atenção para a imprescindibilidade da averbação no registro correspondente.

O interessante dessas averbações que mencionamos nos incisos I a III do art. 792 é que se cria um critério objetivo e claro para se decretar a fraude à execução, pois, sabidamente, terceiros têm acesso ao registro do bem, logo, saberão da existência de todas as averbações. É óbvio que existirão particularidades em alguns casos e que deverão ser tratadas de forma especial, como, por exemplo, o de um terceiro que adquire um imóvel com base em certidão do registro que, no dia que foi emitida, não continha nenhum ônus, e, no dia seguinte, foi averbada uma penhora.

Os incisos IV e V do art. 792 são idênticos aos incisos II e III do art. 593 do CPC/1973.

2. Consequência do reconhecimento de fraude à execução

Qual é a consequência do reconhecimento da fraude à execução? De acordo com o § 1º do art. 792 do novo CPC, "a alienação em fraude à execução é ineficaz em relação ao exequente". Dispositivo sem equivalente no CPC/1973.

A inserção da ineficácia, ao invés da invalidade, como sanção, nada mais é do que a positivação daquilo que já vem sendo defendido e decidido há anos pela doutrina e pela jurisprudência do STJ.

3. Aquisição de bem não sujeito a registro e a fraude à execução

Nos termos do § 2º do art. 792 do novo CPC, "no caso de aquisição de bem não sujeito a registro, o terceiro adquirente tem o ônus de provar que adotou as cautelas necessárias para a aquisição, mediante a exibição das certidões pertinentes, obtidas no domicílio do vendedor e no local onde se encontra o bem". Dispositivo sem equivalente no CPC/1973.

Mais do que nunca, é de suma importância que o terceiro adquirente não apenas adquira certidões negativas em nome do alienante ou cedente, mas que as guarde por longos anos, de modo que, caso seja preciso, poderá exibi-las em juízo, de modo a provar que não fraudou a execução. Essas certidões, dentre outros documentos e provas, é que servirão para que o terceiro comprove que agiu de boa-fé. A boa-fé, como é cediço, é requisito indispensável para que o terceiro não seja atingido pelos atos executivos da execução na qual o alienante ou cedente é o executado. O legislador foi feliz em exigir que o terceiro obtenha tais certidões apenas em dois locais, quais sejam, no domicílio do vendedor e no local onde se encontra o bem. Isso torna claro e objetivo o parâmetro a ser exigido, evitando-se, pois, entendimentos díspares da magistratura em torno do mesmo tema. Reduz-se tempo e custos do terceiro, e elimina-se o número de recursos no Judiciário.

4. Fraude à execução nos casos de desconsideração da personalidade jurídica

Reza o § 3º do art. 792 do novo CPC que, "nos casos de desconsideração da personalidade jurídica, a fraude à execução verifica-se a partir da citação da parte cuja personalidade se pretende desconsiderar". Dispositivo sem equivalente no CPC/1973. O objetivo traçado pelo novo CPC para tanto é a citação da pessoa jurídica. No caso da desconsideração inversa, será a citação da pessoa natural.

5. Intimação do terceiro adquirente antes de declarar a fraude à execução

Segundo o § 4º do art. 792 do novo CPC, "antes de declarar a fraude à execução, o juiz deverá intimar o terceiro adquirente, que, se quiser, poderá opor embargos de terceiro, no prazo de 15 dias". Dispositivo sem equivalente no CPC/1973.

Nos embargos de terceiro o embargante poderá provar que agiu de boa-fé para elidir a fraude à execução. E, para tanto, apresentará as certidões negativas, documentos e outras provas que queira produzir.

§ 4º – O FIADOR NA EXECUÇÃO

1. Direito do fiador em ver os bens do afiançado serem penhorados em primeiro lugar

Houve uma sutil alteração do conteúdo do art. 595 do CPC/1973 em relação ao art. 794 do novo CPC. Antigamente, não era muito claro, porém, hoje está escancarado que o fiador, ao ser executado, tem o direito de exigir que, primeiramente, sejam penhorados os bens do devedor. O dispositivo informa que "o fiador, quando executado, tem o direito de exigir que primeiro sejam executados os bens do devedor situados na mesma comarca, livres e desembargados, indicando-os pormenorizadamente à penhora".

Observem que há alguns requisitos que devem ser preenchidos para que tal direito possa ser efetivamente exercido.

Em primeiro lugar, os bens do afiançado devem estar situados na mesma comarca e devem estar livres e desembargados. Caso esteja em comarca contígua, não será possível. O fato de a conta corrente estar em outra comarca não é problema, tendo em vista que, com a penhora *on line*, não haverá qualquer dificuldade ou demora para o credor. Uma penhora de valor reduzido que incide sobre um bem de boa liquidez e com alto valor não deve, por si só, ser obstáculo a que o fiador exercite o direito mencionado no art. 794. Afinal de contas, a execução deve se dar da forma menos gravosa e, ainda, deve obedecer aos princípios da proporcionalidade e da razoabilidade.

Em segundo lugar, é preciso que o fiador indique, detalhadamente, quais são. Se se tratar de bem imóvel, é necessário juntar certidão atualizada do bem.

Em terceiro lugar, se o fiador tiver renunciado ao benefício de ordem (cf. arts. 827 e 828 do CC), ele não poderá se valer do direito assegurado no art. 794, conforme se extrai do § 3º do mesmo dispositivo (sem equivalente no CPC/1973).

2. Insuficiência de bens do devedor principal

Nos termos do § 1º do art. 794 do novo CPC (segunda parte do art. 595 do CPC/1973), "os bens do fiador ficarão sujeitos à execução se os do devedor, situados na mesma comarca que os seus, forem insuficientes à satisfação do direito do credor".

§ 5º – Desconsideração da personalidade jurídica e responsabilidade do sócio

Segundo o § 4º do art. 795 do novo CPC, "para a desconsideração da personalidade jurídica é obrigatória a observância do incidente previsto neste Código". Dispositivo sem equivalente no CPC/1973.

O dispositivo em comento, apesar de estar meio fora de lugar, uma vez que deveria estar inserido na parte relativa à desconsideração da personalidade jurídica (arts. 133 a 137 do novo CPC), deixa claro que somente é possível levantar o véu do ente coletivo se, antes, for instaurado o incidente previsto no novo CPC. Do contrário, a responsabilização direta do sócio será inválida.

VI – DISPOSIÇÕES GERAIS DAS DIVERSAS ESPÉCIES DE EXECUÇÃO

§ 1º – Petição inicial

1. Introdução

Os arts. 798 e 799 do novo CPC são os equivalentes dos arts. 614 e 615 do CPC/1973, com alguns acréscimos.

Os documentos que devem instruir a exordial estão no inciso I do art. 798.

As indicações que precisam constar na petição inicial estão no inciso II do art. 798.

Os elementos mínimos que o demonstrativo do débito deverá conter estão elencados no parágrafo único do art. 798.

As diversas pessoas que deverão ser intimadas, de acordo com as particularidades de cada caso concreto, estão enumeradas nos incisos I a VII do art. 799.

Os incisos VIII e IX do art. 799 listam, ainda, outros deveres do exequente.

2. Requisitos

Os documentos que devem instruir a exordial estão nas alíneas 'a', 'b', 'c' e 'd' do inciso I do art. 798. Elas são equivalentes aos arts. 614, I a III, e 615, IV, todos do CPC/1973. Não há qualquer inovação.

3. Indicações

As alíneas 'a', 'b' e 'c' do inciso II do art. 798 listam as indicações que devem constar da petição inicial. São elas: "a) a espécie de execução que prefere, quando por mais de um modo puder ser realizada; b) os nomes completos do exequente e do executado e seus números de inscrição no cadastro de pessoas físicas ou no cadastro nacional de pessoas jurídicas; c) bens suscetíveis de penhora, sempre que possível".

As alíneas 'a' e 'c' já existiam no CPC/1973 (arts. 615, I e 652, § 2º, respectivamente).

A alínea 'b', de fato, não existia na codificação anterior, muito embora, na prática, já fosse utilizada. A indicação de CPF e CNPJ é requisito da petição inicial no processo de conhecimento também (art. 319, II, do novo CPC).

4. Requisitos mínimos do demonstrativo de débito

O demonstrativo de débito atualizado é um dos documentos obrigatórios da petição inicial (art. 798, I, 'b', do novo CPC). Seus requisitos mínimos estão mencionados no parágrafo único do art. 798 do novo CPC: "I – o índice de correção monetária adotado; II – a taxa de juros aplicada; III – os termos inicial e final de incidência do índice de correção monetária e da taxa de juros utilizados; IV – a periodicidade da capitalização dos juros, se for o caso; V – a especificação de desconto obrigatório realizado".

Caso a planilha não venha com uma coluna própria para cada um desses itens, deverá o juiz, de ofício, intimar o exequente para retificar o erro, sob pena de extinção da execução.

5. Intimações que devem ser requeridas pelo exequente

O art. 799, I a VII, do novo CPC, traz uma lista de pessoas que devem ser intimadas, a pedido do exequente, conforme as particularidades do seu caso concreto: "Incumbe ainda ao exequente: I – requerer a intimação do credor pignoratício, hipotecário, anticrético ou fiduciário, quando a penhora recair sobre bens gravados por penhor, hipoteca, anticrese ou alienação fiduciária;

II – requerer a intimação do titular de usufruto, uso ou habitação, quando a penhora recair sobre bem gravado por usufruto, uso ou habitação; III – requerer a intimação do promitente comprador, quando a penhora recair sobre bem em relação ao qual haja promessa de compra e venda registrada; IV – requerer a intimação do promitente vendedor, quando a penhora recair sobre direito aquisitivo derivado de promessa de compra e venda registrada; V – requerer a intimação do superficiário, enfiteuta ou concessionário, em caso de direito de superfície, enfiteuse, concessão de uso especial para fins de moradia ou concessão de direito real de uso, quando a penhora recair sobre imóvel submetido ao regime do direito de superfície, enfiteuse ou concessão; VI – requerer a intimação do proprietário de terreno com regime de direito de superfície, enfiteuse, concessão de uso especial para fins de moradia ou concessão de direito real de uso, quando a penhora recair sobre direitos do superficiário, do enfiteuta ou do concessionário; VII – requerer a intimação da sociedade, no caso de penhora de quota social ou de ação de sociedade anônima fechada, para o fim previsto no art. 876, § 7º; VIII – pleitear, se for o caso, medidas urgentes; IX – proceder à averbação em registro público do ato de propositura da execução e dos atos de constrição realizados, para conhecimento de terceiros".

As hipóteses são claras e não necessitam de maiores explicações.

Caso o exequente não faça requerimento para a intimação de alguma dessas pessoas, e o juiz entenda que seja necessário, intimará o exequente para que assim proceda, sob pena de extinção da execução. Em razão do dever de cooperação existente entre os sujeitos do processo, bem como dos princípios da economia processual e da celeridade, deve o juiz agir dessa maneira *ex officio*.

6. Requerimento de medidas urgentes

Nos termos do inciso VIII do art. 799 do novo CPC, incumbe ao exequente pleitear, se for o caso, medidas urgentes. Dispositivo equivalente ao art. 615, III, do CPC/1973.

Por medidas urgentes deve-se entender, por exemplo: (i) tutela provisória; (ii) produção antecipada da prova; e (iii) penhora.

7. Averbação de certos atos processuais em registro público

O inciso IX do art. 799 do novo CPC diz que incumbe ao exequente "proceder à averbação em registro público do ato de propositura da execução e dos atos de constrição realizados, para conhecimento de terceiros". Não há correspondente no CPC/1973, muito embora os arts. 615-A e 659, § 4º, do mesmo Código já tivessem preceitos nesse diapasão. O risco de não realizar a referida averbação é o de se permitir que a fraude à execução possa ocorrer facilmente e que o credor não possa dela se beneficiar, ao argumento de que não foi diligente quando teve a oportunidade. Ademais, que mal há em se proceder à averbação do ajuizamento de uma execução ou da realização de uma penhora? Ao contrário, pois o credor só tem a ganhar. Com esse ato ele está criando mais uma pressão sobre o devedor, que, dependendo das circunstâncias, terá maior interesse em pagar o valor devido mais rapidamente.

8. Prazo para a emenda da exordial

O prazo para a emenda da petição inicial passou a ser de 15 dias (art. 801 do novo CPC). Antigamente era de 10 dias (art. 616 do CPC/1973).

§ 2º – Prescrição

1. Interrupção

O art. 802 do novo CPC diz que "na execução, o despacho que ordena a citação, desde que realizada em observância ao disposto no § 2º do art. 240, interrompe a prescrição, ainda que proferido por juízo incompetente". Dispositivo quase igual ao art. 617 do CPC/1973. A diferença entre ambos é que o novo CPC deixa claro que ela será interrompida mesmo se ordenada por juízo incompetente. Esse, aliás, já era os dizeres do art. 219 do CPC/1973 e do art. 202 do CC.

Uma novidade em termos de direito positivo fica por conta do parágrafo único do art. 802, que explicita que "a interrupção da prescrição retroagirá à data da propositura da ação".

2. Prescrição intercorrente

A prescrição intercorrente mereceu tratamento específico no novo CPC. Conforme se extrai do § 4º do art. 921 (sem equivalente no CPC/1973), "decorrido o prazo de que trata o § 1º sem manifestação do exequente, começa a correr o prazo de prescrição intercorrente. O juiz, depois de ouvidas as partes, no prazo de 15 dias, poderá, de ofício, reconhecer esta prescrição e extinguir o processo, nos termos do § 5º do art. 921.

E o que diz o mencionado § 1º do art. 921? Reza que "na hipótese do inciso III, o juiz suspenderá a execução pelo prazo de um ano, durante o qual se suspenderá a prescrição".

E sobre o que versa o dito inciso III do art. 921? Informa que o juiz suspenderá a execução se o executado não possuir bens penhoráveis.

Para uma melhor compreensão do tema, outros dois dispositivos precisam ser transcritos. O § 2º do art. 921 determina que, "decorrido o prazo máximo de um ano, sem que seja localizado o executado ou que sejam encontrados bens penhoráveis, o juiz ordenará o arquivamento dos autos". E, o § 3º do art. 921 complementa que, "os autos serão desarquivados para prosseguimento da execução se a qualquer tempo forem encontrados bens penhoráveis".

Na nossa opinião, escoado o prazo de um ano, se ainda assim o exequente não conseguir localizar bens passíveis de penhora do executado, deverá requerer ao juiz que suspenda o processo de execução por mais um ano. No nosso sentir, o § 2º do art. 921 não veda que a suspensão do processo de execução possa ser renovada por mais um ano. O que há no dispositivo em comento é um limite para cada suspensão do processo, todavia, não existe um limite para o número de suspensões que o processo executivo pode sofrer. E, se houvesse, seria uma proteção injusta ao devedor. O executado não pode ter o direito de se acomodar. O que existe, para ele, é o dever de pagar, mesmo que isso demore 10 anos. O direito ao esquecimento, tão em voga atualmente, não se aplica às execuções civis.

Ressalte-se que não há qualquer incompatibilidade entre o arquivamento do processo e a manutenção da interrupção da prescrição. Para que isso possa ocorrer, basta que haja requerimento do exequente para que o feito seja novamente suspenso por um ano (pode ser prazo menor que esse), e, após o deferimento do magistrado, pouco importa se o processo será arquivado ou se ele irá para a prateleira dos processos suspensos na vara em que se encontra.

§ 3º – Título executivo

1. O título deve ser certo, líquido e exigível

Apesar de não ter havido qualquer mudança nesse ponto, entendemos por bem ressaltar que continua sendo imprescindível que a obrigação constante do título executivo seja certa, líquida e exigível, sob pena de nulidade da execução (art. 803, I, do novo CPC).

2. Pronunciamento *ex officio* da nulidade

O parágrafo único do art. 803 do novo CPC reza que "a nulidade de que cuida este artigo será pronunciada pelo juiz, de ofício ou a requerimento da parte, independentemente de embargos à execução". Não há dispositivo correspondente no CPC/1973.

Na prática, as três hipóteses do art. 803 (art. 618 do CPC/1973) já eram declaradas de ofício pelo juiz na era do CPC/1973. A inovação fica, então, apenas no plano do direito positivo.

§ 4º – Alienação de determinados bens e a necessidade de se intimar certas pessoas

1. Intimação do credor de bem gravado com penhor, hipoteca ou anticrese

O art. 804 do novo CPC (art. 619 do CPC/1973) diz que "a alienação de bem gravado por penhor, hipoteca ou anticrese será ineficaz em relação ao credor pignoratício, hipotecário ou anticrético não intimado".

2. Intimação do promitente comprador ou do cessionário

O § 1º do art. 804 do novo CPC reza que "a alienação de bem objeto de promessa de compra e venda ou de cessão registrada será ineficaz em relação ao promitente comprador ou ao cessionário não intimado". Não possui dispositivo correspondente no CPC/1973.

3. Intimação do concedente ou ao concessionário no direito de superfície

O § 2º do art. 804 do novo CPC dispõe que "a alienação de bem sobre o qual tenha sido instituído direito de superfície, seja do solo, da plantação ou da construção, será ineficaz em relação ao concedente ou ao concessionário não intimado". Não possui dispositivo correspondente no CPC/1973.

4. Intimação do promitente vendedor, ao promitente cedente ou ao proprietário fiduciário

O § 3º do art. 804 do novo CPC estatui que "a alienação de direito aquisitivo de bem objeto de promessa de venda, de promessa de cessão ou de alienação fiduciária será ineficaz em relação ao promitente vendedor, ao promitente cedente ou ao proprietário fiduciário não intimado". Não possui dispositivo correspondente no CPC/1973.

A diferença entre os §§ 1º e 3º do art. 804 é que, neste, o que está sendo alienado é o direito aquisitivo do bem, enquanto que, naquele, o que está sendo vendido é o próprio bem objeto de promessa de compra e venda ou de cessão registrada.

5. Intimação do enfiteuta, do concessionário de direito real de uso ou do concessionário de uso especial para fins de moradia

O § 4º do art. 804 do novo CPC determina que "a alienação de imóvel sobre o qual tenha sido instituída enfiteuse, concessão de uso especial para fins de moradia ou concessão de direito real de uso será ineficaz em relação ao enfiteuta ou ao concessionário não intimado". Não possui dispositivo correspondente no CPC/1973.

O § 5º do art. 804 do novo CPC informa que "a alienação de direitos do enfiteuta, do concessionário de direito real de uso ou do concessionário de uso especial para fins de moradia será ineficaz em relação ao proprietário do respectivo imóvel não intimado". Não possui dispositivo correspondente no CPC/1973.

Apesar de parecidos, os §§ 4º e 5º supratranscritos tratam de questões díspares. Nesse a alienação é do direito da pessoa sobre o bem, enquanto que, naquele, a venda é do próprio bem gravado com o respectivo direito real.

6. Intimação do titular de bem com usufruto, uso ou habitação

O § 6º do art. 804 do novo CPC estabelece que "a alienação de bem sobre o qual tenha sido instituído usufruto, uso ou habitação será ineficaz em relação ao titular desses direitos reais não intimado". Não possui dispositivo correspondente no CPC/1973.

§ 5º – Princípio da menor onerosidade da execução

O art. 805 do novo CPC traz em seu bojo a velha máxima de que a execução deverá ser processada da forma menos gravosa para o devedor: "quando por vários meios o exequente puder promover a execução, o juiz mandará que se faça pelo modo menos gravoso para o executado". Trata-se do equivalente ao art. 620 do CPC/1973.

A inovação fica por conta do parágrafo único do art. 805, que dispõe que "ao executado que alegar ser a medida executiva mais gravosa incumbe indicar outros meios mais eficazes e menos onerosos, sob pena de manutenção dos atos executivos já determinados". Não há dispositivo similar no CPC/1973.

Essa novidade, sem dúvidas, é bastante interessante. O único equívoco que vislumbramos refere-se ao vocábulo "mais", que se encontra antes da palavra "eficazes". Melhor seria se estivesse escrito, no lugar do termo "mais", o vocábulo "tão". Ora, para que o princípio da menor onerosidade da execução entre em cena não é preciso que a medida executiva ofertada pelo executado seja melhor para o exequente, bastando apenas que seja igualmente boa à anterior, e, ao mesmo tempo, mais suave para o devedor.

VII – EXECUÇÃO PARA A ENTREGA DE COISA

§ 1º – Entrega de coisa certa

1. Introdução

A execução para entrega de coisa certa está regulada nos arts. 806 a 810 do novo CPC (arts. 621 a 628 do CPC/1973).

Esse procedimento aplica-se tanto para os bens móveis quanto imóveis.

2. Prazo para cumprir a obrigação

O prazo para o cumprimento da obrigação de entrega de coisa certa alterou. Era de 10 dias (art. 621 do CPC/1973) e passou a ser de 15 dias (art. 806 do novo CPC).

3. Multa diária

O § 1º do art. 806 do novo CPC possui redação quase idêntica à do parágrafo único do art. 621 do CPC/1973, ou seja, em ambos os Códigos é possível a fixação de multa diária pelo juiz, ao despachar a exordial, de modo a compelir o executado a cumprir a obrigação.

É possível, dependendo das particularidades do caso concreto, fixar a multa para entrega imediata, a partir da citação, ou seja, antes mesmo do término do prazo de 15 dias estabelecido pelo *caput*.

Queremos apenas reforçar que, quando se diz na parte final do dispositivo que o valor da multa está "sujeito a alteração, caso se revele insuficiente ou excessivo", não autoriza o juiz a reduzir ou a majorar o valor acumulado da multa, caso não tenha sido interposto agravo de instrumento contra a decisão inicial que a fixou. O que deve ser modificado pelo juiz é o valor inicialmente estabelecido, caso ele perceba que é insuficiente ou excessivo.

4. Ordem para imissão na posse ou busca e apreensão

O § 2º do art. 806 do novo CPC (equivalente ao art. 625 do CPC/1973) reza que "do mandado de citação constará ordem para imissão na posse ou busca e apreensão, conforme se tratar de bem imóvel ou móvel, cujo cumprimento se dará de imediato, se o executado não satisfizer a obrigação no prazo que lhe foi designado".

Como essa advertência já constará do mandado de citação, não será preciso, ao término do prazo, sem que a obrigação tenha sido satisfeita pelo executado, que o exequente requeira ao juiz que determine a imissão na posse ou a busca e apreensão da coisa. O próprio escrevente ou chefe de secretaria, ao certificar nos autos o escoamento do prazo, poderá remeter o mesmo mandado ao oficial de justiça para que cumpra a ordem judicial. Por ser uma outra diligência, dependerá do pagamento de taxa judicial. Desse modo, para que haja maior efetividade e celeridade, é aconselhável que o advogado, ciente do esgotamento do prazo do executado, tome as medidas legais necessárias, de modo que o processo não caia na vala comum e demore meses para ser analisado novamente.

Dito isso, temos que a diferença entre o § 2º do art. 806 do novo CPC e o art. 625 do CPC/1973 é que, antigamente, era preciso expedir um novo mandado para a imissão na posse ou busca e apreensão. Atualmente, conforme já mencionado, não será mais preciso.

5. Supressão de dispositivos

Os arts. 622 e 623 do CPC/1973 foram suprimidos no novo CPC. Tratavam da possibilidade de o devedor depositar a coisa em juízo, sem que o credor pudesse levantá-la. Apesar de inexistir regra expressa no novo CPC, nada impede que, dependendo das particularidades do caso concreto, o executado formule pedido ao juiz para que não haja a entrega do bem móvel ou a imissão na posse do exequente. Esse caminho está aberto, nem que tenha de ser feito por meio de tutela de urgência cautelar.

§ 2º – Entrega de coisa incerta

1. Introdução

A execução para entrega de coisa incerta está regulada nos arts. 811 a 813 do novo CPC (arts. 629 a 631 do CPC/1973).

2. Prazo para impugnação da escolha do bem a ser entregue

Como se sabe, na execução para a entrega de coisa incerta, ou seja, aquela determinada pelo gênero e pela quantidade, a escolha do bem que deverá ser entregue competirá ao credor ou ao devedor, dependendo de como estiver estipulado no contrato.

De todo modo, a parte que não teve o direito de escolher terá o prazo de 15 dias para impugnar a escolha feita pela outra parte. É o que se apreende do disposto no art. 812 do novo CPC. No CPC/1973 (art. 630) esse prazo era de 48 horas.

VIII – EXECUÇÃO DAS OBRIGAÇÕES DE FAZER E DE NÃO FAZER

§ 1º – Obrigações de fazer

1. Introdução

A execução das obrigações de fazer observará o disposto nos arts. 814 a 821 do novo CPC. No CPC/1973 ficava entre os arts. 632 e 638, e, ainda, os arts. 644 e 645.

2. Multa

Está prevista no art. 814 do novo CPC (art. 645 do CPC/1973). Não houve qualquer alteração.

3. Terceiro que descumpre a sua obrigação para com o exequente

Quando a obrigação de fazer puder ser feita por terceiro, pode o exequente requerer ao juiz que assim o seja, correndo os gastos por conta do executado.

Caso o terceiro contratado não cumpra a prestação no prazo ou forma estabelecidos, poderá o exequente requerer ao juiz, no prazo de 15 dias, que o autorize a concluí-la ou a repará-la à custa do contratante (art. 819 do novo CPC). Esse prazo era de 10 dias no CPC/1973 (art. 636).

O juiz, em seguida, ouvirá o terceiro no prazo de 15 dias (parágrafo único do art. 819 do novo CPC). No CPC/1973 esse prazo era de cinco dias (parágrafo único do art. 636).

§ 2º – Obrigações de não fazer

1. Introdução

A execução das obrigações de fazer observará o disposto nos arts. 814, 822 e 823 do novo CPC. No CPC/1973 ficava entre os arts. 642 e 645. Não houve qualquer alteração.

2. Multa

Está prevista no art. 814 do novo CPC (art. 645 do CPC/1973). Não houve qualquer alteração.

IX – EXECUÇÃO POR QUANTIA CERTA

§ 1º – Regramentos basilares

1. Introdução

Os arts. 824 a 909 do novo CPC cuidam do procedimento da execução por quantia certa. No CPC/1973 ficava, basicamente, entre os arts. 646 e 724.

Esse rito era e continua sendo de suma importância por duas razões. A primeira porque é o mais utilizado na prática. A segunda é que todas as regras sobre a expropriação de bens, que são igualmente aplicáveis nas demais execuções (com exceção dos dois ritos previstos nos arts. 910 e 911 a 913), e também no cumprimento de sentença, estão inseridas nesse Capítulo do novo CPC.

O art. 824 do novo CPC (art. 646 do CPC/1973) estabelece que "a execução por quantia certa realiza-se pela expropriação de bens do executado, ressalvadas as execuções especiais". Quais são as execuções especiais? São, por exemplo, para o recebimento de alimentos (arts. 911 a 913) e contra a Fazenda Pública (art. 910). Os bens da Fazenda são impenhoráveis e no rito de alimentos não se cogita de expropriar bens, uma vez que a técnica utilizada para o recebimento do crédito é a decretação da prisão.

Assim como fizemos em alguns pontos dessa obra, vamos fugir um pouco à metodologia proposta e iremos tecer comentários, mesmo que bastante breves, sobre pontos que permaneceram inalterados, haja vista a magnitude dessa parte no dia a dia forense.

2. Expropriação de bens e remição

O que é expropriação de bens? Segundo o art. 825 do novo CPC (art. 647 do CPC/1973), "a expropriação consiste em: I – adjudicação; II – alienação; III – apropriação de frutos e rendimentos de empresa ou de estabelecimentos e de outros bens".

Perceba-se que o novo CPC acabou, de certa forma, com a diferença entre alienação por iniciativa particular e hasta pública, na medida em que ambas são espécies, do gênero, alienação. Não obstante, o art. 879 do novo CPC ainda demonstra que as espécies de alienação seriam a iniciativa particular e o leilão judicial, que pode se dar por meio eletrônico ou presencial. Foram abolidas, pelo legislador, as terminologias leilão (para bens móveis) e praça (para bens imóveis).

A remição continua existindo e encontra-se prevista no art. 826 do novo CPC (art. 651 do CPC/1973). Assim, "antes de adjudicados ou alienados os bens, o executado pode, a todo tempo, remir a execução, pagando ou consignando a importância atualizada da dívida, acrescida de juros, custas e honorários advocatícios".

3. Citação do devedor

O art. 829 do novo CPC diz que, "o executado será citado para pagar a dívida no prazo de três dias, contado da citação" (art. 652 do CPC/1973). A citação pode ser realizada por qualquer meio, inclusive por carta, o que era defeso na era do CPC/1973 (art. 222, *d*). O seu correspondente no novo CPC é o art. 247, e, como se pode ver, o processo de execução não mais figura como uma exceção à regra da citação por carta.

De acordo com o § 1º do art. 829, "do mandado de citação constarão, também, a ordem de penhora e a avaliação a serem cumpridas pelo oficial de justiça tão logo verificado o não pagamento no prazo assinalado, de tudo lavrando-se auto, com intimação do executado". Não será necessário expedir-se outro mandado e nem emitir nova ordem do juiz para que o oficial de justiça realize a penhora e avalie os bens. E, claro, não será preciso pagar outra taxa judiciária. Isso porque o mandado expedido será de citação, penhora e avaliação. O fato de o meirinho, num primeiro momento, apenas citar o executado, não significa que estará dispensado dos outros dois atos estampados e já autorizados, pelo magistrado, no mandado.

O § 2º do art. 829 informa que "a penhora recairá sobre os bens indicados pelo exequente, salvo se outros forem indicados pelo executado e aceitos pelo juiz, mediante demonstração de que a constrição proposta lhe será menos onerosa e não trará prejuízo ao exequente". A regra geral continua sendo a de que o exequente terá prioridade na indicação de bens penhoráveis do executado, entretanto, é lícito ao devedor indicar outros bens, desde que comprove, cabalmente, que essa proposta lhe será menos onerosa e não trará prejuízo ao exequente. Observem que há dois requisitos para que a troca possa ser autorizada pelo juiz, quais sejam, a alternativa apontada pelo executado lhe é menos onerosa e, ao mesmo tempo, não lesa o credor.

4. Prazo para pagamento

O prazo para pagamento continua sendo de apenas três dias, conforme se verifica no art. 829 do novo CPC (art. 652 do CPC/1973).

5. Honorários advocatícios sucumbenciais

O *caput* do art. 827 do novo CPC determina que o juiz deverá fixar honorários advocatícios sucumbenciais de dez por cento, sobre o valor da execução. O magistrado não tem discricionariedade nesse ponto. O percentual deve ser esse; nem mais, nem menos.

Os honorários serão reduzidos pela metade no caso de pagamento integral no prazo de três dias (§ 1º do art. 827), assim como já ocorria no CPC/1973 (parágrafo único do art. 652-A).

O § 2º do art. 827, ao mesmo tempo em que autoriza a majoração dos honorários sucumbenciais no processo de execução, cria um teto para o mesmo, qual seja, vinte por cento. A redação do dispositivo é a seguinte: "o valor dos honorários poderá ser elevado até vinte por cento, quando rejeitados os embargos à execução, podendo a majoração, caso não opostos os embargos, ocorrer ao final do procedimento executivo, levando-se em conta o trabalho realizado pelo advogado do exequente". Apesar de inexistir dispositivo correspondente no CPC/1973, trata-se de regra que, na praxe forense, sempre foi aplicada.

Percebam que a possibilidade de majoração da verba honorária deve atentar-se para o trabalho desempenhado pelo advogado. E mais. Poderão ser elevados os honorários advocatícios sucumbenciais com ou sem a oposição de embargos à execução.

Um último alerta merece ser emitido, qual seja, o de que está bastante evidente que os honorários advocatícios sucumbenciais do processo executivo são bem distintos daqueles previstos para os embargos à execução, logo, será possível ao advogado do credor receber até 40% de honorários, sendo 20% da execução e 20% dos embargos.

6. Certidão de execução admitida pelo juiz

Segundo o art. 828 do novo CPC, "o exequente poderá obter certidão de que a execução foi admitida pelo juiz, com identificação das partes e do valor da causa, para fins de averbação no registro de imóveis, de veículos ou de outros bens sujeitos a penhora, arresto ou indisponibilidade".

O dispositivo é bastante semelhante ao art. 615-A do CPC/1973, contudo, parece-nos que, no novo CPC, será um pouco menos fácil adquirir a dita certidão. Isso porque, no CPC/1973, a certidão era de "ajuizamento da execução", enquanto que, no novo CPC, a certidão é de que "a execução foi admitida pelo juiz". E quando é que se pode considerar que a execução foi admitida pelo magistrado? Simples: basta que se determine a citação do executado. Este é um sinal de que a execução foi admitida.

Ainda será possível emitir certidão de simples ajuizamento da execução, todavia, diante do novo regramento, apenas a certidão de admissão do processo executivo poderá ser registro de imóveis, de veículos ou de outros bens sujeitos a penhora, arresto ou indisponibilidade.

O § 1º do art. 828 prevê que, "no prazo de 10 dias de sua concretização, o exequente deverá comunicar ao juízo as averbações efetivadas". Não há sanção expressa para o descumprimento dessa regra. Talvez o cancelamento das averbações já feitas, ou mesmo a condenação por litigância de má-fé, sejam duas boas alternativas, apesar da dificuldade de se enquadrar essa conduta em algum dos incisos do art. 80 do novo CPC. A pena do § 5º do art. 828 pode ser outra solução para o descumprimento do disposto no § 1º do art. 828.

O § 2º do art. 828 diz que, "formalizada penhora sobre bens suficientes para cobrir o valor da dívida, o exequente providenciará, no prazo de 10 dias, o cancelamento das averbações relativas àqueles não penhorados". A sanção para o descumprimento está no § 3º do art. 828: "o juiz determinará o cancelamento das averbações, de ofício ou a requerimento, caso o exequente não o faça no prazo".

Nos termos do § 4º do art. 828, "presume-se em fraude à execução a alienação ou a oneração de bens efetuada após a averbação".

O § 5º do art. 828 reza que "o exequente que promover averbação manifestamente indevida ou não cancelar as averbações nos termos do § 2º indenizará a parte contrária, processando-se o incidente em autos apartados".

7. Arresto executivo

O arresto executivo, que já tinha previsão legal no CPC/1973 (art. 653), continua sendo cabível. O art. 830 do novo CPC estatui que "se o oficial de justiça não encontrar o executado, arrestar-lhe-á tantos bens quantos bastem para garantir a execução".

O § 1º do mesmo dispositivo exige que, para tanto, é necessário que nos 10 dias seguintes à efetivação do arresto, o oficial de justiça procure o executado por duas vezes em dias distintos e, havendo suspeita de ocultação, realize a citação com hora certa, certificando detalhadamente o ocorrido.

Frustrando-se a citação pessoal e a com hora certa, incumbe ao exequente requerer a citação por edital (§ 2º do art. 830).

Por fim, vê-se que o arresto executivo apenas será convertido em penhora, independentemente de termo, com o aperfeiçoamento da citação e transcorrido o prazo de pagamento (§ 3º do art. 830).

§ 2º – Penhora

1. Bens impenhoráveis

Os bens impenhoráveis estão listados no art. 833 do novo CPC (art. 749 do CPC/1973).

Não há nenhuma alteração, salvo pelo acréscimo de um bem que passa a ser impenhorável, qual seja, "os créditos oriundos de alienação de unidades imobiliárias, sob regime de incorporação imobiliária, vinculados à execução da obra". Essa hipótese nem pode ser vista como uma novidade no nosso ordenamento jurídico, pois, como se pode ver, trata-se do já conhecido patrimônio de afetação, criado pela Lei n. 10.931/2004.

2. Exceções à regra da impenhorabilidade

As exceções à regra da impenhorabilidade estão elencadas nos §§ 1º a 3º do art. 833 do novo CPC (§§ 1º e 2º do art. 649 do CPC/1973).

O § 1º do art. 833 do novo CPC é igual ao § 1º do art. 649 do CPC/1973.

O § 2º do art. 833 do novo CPC é mais abrangente do que o § 2º do art. 649 do CPC/1973. A redação do novo dispositivo é a seguinte: "o disposto nos incisos IV e X do *caput* não se aplica à hipótese de penhora para pagamento de prestação alimentícia, independentemente de sua origem, bem como às importâncias excedentes a 50 salários-mínimos mensais, devendo a constrição observar o disposto no art. 528, § 8º, e no art. 529, § 3º".

E o que dizem os incisos IV e X do art. 833? São impenhoráveis: "IV – os vencimentos, os subsídios, os soldos, os salários, as remunerações, os proventos de aposentadoria, as pensões, os pecúlios e os montepios, bem como as quantias recebidas por liberalidade de terceiro e destinadas ao sustento do devedor e de sua família, os ganhos de trabalhador autônomo e os honorários de profissional liberal, ressalvado o § 2º" e "X – a quantia depositada em caderneta de poupança, até o limite de 40 salários-mínimos".

Por que é que se pode afirmar que o § 2º do art. 833 do novo CPC é mais abrangente do que o § 2º do art. 649 do CPC/1973?

Primeiro porque permite a penhora do valor depositado na caderneta de poupança, mesmo que seja inferior a 40 salários-mínimos. Ocorre que, para se poder penhorar esse numerário, é preciso que a natureza da dívida executada seja alimentar, nos termos da lei civil.

Segundo porque permite a penhora de qualquer importância listada no inciso IV do art. 833, desde que o valor mensal recebido pelo devedor exceda 50 salários-mínimos, pouco importando qual seja a natureza da dívida. Como a redação do dispositivo dá margem para dúvidas, rapidamente surgirão duas correntes sobre essa parte específica: (i) para uma, se o salário (*lato sensu*) mensal do executado for superior a 50 salários-mínimos, 50 salários-mínimos são impenhoráveis e todo o restante é penhorável, com as limitações constantes no art. 528, § 8º, e no art. 529, § 3º, ambos do novo CPC; (ii) para a outra, o simples fato de o executado receber mensalmente salário (*lato sensu*) superior a 50 salários-mínimos importará na possibilidade de se penhorar todo o montante, desde que, claro, observadas as limitações constantes no art. 528, § 8º, e no art. 529, § 3º, ambos do novo CPC. A primeira corrente nos afigura como sendo a mais próxima do comando legal, muito embora, a outra, seria muito bem vinda, haja vista o alto índice de inadimplemento.

Outro ponto interessante que merece registro sobre o § 2º do art. 833 é no tocante à possibilidade ou não de se penhorar o dinheiro que ele percebe mensalmente se ficar provado que o somatório de suas rendas mensais (dentre aquelas referidas no inciso IV do art. 833 ou outras consideradas por lei impenhoráveis) ultrapassa 50 salários-mínimos. A nosso ver, se o exequente conseguir provar que o executado recebe mais de 50 salários-mínimos por mês, se se somar as suas diversas rendas (todas do inciso IV do art. 833), será possível a aplicação do § 2º do art. 833. É claro que aquilo que o devedor perceber mensalmente, que não está protegido à luz do inciso IV do art. 833, pode ser penhorado a todo instante.

Já o § 3º do art. 833 do novo CPC (sem correspondente no CPC/1973) dispõe o seguinte: "incluem-se na impenhorabilidade prevista no inciso V do *caput* os equipamentos, os implementos e as máquinas agrícolas pertencentes a pessoa física ou a empresa individual produtora rural, exceto quando tais bens tenham sido objeto de financiamento e estejam vinculados em garantia a negócio jurídico ou quando respondam por dívida de natureza alimentar, trabalhista ou previdenciária".

3. Bens relativamente impenhoráveis

Apesar de o novo CPC não mais fazer menção expressa aos termos "absolutamente" e "relativamente" no que toca à impenhorabilidade de bens, tem-se que a distinção entre elas ainda persiste. A "absoluta" está no art. 833 e, a "relativa", no art. 834, ambos do novo CPC.

4. Gradação legal dos bens penhoráveis

O art. 835 do novo CPC trata da gradação legal dos bens e direitos do executado que são passíveis de penhora. Há poucas mudanças em relação ao seu equivalente no CPC/1973 (art. 655). Quais seriam as alterações visíveis?

Em primeiro lugar, tem-se que não houve qualquer supressão de bens; muito pelo contrário. Duas novas categorias foram criadas, ou melhor, desmembradas de seus incisos genéricos anteriores, e, no novo CPC, estão sendo explicitadas. O inciso VII do art. 835 fala em "semoventes" e o inciso XII do mesmo dispositivo fala em "direitos aquisitivos derivados de promessa de compra e venda e de alienação fiduciária em garantia".

Em segundo lugar, percebe-se que a ordem desses bens e direitos foi alterada no art. 835 do novo CPC, se se comparar ao disposto no art. 655 do CPC/1973. Apenas para dar um exemplo, os "títulos da dívida pública da União, dos Estados e do Distrito

Federal com cotação em mercado" saíram do inciso IX do CPC/1973 para figurarem no inciso II no novo CPC.

5. Impossibilidade de se graduar a penhora de dinheiro em face de outros bens ou direitos

O § 1º do art. 835 do novo CPC aduz que "é prioritária a penhora em dinheiro; nas demais hipóteses, o juiz pode alterar a ordem prevista no *caput* de acordo com as circunstâncias do caso concreto". Não há correspondente no CPC/1973.

Vê-se, portanto, que o juiz não pode, em nenhuma hipótese, alterar a gradação da penhora quando recair sobre dinheiro, salvo, claro, se houver autorização do exequente. E, se o executado se antecipar e oferecer um bem à penhora, mesmo que com ótima liquidez, é direito do exequente requerer a penhora *on line*, estando o juiz obrigado a deferir o pedido. Trata-se de uma bela inovação, pois, apesar de a execução dever ser processada da forma menos onerosa ao devedor e sem prejudicar o credor (art. 829 do novo CPC), não temos dúvida em afirmar que a penhora de dinheiro, na maioria esmagadora dos casos (isso para não dizer a unanimidade), será bem melhor para o exequente.

6. Substituição da penhora em dinheiro

O § 2º do art. 835 do novo CPC informa que, "para fim de substituição da penhora, equiparam-se a dinheiro a fiança bancária e o seguro garantia judicial, desde que em valor não inferior ao do débito constante da inicial, mais trinta por cento". Trata-se de cópia do disposto no § 2º do art. 656 do CPC/1973.

7. Lista dos bens móveis penhoráveis e o depositário dos bens

De acordo com o § 1º do art. 836 do novo CPC (§ 3º do art. 659 do CPC/1973), "quando não encontrar bens penhoráveis, independentemente de determinação judicial expressa, o oficial de justiça descreverá na certidão os bens que guarnecem a residência ou o estabelecimento do executado, quando este for pessoa jurídica". Até aqui não há nada de novo. A novidade fica apenas por conta do § 2º do art. 836 (sem correspondente no CPC/1973): "elaborada a lista, o executado ou seu representante legal será nomeado depositário provisório de tais bens até ulterior determinação do juiz".

8. Depositário dos bens móveis penhorados

As regras sobre quem será o depositário dos bens penhorados não sofreu quase nenhuma mudança.

O inciso II do art. 840 do novo CPC possui uma redação um pouco mais técnica e ampla que a do seu equivalente no CPC/1973 (art. 666, II). O novo texto diz que serão preferencialmente depositados "os móveis, os semoventes, os imóveis urbanos e os direitos aquisitivos sobre imóveis urbanos, em poder do depositário judicial". O § 1º do art. 840 (sem correspondente no CPC/1973) complementa estatuindo que "no caso do inciso II do *caput*, se não houver depositário judicial, os bens ficarão em poder do exequente".

O inciso III do art. 840 é uma inovação e estabelece que serão preferencialmente depositados "os imóveis rurais, os direitos aquisitivos sobre imóveis rurais, as máquinas, os utensílios e os instrumentos necessários ou úteis à atividade agrícola, mediante caução idônea, em poder do executado". Caberá à doutrina e à jurisprudência definirem se todo e qualquer imóvel rural penhorado sempre deverá ficar em poder do devedor, conforme reza o inciso III, ou se essa regra vale apenas para o caso em que se trata de bem no qual a terra está sendo efetivamente utilizada pelo proprietário-devedor. Ora, por que é que um pequeno sítio que só é usado para lazer, que esteja localizada na zona rural, deverá ficar sob a guarda do devedor em caso de penhora? Lembremos, aqui, do disposto no § 2º, pelo qual "os bens poderão ser depositados em poder do executado nos casos de difícil remoção ou quando anuir o exequente".

9. Impossibilidade de se prender o depositário infiel

Há alguns anos o STF já decidiu que o depositário infiel não pode ser preso (Súmula Vinculante n. 25), logo, vê-se que o § 3º do art. 666 do CPC/1973 foi suprimido. Assim sendo, o depositário infiel não pode ser preso por esse motivo, infelizmente.

10. Formalização da penhora

Parte do art. 841 do novo CPC (sem equivalente no CPC/1973) informa que a penhora pode ser formalizada "por qualquer dos meios legais". Essa regra aberta permitirá que o novo CPC não se torne obsoleto. Novas formas de penhora que surgirem estarão abarcadas na lei processual. A penhora feita por meio eletrônico, por exemplo, cabe facilmente no dispositivo em comento.

11. Intimação do executado acerca da realização da penhora

O art. 841 do novo CPC (§ 4º do art. 652 do CPC/1973) trata da intimação do devedor da penhora, não havendo qualquer inovação de destaque.

A intimação por hora certa continua sendo viável e recomendável, conforme se pode extrair do § 2º do art. 275 do novo CPC. A propósito, confiram-se, ainda, os arts. 252 a 254, e 830, § 1º, do novo CPC.

O réu revel citado por edital ou com hora certa tem direito a curador especial, nos termos do art. 72, II, do novo CPC. Aplica-se esse regramento também ao executado revel, não obstante o parágrafo único do art. 771 do novo CPC fazer menção apenas à subsidiariedade ao Livro I da Parte Especial do novo CPC. À luz do CPC/1973, esse foi o entendimento que vigorou, tendo sido, inclusive, objeto da Súmula n. 196 do STJ. Esse, portanto, é o entendimento que nos afigura mais correto. Se a intimação é ficta, é razoável que o executado possa ser defendido. No mais, essa medida não traz prejuízo efetivo ao exequente.

Caso o executado já tenha advogado constituído nos autos, será ele intimado da penhora. Uma inovação do novo CPC é a possibilidade de a intimação recair sobre a sociedade de advogados a que este pertença (§ 1º do art. 841). Apenas inexistindo advogado constituído é que se deverá proceder à intimação pessoal do executado, e, de preferência, pela via postal. A regra geral, todavia, comporta uma exceção. De acordo com o § 3º do art. 841, o advogado não será intimado se a penhora foi realizada na presença do executado, como, por exemplo, no caso da penhora de bens que guarnecem a sua residência. Nesse caso, o executado ficará intimado a partir daquele momento.

Determina o § 4º do art. 841 que, na hipótese de o executado mudar de endereço, deve comunicar a alteração imediatamente, por escrito, nos autos, sob pena de as futuras intimações serem consideradas como realizadas, nos termos do parágrafo único do art. 274 do novo CPC.

12. Intimação do cônjuge do executado da penhora de bem imóvel

Segundo o art. 842 do novo CPC, "recaindo a penhora sobre bem imóvel ou direito real sobre imóvel, será intimado também o cônjuge do executado, salvo se forem casados em regime de separação absoluta de bens". O dispositivo é similar ao § 2º do art. 655 do CPC/1973, contudo, mais abrangente, pois deixa claro que, se casados no regimento de separação absoluta dos bens (legal ou convencional), será desnecessária tal intimação. E pouco importa se o casamento é entre homossexuais ou heterossexuais.

O novo CPC não traz essa exigência para o caso de união estável. A nosso ver, só se pode exigir a intimação do companheiro do executado da ocorrência de penhora de imóvel se se provar que o exequente tinha ciência dessa relação jurídica. O ônus da prova seria do companheiro do executado. É óbvio que se o regime de comunhão de bens dos companheiros for o da separação total (legal ou convencional), igualmente será desnecessária a intimação. Também pouco importa se a união estável é entre homossexuais ou heterossexuais.

13. Penhora de bem indivisível

O art. 843 do novo CPC dispõe sobre a alienação de bem indivisível e que tenha mais de um proprietário. O *caput* possui redação bastante similar à do art. 655-B do CPC/1973. O § 1º é parecido com o disposto nos §§ 2º e 3º do art. 685-A do CPC/1973. O § 2º é inovação que veio em boa hora.

Na época do CPC/1973, se a penhora recaísse sobre bem indivisível, e fossem proprietários apenas o executado e seu cônjuge, ou mesmo apenas o executado, o bem poderia ser expropriado, porém, a meação do cônjuge não executado ficava protegida. Essa regra persiste no novo CPC. A novidade é que o bem indivisível, com mais de um proprietário, poderá agora ser expropriado em qualquer caso. Trata-se de modificação salutar e que contraria precedente do STJ (REsp n. 1.373.839/RS). Registre-se que a referida decisão do STJ, por óbvio, baseou-se no art. 655-B do CPC/1973, que, conforme já mencionado, só permitia a alienação de bem penhorado indivisível entre cônjuges. Desse modo, se o *imóvel X* (bem indivisível) pertence a *A* e *B*, que são amigos ou primos entre si, e apenas este está sendo executado, poderá o exequente requerer a expropriação do bem, ou seja, o imóvel poderá ser adjudicado ou alienado, ficando a quota (ou quinhão) de *A* protegida.

Atente-se para o fato de que o bem indivisível pode ser tanto móvel (automóvel ou um animal) quanto imóvel (casa ou unidade autônoma em um condomínio edilício).

O § 1º do art. 843 estabelece o direito de preferência ao coproprietário ou ao cônjuge não executado na arrematação do bem em igualdade de condições. Regramento esse, repita-se, parecido com o já existente no § 3º do art. 685-A do CPC/1973, e no art. 1.322, *caput* e parágrafo único, do CC.

O art. 836 do novo CPC dispõe que "não se levará a efeito a penhora quando evidente que o produto da execução dos bens encontrados será totalmente absorvido pelo pagamento das custas da execução". Regramento similar a este é o previsto no § 2º do art. 843, isto é, se com a alienação do bem indivisível, por preço inferior ao da avaliação, se verificar que não será possível pagar a quota do coproprietário ou do cônjuge do executado, então o bem penhorado não poderá ser expropriado. Desse modo, vê-se que a alienação por valor abaixo da avaliação continua sendo permitido, assim como ocorria na época do CPC/1973, no entanto, há uma nova condicionante, qual seja, a de ser possível pagar, ao coproprietário ou ao cônjuge do executado, a sua quota, levando-se em conta o valor da avaliação. É uma inovação boa e justa.

14. Averbação da constrição judicial no registro e presunção de terceiros

O art. 844 do novo CPC exige que, "para presunção absoluta de conhecimento por terceiros, cabe ao exequente providenciar a averbação do arresto ou da penhora no registro competente, mediante apresentação de cópia do auto ou do termo, independentemente de mandado judicial". Dispositivo semelhante ao § 4º do art. 659 do CPC/1973. Ressalte-se que pode ser tanto o arresto executivo do art. 830 do novo CPC, quanto o arresto de natureza cautelar, que era exemplo de medida cautelar nominada no CPC/1973, e que atualmente, por força do art. 294 e seguintes do novo CPC, continua podendo ser requerida por meio da chamada tutela provisória.

O art. 844 é mais abrangente que a regra do CPC/1973, pois permite e exige que a averbação da penhora ou do arresto se dê em qualquer registro, não restringindo, como era antigamente, apenas ao registro de imóveis. O art. 844 também é mais simples que o do CPC/1973, na medida em que autoriza a averbação com mera cópia do auto ou do termo, não sendo preciso apresentar certidão de inteiro teor do ato.

Assim, para que o exequente possa se precaver da ocorrência de fraude à execução ou de alienação de bem penhorado, deverá levar, ao registro competente (Detran ou registro de imóveis, por exemplo), cópia do auto ou do termo de penhora ou arresto. Essa averbação tem como efeito a presunção absoluta de conhecimento, por terceiros, de que aquele bem se encontra penhorado ou arrestado.

Em caso de não se tomar a providência acima, e o bem ser alienado a terceiro, ainda assim poderá o exequente pleitear o desfazimento do negócio e reaver o bem, mas, para isso, será preciso que ele comprove que o terceiro tinha conhecimento da constrição. Há ainda o posicionamento de que bastaria existir a execução para que já fosse possível, ao exequente, se insurgir contra a alienação do bem penhorado, por ser pública a informação processual.

15. Forma de se penhorar imóveis e automóveis

O novo CPC continua deixando claro que os bens imóveis, independentemente de onde estejam localizados, e os automóveis, podem ser penhorados por termo nos autos, o que é um grande facilitador para o exequente, especialmente no primeiro caso (§ 1º do art. 845 do novo CPC). Penhora por termo nos autos é aquela feita pelo escrivão ou chefe de secretaria, e, não, pelo oficial de justiça. A diferença em relação ao disposto no § 5º do art. 659 do CPC/1973 é que agora está expresso que a penhora do automóvel pode se dar por termo nos autos.

16. Prisão durante o arrombamento realizado pelos oficiais de justiça

De acordo com a parte final do art. 662 do CPC/1973, a pessoa que resistisse à ordem de arrombamento para que os oficias de justiça pudessem procurar bens penhoráveis, poderia ser preso. Esse pedaço foi suprimido no novo CPC, conforme pode-se verificar no § 3º do art. 846, logo, não existe mais esse tipo de prisão. As pessoas que tumultuarem a diligência dos meirinhos poderão responder criminalmente por eventuais delitos de desobediência ou de resistência.

17. Modificação da penhora

Os arts. 847 a 853 do novo CPC cuidam da modificação da penhora, que ocorrerá quando for preciso ou possível substituir o bem já penhorado por algum outro. No CPC/1973 o tema era tratado em dispositivos que estavam espalhados ao longo do Livro II, tais como os arts. 656, 657, 667 e 668.

Não seria preciso existir algum dispositivo específico para informar que o juiz deveria intimar o exequente para se manifestar sobre o pedido do executado para a substituição da penhora, haja vista o princípio do contraditório, contudo, o legislador, por excesso de zelo, assim o fez, conforme se extrai do § 4º do art. 847 do novo CPC (similar ao art. 657 do CPC/1973).

18. Alienação antecipada de bens penhorados

O art. 852 do novo CPC estatui que "o juiz determinará a alienação antecipada dos bens penhorados quando: I – se tratar de veículos automotores, de pedras e metais preciosos e de outros bens móveis sujeitos à depreciação ou à deterioração; II – houver manifesta vantagem". Dispositivo semelhante ao art. 670 do CPC/1973. A diferença fica por conta do inciso I do art. 852, que tem redação mais abrangente e específica do que a do inciso I do art. 670 do CPC/1973.

19. Redução ou ampliação da penhora

Segundo o art. 850 do novo CPC "será admitida a redução ou a ampliação da penhora, bem como sua transferência para outros bens, se, no curso do processo, o valor de mercado dos bens penhorados sofrer alteração significativa". Não há correspondente no CPC/1973.

Essa "alteração significativa" pode ser demonstrada ao juiz por meio de reportagens em jornais, revistas e sites, bem como por prova produzida unilateralmente. Diante desses indícios, poderá o juiz determinar a realização de uma nova avaliação do bem, seja pelo oficial de justiça, seja por algum perito. Constatando-se a diferença, o magistrado ordenará a redução ou a ampliação da penhora.

Por outro lado, se ficar evidenciado que tudo não passou de manobra ardilosa e procrastinatória do executado, com o único intuito de tumultuar e atrasar o processo executivo, poderá ser condenado a pagar a multa prevista no parágrafo único do art. 774 do novo CPC. O fundamento legal seria o inciso II do art. 774.

20. Penhora de dinheiro em depósito ou em aplicação financeira

O art. 854 do novo CPC (art. 655-A do CPC/1973) regula a comumente chamada penhora *online*.

Segundo o *caput*, "para possibilitar a penhora de dinheiro em depósito ou em aplicação financeira, o juiz, a requerimento do exequente, sem dar ciência prévia do ato ao executado, determinará às instituições financeiras, por meio de sistema eletrônico gerido pela autoridade supervisora do sistema financeiro nacional, que torne indisponíveis ativos financeiros existentes em nome do executado, limitando-se a indisponibilidade ao valor indicado na execução". Como se pode ver, o novo dispositivo desmistifica a lenda processual de que esse ato processual praticado pelo juiz teria natureza de penhora. Como se vê, é um mero bloqueio, tornando indisponível a importância apontada pelo julgador. O uso do BACEN-JUD pelo magistrado não viola o sigilo bancário, uma vez que ele não está requisitando extratos bancários, mas, tão somente, ordenando que um determinado valor, se existente em conta, seja bloqueado. Isso, aliás, é o que podia se extrair do § 1º do art. 655-A do CPC/1973, que foi suprimido pelo novo CPC. Para fins dessa indisponibilidade, tanto faz se o dinheiro encontra-se na conta corrente ou investido em aplicação financeira.

O § 1º do art. 854 (sem equivalente no CPC/1973) dá ao juiz o prazo de 24 horas, a contar da resposta que receber do ofício por ele enviado ao Banco Central, o dever de determinar o cancelamento de eventual indisponibilidade excessiva, o que deverá ser cumprido pela instituição financeira em igual prazo. A expressão "indisponibilidade excessiva" significa que houve bloqueio em numerário maior do que o ordenado. Isso é passível de ocorrer porque o executado pode ter mais de uma conta bancária, e, como a ordem é para indisponibilizar um certo valor de sua conta, e o sistema não possui mecanismos para diagnosticar que já houve o bloqueio em uma de suas contas, ocorrem os múltiplos bloqueios.

O § 2º do art. 854 (sem equivalente no CPC/1973) informa que, "tornados indisponíveis os ativos financeiros do executado, este será intimado na pessoa de seu advogado ou, não o tendo, pessoalmente". Ato contínuo, nos termos do § 3º do art. 854 (similar ao § 2º do art. 655-A do CPC/1973), "incumbe ao executado, no prazo de cinco dias, comprovar que: I – as quantias tornadas indisponíveis são impenhoráveis; II – ainda remanesce indisponibilidade excessiva de ativos financeiros". A nosso ver, se o executado manifestar-se fora desse prazo, ainda assim o juiz deverá atender-lhe se ficar sobejamente comprovado que o montante bloqueado ou, até mesmo, já convertido em penhora, se enquadra em uma das hipóteses do § 3º do art. 854. Não há, portanto, preclusão. É claro que isso é inconveniente, no entanto, é inviável sustentar o contrário.

Nos termos do § 4º do art. 854 (sem equivalente no CPC/1973), "acolhida qualquer das arguições dos incisos I e II do § 3º, o juiz determinará o cancelamento de eventual indisponibilidade irregular ou excessiva, a ser cumprido pela instituição financeira em 24 horas". E se não for cumprido dentro desse prazo? Poderá responder por perdas e danos, nos moldes do § 8º do art. 854 (sem equivalente no CPC/1973).

O § 5º art. 854 (sem equivalente no CPC/1973) informa que se for "rejeitada ou não apresentada a manifestação do executado, converter-se-á a indisponibilidade em penhora, sem necessidade de lavratura de termo, devendo o juiz da execução determinar à instituição financeira depositária que, no prazo de 24 horas, transfira o montante indisponível para conta vinculada ao juízo da execução". Com um simples "click no mouse", sem maiores formalidades, o dinheiro bloqueado será convertido em penhora e transferido para o Banco do Brasil ou Caixa Econômica Federal.

Se, antes da conversão do dinheiro bloqueado em penhora, o executado ou terceiro efetuarem pagamento integral da dívida, o magistrado "[...] determinará, imediatamente, por sistema eletrônico gerido pela autoridade supervisora do sistema financeiro nacional, a notificação da instituição financeira para que, em até 24 horas, cancele a indisponibilidade" (§ 6º do art. 854).

O § 7º art. 854 (sem equivalente no CPC/1973) reitera que "as transmissões das ordens de indisponibilidade, de seu cancelamento e de determinação de penhora previstas neste artigo far-se-ão por meio de sistema eletrônico gerido pela autoridade supervisora do sistema financeiro nacional". Mais conhecido, entre nós, como o BACEN-JUD.

De acordo com o § 8º art. 854 (sem equivalente no CPC/1973), "a instituição financeira será responsável pelos prejuízos causados ao executado em decorrência da indisponibilidade de ativos financeiros em valor superior ao indicado na execução ou pelo juiz, bem como na hipótese de não cancelamento da indisponibilidade no prazo de 24 horas, quando assim determinar o juiz".

Em se tratando de execução contra partido político, diz o § 9º do art. 854 (equivalente ao § 4º do art. 655-A do CPC/1973) que "[...] o juiz, a requerimento do exequente, determinará às instituições financeiras, por meio de sistema eletrônico gerido por autoridade supervisora do sistema bancário, que tornem indisponíveis ativos financeiros somente em nome do órgão partidário que tenha contraído a dívida executada ou que tenha dado causa à violação de direito ou ao dano, ao qual cabe exclusivamente a responsabilidade pelos atos praticados, na forma da lei".

21. Penhora das quotas ou ações de sociedades personificadas

A penhora das quotas ou ações de sociedades personificadas reger-se-á da seguinte forma:

> "Art. 861. Penhoradas as quotas ou as ações de sócio em sociedade simples ou empresária, o juiz assinará prazo razoável, não superior a três meses, para que a sociedade: I – apresente balanço especial, na forma da lei; II – ofereça as quotas ou as ações aos demais sócios, observado o direito de preferência legal ou contratual; III – não havendo interesse dos sócios na aquisição das ações, proceda à liquidação das quotas ou das ações, depositando em juízo o valor apurado, em dinheiro.
>
> § 1º Para evitar a liquidação das quotas ou das ações, a sociedade poderá adquiri-las sem redução do capital social e com utilização de reservas, para manutenção em tesouraria.
>
> § 2º O disposto no *caput* e no § 1º não se aplica à sociedade anônima de capital aberto, cujas ações serão adjudicadas ao exequente ou alienadas em bolsa de valores, conforme o caso.
>
> § 3º Para os fins da liquidação de que trata o inciso III do *caput*, o juiz poderá, a requerimento do exequente ou da sociedade, nomear administrador, que deverá submeter à aprovação judicial a forma de liquidação.

> § 4º O prazo previsto no *caput* poderá ser ampliado pelo juiz, se o pagamento das quotas ou das ações liquidadas: I – superar o valor do saldo de lucros ou reservas, exceto a legal, e sem diminuição do capital social, ou por doação; ou II – colocar em risco a estabilidade financeira da sociedade simples ou empresária.
>
> § 5º Caso não haja interesse dos demais sócios no exercício de direito de preferência, não ocorra a aquisição das quotas ou das ações pela sociedade e a liquidação do inciso III do *caput* seja excessivamente onerosa para a sociedade, o juiz poderá determinar o leilão judicial das quotas ou das ações".

Essa matéria não estava regulada expressamente pelo CPC/1973.

O tema, apesar de novo, não carece de comentários, uma vez que os dispositivos são bastante autoexplicativos.

O art. 861 aplica-se, no que couber, à empresa individual de responsabilidade limitada (EIRELI).

22. Regra geral sobre a penhora de empresa

A regra geral sobre a penhora de empresa e outros estabelecimentos deve seguir a advertência do art. 865 do novo CPC (sem equivalente no CPC/1973): "a penhora de que trata esta Subseção somente será determinada se não houver outro meio eficaz para a efetivação do crédito". A regra é boa porque, ao mesmo tempo, prestigia o princípio da menor onerosidade da execução e respeita a gradação legal de bens passíveis de penhora disposta no art. 835 do novo CPC.

23. Penhora de edifícios em construção sob regime de incorporação imobiliária

Os §§ 3º e 4º do art. 862 do novo CPC (sem equivalentes no CPC/1973) estabelecem, respectivamente, que "em relação aos edifícios em construção sob regime de incorporação imobiliária, a penhora somente poderá recair sobre as unidades imobiliárias ainda não comercializadas pelo incorporador", e, "sendo necessário afastar o incorporador da administração da incorporação, será ela exercida pela comissão de representantes dos adquirentes ou, se se tratar de construção financiada, por empresa ou profissional indicado pela instituição fornecedora dos recursos para a obra, devendo ser ouvida, neste último caso, a comissão de representantes dos adquirentes".

24. Penhora de empresa que funcione mediante concessão ou autorização

A única inovação que existe nesse ponto é a inserção do § 2º no art. 863 do novo CPC. Assim, "recaindo a penhora sobre todo o patrimônio, prosseguirá a execução em seus ulteriores termos, ouvindo-se, antes da arrematação ou da adjudicação, o ente público que houver outorgado a concessão".

25. Penhora de percentual de faturamento de empresa

O art. 866 e seus parágrafos do novo CPC cuidam da forma como deve se dar a penhora de percentual de faturamento de empresa. A redação é a seguinte: "se o executado não tiver outros bens penhoráveis ou se, tendo-os, esses forem de difícil alienação ou insuficientes para saldar o crédito executado, o juiz poderá ordenar a penhora de percentual de faturamento de empresa".

Vê-se que o *caput* já faz algumas exigências, todas ligadas aos bens da sociedade. Exige-se, inicialmente, que o executado não tenha outros bens penhoráveis. Isso significa que o exequente deverá provar que esgotou todos os meios possíveis, mas, mesmo assim, não encontrou bens. Consideramos que a juntada de certidão negativa de imóveis, bem como uma diligência infrutífera junto ao BACEN-JUD e RENA-JUD, será prova suficiente de que o devedor não possui bens penhoráveis. Caso o executado tenha bens, mas eles forem de difícil alienação ou insuficientes para saldar o crédito executado, aí sim será possível penhorar percentual do faturamento da empresa.

E qual será o percentual que poderá ser afetado? Nos termos do § 1º do art. 866, "o juiz fixará percentual que propicie a satisfação do crédito exequendo em tempo razoável, mas que não torne inviável o exercício da atividade empresarial". O exercício da empresa não pode ser comprometido, haja vista o fato de ela desempenhar uma função social relevante.

Para garantir que o percentual está num patamar justo, o § 2º do art. 866 determina que "o juiz nomeará administrador-depositário, o qual submeterá à aprovação judicial a forma de sua atuação e prestará contas mensalmente, entregando em juízo as quantias recebidas, com os respectivos balancetes mensais, a fim de serem imputadas no pagamento da dívida". Isso significa que o dito percentual pode ser alterado com o tempo, especialmente se o administrador-depositário informar que a atividade empresarial está sendo comprometida.

Por fim, há de se ressaltar que "na penhora de percentual de faturamento de empresa, observar-se-á, no que couber, o disposto quanto ao regime de penhora de frutos e rendimentos de coisa móvel e imóvel" (§ 3º do art. 866).

No CPC/1973 essa parte estava timidamente regulada pelo § 3º do art. 655-A.

26. Avaliação de veículos e alguns outros bens

Nos termos do inciso IV do art. 871 do novo CPC, dispensa-se a avaliação se "se tratar de veículos automotores ou de outros bens cujo preço médio de mercado possa ser conhecido por meio de pesquisas realizadas por órgãos oficiais ou de anúncios de venda divulgados em meios de comunicação, caso em que caberá a quem fizer a nomeação o encargo de comprovar a cotação de mercado". Dispositivo sem correspondente no CPC/1973. No caso dos automóveis, motos e caminhões, a chamada "Tabela Fipe" é a mais indicada para se determinar o valor de mercado do bem.

27. Avaliação quando houver fundada dúvida do juiz quanto ao valor do bem

O parágrafo único do art. 871 do novo CPC reza que "ocorrendo a hipótese do inciso I deste artigo, a avaliação poderá ser realizada quando houver fundada dúvida do juiz quanto ao real valor do bem". Dispositivo sem correspondente no CPC/1973.

28. Avaliação de imóvel que comporte divisão e manifestação das partes

No CPC/1973 (parágrafo único do art. 681) já era possível que o imóvel suscetível de cômoda divisão pudesse ser desmembrado para, posteriormente, ser alienado. O novo CPC mantém essa regra no § 1º do art. 872. A única novidade, do ponto de vista do direito positivo, fica por conta do óbvio, ou seja, a necessidade de se ouvir as partes, em cinco dias, sobre a proposta de desmembramento elaborada pelo avaliador (§ 2º do art. 872).

§ 3º – Expropriação de bens

1. Introdução

De acordo com o art. 825 do novo CPC, "a expropriação consiste em: I – adjudicação; II – alienação; III – apropriação de frutos e rendimentos de empresa ou de estabelecimentos e de outros bens". Equivalente ao art. 647 do CPC/1973.

Como se sabe, para que seja possível a expropriação é preciso que, antes, o bem tenha sido penhorado, tema este que já estudamos nas páginas anteriores.

Uma observação importante precisa ser feita desde já. O legislador fundiu as figuras jurídicas da "hasta pública" e da "alienação por iniciativa particular". No novo CPC, portanto, fala-se apenas em alienação. No entanto, conforme se verá a seguir (mais precisamente no art. 879 do novo CPC), existem duas espécies de alienação, quais sejam, por iniciativa particular e em leilão judicial eletrônico ou presencial. E pouco importa se o bem é imóvel ou móvel, ou seja, não será mais necessário fazer a distinção entre praça e leilão. Houve, como se vê, uma simplificação desse procedimento.

Vejamos, então, quais são as novidades específicas em se tratando da expropriação de bens.

2. Intimação do executado acerca do desejo do exequente de adjudicar o bem

O CPC/1973 não era claro acerca da necessidade de se intimar o executado quando o exequente demonstrasse o seu intuito de adjudicar o bem penhorado.

No novo CPC isso passa a ser uma exigência, conforme se extrai do § 1º do art. 876. As formas de intimação do executado, bem como o passo a passo em caso de dificuldade de se localizá-lo, estão elencadas nos §§ 1º a 3º do mesmo dispositivo.

3. Prazo para que a carta de adjudicação possa ser assinada

Nos termos do art. 877 do novo CPC, "transcorrido o prazo de cinco dias, contado da última intimação, e decididas eventuais questões, o juiz ordenará a lavratura do auto de adjudicação". No CPC/1973 não havia regra expressa sobre isso.

Essas "eventuais questões" podem ser, *v.g.*, interesse de uma ou mais pessoas adquirirem o bem (§§ 5º a 7º do art. 876), ou, até mesmo, algum vício na penhora.

4. Penhora de bem hipotecado e remição do executado

O § 3º do art. 877 do novo CPC dispõe que, "no caso de penhora de bem hipotecado, o executado poderá remi-lo até a assinatura do auto de adjudicação, oferecendo preço igual ao da avaliação, se não tiver havido licitantes, ou ao do maior lance oferecido". Dispositivo sem equivalente no CPC/1973.

Como o que mais interessa ao exequente é receber o dinheiro a que tem direito, a solução acima é salutar, e, muito provavelmente, o credor ficará satisfeito em receber o dinheiro. Somente ficaria triste se ele soubesse que o bem penhorado está mal avaliado.

5. Falência ou insolência do devedor hipotecário

O § 4º do art. 877 do novo CPC diz que, "na hipótese de falência ou de insolvência do devedor hipotecário, o direito de remição previsto no § 3º será deferido à massa ou aos credores em concurso, não podendo o exequente recusar o preço da avaliação do imóvel". Dispositivo sem equivalente no CPC/1973.

6. Procedimento em caso de tentativas frustradas de alienação do bem

Segundo o art. 878 do novo CPC, "frustradas as tentativas de alienação do bem, será reaberta oportunidade para requerimento de adjudicação, caso em que também se poderá pleitear a realização de nova avaliação". Dispositivo sem equivalente no CPC/1973.

O número de tentativas de alienação está previsto em lei, bem como os casos em que se poderá requerer nova avaliação.

7. Espécies de alienação

Nos termos do art. 879 do novo CPC, "a alienação far-se-á: I – por iniciativa particular; II – em leilão judicial eletrônico ou presencial". Não existe um dispositivo idêntico a esse no CPC/1973, muito embora essas duas modalidades de alienação já existissem nos arts. 685-C e 686.

A alienação eletrônica também já tinha previsão legal no CPC/1973 (§ 3º do art. 685-C e art. 689-A). Isso, sem dúvida, trará maior competitividade e disputa pela compra do bem objeto da constrição judicial, uma vez que um maior número de pessoas participará do certame, simplesmente porque o acesso é mais simples, rápido e menos burocrático. E, por certo, fará com que o preço de arrematação se eleve (lei da oferta e da procura), o que é bom para ambas as partes.

Reiteramos que o novo CPC não faz mais a distinção entre leilão (bens móveis) e praça (bens imóveis).

8. Alienação por iniciativa particular como faculdade do credor

Atenção para o fato de que a alienação por iniciativa particular continua sendo uma faculdade (e, não, dever) do exequente. E mais: o executado não tem o direito de exigir que o bem seja alienado dessa forma. Era assim no CPC/1973 (art. 685-B). E, ratificando, permanece da mesma maneira no novo CPC (art. 880). Apesar, portanto, de isso não ser uma inovação propriamente dita, é sempre bom ressaltar alguns pontos que não são tão claros para alguns.

9. Ausência de corretor e leiloeiro credenciados pelo tribunal

O § 4º do art. 880 do novo CPC diz que, "nas localidades em que não houver corretor ou leiloeiro público credenciado nos termos do § 3º, a indicação será de livre escolha do exequente". Dispositivo sem equivalente no CPC/1973.

10. Hipótese de cabimento do leilão judicial

O art. 881 do novo CPC reza que "a alienação far-se-á em leilão judicial se não efetivada a adjudicação ou a alienação por iniciativa particular". Sem correspondente no CPC/1973.

Como se vê, a alienação do bem penhorado por meio de leilão judicial deve ser realizada apenas em caso de o exequente não ter optado por adjudicar ou alienar por iniciativa particular.

11. Leiloeiro público

O § 1º do art. 881 do novo CPC mantém a tradição do CPC/1973 de que "o leilão do bem penhorado será realizado por leiloeiro público".

12. Leilão por meio eletrônico como regra geral

O art. 882 do novo CPC diz que, "não sendo possível a sua realização por meio eletrônico, o leilão será presencial". Dispositivo sem equivalente no CPC/1973.

Trata-se de uma alteração relevante, na medida em que foi invertida a regra geral que existia na era do CPC/1973. Agora, como se depreende da regra supratranscrita, o leilão deverá ser realizado, precipuamente, por meio eletrônico. Não sendo possível, aí sim poderá ser presencial.

13. Garantias processuais da alienação judicial por meio eletrônico

O § 1º do art. 882 do novo CPC esclarece que "a alienação judicial por meio eletrônico será realizada, observando-se as garantias processuais das partes, de acordo com regulamentação específica do Conselho Nacional de Justiça". Sem correspondente no CPC/1973.

O § 2º do art. 882 informa que "a alienação judicial por meio eletrônico deverá atender aos requisitos de ampla publicidade, autenticidade e segurança, com observância das regras estabelecidas na legislação sobre certificação digital". Sem correspondente no CPC/1973.

14. Local do leilão presencial

O leilão presencial será realizado em local designado pelo juiz, conforme se extrai do § 3º do art. 882 do novo CPC.

15. Comissão do leiloeiro

O parágrafo único do art. 884 do novo CPC (art. 705, IV, do CPC/1973) garante que "o leiloeiro tem o direito de receber do arrematante a comissão estabelecida em lei ou arbitrada pelo juiz".

16. Requisitos mínimos para o aperfeiçoamento da alienação judicial

O art. 885 do novo CPC positiva algo que sempre existiu, na prática, nas hastas públicas à luz do CPC/1973, e que já estava até no texto expresso da lei, só que apenas na parte que disciplinava a alienação por iniciativa particular (§ 1º do art. 685-C do CPC/1973). Dispõe o art. 885 que "o juiz da execução estabelecerá o preço mínimo, as condições de pagamento e as garantias que poderão ser prestadas pelo arrematante".

Aliás, esses e outros requisitos devem estar presentes no edital de leilão judicial, *ex vi* do art. 886 do novo CPC (art. 686 do CPC/1973). Há apenas um novo requisito para esses editais, se se comparado àqueles da época do CPC/1973, que é a necessidade de se indicar, de uma vez, o local, dia e hora do segundo leilão presencial, para a hipótese de não haver interessado no primeiro (inciso V do art. 886). Veja que é uma pequena regra que, ao mesmo tempo, dá maior transparência e publicidade a esses leilões e evita que o juiz tenha que se pronunciar novamente sobre algo que já poderia ter sido resolvido.

17. Providências que o leiloeiro público deve tomar

O art. 885 do novo CPC cuida das providências essenciais que devem ser tomadas pelo leiloeiro de modo a dar ampla publicidade ao leilão.

A primeira delas é publicar o edital com, no mínimo, cinco dias de antecedência da data marcada para o leilão (§ 1º do art. 885). Sem correspondente no CPC/1973.

A segunda delas é garantir que "o edital será publicado na rede mundial de computadores, em sítio designado pelo juízo da execução, e conterá descrição detalhada e, sempre que possível, ilustrada dos bens, informando expressamente se o leilão se realizará de forma eletrônica ou presencial" (§ 2º do art. 885). Sem correspondente no CPC/1973.

A terceira delas é determinar o que deve ser feito em caso de não ser possível a publicação na rede mundial de computadores ou considerando o juiz, em atenção às condições da sede do juízo, que esse modo de divulgação é insuficiente ou inadequado. Nesse caso, o edital será afixado em local de costume e publicado, em resumo, pelo menos uma vez em jornal de ampla circulação local, conforme se extrai do § 3º do art. 885.

As demais providências constam dos §§ 4º a 6º, mas são meras repetições dos §§ 2º a 4º do art. 687 do CPC/1973. Sem correspondente no CPC/1973.

18. Sanção para o causador da transferência da data do leilão

O parágrafo único do art. 888 informa que "o escrivão, o chefe de secretaria ou o leiloeiro que culposamente der causa à transferência responde pelas despesas da nova publicação, podendo o juiz aplicar-lhe a pena de suspensão por cinco dias a três meses, em procedimento administrativo regular". Esse prazo foi majorado. Era de cinco a 30 dias no CPC/1973 (parágrafo único do art. 688).

19. Pessoas que devem ser cientificadas da alienação judicial

O art. 889, I a VIII, do novo CPC (sem equivalente no CPC/1973) traz um rol das pessoas que devem ser intimadas, com pelo menos cinco dias de antecedência, da ocorrência da alienação judicial. Apesar de não estar expresso, parece-nos que o desrespeito a esse comando poderá levar à invalidação da arrematação.

O parágrafo único do mesmo dispositivo determina que "se o executado for revel e não tiver advogado constituído, não constando dos autos seu endereço atual ou, ainda, não sendo ele encontrado no endereço constante do processo, a intimação considerar-se-á feita por meio do próprio edital de leilão". Sem equivalente no CPC/1973.

20. Conceito de preço vil

O art. 891 do novo CPC continua mantendo a regra do CPC/1973 (art. 692) de que não se pode vender um bem em leilão judicial por preço vil. E o que seria preço vil? A doutrina e a jurisprudência sempre tiveram trabalho em tentar determinar o alcance e os parâmetros dessa expressão, uma vez que o CPC/1973 era omisso. Para resolver esse problema, o parágrafo único do art. 891 estatui o seguinte: "considera-se vil o preço inferior ao mínimo estipulado pelo juiz e constante do edital, e, não tendo sido fixado preço mínimo, considera-se vil o preço inferior a cinquenta por cento do valor da avaliação". Trata-se de regra clara e objetiva, que, certamente, sanará as dúvidas e aflições que existiam.

21. Forma de pagamento pelo arrematante

De acordo com o art. 892 do novo CPC, "salvo pronunciamento judicial em sentido diverso, o pagamento deverá ser realizado de imediato pelo arrematante, por depósito judicial ou por meio eletrônico". Sem equivalente no CPC/1973. Registre-se que o art. 690 do CPC/1973 foi suprimido e tinha redação um pouco parecida com essa.

Assim, se o arrematante desejar comprar o bem de forma parcelada, deverá requerer ao juiz, que tem a discricionariedade para deferir o pedido. Especialmente se inexistir oposição do exequente, consideramos razoável o deferimento imediato do pedido para pagamento em poucas parcelas. Pode ser, ainda, que o arrematante queira financiar, a longo prazo, a compra do bem. Mesmo assim é possível o deferimento do pedido, desde que ouvidas as partes antes, sendo, *in casu*, mais importante a opinião que o credor terá sobre a proposta.

O art. 895 do novo CPC (sem equivalente no CPC/1973) regula como deve se dar o pedido para pagamento em parcelas do bem objeto do leilão judicial.

22. Vários pretendentes e igualdade de ofertas

Nos termos do § 2º do art. 892 do novo CPC, "se houver mais de um pretendente, proceder-se-á entre eles à licitação, e, no caso de igualdade de oferta, terá preferência o cônjuge, o companheiro, o descendente ou o ascendente do executado, nessa ordem". Sem equivalente no CPC/1973. Sem equivalente no CPC/1973.

23. Leilão de bem tombado

Segundo o § 3º do art. 892 do novo CPC, "no caso de leilão de bem tombado, a União, os Estados e os Municípios terão, nessa ordem, o direito de preferência na arrematação, em igualdade de oferta".

24. Requerimento do executado para alienação de imóvel em partes

Caso o imóvel admita cômoda divisão, poderá o executado requerer que o bem seja dividido e alienado em partes (art. 894 do novo CPC), mas desde que formule o pedido a tempo de se elaborar os memoriais descritivos (§ 2º do art. 894). Ressalte-se que, na eventualidade de não surgir nenhuma pessoa interessada em comprar partes do bem, ele deverá ser leiloado por inteiro (§ 1º do art. 894). A novidade fica apenas por conta do § 2º, uma vez que o *caput* e o seu § 1º são equivalentes ao art. 702 do CPC/1973.

25. Procedimento do pedido de pagamento em prestações do bem objeto do leilão

O art. 895 do novo CPC (sem equivalente no CPC/1973) disciplina o procedimento do pedido para pagamento do bem penhorado em parcelas:

> "Art. 895. O interessado em adquirir o bem penhorado em prestações poderá apresentar, por escrito: I – até o início do primeiro leilão, proposta de aquisição do bem por valor não inferior ao da avaliação; II – até o início do segundo leilão, proposta de aquisição do bem por valor que não seja considerado vil.
>
> § 1º A proposta conterá, em qualquer hipótese, oferta de pagamento de pelo menos vinte e cinco por cento do valor do lance à vista e o restante parcelado em até 30 meses, garantido por caução idônea, quando se tratar de móveis, e por hipoteca do próprio bem, quando se tratar de imóveis.
>
> § 2º As propostas para aquisição em prestações indicarão o prazo, a modalidade, o indexador de correção monetária e as condições de pagamento do saldo.
>
> § 3º VETADO
>
> § 4º No caso de atraso no pagamento de qualquer das prestações, incidirá multa de dez por cento sobre a soma da parcela inadimplida com as parcelas vincendas.
>
> § 5º O inadimplemento autoriza o exequente a pedir a resolução da arrematação ou promover, em face do arrematante, a execução do valor devido, devendo ambos os pedidos ser formulados nos autos da execução em que se deu a arrematação.
>
> § 6º A apresentação da proposta prevista neste artigo não suspende o leilão.
>
> § 7º A proposta de pagamento do lance à vista sempre prevalecerá sobre as propostas de pagamento parcelado.
>
> § 8º Havendo mais de uma proposta de pagamento parcelado: I – em diferentes condições, o juiz decidirá pela mais vantajosa, assim compreendida, sempre, a de maior valor; II – em iguais condições, o juiz decidirá pela formulada em primeiro lugar.

> § 9º No caso de arrematação a prazo, os pagamentos feitos pelo arrematante pertencerão ao exequente até o limite de seu crédito, e os subsequentes, ao executado".

Observem que o dispositivo legal disciplina, detalhadamente, como deve funcionar o pedido de parcelamento. As regras são bem autoexplicativas, logo, não precisam de comentários. Queremos apenas destacar que (i) há limite para o número de meses em que se poderá parcelar o valor, (ii) é preciso prestar garantia idônea, (iii) existe multa para o caso de inadimplemento, bem como a possibilidade de se resolver o negócio, (iv) a não suspensão do leilão com a apresentação de propostas, e (v) a imprescindibilidade de que a proposta de lance à vista prevaleça sobre a proposta de pagamento parcelado.

Apesar de não estar consignado de forma expressa, temos que é imperioso ouvir as partes, em especial o exequente, sobre a proposta apresentada por terceiro. A dúvida que acreditamos que irá surgir é se alguma das partes teria o direito de impedir que a alienação se desse de forma parcelada. Pelo contexto do novo CPC, consideramos que a resposta é negativa. Como sabemos, uma das grandes mazelas do processo civil no Brasil é satisfazer o crédito do exequente na execução ou no cumprimento de sentença. Desse modo, se o único bem localizado somente despertou o interesse de potenciais compradores em pagar a prazo, consideramos que o juiz deva autorizar a transação nesses moldes, independentemente de as partes concordarem.

Lembremos que o próprio exequente pode apresentar proposta, não sendo incompatível esse ato processual pelo simples fato de ele ter, ao seu alcance, a possibilidade de adjudicar o bem. Parece-nos que essa alternativa seria recomendada quando o valor do bem penhorado seja superior ao valor do crédito que ele tem direito a receber do executado.

26. (In)eficácia e (in)validade da arrematação

O art. 903 do novo CPC (art. 694 do CPC/1973), num primeiro momento, garante a validade e a eficácia da arrematação, assim que o auto for devidamente assinado por todas as pessoas exigidas na lei, ainda que o devedor logre êxito em embargos à execução ou ação autônoma que tenham sido ajuizados.

Já num segundo momento, cuida das hipóteses de invalidade e ineficácia da arrematação (§ 1º do art. 903).

Num terceiro momento, estabelece prazo para que a parte interessada o provoque, nos mesmos autos, para decidir sobre eventuais irregularidades ou vícios na arrematação do bem (§§ 2º e 3º do art. 903). Não havendo provocação no prazo legal, será expedida carta de arrematação. Depois disso, a arguição de invalidação da arrematação somente poderá ser pleiteada por ação autônoma, sendo imprescindível a presença do arrematante na qualidade de litisconsorte necessário (§ 4º do art. 903).

Num quarto momento são elencadas as hipóteses nas quais será possível desistir da arrematação (§ 5º do art. 903).

Num quinto momento, o legislador cria a figura do ato atentatório à dignidade da justiça especificamente para quem suscitar dúvida injustificada com o intuito de ensejar a desistência do arrematante (§ 6º do art. 903).

Como se pode ver, não há, basicamente, nenhuma alteração de relevo. As novidades ficam por conta dos novos §§ 4º e 6º do art. 903, bem como do aclaramento de quais situações podem dar azo à invalidação, ineficácia e desistência da arrematação, agora bem delineadas nos §§ 1º e 5º do art. 903. Para que isso se tornasse possível, foi preciso fazer uma cisão do § 1º do art. 694 do CPC/1973.

Por fim, segue abaixo a redação na íntegra do dispositivo, de modo a facilitar a interpretação do leitor.

> "Art. 903. Qualquer que seja a modalidade de leilão, assinado o auto pelo juiz, pelo arrematante e pelo leiloeiro, a arrematação será considerada perfeita, acabada e irretratável, ainda que venham a ser julgados procedentes os embargos do executado ou a ação autônoma de que trata o § 4º deste artigo, assegurada a possibilidade de reparação pelos prejuízos sofridos.
>
> § 1º Ressalvadas outras situações previstas neste Código, a arrematação poderá, no entanto, ser: I – invalidada, quando realizada por preço vil ou com outro vício; II – considerada ineficaz, se não observado o disposto no art. 804; III – resolvida, se não for pago o preço ou se não for prestada a caução.
>
> § 2º O juiz decidirá acerca das situações referidas no § 1º, se for provocado em até 10 dias após o aperfeiçoamento da arrematação.
>
> § 3º Passado o prazo previsto no § 2º sem que tenha havido alegação de qualquer das situações previstas no § 1º, será expedida a carta de arrematação e, conforme o caso, a ordem de entrega ou mandado de imissão na posse.
>
> § 4º Após a expedição da carta de arrematação ou da ordem de entrega, a invalidação da arrematação poderá ser pleiteada por ação autônoma, em cujo processo o arrematante figurará como litisconsorte necessário.
>
> § 5º O arrematante poderá desistir da arrematação, sendo-lhe imediatamente devolvido o depósito que tiver feito: I – se provar, nos 10 dias seguintes, a existência de ônus real ou gravame não mencionado no edital; II – se, antes de expedida a carta de arrematação ou a ordem de entrega, o executado alegar alguma das situações previstas no § 1º; III – uma vez citado para responder a ação autônoma de que trata o § 4º deste artigo, desde que apresente a desistência no prazo de que dispõe para responder a essa ação.
>
> § 6º Considera-se ato atentatório à dignidade da justiça a suscitação infundada de vício com o objetivo de ensejar a desistência do arrematante, devendo o suscitante ser condenado, sem prejuízo da responsabilidade por perdas e danos, ao

pagamento de multa, a ser fixada pelo juiz e devida ao exequente, em montante não superior a vinte por cento do valor atualizado do bem".

§ 4º – Satisfação de crédito

1. Limitações ao magistrado plantonista

O parágrafo único do art. 905 do novo CPC (sem correspondente no CPC/1973) aduz que, "durante o plantão judiciário, veda-se a concessão de pedidos de levantamento de importância em dinheiro ou valores ou de liberação de bens apreendidos".

O plantão dos órgãos do Poder Judiciário foi pensado e criado para atender aos pleitos de natureza extremamente urgente, que não poderiam esperar para serem apreciados, e, claro, que fossem, dentro do possível, reversíveis. Como se pode perceber, o legislador entendeu que "levantar importância em dinheiro" ou "liberar bens apreendidos" não tem caráter de urgência a ponto de a medida ter de ser concedida em plantão judiciário. Essa regra vale para qualquer instância do Poder Judiciário.

Atente-se para o fato de que essa regra está contida dentro do Livro do novo CPC que trata da satisfação do crédito no processo de execução (aplicável ao cumprimento de sentença). Isso significa que, caso um bem tenha sido apreendido pelo Poder Público, é cabível a sua liberação, mesmo em plantão judiciário, especialmente nos casos em que há o risco de perecimento do bem.

2. Transferência do dinheiro para conta indicada pelo exequente

O parágrafo único do art. 906 do novo CPC (sem correspondente no CPC/1973) dispõe que "a expedição de mandado de levantamento poderá ser substituída pela transferência eletrônica do valor depositado em conta vinculada ao juízo para outra indicada pelo exequente".

A novidade é bastante interessante porque permitirá que o dinheiro que se encontra depositado em conta judicial, em favor do exequente, poderá ser transferido para uma outra conta bancária que ele indicar, e não necessariamente de sua titularidade. Pode ser, por exemplo, do advogado, de algum parente próximo ou mesmo de sócios da pessoa jurídica. Nada impede que o credor indique, aliás, duas contas bancários para o depósito, *v.g.*, a dele mesmo e a de seu advogado, de modo que os honorários contratuais *ad exitum* e/ou os sucumbenciais já poderiam ser depositados diretamente na conta bancária do causídico.

Essa medida evita a expedição de mandado de levantamento (mais conhecido como alvará de levantamento) e a necessidade de ter de ir à instituição financeira para descontar ou depositar a importância estampada no documento em questão.

3. Concurso de credores

Antes de analisarmos as aparentes novidades trazidas nessa parte, que seriam os §§ 1º e 2º do art. 908 do novo CPC, vamos ver qual é a redação do *caput*: "havendo pluralidade de credores ou exequentes, o dinheiro lhes será distribuído e entregue consoante a ordem das respectivas preferências". Equivalente ao art. 711 do CPC/1973.

Enfim, havendo concurso de credores, como deve ser pago o valor oriundo da adjudicação ou alienação do bem?

Inicialmente o § 1º aduz que, "no caso de adjudicação ou alienação, os créditos que recaem sobre o bem, inclusive os de natureza *propter rem*, sub-rogam-se sobre o respectivo preço, observada a ordem de preferência". Em outras palavras, terá prioridade para adjudicar o bem ou receber o produto da sua venda aquelas pessoas cujos créditos decorram de garantias prestadas com o bem em si (hipoteca ou penhor, por exemplo), bem como aqueles que decorrem da própria coisa, como é o caso da dívida dos encargos mensais do condomínio em relação à unidade autônoma.

Em seguida, diz o § 2º que, "não havendo título legal à preferência, o dinheiro será distribuído entre os concorrentes, observando-se a anterioridade de cada penhora". Com efeito, faz-se mister recordar, nesse ponto, a jurisprudência que já está consolidada no STJ há alguns anos, no sentido de que o arresto, mesmo que seja o cautelar, já é suficiente para que essa constrição judicial entre na "fila da anterioridade da penhora" (AgRg no REsp n. 902.536/RS). Talvez, em razão da supressão do art. 821 do CPC/1973, esse entendimento possa vir a ser alterado. De toda forma, é certo que, pelo menos ao arresto executivo deverá ser mantido esse ponto de vista.

Os §§ 1º e 2º não são novidades, pois, se se verificar a redação do art. 711 do CPC/1973, ela é um somatório do art. 908, *caput* e parágrafos, do novo CPC.

X – EXECUÇÃO CONTRA A FAZENDA PÚBLICA

§ 1º – Introdução

No CPC/1973, o procedimento para a execução de títulos executivos extrajudiciais e judiciais contra a Fazenda Pública, desde que fosse para pagamento de quantia certa, era feito com base nos arts. 730, 731, 741, 742 e 743.

No novo CPC há rito próprio para o cumprimento de sentença contra a Fazenda Pública, desde que o objeto seja o pagamento de quantia certa (arts. 534 e 535). Se a sentença a ser executada for de entrega de coisa, fazer ou não fazer, aplica-se um dos procedimentos específicos (arts. 536 a 538 do novo CPC).

Portanto, veja-se que esse procedimento executivo é específico para quando a Fazenda Pública estiver no polo passivo e o título executivo for extrajudicial, e, claro, for para o pagamento de quantia certa. Há apenas um dispositivo legal versando sobre esse rito: o art. 910 e seus três parágrafos. Não há qualquer real inovação.

Em caso de título executivo cuja obrigação seja de entrega de coisa, fazer ou não fazer, aplica-se um dos procedimentos específicos do Livro II da Parte Especial (arts. 797 a 823). Isso porque a especificidade da execução contra a Fazenda Pública está apenas na forma de pagamento da quantia a que foi condenada. Estamos nos referindo ao precatório e ao RPV.

§ 2º – Procedimento

A Fazenda Pública será citada para oferecer embargos à execução no prazo de 30 dias (art. 910). No CPC/1973 o prazo era o mesmo, por força de uma Medida Provisória que o majorou no período anterior à EC n. 32.

O pagamento, claro, continua sendo por precatório e RPV (§ 1º do art. 910).

Nos embargos a Fazenda poderá alegar qualquer matéria que lhe seria lícito deduzir como defesa no processo de conhecimento (§ 2º do art. 910). No art. 741, VI, do CPC/1973, já era possível deduzir o disposto na lei nova.

No mais, exige o § 3º do art. 910 que deve ser aplicado, no que couber, os arts. 534 e 535 do novo CPC, que dispõem sobre o cumprimento de sentença que reconheça a exigibilidade de obrigação de pagar quantia certa pela Fazenda Pública.

XI – EXECUÇÃO DE ALIMENTOS

§ 1º – Introdução

Não existia no CPC/1973 um procedimento especial para a execução de título executivo extrajudicial cuja obrigação tivesse natureza alimentar. Os arts. 732 a 735 eram utilizados para a execução de decisões judiciais.

O novo CPC, nos seus arts. 911 a 913, cria um rito especial para que o detentor de título executivo extrajudicial que contenha obrigação alimentar possa executar o devedor.

§ 2º – Procedimento

1. Cabimento e prazo para pagamento

Segundo o art. 911 do novo CPC, "na execução fundada em título executivo extrajudicial que contenha obrigação alimentar, o juiz mandará citar o executado para, em três dias, efetuar o pagamento das parcelas anteriores ao início da execução e das que se vencerem no seu curso, provar que o fez ou justificar a impossibilidade de fazê-lo".

2. Prisão civil

O parágrafo único do art. 911 do novo CPC determina a aplicação subsidiária, no que couber, dos §§ 2º a 7º do art. 528 do novo CPC. Isso quer dizer que é possível a decretação da prisão civil do executado, nos mesmos moldes e condições que se dá no cumprimento de sentença que reconheça a exigibilidade de obrigação de prestar alimentos.

Feita a citação, se o executado não pagar o valor devido em três dias, poderá o exequente requerer a prisão do devedor, que deverá ser imediatamente decretada pelo juiz, caso o débito atenda aos pressupostos do § 7º do art. 528. Lembramos que é lícito ao executado provar que está absolutamente impossibilitado de efetuar o pagamento (§ 2º do art. 528).

3. Desconto do valor da pensão alimentícia em folha de pagamento de pessoal

Nos termos do art. 912 do novo CPC, "quando o executado for funcionário público, militar, diretor ou gerente de empresa, bem como empregado sujeito à legislação do trabalho, o exequente poderá requerer o desconto em folha de pagamento de pessoal da importância da prestação alimentícia". Sobre o ofício que deverá ser expedido, bem como os seus requisitos, confiram-se os §§ 1º e 2º do art. 912. Apesar de não estar expresso, parece-nos evidente que, "sem prejuízo do pagamento dos alimentos vincendos, o débito objeto de execução pode ser descontado dos rendimentos ou rendas do executado, de forma parcelada, nos termos do *caput* deste artigo, contanto que, somado à parcela devida, não ultrapasse cinquenta por cento de seus ganhos líquidos" (§ 3º do art. 529 do novo CPC).

4. Utilização do procedimento executivo comum

Reza o art. 913 do novo CPC que, "não requerida a execução nos termos deste Capítulo, observar-se-á o disposto no art. 824 e seguintes, com a ressalva de que, recaindo a penhora em dinheiro, a concessão de efeito suspensivo aos embargos à execução não obsta a que o exequente levante mensalmente a importância da prestação".

Isso significa que o credor de alimentos tem dois procedimentos, à sua livre escolha, para buscar o recebimento do débito alimentar. Há o rito especial (arts. 911 a 913), no qual é cabível o pedido de prisão do alimentante, e tem também o rito comum (art. 824 e seguintes), que, nada mais é, do que o procedimento de execução por quantia certa. O pedido de prisão só pode ser formulado se o rito escolhido pelo exequente for o especial.

Na nossa opinião, o legislador perdeu uma boa oportunidade de criar um rito único para a execução de alimentos. É claro que seriam respeitadas as peculiaridades do pedido de prisão, mas não faz sentido termos dois procedimentos em que as partes são as mesmas.

XII – INSOLVÊNCIA CIVIL

O art. 797 do novo CPC (art. 612 do CPC/1973) informa que, "ressalvado o caso de insolvência do devedor, em que tem lugar o concurso universal, realiza-se a execução no interesse do exequente que adquire, pela penhora, o direito de preferência sobre os bens penhorados".

Como o novo CPC, ao contrário do que fez o CPC/1973, não criou rito específico para a execução de quantia contra devedor insolvente, a solução foi determinar a aplicação das regras já revogadas do CPC/1973. O art. 1.052 do novo CPC determina que, "até a edição de lei específica, as execuções contra devedor insolvente, em curso ou que venham a ser propostas, permanecem reguladas pelo Livro II, Título IV, da Lei n. 5.869, de 11 de janeiro de 1973". Em suma, aplicar-se-ão os arts. 748 a 786-A do CPC/1973 para os casos de insolvência civil.

XIII – EMBARGOS À EXECUÇÃO

§ 1º – NOÇÕES GERAIS

1. Introdução

O meio de defesa do executado em qualquer execução dar-se-á por meio de embargos à execução. Como se vê, parece que a terminologia foi ligeiramente alterada. No CPC/1973 eram chamados de embargos de devedor (cf. Título III do Livro II), não obstante ser denominado, em alguns momentos, de embargos à execução (cf. Capítulo III do Título III do Livro II). Na verdade, como o CPC/1973 foi concebido no ano de 1973, e, ao longo das décadas, foi sofrendo muitas alterações legislativas, concluímos que, inicialmente, falavam-se embargos de devedor, e, com o passar dos tempos, embargos à execução.

Apesar de o novo CPC utilizar-se de uma terminologia aparentemente nova, nada impede que a anterior também possa ser lembrada, sendo um absurdo e uma violação aos princípios da legalidade, instrumentalidade e razoabilidade, e ao dever de cooperação, determinar-se a emenda da petição inicial somente para retificar esse ponto.

Enfim, os embargos à execução estão regulados nos arts. 914 a 920 do novo CPC. Equivalentes aos arts. 736 a 747 do CPC/1973.

Por ser um tema no processo civil muito comum e utilizado, vamos fugir um pouco à nossa regra metodológica e mencionar, brevemente, alguns pontos relevantes que permaneceram inalterados.

2. Garantia do juízo

Continua sendo desnecessária a garantia do juízo para se poder opor embargos (art. 914 do novo CPC).

3. Competência, requisitos e prazo

Não houve qualquer mudança nesses três pontos, conforme se pode verificar dos arts. 914, § 1º e 915, *caput* e § 1º, do novo CPC.

4. Do efeito suspensivo

Assim como vinha ocorrendo desde o ano de 2006, os embargos à execução não têm efeito suspensivo automático (art. 919 do novo CPC).

É possível, no entanto, a concessão do efeito suspensivo pelo magistrado. Para tanto, é preciso que o embargante atenha-se a todos os requisitos elencados no § 1º do art. 919: "o juiz poderá, a requerimento do embargante, atribuir efeito suspensivo aos embargos quando verificados os requisitos para a concessão da tutela provisória, e desde que a execução já esteja garantida por penhora, depósito ou caução suficientes". Apenas para reforçar, os requisitos são: (i) requerimento do embargante; (ii) presença dos pressupostos para o deferimento da tutela provisória; (iii) execução já garantida por penhora, depósito ou caução suficientes. Estando todos eles presentes, é dever do magistrado atribuir o efeito suspensivo pleiteado. A dificuldade que pode surgir para o devedor é que nem todos os requisitos são objetivos, logo, comportam interpretação do magistrado, e, claro, agravo de instrumento interposto pela parte que estiver contrariada com o *decisum*.

Os §§ 2º a 5º do art. 919 trazem outras disposições sobre o efeito suspensivo, mas que são repetições dos §§ 2º a 4º e 6º do art. 739-A do CPC/1973.

5. Prazo do embargado para responder

O prazo que o embargado tem para responder ou impugnar os embargos à execução permaneceu inalterado, ou seja, é de 15 dias, nos termos do art. 920, I, do novo CPC (art. 740 do CPC/1973).

§ 2º – Parcelamento legal

1. Introdução

O parcelamento ou moratória legal, criado na vigência do CPC/1973 em seu art. 745-A, foi mantido pelo novo CPC e pode ser encontrado em seu art. 916.

2. Cabimento

É cabível apenas no processo de execução. Não se aplica ao cumprimento de sentença por expressa previsão legal (§ 7º do art. 916 do novo CPC), o que coloca, por terra, a jurisprudência formada há alguns anos no STJ, que, a nosso ver, era equivocada.

Na vigência do CPC/1973 o STJ deixou claro que caberia o dito parcelamento até mesmo nas execuções de alimentos (REsp 1.194.020/SP). Não temos a menor dúvida de que esse entendimento deverá prevalecer no novo CPC, desde que, claro, não seja o cumprimento de sentença de obrigação alimentar.

A grande dúvida será saber se essa moratória legal poderá ou não ser aplicada às execuções fiscais. A nosso ver, apesar de a jurisprudência ser contrária, acreditamos ser perfeitamente possível. Apesar de a Lei n. 6.830/80 não dispor nada sobre isso, ela mesma, em seu art. 1º, determina que o Código de Processo Civil seja aplicado subsidiariamente.

Assim, (i) como não há qualquer incompatibilidade do ponto de vista legal, mesmo a lei de execução fiscal sendo especial em relação ao Código; (ii) como a Fazenda Pública pode se valer do parcelamento quando é executada, guardadas as suas particularidades; e (iii) como o REFIS permite parcelamentos que duram muitos anos; somos obrigados a afirmar que o art. 916 do novo CPC deverá ser aplicado nas execuções fiscais.

3. Requisitos

Os requisitos continuam sendo os mesmos de antes. Reza o art. 916 do novo CPC que "no prazo para embargos, reconhecendo o crédito do exequente e comprovando o depósito de trinta por cento do valor em execução, acrescido de custas e de honorários de advogado, o executado poderá requerer que lhe seja permitido pagar o restante em até seis parcelas mensais, acrescidas de correção monetária e de juros de um por cento ao mês".

Já o § 1º do art. 916 diz que "o exequente será intimado para manifestar-se sobre o preenchimento dos pressupostos do *caput*, e o juiz decidirá o requerimento em cinco dias".

Todos os requisitos devem estar presentes e devidamente comprovados, sob pena de o pleito poder ser indeferido, muito embora, mesmo na ausência de um deles, pode o exequente relevar o fato.

A manifestação do exequente é restrita ao preenchimento ou não dos requisitos. Lembramos que, se todos estiverem presentes, o juiz fica obrigado a deferir o pedido.

Há, ainda, um outro requisito que deve ser ressaltado. Nos termos do § 6º do art. 916, "a opção pelo parcelamento de que trata este artigo importa renúncia ao direito de opor embargos". Para alguns isso poderá ser visto como um efeito da opção pelo parcelamento, contudo, pouco importa, na prática, se é requisito ou efeito.

4. Dever de continuar pagando as prestações mensais

Segundo o § 2º do art. 916 do novo CPC, "enquanto não apreciado o requerimento, o executado terá de depositar as parcelas vincendas, facultado ao exequente seu levantamento".

O não pagamento importará, automaticamente, em renúncia tácita ao pedido de parcelamento, acrescido das sanções previstas no § 5º do art. 916.

O levantamento de alguma prestação não implicará em aceitação tácita da recusa ao pedido de parcelamento, salvo se o exequente, expressamente, desistir da sua impugnação.

5. Efeito do deferimento da proposta

De acordo com o § 3º do art. 916 do novo CPC, "deferida a proposta, o exequente levantará a quantia depositada, e serão suspensos os atos executivos".

6. Efeito do indeferimento da proposta

Nos termos do § 4º art. 916 do novo CPC, "indeferida a proposta, seguir-se-ão os atos executivos, mantido o depósito, que será convertido em penhora".

7. Sanções em caso de descumprimento

Segundo o § 5º art. 916 do novo CPC, "o não pagamento de qualquer das prestações acarretará cumulativamente: I – o vencimento das prestações subsequentes e o prosseguimento do processo, com o imediato reinício dos atos executivos; II – a imposição ao executado de multa de dez por cento sobre o valor das prestações não pagas". Ratificamos que as penalidades constantes dos incisos I e II são cumulativas.

§ 3º – Matérias que podem ser alegadas nos embargos

1. Matérias impugnáveis por meio de embargos

O art. 917 do novo CPC lista as matérias que podem ser arguidas por meio de embargos à execução. É praticamente cópia do art. 745 do CPC/1973. Há duas alterações dignas de nota.

O inciso I do art. 917 do novo CPC fala em "inexequibilidade do título ou inexigibilidade da obrigação", enquanto que o inciso I do art. 745 do CPC/1973 falava em "nulidade da execução, por não ser executivo o título apresentado". Houve um aperfeiçoamento técnico da redação.

O inciso V do art. 917 não existia no CPC/1973: "incompetência absoluta ou relativa do juízo da execução".

A matéria arguível continua sendo totalmente ampla, pois, conforme se extrai do inciso VI do art. 917, pode ser alegado nos embargos "qualquer matéria que lhe seria lícito deduzir como defesa em processo de conhecimento".

2. Penhora incorreta ou avaliação errônea

Há um aparente desencontro de informações no tocante à arguição de penhora incorreta ou avaliação errônea. Segundo o art. 917, II, do novo CPC, isso pode ser alegado nos embargos à execução. Por outro lado, o § 1º do art. 917 informa que "a incorreção da penhora ou da avaliação poderá ser impugnada por simples petição, no prazo de 15 dias, contado da ciência do ato".

Afinal de contas, esse ponto deve ser arguido nos embargos à execução ou em mera petição?

Pode ser alegado das duas maneiras. Quando o executado tiver outros pontos para se defender, deverá tratar de tudo nos seus embargos, do contrário, se a sua única objeção for erro na penhora ou na avaliação, então poderá valer-se de simples petição.

O § 1º do art. 917 também poderá ser utilizado quando ocorrer penhora ou avaliação no decorrer do processo, depois de apresentados os embargos.

3. Excesso de execução

Quando o executado arguir excesso de execução, deverá observar o disposto nos §§ 3º e 4º do art. 917 do novo CPC. Os referidos parágrafos, cujos conteúdos não são novidade para ninguém, haja vista, *v.g.*, o § 2º do art. 475-L do CPC/1973, dispõem o seguinte:

> "§ 3º Quando alegar que o exequente, em excesso de execução, pleiteia quantia superior à do título, o embargante declarará na petição inicial o valor que entende correto, apresentando demonstrativo discriminado e atualizado de seu cálculo.
>
> § 4º Não apontado o valor correto ou não apresentado o demonstrativo, os embargos à execução: I – serão liminarmente rejeitados, sem resolução de mérito, se o excesso de execução for o seu único fundamento; II – serão processados, se houver outro fundamento, mas o juiz não examinará a alegação de excesso de execução".

4. Impedimento e suspeição

O § 7º do art. 917 do novo CPC explicita que a arguição de impedimento e suspeição observará o disposto nos arts. 146 e 148.

§ 4º – Rejeição liminar dos embargos

1. Hipóteses de cabimento

Os embargos à execução devem ser rejeitados liminarmente se ocorrer alguma das hipóteses mencionadas no art. 918 do novo CPC (art. 739 do CPC/1973). São elas: I – quando intempestivos; II – nos casos de indeferimento da petição inicial e de improcedência liminar do pedido; III – manifestamente protelatórios".

Observe-se que a improcedência liminar do pedido, prevista no art. 332 do novo CPC, pode ser aplicada aos embargos à execução, positivando, assim, o entendimento dominante na jurisprudência. A novidade fica mais por conta da possibilidade de, com isso, os embargos poderem ser rejeitados liminarmente.

2. Penalidade

O parágrafo único do art. 918 diz o seguinte: "considera-se conduta atentatória à dignidade da justiça o oferecimento de embargos manifestamente protelatórios". Desse modo, nos termos do § 2º do art. 77 do novo CPC, poderá a parte recalcitrante ser condenada a pagar multa de até 20% do valor da causa, devendo-se levar em consideração, para a fixação da alíquota, a gravidade da conduta.

§ 5º – Demais providências cabíveis

Recebidos os embargos à execução, o juiz intimará o exequente (embargado) para que se manifeste no prazo de 15 dias. Em seguida, nos termos dos incisos II e III do art. 920 do novo CPC, o juiz julgará imediatamente o pedido ou designará audiência, e, encerrada a instrução, o juiz proferirá sentença. É claro que, apesar de não estar escrito, todos os meios de prova previstos na parte do procedimento comum são aplicáveis aos embargos e estão à disposição das partes.

XIV – SUSPENSÃO E EXTINÇÃO DO PROCESSO DE EXECUÇÃO

§ 1º – Suspensão do processo

1. Introdução

A suspensão do processo é regulada pelos arts. 921 a 923 do novo CPC (arts. 791 a 793 do CPC/1973).

2. Hipóteses de suspensão

As situações que justificam a suspensão do processo executivo estão elencadas no art. 921 do novo CPC: "I – nas hipóteses dos arts. 313 e 315, no que couber; II – no todo ou em parte, quando recebidos com efeito suspensivo os embargos à execução; III – quando o executado não possuir bens penhoráveis; IV – se a alienação dos bens penhorados não se realizar por falta de licitantes e o exequente, em 15 dias, não requerer a adjudicação nem indicar outros bens penhoráveis; V – quando concedido o parcelamento de que trata o art. 916". Dispositivo equivalente ao art. 791 do CPC/1973.

Os três primeiros incisos são iguais aos já existentes no CPC/1973. O inciso IV é uma inovação. O inciso V, apesar de inexistir equivalente no CPC/1973, é mera consequência natural do parcelamento do art. 916 do novo CPC; moratória essa que também existia no CPC/1973 (art. 745-A).

3. Prescrição intercorrente

A prescrição intercorrente mereceu tratamento específico no novo CPC. Conforme se extrai do § 4º do art. 921 (sem equivalente no CPC/1973), "decorrido o prazo de que trata o § 1º sem manifestação do exequente, começa a correr o prazo de prescrição intercorrente. O juiz, depois de ouvidas as partes, no prazo de 15 dias, poderá, de ofício, reconhecer esta prescrição e extinguir o processo, nos termos do § 5º do art. 921.

E o que diz o mencionado § 1º do art. 921? Reza que "na hipótese do inciso III, o juiz suspenderá a execução pelo prazo de um ano, durante o qual se suspenderá a prescrição".

E sobre o que versa o dito inciso III do art. 921? Informa que o juiz suspenderá a execução se o executado não possuir bens penhoráveis.

Para uma melhor compreensão do tema, outros dois dispositivos precisam ser transcritos. O § 2º do art. 921 determina que, "decorrido o prazo máximo de um ano, sem que seja localizado o executado ou que sejam encontrados bens penhoráveis, o juiz ordenará o arquivamento dos autos". E, o § 3º do art. 921 complementa que, "os autos serão desarquivados para prosseguimento da execução se a qualquer tempo forem encontrados bens penhoráveis".

Na nossa opinião, escoado o prazo de um ano, se ainda assim o exequente não conseguir localizar bens passíveis de penhora do executado, deverá requerer ao juiz que suspenda o processo de execução por mais um ano. No nosso sentir, o § 2º do art. 921 não veda que a suspensão do processo de execução possa ser renovada por mais um ano. O que há no dispositivo em comento é um limite para cada suspensão do processo, todavia, não existe um limite para o número de suspensões que o processo executivo pode sofrer. E, se houvesse, seria uma proteção injusta ao devedor. O executado não pode ter o direito de se acomodar. O que existe, para ele, é o dever de pagar, mesmo que isso demore 10 anos. O direito ao esquecimento, tão em voga atualmente, não se aplica às execuções civis.

Ressalte-se que não há qualquer incompatibilidade entre o arquivamento do processo e a manutenção da interrupção da prescrição. Para que isso possa ocorrer, basta que haja requerimento do exequente para que o feito seja novamente suspenso por um ano (pode ser prazo menor que esse), e, após o deferimento do magistrado, pouco importa se o processo será arquivado ou se ele irá para a prateleira dos processos suspensos na vara em que se encontra.

§ 2º – Extinção do processo

1. Introdução

A extinção do processo está regulamentada pelos arts. 924 e 925 do novo CPC (arts. 794 e 795 do CPC/1973).

2. Hipóteses de extinção

Segundo o art. 924 do novo CPC, "extingue-se a execução quando: I – a petição inicial for indeferida; II – a obrigação for satisfeita; III – o executado obtiver, por qualquer outro meio, a extinção total da dívida; IV – o exequente renunciar ao crédito; V – ocorrer a prescrição intercorrente".

Não há nenhuma verdadeira inovação. Apesar de existirem dois incisos no art. 924 do novo CPC que não constavam do art. 794 do CPC/1973, tem-se que ambos já existiam na prática. Estamos nos referindo aos incisos I e V do art. 924.

Quarta Parte

Dos Processos nos Tribunais e dos Meios de Impugnação das Decisões Judiciais

I – DISPOSIÇÕES GERAIS SOBRE A ORDEM DOS PROCESSOS NOS TRIBUNAIS

§ 1º – Introdução

Os arts. 926 a 928 do novo CPC, sobre os quais discorreremos a seguir, não existiam no CPC/1973. Esses três dispositivos, que são de suma relevância, aplicam-se a todo o Livro III da Parte Especial do novo CPC.

§ 2º – Uniformização da jurisprudência

O art. 926 do novo CPC reza que "os tribunais devem uniformizar sua jurisprudência e mantê-la estável, íntegra e coerente".

O vocábulo "estável" foi aqui colocado com boas intenções, mas, se não for visto com o devido cuidado, pode ser mal interpretado e ser o fundamento para distorções. A jurisprudência deve ser estável no sentido de não mudar a todo instante, contudo, isso não significa que deva estagnar e acomodar-se no tempo.

As palavras "íntegra" e "coerente" já são largamente utilizadas pela doutrina.

A integridade limita a atividade do magistrado de modo que ele não interprete arbitrariamente o Direito, ou seja, suas decisões devem levar em consideração o ordenamento como um todo. Não se pode aplicar normas de maneira isolada, na medida em que essa prática pode soar como quebra da integridade e, além disso, um convite a uma discricionariedade judicial que não existe no Estado Democrático de Direito.

Já a coerência está ligada à ideia de se aplicar as mesmas normas (em especial os princípios) em casos iguais. Trata-se de uma isonomia normativa. O legislador não quer que o magistrado julgue diferentemente lides idênticas, pois isso violaria o princípio da igualdade das partes. Em suma, quer-se acabar com a chamada "loteria do Judiciário".

O § 1º do art. 926 mais uma vez convoca os tribunais a editar enunciado de súmula acerca do posicionamento da sua jurisprudência dominante. Essa medida, além de servir de norte para a primeira instância e mesmo outros tribunais, está em consonância com o *caput*, isto é, contribuirá para a estabilidade, coerência e integridade da jurisprudência.

O § 2º do art. 926 adverte que, "ao editar enunciados de súmula, os tribunais devem ater-se às circunstâncias fáticas dos precedentes que motivaram sua criação". Esse dispositivo foi necessário porque, num passado não tão longínquo, tribunais já editaram enunciado de súmula em desacordo com a sua própria jurisprudência.

§ 3º – Dever de observação da jurisprudência dos juízes e desembargadores

Dispõe o art. 927 do novo CPC que "os juízes e os tribunais observarão: I – as decisões do Supremo Tribunal Federal em controle concentrado de constitucionalidade; II – os enunciados de súmula vinculante; III – os acórdãos em incidente de assunção de competência ou de resolução de demandas repetitivas e em julgamento de recursos extraordinário e especial repetitivos; IV – os enunciados das súmulas do Supremo Tribunal Federal em matéria constitucional e do Superior Tribunal de Justiça em matéria infraconstitucional; V – a orientação do plenário ou do órgão especial aos quais estiverem vinculados".

Inicialmente cumpre registrar que "observar" é diferente de "obedecer". O termo "observarão", da forma como está posto, significa "levarão em consideração". Quando? Sempre que forem emitir algum pronunciamento judicial. É óbvio que, no caso dos incisos I, II, III e V, haverá vinculação, mas isso por decorrência da lei (cf. arts. 947, § 3º, 985, 1.039 e 1.040, todos do novo CPC. O inciso IV, em princípios, não vincula.

O § 1º do art. 927 estatui que "os juízes e os tribunais observarão o disposto no art. 10 e no art. 489, § 1º, quando decidirem com fundamento neste artigo". O art. 10 cuida do contraditório substancial, e exige que o juiz sempre ouça as partes antes de decidir com base em argumento sobre o qual nenhuma delas teceu prévias considerações, ainda que a matéria possa ser decidida *ex officio*. O § 1º do art. 489, por sua vez, disciplina, minuciosamente, como deve se dar a fundamentação da decisão judicial.

§ 4º – Audiência pública para a alteração de tese jurídica em súmula ou precedentes

De acordo com o § 2º do art. 927 do novo CPC, "a alteração de tese jurídica adotada em enunciado de súmula ou em julgamento de casos repetitivos poderá ser precedida de audiências públicas e da participação de pessoas, órgãos ou entidades que possam contribuir para a rediscussão da tese".

A propósito, o STF e o STJ, por algumas vezes, já realizaram audiências públicas antes de julgarem casos paradigmáticos. É, sem a menor dúvida, uma excelente forma de se democratizar e legitimar a construção do provimento jurisdicional.

§ 5º – Modulação de efeitos na alteração do precedente

O § 3º do art. 927 do novo CPC informa que, "na hipótese de alteração de jurisprudência dominante do Supremo Tribunal Federal e dos tribunais superiores ou daquela oriunda de julgamento de casos repetitivos, pode haver modulação dos efeitos da alteração no interesse social e no da segurança jurídica".

Será preciso cautela para se definir o que seja jurisprudência dominante. Como não há um conceito na lei (e nem deveria ter mesmo) sobre isso, caberá ao próprio tribunal superior essa tarefa. Com efeito, é importante recordarmos que, se o conceito de jurisprudência é reiterados julgados num mesmo sentido, o de jurisprudência dominante só pode significar que, dentre os diversos precedentes da corte, a maioria é em um determinado sentido.

§ 6º – Cuidados para se modificar enunciado de súmula, de jurisprudência pacificada ou de tese adotada em julgamento de casos repetitivos

O § 4º do art. 927 do novo CPC reforça que "a modificação de enunciado de súmula, de jurisprudência pacificada ou de tese adotada em julgamento de casos repetitivos observará a necessidade de fundamentação adequada e específica, considerando os princípios da segurança jurídica, da proteção da confiança e da isonomia". A alteração de precedentes já estabilizados pode gerar insegurança jurídica e quebra da isonomia, desse modo, para que isso não ocorra, deve o julgador levar em consideração os três princípios supramencionados no momento de modificar aquilo que já está pacificado ou difundido no âmbito dos tribunais.

§ 7º – Publicidade dos precedentes

O § 5º do art. 927 do novo CPC determina algo que já é realidade nos sites de alguns tribunais, como o do STF e o do STJ: "os tribunais darão publicidade a seus precedentes, organizando-os por questão jurídica decidida e divulgando-os, preferencialmente, na rede mundial de computadores". Essa medida reforça a preocupação do legislador com que a jurisprudência do nosso país seja estável, íntegra e coerente.

§ 8º – Julgamento de casos repetitivos: definição legal e matéria

O art. 928 do novo CPC explica que, "para os fins deste Código, considera-se julgamento de casos repetitivos a decisão proferida em: I – incidente de resolução de demandas repetitivas; II – recursos especial e extraordinário repetitivos". Como o novo CPC dá um enorme valor para os chamados "casos repetitivos", e faz menção a eles inúmeras vezes, é bastante salutar que haja uma prévia explicação de quando é que seriam cabíveis.

O seu parágrafo único complementa que "o julgamento de casos repetitivos tem por objeto questão de direito material ou processual". Também é importante essa definição, de modo a evitar a construção desse ou daquele entendimento acerca do tema. As questões processuais, vez ou outra, são relegadas a um segundo plano, como se não fossem importantes, contudo, devem ser uniformizadas tanto quanto as questões de direito material.

II – ORDEM DOS PROCESSOS NOS TRIBUNAIS

§ 1º – Introdução

1. Conteúdo dessas regras

Os arts. 929 a 946 do novo CPC (arts. 547 a 565 do CPC/1973) traçam o passo a passo dos recursos e dos processos nos tribunais, *v.g.*, critérios de distribuição e prevenção, incumbências do relator, detalhes da sessão de julgamento, casos em que é cabível a sustentação oral, minúcias sobre a forma como se deve decidir, julgamento por meio eletrônico, dentre outros.

2. Extinção da figura do revisor

Insta salientar que o novo CPC acabou com a figura do revisor, que existia por força do art. 551 do CPC/1973. Parece-nos que a intenção do legislador foi a de tentar, com essa medida, imprimir maior celeridade no deslinde dos recursos e processos.

Assim sendo, consideramos que, apesar da autonomia que os tribunais possuem para elaborar os seus regimentos internos estar garantida na CF/88 (art. 96, I, *a*), é igualmente verdade que essa liberdade encontra limites no próprio dispositivo, na medida em que se exige observância às normas de processo, logo, todos os regimentos internos do Brasil, que versem sobre a figura do revisor, deverão ser revistos e reelaborados, de modo a extirpá-la definitivamente.

§ 2º – O Relator

1. Prevenção

O novo CPC estabelece no parágrafo único do art. 930 (sem correspondente no CPC/1973) que "o primeiro recurso protocolado no tribunal tornará prevento o relator para eventual recurso subsequente interposto no mesmo processo ou em processo conexo".

2. Prazo para elaboração do voto

O prazo concedido para o relator elaborar o seu voto é de 30 dias, nos termos do art. 931 do novo CPC: "distribuídos, os autos serão imediatamente conclusos ao relator, que, em 30 dias, depois de elaborar o voto, restituí-los-á, com relatório, à secretaria". No CPC/1973 não existia prazo, com exceção do art. 550, que dava o prazo de 40 dias para se julgar os recursos oriundos de causas que tenham tramitado pelo rito sumário.

3. Incumbências do relator

O art. 932 do novo CPC (um pouco parecido com o art. 527 do CPC/1973) o seguinte:

> "Art. 932. Incumbe ao relator:
>
> I – dirigir e ordenar o processo no tribunal, inclusive em relação à produção de prova, bem como, quando for o caso, homologar autocomposição das partes;
>
> II – apreciar o pedido de tutela provisória nos recursos e nos processos de competência originária do tribunal;
>
> III – não conhecer de recurso inadmissível, prejudicado ou que não tenha impugnado especificamente os fundamentos da decisão recorrida;
>
> IV – negar provimento a recurso que for contrário a: a) súmula do Supremo Tribunal Federal, do Superior Tribunal de Justiça ou do próprio tribunal; b) acórdão proferido pelo Supremo Tribunal Federal ou pelo Superior Tribunal de Justiça em julgamento de recursos repetitivos; c) entendimento firmado em incidente de resolução de demandas repetitivas ou de assunção de competência;
>
> V – depois de facultada a apresentação de contrarrazões, dar provimento ao recurso se a decisão recorrida for contrária a: a) súmula do Supremo Tribunal Federal, do Superior Tribunal de Justiça ou do próprio tribunal; b) acórdão proferido pelo Supremo Tribunal Federal ou pelo Superior Tribunal de Justiça em julgamento de recursos repetitivos; c) entendimento firmado em incidente de resolução de demandas repetitivas ou de assunção de competência;
>
> VI – decidir o incidente de desconsideração da personalidade jurídica, quando este for instaurado originariamente perante o tribunal;
>
> VII – determinar a intimação do Ministério Público, quando for o caso;
>
> VIII – exercer outras atribuições estabelecidas no regimento interno do tribunal".

Como se vê, o relator tem grandes poderes para decidir monocraticamente, como se extrai, em especial, dos incisos III a V.

Há uma enorme e pontual modificação nessa parte e, por certo, contribuirá para o aumento do serviço dos desembargadores e ministros. À luz do parágrafo único do art. 527 do CPC/1973, não cabia recurso contra a decisão do relator sobre a concessão ou não de efeito suspensivo ou ativo ao agravo de instrumento. No novo CPC, haja vista a inexistência de restrições, será plenamente cabível a interposição do agravo interno, nos termos do art. 1.021 do novo CPC, quando o relator "apreciar o pedido de tutela provisória nos recursos e nos processos de competência originária do tribunal" (inciso II do art. 932 do novo CPC). É com base nesse inciso II que o relator poderá atribuir efeito suspensivo ou ativo aos recursos, inclusive o agravo de instrumento.

Precisamos destacar que, não obstante termos dado ênfase no parágrafo anterior à tutela provisória no agravo de instrumento, ela é igualmente passível de ser concedida em qualquer recurso e nos processos de competência originária, em qualquer tribunal, inclusive no STF.

§ 3º – Vícios

1. Prazo para emendar as razões do recurso

O parágrafo único do art. 932 do novo CPC (sem correspondente no CPC/1973) ordena que, "antes de considerar inadmissível o recurso, o relator concederá o prazo de cinco dias ao recorrente para que seja sanado vício ou complementada a documentação exigível". É claro que essa regra só vale para o caso de o vício ser sanável.

Vamos a quatro exemplos de vícios sanáveis: (i) apresentação do recurso sem assinatura; (ii) juntada de comprovante de pagamento do recurso impresso diretamente do computador; (iii) juntada de comprovante de agendamento de pagamento para data posterior; e (iv) não pagamento do preparo no ato de interposição do recurso (cf. § 4º do art. 1.007). O caso (ii) sequer pode ser visto como vício, no entanto, diante da jurisprudência do STJ, tem-se como obrigatória a concessão de prazo para corrigir o suposto defeito.

Agora vejamos dois vícios insanáveis: (i) interposição do recurso fora do prazo; e (ii) interposição errônea (grosseira) do recurso, *v.g.*, recurso especial para o STF ou embargos infringentes (nem existem mais como tipo recursal).

Dois vícios bastante comuns no dia a dia estão expressamente protegidos contra decisões arbitrárias, quais sejam, (i) pagamento insuficiente do preparo (§ 2º do art. 1.007 do novo CPC) e (ii) ausência de peças obrigatórias ou facultativas-essenciais no agravo de instrumento (§ 3º do art. 1.017 do novo CPC).

2. Fato superveniente e questão apreciável de ofício

Nos termos do art. 933 do novo CPC (sem correspondente no CPC/1973), "se o relator constatar a ocorrência de fato superveniente à decisão recorrida ou a existência de questão apreciável de ofício ainda não examinada que devam ser considerados no julgamento do recurso, intimará as partes para que se manifestem no prazo de cinco dias".

O § 1º do art. 933 diz que "se a constatação ocorrer durante a sessão de julgamento, esse será imediatamente suspenso a fim de que as partes se manifestem especificamente". As partes não terão de se manifestar na própria sessão de julgamento, mas, em pelo menos, cinco dias.

O § 2º do art. 933 reza que "se a constatação se der em vista dos autos, deverá o juiz que a solicitou encaminhá-los ao relator, que tomará as providências previstas no *caput* e, em seguida, solicitará a inclusão do feito em pauta para prosseguimento do julgamento, com submissão integral da nova questão aos julgadores".

Os §§ 1º e 2º não têm correspondentes no CPC/1973.

§ 4º – Sessão de Julgamento: regras e desdobramentos

1. Da marcação do dia

Depois da elaboração do voto do relator (art. 931) e não se aplicando à espécie os arts. 932 e 933, é o momento de se incluir o feito em pauta para julgamento. Segundo o art. 934 do novo CPC, "[...] os autos serão apresentados ao presidente, que designará dia para julgamento, ordenando, em todas as hipóteses previstas neste Livro, a publicação da pauta no órgão oficial".

Essa redação nos parece estranha. Expliquemos. Na vigência do CPC/1973, quem "pedia dia" para julgamento era o revisor (§ 2º do art. 551). Nos casos em que não havia revisor, *v.g.*, agravos de instrumento e nas hipóteses do § 3º do art. 551, era o próprio relator quem "pedia dia".

Não nos afigura normal que o presidente tenha que "pedir dia". Aliás, qual presidente? Do órgão fracionário do qual faz parte o relator? Ou seria do próprio tribunal? Essa última hipótese seria absurda. Já naquela primeira, o presidente do órgão ficaria sobrecarregado.

2. Antecedência mínima para a inclusão do processo em pauta de julgamento

De acordo com o art. 935 do novo CPC, "entre a data de publicação da pauta e a da sessão de julgamento decorrerá, pelo menos, o prazo de cinco dias, incluindo-se em nova pauta os processos que não tenham sido julgados, salvo aqueles cujo julgamento tiver sido expressamente adiado para a primeira sessão seguinte". Esse prazo foi majorado, uma vez que, no CPC/1973 (§ 1º do art. 552), tal prazo era de 48 horas.

3. Vista dos autos às partes

O § 1º do art. 935 do novo CPC garante às partes vista dos autos em cartório após a publicação da pauta de julgamento. Sem correspondente no CPC/1973.

4. Ordem de julgamento dos feitos

O art. 936 do novo CPC diz que, "ressalvadas as preferências legais e regimentais, os recursos, a remessa necessária e os processos de competência originária serão julgados na seguinte ordem: I – aqueles nos quais houver sustentação oral, observada a ordem dos requerimentos; II – os requerimentos de preferência apresentados até o início da sessão de julgamento; III – aqueles cujo julgamento tenha iniciado em sessão anterior; e IV – os demais casos". Sem equivalente no CPC/1973, à exceção do art. 562, que é igual ao inciso III supratranscrito.

A nosso ver, a ordem estabelecida nesses quatro incisos deverá ser observada pelos tribunais, salvo se a lei ou o Regimento Interno dispuser de forma diversa.

5. Sustentação oral

A sustentação oral continua sendo cabível nos tribunais, pelo prazo de 15 minutos, após a leitura do relatório pelo relator, na seguinte ordem: recorrente, recorrido e, nos casos de sua intervenção, ao membro do *Parquet*. Esse exercício da ampla defesa está regulado no art. 937 do novo CPC.

A sustentação oral é cabível nos seguintes feitos: I – no recurso de apelação; II – no recurso ordinário; III – no recurso especial; IV – no recurso extraordinário; V – nos embargos de divergência; VI – na ação rescisória, no mandado de segurança e na reclamação; VIII – no agravo de instrumento interposto contra decisões interlocutórias que versem sobre tutelas provisórias de urgência ou da evidência; IX – em outras hipóteses previstas em lei ou no regimento interno do tribunal. O inciso VII foi deixado de fora propositalmente, pois foi vetado.

Haverá, ainda, sustentação oral no incidente de resolução de demandas repetitivas, nos termos do disposto no art. 984 do novo CPC.

De acordo com o § 3º do art. 937, "nos processos de competência originária previstos no inciso VI, caberá sustentação oral no agravo interno interposto contra decisão de relator que o extinga". Atenção para não se confundir esse agravo interno com aquele que foi objeto de veto no inciso VII do art. 937, e que tinha a seguinte redação: "no agravo interno originário de recurso de apelação, de recurso ordinário, de recurso especial ou de recurso extraordinário".

Também será possível sustentar oralmente quando da aplicação da técnica de julgamento prevista no art. 942 do novo CPC, que será utilizada em alguns casos nos quais o julgamento tenha se dado por maioria de votos.

Como se pode perceber, houve um ligeiro aumento nas hipóteses de cabimento de sustentação oral, se se tomar como base o art. 554 do CPC/1973.

Sobre a inscrição para se proferir sustentação oral, estabelece o § 2º do art. 937 que o advogado deve manifestar a sua intenção até o início da sessão de julgamento.

O dispositivo tem a seguinte redação: "o procurador que desejar proferir sustentação oral poderá requerer, até o início da sessão, que o processo seja julgado em primeiro lugar, sem prejuízo das preferências legais".

O § 4º do art. 937 garante a possibilidade de o advogado com domicílio profissional em cidade diversa daquela onde está sediado o tribunal realizar sustentação oral por meio de videoconferência ou outro recurso tecnológico de transmissão de sons e imagens em tempo real, desde que o requeira até o dia anterior ao da sessão.

Por fim, lembremo-nos de que inexiste na lei proibição de que o advogado profira a sua sustentação oral com base em texto escrito. Proibir que o advogado leia, mesmo que durante todos os 15 minutos a que tem direito, é uma violação aos princípios da legalidade, da instrumentalidade e da liberdade das formas.

6. Questão preliminar e vícios sanáveis

Os arts. 938 e 939 do novo CPC (equivalentes aos arts. 560 e 561 do CPC/1973) discorrem sobre a consequência da arguição de preliminar no decorrer do julgamento. Não há novidade significativa, muito embora esteja expresso que, sempre que possível, tentar-se-á sanar o vício. Caso a preliminar acolhida seja incompatível com o mérito, o recurso não será conhecido.

7. Produção de provas

Segundo o § 3º do art. 938 do novo CPC, "reconhecida a necessidade de produção de prova, o relator converterá o julgamento em diligência, que se realizará no tribunal ou em primeiro grau de jurisdição, decidindo-se o recurso após a conclusão da instrução". Sem equivalente no CPC/1973.

8. Pedido de vista

O relator ou outro magistrado continuam podendo pedir vista dos autos sempre que não se sentirem aptos ou seguros para decidir. O prazo para reincluir em pauta é de 10 dias, podendo ser renovado por igual período. Até aqui, sem novidades. É o que se extrai do art. 940, *caput* e § 1º, do novo CPC (§§ 2º e 3º do art. 555 do CPC/1973).

A inovação legislativa fica por conta do § 2º do art. 940, que informa que "quando requisitar os autos na forma do § 1º, se aquele que fez o pedido de vista ainda não se sentir habilitado a votar, o presidente convocará substituto para proferir voto, na forma estabelecida no regimento interno do tribunal". É uma regra que parece boa, mas não é. O tempo que será perdido com isso é grande. Pode parecer uma punição, mas pode ser vista, também, como prêmio. Enfim, o tempo dirá se essa regra funcionará ou não na prática.

9. Inexistência de vinculação dos vogais

No CPC/1973, por força do disposto no § 3º do art. 552, o revisor ficava vinculado ao processo pelo fato de ter lançado "visto" nos autos. Esse dispositivo foi suprimido no novo CPC. Além do mais, não existe mais a figura do revisor. Diante disso, tem-se que apenas o relator ficará vinculado ao processo. Não nos parece correto que os tribunais editem normas para vincular os vogais, pois essa medida tornaria o processo mais lento, desrespeitando-se, assim, a CF/88 e o novo CPC, que exigem julgamento em tempo razoável e sem dilações indevidas.

§ 5º – Sessão de Julgamento por meio eletrônico

1. Introdução

O novo CPC positivou algo que alguns tribunais já vinham fazendo há anos, que é a possibilidade de se realizar a sessão de julgamento, em certos casos, por meio eletrônico.

2. Cabimento

Dispõe o art. 945 do novo CPC que, "a critério do órgão julgador, o julgamento dos recursos e dos processos de competência originária que não admitem sustentação oral poderá realizar-se por meio eletrônico".

3. Procedimento

Nos casos em que for viável a sessão de julgamento por meio eletrônico, "o relator cientificará as partes, pelo Diário da Justiça, de que o julgamento se fará por meio eletrônico" (§ 1º do art. 945).

Caso qualquer das partes não queira, basta que, no prazo cinco dias, manifeste a sua discordância do julgamento por meio eletrônico (§ 2º do art. 945), sendo que essa discordância não necessita de motivação, e, por si só, é apta a determinar o julgamento em sessão presencial (§ 3º do art. 945). No art. 118 do Regimento Interno do TJMG, por exemplo, esse prazo para discordância é de 10 dias. Desse modo, tendo em vista o caráter facultativo dessa forma de julgamento, parece-nos que tal prazo não precisará ser reduzido. O prazo do novo CPC seria, a nosso ver, o mínimo. Destarte, os tribunais, por meio de seus regimentos internos, poderão criar prazos mais dilatados.

Por outro lado, se a parte não se opuser ao julgamento por meio eletrônico, poderá apresentar memoriais no prazo de cinco dias, contado da intimação de que a sessão dar-se-á por meio eletrônico.

4. Divergência entre os magistrados do órgão julgador

Reza o § 4º do art. 945 que, "caso surja alguma divergência entre os integrantes do órgão julgador durante o julgamento eletrônico, este ficará imediatamente suspenso, devendo a causa ser apreciada em sessão presencial".

§ 6º – O VOTO DOS JULGADORES

1. Alteração do voto

Sempre se soube, por força dos regimentos internos de diversos tribunais, que o julgador poderia alterar o seu voto até a proclamação do resultado final. Há até quem antecipe o voto. Enfim, além de o novo CPC deixar expressa tal possibilidade, estabelece que tal medida não será possível se tiver sido proferido por juiz afastado ou substituído (§ 1º do art. 941 do novo CPC).

2. Voto vencido

O § 3º do art. 941 do novo CPC exige que o voto vencido seja necessariamente declarado e considerado parte integrante do acórdão para todos os fins legais, inclusive de prequestionamento. Sem equivalente no CPC/1973.

A inovação é bastante salutar e, por óbvio, provocará a derrocada do enunciado da Súmula n. 320 do STJ.

Caso o voto vencido não seja apresentado por escrito, as notas taquigráficas o substituirão, para todos os fins legais, independentemente de revisão, conforme se apreende do disposto no art. 944 do novo CPC.

3. Publicação do acórdão

O art. 944 do novo CPC adverte que, "não publicado o acórdão no prazo de 30 dias, contado da data da sessão de julgamento, as notas taquigráficas o substituirão, para todos os fins legais, independentemente de revisão". E quem será o responsável por essa tarefa? O parágrafo único do art. 944 informa que, "no caso do *caput*, o presidente do tribunal lavrará, de imediato, as conclusões e a ementa e mandará publicar o acórdão".

Dispositivo sem equivalente no CPC/1973.

§ 7º – VOTAÇÃO NÃO UNÂNIME E OS "EMBARGOS INFRINGENTES" POR VIA OBLÍQUA

1. Introdução

O novo CPC extinguiu, em tese, com o recurso de embargos infringentes, que era regulado pelo art. 530 e seguintes do CPC/1973. Dissemos "em tese" porque, na prática, criou-se uma técnica de julgamento que em muito se assemelha com o saudoso e eficiente recurso. Vejam o inteiro teor do referido enunciado legal:

> "Art. 942. Quando o resultado da apelação for não unânime, o julgamento terá prosseguimento em sessão a ser designada com a presença de outros julgadores, que serão convocados nos termos previamente definidos no regimento interno, em número suficiente para garantir a possibilidade de inversão do resultado inicial, assegurado às partes e a eventuais terceiros o direito de sustentar oralmente suas razões perante os novos julgadores.
>
> § 1º Sendo possível, o prosseguimento do julgamento dar-se-á na mesma sessão, colhendo-se os votos de outros julgadores que porventura componham o órgão colegiado.
>
> § 2º Os julgadores que já tiverem votado poderão rever seus votos por ocasião do prosseguimento do julgamento.
>
> § 3º A técnica de julgamento prevista neste artigo aplica-se, igualmente, ao julgamento não unânime proferido em: I – ação rescisória, quando o resultado for a rescisão da sentença, devendo, nesse caso, seu prosseguimento ocorrer em órgão de maior composição previsto no regimento interno; II – agravo de instrumento, quando houver reforma da decisão que julgar parcialmente o mérito.
>
> § 4º Não se aplica o disposto neste artigo ao julgamento: I – do incidente de assunção de competência e ao de resolução de demandas repetitivas; II – da remessa necessária; III – não unânime proferido, nos tribunais, pelo plenário ou pela corte especial".

2. Cabimento

Essa técnica de julgamento será cabível nos seguintes casos, nos termos do art. 942, *caput* e § 3º: (i) na apelação não unânime, pouco importando se a sentença era terminativa ou definitiva, se a matéria objeto da divergência é de natureza material ou processual, sendo indiferente se houve ou não reforma ou decretação de nulidade da sentença; (ii) na ação rescisória, quando o resultado for a rescisão da sentença; (iii) no agravo de instrumento, quando houver reforma da decisão que julgar parcialmente o mérito.

Duas observações precisam ser feitas, uma sobre o item (ii) e outra sobre o item (iii).

No item (ii), o novo CPC exige que, em caso de rescisão da sentença por maioria de votos, o prosseguimento do julgamento deverá ocorrer "em órgão de maior composição previsto no regimento interno". O maior órgão de qualquer tribunal é o seu Pleno, no entanto, acreditamos que a maioria desses Plenos não tem competência jurisdicional, mas, apenas, administrativa. É o que se dá, por exemplo, com o STJ (art. 10 de seu Regimento), o TJMG (art. 25 de seu Regimento), o TJPR (art. 81 de seu

Regimento) o TJRJ (art. 2º de seu Regimento), o TJRS (art. 5º de seu Regimento) e o TJSP (art. 4º de seu Regimento). É claro que cabe lembrar que os Plenos do STF e do TST são exceções. O Pleno do TJAP também tem competência jurisdicional (art. 14 de seu Regimento). De todo modo, o que precisa ficar claro é que o julgamento da ação rescisória acolhida por maioria de votos deve prosseguir no maior órgão do tribunal que detenha competência jurisdicional. Para que não reste nenhuma dúvida, é prudente que os regimentos internos dos tribunais adequem-se a essa nova exigência legal. Lembremos, por fim, que, dependendo do tribunal, não há como levar o processo para ser julgado em um órgão maior, simplesmente porque não existe. É o caso, por exemplo, do TJAP. Lá existem apenas três órgãos e com a mesma composição, quais sejam, o Pleno, a Seção Única e a Câmara Única.

No item (iii), compete-nos apenas relembrar que esse agravo de instrumento terá sido interposto contra a decisão do juiz que julgou o mérito parcialmente, nos termos do art. 356 do novo CPC. E, além disso, é preciso que o agravo seja provido, por maioria de votos, reformando a interlocutória que, repita-se, julgou o mérito antecipadamente.

3. Casos expressos de não cabimento

O § 4º do art. 942 diz que "não se aplica o disposto neste artigo ao julgamento: I – do incidente de assunção de competência e ao de resolução de demandas repetitivas; II – da remessa necessária; III – não unânime proferido, nos tribunais, pelo plenário ou pela corte especial".

4. Momento em que se inicia essa técnica de julgamento

Pela regra do *caput* do art. 942, o julgamento deverá prosseguir em sessão a ser designada, ou seja, não será na mesma sessão na qual se instaurou a divergência. Entretanto, o § 1º do art. 942 ressalva que, "sendo possível, o prosseguimento do julgamento dar-se-á na mesma sessão, colhendo-se os votos de outros julgadores que porventura componham o órgão colegiado". A nosso ver, só se justifica continuar o julgamento na mesma sessão se houver número suficiente de julgadores para reverter, em tese, o resultado inicial. Assim, se o resultado da apelação foi de dois votos a um, em favor do autor da ação (apelante), é necessário que haja, pelo menos, mais dois desembargadores presentes na mesma câmara ou turma.

5. Número de magistrados que serão convocados

O *caput* do art. 942 não determinou o número de magistrados que serão convocados para possibilitar a continuação do julgamento, todavia, deixou claro que deve ser "em número suficiente para garantir a possibilidade de inversão do resultado inicial".

6. Não realização dessa técnica de julgamento

Apesar de ser pouco provável de acontecer na prática, não custa advertir que, caso seja preciso realizar essa técnica de julgamento do art. 942, e ela deixar de ocorrer, por qualquer motivo que seja, é altamente recomendável que o advogado da parte perdedora provoque a turma julgadora, por meio de embargos de declaração, de que o julgamento precisa ser retomado, sob pena de violação do dispositivo em comento.

Por que é que isso é importante? Para evitar que o STF ou o STJ não conheçam do recurso ao argumento de que não foram esgotados todos os meios possíveis na instância ordinária. Em outras palavras, se o julgamento está incompleto, não se poderia falar em causa decidida em única ou última instância. Porém não se pode mais falar em esgotamento de recursos, porque o art. 942 é mera técnica de julgamento. Enfim, todo cuidado é pouco.

III – DO INCIDENTE DE ASSUNÇÃO DE COMPETÊNCIA

§ 1º – Introdução

O incidente de assunção de competência está regulado apenas pelo art. 947 do novo CPC. O seu equivalente, no CPC/1973 (arts. 476 a 479), é a uniformização de jurisprudência.

§ 2º – Cabimento e requisitos

Nos termos do art. 947 do novo CPC, "é admissível a assunção de competência quando o julgamento de recurso, de remessa necessária ou de processo de competência originária envolver relevante questão de direito, com grande repercussão social, sem repetição em múltiplos processos".

Será cabível, como se vê, no julgamento de recurso, de remessa necessária ou de processo de competência originária.

Não existe restrição no tocante à matéria que pode ser objeto desse incidente, podendo ser de ordem material ou processual.

São três os requisitos: (i) relevante questão de direito, (ii) grande repercussão geral e (iii) sem repetição em múltiplos processos.

Questão de direito é aquela que não depende de produção de provas.

Haverá repercussão geral se o resultado da demanda transcender, do ponto de vista jurídico, econômico ou social, ao interesse das partes.

E o interessante é que, para se uniformizar a jurisprudência, com fulcro nesse incidente, não é preciso que já exista um número enorme de processos, no mesmo tribunal, sobre a matéria controvertida. Conforme veremos em instantes, essa última exigência existe, por exemplo, no incidente de resolução de demandas repetitivas, mas, repita-se, não está presente no incidente de assunção de competência.

A dúvida que poderá surgir é se será obrigatória a existência e comprovação, para se suscitar o incidente, de entendimentos díspares sobre a mesma questão de direito com grande repercussão geral. A nosso ver, nada impede que já se aplique o art. 947 antes mesmo da ocorrência de controvérsia. Prova maior disso é o disposto no § 4º do art. 947: "aplica-se o disposto neste artigo quando ocorrer relevante questão de direito a respeito da qual seja conveniente a prevenção ou a composição de divergência entre câmaras ou turmas do tribunal".

§ 3º – Legitimidade

O § 1º do art. 947 do novo CPC estabelece que, "ocorrendo a hipótese de assunção de competência, o relator proporá, de ofício ou a requerimento da parte, do Ministério Público ou da Defensoria Pública, que seja o recurso, a remessa necessária ou o processo de competência originária julgado pelo órgão colegiado que o regimento indicar".

§ 4º – Competência

No tocante à competência, estabelece o § 2º do art. 947 do novo CPC que "o órgão colegiado julgará o recurso, a remessa necessária ou o processo de competência originária se reconhecer interesse público na assunção de competência". Não disse, contudo, qual órgão colegiado. Destarte, cumprirá aos regimentos internos dos tribunais imporem qual órgão será o competente para tanto. Certamente não poderá ser um órgão fracionário, pois o que se deseja com esse incidente é uniformizar a jurisprudência do tribunal.

§ 5º – Vinculação de magistrados ao resultado desse incidente

O § 3º do art. 947 do novo CPC dispõe que "o acórdão proferido em assunção de competência vinculará todos os juízes e órgãos fracionários, exceto se houver revisão de tese".

Essa regra de vinculação não é de todo nova no nosso ordenamento jurídico. Como exemplo podemos citar o § 5º do art. 529 do Regimento Interno do TJMG, que estatui que: "a uniformização é de cumprimento obrigatório pelos órgãos fracionários".

Quem ficará vinculado? Todos os juízes de primeira instância e órgãos fracionários.

IV – DO INCIDENTE DE ARGUIÇÃO DE INCONSTITUCIONALIDADE

O incidente de arguição de inconstitucionalidade está previsto entre os arts. 948 e 950 do novo CPC (arts. 480 a 482 do CPC/1973). Não há qualquer alteração digna de nota.

V – DO CONFLITO DE COMPETÊNCIA

§ 1º – Introdução

As hipóteses de conflito de competência estão elencadas no art. 66 do novo CPC e são iguais às que já existiam no CPC/1973 (art. 115).

Já o procedimento do conflito de competência está regulado entre os arts. 951 a 959 do novo CPC (arts. 116 a 124 do CPC/1973). Não mudou quase nada.

§ 2º – Procedimento

1. Participação do MP como fiscal da lei

O dever de participação do MP no procedimento de conflito de competência está mais restrito. No CPC/1973 (parágrafo único do art. 116) o *Parquet* deveria intervir em todos os casos. No novo CPC (parágrafo único do art. 951), apenas nos casos elencados no art. 178 do novo CPC, quais sejam, "I – interesse público ou social; II – interesse de incapaz; e III – litígios coletivos pela posse de terra rural ou urbana".

2. Petição dirigida ao tribunal

O novo CPC (art. 953) deixa claro que a petição deve ser dirigida ao tribunal, e, não, ao presidente do tribunal, que é a forma como se dava no CPC/1973 (art. 118).

3. Casos nos quais o relator pode decidir de plano

O parágrafo único do art. 955 do novo CPC dispõe o seguinte: "o relator poderá julgar de plano o conflito de competência quando sua decisão se fundar em: I – súmula do Supremo Tribunal Federal, do Superior Tribunal de Justiça ou do próprio tribunal; II – tese firmada em julgamento de casos repetitivos ou em incidente de assunção de competência". A essência do dispositivo é bem parecida com a do parágrafo único do art. 120 do CPC/1973.

4. Restrição do cabimento do conflito nos tribunais

O novo CPC restringiu o alcance do conflito de competência quando for oriundo do próprio tribunal. Diz o seu art. 958 que "no conflito que envolva órgãos fracionários dos tribunais, desembargadores e juízes em exercício no tribunal, observar-se-á o que dispuser o regimento interno do tribunal". Já no CPC/1973, conforme se extrai de seu art. 123, o conflito poderia ser suscitado mesmo quando decorresse de seções do tribunal.

É claro que existe a corrente doutrinária que já restringia a abrangência do dispositivo em comento, ao argumento de que o CPC/1973 estava, apenas, valendo-se dos termos utilizados pelos tribunais ao longo do nosso país para se referirem à mesma coisa, ou seja, aos órgãos fracionários.

VI – HOMOLOGAÇÃO DE DECISÃO ESTRANGEIRA E DA CONCESSÃO DO *EXEQUATUR* À CARTA ROGATÓRIA

§ 1º – Introdução

O procedimento para a homologação de decisão estrangeira e para a concessão do *exequatur* à carta rogatória está disciplinado pelos arts. 960 a 965 do novo CPC. No CPC/1973 (arts. 483 e 484) a matéria era tratada de maneira mais simplória. Basicamente, todos os dispositivos do novo CPC não possuem correspondentes no CPC/1973.

Segundo o art. 960 do novo CPC, "a homologação de decisão estrangeira será requerida por ação de homologação de decisão estrangeira, salvo disposição especial em sentido contrário prevista em tratado".

A necessidade desse procedimento de homologação a decisão estrangeira ou de concessão de *exequatur* à carta rogatória tem como objetivo dar eficácia àquilo que foi decidido fora do Brasil, de modo que possa ser, aqui, executado ou cumprido (art. 961 do novo CPC).

Todos os dispositivos legais que serão transcritos e citados abaixo não possuem equivalentes no CPC/1973.

§ 2º – Cabimento

1. Sentença ou acordão judiciais estrangeiros

A sentença ou o acórdão oriundos do Poder Judiciário de outro país estão sujeitos ao procedimento de homologação no STJ, salvo disposição especial em sentido contrário prevista em tratado. É o que se extrai do disposto nos arts. 960, *caput*, e o § 1º do art. 961, todos do novo CPC. Esse procedimento visa dar eficácia à decisão, de modo que ela possa ser objeto de cumprimento de sentença posteriormente.

2. Decisão interlocutória

O § 1º do art. 960 do novo CPC reza que "a decisão interlocutória estrangeira poderá ser executada no Brasil por meio de carta rogatória".

Pouco importa se a decisão interlocutória é judicial ou arbitral. Em ambos os casos, poderá ser homologada por meio de carta rogatória. Ao final, se a decisão for homologada, mesmo que parcialmente, torna-se título executivo judicial (art. 515, IX, do novo CPC).

O Brasil perdeu a oportunidade de avançar e permitir que, pelo menos no campo das interlocutórias, não houvesse a necessidade do juízo de delibação, tendo em vista a necessidade de que o *decisum* seja cumprido o mais breve possível. Esse controle poderia muito bem ser feito pelo juiz de primeiro grau.

3. Sentença arbitral estrangeira

O § 3º do art. 960 do novo CPC diz que "a homologação de decisão arbitral estrangeira obedecerá ao disposto em tratado e em lei, aplicando-se, subsidiariamente, as disposições deste Capítulo". Dois são os diplomas legais que devem ser lembrados ao se buscar a homologação da sentença arbitral estrangeira: o Decreto n. 4.311/2002 (Convenção de Nova Iorque), a Lei n. 9.307/96 (Lei de Arbitragem) e o Regimento Interno do STJ (arts. 216-A a 216-X).

4. Sentença arbitral parcial estrangeira

A sentença arbitral parcial deverá ser objeto de homologação ou de concessão de *exequatur*? A questão é tormentosa porque, no Brasil, a decisão que julga o mérito parcial e antecipadamente, nos termos do § 5º do art. 356 do novo CPC, é impugnável por meio de agravo de instrumento, o que nos leva a crer que a sua natureza não é de sentença. Assim, diante do § 1º do art. 960 do novo CPC, parece-nos que o melhor caminho seja mesmo a execução por meio de carta rogatória. O § 1º do art. 961 do novo CPC não será um entrave para isso, na medida em que o termo "decisão", que ali consta, é sinônimo de sentença ou acórdão. De todo modo, o princípio da fungibilidade deverá ser sempre lembrado.

§ 3º – Regras a serem observadas

O § 2º do art. 960 do novo CPC fala que "a homologação obedecerá ao que dispuserem os tratados em vigor no Brasil e o Regimento Interno do Superior Tribunal de Justiça". O § 3º do art. 960 estabelece que "a homologação de decisão arbitral estrangeira obedecerá ao disposto em tratado e em lei, aplicando-se, subsidiariamente, as disposições deste Capítulo".

§ 4º Outros casos e regras específicos

1. Decisão não judicial

De acordo com o § 1º do art. 961 do novo CPC, "é passível de homologação a decisão judicial definitiva, bem como a decisão não judicial que, pela lei brasileira, teria natureza jurisdicional".

Como se vê, a decisão ainda não transitada em julgado não pode ser homologada.

Dentro de "decisão não judicial" estaria, por exemplo, a sentença arbitral, seja ela parcial ou global.

2. Possibilidade de homologação parcial

O § 2º do art. 961 do novo CPC reza que "a decisão estrangeira poderá ser homologada parcialmente". O dispositivo não passa de mera positivação do que já vinha ocorrendo há anos na jurisprudência do STF e, a partir de 2005, na do STJ.

Apenas para exemplificar, uma sentença judicial ou arbitral estrangeira condena uma empresa brasileira no pagamento de danos materiais e, além disso, *punitive damages* ou juros exorbitantes. Assim, pode ser que, ao se requerer a homologação da decisão, o STJ entenda que a parcela referente aos *punitive damages* ou aos juros estratosféricos seja contrária à ordem pública, e, em decorrência disso, homologue apenas a parte do dano material.

3. Medida de urgência concedida pelo Judiciário brasileiro

Nos termos do § 3º do art. 961 do novo CPC, "a autoridade judiciária brasileira poderá deferir pedidos de urgência e realizar atos de execução provisória no processo de homologação de decisão estrangeira".

No tocante às medidas de urgência, haverá a necessidade da comprovação do *fumus boni iuris* e do *periculum in mora*.

Já os atos de execução provisório, dependendo de quais forem, não será necessário, nem mesmo, a apresentação de caução.

4. Homologação de decisão estrangeira para fins de execução fiscal

Segundo o § 4º do art. 961 do novo CPC, "haverá homologação de decisão estrangeira para fins de execução fiscal quando prevista em tratado ou em promessa de reciprocidade apresentada à autoridade brasileira".

5. Sentença estrangeira de divórcio consensual

De acordo com o § 5º do art. 961 do novo CPC, "a sentença estrangeira de divórcio consensual produz efeitos no Brasil, independentemente de homologação pelo Superior Tribunal de Justiça". O § 6º do art. 961 complementa que, "na hipótese do § 5º, competirá a qualquer juiz examinar a validade da decisão, em caráter principal ou incidental, quando essa questão for suscitada em processo de sua competência".

§ 5º – Decisão estrangeira que concede medida de urgência

1. Introdução

O art. 962 do novo CPC determina que "é passível de execução a decisão estrangeira concessiva de medida de urgência". O *caput* claramente está se referindo a uma medida de urgência concedida no exterior e que estará sendo trazida, ao Brasil, por meio de carta rogatória, para a concessão de *exequatur*.

2. Forma de reconhecimento da eficácia da medida de urgência estrangeira

Segundo o § 1º do art. 962 do novo CPC, "a execução no Brasil de decisão interlocutória estrangeira concessiva de medida de urgência dar-se-á por carta rogatória".

3. Medida de urgência estrangeira deferida *inaudita altera pars*

Nos termos do § 2º do art. 962 do novo CPC, "a medida de urgência concedida sem audiência do réu poderá ser executada, desde que garantido o contraditório em momento posterior". Não nos parece que essa "medida de urgência", a que faz alusão o § 2º, seja alguma "medida de urgência" deferida, no Brasil, nos autos da carta rogatória. O parágrafo está se referindo à medida de urgência concedida no exterior, muito embora, em razão da leve dubiedade do dispositivo, ser possível pensar o contrário.

Essa medida de urgência, certamente, pode ser de natureza antecipatória ou cautelar.

De fato, o § 2º em comento não possui uma redação clara o suficiente, permitindo-se, com isso, que existam várias interpretações para o dispositivo. É preciso que o requerente prove, tão logo inicie o procedimento de concessão de *exequatur*, que o requerido pode exercer o contraditório no exterior? Ou seria necessário provar, apenas em tese, que ele poderá exercer o contraditório no exterior? O vocábulo "execução" aparece como sinônimo de "pedido de concessão de *exequatur*", perante o STJ? Ou, então, como forma de se efetivar a medida de urgência alienígena, depois de concedido o *exequatur*, já perante a Justiça Federal de primeira instância?

Enfim, a doutrina e a jurisprudência terão trabalho para dar, a esse § 2º, o melhor sentido possível.

4. Interpretação do conceito de urgência

O § 3º do art. 962 do novo CPC dispõe que "o juízo sobre a urgência da medida compete exclusivamente à autoridade jurisdicional prolatora da decisão estrangeira". Isso se dá porque o juízo de delibação foi pensado e criado para filtrar eventuais conflitos entre o que foi decidido no exterior e o nosso ordenamento jurídico.

5. Dispensa de homologação da sentença estrangeiro e a medida de urgência

Para o § 4º do art. 962 do novo CPC, "quando dispensada a homologação para que a sentença estrangeira produza efeitos no Brasil, a decisão concessiva de medida de urgência dependerá, para produzir efeitos, de ter sua validade expressamente reconhecida pelo juiz competente para dar-lhe cumprimento, dispensada a homologação pelo Superior Tribunal de Justiça".

O § 4º está apenas antevendo que, quando for possível a dispensa de homologação da sentença estrangeira no STJ, só se poderá buscar a efetivação da medida de urgência se o juiz federal de primeiro grau considerá-la válida. O magistrado só pode ater-se à análise das questões formais, como se fosse um juízo delibatório. Aplica-se, à espécie, o § 3º do art. 962.

§ 6º – Da homologação

1. Competência

A competência para a homologação de decisão estrangeira, judicial ou arbitral, cuja natureza seja de interlocutória ou sentença, parcial ou integral, terminativa ou definitiva, é do STJ, nos termos do art. 105, I, *i*, da CF/88 e do § 2º do art. 960 do novo CPC. O mesmo vale para a concessão de *exequatur* à carta rogatória.

É muito importante observar o disposto no seu Regimento Interno (art. 216-A a 216-X), pois nesse texto normativo estão as regras procedimentais aplicáveis a essas duas situações.

2. Requisitos para a homologação da decisão

O art. 963 do novo CPC menciona quais são os requisitos indispensáveis à homologação da decisão. São eles: "I – ser proferida por autoridade competente; II – ser precedida de citação regular, ainda que verificada a revelia; III – ser eficaz no país em que foi proferida; IV – não ofender a coisa julgada brasileira; V – estar acompanhada de tradução oficial, salvo disposição que a dispense prevista em tratado; VI – não conter manifesta ofensa à ordem pública".

É importante frisar que, apenas quando ocorrer violação à ordem pública internacional (e, não, a interna de cada país), estará autorizada a não homologação da decisão estrangeira.

3. Requisitos para a concessão do *exequatur* às cartas rogatórias

Nos termos do parágrafo único do art. 963 do novo CPC, para se conceder *exequatur* às cartas rogatórias, observar-se-ão os pressupostos previstos no *caput* deste artigo e no § 2º do art. 962.

4. Hipótese de não homologação

O art. 964 do novo CPC adverte que "não será homologada a decisão estrangeira na hipótese de competência exclusiva da autoridade judiciária brasileira". O seu parágrafo único complementa que o mesmo vale, também, à concessão do *exequatur* à carta rogatória.

§ 7º – Execução

1. Competência

Segundo o art. 965 do novo CPC, "o cumprimento de decisão estrangeira far-se-á perante o juízo federal competente, a requerimento da parte, conforme as normas estabelecidas para o cumprimento de decisão nacional".

2. Documento obrigatório

O parágrafo único do art. 965 do novo CPC exige que o pedido de execução deva ser instruído com cópia autenticada da decisão homologatória ou do *exequatur*, conforme o caso. Não estando presente tal documento, deverá o juiz federal intimar o promovente para que supra o vício, sob pena de extinção do processo.

VII – AÇÃO RESCISÓRIA

§ 1º – Introdução

A ação rescisória está disciplinada nos arts. 966 a 975 do novo CPC (arts. 485 a 495 do CPC/1973). Apesar de o número de modificações não ser muito numeroso, tem-se que algumas delas são bastante relevantes.

Ao final dessa parte dedicada ao estudo da ação rescisória trouxemos breves notas acerca da ação anulatória, que continua positivada.

§ 2º – Cabimento

1. Regra geral

No CPC/1973 (art. 485) era sabido que só se podia ajuizar ação rescisória quando se quisesse desconstituir a sentença de mérito passada em julgado. O acórdão estava, por certo, englobado nesse conceito.

Já o novo CPC (art. 966) fala em decisão de mérito transitada em julgado. Quais decisões seriam essas? Seriam a sentença, o acórdão e a decisão que julga o mérito antecipada e parcialmente.

2. Regra secundária e específica

O legislador inovou e passou a permitir que a ação rescisória possa ser utilizada em outras duas situações específicas, mesmo que a decisão não seja de mérito. O § 2º do art. 966 diz o seguinte: "nas hipóteses previstas nos incisos do *caput*, será rescindível a decisão transitada em julgado que, embora não seja de mérito, impeça: I – nova propositura da demanda; ou II – admissibilidade do recurso correspondente". Sem equivalente no CPC/1973.

Um exemplo que pode ser trazido em relação ao inciso I é a regra contido no § 1º do art. 486 do novo CPC. Já em relação ao inciso II, podemos citar como exemplos qualquer problema ligado ao conhecimento do recurso, tais como, tempestividade, preparo, aplicação indevida de precedentes etc.

3. Horizontalidade do objeto

Nos termos do § 3º do art. 966 do novo CPC (sem equivalente no CPC/1973), "a ação rescisória pode ter por objeto apenas um capítulo da decisão". Isso significa que, se houver mais de um capítulo de sentença que a parte deseje rescindir, deverá ajuizar tantas rescisórias quanto bastem para satisfazer a sua pretensão. Atenção para não confundir capítulo de sentença com norma. Dentro de apenas um capítulo de sentença pode haver diversos princípios e regras sendo aplicados, e, nem por isso será preciso que a parte interessada ajuíze mais de uma ação.

§ 3º – Hipóteses de cabimento

1. Simulação

A simulação, que é causa de nulidade pelo CC (art. 167), passou a integrar o rol das hipóteses de cabimento, conforme se extrai do inciso III do art. 966 do novo CPC.

Se ficar evidenciado que as partes praticaram simulação para fraudar a lei, será viável o manuseio da ação rescisória.

2. Violação manifesta de norma jurídica

O inciso V do art. 966 do novo CPC diz que caberá rescisória quando a decisão violar manifestamente norma jurídica. Essa regra substituiu o inciso V do art. 485 do CPC/1973, que falava em violação literal a dispositivo de lei.

O conceito de norma é mais elástico que o de dispositivo de lei. Norma é gênero, do qual são espécies os princípios e as regras. Será possível, portanto, o uso da ação rescisória se restar provada a violação a qualquer norma, mesmo os princípios implícitos do nosso ordenamento jurídico. Os tribunais precisarão ser bastante firmes para não permitir a vitória de teses absurdas, que podem comprometer, sobremaneira, a segurança jurídica. Em outras palavras, não se pode querer transformar a ação rescisória em sucedâneo recursal.

Consideramos que a jurisprudência formada no STJ, no sentido de que mesmo se a interpretação do dispositivo legal tido como violado for alterada, não dará azo a esse tipo de pretensão, deverá ser mantida com a nova redação do inciso V do art. 966.

3. Prova nova

O inciso VII do art. 966 do novo CPC estabelece que caberá ação rescisória quando "obtiver o autor, posteriormente ao trânsito em julgado, prova nova cuja existência ignorava ou de que não pôde fazer uso, capaz, por si só, de lhe assegurar pronunciamento favorável". O inciso VII do art. 485 do CPC/1973 falava em "documento novo" ao invés de "prova nova". Esse conceito é mais abrangente, na medida em que vale para todos os meios de prova.

4. Supressão de uma hipótese de cabimento

O inciso VIII do art. 485 do CPC/1973 foi suprimido pelo novo CPC. Dispunha o seguinte: "houver fundamento para invalidar confissão, desistência ou transação, em que se baseou a sentença".

§ 4º – Legitimidade

1. MP

Houve um aumento em relação às hipóteses em que o MP poderá ajuizar ação rescisória, conforme se extrai do art. 967, III, *c*, do novo CPC, e, diga-se de passagem, é uma alínea bem genérica e aberta. Diz, apenas, "em outros casos em que se imponha sua atuação". Sem equivalente no CPC/1973.

2. Terceiro não intimado

O inciso IV do art. 967 do novo CPC diz que poderá ser intentada a rescisória por "aquele que não foi ouvido no processo em que lhe era obrigatória a intervenção". Sem equivalente no CPC/1973.

Seriam exemplos desses terceiros as pessoas listadas pelo art. 889 do novo CPC.

3. MP como fiscal da lei

O representante do *Parquet* deverá ser intimado para participar da ação rescisória nas hipóteses do art. 178 do novo CPC, haja vista o disposto no parágrafo único do art. 967 do novo CPC. Sem equivalente no CPC/1973.

§ 5º – Procedimento

1. Depósito garantidor

Continua sendo necessário depositar cinco por cento do valor da causa (art. 968, II, do novo CPC).

O seu § 1º diz que "não se aplica o disposto no inciso II à União, aos Estados, ao Distrito Federal, aos Municípios, às suas respectivas autarquias e fundações de direito público, ao Ministério Público, à Defensoria Pública e aos que tenham obtido o benefício de gratuidade da justiça".

Outra novidade é que "o depósito previsto no inciso II do *caput* deste artigo não será superior a 1.000 salários-mínimos" (§ 2º do art. 968).

Em caso de julgamento de inadmissibilidade ou de improcedência do pedido, à unanimidade de votos, o valor do depósito garantidor será revertido em favor do réu da ação rescisória, conforme se extrai do parágrafo único do art. 974 do novo CPC. Em caso de julgamento de inadmissibilidade ou de improcedência por maioria de votos, ou de procedência, o valor depositado será restituído ao autor da ação rescisória.

2. Improcedência liminar do pedido

A técnica de se julgar improcedente o pedido liminarmente aplica-se à ação rescisória, conforme se absorve do § 4º do art. 968 do novo CPC. Sem equivalente no CPC/1973.

3. Incompetência do tribunal

Segundo o § 5º do art. 968 do novo CPC, "reconhecida a incompetência do tribunal para julgar a ação rescisória, o autor será intimado para emendar a petição inicial, a fim de adequar o objeto da ação rescisória, quando a decisão apontada como rescindenda: I – não tiver apreciado o mérito e não se enquadrar na situação prevista no § 2º do art. 966; II – tiver sido substituída por decisão posterior". O § 6º do art. 968 complementa da seguinte forma: "na hipótese do § 5º, após a emenda da petição inicial, será permitido ao réu complementar os fundamentos de defesa, e, em seguida, os autos serão remetidos ao tribunal competente". Sem equivalentes no CPC/1973.

4. Rito a ser observado

Na ação rescisória deverá ser observado, no que couber, as regras do procedimento comum, *ex vi* do disposto no art. 970 do novo CPC (art. 491 do CPC/1973).

5. Distribuição do relatório elaborado pelo relator

O art. 971 do novo CPC informa que, "na ação rescisória, devolvidos os autos pelo relator, a secretaria do tribunal expedirá cópias do relatório e as distribuirá entre os juízes que compuserem o órgão competente para o julgamento". Sem equivalentes no CPC/1973. Provavelmente, na prática, o próprio voto será distribuído para os demais julgadores. E, em se tratando de julgamento por meio de sessão virtual, estará à disposição na intranet para eles.

6. Escolha do relator

O parágrafo único do art. 971 do novo CPC sugere que "a escolha de relator recairá, sempre que possível, em juiz que não haja participado do julgamento rescindendo". Sem equivalentes no CPC/1973.

7. Fatos alegados que dependem de prova

De acordo com o art. 972 do novo CPC, "se os fatos alegados pelas partes dependerem de prova, o relator poderá delegar a competência ao órgão que proferiu a decisão rescindenda, fixando prazo de um a três meses para a devolução dos autos". Esse prazo, no CPC/1973 (art. 492), era de 45 a 90 dias.

§ 6º – Prazo para o ajuizamento da ação

1. Regra geral

O prazo decadencial para a propositura da ação rescisória continua sendo de dois anos. Quanto ao seu termo inicial, foi adotado o entendimento do enunciado da Súmula n. 401 do STJ, ou seja, contados do trânsito em julgado da última decisão proferida no processo.

Isso significa que, mesmo em se tratando de decisão que julgou o mérito antecipada e parcialmente, nos moldes do art. 356 do novo CPC, o prazo só se inicia quando ocorrer o trânsito em julgado da última decisão proferida no processo.

2. Regras especiais

No novo CPC há duas previsões especiais no tocante ao prazo decadencial.

Na primeira delas, diz o § 2º do art. 975 que, "se fundada a ação no inciso VII do art. 966, o termo inicial do prazo será a data de descoberta da prova nova, observado o prazo máximo de cinco anos, contado do trânsito em julgado da última decisão proferida no processo".

Na segunda delas, estabelece o § 3º do art. 975 que, "nas hipóteses de simulação ou de colusão das partes, o prazo começa a contar, para o terceiro prejudicado e para o Ministério Público, que não interveio no processo, a partir do momento em que têm ciência da simulação ou da colusão".

3. Prorrogação do prazo

O § 1º do art. 975 do novo CPC estatui o seguinte: "prorroga-se até o primeiro dia útil imediatamente subsequente o prazo a que se refere o *caput*, quando expirar durante férias forenses, recesso, feriados ou em dia em que não houver expediente forense". Evidentemente que essa previsão legal deve ser aplicada, também, ao disposto no § 2º do art. 975.

§ 7º – Ação anulatória

O CPC/1973 trazia, no seu art. 486, a comumente chamada ação anulatória.

O § 4º do art. 966 do novo CPC aperfeiçoou tecnicamente a redação anterior e assim dispõe: "os atos de disposição de direitos, praticados pelas partes ou por outros participantes do processo e homologados pelo juízo, bem como os atos homologatórios praticados no curso da execução, estão sujeitos à anulação, nos termos da lei".

Especialmente num Código marcado por negócios jurídicos processuais, típicos e atípicos, tem-se que a ação anulatória poderá ser utilizada se se pretender buscar a invalidade de um deles, uma vez serem atos de disposição de direitos praticados pelas partes.

VIII – INCIDENTE DE RESOLUÇÃO DE DEMANDAS REPETITIVAS

§ 1º – Introdução

1. Primeiras palavras

O incidente de resolução de demandas repetitivas, doravante denominado apenas de IRDR, é uma inovação do novo CPC e está regulado pelos arts. 976 a 987. Trata-se de um procedimento no qual poderão ser ouvidas várias pessoas, com as mais diversas teses ligadas à matéria litigiosa, e, ao final, o tribunal fixará a tese jurídica que deverá, obrigatoriamente, ser aplicada a todas as ações individuais ou coletivas, já em andamento, bem como as que vierem a ser propostas.

Como se perceberá à medida que formos comentar os dispositivos aplicáveis, o IRDR tem como escopo traçar, delinear e uniformizar todas as teses passíveis de aplicabilidade em demandas repetitivas, sempre que, simultaneamente, houver efetiva repetição de processos que contenham controvérsia sobre a mesma questão unicamente de direito e risco de ofensa à isonomia e à segurança jurídica. Com isso, pretende-se dar tratamento mais igualitário a todos os jurisdicionados que se encontrarem em igual situação jurídica e, também, reduzir o número de processos.

Assim, com base nessa cognição diferenciada e democrática, tentar-se-á dar mais previsibilidade aos julgamentos e maior celeridade no trâmite dos feitos, ou seja, talvez venhamos a ter, no futuro, uma prestação jurisdicional mais eficiente e cumpridora de alguns direitos fundamentais básicos, tais como a igualdade, segurança jurídica e duração razoável do processo.

2. Convergências e divergências entre o incidente de assunção de competência e o IRDR

A ideia primordial por detrás dos dois incidentes é a mesma, qual seja, uniformizar a jurisprudência num determinado sentido para, com isso, acabar com a chamada "loteria do Judiciário" e, por conseguinte, trazer maior igualdade entre os jurisdicionados e propiciar maior previsibilidade nos julgamentos.

Outro ponto em comum entre os dois incidentes é que a decisão proferida vinculará o tribunal em que foi proferida e os juízes de primeira instância daquele Estado ou região.

Quanto às diferenças entre ambos, acreditamos que existem duas que merecem destaque.

A primeira é que no incidente de assunção de competência é possível um controle de natureza preventiva (parte final do art. 947), ou seja, não é um requisito para a sua instauração, ao contrário do que se dá com o IRDR (art. 976, I), que já exista um grande número de demandas iguais.

A segunda reside no campo do seu alcance. Nesse ponto, o IRDR é bem mais abrangente, uma vez que pode ser instaurado mesmo antes de ter chegado, ao tribunal, qualquer recurso da matéria controvertida. Já o incidente de assunção de competência só pode ser instaurado quando chegar, ao tribunal, algum recurso sobre o assunto em questão; além, claro, de processo de competência originária e da remessa necessária.

§ 2º – Cabimento

1. Tipos de processo e de matéria em que é cabível

O IRDR pode ser utilizado em qualquer tipo de processo ou procedimento, desde que preencha os pressupostos exigidos em lei. Essa afirmativa é válida simplesmente porque não há, no novo CPC, qualquer restrição.

O IRDR pode ser empregado para fixar a tese a ser adotada em questões de ordem material ou processual. Além de inexistir proibição para essa ou aquela, tem-se que o disposto no § 4º do art. 976 deixa isso bastante claro.

2. Requisitos para a instauração

O art. 976 do novo CPC estatui que "é cabível a instauração do incidente de resolução de demandas repetitivas quando houver, simultaneamente: I – efetiva repetição de processos que contenham controvérsia sobre a mesma questão unicamente de direito; II – risco de ofensa à isonomia e à segurança jurídica".

Em primeiro lugar, observe-se que os pressupostos são cumulativos. Desse modo, se ambos não estiverem efetivamente presentes, o incidente não será admitido.

Em segundo lugar, sobre o requisito do inciso I, entendemos que é imprescindível, para a instauração do IRDR, que se comprove existir um número razoável de processos. Bastará juntar cópia das petições iniciais e das contestações. Como não há um número mínimo estabelecido, caberá ao bom senso definir, *in concreto*, qual será. Pensamos que variará entre 10 e 50, dependendo do número de possíveis autores ou réus que poderiam, em tese, participar desses feitos idênticos.

Em terceiro lugar, sobre o requisito do inciso II, não é preciso que já existam diversas sentenças (ou até mesmo acórdãos) com entendimentos díspares sobre a mesma questão unicamente de direito. O que se exige é a demonstração, *in abstrato*, do risco que essas demandas repetitivas podem causar à isonomia e à segurança jurídica.

Com efeito, a grande verdade é que não se deve ser rígido no tocante à existência ou não desses requisitos. O IRDR não é um vilão, muito pelo contrário. Logo, se houver alguma dúvida, temos que deverá sempre militar em prol da admissão e do processamento do incidente. Não estamos, todavia, defendendo o seu uso indevido e indiscriminado. Existem requisitos e eles devem ser respeitados, sob pena de banalização e, até mesmo, de risco à segurança jurídica.

3. Da falta dos pressupostos

Cumpre mencionar, ainda, que, nos termos do § 3º do art. 976, "a inadmissão do incidente de resolução de demandas repetitivas por ausência de qualquer de seus pressupostos de admissibilidade não impede que, uma vez satisfeito o requisito, seja o incidente novamente suscitado".

Apesar de serem dois os requisitos exigidos por lei, acreditamos que aquele que será mais alvo de controvérsias será o primeiro. A nosso ver, é possível que o tribunal entenda que o número de processos iniciados, até o momento em que se suscitou o IRDR, não é grande o suficiente para justificar a sua admissão. É claro que o segundo pressuposto também dará margem para discussões, no entanto, no nosso sentir, não tão intensas quanto àquelas que exsurgirão com o primeiro.

4. Casos nos quais não será cabível

Nos termos do § 4º do art. 976 do novo CPC, "é incabível o incidente de resolução de demandas repetitivas quando um dos tribunais superiores, no âmbito de sua respectiva competência, já tiver afetado recurso para definição de tese sobre questão de direito material ou processual repetitiva".

§ 3º – Legitimidade

1. Pessoas que podem suscitá-lo

O art. 977 do novo CPC informa que "o pedido de instauração do incidente será dirigido ao presidente de tribunal: I – pelo juiz ou relator, por ofício; II – pelas partes, por petição; III – pelo Ministério Público ou pela Defensoria Pública, por petição".

O MP e a Defensoria podem requerer a instauração do IRDR mesmo quando não estiverem atuando, diretamente, em algum dos processos que se enquadre no disposto no art. 976 do novo CPC.

Quem não se enquadrar em um dos incisos do art. 977 não poderá requerer, diretamente ao presidente do tribunal, a sua instauração. Nada impede, entretanto, que essa pessoa procure alguns dos sujeitos supralistados e tente convencê-los a suscitar o IRDR.

2. Desistência ou abandono do processo

O § 1º do art. 976 do novo CPC determina que "a desistência ou o abandono do processo não impede o exame de mérito do incidente". O processo a que faz alusão não é o processo de onde se iniciou o incidente, mas, sim, do IRDP propriamente dito. O legislador está deixando claro que, em razão do interesse público e social, o suscitante não é o seu único titular. Ele seguirá normalmente, sob as rédeas do *Parquet*.

A propósito, a desistência ou o abandono do processo de onde se originou o IRDR igualmente não acarretará a sua extinção e, muito menos, a perda do seu objeto.

3. O papel do MP

O § 2º do art. 976 do novo CPC estabelece que, "se não for o requerente, o Ministério Público intervirá obrigatoriamente no incidente e deverá assumir sua titularidade em caso de desistência ou de abandono".

Pouco importa qual é a matéria discutida ou as pessoas envolvidas, a intervenção do MP na qualidade de *custos legis* será sempre obrigatória e indispensável, sob pena de nulidade, sendo vedado ao CNMP ou às Procuradorias-Gerais editar enunciados com o intuito de restringir a sua atuação. Só a lei ordinária poderá, no futuro, alterar essa regra.

§ 4º – Competência

1. Tribunal

O tribunal a que faz alusão o disposto nesse Capítulo do novo CPC é o Tribunal de Justiça ou o Tribunal Regional Federal, dependendo, claro, da competência inicial para a ação individual ou coletiva.

2. Órgão do tribunal

O art. 978 do novo CPC estatui que "o julgamento do incidente caberá ao órgão indicado pelo regimento interno dentre aqueles responsáveis pela uniformização de jurisprudência do tribunal".

Por se tratar de uma decisão que vinculará o tribunal e toda a primeira instância do Estado ou da região, seria salutar que esse órgão fosse composto por um número significativo de desembargadores. Apenas um representante de cada órgão fracionário parece-nos um número um pouco inexpressivo. Essa medida permitirá que seja proferida uma decisão de mais qualidade e com maior legitimidade.

O parágrafo único do art. 978 diz, ainda, que "o órgão colegiado incumbido de julgar o incidente e de fixar a tese jurídica julgará igualmente o recurso, a remessa necessária ou o processo de competência originária de onde se originou o incidente". Isso não significa que esse órgão específico do tribunal julgará todos os recursos, as remessas necessárias ou os processos de competência originária que versarem sobre a tese jurídica, por ele, fixada. Não é isso. Como o IRDR sempre se iniciará por vontade de alguma das pessoas listadas pelo art. 977, quis o legislador que o mesmo órgão julgasse, também, o recurso, a remessa necessária ou o processo de competência originária de onde se originou o incidente. O porquê dessa regra não está claro, pois, se a decisão é vinculativa, não haveria o risco de algum órgão fracionário julgar diferentemente. Talvez a explicação esteja mesmo na simplicidade, ou seja, o legislador considerou esse órgão prevento para atuar no feito.

§ 5º – Procedimento

1. Custas

Segundo o § 5º do art. 976 do novo CPC, "não serão exigidas custas processuais no incidente de resolução de demandas repetitivas".

2. Publicidade

O princípio da publicidade está sendo bastante exaltado no IRDR. Senão, vejamos.

> "Art. 979. A instauração e o julgamento do incidente serão sucedidos da mais ampla e específica divulgação e publicidade, por meio de registro eletrônico no Conselho Nacional de Justiça.
>
> § 1º Os tribunais manterão banco eletrônico de dados atualizados com informações específicas sobre questões de direito submetidas ao incidente, comunicando-o imediatamente ao Conselho Nacional de Justiça para inclusão no cadastro.
>
> § 2º Para possibilitar a identificação dos processos abrangidos pela decisão do incidente, o registro eletrônico das teses jurídicas constantes do cadastro conterá, no mínimo, os fundamentos determinantes da decisão e os dispositivos normativos a ela relacionados.
>
> § 3º Aplica-se o disposto neste artigo ao julgamento de recursos repetitivos e da repercussão geral em recurso extraordinário".

A importância dessa publicidade acentuada é para que todos os interessados possam, caso queiram, contribuir na construção da tese jurídica a ser fixada, principalmente porque ela possuirá caráter vinculativo.

A inobservância desse dispositivo não invalida o resultado do julgamento, todavia, torna-o menos legítimo e mais incompleto e pobre no sentido técnico-jurídico. E qual seria a consequência disso? Seria a revisão da tese jurídica definida a que faz menção o disposto no art. 486 do novo CPC. Revisão em razão de sua incompletude, e, não, por vício de validade.

3. Prazo e preferência no julgamento

De acordo com o art. 980 do novo CPC, "o incidente será julgado no prazo de um ano e terá preferência sobre os demais feitos, ressalvados os que envolvam réu preso e os pedidos de *habeas corpus*".

E qual é a consequência em face do descumprimento desse prazo? A resposta está no parágrafo único do art. 980: "superado o prazo previsto no *caput*, cessa a suspensão dos processos prevista no art. 982, salvo decisão fundamentada do relator em sentido contrário".

4. Dos documentos necessários

O parágrafo único do art. 977 do novo CPC determina que "o ofício ou a petição será instruído com os documentos necessários à demonstração do preenchimento dos pressupostos para a instauração do incidente".

Na falta de um ou mais documentos, bem como na existência de vícios no ofício ou na petição, deverá ser outorgado prazo para a devida retificação.

5. Juízo de admissibilidade

O art. 981 dispõe que, "após a distribuição, o órgão colegiado competente para julgar o incidente procederá ao seu juízo de admissibilidade, considerando a presença dos pressupostos do art. 976".

Há duas conclusões claras e óbvias que podem ser extraídas do dispositivo. A primeira é a impossibilidade de o presidente do tribunal ou o relator proceder ao juízo de admissibilidade do IRDR por meio de decisão monocrática. A decisão deve ser colegiada. A segunda é a limitação da cognição dos desembargadores, que deverão ater-se apenas aos requisitos do art. 976.

6. Incumbências do relator

Nos termos do art. 982 do novo CPC, "admitido o incidente, o relator: I – suspenderá os processos pendentes, individuais ou coletivos, que tramitam no Estado ou na região, conforme o caso; II – poderá requisitar informações a órgãos em cujo juízo tramita processo no qual se discute o objeto do incidente, que as prestarão no prazo de 15 dias; III – intimará o Ministério Público para, querendo, manifestar-se no prazo de 15 dias". Esses prazos não poderão ser dobrados.

A expressão "conforme o caso", do inciso I, nos passa a impressão de que o relator tem liberdade e discricionariedade para estabelecer critérios e ressalvas em relação aos processos ali mencionados.

No tocante ao inciso III, se a participação do MP é obrigatória (§ 2º do art. 976), temos que também deva ser a apresentação de manifestação dentro do prazo legal.

7. Suspensão dos demais processos

Conforme vimos no inciso I do art. 982, o relator tem o dever (e, não, a faculdade) de suspender os demais processos, dentro dos critérios e parâmetros estabelecidos por ele.

O § 1º do art. 982 diz que "a suspensão será comunicada aos órgãos jurisdicionais competentes". Esses órgãos seriam os desembargadores do tribunal e os juízes de primeira instância.

O § 2º do art. 982 estabelece que, "durante a suspensão, o pedido de tutela de urgência deverá ser dirigido ao juízo onde tramita o processo suspenso". Se, por ventura, esse processo estiver no tribunal, pois se tratava, *v.g.*, de feito de competência originária, a tutela provisória (e, não, apenas tutela de urgência) será requerida diretamente ao relator do respectivo processo.

O § 3º do art. 982 traz uma regra que permitirá a suspensão de processos em todo o Brasil. Dispõe o seguinte: "visando à garantia da segurança jurídica, qualquer legitimado mencionado no art. 977, incisos II e III, poderá requerer, ao tribunal competente para conhecer do recurso extraordinário ou especial, a suspensão de todos os processos individuais ou coletivos em curso no território nacional que versem sobre a questão objeto do incidente já instaurado".

Por "qualquer legitimado", entenda-se: qualquer pessoa mencionada no inciso II ou III, mesmo que não faça parte do IRDR propriamente dito, tem legitimidade e interesse para tomar essa medida, desde que, claro, comprove que a matéria objeto do incidente lhe afeta diretamente.

Vejam que o relator ou o juiz não têm o direito de formular esse requerimento. E onde deverá ser formulado tal pleito? Perante o STF ou STJ. Qual deles? Dependerá, a nosso ver, de qual é o dispositivo que está sendo precipuamente questionado no IRDR. Se for preceito constitucional, então a petição deverá ser dirigida ao STF, e, se for norma infraconstitucional, ao STJ. Apesar de o referido § 3º não exigir, consideramos necessário demonstrar o *fumus boni iuris*, pois não faz sentido que o tribunal superior determine a suspensão de todos os processos que tramitam no Brasil, que poderão ser afetados pelo julgamento do IRDR, sem um mínimo de verossimilhança.

O § 4º do art. 982 fala que, "independentemente dos limites da competência territorial, a parte no processo em curso no qual se discuta a mesma questão objeto do incidente é legitimada para requerer a providência prevista no § 3º deste artigo". Significa dizer que, apesar de o IRDR estar tramitando perante o TJMG, uma parte de um processo que tramita na comarca do Rio de Janeiro poderá requerer, ao STF ou ao STJ, que determine a suspensão dos processos, em todo o território nacional, que versem sobre essa mesma matéria. Para que isso possa ocorrer é fundamental que, no processo no qual essa parte esteja litigando, a matéria debatida seja a mesma questão do IRDR do TJMG.

O § 5º do art. 982 informa que "cessa a suspensão a que se refere o inciso I do *caput* deste artigo se não for interposto recurso especial ou recurso extraordinário contra a decisão proferida no incidente". É notório que os recursos extraordinário e especial não têm efeito suspensivo *ope legis*. Era assim no CPC/1973 e continua da mesma forma no novo CPC (§ 5º do art. 1.029). Ocorre que o § 5º do art. 982 é uma exceção, um tanto quanto anômala, à regra geral. Os processos que foram suspensos pelo relator assim continuarão, mesmo que no IRDR não seja fixada tese alguma, desde que a parte interessada interponha recurso extraordinário ou recurso especial. A propósito, não nos esqueçamos do disposto no § 1º do art. 987 do novo CPC. E quem é que pode interpor tal recurso? No nosso ponto de vista, a parte, o MP, a Defensoria Pública ou mesmo um terceiro prejudicado. Não cremos que o juiz e o relator (art. 977, I) tenham legitimidade ou mesmo interesse recursal.

8. Instrução do incidente

O art. 983 do novo CPC versa sobre a instrução do IRDR, facultando ao relator a designação de audiência pública, de modo a facilitar a oitiva de todas as pessoas, órgãos e entidades com interesse na controvérsia, e, em seguida, o MP.

O *caput* dispõe o seguinte: "o relator ouvirá as partes e os demais interessados, inclusive pessoas, órgãos e entidades com interesse na controvérsia, que, no prazo comum de 15 dias, poderão requerer a juntada de documentos, bem como as diligências necessárias para a elucidação da questão de direito controvertida, e, em seguida, manifestar-se-á o Ministério Público, no mesmo prazo". O § 1º diz que, "para instruir o incidente, o relator poderá designar data para, em audiência pública, ouvir depoimentos de pessoas com experiência e conhecimento na matéria". E, o § 2º, informa que, "concluídas as diligências, o relator solicitará dia para o julgamento do incidente".

A realização de audiências públicas para ouvir *experts* e as partes interessadas no assunto é medida de extrema relevância e acerto. Aliás, tanto o STF quanto o STJ já fizeram isso à luz do CPC/1973 no julgamento de casos relevantes. A boa instrução permitirá que seja proferida decisão mais acertada e com maior legitimidade perante a sociedade e a magistratura.

9. Sessão de Julgamento

Terminada a fase de instrução, iniciar-se-á a sessão de julgamento do IRDR. Conforme se extrai do art. 984 do novo CPC, "no julgamento do incidente, observar-se-á a seguinte ordem: I – o relator fará a exposição do objeto do incidente; II – poderão sustentar suas razões, sucessivamente: a) o autor e o réu do processo originário e o Ministério Público, pelo prazo de 30 minutos; b) os demais interessados, no prazo de 30 minutos, divididos entre todos, sendo exigida inscrição com dois dias de antecedência".

O § 1º do art. 984 complementa que, "considerando o número de inscritos, o prazo poderá ser ampliado". A nosso ver, dependendo do número de inscritos, o prazo deve mesmo ser ampliado. O presidente do órgão julgador ou mesmo o relator podem indagar os inscritos se o que eles têm para falar é diferente do que já foi sustentado pelas partes e pelo MP. Isso servirá de parâmetro para a fixação do novo prazo.

10. A extensa forma de fundamentação do acórdão

Inicialmente cumpre destacar que o § 2º do art. 984 do novo CPC ordena que o conteúdo do acórdão abranja "[...] a análise de todos os fundamentos suscitados concernentes à tese jurídica discutida, sejam favoráveis ou contrários". Trata-se de uma exceção à regra insculpida no inciso IV do § 1º do art. 489 do novo CPC. E, se comparada à jurisprudência firmada à luz do CPC/1973, de que "o juiz não está obrigado a responder a todos os fundamentos apresentados pelas partes", então a diferença é maior ainda.

Por que o legislador foi tão exigente no § 2º do art. 984? A resposta é bastante simples. O objetivo final do IRDR é diminuir o número de demandas idênticas repetitivas e, igualmente, dar tratamento mais igualitário e previsível a todos os jurisdicionados. Dito isso, se não forem enfrentadas e fixadas todas as teses jurídicas que, em princípio, poderiam ser arguidas durante os processos individuais ou coletivas, tem-se que, na prática, o IRDR não alcançará o resultado almejado pelo legislador.

É muito importante enfatizar que os desembargadores não estão sujeitos e restritos aos argumentos, fundamentos e teses apresentadas pelas partes e pelo fiscal da lei (o MP). Lembremo-nos, nesse instante, do velho brocardo *iura novit curia*. Assim, é claro que os julgadores deverão estar totalmente abertos para receberem todas as contribuições possíveis de todos os envolvidos no procedimento, no entanto, não podem estar adstritos aos embasamentos trazidos por eles, sob pena de tornar o IRDR simplório. Não nos esqueçamos de que, em homenagem ao princípio do contraditório, mais especificamente o art. 10 do novo CPC, se o relator ou os vogais estiverem propensos a fixarem a tese jurídica modelo com base em fundamentos distintos daqueles apresentados pelos interessados e *experts*, será o caso de se interromper o julgamento e conceder prazo, de cinco dias que seja, para que todos possam se manifestar sobre ele.

Por derradeiro, é preciso deixar bem claro que, primordialmente nos julgamentos dos IRDRs, não pode existir vaidade alguma em querer que um ou outro argumento prevaleça, se ele nem mesmo foi objeto do amplo contraditório. O importante é fixar uma tese jurídica largamente pensada e debatida, de modo que se extraia o melhor resultado possível desse incidente.

11. O julgamento do IRDR e a fixação da tese jurídica

O art. 985 do novo CPC dispõe o seguinte: "julgado o incidente, a tese jurídica será aplicada: I – a todos os processos individuais ou coletivos que versem sobre idêntica questão de direito e que tramitem na área de jurisdição do respectivo tribunal, inclusive àqueles que tramitem nos juizados especiais do respectivo Estado ou região; II – aos casos futuros que versem idêntica questão de direito e que venham a tramitar no território de competência do tribunal, salvo revisão na forma do art. 986".

O tribunal fixa a tese jurídica a ser aplicada, contudo, quem a aplica é o juiz ou a turma julgadora do órgão fracionário do tribunal. É evidente que o magistrado deve ater-se às particularidades do caso concreto no momento de aplicação da tese jurídica fixada pelo tribunal. E mais. Não poderá simplesmente julgar o feito dizendo que "o caso está sujeito ao IRDR n. X e, por isso, julgo procedente o pedido". Esse tipo de fundamentação viola o disposto no § 1º do art. 489 do novo CPC, não obstante o fato de, em nenhum dos seus incisos, existir menção expressa ao *decisum* do IRDR.

12. Não observância da tese fixada

Nos termos do § 1º do art. 985 do novo CPC, "não observada a tese adotada no incidente, caberá reclamação". Recordemo-nos de que o procedimento da reclamação está disciplinado nos arts. 988 a 993 do novo CPC.

13. Da comunicação da tese fixada a certos órgãos

De acordo com o § 2º do art. 985 do novo CPC, "se o incidente tiver por objeto questão relativa a prestação de serviço concedido, permitido ou autorizado, o resultado do julgamento será comunicado ao órgão, ao ente ou à agência reguladora competente para fiscalização da efetiva aplicação, por parte dos entes sujeitos a regulação, da tese adotada".

14. Revisão da tese jurídica já fixada

Reza o art. 986 do novo CPC que "a revisão da tese jurídica firmada no incidente far-se-á pelo mesmo tribunal, de ofício ou mediante requerimento dos legitimados mencionados no art. 977, inciso III".

15. Recurso contra a decisão de mérito no IRDR

Segundo o art. 987 do novo CPC, "do julgamento do mérito do incidente caberá recurso extraordinário ou especial, conforme o caso". Dependendo da natureza do dispositivo violado, se constitucional ou infraconstitucional, o recurso será, respectivamente, extraordinário ou especial.

Pouco importa se a decisão é oriunda do julgamento que fixou a tese jurídica ou que a revisou. Em ambos os casos estão abertas as vias recursais para o STF e STJ. A única exigência do legislador é que a decisão enfrente o mérito. Em outras palavras, não caberá recurso especial ou extraordinário contra a decisão que não admite o processamento do IRDR.

Evidentemente exsurgirão processualistas e constitucionalistas asseverando que essa limitação recursal viola os arts. 102, III e 105, III, ambos da CF/88. Não vemos razão para maiores alardes. Quando o processamento do IRDR é inadmitido pelo órgão competente do tribunal, não há, no nosso sentir, "decisão", para usar o vocábulo que aparece nos preceitos constitucionais citados, apta a dar azo ao manuseio dos recursos especial e extraordinário. Não há qualquer efetivo prejuízo para o jurisdicionado em razão do não processamento do IRDR. Isso porque, a sua demanda individual ou coletiva, essa sim, poderá ser alvo de apelação, recurso especial e recurso extraordinário, pouco importando se a decisão recorrida é terminativa ou definitiva.

O § 1º do art. 987 quebra um dogma ao estabelecer que "o recurso tem efeito suspensivo, presumindo-se a repercussão geral de questão constitucional eventualmente discutida". A regra geral é de que os recursos especial e extraordinário não têm efeito suspensivo *ope legis*, podendo, todavia, ser concedido a critério do julgador (§ 5º do art. 1.029 do novo CPC). Veja-se, portanto, que se a decisão de mérito recorrida for oriunda de IRDR, então o recurso especial ou extraordinário terá efeito suspensivo automático. E não é só isso. O dispositivo legal ainda informa que, em caso de recurso extraordinário, presumir-se-á a existência de repercussão geral da questão constitucional.

16. Efeito nacional em decorrência da apreciação do mérito do recurso em sede de IRDR

O § 2º do art. 987 do novo CPC diz que, "apreciado o mérito do recurso, a tese jurídica adotada pelo Supremo Tribunal Federal ou pelo Superior Tribunal de Justiça será aplicada no território nacional a todos os processos individuais ou coletivos que versem sobre idêntica questão de direito".

O verbo utilizado para descrever o comando legal do § 2º é muito importante para compreender o alcance do dispositivo. O verbo utilizado é "apreciar". Em momento algum, na regra em comento, fala-se em "prover" ou "provido". E qual é a diferença entre "apreciar" e "prover"? Significa que, se o recurso for conhecido, pouco importará se ele será provido ou não, tendo em vista que, para fins do disposto no § 2º do art. 987, basta que o recurso especial ou extraordinário seja "apreciado" para que possa produzir os efeitos inerentes em todo o território nacional. Atente-se para o fato de que, em caso de desprovimento do recurso, significa que a tese jurídica adotada pelo STF ou STJ é a mesma que consta da decisão recorrida oriunda do TJ ou do TRF. Esse raciocínio é decorrência lógica do ato de não prover o recurso. Se o STF ou o STJ não concordassem com a tese jurídica fixada na decisão recorrida, bastaria, então, que o recurso fosse provido e fossem promovidas as devidas alterações.

Com efeito, talvez a grande discussão que surja em torno do § 2º do art. 987 é a seguinte: poderá a parte interpor recurso especial ou extraordinário, mesmo não tendo o que atacar na decisão proferida pelo TJ ou TRF, visando apenas que a tese jurídica fixada passe a ter eficácia vinculativa em todo o território nacional? Em outras palavras, nesse caso específico, haverá interesse de recorrer, que sabidamente é um requisito de admissibilidade de qualquer recurso?

A nossa resposta é positiva. Primeiro porque, diante da criação do IRDR, o conceito de recurso necessitará, obrigatoriamente, ser repensado e renovado. Segundo porque, permitir que esses recursos possam ser aviados, com o único escopo de se dar o efeito vinculativo nacional à decisão recorrida, está em consonância com uma das linhas mestras do novo CPC, qual seja, a de se prestigiar o precedente, e, com isso, diminuir o número de recursos e, igualmente, promover os princípios da isonomia e da segurança jurídica.

Seria interessante se essa possibilidade passasse a constar expressamente dos arts. 102, III e 105, III, ambos da CF/88. No entanto, enquanto isso não ocorre, parece-nos que tal solução está mais de acordo com a filosofia que o legislador quer imprimir para o nosso Poder Judiciário. Ora, é claro que se uma parte teve a sua tese jurídica fixada exatamente como pediu no IRDR, dificilmente encontrará algum dispositivo constitucional ou infraconstitucional que tenha sido violado, de maneira a justificar o cabimento do recurso extraordinário ou do recurso especial. Insistimos, porém, em se fazer uma releitura no conceito de recurso e de interesse recursal, bem como no disposto nos arts. 102, III, *a*, e 105, III, *a*, da CF/88, de modo a se ter uma unidade do nosso sistema jurídico, em especial a metodologia proposta pelo novo CPC e o direito fundamental garantido pelo inciso LXXVIII do art. 5º da CF/88.

Esse caminho é legal e constitucional, e não pode ser visto como usurpação do recurso afetado pelo formato repetitivo, aliás, muito pelo contrário. Quanto antes a tese vincular o território nacional, menos recursos chegarão ao STF e ao STJ. Evidentemente que se houver como se distinguir ou superar o precedente, isso deverá ser feito desde a primeira instância, sem que represente violação à tese jurídica firmada.

Portanto, o interessado em que a tese jurídica fixada pelo TJ ou TRF passe a ter amplitude nacional interporá o recurso especial, o extraordinário ou ambos, com base nos dispositivos constitucionais supracitados, e requererá, simplesmente, que o recurso seja apreciado para os fins do disposto no § 2º do art. 987 do novo CPC; isso, claro, se não tiver ocorrido alguma violação, propriamente dita, nas instâncias ordinárias.

IX – RECLAMAÇÃO

§ 1º – Introdução

A reclamação está regulada pelos arts. 988 a 993 do novo CPC. Sem correspondentes no CPC/1973. Apesar dessa ausência, esteve sempre em voga nos últimos tempos em razão do art. 102, I, *l*, e do art. 105, I, *f*, ambos da CF/88. Sem dúvida, a reclamação ganhou maiores destaques a partir da edição da Resolução n. 12/2009, do STJ, que dispõe sobre o processamento, nessa Corte, das reclamações destinadas a dirimir divergência entre acórdão prolatado por turma recursal estadual e a jurisprudência desta Corte.

Pouco importa se a matéria discutida será de ordem material ou processual, bastando que a decisão reclamada não esteja observando as hipóteses descritas no art. 988 e do § 1º do art. 985, ambos do novo CPC.

§ 2º – Generalidades do procedimento

1. Legitimidade

Segundo o *caput* do art. 988 do novo CPC, "caberá reclamação da parte interessada ou do Ministério Público".

2. Cabimento

Em quais situações poderá ser utilizada a reclamação? O art. 988 do novo CPC diz que servirá para: I – preservar a competência do tribunal; II – garantir a autoridade das decisões do tribunal; III – garantir a observância de decisão do Supremo Tribunal Federal em controle concentrado de constitucionalidade; IV – garantir a observância de enunciado de súmula vinculante e de precedente proferido em julgamento de casos repetitivos ou em incidente de assunção de competência.

O § 4º do art. 988 complementa que "as hipóteses dos incisos III e IV compreendem a aplicação indevida da tese jurídica e sua não aplicação aos casos que a ela correspondam".

Apesar de não estar expresso nessa parte que cabe reclamação contra a decisão que não observar a tese jurídica fixada no incidente de resolução de demandas repetitivas, tem-se que essa previsão consta do § 1º do art. 985 do novo CPC.

Reiteremos que a matéria objeto da reclamação pode ser de ordem material ou processual.

3. Competência e prevenção

O § 1º do art. 988 do novo CPC informa que "a reclamação pode ser proposta perante qualquer tribunal, e seu julgamento compete ao órgão jurisdicional cuja competência se busca preservar ou cuja autoridade se pretenda garantir". A reclamação poderá ser julgada, portanto, pelo STF, STJ, TJ ou TRF, dependendo de onde tiver sido proferida a decisão que foi desrespeitada. Por exemplo, caso um juiz de direito desrespeite precedente proferido em julgamento de casos repetitivos pelo STJ, a este caberá o julgamento da reclamação, e, não, ao respectivo TJ.

O § 3º do art. 988 cria uma regra de prevenção, que deverá ser observada, sempre que possível. A redação é a seguinte: "assim que recebida, a reclamação será autuada e distribuída ao relator do processo principal, sempre que possível". Desse modo, se a decisão reclamada foi proferida por juiz de primeiro grau, em desrespeito a um posicionamento firmado pelo TJ ou TRF em sede de incidente de assunção de competência ou de incidente de resolução de demandas repetitivas, o relator da reclamação será, se possível, o mesmo relator de um dos dois incidentes supramencionados.

4. Endereçamento da petição

A petição de reclamação deve ser dirigida ao presidente do tribunal competente para o seu julgamento (§ 2º do art. 988 do novo CPC), que, conforme já mencionado, poderá ser o STF, STJ, TJ ou TRF, dependendo de qual deles tiver com a sua competência ou autoridade sendo atingidas.

5. Documentos essenciais

A reclamação deverá ser instruída com prova documental capaz de comprovar que houve desrespeito à competência do tribunal e à autoridade de suas decisões (§ 2º do art. 988 do novo CPC).

Seria essencial, por exemplo, juntar a decisão que deu azo à reclamação, a petição inicial e a contestação, e, claro, demonstrar como é que o tribunal que julgará o feito vem decidindo acerca daquela matéria.

6. Prazo para apresentar a reclamação

A reclamação não poderá ser proposta após o trânsito em julgado da decisão (§ 5º do art. 988 do novo CPC). Se a petição foi distribuída no dia 23/03/2015, e o trânsito em julgado ocorrer no dia seguinte, então não haverá qualquer óbice.

7. Recurso contra a decisão que gerou a reclamação

O fato de o reclamante ter ajuizado recurso contra a decisão que gerou a reclamação, e o mesmo não for conhecido ou ter sido julgado (pouco importando o resultado do julgamento), não importará em prejuízo ou perda do objeto da reclamação, conforme se extrai do § 6º do art. 988 do novo CPC.

8. Intervenção do MP

O art. 991 do novo CPC diz que, "na reclamação que não houver formulado, o Ministério Público terá vista do processo por cinco dias, após o decurso do prazo para informações e para o oferecimento da contestação pelo beneficiário do ato impugnado".

A nosso ver, o *Parquet* deve ser intimado, mas não está obrigado a se pronunciar, pois dependerá da matéria objeto da reclamação. Se for alguma daquelas hipóteses do art. 178 do novo CPC, a apresentação de manifestação será obrigatória. Mas a sua participação efetiva obrigatória não cinge-se a essas hipóteses, sendo o disposto no § 2º do art. 976 do novo CPC uma delas, ou seja, se a decisão reclamada tiver como objeto o desrespeito de tese jurídica firmada em incidente de resolução de demandas repetitivas, deverá o MP participar, ativamente, da reclamação.

9. Incumbências do relator

O art. 989 do novo CPC aduz que o relator, ao despachar a reclamação: "I – requisitará informações da autoridade a quem for imputada a prática do ato impugnado, que as prestará no prazo de 10 dias; II – se necessário, ordenará a suspensão do processo ou do ato impugnado para evitar dano irreparável; III – determinará a citação do beneficiário da decisão impugnada, que terá prazo de 15 dias para apresentar a sua contestação".

Observe-se que quem deverá figurar no polo passivo da reclamação é a parte que se beneficiou com a decisão reclamada. A autoridade que praticou o ato impugnado será apenas intimada a prestar informações.

10. Intervenção de terceiros na reclamação

O art. 990 do novo CPC estabelece que "qualquer interessado poderá impugnar o pedido do reclamante".

Essa parece ser uma espécie de intervenção de terceiro diferente daquelas com as quais estamos acostumados a lidar, muito embora, na sua essência, seja bastante parecida com a assistência. A diferença principal reside, a nosso ver, no fato de inexistir, nessa intervenção inominada, a exigência de se demonstrar o interesse jurídico.

§ 3º – Julgamento da reclamação

1. Julgamento de procedência

Nos termos do art. 992 do novo CPC, "julgando procedente a reclamação, o tribunal cassará a decisão exorbitante de seu julgado ou determinará medida adequada à solução da controvérsia". A segunda parte do dispositivo existe porque é possível que, nem sempre, a decisão reclamada possa ter desrespeitado totalmente o precedente. Nessas hipóteses, uma simples adequação resolverá o dilema.

Questão interessante que poderá surgir é sobre a possibilidade de se rever o precedente, o enunciado de súmula ou a tese jurídica fixada por meio de reclamação. Parece-nos razoável, desde que os requisitos formais de revisão sejam todos observados.

2. A função do presidente do tribunal

Segundo o art. 993 do novo CPC, "o presidente do tribunal determinará o imediato cumprimento da decisão, lavrando-se o acórdão posteriormente". Presidente de qual tribunal? Do tribunal onde foi processada e julgada a reclamação. Apesar de ser possível lavrar e publicar o acórdão de forma rápida, o legislador quis imprimir celeridade extra a esse rito, obrigando que o presidente do tribunal expeça carta de ordem imediatamente à autoridade que proferiu a decisão reclamada.

X – RECURSOS

§ 1º – Introdução

Os recursos estão regulados entre os arts. 994 e 1.044 do novo CPC (arts. 496 a 546 do CPC/1973).

Apesar de ter sido pregado, ainda nos anos de 2009 e 2010, que uma das ideias era diminuir o número de recursos no processo civil, tem-se que isso, definitivamente, não aconteceu na prática. Aliás, a nosso ver, haverá um aumento no número de recursos. Senão, vejamos.

O art. 496 do CPC/1973 listava os seguintes recursos: I – apelação; II – agravo; III – embargos infringentes; IV – embargos de declaração; V – recurso ordinário; VI – recurso especial; VII – recurso extraordinário; e VIII – embargos de divergência em recurso especial e em recurso extraordinário. O § 1º do art. 557 do CPC/1973 criou o agravo interno, que é cabível contra as decisões monocráticas do relator no tocante ao julgamento terminativo ou definitivo dos recursos. Não cabe agravo interno contra as decisões do relator no que diz respeito aos efeitos em que o agravo de instrumento é recebido (parágrafo único do art. 527 do CPC/1973).

O art. 994 do novo CPC elenca os seguintes recursos: I – apelação; II – agravo de instrumento; III – agravo interno; IV – embargos de declaração; V – recurso ordinário; VI – recurso especial; VII – recurso extraordinário; VIII – agravo em recurso especial ou extraordinário; e IX – embargos de divergência.

Inicialmente, pode até parecer que o número de recursos diminuiu, haja vista o desaparecimento dos embargos infringentes, no entanto, não é bem assim.

Em primeiro lugar, apesar de em infringentes terem deixado de figurar como recurso, foi criada uma técnica de julgamento que se assemelha (art. 942 do novo CPC), sobremaneira, ao extinto recurso, só que com um agravante do ponto de vista numérico, qual seja, poderá ser utilizada sempre que o julgamento da apelação for não unânime, sem qualquer restrição, isto é, voltará a ser como era antes da reforma legislativa de 2001.

Em segundo lugar, será cabível agravo interno contra a decisão do relator acerca dos efeitos em que o agravo de instrumento é recebido, haja vista a inexistência de proibição no novo CPC.

Em terceiro lugar, o fato de se ter um rol taxativo para a interposição do agravo de instrumento (art. 1.015 do novo CPC) praticamente não mudará o volume desse recurso que chega nos tribunais. Isso porque a grande maioria deles (em torno de 85%) tem como objeto tutela de urgência, e, como essa matéria continua sendo agravável (e é necessário mesmo), *ex vi* do inciso I do art. 1.015, consideramos que não haverá redução no número de agravos de instrumento.

Basicamente, as alterações são as seguintes: (i) não existe mais o recurso de embargos infringentes, todavia, há uma técnica de julgamento bastante similar ao que ele fazia (art. 942); (ii) não existe mais agravo retido (art. 1.015 c/c § 1º do art. 1.009); (iii) não existe mais agravo de instrumento para destrancar apelação não conhecida na primeira instância (§ 3º do art. 1.010); (iv) foi alterada a nomenclatura do agravo para destrancar os recursos especial e extraordinário. Não se chama mais agravo de instrumento, mas, sim, agravo em recurso especial ou extraordinário (art. 994, VIII); (v) foi alterada a nomenclatura e o cabimento dos embargos de divergência (art. 1.043)

Feita essa breve introdução, vejamos como ficou o direito recursal no novo CPC.

§ 2º – Disposições gerais a todos os recursos

1. Taxatividade

O princípio da taxatividade dos recursos continua existindo. Isso quer dizer que só se pode recorrer utilizando-se um dos recursos mencionados por lei. Conforme já mencionado, eles estão elencados no art. 994 do novo CPC: I – apelação; II – agravo de instrumento; III – agravo interno; IV – embargos de declaração; V – recurso ordinário; VI – recurso especial; VII – recurso extraordinário; VIII – agravo em recurso especial ou extraordinário; e IX – embargos de divergência. Equivalente ao art. 496 do CPC/1973.

2. Efeito suspensivo

O art. 995 do novo CPC indica que “os recursos não impedem a eficácia da decisão, salvo disposição legal ou decisão judicial em sentido diverso”. Similar ao art.

497 do CPC/1973. Está sendo positivado e reforçado aquilo que já é do conhecimento de todos: o efeito suspensivo decorre da lei (*ope legis*) ou de decisão judicial (*ope iudicis*).

O parágrafo único do art. 995 complementa que "a eficácia da decisão recorrida poderá ser suspensa por decisão do relator, se da imediata produção de seus efeitos houver risco de dano grave, de difícil ou impossível reparação, e ficar demonstrada a probabilidade de provimento do recurso". Apenas um pouco semelhante com o art. 558, *caput* e parágrafo único, do CPC/1973. Esses dois requisitos são, em suma, o *periculum in mora* e o *fumus boni iuris*. Esse dispositivo está positivando o entendimento que já estava pacificado na jurisprudência do STJ sobre o tema, muito embora, nessa Corte, não era costumeiro exigir-se a comprovação do risco de dano irreparável ou de difícil reparação, mas, tão somente, a probabilidade de provimento do recurso.

3. Legitimidade do terceiro prejudicado

O parágrafo único do art. 996 do novo CPC aprimorou tecnicamente a redação do § 1º do art. 499 do CPC/1973. A nova redação é a seguinte: "cumpre ao terceiro demonstrar a possibilidade de a decisão sobre a relação jurídica submetida à apreciação judicial atingir direito de que se afirme titular ou que possa discutir em juízo como substituto processual". Falta, nesse aspecto, uma melhor definição da doutrina sobre o que é interesse jurídico e o que é o interesse puramente econômico. Essa imprecisão causa julgamentos injustos e insegurança jurídica.

4. Termo inicial do prazo para recorrer

Não houve mudança essencial, mas apenas aprimoramento técnico, conforme se extrai do art. 1.003, *caput* e §§ 1º e 2º, do novo CPC (art. 242, *caput* e § 1º, do CPC/1973).

5. Aferição da tempestividade do recurso remetido pelo correio

O § 4º do art. 1.003 do novo CPC avisa que, "para aferição da tempestividade do recurso remetido pelo correio, será considerada como data de interposição a data de postagem". Sem correspondente no CPC/1973. O dispositivo em comento é incompatível com o art. 2º da Lei n. 9.800/99, logo, este estará revogado com a entrada em vigor do novo CPC.

O cuidado que se deve ter é em relação à jurisprudência defensiva criada no sentido de que, em caso de greve, não restará configurada força maior ou justa causa apta a ensejar a apreciação do recurso interposto fora do prazo legal. É um absurdo e esperamos que esse posicionamento seja revisto, tendo em vista não estar na mesma sintonia do novo CPC.

6. Prazos para a interposição dos recursos

O novo CPC procurou uniformizar os prazos dos recursos. Conforme se extrai do § 5º do art. 1.003, o prazo de todos os recursos é de 15 dias, com exceção daquele previsto para os embargos de declaração, que é de cinco dias (art. 1.023). Ratificamos que todos os prazos em dias do CPC deverão ser contados apenas em dias úteis.

7. Feriado local

Nesse quesito houve um certo retrocesso do novo CPC em relação à jurisprudência do STJ. Estabelece o § 6º do art. 1.003 (sem correspondente no CPC/1973) que "o recorrente comprovará a ocorrência de feriado local no ato de interposição do recurso".

A jurisprudência permitia que esse vício pudesse ser sanado no agravo interno (AgRg no AREsp n. 137.141/SE). Em homenagem ao princípio do não-retrocesso, seria conveniente que se mantivesse esse posicionamento. Não bastasse, o parágrafo único do art. 932 do novo CPC exige que, "antes de considerar inadmissível o recurso, o relator concederá o prazo de cinco dias ao recorrente para que seja sanado vício ou complementada a documentação exigível".

8. Comprovação do preparo

Apesar de não ter ocorrido qualquer mudança nesse ponto, consideramos pertinente trazer essa informação: "no ato de interposição do recurso, o recorrente comprovará, quando exigido pela legislação pertinente, o respectivo preparo, inclusive porte de remessa e de retorno, sob pena de deserção" (art. 1.007).

9. Não comprovação do preparo

O § 4º do art. 1.007 do novo CPC inovou ao permitir que o recorrente que não tenha comprovado o pagamento do preparo ou do porte de remessa e retorno dos autos, no ato da interposição do recurso, possa fazê-lo posteriormente. Veja como ficou a regra: "o recorrente que não comprovar, no ato de interposição do recurso, o recolhimento do preparo, inclusive porte de remessa e de retorno, será intimado, na pessoa de seu advogado, para realizar o recolhimento em dobro, sob pena de deserção".

A seguinte questão certamente será inaugurada rapidamente: o que fazer com o recorrente que, antes mesmo de ser intimado, recolhe e comprova, nos autos, o valor devido? Precisará ser em dobro? Como não há nulidade sem prejuízo, temos que, nesse caso, ele não precisará pagar em dobro. Sustentamos isso porque o pagamento a maior nos afigura como uma espécie de punição decorrente de se ter que mover a máquina judiciária somente por conta de uma falha do próprio recorrente. Caso ele, todavia, descubra a sua falha antes de ser intimado, nos parece razoável que ele possa efetuar o pagamento do montante devido sem que tenha de ser penalizado.

10. Insuficiência do preparo

Em caso de insuficiência do preparo ou do porte de remessa e retorno dos autos, a regra continua sendo a mesma do CPC/1973 (§ 2º do art. 511), ou seja, o recorrente será intimado para complementar em cinco dias, sob pena de deserção (§ 2º do art. 1.007 do novo CPC).

Atenção porque, se a insuficiência do preparo ou do porte de remessa e retorno dos autos ocorrer após a segunda chance dada no processo, na forma do § 4º do art. 1.007, o recorrente não poderá ser intimado para complementar o valor, como manda o § 2º, e o recurso será considerado deserto. Essa assertiva pode ser extraída do § 5º do art. 1.007 do novo CPC (sem equivalente no CPC/1973): "é vedada a complementação se houver insuficiência parcial do preparo, inclusive porte de remessa e de retorno, no recolhimento realizado na forma do § 4º".

11. Porte de remessa e retorno dos autos em processo eletrônico

O § 3º do art. 1.007 do novo CPC (sem equivalente no CPC/1973) estatui que "é dispensado o recolhimento do porte de remessa e de retorno no processo em autos eletrônicos". Com isso cairá por terra o disposto no art. 6º da Resolução n. 1, de 2014, do STJ.

12. Equívoco no preenchimento da guia

Segundo o § 7º do art. 1.007 do novo CPC (sem equivalente no CPC/1973), "o equívoco no preenchimento da guia de custas não implicará a aplicação da pena de deserção, cabendo ao relator, na hipótese de dúvida quanto ao recolhimento, intimar o recorrente para sanar o vício no prazo de cinco dias". Esse dispositivo, felizmente, acabará com a temida jurisprudência defensiva do STJ nesse sentido (AgRg no AREsp n. 85.543/AM).

13. Outros vícios referentes ao preparo

Existem duas situações que incomodavam sobremaneira os advogados militantes. A primeira diz respeito à não juntada, nos autos, da primeira via da guia de recolhimento e/ou do comprovante de pagamento. A segunda é no tocante à juntada, nos autos, de comprovante de pagamento da taxa recursal impresso diretamente do site eletrônico do banco. Ambos os casos já foram motivo de não conhecimento de recursos pelo STJ no passado, porém, a jurisprudência desse mesmo tribunal, para a felicidade geral, alterou-se em prol do bom senso, como se pode constatar nos seguintes arestos: AgRg no REsp n. 1.474.725/GO e AgRg no AgRg no AREsp n. 249.393/SC.

Apesar de improvável, se ocorrer alguma mudança no ponto de vista dos ministros, no que concerne a essas duas questões, à luz do novo CPC, deverá ser aplicada a regra constante do parágrafo único do art. 932 ou do § 2º do art. 1.007, e, na pior das hipóteses, o comando do § 4º do art. 1.007.

§ 3º – Apelação

1. Introdução

O recurso de apelação está regulado entre os arts. 1.009 e 1.014 do novo CPC (arts. 513 a 521 do CPC/1973). Continua sendo cabível contra sentença e no prazo de 15 dias (tanto para interpor quanto para responder).

2. Interlocutórias não agraváveis

Não existe mais o agravo retido no novo CPC. Desse modo, ao surgir uma decisão interlocutória com a qual a parte não concorde, e contra ela não for cabível agravo de instrumento, nada poderá ser feito naquele dado momento, salvo se houver flagrante ilegalidade, o que possibilitará a impetração de mandado de segurança.

O que deve, então, fazer o advogado da parte que, no seu sentir, foi prejudicada com a decisão interlocutória contra a qual não cabe agravo de instrumento?

Inicialmente é preciso saber quando é que se pode interpor agravo de instrumento. A resposta é simples: sempre que a decisão interlocutória se encaixar no rol taxativo do art. 1.015, *caput* e parágrafo único, do novo CPC.

Constatando-se que a decisão que lhe é desfavorável não é agravável, deverá valer-se da nova regra contida no § 1º do art. 1.009 do novo CPC: "as questões resolvidas na fase de conhecimento, se a decisão a seu respeito não comportar agravo de instrumento, não são cobertas pela preclusão e devem ser suscitadas em preliminar de apelação, eventualmente interposta contra a decisão final, ou nas contrarrazões". Esse dispositivo, que está muito bem redigido, nos permite chegar a algumas conclusões.

Em primeiro lugar, se a interlocutória comportar o manuseio do agravo de instrumento, significa que o interessado está obrigado a interpor o recurso, pois, do contrário, ocorrerá preclusão do *decisum*. Se pensarmos em uma decisão que defere tutela provisória, e o réu não agravar, ocorrerá a preclusão naquele instante. Isso não significa que o réu esteja impossibilitado de requerer a revogação da tutela provisória, caso surja fato novo ou modificação em fato no qual o juiz tenha se embasado para deferi-la num primeiro momento.

Em segundo lugar, se a interlocutória não desafiar agravo de instrumento, deverá a parte interessada aguardar a prolação da sentença e, caso ainda tenha interesse, poderá insurgir-se contra ela, como preliminar, na apelação ou nas contrarrazões.

Em terceiro lugar, não será preciso apresentar o chamado "protesto antipreclusivo", comumente utilizado na Justiça do Trabalho, com base no art. 795 da CLT, com o único objetivo de evitar que ocorra a preclusão da decisão interlocutória, que, como se sabe, é irrecorrível no processo do trabalho. Além de não existir previsão legal dessa natureza, o novo CPC diz, com toda a clareza, que não haverá preclusão em hipóteses desse jaez.

Desse modo, respondendo ao questionamento inicialmente formulado, se a parte se deparar com uma decisão interlocutória não agravável, deverá aguardar a prolação da sentença, e, se ainda tiver interesse no deslinde da questão, suscitará, em sede de preliminar, nas razões ou nas contrarrazões da apelação, a resolução do ponto controvertido. E, apenas para ratificar, não se pode exigir que a parte tenha consignado seu protesto, por meio de petição ou na ata da audiência, para que possa exercer esse direito no futuro.

Caso "as questões referidas no § 1º forem suscitadas em contrarrazões, o recorrente será intimado para, em 15 dias, manifestar-se a respeito delas" (§ 2º do art. 1.009 do novo CPC). Sem correspondente no CPC/1973.

3. Matérias agraváveis decididas na sentença

Nos termos do § 3º do art. 1.009 do novo CPC, "o disposto no *caput* deste artigo aplica-se mesmo quando as questões mencionadas no art. 1.015 integrarem capítulo da sentença". Sem correspondente no CPC/1973.

Isso significa que, se o juiz deixar para decidir sobre alguma das matérias elencadas no art. 1.015 do novo CPC, apenas na sentença, como, *v.g.*, a tutela provisória ou a distribuição do ônus da prova, deverá o interessado impugnar essa parte específica, em preliminar, na apelação. Não caberão, portanto, dois recursos, ou seja, agravo para atacar a parte interlocutória e apelação para o restante.

4. Obrigação de demonstrar as razões pelas quais a sentença deve ser reformada ou invalidada

O art. 1.010 do novo CPC (art. 514 do CPC/1973) lista quais são os requisitos das razões do recurso de apelação. Eram três no CPC/1973. Esses pressupostos foram mantidos e há um novo, acrescido pela nova lei e encontra-se no inciso III: "as razões do pedido de reforma ou de decretação de nulidade". Não basta que o apelante discorra sobre os fatos e fundamentos de direito da demanda, sendo imprescindível que explique, especificamente, porque é que a sentença deve ser reformada ou invalidada pelo tribunal.

Na era digital do "copia e cola", isso fará com que os grandes demandistas dos setores público e privado ataquem os pontos da sentença que estão incorretos, sendo defesa a interposição de apelação genérica. A nosso ver, o descumprimento desse novo requisito ensejará o não conhecimento do recurso.

5. Juízo de admissibilidade

A apelação continua sendo interposta em primeira instância (art. 1.010 do novo CPC).

Já em relação ao juízo de admissibilidade, ocorreram mudanças. Na era do CPC/1973, a apelação passava por um duplo juízo de admissibilidade: um em primeira instância e o outro no tribunal. Com o novo CPC, apenas o tribunal terá competência para tanto, conforme pode-se apreender do § 3º do art. 1.010: "após as formalidades previstas nos §§ 1º e 2º, os autos serão remetidos ao tribunal pelo juiz, independentemente de juízo de admissibilidade".

A inovação é salutar, pois, a nosso juízo, é uma perda de tempo existirem dois juízos de admissibilidade sobre o mesmo recurso. Sem falar que, automaticamente, está-se eliminando a chance de, com o juízo negativo de admissibilidade, ter de forçar o apelante a agravar da decisão.

Com a supressão do juízo de admissibilidade pelo magistrado de primeiro grau, o § 1º do art. 518 do CPC/1973 (apelidado de "súmula impeditiva de recurso") foi abolido.

6. Incumbências do relator

O art. 1.011 do novo CPC informa que, "recebido o recurso de apelação no tribunal e distribuído imediatamente, o relator: I – decidi-lo-á monocraticamente apenas nas hipóteses do art. 932, incisos III a V; II – se não for o caso de decisão monocrática, elaborará seu voto para julgamento do recurso pelo órgão colegiado".

7. Efeito suspensivo automático da apelação e suas exceções

O art. 1.012 do novo CPC (art. 520 do CPC/1973) determina que a apelação terá efeito suspensivo. Já o seu § 1º (incisos I a VII do art. 520 do CPC/1973) arrola quais são os processos nos quais o apelo deverá ser recebido, em princípio, apenas no efeito devolutivo: "além de outras hipóteses previstas em lei, começa a produzir efeitos imediatamente após a sua publicação a sentença que: I – homologa divisão ou demarcação de terras; II – condena a pagar alimentos; III – extingue sem resolução do mérito ou julga improcedentes os embargos do executado; IV – julga procedente o pedido de instituição de arbitragem; V – confirma, concede ou revoga tutela provisória; VI – decreta a interdição".

Inicialmente cumpre relembrar que na legislação extravagante existem outras situações nas quais a apelação será recebida sem efeito suspensivo, *v.g.*, na apelação em mandado de segurança (§ 3º do art. 14 da Lei n. 12.016/2009) e na apelação contra as sentenças dos procedimentos da lei de locação (art. 58, V, da Lei n. 8.245/91).

Quanto às hipóteses listas pelo § 1º do art. 1.012, a novidade fica apenas por conta da inserção da decretação de interdição, que não figurava na listagem do CPC/1973.

A consequência de a apelação não ter efeito suspensivo é que "[...] o apelado poderá promover o pedido de cumprimento provisório depois de publicada a sentença" (§ 2º do art. 1.012).

8. Pedido de concessão de efeito suspensivo

O § 3º do art. 1.012 do novo CPC nos mostra para quem deve ser endereçado o referido pedido: "o pedido de concessão de efeito suspensivo nas hipóteses do § 1º poderá ser formulado por requerimento dirigido ao: I – tribunal, no período compreendido entre a interposição da apelação e sua distribuição, ficando o relator designado para seu exame prevento para julgá-la; II – relator, se já distribuída a apelação".

No caso do inciso I, tendo em vista inexistir forma predefinida em lei sobre como deve ser formulado tal pedido, temos que entrará em cena o princípio da liberdade das formas, insculpido no art. 188 do novo CPC, sendo lícito ao apelante distribuir simples petição no tribunal, que poderá ser simplesmente denominada de "pedido de concessão de efeito suspensivo". Os regimentos internos devem, a nosso ver, regulamentar melhor o *modus operandi* desse pleito, de modo a unificar as regras e evitar que cada desembargador ou órgão fracionário crie as suas próprias. De todo modo, adiantamos que os documentos essenciais para a compreensão da controvérsia (exordial, contestação, sentença e cópia da apelação protocolizada) devem ser juntados. Outra opção é distribuir uma petição intitulada apenas de "procedimento de tutela de urgência com pedido de liminar". Enfim, conforme já decidiu o STJ, pouco importa o nome dado à ação, sendo que o relevante, mesmo, é que o pedido tenha sido formulado corretamente (REsp n. 509.300/SC).

Com efeito, existem requisitos, alternativos, que devem ser cabalmente provados e preenchidos para que o apelante logre êxito em seu pedido de concessão de efeito suspensivo. Conforme se extrai do § 4º do art. 1.012 do novo CPC, "nas hipóteses do § 1º, a eficácia da sentença poderá ser suspensa pelo relator se o apelante demonstrar a probabilidade de provimento do recurso ou se, sendo relevante a fundamentação, houver risco de dano grave ou de difícil reparação".

Existem três requisitos no dispositivo em comento. Para a concessão do efeito suspensivo, deve o apelante demonstrar a existência do primeiro deles ou, então, dos dois últimos.

Na primeira alternativa, se o apelante demonstrar a probabilidade de provimento do recurso, como, por exemplo, a sua tese estar no sentido de súmulas, teses fixadas em incidente de resolução de demandas repetitivas, súmulas vinculantes, por recurso afetado pelo regime dos repetitivos ou incidente de assunção de competência, o efeito suspensivo deverá ser concedido.

Na segunda alternativa, existem dois requisitos que devem ser comprovados. É preciso que a fundamentação seja relevante e, além disso, que haja risco de dano grave ou de difícil reparação. Imaginemos que a tese do apelante encontra-se bem dividida pela jurisprudência, no entanto, o recurso possui fundamentação relevante e, ainda, há provas de risco de dano grave ou de difícil reparação. Nesse caso, o efeito suspensivo também deverá ser conferido.

9. Pedido de concessão de tutela antecipada recursal (efeito ativo)

O art. 1.012 e seus parágrafos estão com uma preocupação grande com o efeito suspensivo à sentença, no entanto, nada foi dito sobre o efeito ativo. Pode ser que o juiz revogue a tutela de urgência de natureza antecipada na sentença, colocando o autor em situação de perigo. O que fazer? A nosso ver, o mesmo que seria feito para a obtenção do efeito suspensivo, alterando-se, apenas, para efeito ativo ou, para usar a terminologia mais corrente nos últimos anos, tutela antecipada recursal. Apesar de o novo CPC não destinar uma parte específica para o efeito ativo na apelação, podemos trazer a lume, nesse instante, o art. 932, II, do novo CPC. Trata-se, destarte, de mais um dispositivo que pode ser utilizado para embasar o pleito.

10. Efeito devolutivo restrito

O efeito devolutivo na apelação não é tão amplo quanto se pode imaginar, e, em razão da redação do § 1º do art. 515 do CPC/1973, acreditava-se que o tribunal poderia decidir qualquer coisa no âmbito desse recurso. Mesmo nessa época já era possível deduzir que existiam restrições à matéria que poderia ser apreciada pelo tribunal ao julgar a apelação.

O § 1º do art. 1.013 do novo CPC (equivalente ao § 1º do art. 515 do CPC/1973) reza que "serão, porém, objeto de apreciação e julgamento pelo tribunal todas as questões suscitadas e discutidas no processo, ainda que não tenham sido solucionadas, desde que relativas ao capítulo impugnado".

A frase "desde que relativas ao capítulo impugnado" assume papel de suma importância no novo CPC. Tentaremos explanar com um exemplo bem simples. Uma sentença que condena o réu no pagamento de danos materiais e danos morais tem, pelo menos, dois capítulos, quais sejam, o do dano patrimonial e o do dano extrapatrimonial. Caso o réu decida apelar apenas contra o capítulo do dano moral, não poderá o tribunal, com amparo no efeito devolutivo, alterar a parcela do dano material, mesmo se o entendimento dos julgadores for no sentido de afastar a responsabilidade civil do apelante.

Destarte, temos que não haverá momento mais propício para lembrar que *tantum devolutum quantum appellatum*.

11. Teoria da causa madura

Nos termos do § 3º do art. 1.013 do novo CPC (equivalente ao § 3º do art. 515 do CPC/1973), "se o processo estiver em condições de imediato julgamento, o tribunal deve decidir desde logo o mérito quando: I – reformar sentença fundada no art.

485; II – decretar a nulidade da sentença por não ser ela congruente com os limites do pedido ou da causa de pedir; III – constatar a omissão no exame de um dos pedidos, hipótese em que poderá julgá-lo; IV – decretar a nulidade de sentença por falta de fundamentação".

Em primeiro lugar, observem que esses quatro incisos não são cumulativos.

Em segundo lugar, para que o tribunal possa enfrentar o mérito da causa, é preciso que o processo esteja em condições de ser julgado, isto é, que não seja mais preciso produzir qualquer tipo de prova ou que, com aquelas que já constam dos autos, o direito já encontra-se suficientemente provado. Caso, no entanto, o relator entenda que seja necessária a produção de alguma prova, poderá baixar o processo em diligência, nos termos do § 3º do art. 938 do novo CPC.

Em terceiro lugar, vejamos, rapidamente, o que significa os comandos dos quatro incisos. O inciso I cuida da sentença terminativa, na qual o mérito não foi apreciado. O inciso II trata da sentença que seja *ultra petita* ou *extra petita*. O inciso III versa sobre a sentença *citra petita*. O inciso IV está ligado à falta de fundamentação; aliás, nesse quesito, não nos esqueçamos do § 1º do art. 489 do novo CPC.

12. Reforma da sentença que reconheça a decadência ou a prescrição

De acordo com o § 4º do art. 1.013 do novo CPC (sem correspondente no CPC/1973), "quando reformar sentença que reconheça a decadência ou a prescrição, o tribunal, se possível, julgará o mérito, examinando as demais questões, sem determinar o retorno do processo ao juízo de primeiro grau". Em outras palavras, se a causa estiver madura para ser julgada, deverá o tribunal assim proceder, pouca importando o fato de a prescrição ou a decadência, reconhecidas pela sentença, terem sido afastadas.

13. Tutela provisória na sentença

Já havíamos adiantado, mas não custa nada repetir, que, nos termos do § 5º do art. 1.013 do novo CPC (sem correspondente no CPC/1973), "o capítulo da sentença que confirma, concede ou revoga a tutela provisória é impugnável na apelação".

§ 4º – Agravo de instrumento

1. Introdução

O agravo de instrumento está disciplinado pelos arts. 1.015 a 1.020 do novo CPC (arts. 522 a 529 do CPC/1973). Vamos às principais novidades: (i) acabou o agravo retido; (ii) o prazo para a interposição passou a ser de 15 dias; (iii) a ausência de peças obrigatórias e/ou facultativas não ensejará o não conhecimento automático do recurso; (iv) o agravo de instrumento passa a ter um rol taxativo das suas hipóteses de cabimento; e (v) passa a ser garantido o direito a proferir sustentação oral em alguns casos.

2. Hipóteses de cabimento

O rol que traz as hipóteses de cabimento do agravo de instrumento consta do art. 1.015 do novo CPC: "cabe agravo de instrumento contra as decisões interlocutórias que versarem sobre: I – tutelas provisórias; II – mérito do processo; III – rejeição da alegação de convenção de arbitragem; IV – incidente de desconsideração da personalidade jurídica; V – rejeição do pedido de gratuidade da justiça ou acolhimento do pedido de sua revogação; VI – exibição ou posse de documento ou coisa; VII – exclusão de litisconsorte; VIII – rejeição do pedido de limitação do litisconsórcio; IX – admissão ou inadmissão de intervenção de terceiros; X – concessão, modificação ou revogação do efeito suspensivo aos embargos à execução; XI – redistribuição do ônus da prova nos termos do art. 373, § 1º; XII – vetado; XIII – outros casos expressamente referidos em lei".

O seu parágrafo único complementa que "também caberá agravo de instrumento contra decisões interlocutórias proferidas na fase de liquidação de sentença ou de cumprimento de sentença, no processo de execução e no processo de inventário".

Por exclusão, não cabe agravo de instrumento contra a decisão interlocutória que acolher o pedido de gratuidade da justiça.

Não existe mais a possibilidade de se interpor agravo de instrumento quando houver risco de dano irreparável ou de difícil reparação.

Nos casos em que a parte sentir-se prejudicada com a decisão interlocutória, e não for possível interpor agravo de instrumento, ela terá quatro alternativas: (i) apresentar pedido de reconsideração ao mesmo juiz prolator da decisão; (ii) aguardar para impugná-la em preliminar na apelação ou nas contrarrazões; (iii) impetrar mandado de segurança; ou (iv) opor embargos de declaração.

3. Prazo

O prazo passou a ser de 15 dias (§ 5º do art. 1.003 do novo CPC). Antigamente era de 10 dias (art. 522 do CPC/1973). O prazo para responder ao recurso também é de 15 dias.

4. Competência

A competência para o julgamento do agravo de instrumento continua sendo do tribunal *ad quem*, conforme se infere no art. 1.016 do novo CPC (art. 524 do CPC/1973).

5. Requisitos da petição

Os requisitos da petição de agravo de instrumento constam do art. 1.016 do novo CPC (art. 524 do CPC/1973): "I – os nomes das partes; II – a exposição do fato e do direito; III – as razões do pedido de reforma ou de invalidação da decisão e o próprio pedido; IV – o nome e o endereço completo dos advogados constantes do processo".

A novidade, em termos de direito positivo, fica apenas por conta do inciso I.

6. Documentos obrigatórios e facultativos

O art. 1.017 do novo CPC (art. 525 do CPC/1973) reza que "a petição de agravo de instrumento será instruída: I – obrigatoriamente, com cópias da petição inicial, da contestação, da petição que ensejou a decisão agravada, da própria decisão agravada, da certidão da respectiva intimação ou outro documento oficial que comprove a tempestividade e das procurações outorgadas aos advogados do agravante e do agravado; II – com declaração de inexistência de qualquer dos documentos referidos no inciso I, feita pelo advogado do agravante, sob pena de sua responsabilidade pessoal; III – facultativamente, com outras peças que o agravante reputar úteis".

Há exigência de serem juntados um número maior de documentos obrigatórios. Além da decisão agravada, da respectiva certidão de intimação e das procurações outorgadas aos advogados do agravante e do agravado, será necessário apresentar cópias da petição inicial, da contestação e da petição que ensejou a decisão agravada. Não existindo a certidão de intimação nos autos do processo, poderá o advogado juntar outro documento oficial que possibilite a comprovação da tempestividade do recurso, como, por exemplo, uma certidão do escrivão ou do chefe de secretaria.

O advogado, felizmente, ganhou mais credibilidade no novo CPC. Veja-se que, não existindo nos autos algum dos documentos elencados pelo inciso I, ele mesmo poderá redigir declaração de inexistência de documentos e anexar ao agravo no momento da interposição. A inveracidade da afirmação ensejará responsabilidade pessoal do advogado.

Além das peças obrigatórias, ainda é necessário instruir o agravo de instrumento com outros documentos que o agravante reputar úteis. São as chamadas peças facultativas-essenciais. Esses documentos não precisam estar, necessariamente, nos autos do processo. Tomemos como exemplo uma liminar concedida em ação de alimentos. Pode ser que o juiz tenha fixado o valor dos alimentos provisórios levando em consideração um montante que o réu efetivamente não percebe mensalmente. Nesse caso, no agravo de instrumento, o agravante deverá juntar cópia do seu contracheque mensal ou até mesmo de sua declaração de imposto de renda, de modo a tentar convencer os desembargadores de suas reais possibilidades financeiras.

E, para evitar qualquer problema de ordem processual, bem como até mesmo viabilizar a reforma da decisão agravada pelo próprio juiz do processo, é prudente que essas peças anexadas ao agravo, e que não constam do processo, sejam nele juntadas no prazo de três dias. Ressalte-se, porém, que a jurisprudência do STJ condena o formalismo exacerbado em caso de não juntada (REsp n. 944.040/RS).

7. Ausência de peças obrigatórias ou facultativas-essenciais

O rigor do legislador diminuiu bastante. Conforme se extrai do § 3º do art. 1.017 do novo CPC (sem equivalente no CPC/1973), "na falta da cópia de qualquer peça ou no caso de algum outro vício que comprometa a admissibilidade do agravo de instrumento, deve o relator aplicar o disposto no art. 932, parágrafo único".

Em outras palavras, o relator deverá intimar o agravante para juntar as peças processuais faltantes, indicando-as nominalmente, no prazo de cinco dias, sob pena de não conhecimento do recurso. É defeso ao relator não informar ao agravante quais são as peças faltantes, principalmente se se tratar de documentos facultativos-essenciais, sob pena de violação de seu dever de cooperação. A decisão monocrática genérica desafia, portanto, embargos de declaração, seja por obscuridade ou por omissão.

8. Caso de dispensa da apresentação das peças obrigatórias

O § 5º do art. 1.017 do novo CPC diz que, "sendo eletrônicos os autos do processo, dispensam-se as peças referidas nos incisos I e II do *caput*, facultando-se ao agravante anexar outros documentos que entender úteis para a compreensão da controvérsia".

A norma em questão demonstra inteligência. Ora, se os autos do processo já estão disponíveis em formato eletrônico no sistema do tribunal, por que é que seria preciso juntar as peças novamente? O desembargador já terá acesso ao sistema, logo, não é necessário repetir a juntada dos documentos. Basta que o magistrado clique em algum ícone na tela e já terá pleno acesso aos autos. Poupa-se, com essa medida, tempo dos advogados e espaço da memória do sistema do tribunal.

As peças facultativas que já constam do processo com autos eletrônicos também não precisam ser juntadas novamente. Uma leitura apressada do § 5º pode passar, no entanto, a impressão contrária. O que o legislador quis dizer na parte final do dispositivo é que, caso existam outros documentos que o agravante queira juntar, e que ainda não estejam nos autos do processo, será possível.

9. Existência de vício que comprometa a admissibilidade

Nesse caso, igualmente o relator deverá conceder prazo de cinco dias para que o agravante possa sanar o vício (§ 3º do art. 1.017 do novo CPC). A falta de assinatura da petição recursal é um singelo exemplo.

10. Formas de interposição do recurso

O § 2º do art. 1.017 do novo CPC determina que, "no prazo do recurso, o agravo será interposto por: I – protocolo realizado diretamente no tribunal competente para julgá-lo; II – protocolo realizado na própria comarca, seção ou subseção judiciárias; III – postagem, sob registro, com aviso de recebimento; IV – transmissão de dados tipo fac-símile, nos termos da lei; V – outra forma prevista em lei".

A intenção do legislador, claramente, é a de facilitar o acesso à Justiça. Não pode o tribunal restringir uma dessas hipóteses. Com a adoção do processo por meio eletrônico, contudo, esse § 2º deve ser relativizado, no sentido de só se permitir a interposição do agravo de instrumento no mesmo formato, sob pena de inviabilizar o seu correto funcionamento. É o que se dá, por exemplo, no STJ e no TJMG.

11. Agravo interposto por *fac-símile* ou similar

Nos termos do § 4º do art. 1.017 do novo CPC, "se o recurso for interposto por sistema de transmissão de dados tipo fac-símile ou similar, as peças devem ser juntadas no momento de protocolo da petição original". Trata-se de mera positivação, e muito bem vinda, do entendimento que já vinha prevalecendo no STJ há anos (AgRg no REsp n. 1.341.562/RN).

12. Juntada em primeira instância de cópia da petição de agravo

Não é novidade para nós que o agravante deve juntar cópia da petição de agravo de instrumento nos autos do processo em primeira instância. É uma exigência do art. 526 do CPC/1973 e continuará sendo, *ex vi* do disposto no art. 1.018 do novo CPC. O prazo continua sendo o mesmo, qual seja, três dias, contados da data da realização da distribuição do agravo no tribunal. O descumprimento dessa exigência, desde que arguido e provado pelo agravado, importará na inadmissibilidade do agravo de instrumento (§ 3º do art. 1.018).

Talvez, por algum tempo, persistirá discussão sobre o significado do § 2º do art. 1.018, que assim dispõe: "não sendo eletrônicos os autos, o agravante tomará a providência prevista no *caput*, no prazo de três dias a contar da interposição do agravo de instrumento". A pergunta é: não sendo eletrônicos quais autos? Do processo, do agravo ou de ambos? A nosso ver o importante, para os fins do § 2º em comento, é que os autos do agravo de instrumento sejam em formato eletrônico. Por quê? Porque se forem, toda e qualquer pessoa terá acesso à petição e aos documentos juntados, onde quer que estejam. Lembremo-nos, nesse momento, dos porquês da criação do art. 526 do CPC/1973. O legislador queria, em primeiro lugar, oportunizar ao agravado o acesso ao conteúdo do recurso. Isso era de suma importância nos casos em que o processo tramitasse em comarca, seção ou subseção distinta daquela onde está a sede do tribunal. Em segundo lugar, facultaria ao juiz prolator da decisão agravada o direito de se retratar, diminuindo, assim, o volume do tribunal e o tempo de duração do processo.

13. Incumbências do relator

As incumbências do relator no novo CPC (art. 1.019) são, basicamente, as mesmas que já existiam no CPC/1973 (art. 527).

O inciso I do art. 527 continua existindo, no entanto, está na parte da teoria geral dos recursos do novo CPC (art. 932, III, IV e V). Diz respeito aos poderes do relator para inadmitir, dar ou negar provimento por meio de decisão monocrática.

O inciso II do art. 527 foi suprimido porque não existe mais agravo retido.

O relator poderá conceder efeito suspensivo ou ativo ao agravo de instrumento, nos termos do art. 1.019, I, do novo CPC (art. 527, III, do CPC/1973).

O juiz não será mais instado a prestar informações (art. 527, IV, do CPC), uma vez inexistir previsão legal no novo CPC. De fato, era uma desnecessidade sem tamanho a prestação dessas informações, e que nunca tinham nada de relevante, pois, o que realmente interessava, constava da decisão agravada. Quanto ao cumprimento ou não do disposto no art. 526 do CPC/1973, que costumeiramente era informado nesse ofício, consideramos ser uma incumbência do agravado descobrir.

Sobre a intimação do agravado, o novo CPC (art. 1.019, II) ratifica o disposto no CPC/1973 (art. 527, V). A diferença é que o prazo de resposta ao recurso passa a ser de 15 dias.

14. Efeito suspensivo

O agravo de instrumento no novo CPC (art. 1.019, I), assim como ocorria no CPC/1973 (art. 527, III), não tem efeito suspensivo. O efeito suspensivo pode, todavia, ser concedido, ocorre que no art. 1.019, I, do novo CPC, não aparece quais sejam os requisitos para tanto. Na parte das disposições gerais dos recursos também não existem regras sobre isso.

É inadmissível sustentar que, em razão dessa omissão legislativa, não existiriam pressupostos para a concessão do efeito suspensivo ao agravo. Se fosse assim, qualquer requerimento, sem nenhuma fundamentação, obrigaria o relator a deferir o pedido, entretanto, isso seria absurdo.

Desse modo, a posição que nos afigura mais razoável é a de trazer, para essa parte, os requisitos necessários à concessão de tutela provisória de urgência, quais sejam, o *fumus boni iuris* e o *periculum in mora*. Esses são os requisitos exigidos pelo STJ quando se requer efeito suspensivo em recurso especial (AgRg na MC n. 15.988/SP). Outra solução seria aplicar, por analogia, o disposto no § 4º do art. 1.012 do novo

CPC. Em suma, as duas alternativas são boas e atendem aos anseios da sociedade e do novo CPC.

15. Efeito ativo

O efeito ativo ou tutela antecipada recursal pode ser requerido e, tudo o que dissemos sobre o efeito suspensivo aplica-se, aqui, *mutatis mutandis*.

16. Recurso contra a decisão do relator no que tange aos efeitos suspensivo ou ativo

Ante à inexistência de proibição legal, e, diante do disposto no art. 1.021 do novo CPC, é possível interpor agravo interno contra a decisão do relator que conceder ou negar efeito suspensivo ou ativo em sede de agravo de instrumento.

§ 5º – Agravo interno

1. Introdução

O agravo interno está disciplinado por um único dispositivo no novo CPC, que é o art. 1.021. No CPC/1973, pouco se dispunha sobre essa espécie de agravo, sendo o § 1º do art. 557 um deles. Trata-se de modalidade recursal que é utilizada para atacar as decisões monocráticas do relator.

O prazo para a interposição do agravo interno é de 15 dias. No CPC/1973 esse prazo era de apenas cinco dias.

2. Cabimento

O art. 1.021 do novo CPC diz que, "contra decisão proferida pelo relator caberá agravo interno para o respectivo órgão colegiado, observadas, quanto ao processamento, as regras do regimento interno do tribunal".

3. Competência

O *caput* do art. 1.021 do novo CPC já nos informou que quem terá competência para julgar o agravo interno é o mesmo órgão do qual faz parte o relator. O § 2º do mesmo dispositivo determina que a petição seja dirigida ao relator do agravo de instrumento.

4. Dever de impugnação específico

O § 1º do art. 1.021 do novo CPC reza que, "na petição de agravo interno, o recorrente impugnará especificadamente os fundamentos da decisão agravada". Trata-se de positivação da jurisprudência do STJ, pois, infelizmente, ainda existem pessoas que acreditam que, na petição do agravo interno é correto repetir os mesmos argumentos que constam da petição do agravo de instrumento.

5. Procedimento após o recebimento do agravo

O § 2º do art. 1.021 do novo CPC dispõe que "o agravo será dirigido ao relator, que intimará o agravado para manifestar-se sobre o recurso no prazo de 15 dias, ao final do qual, não havendo retratação, o relator levá-lo-á a julgamento pelo órgão colegiado, com inclusão em pauta".

6. Fundamentação do voto

O § 3º do art. 1.021 do novo CPC estatui que "é vedado ao relator limitar-se à reprodução dos fundamentos da decisão agravada para julgar improcedente o agravo interno". Isso também decorre do fato de existirem alguns milhares de acórdãos que, simplesmente, repetem os mesmos argumentos da decisão agravada. Essa prática já vinha sendo rechaçada pela jurisprudência do STJ e, com o novo CPC, passa a ter vedação expressa.

7. Multa

Segundo o § 4º do art. 1.021 do novo CPC, "quando o agravo interno for declarado manifestamente inadmissível ou improcedente em votação unânime, o órgão colegiado, em decisão fundamentada, condenará o agravante a pagar ao agravado multa fixada entre um e cinco por cento do valor atualizado da causa".

A multa só será devida se a decisão for, ao mesmo tempo, unânime e os julgadores considerarem o agravo manifestamente inadmissível ou manifestamente improcedente. É imprescindível que seja feita essa menção. Isso porque, se o recurso for considerado apenas inadmissível ou improcedente, então a multa não será devida.

Ainda sobre a multa, estamos cientes dos abusos que são perpetrados por diversos litigantes, no entanto, será preciso cuidado ao aplicar essa multa, sob pena de criar medo nos jurisdicionados e, por conseguinte, ameaçar o direito constitucional de acesso à Justiça. Essa multa foi criada, repita-se, para casos em que ficar nítida a conduta abusiva da parte agravante.

8. Obrigatoriedade do pagamento da multa para poder recorrer

De acordo com o § 5º do art. 1.021 do novo CPC, "a interposição de qualquer outro recurso está condicionada ao depósito prévio do valor da multa prevista no § 4º, à exceção da Fazenda Pública e do beneficiário de gratuidade da justiça, que farão o pagamento ao final".

Evidentemente que essa punição não extrapola os limites do processo. Assim, se o jurisdicionado tiver vários processos tramitando, e for condenado a pagar a multa prevista no § 4º em um deles, o seu direito de recorrer só ficará ameaçado no processo em que essa multa foi aplicada. Nos demais, obviamente, não. O não pagamento da multa veda o direito de recorrer no mesmo processo, e, não, da pessoa em outros feitos.

Mais uma informação importante é que a parte não poderá interpor, literalmente, nenhum recurso nesse processo específico, seja apelação, recurso especial etc. A única exceção, a nosso ver, será embargos de declaração, e, mesmo assim, se for contra a decisão que fixou a multa, pois, como é cediço, os aclaratórios são um recurso que tem como escopo aperfeiçoar o pronunciamento judicial embargado.

§ 6º – Embargos de declaração

1. Introdução

O recurso de embargos de declaração, apesar de vozes dissonantes e muito minoritárias que lutaram pela sua supressão, permanece no novo CPC, estando disciplinado pelos arts. 1.022 a 1.026. No CPC/1973 ficava entre os arts. 535 e 538. O prazo continua o mesmo: apenas cinco dias.

2. Cabimento

Conforme se apreende do disposto no art. 1.022 do novo CPC, "cabem embargos de declaração contra qualquer decisão judicial". Apesar de os aclaratórios terem sido pensados para suprir defeito da sentença ou do acórdão no CPC/1973, há muitos anos já é pacífico que eles podem ser opostos para sanar vício de qualquer decisão judicial (STJ, EREsp n. 159.317/DF).

O art. 1.001 do novo CPC diz que não cabe recurso contra despacho. Os embargos de declaração devem ser vistos como espécie de recurso. Desse modo, o correto, em princípio, seria sustentar que não cabe a interposição de embargos de declaração contra os despachos. Esse, porém, não nos parece ser o melhor entendimento. Isso porque o fim precípuo dos aclaratórios é o de aperfeiçoar a decisão judicial, seja ela qual for. Um despacho, ininteligível, deve poder ser alvo de embargos de declaração. Melhor isso do que mandado de segurança.

3. Hipóteses de cabimento

O art. 1.022 do novo CPC (art. 535 do CPC/1973) explica que "cabem embargos de declaração contra qualquer decisão judicial para: I – esclarecer obscuridade ou eliminar contradição; II – suprir omissão de ponto ou questão sobre o qual devia se pronunciar o juiz de ofício ou a requerimento; III – corrigir erro material". O erro material não constava do rol do art. 535 do CPC/1973, no entanto, sempre foi consenso doutrinário-jurisprudencial o cabimento dos aclaratórios nesses casos.

4. Do conceito amplo de omissão

O parágrafo único do art. 1.022 do novo CPC estatui o seguinte: "considera-se omissa a decisão que: I – deixe de se manifestar sobre tese firmada em julgamento de casos repetitivos ou em incidente de assunção de competência aplicável ao caso sob julgamento; II – incorra em qualquer das condutas descritas no art. 489, § 1º". Sem correspondente no CPC/1973.

O conceito de omissão abrange essas duas hipóteses, bem como aquela do inciso I do *caput* do art. 1.022.

5. Prazo

O art. 1.023 do novo CPC dispõe que "os embargos serão opostos, no prazo de cinco dias, em petição dirigida ao juiz, com indicação do erro, obscuridade, contradição ou omissão, e não se sujeitam a preparo". O prazo é o mesmo do CPC/1973.

Havendo litisconsórcio com procuradores distintos, o prazo será contado em dobro, salvo se o processo for em autos eletrônicos (§ 1º do art. 1.023). E pouco importa se os demais litisconsortes terão legitimidade ou interesse em recorrer. As duas únicas exceções legais para a não aplicabilidade dessa regra estão nos dois parágrafos do art. 229 do novo CPC. Inventar alguma outra, sem que se dê a prévia e tempestiva ciência à parte, será considerada armadilha processual e importará em violação ao princípio da legalidade e aos arts. 1º, 5º, 6º, 7º e 10, todos do novo CPC.

6. Intimação do embargado

Em homenagem ao princípio do contraditório, exige o § 2º do art. 1.023 do novo CPC que "o juiz intimará o embargado para, querendo, manifestar-se, no prazo de cinco dias, sobre os embargos opostos, caso seu eventual acolhimento implique a modificação da decisão embargada". Sem correspondente no CPC/1973.

7. Prioridade do julgamento dos embargos de declaração

O art. 1.024 do novo CPC determina que o juiz julgue os embargos declaratórios em até cinco dias.

Caso a decisão embargada seja proveniente de processo que se encontre em algum tribunal, então aplicar-se-á o disposto no § 1º do art. 1.024: "nos tribunais, o relator apresentará os embargos em mesa na sessão subsequente, proferindo voto, e, não havendo julgamento nessa sessão, será o recurso incluído em pauta automaticamente". Sessão subsequente a que? Ao recebimento, em seu gabinete, dos autos do processo. Caso não haja tempo ou quórum para se julgar nessa primeira sessão, deverá entrar em pauta na próxima sessão, desde que, claro, todos os membros da turma julgadora que proferiu a decisão embargada estejam presentes.

Dispositivo semelhante ao art. 537 do CPC/1973.

8. Aclaratórios contra decisão monocrática

De acordo com o § 2º do art. 1.024 do novo CPC, "quando os embargos de declaração forem opostos contra decisão de relator ou outra decisão unipessoal proferida em tribunal, o órgão prolator da decisão embargada decidi-los-á monocraticamente".

9. Princípio da fungibilidade entre os declaratórios e o agravo interno

O § 3º do art. 1.024 do novo CPC positiva entendimento que já vinha sendo aplicado na nossa jurisprudência, e que consagra o princípio da fungibilidade. A redação é a seguinte: "o órgão julgador conhecerá dos embargos de declaração como agravo interno se entender ser este o recurso cabível, desde que determine previamente a intimação do recorrente para, no prazo de cinco dias, complementar as razões recursais, de modo a ajustá-las às exigências do art. 1.021, § 1º".

10. Efeitos do acolhimento dos embargos em recurso já interposto

O § 4º do art. 1.024 do novo CPC informa que, "caso o acolhimento dos embargos de declaração implique modificação da decisão embargada, o embargado que já tiver interposto outro recurso contra a decisão originária tem o direito de complementar ou alterar suas razões, nos exatos limites da modificação, no prazo de 15 dias, contado da intimação da decisão dos embargos de declaração".

A melhor forma de se exercitar esse direito será redigir as razões recursais integralmente, já com as modificações necessárias, e protocolizá-las. Não reputamos uma boa estratégia protocolizar uma petição simplesmente informando quais seriam as alterações ou complementações, pois, dessa forma, certamente confundirá os julgadores do recurso.

Mesmo os pontos que não foram afetados diretamente pelo acolhimento dos embargos de declaração poderão ser impugnados pela parte que já tinha interposto o seu recurso, não sendo correto falar, nesse caso, em preclusão consumativa, e, muito menos, em coisa julgada. A interposição dos aclaratórios interrompe, naquele instante, o prazo para a interposição de recursos, e, com o seu julgamento, o prazo se reabre, permitindo-se, assim, o exercício da ampla defesa no tocante a todos os capítulos da decisão originariamente proferida.

11. Efeitos da rejeição dos embargos em recurso já interposto

Segundo o § 5º do art. 1.024 do novo CPC, "se os embargos de declaração forem rejeitados ou não alterarem a conclusão do julgamento anterior, o recurso interposto pela outra parte antes da publicação do julgamento dos embargos de declaração será processado e julgado independentemente de ratificação".

Essa inovação legislativa, felizmente, veio por um fim na jurisprudência defensiva criada pelo STJ (Súmula n. 418). Esse dispositivo vale tanto para (i) o recurso interposto antes de, sequer, saber-se que a outra parte opôs embargos de declaração, como para (ii) o recurso interposto após o julgamento dos embargos, mas antes da publicação do seu dispositivo pelo Diário Oficial.

12. Embargos de declaração prequestionadores

Reza o art. 1.025 do novo CPC o seguinte: "consideram-se incluídos no acórdão os elementos que o embargante suscitou, para fins de pré-questionamento, ainda que os embargos de declaração sejam inadmitidos ou rejeitados, caso o tribunal superior considere existentes erro, omissão, contradição ou obscuridade". Sem correspondente no CPC/1973.

Esse dispositivo veio para acabar com a antiga distinção que existia, no âmbito do STF e do STJ, acerca dos declaratórios com o fim de prequestionamento. A redação do dispositivo representa, basicamente, o entendimento do STF sobre o tema. Caso a parte quisesse interpor recurso especial, e os embargos de declaração tivessem sido rejeitados pelo tribunal de origem, seria imprescindível ao recorrente que, nas suas razões recursais, alegasse violação ao art. 535 do CPC/1973, na medida em que pretendeu fossem sanadas irregularidades do acórdão, e, como não foram, o dispositivo supracitado teria sido vergastado. E o que iria fazer o STJ se, excepcionalmente (não era fácil ter êxito nisso), acolhe-se a tese de violação do art. 535 do CPC/1973? Decretaria a nulidade do acórdão e determinaria a descida dos autos ao tribunal *a quo* para que efetivamente julgasse os aclaratórios. Quantos anos eram perdidos nesse interstício temporal? Muitos; muitos mesmo!

Com o novo CPC, especialmente se se observar a parte final do art. 1.025, parece que o julgamento dos embargos de declaração poderá ser refeito pelo tribunal superior, pois, para que se considerem incluídos no acórdão hostilizado os elementos suscitados nos declaratórios, para fins de prequestionamento, será necessário que o tribunal *ad quem* considere existentes erro, omissão, contradição ou obscuridade. Em outras palavras, o simples fato de terem sido opostos embargos de declaração em segundo grau de jurisdição não significa que todos os pontos e questões postos nesse recurso serão considerados parte integrante do acórdão. Não, não é isso. Até porque, se fosse tão simples assim, o advogado da parte sucumbente se transformaria, num passe de mágica, no julgador monocrático do feito. O que se fez, repita-se, foi acabar com a exigência de se arguir violação ao dispositivo legal que regula o cabimento dos embargos declaratórios, bem como a possibilidade de o recurso chegar ao tribunal superior e voltar apenas para que os aclaratórios tivessem que ser rejulgados.

13. Efeito suspensivo e interruptivo dos declaratórios

Dispõe o art. 1.026 do novo CPC que "os embargos de declaração não possuem efeito suspensivo e interrompem o prazo para a interposição de recurso". Sem correspondente idêntico no CPC/1973.

Sempre se soube que, com a interposição dos embargos de declaração, o prazo para a interposição do recurso naturalmente cabível ficaria interrompido, voltando a fluir com a publicação da decisão. Essa regra continua igual no novo CPC.

A novidade, em termos de direito positivo, fica por conta da inexistência de efeito suspensivo dos embargos de declaração, uma vez que o CPC/1973 nada dispunha sobre isso. De fato, os embargos não têm efeito suspensivo, no entanto, lembremo-nos de que a apelação, por exemplo, tem. Assim, proferida uma sentença com algum dos vícios elencados no art. 1.022 do novo CPC, e tiverem sido opostos embargos declaratórios, pouco importa o fato de eles não terem efeito suspensivo. O relevante é saber que a apelação tem (deixe-se de lado as exceções do § 1º do art. 1.012 do novo CPC), logo, não poderá o credor iniciar cumprimento de sentença provisório. Foi positivado o entendimento majoritário da doutrina, qual seja, o de que os embargos de declaração só terão efeito suspensivo se o recurso seguinte, naturalmente cabível, o tiver. Sendo assim, embargos de declaração contra decisão que concede tutela provisória não têm efeito suspensivo.

14. Efeito suspensivo *ope iudicis*

O § 1º do art. 1.026 do novo CPC faz uma ressalva quanto à regra do *caput*: "a eficácia da decisão monocrática ou colegiada poderá ser suspensa pelo respectivo juiz ou relator se demonstrada a probabilidade de provimento do recurso ou, sendo relevante a fundamentação, se houver risco de dano grave ou de difícil reparação". Sem correspondente no CPC/1973.

Vamos a algumas considerações sobre o dispositivo.

Em relação à natureza da referida decisão monocrática, pode ser decisão interlocutória ou sentença, do juiz, ou decisão monocrática, do relator. Já a decisão colegiada pode ser em qualquer recurso ou processo de competência originária.

No tocante aos requisitos, existem duas possibilidades distintas. Na primeira, basta que o embargante demonstre a probabilidade de provimento do recurso. Esse recurso pode ser tanto os próprios declaratórios ou mesmo o subsequente. Na segunda, já é preciso o preenchimento de dois pressupostos cumulativamente, quais sejam, a fundamentação deve ser relevante e é necessário que haja risco de dano grave ou de difícil reparação.

Vamos denominar esse § 1º do art. 1.026 de "o dispositivo da humildade". Por quê? Porque será preciso humildade do julgador para atribuir efeito suspensivo à decisão que ele mesmo prolatou ou, dela, participou. Será um gesto de humildade reconhecer que a sua decisão, embora legal e correta, possa vir a ser modificada por outra Corte. Muitas vezes o magistrado não quer abrir mão da sua convicção; do seu ponto de vista, entretanto, num gesto de humildade e grandeza, reconhecerá que o recurso interposto pelo embargante tem embasamento consistente e, por essa razão, é digno de ser recebido com efeito suspensivo.

Registre-se que o § 1º do art. 1.026 pode ser utilizado para a concessão de efeito ativo, desde que presentes os requisitos.

15. Embargos manifestamente protelatórios

De acordo com o § 2º do art. 1.026 do novo CPC, "quando manifestamente protelatórios os embargos de declaração, o juiz ou o tribunal, em decisão fundamentada, condenará o embargante a pagar ao embargado multa não excedente a dois por cento sobre o valor atualizado da causa".

Gostaríamos de entender por que é que o "recurso protelatório" não é punido com multa enquanto que o "recurso manifestamente protelatório" é. Em todos os dois casos, a litigância de má-fé está presente, logo, por que não punir nas duas hipóteses? No CPC/1973 já se falava em "recurso manifestamente protelatório".

Importante registrar que é imprescindível, para que seja legítima a aplicação da multa, que a decisão fundamente o porquê da condenação. Por quê? Primeiro para que o jurisdicionado entenda os motivos, pois é direito dele ter uma decisão fundamentada. Segundo para que ele saiba contra o que recorrer. No CPC/1973 não havia essa exigência.

O percentual dessa multa era de até um por cento no CPC/1973. No novo CPC é de até dois por cento.

Assim como já ocorria no CPC/1973, não é preciso pagar a multa para poder recorrer.

16. Reiteração dos embargos manifestamente protelatórios

Nos termos do § 3º do art. 1.026 do novo CPC, "na reiteração de embargos de declaração manifestamente protelatórios, a multa será elevada a até dez por cento sobre o valor atualizado da causa, e a interposição de qualquer recurso ficará condicionada ao depósito prévio do valor da multa, à exceção da Fazenda Pública e do beneficiário de gratuidade da justiça, que a recolherão ao final".

No CPC/1973 a alíquota era a mesma, no entanto, não se fazia qualquer menção à Fazenda Pública e ao beneficiário de gratuidade da justiça.

17. Proibição do direito de opor embargos de declaração

O § 4º do art. 1.026 do novo CPC inova em dizer que "não serão admitidos novos embargos de declaração se os dois anteriores houverem sido considerados protelatórios". Sem correspondente no CPC/1973.

Primeiramente, observem a falta de coerência do legislador. Aqui já não se usa o vocábulo "manifestamente" antes do termo "protelatórios". Por quê? Não há explicação.

Segundamente, com certeza surgirão pessoas, aos gritos, sustentando o absurdo e a inconstitucionalidade desse dispositivo. Nós, ao contrário, o aplaudiremos. Especialmente depois da inserção do art. 1.025 do novo CPC no nosso ordenamento, não há justificativa para se pretender interpor três embargos de declaração.

§ 7º – Recurso ordinário

1. Introdução

O recurso ordinário está previsto nos arts. 1.027 e 1.028 do novo CPC (arts. 539 e 540 do CPC/1973). Há apenas uma inovação digna de nota.

2. Juízo de admissibilidade

O § 2º do art. 1.028 do novo CPC estabelece que "o recurso previsto no art. 1.027, incisos I e II, alínea 'a' , deve ser interposto perante o tribunal de origem, cabendo ao seu presidente ou vice-presidente determinar a intimação do recorrido para, em 15 dias, apresentar as contrarrazões". O § 3º do art. 1.028 complementa que, "findo o prazo referido no § 2º, os autos serão remetidos ao respectivo tribunal superior, independentemente de juízo de admissibilidade". Dispositivos sem correspondentes no CPC/1973.

Como se vê, está-se mantendo a coerência no sentido de se realizar apenas um juízo de admissibilidade, economizando-se, assim, tempo das partes e dos magistrados.

3. Retenção indevida do recurso

Em nenhuma hipótese pode o tribunal de origem deixar de remeter os autos do processo ao tribunal competente para o julgamento do recurso ordinário. Caso, no entanto, ocorra alguma trapalhada, temos que a solução imediata será a interposição do agravo do art. 1.042 do novo CPC e, concomitantemente, se desejar, mandado de segurança contra o ato ilegal do desembargador responsável pela retenção indevida. Lembramos que o STF e o STJ não têm competência originária para julgar esse *mandamus*.

§ 8º – Recurso Especial e Recurso Extraordinário

1. Introdução

Inicialmente cumpre informar que vamos tratar desses dois recursos conjuntamente por uma razão muito simples, qual seja, o novo CPC optou por assim fazer, logo, estaremos apenas copiando a metodologia da lei processual.

O recurso especial e o recurso extraordinário estão regulados pelos arts. 1.029 a 1.041 do novo CPC. Há uma seção destinada às disposições gerais e outra referente ao procedimento do recurso afetado ao julgamento dos repetitivos.

Apesar de a Seção II do Capítulo VI do Título II do Livro III da Parte Especial do novo CPC regular, simultaneamente, os recursos especial e extraordinário, há momentos em que os dispositivos tratam exclusivamente do recurso extraordinário, *v.g.*, quando discorrem sobre a repercussão geral da questão constitucional. O novo CPC não criou, como quiserem alguns, uma repercussão geral da questão federal. Por outro lado, a possibilidade de o recurso ser afetado pelo regime dos repetitivos deixou de ser exclusividade dos especiais e, agora, é passível de ocorrer em ambos, quais sejam, nos recursos especial e extraordinário.

A forma, o prazo, as hipóteses de cabimento e a necessidade de pagar as custas não sofreu qualquer alteração.

O prequestionamento continua existindo, só que com duas mudanças relevantes. Sobre elas, confiram-se nossos comentários aos embargos de declaração prequestionadores (art. 1.025) e ao fato de o voto vencido ser considerado parte integrante do voto para todos os fins legais, inclusive de prequestionamento (§ 3º do art. 941).

A nosso ver, a reforma mais importante que poderia ser feita no âmbito dos recursos seria acabar com o recurso extraordinário da forma como ele é visto hoje. Poderia ser mantido apenas para casos excepcionais. Por que ter dois recursos contra a mesma decisão? Por que o STJ não poderia julgar as matérias federal e constitucional? Isso desafogaria, e muito, o STF, e não alteraria em nada o volume de trabalho do STJ. Por que não? É evidente que, para que essa reforma pudesse ocorrer, seria preciso uma emenda constitucional, haja vista o disposto nos arts. 102 e 105 da CF/88. Repetindo, por que não se faz isso? Com a devida vênia, é um contrassenso sem precedentes manter esse sistema do modo como está. Como isso não diz respeito ao novo CPC, passemos, então, às inovações no âmbito desses dois recursos constitucionais.

2. Juízo de admissibilidade em recurso especial baseado em dissídio jurisprudencial

O § 2º do art. 1.029 do novo CPC reza que "quando o recurso estiver fundado em dissídio jurisprudencial, é vedado ao tribunal inadmiti-lo com base em fundamento genérico de que as circunstâncias fáticas são diferentes, sem demonstrar a existência da distinção". Sem correspondente no CPC/1973.

A ideia é acabar com as decisões vagas e sem qualquer fundamentação no tocante à admissibilidade de recursos especiais interpostos com base no dissídio jurisprudencial.

3. Vício de forma no recurso tempestivo

O § 3º do art. 1.029 do novo CPC aduz que "o Supremo Tribunal Federal ou o Superior Tribunal de Justiça poderá desconsiderar vício formal de recurso tempestivo ou determinar sua correção, desde que não o repute grave". Sem correspondente no CPC/1973.

Ao chegar um recurso especial ou recurso extraordinário ao STJ ou STF, com algum vício de forma, terá a turma julgadora três opções: (i) ignorar o vício, (ii) intimar o advogado para saná-lo, ou (iii) não conhecer do recurso. Para que se possa aplicar uma das duas primeiras possibilidades, é necessário que o recurso seja tempestivo e que o vício não seja considerado grave.

Um exemplo típico de vício de forma que não é tolerado pelo STJ, e é um pouco mais pelo STF, é o recurso sem assinatura. Ora, trata-se de defeito simples de ser resolvido e passível de ser cometido por qualquer ser humano, ainda mais numa época em que se tem exigido cada vez mais do advogado. Não faz sentido a manutenção dessa jurisprudência defensiva com a entrada em vigor do novo CPC.

4. O STF, o STJ e o incidente de resolução de demandas repetitivas

O § 4º do art. 1.029 do novo CPC dispõe o seguinte: "quando, por ocasião do processamento do incidente de resolução de demandas repetitivas, o presidente do Supremo Tribunal Federal ou do Superior Tribunal de Justiça receber requerimento de suspensão de processos em que se discuta questão federal constitucional ou infraconstitucional, poderá, considerando razões de segurança jurídica ou de excepcional interesse social, estender a suspensão a todo o território nacional, até ulterior decisão do recurso extraordinário ou do recurso especial a ser interposto". Sem correspondente no CPC/1973.

O "requerimento" a que faz alusão o § 4º do art. 1.029 não é o de efeito suspensivo do § 5º do art. 1.029, mas, sim, aquele previsto no § 3º do art. 982, que tem como fim precípuo o resguardo da segurança jurídica. Será preciso que os regimentos internos do STF e do STJ regulem como será o trâmite desse requerimento.

5. Efeito suspensivo

O § 5º do art. 1.029 do novo CPC estabelece que "o pedido de concessão de efeito suspensivo a recurso extraordinário ou a recurso especial poderá ser formulado por requerimento dirigido: I – ao tribunal superior respectivo, no período compreendido entre a interposição do recurso e sua distribuição, ficando o relator designado para seu exame prevento para julgá-lo; II – ao relator, se já distribuído o recurso; III – ao presidente ou vice-presidente do tribunal local, no caso de o recurso ter sido sobrestado, nos termos do art. 1.037". Sem correspondente no CPC/1973.

A "distribuição" a que faz menção o inciso I é do recurso especial ou do recurso extraordinário perante o STJ ou STF, respectivamente. Durante a vigência do CPC/1973, esse lapso temporal compreendido entre a interposição do recurso e a sua efetiva distribuição no tribunal superior poderia levar anos, tendo em vista que o primeiro juízo de admissibilidade era realizado no próprio tribunal de origem. Como isso acabará no novo CPC, a tendência é que os autos, ainda mais se forem eletrônicos, cheguem rapidamente à corte superior. A distribuição será livre, observando-se, por óbvio, as regras de competência do regimento interno. O relator do requerimento de concessão de efeito suspensivo ficará prevento para o julgamento do recurso, tão logo chegue na corte.

No inciso III, se o requerimento for endereçado à autoridade errada, *v.g.*, ao presidente, ao invés de ser ao vice presidente, ou, ainda, não explicitar qual vice, tem-se que não é válida a decisão de indeferimento de plano da petição. O vício deve ser ignorado pelo relator, ou, então, oportunizar-se a sua correção.

6. Fim do juízo de admissibilidade pelo tribunal de origem

Está claro que o art. 1.030, *caput* e parágrafo único, do novo CPC, acabaram, de uma vez por todas, com o juízo de admissibilidade dos recursos especial e extraordinário pelo tribunal *a quo*. É uma ótima inovação e que veio tarde, pois não fazia o menor sentido manter esse sistema primitivo, especialmente porque a decisão denegatória era agravável e nem mesmo havia custas processuais. Moral da história: quase sempre era interposto o recurso para determinar a subida dos autos ao tribunal superior. Ocorre que, com isso, perdia-se um tempo enorme; às vezes, anos.

Atenção porque o disposto no art. 1.030, *caput* e parágrafo único, é a regra geral. Existem exceções, ou seja, ainda persistem hipóteses nas quais o juízo de admissibilidade do recurso especial e do recurso extraordinário será realizado pelo tribunal de origem, conforme pode ser vislumbrado no inciso III do art. 1.042 do novo CPC. Este inciso nos remete ao art. 1.035, § 8º, e ao art. 1.039, parágrafo único, ambos do novo

CPC. Nesses dois casos, será um juízo de admissibilidade atípico, pois, o que está legalmente permitido a ser analisado, pelo magistrado responsável por essa tarefa de avaliar a admissibilidade, é se o recurso extraordinário sobrestado está ou não de acordo com o julgamento da repercussão geral da questão constitucional julgada pelo STF.

7. Recurso especial que verse sobre questão constitucional

Nos termos do art. 1.032 do novo CPC, "se o relator, no Superior Tribunal de Justiça, entender que o recurso especial versa sobre questão constitucional, deverá conceder prazo de 15 dias para que o recorrente demonstre a existência de repercussão geral e se manifeste sobre a questão constitucional". O seu parágrafo único complementa que, "cumprida a diligência de que trata o *caput*, o relator remeterá o recurso ao Supremo Tribunal Federal, que, em juízo de admissibilidade, poderá devolvê-lo ao Superior Tribunal de Justiça". Sem correspondente no CPC/1973.

8. Missão do STF e do STJ

De acordo com o art. 1.034 do novo CPC, "admitido o recurso extraordinário ou o recurso especial, o Supremo Tribunal Federal ou o Superior Tribunal de Justiça julgará o processo, aplicando o direito". Sem correspondente no CPC/1973.

Trata-se de mero reforço de que o STF e o STJ não podem ser vistos como terceira instância e nem mesmo como meras cortes de apelação. O objetivo não é rever matéria fática, muito embora questões relativas às provas possam, vez ou outra, serem objeto indireto desses recursos de motivação vinculada, como, por exemplo, quando houver erro na qualificação jurídica dos fatos (STJ, AgRg nos EREsp n. 134.108/DF).

9. Profundidade do efeito devolutivo ampliada

Segundo o parágrafo único do art. 1.034 do novo CPC, "admitido o recurso extraordinário ou o recurso especial por um fundamento, devolve-se ao tribunal superior o conhecimento dos demais fundamentos para a solução do capítulo impugnado". Sem correspondente no CPC/1973.

Parece-nos que o dispositivo em comento está trabalhando, ao mesmo tempo, com os tradicionais conceitos doutrinários de extensão e profundidade.

Em primeiro lugar, está-se deixando claro que só poderá ser examinado nesses dois recursos excepcionais aquilo que foi impugnado. Por "impugnado", entenda-se: objeto total ou parcial do recurso e com o devido prequestionamento. Essa é a extensão do efeito devolutivo do recurso a ser julgado.

Em segundo lugar, vê-se a preocupação do legislador em ampliar a profundidade do efeito devolutivo dos recursos especial e extraordinário, no sentido de que o julgador não estará adstrito apenas aos fundamentos lançados no acórdão. Todo e qualquer fundamento existente poderá ser utilizado para decidir a matéria objeto do recurso, nos limites de sua extensão, claro.

Essa ampliação terá, a nosso ver, dois importantes impactos na jurisprudência do STF e do STJ. O primeiro será a derrocada (e já vai tarde) do enunciado da Súmula n. 283 do STF: "é inadmissível o recurso extraordinário, quando a decisão recorrida assenta em mais de um fundamento suficiente e o recurso não abrange todos eles". O segundo é a prevalência de arestos que vêm sendo aplicados no STJ nos últimos anos acerca da possibilidade de se conhecer, *ex officio*, de certas matérias, mesmo que não sejam objeto do recurso, desde que o respectivo recurso tenha recebido juízo de admissibilidade positivo (EDcl nos EDcl no AgRg no REsp n. 1.361.894/MG).

Com efeito, essa mudança de paradigmas é bastante salutar e merece aplausos.

10. Forma de se demonstrar a repercussão geral da questão constitucional no recurso extraordinário

O § 2º do art. 1.035 do novo CPC faz uma alteração quase imperceptível, mas de suma relevância, em relação ao seu equivalente no CPC/1973 (§ 2º do art. 543-A). Com a mudança, foi suprimida a expressão "em preliminar do recurso" do dispositivo. E qual é a importância disso? Explicaremos. Durante a vigência do CPC/1973, graças à redação desse dispositivo, bem como do art. 327 do Regimento Interno do STF, se o recorrente não fizesse um tópico para demonstrar a existência de repercussão geral, em sede de preliminar do seu recurso, ele simplesmente não seria conhecido, simplesmente por falta de observância da "forma" prescrita em lei e no regimento. Trata-se de mais um exemplo de jurisprudência defensiva.

Enfim, com o § 2º do art. 1.035, nada disso acontecerá mais. Colocou-se, destarte, uma pá de cal sobre o disposto no art. 327 do Regimento Interno do STF. Isso não quer dizer, todavia, que o advogado possa se dar ao luxo de ser desorganizado em sua petição. Não custa nada, e não há mal algum, em ser organizado. Uma petição clara, objetiva, bem formatada, limpa e com escrita escorreita é um bom caminho para se ter êxito em qualquer instância do Poder Judiciário.

11. Casos nos quais a repercussão geral é presumida

O § 3º do art. 1.035 do novo CPC estatui que "haverá repercussão geral sempre que o recurso impugnar acórdão que: I – contrarie súmula ou jurisprudência dominante do Supremo Tribunal Federal; II – tenha sido proferido em julgamento de casos repetitivos; III – tenha reconhecido a inconstitucionalidade de tratado ou de lei federal, nos termos do art. 97 da Constituição Federal". Trata-se de versão mais completa do § 3º do art. 543-A do CPC/1973.

O dispositivo é bastante simples e claro. A única observação digna de nota é de ordem remissiva, ou seja, quando o inciso II fala em "julgamento de casos repetitivos", faz-se mister nos recordarmos do conceito legal dessa expressão, é que se encontra no art. 928, I e II, do novo CPC.

12. Sobrestamento das ações em território nacional

O § 5º do art. 1.035 do novo CPC tem uma redação mais técnica que do seu equivalente no CPC/1973 (§ 1º do art. 543-B): "reconhecida a repercussão geral, o relator no Supremo Tribunal Federal determinará a suspensão do processamento de todos os processos pendentes, individuais ou coletivos, que versem sobre a questão e tramitem no território nacional". Sem maiores novidades.

13. Recurso extraordinário intempestivo sobrestado indevidamente

O § 6º do art. 1.035 do novo CPC traz uma importante inovação: "o interessado pode requerer, ao presidente ou ao vice-presidente do tribunal de origem, que exclua da decisão de sobrestamento e inadmita o recurso extraordinário que tenha sido interposto intempestivamente, tendo o recorrente o prazo de cinco dias para manifestar-se sobre esse requerimento". Sem correspondente no CPC/1973.

Quando um recurso fica sobrestado, não ocorre o trânsito em julgado. Caso um recurso extraordinário tenha sido interposto intempestivamente, e estiver sobrestado por existir repercussão geral igual à sua sob análise no STF, pode o interessado requerer que tal vício seja imediatamente retirado da lista de sobrestamentos e, ato contínuo, inadmitido por intempestividade. Como se vê, é uma exceção à regra geral de que os recursos especial e extraordinário não passarão por juízo de admissibilidade no tribunal de origem.

Após dar vista dos autos ao recorrente por cinco dias, decidirá o requerimento. Se o recurso for inadmitido, poderá o prejudicado interpor agravo em recurso extraordinário. Esse é o comando do § 7º do art. 1.042 do novo CPC.

14. Efeitos do reconhecimento da repercussão geral

Estabelece o § 9º do art. 1.035 do novo CPC que "o recurso que tiver a repercussão geral reconhecida deverá ser julgado no prazo de um ano e terá preferência sobre os demais feitos, ressalvados os que envolvam réu preso e os pedidos de *habeas corpus*". Sem correspondente no CPC/1973.

Todos os recursos com essa mesma repercussão geral deverão ser distribuídos no STF, por prevenção, ao ministro-relator que apreciou a existência da repercussão (art. 325-A do seu Regimento).

O § 10 do art. 1.035, por sua vez, diz que, "não ocorrendo o julgamento no prazo de um ano a contar do reconhecimento da repercussão geral, cessa, em todo o território nacional, a suspensão dos processos, que retomarão seu curso normal". Sem correspondente no CPC/1973.

15. Recurso afetado pelo formato dos repetitivos

O art. 543-C do CPC/1973 restringia o formato de recursos repetitivos apenas ao recurso especial. Conforme se percebe, o art. 1.036 do novo CPC ampliou o seu cabimento, também, para o recurso extraordinário. O texto legal é o seguinte: "sempre que houver multiplicidade de recursos extraordinários ou especiais com fundamento em idêntica questão de direito, haverá afetação para julgamento de acordo com as disposições desta Subseção, observado o disposto no Regimento Interno do Supremo Tribunal Federal e no do Superior Tribunal de Justiça".

16. O papel do Regimento Interno do STF e do STJ

O Regimento Interno do STF e o do STJ estão autorizados, pelo art. 1.036 do novo CPC, a regulamentar, no que couber, o procedimento do recurso afetado pelo formato dos repetitivos.

17. Da forma de seleção dos recursos representativos da controvérsia para serem efetivamente julgados pelo formato dos repetitivos

Os §§ 1º a 6º do art. 1.036 do novo CPC dispõem sobre como será feita a escolha dos recursos que serão julgados pelo STF ou STJ no formato dos repetitivos. Confiram-se os seus comandos legais:

> "§ 1º O presidente ou o vice-presidente de tribunal de justiça ou de tribunal regional federal selecionará dois ou mais recursos representativos da controvérsia, que serão encaminhados ao Supremo Tribunal Federal ou ao Superior Tribunal de Justiça para fins de afetação, determinando a suspensão do trâmite de todos os processos pendentes, individuais ou coletivos, que tramitem no Estado ou na região, conforme o caso.
>
> § 2º O interessado pode requerer, ao presidente ou ao vice-presidente, que exclua da decisão de sobrestamento e inadmita o recurso especial ou o recurso extraordinário que tenha sido interposto intempestivamente, tendo o recorrente o prazo de cinco dias para manifestar-se sobre esse requerimento.
>
> § 3º Da decisão que indeferir este requerimento caberá agravo, nos termos do art. 1.042.
>
> § 4º A escolha feita pelo presidente ou vice-presidente do tribunal de justiça ou do tribunal regional federal não vinculará o relator no tribunal superior, que poderá selecionar outros recursos representativos da controvérsia.

§ 5º O relator em tribunal superior também poderá selecionar dois ou mais recursos representativos da controvérsia para julgamento da questão de direito independentemente da iniciativa do presidente ou do vice-presidente do tribunal de origem.

§ 6º Somente podem ser selecionados recursos admissíveis que contenham abrangente argumentação e discussão a respeito da questão a ser decidida".

Vamos a algumas observações sobre o art. 1.036, *caput* e os seus §§ 1º a 6º: (i) a decisão de afetar um recurso especial ou extraordinário ao regime dos repetitivos competirá ao relator do feito no tribunal superior (§ 5º), ou, também, ao presidente ou vice-presidente do tribunal de origem (§ 1º); (ii) a escolha dos recursos representativos da controvérsia caberá ao presidente ou ao vice-presidente do tribunal local (§ 1º); (iii) poderá o relator do recurso afetado, no entanto, escolher outros que acredite serem mais abrangentes e interessantes para o julgamento (§ 4º); (iv) caso o recurso sobrestado seja intempestivo, poderá o interessado requerer que o mesmo seja inadmitido imediatamente, sendo que a decisão que rejeitar esse pleito desafia agravo (§§ 2º e 3º); e (v) no momento da escolha dos recursos que serão afetados, optar-se-á por aqueles que contenham abrangente argumentação e discussão a respeito da questão a ser decidida. É por isso que se deve escolher com calma (§ 6º); (vi) o próprio desembargador (presidente ou vice) que iniciou o rito de afetação tem o poder de determinar a suspensão dos feitos idênticos que tramitem no Estado ou na região, em primeira e segunda instância (§ 1º); (vii) só podem ser afetados os recursos que tenham questões idênticas de direito. Se depender de questões fáticas, não poderá ser objeto desse rito especial (*caput*).

18. Incumbências iniciais do relator do recurso afetado

No art. 1.037 do novo CPC encontram-se algumas providências iniciais que o relator deve tomar: "selecionados os recursos, o relator, no tribunal superior, constatando a presença do pressuposto do *caput* do art. 1.036, proferirá decisão de afetação, na qual: I – identificará com precisão a questão a ser submetida a julgamento; II – determinará a suspensão do processamento de todos os processos pendentes, individuais ou coletivos, que versem sobre a questão e tramitem no território nacional; III – poderá requisitar aos presidentes ou aos vice-presidentes dos tribunais de justiça ou dos tribunais regionais federais a remessa de um recurso representativo da controvérsia".

No tocante ao inciso I, a identificação precisa da questão pode ser feita sob forma de problema, assim como se dá nos trabalhos acadêmicos. Vejamos alguns exemplos de casos que foram julgados à luz do CPC/1973: qual é o termo inicial do prazo do art. 475-J do CPC/1973? Cabem honorários advocatícios na fase de cumprimento de sentença? E se for cumprimento provisório? E na impugnação ao cumprimento de sentença? Depois disso, podem ser fixados os argumentos favoráveis e contrários; quanto mais completo, melhor.

Os demais incisos são bastante simplórios e já vinham sendo aplicados na prática. Com a expedição de uma simples carta de ordem, suspende-se todos os processos e requisita-se alguns que sejam representativos da controvérsia.

19. Ministro que não concorda com a afetação iniciada pelo desembargador

Como já mencionamos anteriormente, o desembargador presidente ou vice-presidente tem autonomia para provocar a afetação do recurso sob o regime dos repetitivos. Já o ministro, não está obrigado a atender o requerimento. Como se percebe do § 1º do art. 1.037 do novo CPC, "se, após receber os recursos selecionados pelo presidente ou pelo vice-presidente de tribunal de justiça ou de tribunal regional federal, não se proceder à afetação, o relator, no tribunal superior, comunicará o fato ao presidente ou ao vice-presidente que os houver enviado, para que seja revogada a decisão de suspensão referida no art. 1.036, § 1º".

Nada impede que o desembargador presidente ou vice-presidente reiterem o encaminhamento em outra ocasião, tão logo percebam que a causa da denegação do ministro foi superada ou atendida.

20. Limitações do órgão colegiado no STF ou no STJ

O § 2º do art. 1.037 do novo CPC informa que "é vedado ao órgão colegiado decidir, para os fins do art. 1.040, questão não delimitada na decisão a que se refere o inciso I do *caput*". Inciso I de qual *caput*? Do art. 1.037. Significa dizer que, quando o ministro relator do recurso afetado fixar as premissas do julgamento, ou seja, determinar qual questão será objeto de afetação, não poderá, nem mesmo o STF ou STJ, ir além daquilo que foi previamente decidido.

21. Múltiplas afetações e prevenção

O § 3º do art. 1.037 do novo CPC diz que, "havendo mais de uma afetação, será prevento o relator que primeiro tiver proferido a decisão a que se refere o inciso I do *caput*".

22. Prazo para o julgamento dos recursos afetados

O § 4º do art. 1.037 do novo CPC aduz que "os recursos afetados deverão ser julgados no prazo de um ano e terão preferência sobre os demais feitos, ressalvados os que envolvam réu preso e os pedidos de *habeas corpus*".

23. Não julgamento do recurso afetado no prazo legal

O § 5º do art. 1.037 do novo CPC determina que, "não ocorrendo o julgamento no prazo de um ano a contar da publicação da decisão de que trata o inciso I do *caput*, cessam automaticamente, em todo o território nacional, a afetação e a suspensão dos processos, que retomarão seu curso normal". Isso não significa que o procedimento não possa continuar. Poderá, e, tão logo chegue ao seu fim, sua decisão passará a ser vinculante.

24. Afetação da mesma controvérsia por outro ministro

O § 6º do art. 1.037 do novo CPC explicita que, "ocorrendo a hipótese do § 5º, é permitido a outro relator do respectivo tribunal superior afetar dois ou mais recursos representativos da controvérsia na forma do art. 1.036".

O cuidado que se deve ter, ao se reiniciar o procedimento em comento, é o de não se ter julgamentos conflitantes, caso aquele que se iniciou em primeiro lugar, apesar de ter extrapolado o prazo de um ano, continuar tramitando. Outra coisa: o julgamento do primeiro gera a perda de objeto do segundo? E vice versa? Sim, a nosso ver, aquele procedimento que chegar ao fim em primeiro lugar faz com que o outro perca o objeto, salvo se a tese delimitada (art. 1.037, I) desse seja mais ampla ou diferente que a daquele.

25. Recurso afetado com várias matérias controvertidas

O § 7º do art. 1.037 do novo CPC diz que "quando os recursos requisitados na forma do inciso III do *caput* contiverem outras questões além daquela que é objeto da afetação, caberá ao tribunal decidir esta em primeiro lugar e depois as demais, em acórdão específico para cada processo".

Não se pode confundir questões diferentes com fundamentos distintos. Uma vez mais, vamos nos valer do bom e velho art. 475-J do CPC/1973 como exemplo. Pode ser que a questão traçada pelo ministro relator seja apenas referente à pessoa que deve ser intimada para pagar em 15 dias; se seria o advogado ou o devedor. Pode ser que, ao receber outros recursos representativos sobre a matéria, o relator perceba que existem outros pontos controvertidos, tais como a questão dos honorários sucumbenciais. Nesse caso, nada impede que haja uma ampliação do raio do procedimento de afetação, porém, deverá o tribunal decidir, em primeiro lugar, aquela matéria afetada inicialmente, e, num segundo momento, as demais. E também será preciso que haja um acórdão para cada processo.

26. Intimação das partes da suspensão do processo

Segundo o § 8º art. 1.037 do novo CPC, "as partes deverão ser intimadas da decisão de suspensão de seu processo, a ser proferida pelo respectivo juiz ou relator quando informado da decisão a que se refere o inciso II do *caput*".

Essa medida decorre do dever de informação, e até mesmo para que a parte possa controlar o prazo máximo de suspensão, que é de um ano. Passado este prazo, ela mesma pode solicitar que cesse a paralisação.

27. Da distinção *(distinguishing)*

Nos termos do § 9º do art. 1.037 do novo CPC, "demonstrando distinção entre a questão a ser decidida no processo e aquela a ser julgada no recurso especial ou extraordinário afetado, a parte poderá requerer o prosseguimento do seu processo".

Para que a parte tenha êxito no seu pleito, é importante que a decisão elaborada no âmbito dos tribunais superiores seja clara e detalhada, de modo a propiciar e facilitar o trabalho do advogado que acredite que os casos são distintos. Além disso, uma decisão mal elaborada no rito de afetação das cortes superiores pode causar injustiças nas instâncias ordinárias, causando a paralisação indevida de processos.

28. Forma de se proceder quanto ao *distinguishing*

De acordo com o § 10 do art. 1.037 do novo CPC, "o requerimento a que se refere o § 9º será dirigido: I – ao juiz, se o processo sobrestado estiver em primeiro grau; II – ao relator, se o processo sobrestado estiver no tribunal de origem; III – ao relator do acórdão recorrido, se for sobrestado recurso especial ou recurso extraordinário no tribunal de origem; IV – ao relator, no tribunal superior, de recurso especial ou de recurso extraordinário cujo processamento houver sido sobrestado".

Em seguida, conforme se apreende do § 11 do art. 1.037, "a outra parte deverá ser ouvida sobre o requerimento a que se refere o § 9º, no prazo de cinco dias".

29. Resolução e efeitos do reconhecimento da distinção

Extrai-se do § 12 do art. 1.037 do novo CPC que, "reconhecida a distinção no caso: I – dos incisos I, II e IV do § 10, o próprio juiz ou relator dará prosseguimento ao processo; II – do inciso III do § 10, o relator comunicará a decisão ao presidente ou ao vice-presidente que houver determinado o sobrestamento, para que o recurso especial ou o recurso extraordinário seja encaminhado ao respectivo tribunal superior, na forma do art. 1.030, parágrafo único".

30. Recurso cabível contra a decisão que julgar o requerimento de distinção

Qualquer que seja o resultado, estatui o § 13 do art. 1.037 do novo CPC que, "da decisão que resolver o requerimento a que se refere o § 9º caberá: I – agravo de instrumento, se o processo estiver em primeiro grau; II – agravo interno, se a decisão for de relator".

Nesse recurso, o agravante deverá, ao mesmo tempo, atacar os fundamentos da decisão agravada e, claro, reforçar aqueles já lançados em seu requerimento inicial de distinção.

31. Outras incumbências do relator do recurso afetado

O art. 1.038 do novo CPC dispõe que "o relator poderá: I – solicitar ou admitir manifestação de pessoas, órgãos ou entidades com interesse na controvérsia, considerando a relevância da matéria e consoante dispuser o regimento interno; II – fixar data para, em audiência pública, ouvir depoimentos de pessoas com experiência e conhecimento na matéria, com a finalidade de instruir o procedimento; III – requisitar informações aos tribunais inferiores a respeito da controvérsia e, cumprida a diligência, intimará o Ministério Público para manifestar-se". Regras similares aos §§ 3º e 4º do art. 543-C do CPC/1973.

As hipóteses descritas nos incisos I e II são de grande valia, pois auxiliarão os ministros a melhor compreenderem a controvérsia e a tomarem a decisão mais acertada. Mais especificamente em relação às audiências públicas, temos que não será necessário realizá-las em todos os recursos afetados, uma vez que, em boa parte dos casos, a questão é puramente de interpretação legislativa.

Os prazos para a prática dos atos elencados no inciso III são de 15 dias, devendo ser praticados, sempre que possível, por meio eletrônico (§ 1º do art. 1.038).

32. Extensão do dever de fundamentação do acórdão que julga recurso afetado

De acordo com o § 3º do art. 1.038 do novo CPC, "o conteúdo do acórdão abrangerá a análise de todos os fundamentos da tese jurídica discutida, favoráveis ou contrários". Sem correspondente no CPC/1973.

Inicialmente cumpre destacar que os ministros estão obrigados a apreciarem e a se manifestarem sobre todos os fundamentos postos pelas partes e terceiros, favoráveis ou contrários, sob pena de violação do dispositivo em comento.

Este dispositivo é de extrema importância para o sucesso do sistema de precedentes à luz dos recursos afetados pela forma dos repetitivos, sendo muito simples o porquê disso. Quanto maior o número de informações e questões versadas na tese fixada, menor é a chance da parte em obter êxito na distinção ou na superação do precedente.

33. Julgamento de recursos após a fixação da tese jurídica no recurso afetado

O art. 1.039 do novo CPC reza que, "decididos os recursos afetados, os órgãos colegiados declararão prejudicados os demais recursos versando sobre idêntica controvérsia ou os decidirão aplicando a tese firmada".

O parágrafo único do art. 1.039 do novo CPC complementa que, "negada a existência de repercussão geral no recurso extraordinário afetado, serão considerados automaticamente inadmitidos os recursos extraordinários cujo processamento tenha sido sobrestado".

34. Procedimento após a publicação do acórdão paradigma

O art. 1.040 do novo CPC estabelece que, "publicado o acórdão paradigma: I – o presidente ou o vice-presidente do tribunal de origem negará seguimento aos recursos especiais ou extraordinários sobrestados na origem, se o acórdão recorrido coincidir com a orientação do tribunal superior; II – o órgão que proferiu o acórdão recorrido, na origem, reexaminará o processo de competência originária, a remessa necessária ou o recurso anteriormente julgado, se o acórdão recorrido contrariar a orientação do tribunal superior; III – os processos suspensos em primeiro e segundo graus de jurisdição retomarão o curso para julgamento e aplicação da tese firmada pelo tribunal superior; IV – se os recursos versarem sobre questão relativa a prestação de serviço público objeto de concessão, permissão ou autorização, o resultado do julgamento será comunicado ao órgão, ao ente ou à agência reguladora competente para fiscalização da efetiva aplicação, por parte dos entes sujeitos a regulação, da tese adotada".

35. Possibilidade de desistência da ação que tramita em primeiro grau

O § 1º do art. 1.040 do novo CPC fala que "a parte poderá desistir da ação em curso no primeiro grau de jurisdição, antes de proferida a sentença, se a questão nela discutida for idêntica à resolvida pelo recurso representativo da controvérsia". O § 2º complementa que, "se a desistência ocorrer antes de oferecida contestação, a parte ficará isenta do pagamento de custas e de honorários de sucumbência". Por derradeiro, o § 3º assevera que "a desistência apresentada nos termos do § 1º independe de consentimento do réu, ainda que apresentada contestação".

Lembramos que esses benefícios somente se aplicam quando ocorrer julgamento contrário ao do autor em recursos afetados pelo formato repetitivo. Esses três parágrafos poderiam ser aplicados, por analogia, nos casos dos julgamentos do incidente de assunção de competência e do incidente de resolução de demandas repetitivas? A nosso ver, deveria ser possível.

36. Exceção à regra da vinculação da tese fixada

Dispõe o art. 1.041 do novo CPC que, "mantido o acórdão divergente pelo tribunal de origem, o recurso especial ou extraordinário será remetido ao respectivo tribunal superior, na forma do art. 1.036, § 1º".

De acordo com essa redação, se o acórdão já tiver sido confeccionado no tribunal de origem, o órgão responsável pelo seu julgamento não está obrigado a rever o teor do julgamento, o que é, a nosso ver, um grande contrassenso. Dentro das premissas basilares do novo CPC, somente seria devida a recusa de aplicação da tese fixada se o recurso em si fosse diferente ou fosse capaz de superar o precedente.

Reiteramos que essa exceção só é passível de ser utilizada quando o acórdão já tiver sido confeccionado, do contrário, é vinculante a tese jurídica fixada pelo precedente. Ora, se há vinculação no incidente de assunção de competência e no incidente de resolução de demandas repetitivas, por que é que não haveria no julgamento dos recursos especial e extraordinário afetados pelo formato dos repetitivos?

37. Efeitos do julgamento quando o recurso contém outros capítulos independentes e autônomos

Por outro lado, "realizado o juízo de retratação, com alteração do acórdão divergente, o tribunal de origem, se for o caso, decidirá as demais questões ainda não decididas cujo enfrentamento se tornou necessário em decorrência da alteração" (§ 1º do art. 1.041 do novo CPC). Esse dispositivo parece que será bastante lembrado e utilizado quando a tese jurídica fixada pelo STF ou STJ for de natureza processual.

Finalmente, estabelece o § 2º do art. 1.041 que, "quando ocorrer a hipótese do inciso II do *caput* do art. 1.040 e o recurso versar sobre outras questões, caberá ao presidente do tribunal, depois do reexame pelo órgão de origem e independentemente de ratificação do recurso ou de juízo de admissibilidade, determinar a remessa do recurso ao tribunal superior para julgamento das demais questões". Importa destacar que o recurso já interposto, que contenha outras questões que não sejam aquelas objeto do recurso afetado, deverá ser encaminhado ao tribunal superior competente, independentemente de ratificação das razões recursais, sendo vedado ao tribunal local realizar juízo de admissibilidade. Isso será necessário para que as outras questões atacadas no recurso possam ser julgadas.

38. Da jurisprudência que determinava o uso do agravo interno para certos casos

Nos últimos anos de vigência do CPC/1973 foi criado o entendimento, pelo STF e pelo STJ, de que o recurso cabível contra a decisão que nega seguimento a recurso extraordinário ou especial (i) que aplica tese fixada em repercussão geral pelo STF (Questão de Ordem no AI n. 760.358/SE), ou, (ii) que aplica tese oriunda de recurso especial repetitivo (Questão de Ordem no Ag n. 1.154.599/SP), não pode ser impugnada pelo agravo de instrumento do art. 544 do CPC/1973, mas, sim, por agravo interno, dirigido ao próprio tribunal de origem.

Esse entendimento não poderá ser mantido no novo CPC, pois está claro que o agravo do art. 1.042 do novo CPC é cabível nessas situações.

39. Fim dos recursos especial e extraordinário retidos

O § 3º do art. 542 do CPC/1973 tem a seguinte redação: "o recurso extraordinário, ou o recurso especial, quando interpostos contra decisão interlocutória em processo de conhecimento, cautelar, ou embargos à execução ficará retido nos autos e somente será processado se o reiterar a parte, no prazo para a interposição do recurso contra a decisão final, ou para as contra-razões". Ele foi suprimido pelo novo CPC, logo, acabou o chamado recurso retido e nem mesmo haverá a preocupação em se justificar a necessidade de julgamento imediato pelo STF ou pelo STF. Muitas vezes, até medidas cautelares eram ajuizadas com essa finalidade.

§ 9º – Agravo em recurso especial ou extraordinário

1. Introdução

Quando o recurso especial ou o recurso extraordinário forem inadmitidos no tribunal de origem, caberá agravo em recurso especial ou agravo em recurso extraordinário. Essa, aliás, é a nova terminologia para esse recurso; não se pode mais falar em agravo de instrumento, como o era no CPC/1973.

Esse recurso está disciplinado pelo art. 1.042 do novo CPC (art. 544 do CPC/1973).

Sobre o juízo de admissibilidade, já tivemos a oportunidade de mencionar anteriormente que ele será realizado diretamente pelo STF ou STJ (art. 1.030, *caput* e parágrafo único, do novo CPC). Serão raros os casos em que o juízo de admissibilidade dos recursos especial e extraordinário poderá ser realizado pelos TJs ou pelos TRFs (art. 1.035, § 8º, e art. 1.039, parágrafo único, ambos do novo CPC).

2. Uso do *nomen iuris* recursal equivocado

Com toda certeza, no início de vigência do novo CPC, alguns poucos advogados, por força do hábito, utilizar-se-ão da terminologia errada. Nesse caso, não reputamos lícito o não conhecimento do agravo em recurso especial ou do agravo em recurso extraordinário, pelo STJ ou STF, só porque foi escrito, nas razões recursais, "agravo de instrumento". Na eventualidade de essa ser a postura do tribunal superior, reputamos como espécie, do gênero, jurisprudência defensiva, e que é algo que é fortemente rechaçado pela novel legislação. O importante, no nosso sentir, é o atendimento aos requisitos do § 1º do art. 1.042 do novo CPC, que não existiam no CPC/1973. O *nomen iuris* utilizado é irrelevante.

Aliás, existirão advogados que escreverão no cabeçalho de suas peças, simplesmente, o termo "agravo". Apesar de esse ser um nome incompleto, é passível de compreensão por qualquer pessoa, bastando, para tanto, observar qual o recurso previamente interposto. Caso tenha sido os dois agravos, será preciso apenas ler os dispositivos normativos citados no corpo do texto, que já será possível saber se é agravo em recurso especial ou agravo em recurso extraordinário.

3. Local de interposição

Continuará sendo interposto perante o presidente ou o vice-presidente dos TJs ou dos TRFs (§ 2º do art. 1.042 do novo CPC).

4. Forma

Também não foi alterada essa parte, devendo ser interposto para ser juntado nos mesmos autos do recurso, e sem a necessidade de se tirar cópia de documentos ou peças do processo para instrumentalizar o feito. Não há, portanto, documentos obrigatórios ou facultativos a serem anexados. Não há nenhum dispositivo nesse sentido no novo CPC, porém, é a conclusão óbvia a que se pode chegar.

5. Prazo

O prazo para a sua interposição passa a ser de 15 dias (§ 5º do art. 1.003 do novo CPC), bem como o de sua resposta (§ 3º do art. 1.042 do novo CPC). No CPC/1973 (art. 544) esse prazo era de 10 dias.

6. Custas e despesas postais

O agravo está isento do pagamento dessas taxas (§ 2º do art. 1.042 do novo CPC).

7. Hipóteses de cabimento

Nos termos do art. 1.042 do novo CPC, "cabe agravo contra decisão de presidente ou de vice-presidente do tribunal que: I – indeferir pedido formulado com base no art. 1.035, § 6º, ou no art. 1.036, § 2º, de inadmissão de recurso especial ou extraordinário intempestivo; II – inadmitir, com base no art. 1.040, inciso I, recurso especial ou extraordinário sob o fundamento de que o acórdão recorrido coincide com a orientação do tribunal superior; III – inadmitir recurso extraordinário, com base no art. 1.035, § 8º, ou no art. 1.039, parágrafo único, sob o fundamento de que o Supremo Tribunal Federal reconheceu a inexistência de repercussão geral da questão constitucional discutida".

Como se vê, são poucas as hipóteses, pois, como já dito por inúmeras vezes, o juízo de admissibilidade dos recursos especial e extraordinário passa a ser de competência exclusiva do STJ e STF (art. 1.030, *caput* e parágrafo único), respectivamente; salvo raras exceções (inciso III do art. 1.042).

8. Requisitos obrigatórios

O § 1º do art. 1.042 do novo CPC dispõe o seguinte: "sob pena de não conhecimento do agravo, incumbirá ao agravante demonstrar, de forma expressa: I – a intempestividade do recurso especial ou extraordinário sobrestado, quando o recurso fundar-se na hipótese do inciso I do *caput* deste artigo; II – a existência de distinção entre o caso em análise e o precedente invocado, quando a inadmissão do recurso: a) especial ou extraordinário fundar-se em entendimento firmado em julgamento de recurso repetitivo por tribunal superior; b) extraordinário fundar-se em decisão anterior do Supremo Tribunal Federal de inexistência de repercussão geral da questão constitucional discutida". Sem correspondente no CPC/1973.

O inciso I é bastante simplório, mas é preciso atenção para não deixar de explanar com clareza a intempestividade do recurso. A ideia é buscar o trânsito em julgado do recurso que está equivocadamente sobrestado, de modo que se possa iniciar o cumprimento de sentença definitivo.

Quanto ao inciso II, analisaremos as alíneas *a* e *b* separadamente. Em ambas, o trabalho do advogado será de suma relevância, pois será puramente com base em sua criatividade, perspicácia e poder de argumentação que será possível tirar o recurso sobrestado de uma pilha de autos e colocar em outra, que seria a daqueles cujo objeto não seja idêntico ao de precedentes vinculantes dos tribunais superiores.

Para se ter uma ideia de como funciona, na prática, essa distinção a qual o inciso II, vejamos dois exemplos.

No tocante à alínea *a* do inciso II, imagine-se que exista um precedente vinculante no STJ, oriundo dos recursos afetados, que, que trace a seguinte tese jurídica: "o bem imóvel rural do executado que estiver penhorado, desde que seja divisível, poderá ser fracionado em matrículas distintas, dependendo do valor da execução, de modo a atender ao princípio da menor onerosidade do processo executivo". Observem que a tese jurídica fixada trata do imóvel, em zona rural, divisível. O tratamento ao imóvel, em área urbana, que seja divisível, receberá o mesmo tratamento? Está aí a distinção suficiente para que ao recurso especial não possa ser aplicada a tese já fixada.

Já em relação à alínea *b* do inciso II, que trata da repercussão geral da questão constitucional a ser demonstrada no recurso extraordinário, a ideia é a mesma, ou seja, deve o advogado tentar mostrar que o seu caso concreto possui alguma particularidade tal que faz com que não possa ser aplicada, ao recurso interposto, a tese já firmada de inexistência de repercussão geral. Os pobres coitados dos jurisdicionados que litigam perante os Juizados Especiais, por exemplo, estão na mira do STF. Já foi afirmado, um sem número de vezes, que são "improváveis as situações em que a questão constitucional debatida contenha o requisito da repercussão geral" (ARE n. 835.833/RS).

9. Juízo de retratação

Com o decurso do prazo de resposta, poderá o desembargador responsável pela inadmissão do recurso exercer juízo de retratação (§ 4º do art. 1.042 do novo CPC).

10. Remessa imediata ao tribunal competente

Interposto o recurso de agravo, e decorrido o prazo de resposta, independentemente de sua apresentação, o recurso deverá ser remetido ao tribunal superior competente (§ 4º do art. 1.042 do novo CPC).

11. Julgamento conjunto do agravo com o recurso inadmitido

O § 5º do art. 1.042 do novo CPC reza que "o agravo poderá ser julgado, conforme o caso, conjuntamente com o recurso especial ou extraordinário, assegurada, neste caso, sustentação oral, observando-se, ainda, o disposto no regimento interno do tribunal respectivo".

12. Procedimento em caso de interposição de dois agravos

Segundo o § 7º do art. 1.042 do novo CPC, "havendo apenas um agravo, o recurso será remetido ao tribunal competente, e, havendo interposição conjunta, os autos serão remetidos ao Superior Tribunal de Justiça". Sem correspondente no CPC/1973.

13. Remessa dos autos do STJ para o STF

O § 8º do art. 1.042 do novo CPC determina que, "concluído o julgamento do agravo pelo Superior Tribunal de Justiça e, se for o caso, do recurso especial, independentemente de pedido, os autos serão remetidos ao Supremo Tribunal Federal para apreciação do agravo a ele dirigido, salvo se estiver prejudicado". Sem correspondente idêntico no CPC/1973.

A remessa dos autos do STJ para o STF dar-se-á por impulso oficial, salvo se o conhecimento do recurso extraordinário estiver prejudicado. Caso a parte, por exemplo, interponha recurso especial e extraordinário contra o acórdão do TJ ou do TRF, e aquele seja provido, este poderá ficar prejudicado. A análise da perda do interesse recursal, por fato superveniente, deve ser feita com extrema cautela, de modo a não dar ensejo a recurso ou mandado de segurança em vãos.

§ 10 – Embargos de divergência

1. Introdução

Os embargos de divergência estão regulamentados pelos arts. 1.043 e 1.044 do novo CPC (art. 546 do CPC/1973). Houve um trabalho cuidadoso do legislador em acabar com precedentes dos tribunais superiores que vinham aniquilando o cabimento desse recurso. Em outras palavras, foram positivadas várias regras exatamente contrárias ao que se vê na jurisprudência pacífica do STF e do STJ.

2. Hipóteses de cabimento

Segundo o art. 1.043 do novo CPC, "é embargável o acórdão de órgão fracionário que: I – em recurso extraordinário ou em recurso especial, divergir do julgamento de qualquer outro órgão do mesmo tribunal, sendo os acórdãos, embargado e paradigma, de mérito; II – em recurso extraordinário ou em recurso especial, divergir do julgamento de qualquer outro órgão do mesmo tribunal, sendo os acórdãos, embargado e paradigma, relativos ao juízo de admissibilidade; III – em recurso extraordinário ou em recurso especial, divergir do julgamento de qualquer outro órgão do mesmo tribunal, sendo um acórdão de mérito e outro que não tenha conhecido do recurso, embora tenha apreciado a controvérsia; IV – nos processos de competência originária, divergir do julgamento de qualquer outro órgão do mesmo tribunal".

Apesar de o inciso IV dispor, apenas, "nos processos de competência originária", tem-se que é aplicável apenas para os casos de competência originária do STF e do STJ. Não nos esqueçamos de que esse recurso está regulado por uma Seção, que está dentro de um Capítulo, intitulado: "dos recursos para o Supremo Tribunal Federal e para o Superior Tribunal de Justiça".

Acórdãos do Pleno do STF e da Corte Especial do STJ não são embargáveis. Os acórdãos das Seções do STJ, a nosso ver, podem ser atacados por esses embargos.

Os incisos I a III foram redigidos e inseridos, cautelosamente, para acabar com as restrições que esse recurso vinha sofrendo por parte da jurisprudência defensiva e restritiva das nossas cortes superiores.

Pouco importa que os acórdãos confrontados sejam de oriundos de recurso e de processo de competência originária, conforme se extrai do § 1º do art. 1.043.

3. Natureza do direito discutido no acórdão embargado

Cumpre informar que "a divergência que autoriza a interposição de embargos de divergência pode verificar-se na aplicação do direito material ou do direito processual" (§ 2º do art. 1.043 do novo CPC).

4. Embargos com base em acórdão paradigma da mesma turma que proferiu a decisão embargada

É possível, desde que sua composição tenha sofrido alteração em mais da metade de seus membros (§ 3º do art. 1.043 do novo CPC).

5. Prova da divergência

O § 4º do art. 1.043 do novo CPC dispõe que "o recorrente provará a divergência com certidão, cópia ou citação de repositório oficial ou credenciado de jurisprudência, inclusive em mídia eletrônica, onde foi publicado o acórdão divergente, ou com a reprodução de julgado disponível na rede mundial de computadores, indicando a respectiva fonte, e mencionará as circunstâncias que identificam ou assemelham os casos confrontados".

A juntada do acórdão paradigma é requisito essencial do recurso, mas o seu esquecimento pode ser relevado, com base no § 3º do art. 1.029 do novo CPC.

É necessário, pois, proceder ao cotejo analítico, que, como é sabido, não pode se dar, simplesmente, com base na transcrição de ementas entre os acórdãos paradigma e embargado.

6. Juízo de admissibilidade vago

Reza o § 5º do art. 1.043 do novo CPC que "é vedado ao tribunal inadmitir o recurso com base em fundamento genérico de que as circunstâncias fáticas são diferentes, sem demonstrar a existência da distinção".

É preciso que o tribunal explique esses porquês, de forma detalhada, de modo que o jurisdicionada compreenda bem a razão da inadmissão do recurso. Aqui, mais uma vez, vê-se o ataque do legislador à jurisprudência defensiva que estava impregnada nos tribunais superiores.

7. Procedimento aplicável

O procedimento dos embargos de divergência será aquele estabelecido no regimento interno do respectivo tribunal superior (art. 1.044 do novo CPC).

8. Embargos de divergência no STJ e o recurso extraordinário

Nos termos do § 1º do art. 1.044 do novo CPC, "a interposição de embargos de divergência no Superior Tribunal de Justiça interrompe o prazo para interposição de recurso extraordinário por qualquer das partes". Lembremo-nos de que é possível a interposição de recurso extraordinário contra decisão proferida no âmbito do STJ. É por isso que esse § 1º explicitou esse comando.

E, de acordo com o § 2º do art. 1.044, "se os embargos de divergência forem desprovidos ou não alterarem a conclusão do julgamento anterior, o recurso extraordinário interposto pela outra parte antes da publicação do julgamento dos embargos de divergência será processado e julgado independentemente de ratificação". Em nome da celeridade processual, não será preciso, à parte que interpôs recurso extraordinário antes de a outra manejar os embargos de divergência, ratificar as suas razões recursais.

Quinta Parte

Das Disposições Finais e Transitórias

I – VIGÊNCIA E DIREITO INTERTEMPORAL

§ 1º – Introdução

1. Data em que o novo CPC entrará em vigor

O novo CPC tem período de um ano de *vacatio legis* (art. 1.045). Tendo em vista que ele foi publicado no dia 17/03/2015, e, levando-se em consideração o § 3º do art. 132 do CC, bem como o § 1º do art. 8º da Lei Complementar n. 95/1998, o seu primeiro dia de vigência será 18/03/2016.

2. Aplicação imediata do novo CPC aos processos pendentes

O art. 1.046 do novo CPC informa que o novo CPC, ao entrar em vigor, será aplicado desde logo aos processos pendentes. Os atos já exauridos não poderão ser atingidos pela lei nova. Os processos futuros, evidentemente, seguirão os regramentos do novo CPC.

A regra geral é a da aplicação imediata da lei processual, podendo, a lei nova, dispor expressamente em sentido contrário, como se vê, por exemplo, no art. 76 da Lei n. 8.245/91, cuja natureza é mista, pois possui, dentro dela, regras de direito material e processual.

3. Revogação expressa do CPC/1973

O CPC/1973 foi expressa e integralmente revogado pelo art. 1.046 do novo CPC.

4. Remissões feitas por outras leis ao CPC/1973

É comum existirem leis que fazem remissão ao CPC/1973. Como houve mudança de CPC, consta do § 4º do art. 1.046 do novo CPC que "as remissões a disposições do Código de Processo Civil revogado, existentes em outras leis, passam a referir-se às que lhes são correspondentes neste Código".

Assim, por exemplo, se alguma lei fizer remissão ao procedimento ordinário ou sumário do CPC, entender-se-á que está a fazer, a partir da vigência do novo CPC, ao seu procedimento comum. É o que se extrai do parágrafo único do art. 1.049 do novo CPC, porém, ele discorre apenas sobre a remissão de leis especiais ao procedimento sumário.

5. Regra básica a ser lembrada no momento de verificar qual é a lei aplicável

É muito importante, em relação a esse direito transitório, buscar analisar qual é a lei aplicável para se poder saber como esse ou aquele ato processual deverá ser praticado. No nosso sentir, a partir do momento em que o ato processual é publicado pelo Diário Oficial, a lei vigente, naquele dia específico, será aplicável para reger o direito das partes. Em outras palavras, o ato processual que, esperamos todos, seja existente e válido, só se torna eficaz com a sua publicação no Diário da Justiça (em formato de papel ou eletrônico). Condição, pelo art. 121 do CC, é evento futuro e incerto. A publicação da decisão judicial não pode ser vista como um ato incerto, pois é claro que será publicada o mais breve possível. Sendo assim, o que há é uma espécie de condição suspensiva atípica, pois desprovida de uma de suas características básicas, que é a incerteza.

E quando é que se considera, publicado, um pronunciamento judicial? Depende do formato do meio de comunicação. Se for em formato eletrônico, aplica-se a regra do § 3º do art. 4º da Lei n. 11.419/2006: "considera-se como data da publicação o primeiro dia útil seguinte ao da disponibilização da informação no Diário da Justiça eletrônico". Essa mesma regra está contida no § 2º do art. 224 do novo CPC. Por outro lado, se o formato do Diário Oficial ainda for de papel, o dia da publicação é o dia em que a informação for veiculada no respectivo jornal.

É possível até sustentar que a publicação do ato processual é mera formalidade, e que isso em nada influi na sua eficácia. Essa, porém, não nos afigura como sendo a solução mais segura e transparente para o direito processual civil.

No âmbito da jurisprudência, existem acórdãos de acordo com a primeira tese (STJ, REsp n. 88.747/SP, 480.547/ES) e com a segunda tese (STF, RE n. 83.169/PR).

6. Casos práticos de direito intertemporal não regulados expressamente

Vamos a alguns casos práticos que poderão surgir nos primeiros dias de vigência do novo CPC:

> (i) o novo CPC entra em vigor durante a fluência do prazo para a prática de algum ato processual. A partir do dia 18/03/2016, os demais dias deverão ser computados apenas levando-se em consideração os dias úteis? Não. Se o prazo

começou a fluir com base nas regras do CPC/1973, deverá terminar do mesmo modo.

(ii) durante a produção de uma prova pericial entra em vigor o novo CPC. O autor, sabendo que uma das parcelas do pedido é incontroversa, peticiona ao juiz e requer o julgamento antecipado e parcial do mérito. Apesar de já ter passado a fase de saneamento, ainda será possível deferir tal pleito? Sim, pois não há esse tipo de preclusão.

(iii) uma pessoa já interpôs dois recursos de embargos de declaração. O acórdão do segundo foi publicado no dia 16/03/2016. Poderá o juiz ou o tribunal impedir que a parte interponha o terceiro recurso? Não, uma vez que, quando nasceu para a parte o direito de interpor recursos, ainda estava sob vigência o CPC/1973, que não contém essa regra proibitiva.

(iv) no dia 15/03/2016 inicia o julgamento de uma apelação, sendo que o vogal pediu vista. Na sessão seguinte, no dia 22/03/2016, dá-se continuidade ao julgamento, cujo resultado se deu por maioria de votos. Poderá ser utilizada a técnica de julgamento prevista no art. 942 do novo CPC? Sim, porque no dia em que terminou o julgamento da apelação já estava em vigor o novo CPC.

(v) durante a vigência do CPC/1973 o réu praticou ato considerado como litigância de má-fé. O juiz foi proferir a sentença à luz do novo CPC. Nesse caso, deverá aplicar a multa prevista em qual dos dois Códigos? A nosso ver, do novo CPC, pois é a lei vigente no dia.

Esses foram apenas alguns exemplos para tentar demonstrar a lógica que deve ser perseguida nos primeiros momentos. Lembramos que existem vários dispositivos nessa parte das disposições finais e transitórios informando, especificamente, como o profissional do Direito deverá lidar com os conflitos intertemporais, *v.g.*, arts. 1.046 e 1.047 do novo CPC.

§ 2º – Direito intertemporal no tocante aos procedimentos

1. Procedimentos sumário e especiais do CPC/1973

O § 1º do art. 1.046 do novo CPC reza que “as disposições da Lei n. 5.869, de 11 de janeiro de 1973, relativas ao procedimento sumário e aos procedimentos especiais que forem revogadas aplicar-se-ão às ações propostas e não sentenciadas até o início da vigência deste Código”.

A dúvida que poderá eventualmente surgir é no tocante ao procedimento que será aplicado em caso de já tiver sido proferida sentença em processo iniciado antes da vigência do novo CPC, à luz de algum procedimento extirpado, e, no tribunal, houver alguma nulidade que justifique a decretação da nulidade de todos os atos processuais.

Deve ser trazido à lume, ainda, o parágrafo único do art. 1.049 do novo CPC: "na hipótese de a lei remeter ao procedimento sumário, será observado o procedimento comum previsto neste Código, com as modificações previstas na própria lei especial, se houver". Por que a mesma regra não valeria para o caso de remissões ao procedimento ordinário do CPC/1973? É claro que vale.

2. Procedimentos especiais regidos por lei extravagante

O § 2º do art. 1.046 do novo CPC aduz que "permanecem em vigor as disposições especiais dos procedimentos regulados em outras leis, aos quais se aplicará supletivamente este Código". A Lei n. 8.245/91, por exemplo, possui quatro procedimentos especiais que permanecerão vigentes.

3. Procedimentos mencionados pelo art. 1.218 do CPC/1973

Pode ser que muitas pessoas sequer tenham se atentado para isso, mas o art. 1.218 do CPC/1973 manteve vigentes vários procedimentos especiais que eram regulados pelo CPC/1939. Eles teriam vigência até que fossem incorporados por alguma lei especial. Vários deles já tinham sido. Existe um, em particular, que gerava grandes controvérsias na seara do direito societário, que é o de dissolução de sociedades. A dúvida que volta e meia surgia era qual rito deveria ser aplicado na dissolução parcial de sociedade: o do CPC/1939 ou o ordinário do CPC/1973. Esse último quase sempre prevalecia.

Enfim, o § 3º do art. 1.046 do novo CPC determina que "os processos mencionados no art. 1.218 da Lei n. 5.869, de 11 de janeiro de 1973, cujo procedimento ainda não tenha sido incorporado por lei submetem-se ao procedimento comum previsto neste Código". O procedimento de dissolução parcial de sociedades criado pelo novo CPC, certamente, acabará com a discussão mencionada.

4. Remissão de lei especial a procedimento na lei processual

O art. 1.049 do novo CPC estatui que, "sempre que a lei remeter a procedimento previsto na lei processual sem especificá-lo, será observado o procedimento comum previsto neste Código". A regra é óbvia, pois é certo que não poderia ser aplicado procedimento especial, se o caso concreto não se enquadra no rito em espécie.

5. Procedimento de insolvência civil

Nos termos do art. 1.052 do novo CPC, "até a edição de lei específica, as execuções contra devedor insolvente, em curso ou que venham a ser propostas, permanecem reguladas pelo Livro II, Título IV, da Lei n. 5.869, de 11 de janeiro de 1973".

§ 3º – Direito intertemporal sobre direito probatório

Segundo o art. 1.047 do novo CPC, "as disposições de direito probatório adotadas neste Código aplicam-se apenas às provas requeridas ou determinadas de ofício a partir da data de início de sua vigência".

Com isso é possível concluir que se a produção de uma prova tiver sido requerida pela parte antes do início da vigência do novo CPC, mesmo que a sua determinação se dê já na vigência da lei nova, aplicar-se-ão, a ela, as disposições do CPC/1973.

Vamos a duas questões interessantes.

O juiz deferiu a produção de prova testemunhal à luz do CPC/1973. A AIJ se dá durante a vigência do novo CPC. Diante disso, qual será a forma de inquirição das testemunhas? O formato triangular, do CPC/1973? Ou o modelo direto, do novo CPC? Diante do disposto no art. 1.047, acreditamos que será da maneira descrita pelo CPC/1973, uma vez que a sua descrição consta das regras traçadas à prova testemunhal, e, não, da AIJ em si.

O juiz nomeou um perito à luz do CPC/1973. Poucos dias depois, antes mesmo de as partes concordarem com a proposta de honorários apresentada, entra em vigor o novo CPC. Podem as partes peticionarem, conjuntamente, e requererem ao juiz que nomeie o *expert* escolhido por elas, cujo nome e demais dados pessoais e profissionais seguem por escrito? Observando-se a letra fria do art. 1.047, o juiz indeferiria o pleito, no entanto, se se usar um pouco de bom senso, é claro que o juiz deve acatar o requerimento das partes.

§ 4º – Prioridade na tramitação de procedimentos judiciais

1. Cabimento

O art. 1.048 do novo CPC diz que "terão prioridade de tramitação, em qualquer juízo ou tribunal, os procedimentos judiciais: I – em que figure como parte ou interessado pessoa com idade igual ou superior a 60 anos ou portadora de doença grave, assim compreendida qualquer das enumeradas no art. 6º, inciso XIV, da Lei n. 7.713, de 22 de dezembro de 1988; II – regulados pela Lei n. 8.069, de 13 de julho de 1990 (Estatuto da Criança e do Adolescente)".

2. Procedimento

O § 1º do art. 1.048 exige que "a pessoa interessada na obtenção do benefício, juntando prova de sua condição, deverá requerê-lo à autoridade judiciária competente para decidir o feito, que determinará ao cartório do juízo as providências a serem cumpridas". Vê-se, portanto, que esse benefício não pode ser concedido *ex officio* e nem mesmo sem a juntada de comprovante idôneo de idade do requerente.

Os autos deverão ser propriamente identificados, caso o pedido seja deferido (§ 2º do art. 1.048).

Nem mesmo com a morte do beneficiário, durante o trâmite do processo, cessará a prioridade, estendendo-se em favor do cônjuge supérstite ou do companheiro em união estável, independentemente da idade deles (§ 3º do art. 1.048). Será preciso comprovar a condição de cônjuge ou companheiro sobrevivente para que a medida seja mantida.

O § 4º do art. 1.048 tem redação curiosa: "a tramitação prioritária independe de deferimento pelo órgão jurisdicional e deverá ser imediatamente concedida diante da prova da condição de beneficiário". O § 4º seria um complemento ao § 3º? Ou seria um complemento do *caput*? Se for do *caput*, não entraria em choque com o § 2º? Enfim, algo, não muito relevante, para ser refletido.

§ 5º – Cadastro nos sistemas de processo em autos eletrônicos

O art. 1.050 do novo CPC dispõe o seguinte: "a União, os Estados, o Distrito Federal, os Municípios, suas respectivas entidades da administração indireta, o Ministério Público, a Defensoria Pública e a Advocacia Pública, no prazo de 30 dias a contar da data da entrada em vigor deste Código, deverão se cadastrar perante a administração do tribunal no qual atuem para cumprimento do disposto nos arts. 246, § 2º, e 270, parágrafo único".

O art. 1.051 do novo CPC reza ainda que "as empresas públicas e privadas devem cumprir o disposto no art. 246, § 1º, no prazo de 30 dias, a contar da data de inscrição do ato constitutivo da pessoa jurídica, perante o juízo onde tenham sede ou filial". O seu parágrafo único complementa que "o disposto no *caput* não se aplica às microempresas e às empresas de pequeno porte".

Faltou apresentar a sanção para o caso de descumprimento dessa regra dentro do prazo legal.

§ 6º – Questões pontuais

1. Atos processuais e o princípio da instrumentalidade do processo

De acordo com o art. 1.053 do novo CPC, "os atos processuais praticados por meio eletrônico até a transição definitiva para certificação digital ficam convalidados, ainda que não tenham observado os requisitos mínimos estabelecidos por este Código, desde que tenham atingido sua finalidade e não tenha havido prejuízo à defesa de qualquer das partes".

2. Coisa julgada e a questão prejudicial

Conforme se apreende do art. 1.054 do novo CPC, a nova regra da coisa julgada sobre a questão prejudicial, regulamentada pelo § 1º do art. 503 do novo CPC, somente se aplica aos processos iniciados após a sua vigência, aplicando-se aos anteriores o disposto nos arts. 5º, 325 e 470 do CPC/1973.

3. Prescrição intercorrente

O art. 1.056 do novo CPC fixa o seguinte: "considerar-se-á como termo inicial do prazo da prescrição prevista no art. 924, inciso V, inclusive para as execuções em curso, a data de vigência deste Código".

O prazo prescricional somente começará a fluir nas execuções em curso se elas estiverem paradas por desídia do exequente. Se estiverem arquivadas em razão de pedido de suspensão do credor, não se aplica o inciso V do art. 924 do novo CPC.

4. Particularidades sobre a possibilidade de se flexibilizar a coisa julgada

O art. 1.057 do novo CPC detalha que "o disposto no art. 525, §§ 14 e 15, e no art. 535, §§ 7º e 8º, aplica-se às decisões transitadas em julgado após a entrada em vigor deste Código, e, às decisões transitadas em julgado anteriormente, aplica-se o disposto no art. 475-L, § 1º, e no art. 741, parágrafo único, da Lei n. 5.869, de 11 de janeiro de 1973".

5. Procedimento ao se recolher dinheiro

O art. 1.058 do novo CPC assevera que "em todos os casos em que houver recolhimento de importância em dinheiro, esta será depositada em nome da parte ou do interessado, em conta especial movimentada por ordem do juiz, nos termos do art. 840, inciso I".

6. Tutela provisória requerida contra a Fazenda Pública

O art. 1.059 do novo CPC ressalta que, "à tutela provisória requerida contra a Fazenda Pública aplica-se o disposto nos arts. 1º a 4º da Lei n. 8.437, de 30 de junho de 1992, e no art. 7º, § 2º, da Lei n. 12.016, de 7 de agosto de 2009". Essa é a lei que regula o mandado de segurança e, aquela, é lei que dispõe sobre a concessão de medidas cautelares contra atos do Poder Público e dá outras providências.

Não é preciso conhecer bem as leis para imaginar o teor dos dispositivos legais supra citados. Em todos eles há restrições e limitações à atuação do juiz na proteção do jurisdicionado que demanda contra a Fazenda Pública. Essa ressalva legislativa é providencial para evitar qualquer discussão acerca da revogação tácita de tais regramentos.

II – ALTERAÇÕES LEGISLATIVAS PROMOVIDAS PELO NOVO CPC

§ 1º – Juizados Especiais

1. As causas do rito sumário do CPC/1973

O art. 275, II, do CPC/1973 traz um rol de pretensões que podem ser processadas com espeque no procedimento sumário, independentemente do valor da causa. Por força do art. 3º, II, da Lei n. 9.099/95, essas causas também poderiam ser levadas aos Juizados Especiais Estaduais, independentemente do valor da causa (STJ, REsp n. 1.185.841/MT).

Com efeito, o art. 1.063 do novo CPC determina que, "até a edição de lei específica, os juizados especiais cíveis previstos na Lei n. 9.099, de 26 de setembro de 1995, continuam competentes para o processamento e julgamento das causas previstas no art. 275, inciso II, da Lei n. 5.869, de 11 de janeiro de 1973".

2. Embargos de declaração

Os arts. 1.064 a 1.066 do novo CPC alteram dispositivos da Lei n. 9.099/95 concernentes aos embargos de declaração. As mudanças visam: (i) alterar o efeito suspensivo que os aclaratórios tinham, passando a ser interruptivo; isso no tocante ao prazo para a interposição do recurso subsequente; (ii) retirar a "dúvida" como hipótese que ensejasse a oposição dos declaratórios.

3. Incidente de desconsideração da personalidade jurídica nos Juizados Especiais

O incidente de desconsideração da personalidade jurídica pode ser utilizado nos Juizados Especiais (art. 1.062 do novo CPC).

§ 2º – Código Civil

O art. 1.068 do novo CPC altera a redação de dois dispositivos do CC.

1. Solidariedade ativa

O art. 274 do CC passa a ficar com a seguinte redação: "o julgamento contrário a um dos credores solidários não atinge os demais, mas o julgamento favorável aproveita-lhes, sem prejuízo de exceção pessoal que o devedor tenha direito de invocar em relação a qualquer deles". A mudança enaltece o direito que o devedor tem, quando for o perdedor da demanda, em poder invocar as exceções pessoais que tem em face de qualquer um dos credores solidários. Caso o devedor tenha algum crédito a receber, poderá, por exemplo, pretender compensar valores.

2. Partilha

O art. 2.027 do CC passa a ter a seguinte redação: "a partilha é anulável pelos vícios e defeitos que invalidam, em geral, os negócios jurídicos". Em comparação com a redação anterior, está bastante nítido que o novo texto é mais permissivo em relação a outras situações que podem dar azo à invalidação da partilha, como, por exemplo, a petição de herança.

§ 3º – Código Eleitoral

O art. 1.067 do novo CPC modifica a redação do art. 275 do Código Eleitoral (Lei n. 4.737/65). As mudanças dizem respeito às características dos embargos de declaração nos processos de competência da Justiça Eleitoral. Alteraram-se, por exemplo, as hipóteses de cabimento e o efeito que gera no prazo para a interposição do recurso subsequente (deixou de ser suspensivo e passou a ser interruptivo). Acrescentaram-se, *v.g.*, multa para o caso de os aclaratórios serem considerados protelatórios e manifestamente protelatórios e, ainda, deixou-se claro que podem ser opostos independentemente de preparo.

§ 4º – Lei de Registros Públicos

O art. 1.071 do novo CPC acresce o art. 216-A e diversos parágrafos à Lei n. 6.015/73. Trata-se da criação de um procedimento extrajudicial e facultativo para o reconhecimento de usucapião, que será processado diretamente perante o cartório do registro de imóveis da comarca em que estiver situado o imóvel usucapiendo, a requerimento do interessado, representado por advogado.

§ 5º – Pesquisas do CNJ

O art. 1.069 do novo CPC informa que "o Conselho Nacional de Justiça promoverá, periodicamente, pesquisas estatísticas para avaliação da efetividade das normas previstas neste Código".

Pode ser que as pessoas tenham, num primeiro momento, descrença quanto a esse ponto. Não é o nosso caso. Tenho certeza de que muitas afirmações feitas no Brasil se dão com base em meros palpites, sem qualquer suporte estatístico. É verdade que a estatística pode e consegue manipular as verdades, no entanto, se bem feita, pode nos ajudar a compreender algumas mazelas no Judiciário e, por conseguinte, aprimorá-las ou extirpá-las.

§ 6º – Outras alterações e restrições legislativas feitas

1. Prazo para interposição de agravo

Nos termos do art. 1.070 do novo CPC, "é de 15 dias o prazo para a interposição de qualquer agravo, previsto em lei ou em regimento interno de tribunal, contra decisão de relator ou outra decisão unipessoal proferida em tribunal".

A importância desse dispositivo é enorme, pois atinge todas as leis e regimentos internos do nosso país que têm prazos distintos sobre qualquer agravo. Apesar do termo "qualquer", o certo é que se está mirando nos agravos internos ou regimentais.

2. Lei de Arbitragem

O art. 1.061 do novo CPC altera a redação do § 3º do art. 33 da Lei n. 9.307/96. O novo texto é o seguinte: "a decretação da nulidade da sentença arbitral também poderá ser requerida na impugnação ao cumprimento da sentença, nos termos dos arts. 525 e seguintes do Código de Processo Civil, se houver execução judicial".

A intenção do legislador foi a de simplesmente adequar o dispositivo às novas terminologias. Não há alteração substancial. Não nos parece propício, todavia, ter sido utilizada a expressão "execução judicial". Melhor seria ter repetido a expressão "cumprimento de sentença", ou, então, inserir após a vírgula esses dizeres: "se houver essa fase executiva".

Lembramos que o prazo decadencial para se poder exercer essa faculdade é de 90 dias. Se o vencedor da arbitragem estiver demorando para iniciar o cumprimento de sentença, e o perdedor acreditar que há algum vício na sentença arbitral que pode invalidá-la, deverá, então, tomar a iniciativa de ajuizar a devida ação judicial, no mesmo prazo de 90 dias.

3. Custas devidas à União

O art. 1.060 do novo CPC modificou a inciso II do art. 14 da Lei n. 9.289/96: "aquele que recorrer da sentença adiantará a outra metade das custas, comprovando o adiantamento no ato de interposição do recurso, sob pena de deserção, observado o disposto nos §§ 1º a 7º do art. 1.007 do Código de Processo Civil". A redação antiga era essa aqui: "aquele que recorrer da sentença pagará a outra metade das custas, dentro do prazo de cinco dias, sob pena de deserção".

§ 7º – Dispositivos expressamente revogados

O art. 1.072 do novo CPC revoga os seguintes dispositivos legais:

I – o art. 22 do Decreto-Lei n. 25, de 30 de novembro de 1937 (Lei que organiza a proteção do patrimônio histórico e artístico nacional);

II – os arts. 227, *caput*, 229, 230, 456, 1.482, 1.483 e 1.768 a 1.773 da Lei n. 10.406, de 10 de janeiro de 2002 (Código Civil);

III – os arts. 2º, 3º, 4º, 6º, 7º, 11, 12 e 17 da Lei n. 1.060, de 5 de fevereiro de 1950 (Lei de Assistência Judiciária);

IV – os arts. 13 a 18, 26 a 29 e 38 da Lei n. 8.038/90 (Lei que institui normas procedimentais para os processos que especifica, perante o STF e STJ);

V – os arts. 16 a 18 da Lei n. 5.478/68 (Lei de Alimentos);

VI – o art. 98, § 4º, da Lei n. 12.529/2011 (Lei que estrutura o Sistema Brasileiro de Defesa da Concorrência e dá outras providências).